Schabel · Die Illusion der Wunderwaffen

Beiträge zur Militärgeschichte

Herausgegeben vom
Militärgeschichtlichen Forschungsamt

Band 35

R. Oldenbourg Verlag München 1994

Die Illusion der Wunderwaffen

Die Rolle der Düsenflugzeuge und Flugabwehrraketen in der Rüstungspolitik des Dritten Reiches

Von

Ralf Schabel

R. Oldenbourg Verlag München 1994

Die Deutsche Bibliothek – CIP-Einheitsaufnahme

Schabel, Ralf:
Die Illusion der Wunderwaffen: die Rolle der Düsenflugzeuge und Flugabwehrraketen in der Rüstungsindustrie des Dritten Reiches / von Ralf Schabel. – München: Oldenbourg, 1993
(Beiträge zur Militärgeschichte; Bd. 35)
Zugl.: Augsburg, Univ., Diss.
ISBN 3-486-55965-6
NE: GT

Satz: Militärgeschichtliches Forschungsamt, Freiburg i. B.
Druck und Bindung: R. Oldenbourg Graphische Betriebe GmbH, München

ISBN 3-486-55965-6

Inhalt

Vorwort des Herausgebers

Auf vermeintliche »Wunderwaffen« richtete sich gegen Ende des Zweiten Weltkrieges die Hoffnung vieler in Deutschland: Es waren die nationalsozialistischen Politiker, die mit der Zauberformel »Wunderwaffen« den nahen Sieg versprachen, es waren Soldaten, die damit die drohende Niederlage des Deutschen Reiches verhindern wollten. Kein Wunder auch, daß das Thema »Wunderwaffen« auch nach dem Zweiten Weltkriege in der militärisch-politischen Memoirenliteratur und der populären Publizistik einen breiten Raum einnahm.
Mit der vorliegenden Untersuchung, einer an der Universität Augsburg entstandenen Dissertation, bearbeitet der Autor gründlich und umfassend die vorhandenen Materialien und kann damit die Entwicklung und den Durchbruch auf dem Gebiet des Strahlantriebs für die militärische Flugzeugindustrie nachzeichnen. Damit vermag er die bislang meist durch Spekulationen und Legenden bestimmte Auseinandersetzung mit der Rolle von Strahlflugzeugen und Raketen im nationalsozialistischen Krieg auf eine gesicherte und informationsreiche Basis zu stellen.

Dr. Günter Roth
Brigadegeneral
Amtschef des Militärgeschichtlichen Forschungsamtes

Vorwort

Das Thema »Wunderwaffen« des nationalsozialistischen Regimes hat nach dem Ende des Zweiten Weltkriegs in der militärisch-politischen Memoirenliteratur wie populären Publizistik, aber auch in der wissenschaftlichen Forschung eine wichtige Rolle gespielt. Dabei war nicht zuletzt bei alliierten Memoirenautoren vielfach eine Tendenz spürbar, die potentielle Bedeutung der »Wunderwaffen« relativ hoch einzuschätzen, während in einem Teil der deutschen Literatur eine Art Mythos von weitblickenden Technikern und Flugzeugbauern konstruiert wurde, die an einem engstirnigen Beamtenapparat und dem fehlenden Sachverstand von technischen Laien, wie Göring und Hitler, gescheitert seien. Die sorgfältigen und nuancenreichen Analysen von Ralf Schabel belegen an den Beispielen der Strahlflugzeuge und der Raketenjäger, daß nicht Fehlentscheidungen der politischen und administrativen Reichsleitung den späten Einsatz technisch überlegener Waffensysteme verursachten; die Gründe lagen — vor allem im Bereich der technischen Intelligenz, der Facharbeiter und der Rohstoffe — in Kapazitätsengpässen, zu denen noch die Wirkung der alliierten Bombardements und die negativen Konsequenzen der Polykratie im NS-System (bei letzter Entscheidungskompetenz Hitlers) sowie auch die im Krieg fortdauernde Konkurrenz der Luftfahrtindustrie (z.B. Messerschmitt und Heinkel) traten. Letztlich haben nicht einzelne Fehlentscheidungen politischer und militärischer Instanzen, sondern strukturelle Defizite eine frühere, massenhafte Produktion von »Wunderwaffen« verhindert. Sie konnte im übrigen nur durch die brutale Ausbeutung von Fremdarbeitern und KZ-Insassen aufgebaut werden. In seiner eindrucksvoll belegten Bilanz kommt Ralf Schabel zu dem überzeugenden Resultat, daß die »Wunderwaffen« auch bei einem früheren Einsatz lediglich kriegsverlängernd hätten wirken und damit noch mehr Elend über Deutschland und Europa hätten bringen können.

Josef Becker

Zur Erläuterung der Fachtermini

Die hier vorliegende Untersuchung beschäftigt sich mit der Geschichte der deutschen Turbinenluftstrahltriebwerke und der Raketenantriebe im Zweiten Weltkrieg. Da diese damals völlig neuartige Technologien darstellten, gab es keine einheitliche Fachterminologie, sondern in den Akten des Reichsluftfahrtministeriums tauchten höchst unterschiedliche Bezeichnungen für ein und dasselbe Gerät auf. Es empfiehlt sich daher, einige technische Erläuterungen voranzustellen und die wichtigsten, meist synonym gebrauchten Begriffe für die einzelnen Antriebssysteme zu erklären.
Das unten wiedergegebene Schaubild[1] aus dem Reichsluftfahrtministerium zeigt eine Übersicht über die einzelnen Triebwerksarten.

Abb. I: Triebwerksübersicht

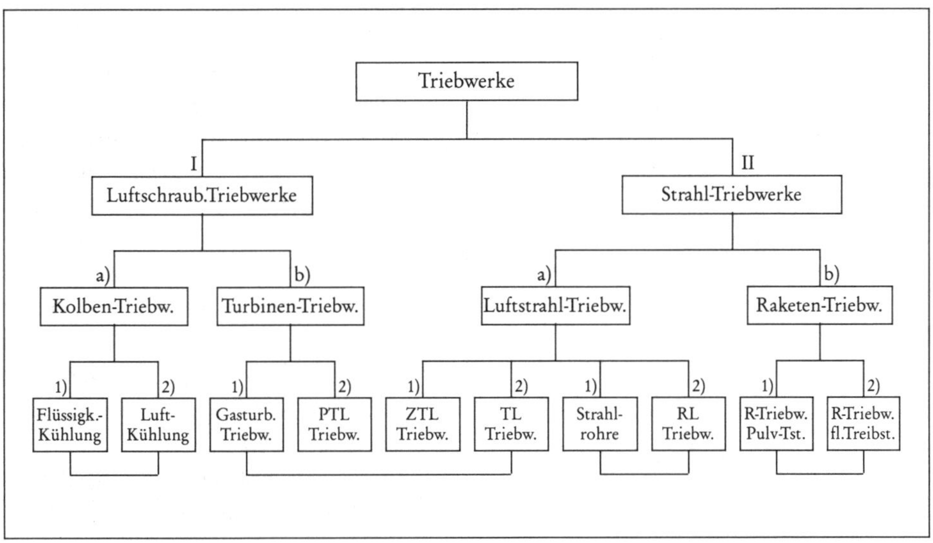

Die weitaus meisten Flugzeuge im Zweiten Weltkrieg hatten Kolbentriebwerke, entweder flüssigkeitsgekühlte Reihenmotoren (I a 1) oder luftgekühlte Sternmotoren (I a 2). Der größte Teil dieser Motoren arbeitete — abgesehen von einigen dieselgetriebenen Aggregaten — nach dem Prinzip des Otto-Benzinmotors, so daß sich später bei den Flugzeugen zur Unterscheidung vom »Strahljäger« mit Turbinenluftstrahltriebwerk auch die Bezeichnung »Otto-Jäger« für kolbenmotorgetriebene Jagdflugzeuge einbürgerte.

[1] Gemeinschaftssitzung der Arbeitsgemeinschaft für Triebwerksplanung vom 4.11.1942, GL/C-Nr. 4885/42 g.Kdos., BA-MA, RL 3/2187, S. 8.

Abb. II: Die Peenemünder Rakete A 4 (V 2)

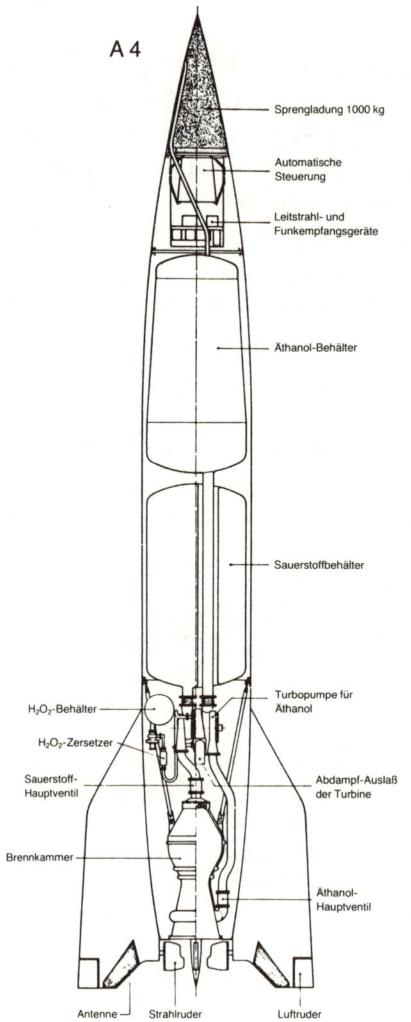

Entnommen aus: Benecke/Hedwig/Hermann, Flugkörper und Lenkraketen, S. 82.

Mitte der dreißiger Jahre kam nun zusätzlich der »Strahlantrieb« auf. Einfach ausgedrückt, handelt es sich um ein Antriebsverfahren, bei dem ein durch eine Düse ausgestoßener Gasstrom einen Schub in die entgegengesetzte Richtung erzeugt, was die heute noch im Volksmund verwendete Bezeichnung »Düsenflugzeug« aufkommen ließ. Dabei sind die Raketen- von den Luftstrahl- und Turbinentriebwerken zu unterscheiden. Die Rakete (II b) führt nicht nur ihren Treibstoff, sondern auch den für die Verbrennung notwendigen Sauerstoff in reiner oder chemisch gebundener Form mit sich, und zwar sind bei den Raketen mit Pulvertreibstoff (II b 1), heute Feststoffraketen genannt, Sauerstoffträger und Treibstoff gemischt, bei den Raketen mit flüssigem Treibstoff (II b 2) hingegen getrennt in Tanks untergebracht.

Luftstrahltriebwerke hießen Antriebssysteme, »die den zur Verbrennung des Treibstoffes notwendigen Sauerstoff aus der umgebenden Luft entnehmen und dadurch höhenabhängig sind«[2]. Als »RL-Triebwerke« (II a 2) bezeichnete man eine Kombination von Raketen- und Luftstrahltriebwerk.

Im damals üblichen Sprachgebrauch bürgerte es sich aber bald ein, alle Arten von Luftstrahl- und Turbinentriebwerken im Gegensatz zu den Raketen »Strahltriebwerke« zu nennen.

Diesem Gliederungsprinzip folgt auch die nachstehende Abbildung aus dem Standardwerk von Gersdoff und Grasmann[3].

---

[2] GL/C-Nr. 193/42 g.Kdos., Entwicklung von Luftstrahltriebwerken vom 11.7.1942, BA-MA, RL 3/1133, S. 3.

[3] Gersdorff/Grasmann, Flugmotoren und Strahltriebwerke, S. 183.

Abb. III: Einteilung der Strahltriebwerke (1940)

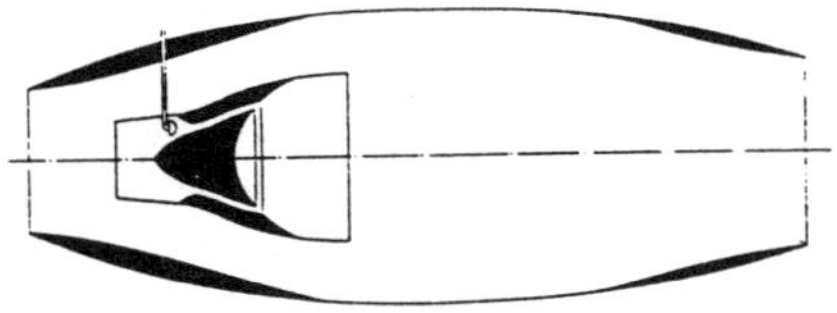

Staustrahltriebwerk, Lorin-Triebwerk

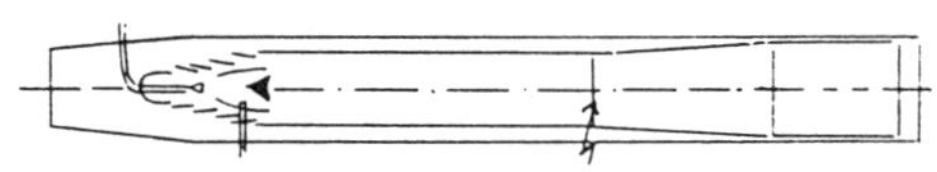

Verpuffungsstrahlrohr. Intermittierendes Luftstrahltriebwerk, Pulsotriebwerk

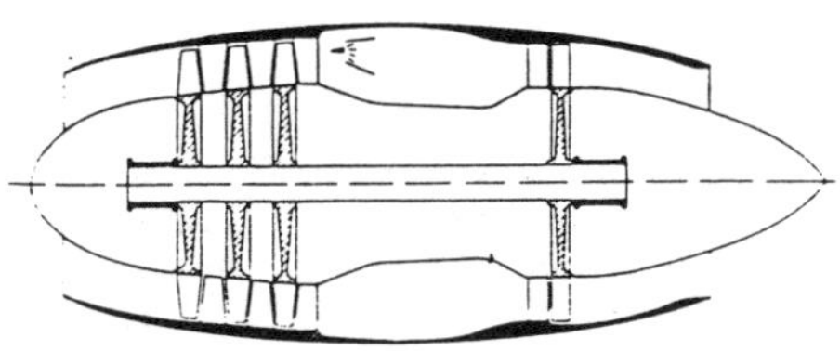

TL-Triebwerk = Turboluftstrahltriebwerk, Strahltriebwerk, Turbostrahltriebwerk

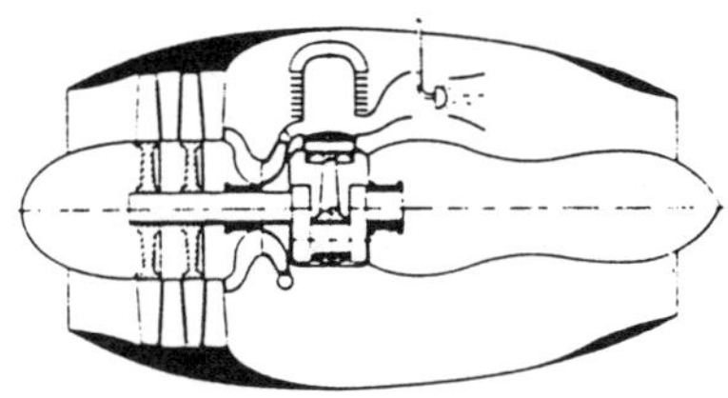

ML-Triebwerk = Motorluftstrahltriebwerk

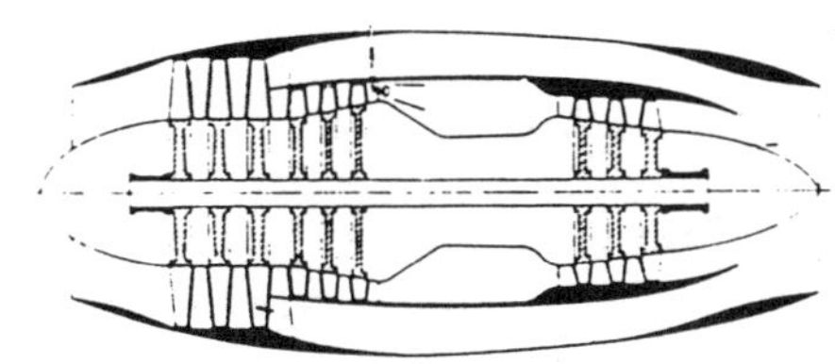

ZTL-Triebwerk = Zweistrom/Zweikreisturboluftstrahltriebwerk, Zweistrom-Strahltriebwerk

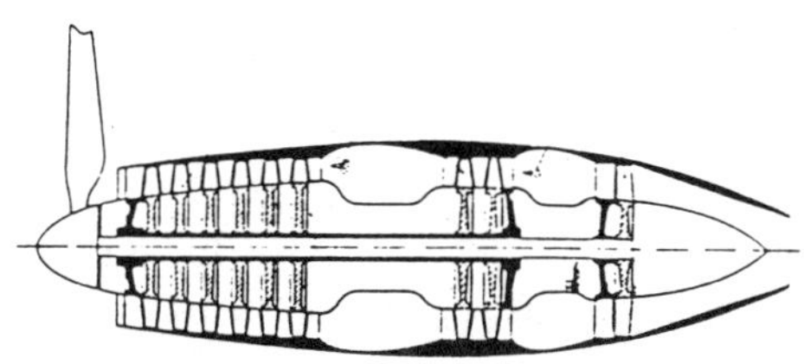

PTL = Propellerturboluftstrahltriebwerk, Propellerturbotriebwerk

Das Staustrahltriebwerk, nach seinem Erfinder René Lorin auch Lorin-Triebwerk genannt, verdichtet in einem Diffusor die einströmende Luft, dann wird in eine Brennkammer Benzin eingespritzt, und nach der Zündung des Luft-Benzin-Gemisches treten die Abgase durch eine Schubdüse aus. In Deutschland wurde während des Krieges zwar mit dem Staustrahlantrieb experimentiert, er kam aber nicht zum Einsatz.
Anders verhielt es sich mit dem Verpuffungsstrahlrohr, auch als intermittierendes Luftstrahltriebwerk, Pulsotriebwerk oder im Luftwaffenjargon als »Strahlrohr« oder »Pulsoschubrohr« bezeichnet. Dieses System diente als Antrieb der Flugbombe Fi 103, die als »V 1« in die Geschichte einging. Ähnlich wie beim Staustrahltriebwerk trat hier Stauluft in das Strahlrohr ein, jedoch wurde dann Kraftstoff in kurzen Zeitabständen eingespritzt und verbrannt, während ein System von Klappen am Lufteintritt dafür sorgte, daß die Verbrennungsgase nur durch die Schubdüse entweichen konnten und nach dem Verbrennungsvorgang vorn wieder Frischluft einströmte.

Abb. IV: Schematische Funktionsweise des Argus-Schmidt-Rohres

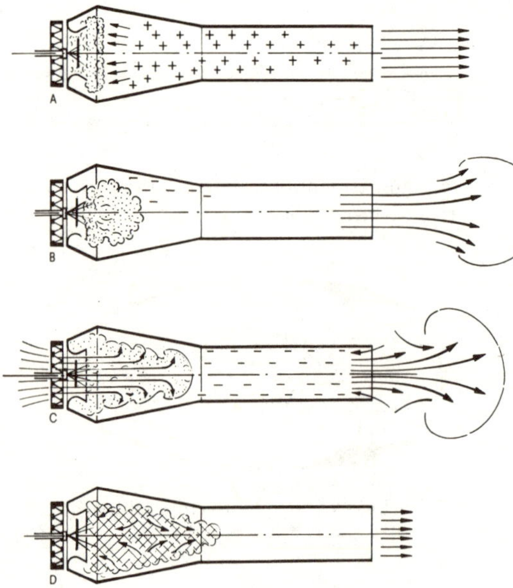

Das Pulsostrahltriebwerk wird nach seinem Erfinder, Paul Schmidt aus München allgemein Schmidt-Rohr genannt. Beim Anlassen des Pulsotriebwerkes wird Preßluft durch die Ventilklappen geblasen, Brennstoff eingespritzt und mit einer Zündkerze das Gemisch gezündet. Der Verbrennungsdruck schließt einerseits die Klappen und stößt andererseits die verbrannten heißen Gase nach hinten aus, es wird Schub erzeugt (A). Durch das Abströmen der Gassäule (B) entsteht an den Klappen ein Unterdruck, der wieder frische Luft von vorn (C) ansaugt. Bei ensprechend abgestimmter Rohrlänge entsteht eine Druckwelle in Resonanz. Das frische Gasgemisch entzündet sich periodisch an den heißen Restgasen (D) ohne Einwirkung eines elektrischen Zündfunkens.

Entnommen aus: Benecke/Hedwig/Hermann, Flugkörper und Lenkraketen, S. 51.

Wesentlich komplizierter war das Turbinenluftstrahltriebwerk, auch als TL-Triebwerk, Turbostrahltriebwerk und kurz Turbinentriebwerk oder Strahltriebwerk bezeichnet. Die damit ausgerüsteten Flugzeuge wurden in der Luftwaffe »Turbinenjäger«, »Strahlflugzeuge«, »Strahler« oder auch »Düsenjäger« genannt. Diese Antriebsmethode ist heute die gebräuchlichste im militärischen wie im zivilen Bereich. Durch den Einlauf wird in einem stetigen Vorgang Luft angesaugt und in einem Verdichter komprimiert. Anschließend wird in einer Brennkammer Kraftstoff beigemischt und verbrannt. Die erhitzte Luft durchströmt mit hoher Geschwindigkeit eine Turbine, die wiederum über eine gemeinsame Antriebswelle den vorn liegenden Verdichter antreibt. Die restliche Antriebsenergie wird nach dem Rückstoßprinzip durch eine Düse geleitet, wo der Abgasstrahl den Schub für das Flugzeug erzeugt.

Wird ein größerer Teil der Energie durch die Turbine entzogen, so kann damit auch über ein Untersetzungsgetriebe eine Luftschraube an der Spitze des Triebwerks in Bewegung gesetzt werden. Man spricht dann von einem Propellerturboluftstrahltriebwerk (PTL-Triebwerk) oder kurz von einer Propellerturbine. Solche Aggregate wurden zwar in Deutschland entwickelt, waren aber bei Kriegsende noch nicht serienreif.

Beim Zweistromturbinenluftstrahltriebwerk (ZTL-Triebwerk), heutzutage Turbofan- oder Bläsertriebwerk genannt, wird ein Teil der Wellenleistung der Turbine zum Antrieb eines Gebläses benutzt, dessen nicht direkt im eigentlichen Triebwerk verarbeitete Luft um den Kern herumgeleitet und dann in einer gemeinsamen Schubdüse dem heißen Abgas

Abb. V: Das Junkers-Strahltriebwerk Jumo 004

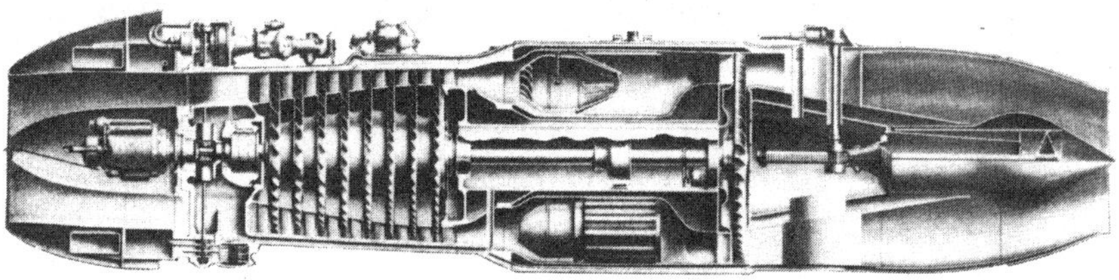

Querschnitt durch das Junkers-Strahltriebwerk Jumo 004

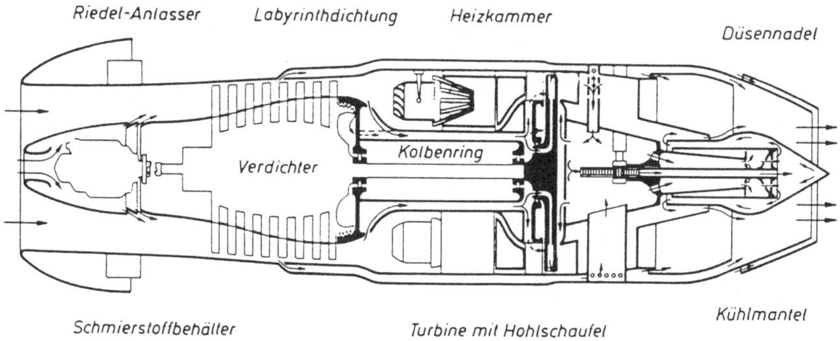

Entnommen aus: Franz, Das Junkers-Strahltriebwerk, S. 63.

aus der Brennkammer beigemischt wird. Auch diese Antriebsmethode befand sich bei Kriegsende erst in der Entwicklungsphase. TL-, ZTL- und PTL-Triebwerk haben also die Turbine als gemeinsames Merkmal. Sie können entweder eine Luftschraube antreiben (vgl. Abb. I, Triebwerksübersicht Ib) oder rein nach dem Rückstoßprinzip arbeiten (IIa).

Das Motorluftstrahltriebwerk (ML-Triebwerk) blieb ein Irrweg in der Frühphase der Strahlantriebsentwicklung. Hier betrieb ein Motor den Verdichter, bevor der Kraftstoff der komprimierten Luft beigemischt wurde. Wegen des wesentlich höheren Aufwandes im Vergleich zum TL-Triebwerk wurde diese Antriebsart nicht weiterverfolgt.

Wenn in den amtlichen Dokumenten des Reichsluftfahrtministeriums von »Strahlantrieb« die Rede ist, sind entweder oft nur das TL-Triebwerk, oder auch insgesamt TL-, ML-, ZTL- und PTL-Triebwerke und sogar teilweise alle Strahl- und Turbinenantriebe im Gegensatz zu den Kolbentriebwerken gemeint. Die jeweilige Bedeutung ergibt sich aber meist aus dem Zusammenhang.

I. Einleitung

1. Problemstellung und Methode

Am 3. Juli 1939, knapp zwei Monate vor der Entfesselung des Zweiten Weltkrieges, besichtigte Hitler auf der Luftwaffenerprobungsstelle Rechlin die neuesten Entwicklungen der deutschen Luftrüstung. Neben anderem fortschrittlichem Gerät wurde ihm das Raketenflugzeug He 176 vorgeführt, und Dr. Hans Papst von Ohain und Ernst Heinkel, beide Pioniere auf dem Gebiet des Turbinenluftstrahltriebwerkes und des Raketen- und Düsenflugzeugs, hielten einen 15minütigen Vortrag über »Strahlantrieb«[1]. Die Vorstellung dieser neuen Entwicklungen mußte den Eindruck erwecken, daß die noch junge Luftwaffe, die sich in den wenigen Jahren ihres Aufbaus durch die Qualität ihrer Ausrüstung eine Spitzenstellung erworben hatte, auch in Zukunft über einen erheblichen technischen Vorsprung gegenüber potentiellen Gegnern verfügen würde. Die neuartigen Antriebsmethoden ließen Flugzeugentwürfe zu, die der bisherigen Technik meilenweit voraus sein würden. Ob Hitler diese Vorführungen überbewertete und einen falschen Eindruck über den Ausrüstungsstand seiner Luftstreitmacht erhielt oder gar deswegen »schwerste Entschlüsse« traf, sei dahingestellt[2].

Jedenfalls war schon 1942 von den hochfliegenden Erwartungen nichts mehr übrig geblieben. Die Luftwaffe steckte in einer tiefen Ausrüstungskrise, denn viele neue Flugzeugmuster erwiesen sich als technische Versager. Erst recht gab es keine »Wunderflugzeuge« mit Düsen- oder Raketenantrieb an der Front. Dabei hätte man qualitativ überlegene Maschinen dringend als Ausgleich gegen den sich immer deutlicher abzeichnenden Produktionsvorsprung der Alliierten gebraucht. Generalluftzeugmeister Ernst Udet hatte die verzweifelte Lage der Luftrüstung bereits im November 1941 erkannt und mit seinem Selbstmord die persönliche Konsequenz aus dem technischen Debakel der Luftwaffe gezogen.

Wo aber waren die angekündigten neuen Waffensysteme geblieben? Göring gab vor allem der Industrie die Schuld an der Misere. Er sei nicht darüber informiert worden, daß die gezeigten Flugzeugmuster nur Prototypen gewesen seien, die auf absehbare Zeit noch nicht für die Ausrüstung der Frontverbände bereitstünden. Hitler und ihm sei die Illusion einer technisch überlegenen Luftrüstung vorgegaukelt worden. Vor führenden Vertretern der Luftwaffenindustrie wetterte er im September 1942: »Ich habe wirklich einmal vor dem Kriege Vorführungen in Rechlin erlebt, gegenüber denen ich nur sagen kann: welche Stümper sind alle unsere Zauberer. Was mir da und vor allem auch dem

---

[1] Below, Als Hitlers Adjutant, S. 172–174; Programm der Kurzvorträge in: Anlage zum Schreiben von Oberstleutnant Petersen an den Oberreichskriegsanwalt vom 10. 8. 1942, BA-MA, RL 36/52, S. 43.

[2] Zu diesem Schluß kommt Irving, Tragödie, S. 127 f.; eine ausführliche Würdigung der Rechliner Vorführung findet sich bei Boog, Luftwaffenführung, S. 44–46.

Führer vorgezaubert wurde, das ist überhaupt noch nicht erreicht worden[3].« Tatsächlich kamen die ersten Raketen- und Düsenflugzeuge erst im Herbst 1944 an die Front, und da war es — um ein gängiges Klischee zu benutzen — »zu spät«.

War aber wirklich nur eine angeblich falsche Informationspolitik der Luftfahrtindustrie schuld an diesen Vorgängen, oder hatte nicht vielmehr das Reichsluftfahrtministerium die bahnbrechenden Entwicklungen verschlafen und während der ersten Kriegsjahre zu wenig gefördert? Versuchte Göring jetzt nur die Verantwortung für die Krise »seiner« Luftwaffe von sich zu schieben? Die Geschichte der deutschen Luftrüstung ist voll von Beispielen für gescheiterte Projekte. War also die Geschichte der Raketenjäger, der Düsenflugzeuge und der Flugabwehrraketen nicht ein weiterer Beleg für die »Unfähigkeit« der Luftwaffenführung und ihrer technischen Experten?

Die rüstungstechnische Situation Deutschlands am Ende des Zweiten Weltkriegs glich — um einen etwas saloppen Vergleich heranzuziehen — der eines mittelständischen Unternehmens, das von drei Großkonzernen, nämlich den USA, der Sowjetunion und Großbritannien, hoffnungslos ausproduziert und in die Pleite getrieben worden war. Dennoch waren die technischen Produkte, die man in Deutschland herstellte, auch nach der Meinung der Konkurrenz, hervorragend. Es mußte wohl am falschen Management gelegen haben, daß man so kläglich gescheitert war. In diesem Sinne machte sich schon kurz nach dem Krieg eine waffentechnologische Dolchstoßlegende breit, die sicher auch noch zu einem guten Teil durch die »Wunderwaffen«propaganda mitbeeinflußt woren war. Geniale Techniker, so geht die Mär, hätten schon vor dem Kriege die Bedeutung des Raketen- und Düsenantriebs entdeckt und entsprechende Projekte vorangetrieben. Die »Dilettanten« im Technischen Amt der Luftwaffe hätten jedoch die revolutionäre Entwicklung nicht erkannt. Zu allem Überfluß habe Göring 1940 noch einen Entwicklungsstopp verkündet, den Hitler 1941 bestätigt habe. Dadurch sei die rechtzeitige Fertigstellung der laufenden Projekte verhindert worden. Als es Prof. Willy Messerschmitt dann 1943 trotz aller Behinderungen gelungen sei, den ersten serienreifen Düsenjäger Me 262 herauszubringen, habe Hitler in seiner »Verblendung« angeordnet, das Flugzeug als »Blitzbomber« zu bauen und einzusetzen. Dadurch sei die Me 262, von der man sich noch eine »Wende« im Luftkrieg erhoffte, »zu spät« gekommen. Die Fronten sind bei dieser Version klar abgesteckt. Weitblickenden und selbstlos forschenden Technikern und Flugzeugbauern steht der engstirnige, phantasielose und träge Beamtenapparat des RLM gegenüber, sekundiert von den technischen Laien Göring und Hitler, die stets die falschen Entschlüsse fassen[4].

Angesichts dieser Schwarzweißmalerei wird beim Historiker der Verdacht geweckt, es könnte sich bei der eben erzählten Geschichte um eine umgekehrte Schuldzuweisung handeln. Wer weiter mit diesem bequemen Geschichtsbild leben will, der wird von den Ergebnissen dieser Arbeit sicher enttäuscht sein, denn die »Tragödie« der deutschen Düsen-

---

[3] Stenographischer Bericht über die Besprechung des RM Göring mit Vertretern der Luftfahrtindustrie über Entwicklungsfragen, 13.9.1942 im RLM, BA-MA, RL 3/60, S. 5293.

[4] Eine ausführliche Darstellung der Entstehungsgeschichte dieser Thesen folgt im Abschnitt 2 der Einleitung.

flugzeuge erweist sich in großen Teilen als Legende. Die Untersuchung zielt in ihrem Kern auf die Frage ab: Warum gelang es der deutschen Luftrüstung nicht, technisch innovative Projekte, wie Raketen- und Düsenjäger, Strahlbomber und Flugabwehrraketen, rechtzeitig, also vor dem Zusammenbruch der Heimatluftverteidigung, an die Front zu bringen, obwohl solche Entwicklungen schon vor dem Krieg eingesetzt hatten? Dabei wird nicht nach der »Schuld« für eine angebliche Verzögerung gefragt, vielmehr soll gezeigt werden, warum die Entwicklung so und nicht anders ablief, aus welchen Gründen bestimmte weichenstellende Entscheidungen fielen und wie der komplexe Vorgang der »Beschaffung« von neuen Flugzeugmustern vor sich ging. Damit ist gleichzeitig die Interdependenz von politischer und militärischer Führung und Industrie zu verdeutlichen. Die Frage der Einführung von neuartigen Waffensystemen ist ja durchaus nicht nur ein Problem, das sich auf den technischen Bereich von Forschung und Entwicklung beschränken ließe. Vielmehr sind Beschaffungsentscheidungen in ein Beziehungsgeflecht eingebettet, »that is influenced as much by social, economic, and political pressures as it is by purely technological ones, or ones dealing with national defense doctrine«[5]. Die von der NS-Propaganda als »Wunderwaffen« apostrophierten Geräte dienen deshalb als Exempel, um daran die vorherrschenden Tendenzen in der deutschen Luftrüstung unter Berücksichtigung sozialer, ökonomischer und politischer Faktoren aufzuzeigen. Dabei sollen schlaglichtartig strategische Überlegungen, militärische und ökonomische Sachzwänge, persönliche Zwistigkeiten sowie politische Leitlinien beleuchtet werden, die in dieser Zeit auf die deutsche Luftrüstung einwirkten. Mit einer solchen Fragestellung können die angeführten Problemkreise besser herausgearbeitet werden, als es im Rahmen einer Gesamtdarstellung der Rüstung im Zweiten Weltkrieg möglich wäre.

Warum aber gerade eine Geschichte der Raketen- und Düsenflugzeuge und der Flugabwehrraketenprojekte? Ausdrücklich ausklammern möchte ich die sogenannten »V-Waffen«, jene Waffen also, durch deren Ankündigung Hoffnungen auf eine Kriegswende geweckt und durch die Goebbelssche Propaganda massiv genährt wurden. Allerdings erbrachten diese Waffen noch während des Krieges den »Beweis«, daß von ihnen keine kriegsentscheidende Wirkung ausgehen konnte. Sowohl von der Flugbombe Fi 103 (V 1) als auch von der ballistischen Rakete A 4 (V 2) wurden mehrere tausend Stück hergestellt und eingesetzt. Bald war den führenden Leuten des »Dritten Reiches« und auch der Bevölkerung klargeworden, daß selbst der Masseneinsatz in der »Vergeltung« keine Wende herbeiführen konnte[6]. Die »V-Waffen« interessieren deshalb in dieser Arbeit nur in dem Maße, wie sie Entscheidungen tangieren, die sich auf die Entwicklung und Produktion von Düsenflugzeugen auswirkten. Andere fortschrittliche Projekte kamen entweder erst sehr spät an die Front oder blieben im Prototypenstadium stecken. Den Beweis, daß im deutschen »Wunderwaffen«arsenal ein kriegsentscheidendes Potential steckte, blieben sie alle schuldig. Gerade dieser Umstand ließ nach dem Kriege die Legenden ins Kraut schießen. Es ist deshalb ein weiteres wichtiges Anliegen dieser Arbeit, Möglich-

---

[5] Hallion, Doctrine, Technology and Air Warfare, S. 18.

[6] Eine neue, ausführliche und wissenschaftlich profunde Studie der V-Waffen liegt nun vor: Hölsken, V-Waffen. Entstehung

keiten und Grenzen dieser Waffensysteme nüchtern abzuwägen und die gesamte Diskussion um die »Wunderwaffen«, die stets unter dem Motto »Was wäre gewesen, wenn ...« ablief, auf eine etwas realistischere Basis zurückzuführen.
Nun kommt einer Untersuchung, deren Gegenstand waffentechnologische Produkte wie Flugzeuge und Raketen sind, in der deutschen Historikerzunft durchaus eine »Exotenrolle« zu. Vielleicht läßt sich diese Feststellung auf die Scheu zurückführen, sich mit technischen Fragen innerhalb der »Geisteswissenschaften« zu befassen. »Bei solchen auch die Technik in die Geschichte einordnenden Darstellungen muß der Historiker freilich jene eigenartige Grenze überschreiten, die sich heute zwischen den ›zwei Kulturen‹, der geisteswissenschaftlichen einerseits und der naturwissenschaftlichen anderseits, abzeichnet«[7], so beschreibt Karl-Heinz Ludwig, ein Kenner der Materie, das Problem. Außerdem besteht sicher eine eher emotional gefärbte Abneigung gegenüber Fragestellungen, die Waffen, also Gewaltmittel, in das Zentrum des Interesses rücken. Gerade die Diskussionen um SDI und um die Mittelstreckenraketen, um den »Jäger 90« und den Stealth-Bomber, um den Abbau von Streitkräften in Europa und um den Umbau der Rüstungsindustrie für zivile Produktion zeigen, wie sehr die Waffentechnologie heute Politik, Wirtschaft und Gesellschaft beeinflußt. Jürgen Rohwer wies schon in den sechziger Jahren auf die grundlegenden Zusammenhänge von Zeitgeschichte, Krieg und Technik hin und forderte: »Wir müssen uns mit den durch Krieg und Technik aufgeworfenen Fragen auseinandersetzen, aber nicht — wie man es leider auch unter Hochschullehrern oft findet — vom Gefühl, sondern von der Grundlage solider Sachkenntnisse her[8].«
So gilt es also, die eben angeführten Einsichten auf die Ereignisse des Zweiten Weltkrieges zu übertragen und die technisch-wissenschaftliche Entwicklung von Waffensystemen, die industrielle Fertigung und die theoretischen wie praktischen Modalitäten ihres Einsatzes näher zu erörtern. Dies geschieht vor allem auch in Auseinandersetzung mit einer Reihe von hypothetischen Argumentationen, die in den »Wunderwaffen« eine »verpaßte Chance« sehen wollen.
Natürlich besteht grundsätzlich die Gefahr, »über den Details die größeren Zusammenhänge des Krieges aus dem Auge zu verlieren, einzelne sensationell wirkende Entdeckungen besonders im Bereich der Militärtechnik und der Nachrichtentechnik überzubewerten«[9], doch soll gerade hier der Versuch gemacht werden, die Geschichte von bisher meist in technikgeschichtlichen Einzeldarstellungen abgehandelten Projekten in den Gesamtzusammenhang des Zweiten Weltkrieges und des »Dritten Reiches« einzuordnen, also die »großen Fragen« der Forschung über allen Einzelheiten der Entwicklung von Triebwerken, Flugzeugen, Raketen, Bewaffnung nicht zu vergessen.
Es bestehen nach Thomas Nipperdey verschiedene Möglichkeiten, Geschichte darzustellen. »Es gibt Geschichte als Anklage, die Geschichte als Hadern mit der Geschichte — ›Wie schlecht es immer gewesen ist‹ — oder, man kann sagen, eine Geschichte der Optative, nämlich eine Geschichte, die davon handelt, wie es ›eigentlich nicht hätte gewesen

[7] Ludwig, Flakraketen, S. 87.
[8] Rohwer, Zeitgeschichte, Krieg und Technik, S. 209.
[9] Hillgruber, Endlich genug über Nationalsozialismus, S. 57f.

sein sollen‹[10].« Manche Arbeit zur deutschen Luftrüstung hat wohl eine dieser Darstellungsarten angenommen. Ziel des Historikers sollte es aber meiner Meinung nach sein, die alte Rankesche Forderung zu erfüllen, man solle »bloß zeigen, wie es eigentlich gewesen«[11]. Das scheint mir angesichts der fortschreitenden Legendenbildung auch durchaus notwendig zu sein.

Allerdings stellt sich die Frage, wie dieses Ziel erreicht werden kann. Der moderne Historiker begnügt sich nicht mehr mit der reinen Darstellung des Geschehens mit Hilfe der »verstehenden« Methode des Historismus, er will vielmehr auch analysierend »erklären«, wie es zu einem historischen Ereignis gekommen ist[12]. Nun gibt es in der Historikerschaft tiefgehende Auseinandersetzungen, ob das »Erklären« mit einer rein »narrativen« Darstellung erreicht werden kann, oder ob sich Geschichte nicht mit anderen Prinzipien, z.B. unter Zuhilfenahme nomologischer Theorien der Sozialwissenschaften besser erfassen läßt[13].

Es ist zwar durchaus, zum Beispiel in der marxistischen Wissenschaft, bereits versucht worden, das »Versagen« der deutschen Luftrüstung unter dem Gesichtspunkt des »staatsmonopolistischen Kapitalismus« zu erklären[14], und natürlich ist es notwendig, sich mit diesen Argumenten auseinanderzusetzen. Allerdings greifen solche monokausalen Erklärungsmodelle meist zu kurz. Ebenso ergibt sich ein recht einseitiges Bild, wenn rüstungstechnologische Entscheidungen nur unter individuell-personenorientierter Perspektive der »Hauptprotagonisten« — Hitler, Göring, Milch, Udet, Jeschonnek oder Galland — gesehen werden.

Die Lösung des Dilemmas läßt sich wohl am ehesten im Sinne Wolfgang J. Mommsens erreichen durch »die ›instrumentale‹ Anwendung von Theorien zur präziseren Analyse und Darstellung von Institutionen, Strukturen und Prozessen hochaggregierter Natur, die sich mit herkömmlichen hermeneutischen Methoden allein nicht bewältigen lassen«[15].

Die Arbeit ist daher nicht rein chronologisch-erzählend aufgebaut, sondern versucht auch in einzelnen Kapiteln, mit Hilfe von »theoretischen Konstrukten«[16] zu Ergebnissen zu kommen. Die eingeschlagene Methode wird dabei weitgehend vom Forschungsgegenstand selbst bestimmt. Bei einer komplizierten Materie, wie rüstungstechnologische Entwicklungen es sind, ist ein multiperspektivischer Ansatz notwendig, denn das fertige Endprodukt Flugzeug oder Rakete wurde ja wesentlich durch Faktoren im Luftkrieg, in der Doktrin der Luftwaffe, in der Rüstungsindustrie, in der Herrschaftsstruktur des »Dritten Reiches« und durch politische Grundsatzentscheidungen mitbeeinflußt. Diese Faktoren gilt es zu untersuchen, um zu schlüssigen Ergebnissen zu kommen.

Im folgenden werden daher zur Begründung der jeweiligen Perspektive einige Problemfelder aufgezeigt, mit denen die Frage der Düsenjäger und Raketenwaffen näher eingegrenzt werden kann.

---

[10] Nipperdey, Nachdenken über die deutsche Geschichte, S. 15.

[11] Ranke, Geschichten der romanischen und germanischen Völker von 1494 bis 1514, S. VII.

[12] Zur Kritik der Hermeneutik vgl. Albert, Plädoyer für kritischen Rationalismus; ders., Probleme der Wissenschaftslehre in der Sozialforschung, S. 58—60.

[13] Vgl. die Theoriediskussion in: Theorie und Erzählung in der Geschichte.

[14] So z.B. Gehrisch, Entwicklung der Luftfahrtindustrie.

[15] Mommsen, Mehrdeutigkeit von Theorien in der Geschichtswissenschaft, S. 359.

[16] Vgl. ebd., S. 365f.

Flugzeuge und Raketen sind zuerst einmal technische Produkte. Es liegt also ein technikgeschichtlicher Ansatz nahe. Nach Stahlschmidt sind zwei grundsätzlich verschiedene Fragestellungen möglich: »Einmal wird nach der Vergangenheit einzelner technischer Verfahren, Gegenstände oder Produktionsbereiche und ihrer konstruktiven Entwicklung gefragt, zum anderen nach den Voraussetzungen und Auswirkungen der Technik in allen Bereichen des menschlichen Lebens sowie den Einstellungen und Reaktionen der Menschen gegenüber der Technik[17].« Diese recht weit gefaßte Definition zeigt wesentliche Probleme auf, die im Verlauf der Arbeit behandelt werden. Die Entwicklungsgeschichte der einzelnen Projekte steht dabei im Vordergrund, natürlich auch unter dem Blickwinkel, mit welcher Einstellung Konstrukteure und Militärs den einzelnen Waffensystemen gegenüberstanden. Die Frage nach den Auswirkungen der Technik zielt zunächst auf den Einsatz der Waffen ab. »Wie bei fast allen anderen Themen der Technikgeschichte müßte auch in diesem Bereich neben die Darstellung von Entwicklung, Funktionsweise und Einsatz der einzelnen Waffen oder Waffensysteme jeweils die Wirkungsgeschichte treten[18].« Wirkungsgeschichte wird hier nicht nur im Sinne eines mehr oder weniger »erfolgreichen« Einsatzes im Kampfgeschehen gesehen, sondern auch im Hinblick auf Veränderungen im Denken der militärischen oder politischen Führer durch das Auftreten neuer Waffen.

Rein methodologisch ergeben sich aus diesem Ansatz keine Schwierigkeiten. »Hinsichtlich des methodischen Vorgehens der neuen Technikgeschichte gelten prinzipiell die gleichen Regeln, die für die Geschichtswissenschaft gültig sind[19].« Indem auch nach Ursachen und Wirkungen gefragt wird, den zentralen Fragen des Historikers also, erweist sich die Technikgeschichte als Bestandteil der Geschichtswissenschaft, die sich als »Sozialgeschichte mit dem besonderen Gegenstandsbereich der Technik definiert«[20]. Die wesentlich erweiterte Fragestellung der Technikgeschichte zeigt daher die Notwendigkeit der vorliegenden Arbeit. Es gibt ja durchaus eine ganze Reihe von »Sachbüchern«, die sich auf die Beschreibung der Flugzeuge und ihrer Entwicklungsgeschichte beschränken. Auf diesem Gebiet läßt sich wohl nicht mehr viel Neues finden. Thomas Parke Hughes, einer der führenden Vertreter der amerikanischen Technikgeschichte, hat aber auf den begrenzten Erkenntniswert solch einer Darstellung hingewiesen: »We have gone through a rather lengthy listing of this airplane and that airplane, this spacecraft and that spacecraft, as if these follow one from another. I think many historians would agree, and archaeologists, and cultural anthropologists would certainly agree, that these artifacts are expressions of culture. As the culture changes, the artifacts may well change in step with the culture rather than imagined internal dynamics or logic of technology. Therefore, if one looks at the changing configurations of the spacecraft, one might consider the possibility they are manifestations of changing political configurations, social configurations, and values. One cannot explain the evolution of technology simply by looking at the technology[21].«

---

17 Stahlschmidt, Quellen und Fragestellungen einer deutschen Technikgeschichte, S. 16f.
18 Ebd., S. 121.
19 Moderne Technikgeschichte, S. 19.
20 Ebd., S. 20.
21 Hughes, Perspecitives of a Historian of Technology, S. 258f.

Hughes' Kritik weist bereits auf weitere Problemfelder hin, die bei einer Untersuchung von technischen Produkten miteinbezogen werden müßten. Rüstungstechnologische Entscheidungen sind in hohem Maße politische Entscheidungen, die nur im Gesamtzusammenhang des jeweiligen politischen Systems, der Strategie und der Herrschaftsverhältnisse gesehen werden können. Gerade auf diesem Gebiet sind sich aber die Historiker völlig uneins, wie sich denn Machtverteilung und Verantwortlichkeiten im »Dritten Reich« erklären lassen.

An erster Stelle steht dabei das »Problem Hitler«[22], die Frage, ob ihm als »Führer« die zentrale Stellung und damit auch die Verantwortung innerhalb des »Dritten Reiches« zukam, oder ob er nur ein Faktor neben anderen im Herrschaftsgefüge Deutschlands war und deshalb eher — wie es Hans Mommsen einmal formulierte — ein »schwacher Diktator«[23] gewesen ist. Damit sind gleichzeitig die übrigen Machteliten im nationalsozialistischen Herrschaftssystem angesprochen. Schon Ernst Fraenkel hatte 1941 in seinem »Dual State« das Nebeneinander von Partei und Staat als konstituierendes Element des »Dritten Reiches« gesehen[24]. Franz Neumann stellte in seinem »Behemoth« vier herrschende Gruppen in Deutschland heraus, nämlich Partei, Wehrmacht, Bürokratie und Großindustrie[25].

Erkannten also schon die Zeitgenossen, daß das »Dritte Reich« nicht der monolithische Führerstaat war, als den es sich ausgab, so begnügen sich heute die Historiker nicht mehr mit der Erklärung einer alleinigen diktatorischen Herrschaft Hitlers: »In the last resort no single model can really do justice to the fluctuating shifts in the power groups of the Third Reich and their interrelationships, in the sense of providing a mono-causal account[26].« Es gilt daher auch für die hier vorliegende Untersuchung die Verantwortung des »Faktors Hitler« für bestimmte Entscheidungen einzugrenzen und den Kompetenzwirrwarr, in unserem Fall zwischen Luftwaffe, Speer-Ministerium, SS und Rüstungsindustrie, näher zu durchleuchten. Methodologisch erscheint mir dabei ein Spannungsfeld zwischen zwei Modellen des nationalsozialistischen Systems recht fruchtbar zu sein. Es handelt sich dabei zuerst um das von Martin Broszat, Hans Mommsen und Peter Hüttenberger vorgetragene Modell der »NS-Polykratie«[27], in der Hitler »nur extremer Exponent einer durch den Wegfall aller institutionellen, rechtlichen und moralischen Barrieren freigesetzten antihumanitären Impulskette war, die, einmal in Gang gebracht, sich potenzierend fortzeugte«[28]. Die Polykratietheorie ist zwar ein äußerst anregendes Denkmodell, das ein Verständnis der nationalsozialistischen Herrschaft wesentlich erleichtert, doch stellt sich die Frage, ob nicht totalitäre Elemente im Staatsgefüge zu sehr an den Rand gerückt werden.

---

[22] Hillgruber, Endlich genug über Nationalsozialismus, S. 11.

[23] Mommsen, Nationalsozialismus, Sp. 702; vgl. hierzu auch Funke, Starker oder schwacher Diktator?, S. 38—101; sowie Kershaw, NS-Staat, S. 125—164.

[24] Fraenkel, Doppelstaat.

[25] Neumann, Behemoth.

[26] Hiden/Farquharson, Explaining Hitler's Germany, S. 81.

[27] Broszat, Der Staat Hitlers; Mommsen, Hitlers Stellung, S. 43—70; Hüttenberger, Nationalsozialistische Polykratie.

[28] Mommsen, Hitlers Stellung, S. 66.

Als Gegenpol dient das von Karl-Dietrich Bracher und Klaus Hildebrand vertretene Modell eines »auf Hitler bezogenen rassistisch begründeten Totalitarismus«[29]. Zwar sehen auch sie die polykratische Struktur des politischen Systems, diese ist jedoch für Hitlers überragende Stellung notwendig, denn ihm fällt bei Konflikten die Schiedsrichterrolle zu. »Man könnte den Entscheidungsprozeß als Monokratie mit polykratischen Mitteln kennzeichnen«, urteilt Bracher[30]. Am konkreten Beispiel der »Wunderwaffen« kann aufgezeigt werden, inwieweit sich Einzelentscheidungen Hitlers auswirkten und in welchem Maße sie durch die untergeordnete Bürokratie umgangen wurden. Gleichzeitig beleuchtet die Geschichte dieser Waffensysteme schlaglichtartig das Ringen um Kompetenzen innerhalb der Führungsschicht des Nationalsozialismus. Allerdings möchte ich mich in einem Punkt eindeutig Bracher und Hildebrand anschließen: Einer weitgreifenden strukturell-funktionalen Theorie des »Faschismus« als gesamteuropäisches Phänomen der Krise des Kapitalismus und des antimodernistischen Widerstandes von Eliten kann ich nicht folgen. Zudem ist der Faschismusbegriff inzwischen zu einer »Allerweltsformel« geworden, deren wissenschaftlicher Aussagegehalt doch recht begrenzt ist. Ich möchte daher Karl-Dietrich Brachers Vorschlag folgen, das »Dritte Reich« nicht als »deutschen Faschismus«, sondern als »Nationalsozialismus« zu bezeichnen und damit den singulären Charakter dieser »deutschen Diktatur« hervorheben[31]. Über die Zuordnung von Macht und Einfluß innerhalb des Nationalsozialismus läßt sich dagegen durchaus noch streiten.

Ein zentrales Problem unserer Fragestellung ist dabei die Rüstungspolitik. Nach Michael Geyer ist Rüstung »die Bereitstellung von Gewaltmitteln. Sie ist der Prozeß, in dem in Gesellschaft und Wirtschaft vorhandene und geschaffene Ressourcen zu Kriegsmitteln verarbeitet werden[32].« Die Sachwalter der Rüstung sind das Militär und die Rüstungsindustrie. Es wäre verfehlt, sich nur auf einen der beiden Bereiche zu beschränken oder gar, wie bereits gezeigt, einen technologischen Determinismus zu unterstellen. »Die Bereitstellung neuer Kriegsmittel erfolgt nicht automatisch. Die Vorstellung gar, daß das Militär immer die neuesten Entwicklungen der Technologie sogleich in Waffen ummünzen müsse, setzte geradezu eine Revolution des militärischen Denkens voraus, die im Grunde erst nach 1945 ihren Abschluß fand. Denn Rüstung ist keineswegs jener wertneutrale und strikt sachrationale Prozeß der Beschaffung der jeweils neuesten Waffentechnologien, die von gierigen Rüstungsproduzenten auf den Rüstungsmarkt geworfen werden[33].«

Geyers bemerkenswerter Ansatz begreift Rüstung als Herrschaftsakt, bei dem »zwischen der jeweiligen Aneignung gesellschaftlicher Mittel durch das Militär oder die Rüstungsindustrie einerseits und dem davon getrennten Vorgang der Zueignung gesellschaftlicher Mittel in der politischen Arena andererseits«[34] zu unterscheiden sei. Insgesamt gesehen ist dieser Vorgang äußerst schwer zu erfassen, denn im Zuge moderner Bürokratisierung der

---

29 Bracher, Zeitgeschichtliche Kontroversen, S. 130; vgl. Hildebrand, Monokratie oder Polykratie?
30 Bracher, Zeitgeschichtliche Kontroversen, S. 131.
31 Vgl. ebd., S. 31—33; und auch Totalitarismus und Faschismus.
32 Geyer, Deutsche Rüstungspolitik, S. 9.
33 Ebd., S. 14.
34 Ebd., S. 15.

Verwaltung wird der Prozeß der Bereitstellung von Kriegsmitteln immer unübersichtlicher. Trotzdem soll versucht werden, die »Wunderwaffen«projekte auch in den Gesamtrahmen der nach Geyer definierten Rüstungspolitik einzuordnen. Wesentlich ist dabei dessen Feststellung: »Rüstung ist wandelbar und wandelt sich ständig. Sie verändert sich mit den gesellschaftlichen Herrschaftsverhältnissen. Sie folgt diesen, schafft sie aber nicht[35].« Damit sind wir wieder bei unseren Überlegungen zur Herrschaftsstruktur des »Dritten Reiches« angelangt. Wichtig ist hier vor allen Dingen die Stellung der »Sachwalter« der Rüstung, also Militär und Industrie, deren Rolle als Entscheidungsinstanzen innerhalb des Beschaffungsprozesses für neuartige Waffenentwicklungen näher analysiert werden muß.
Zunächst ein Blick auf die Industrie: An erster Stelle steht die Frage Arthur Schweitzers »Who Controlled Whom[36]?« Hatte die deutsche Industrie keinerlei Entscheidungsmöglichkeiten und ist daher als »Wirtschaft unter Zwang«[37] zu verstehen, oder ist das »Dritte Reich« vielmehr im Sinne der Leninschen Definition des »staatsmonopolistischen Kapitalismus« als »das Verwachsen von Monopolen und Staat zu einem einzigen Mechanismus imperialistischer Herrschaftsausübung, als Verschmelzung der Potenzen beider«[38], zu begreifen? Immerhin sollte bei der Erörterung einer Geschichte der Düsenflugzeuge und Raketenwaffen nicht vergessen werden, daß neben aller technischen Forschung auch Arbeit, Kapital und Ressourcen notwendig waren, um die Entwicklungen dann zu produzieren. Gerade die Produktionsseite »versagte« aber, denn es gelang nicht, die fortgeschrittene Technik rechtzeitig in großen Mengen herzustellen. Deshalb ist es durchaus von Interesse, ob Produktionsverzögerungen nur mit dem Eingreifen staatlicher Lenkungsorgane erklärt werden können, oder ob es nicht auch Eigeninteressen der Rüstungsindustrie gab, die sich in Produktionsentscheidungen niederschlugen. Daher wird im Verlauf der Arbeit den Fragen nachgegangen, wie weit denn die »Selbstverantwortung« der Industrie reichte, ob es tatsächlich eine Interessenverquickung zwischen Luftrüstung und Staat gab und inwieweit sich staatliche Zwangsmaßnahmen auswirkten.
Daneben ist auch ein Überblick über die Struktur der deutschen Luftrüstung notwendig. Viele Mängel im Aufbau der Luftwaffe waren durch das begrenzte Rüstungspotential Deutschlands begründet. Wie sich die strukturellen Schwächen des Flugzeugbaus und der Flugmotorenhersteller auf den Gang der Entwicklung und Produktion auswirkten, ist deshalb der zweite wesentliche Fragenkomplex im Bereich der Industrie. Hierbei ist zwischen »internen« Faktoren, wie mangelnder Rationalisierung und traditionellen Produktionsmethoden, und »externen« Faktoren, wie Rohstoffmangel, Arbeitskräftemangel oder Bombenschäden, zu unterscheiden. In weit größerem Ausmaß als alle »Führerbefehle« wirkten sich diese »Sachzwänge« auf die Geschichte der fortschrittlichen deutschen Waffensysteme aus. Die vorliegende Arbeit ist demnach auch eine Untersuchung zu einem Teilaspekt der Geschichte der deutschen Kriegswirtschaft, vor allem in der Endphase des Zweiten Weltkrieges.

---

35 Ebd., S. 20.
36 Schweitzer, Big Business.
37 Kannapin, Wirtschaft unter Zwang.
38 Eichholtz, Geschichte der deutschen Kriegswirtschaft, Bd 1, S. 4.

Als letztes Problemfeld bleibt noch der zweite »Sachwalter« der Rüstung übrig: das Militär. Die im folgenden beschriebenen Waffensysteme waren ja von Anfang an als innovative Projekte für den militärischen Einsatz geplant. Das Militär spielte dabei als Entscheidungsträger bei Entwicklung, Produktion und Einsatz eine gewichtige Rolle. Eine Geschichte der Düsenjäger und Raketen ist deshalb auch ein Stück Militärgeschichte.
Moderne Militärgeschichte besteht inzwischen längst nicht mehr nur aus Beschreibungen von Operationen und Kampfhandlungen zum Nutzen des Militärs im Sinne einer Wehr- oder Kriegsgeschichte. Vielmehr versteht sie sich als eine Subdisziplin der Geschichtswissenschaft[39]. Damit ergibt sich für die Militärgeschichte eine recht breit angelegte Fragestellung. Rainer Wohlfeil hat ihr in seiner schon klassischen Definition folgende Aufgaben zugewiesen: »Die Militärgeschichte ist also die Geschichte der bewaffneten Macht eines Staates, die in der Breite ihrer historischen Erscheinung behandelt wird. Sie fragt nach der bewaffneten Macht als Instrument und Mittel der Politik und befaßt sich mit dem Problem ihrer Führung in Frieden und Krieg. Im Krieg sieht sie jedoch nicht nur eine rein militärische Angelegenheit, sondern stellt ihn hinein in die allgemeine Geschichte, so daß der Krieg als historisches Phänomen gefaßt, erfaßt, erschlossen und durchdrungen wird. Die Militärgeschichte untersucht weiterhin das Militär nicht nur als Institution, sondern auch als Faktor des wirtschaftlichen, gesellschaftlichen und gesamten öffentlichen Lebens. Nicht zuletzt aber beschäftigt sie sich mit der bewaffneten Macht als politische Kraft. Im Mittelpunkt der Militärgeschichte aber steht — analog zum Ziel der allgemeinen historischen Wissenschaft, den Menschen und seinen Wirkungskreis zu erfassen — der Soldat in all seinen Lebensbereichen[40].«
Dieser Definition folgend, wird in meiner Darstellung der Krieg, speziell der Luftkrieg, nur als ein Bedingungsrahmen für Rüstungsentscheidungen gesehen. Die Darstellung einzelner Luftschlachten unterbleibt. Das Kampfgeschehen ist nur insofern von Interesse, als es in bezug zu strategischen Entscheidungen steht oder sich in Form von Einsatzerfahrungen auf Doktrin und Ausrüstungsforderungen der Luftwaffe auswirkt. Der Zweite Weltkrieg als Hintergrund der Entwicklungsgeschichte der Düsenflugzeuge und Raketen erscheint deshalb nicht als fortlaufende Kette von mehr oder weniger entscheidenden Schlachten. Michael Howard hat in diesem Sinne zusammenfassend festgestellt: »It might still be on the battlefield that decisions were reached, but the nature of the decision was so clearly determined by a multiplicity of factors — economic, technological, logistical, social, moral — that the history of those wars could not possibly be told purely in terms of their campaigns[41].«
Schwerpunkt der militärgeschichtlichen Betrachtungsweise ist dagegen das Militär als wesentlicher Faktor der Rüstungspolitik. Es ist, wie bereits angedeutet, in der Frage nach der Herrschaftsstruktur des »Dritten Reiches« mit eingeschlossen. Es wäre jedoch ver-

---

39 Opitz, Weg der Militärgeschichte; vgl. hierzu auch Wohlfeil, Wehr-, Kriegs- oder Militärgeschichte?; Allmayer-Beck, Militärgeschichte in ihrem Verhältnis zur historischen Gesamtwissenschaft; Hürten, Militärgeschichte in Deutschland; Wette, Friedensforschung, Militärgeschichtsforschung, Geschichtswissenschaft.

40 Wohlfeil, Wehr-, Kriegs oder Militärgeschichte?, S. 175.

41 Howard u.a., What is Military History?, S. 6.

fehlt, im Militär eine einheitliche Schicht gleichartig denkender Entscheidungsträger zu sehen. Vielmehr stand das deutsche Offizierkorps des 20. Jahrhunderts nach Klaus-Jürgen Müller vor einer doppelten Problemkonfrontation[42]. Einerseits war es als politisch-soziale Elite für Vorbereitung, Organisation und Führung des Krieges zuständig, andererseits gefährdeten neue industriell-technologische Bedingungen eines modernen »totalen Krieges« den Exklusivanspruch der militärischen Fachleute. »Diese prinzipielle Herausforderung wurde noch dadurch verschärft, daß die Technisierung des Militär-Instrumentes die Einheitlichkeit des Militärstandes als ›staatlichen Kriegertums‹ auflöste: die Differenzierung und Komplizierung des technisierten Militär-Apparates erforderte Spezialisierung und Differenzierung der Militär-Elite[43].« Gerade bei der Luftwaffe war dieser Prozeß bereits sehr weit fortgeschritten. Am Beispiel der deutschen »Wunderwaffen« wird das Gegeneinander von »Technikern« und »Strategen« sehr deutlich. Ein Ziel der Arbeit ist es deshalb, solche Verwerfungen in der deutschen Militärhierarchie in der Zeit des Nationalsozialismus zu untersuchen. Daraus lassen sich dann interessante Rückschlüsse auf angeblich »tragische« oder »dilettantische« Entscheidungen innerhalb der Luftwaffenführung ziehen.

Die angeführten Problemfelder eines multiperspektivischen Ansatzes sollen aber keineswegs im Rahmen eines Interpretationspluralismus einer Beliebigkeit der Urteile Tür und Tor öffnen. Vielmehr dienen sie dazu, die komplexe vergangene Wirklichkeit besser in den Griff zu bekommen als mit einem monokausalen Erklärungsmodell. Im Sinne einer anzustrebenden Objektivität im historischen Erkenntnisprozeß ist eine Darlegung der eigenen Perspektive notwendig, die die Kriterien nennt, nach denen die Arbeit angelegt ist. Eine ausführliche Diskussion und Beurteilung der »historischen Konstrukte« kann jedoch nur in Verbindung mit dem Forschungsgegenstand geschehen, so daß an dieser Stelle auf die einzelnen Teilkapitel verwiesen werden muß, in denen sie jeweils aufgegriffen werden. Ich hoffe jedoch, deutlich gemacht zu haben, daß eine Beschäftigung mit einzelnen technischen Produkten der Rüstungsindustrie durchaus eine fruchtbare Fragestellung auch für die Beurteilung weiter gefaßter Probleme abwerfen kann. Leider sind aber solche Arbeiten zur Zeit noch die Ausnahme, wie ein Blick auf den gegenwärtigen Forschungsstand zeigt.

2. Forschungsstand, Literatur und Quellenlage

Überblickt man die ungeheure Menge an Literatur zu Fragen des Luftkrieges und der Ausrüstung der Luftwaffe, so ergibt sich ein recht zwiespältiges Bild. Edward L. Homze beschreibt die Situation in seiner Bibliographie zur Militärluftfahrt in Deutschland treffend: »Much of the writing is of a popular nature emphasizing the personal, dramatic and heroic aspects of the war. Photo books, especially of German aircraft, are a minor sub-industry of the field. (...) The quality of these works is very uneven. Some are quite good, most are not[44].«

[42] Müller, Armee, Politik und Gesellschaft, S. 18f.
[43] Ebd., S. 19.
[44] Homze, German Military Aviation, S. 111.

In dieser Flut von Büchern leben viele Legenden fort, die immer wieder unkritisch übernommen werden, obwohl sie durch die historische Forschung längst widerlegt sind. Das liegt wohl auch daran, daß von wissenschaftlicher Seite relativ wenig zu technisch-industriellen Themen geschrieben worden ist. Die große Masse von technikgeschichtlichen Werken, die über militärtechnische Projekte erschienen sind, ist nun nicht gerade ein Beispiel für die historisch-kritische Methode. »Our military or technological history is nondocumentary to a large degree. It is handled by people who are not trained in the normal seminars of political history. (...) These People are quite unaware of the contextual documentary and even secondary historical materials[45].« Von einem »Forschungsstand« im eigentlichen Sinne kann daher kaum gesprochen werden.

Es gibt keine detaillierte Studie zur Geschichte der deutschen Luftrüstung im Zweiten Weltkrieg, die die Interdependenz von Militär, Politik und Wirtschaft zu ihrem Gegenstand machte. Teilaspekte des Geschehens greifen die Dissertationen von Richard J. Overy[46], Wolfgang Gehrisch[47] und Roger A. Williams[48] auf, die leider alle unveröffentlicht geblieben sind. Sehr viel von Overys Darstellung ist jedoch in sein Werk über den Luftkrieg eingeflossen, in dem er mit einem vergleichenden Ansatz Strategie und Rüstungsstruktur der Hauptkontrahenten des Zweiten Weltkrieges untersucht[49]. Die bedeutenden Arbeiten von Karl-Heinz Völker[50] und Edward L. Homze[51] behandeln leider nur die Zeit bis 1939.

Wie aber entstand die bereits eingangs erwähnte Legende von der »Tragödie« der deutschen Düsenjäger? Schon 1945 berichtete der ehemalige Luftwaffengeneral Rieckhoff in einem recht kritischen Werk über die Luftwaffe von Hitlers Eingreifen bei der Entwicklung der Strahlflugzeuge[52]. Gleichzeitig nahm unter Leitung des Chefs der 8. (Kriegswissenschaftlichen) Abteilung des Generalstabs der Luftwaffe, Generalmajor Herhudt von Rohden, ein Team von ehemaligen Luftwaffenoffizieren mit Billigung der amerikanischen und englischen Nachrichtendienste die Arbeit an einer Analyse des Luftwaffeneinsatzes im Zweiten Weltkrieg auf[53]. Es entstand in zweieinhalbjähriger Arbeit eine Reihe von maschinenschriftlichen Ausarbeitungen, von denen vor allem fünf Studien zur Luftrüstung den Grundstein für die Düsenjägerlegende legten[54].

Einer breiteren Öffentlichkeit wurden die Ergebnisse dieser Untersuchungen erstmals durch die Geschichte der Luftwaffe von Werner Baumbach bekannt, der Kampfflieger und zeitweise Mitarbeiter bei dem »Projekt von Rohden« gewesen war[55]. Noch weitere

---

[45] Cooling, Technology and the Frontiers of Military History, S. 207.

[46] Overy, German Aircraft Production.

[47] Gehrisch, Entwicklung der Luftfahrtindustrie.

[48] Williams, Development.

[49] Overy, Air War.

[50] Völker, Luftwaffe; Dokumente und Dokumentarfotos.

[51] Homze, Arming the Luftwaffe.

[52] Rieckhoff, Trumpf oder Bluff?

[53] Vgl. hierzu Völker, Forschung zwischen 1945 und 1969; Boog, Germanic Air Forces.

[54] Europäische Beiträge zur Geschichte des Weltkrieges II 1939/45, Heft 6: Die Deutsche Luftrüstung 1935—1945 (Gesamtüberblick); Heft 7—9: Entwicklung und Planung in der deutschen Luftwaffe; Heft 10: Die Deutsche Luftwaffenindustrie vor und während des Krieges, IfZ, MA-54 (2).

[55] Baumbach, Zu spät?

Kreise zog der Erlebnisbericht des ehemaligen Generals der Jagdflieger Adolf Galland, dessen Buch »Die Ersten und die Letzten«[56] inzwischen eine Auflage von mehreren hunderttausend erreicht hat. Galland widmete vor allem dem Düsenjäger Me 262 unter dem Titel »Die Düsenjäger-Tragödie« ein eigenes Kapitel[57], in dem er Göring und Hitler die Schuld für das »Versagen« bei der Ausrüstung der Luftwaffe zuschrieb. Zur selben Zeit erschienen die Memoiren Ernst Heinkels, eines führenden Luftfahrtindustriellen und Pioniers der Düsen- und Raketenflugzeuge[58], die auch als Vorabdruck in der Illustrierten »Quick« eine weite Verbreitung fanden. Überhaupt sorgten ehemalige Mitarbeiter des Reichsluftfahrtministeriums und der Industrie durch verschiedene Beiträge in Zeitschriften für die Verbreitung der Legende von den »Wunderwaffen«, die durch Hitlers und Görings Unvermögen »zu spät« gekommen seien[59]. Dieser Umstand wurde noch dadurch verschlimmert, daß auch die anglo-amerikanische Presse begierig nach solchen Sensationsmeldungen griff[60]. Dahinter steckte natürlich — wie Percy Ernst Schramm einmal kritisch vermerkte — die Absicht, aufzuzeigen, »wie gefährlich die Deutschen auf Grund ihrer Erfindungen gewesen seien«[61].

Einen vorläufigen Endpunkt dieser Entwicklung bildete der zweite Anlauf der Amerikaner, eine umfangreiche Darstellung der Luftwaffe und des Luftkrieges von ehemaligen Offizieren erarbeiten zu lassen. Das »German Air Force Monograph Project« wurde im Rahmen der Historical Division der USAREUR in Karlsruhe gestartet. Von 1953 bis 1958 entstanden 41 Einzelstudien, deren Kopien sich heute im Militärgeschichtlichen Forschungsamt in Freiburg befinden. Ein Teil der Arbeiten wurde später als Reprint in englischer Übersetzung veröffentlicht, darunter auch die von Prof. Richard Suchenwirth[62], übrigens der einzige Zivilist bei dem Unternehmen. Neben Suchenwirths Studien interessieren für eine Geschichte der Luftrüstung vor allem die unveröffentlichten Typoskripte des ehemaligen Generalingenieurs Walter Hertel, Chef der Amtsgruppe Beschaffung im Technischen Amt des RLM, und des Generals der Flakartillerie von Renz, Chef der Amtsgruppe für Flakentwicklung[63]. Hier wurden endgültig die bereits erwähnten Standpunkte zur Entwicklung der deutschen Düsenjäger und Raketenwaffen festgeschrieben. Das auch als »Studiengruppe Geschichte des Luftkrieges« bezeichnete Team in Karlsruhe arbeitete mit umfangreichem Quellenmaterial, das gewöhnlich als »Karlsruhe Document Collection« bezeichnet wird und in der Air University, Maxwell Air Force Base, Alabama, und als Duplikat inzwischen im Bundesarchiv-Militärarchiv in Freiburg liegt. Allerdings handelt es sich hierbei oft um Abschriften von Archivmaterialien,

---

[56] Galland, Die Ersten und die Letzten
[57] Ebd., S. 349—363.
[58] Heinkel, Stürmisches Leben.
[59] So z.B. Strahltriebwerke, die Hitler nicht wollte.
[60] Exemplarisch dafür: Angell, Guided Missiles.
[61] Schramm, Hitler als militärischer Führer, S. 38.
[62] Suchenwirth, Historical Turning Points; ders., Command and Leadership.
[63] Walter Hertel, Die Flugzeugbeschaffung in der deutschen Luftwaffe, MGFA, LW 16/1; Die Entwicklung der deutschen Flugabwehrwaffen aller Art bis zum Jahr 1945 von General der Flakartillerie a.D. von Renz, MGFA, LW 39.

deren Herkunft nicht nachgewiesen wird. Für viele Hobby-Forscher, die Material über die Luftwaffe suchten, stand jedoch nun eine Sammlung von wohlgeordneten Unterlagen bereit, aus denen es sich prächtig zitieren ließ, einen Anmerkungsapparat gibt es bei vielen »Sachbüchern« sowieso nicht.

Alle angeführten Arbeiten, auch die »Erinnerungen« der Luftwaffengenerale, sind aber mit Vorsicht zu genießen. Ihre Verfasser waren ein Teil des Entscheidungssystems der Rüstungspolitik im »Dritten Reich«. Die Darstellungen müssen also gar nicht objektiv in dem Sinne sein, daß darin auch eine selbstkritische Betrachtung der Vorgänge enthalten gewesen wäre. Dies läßt sich daraus schließen, daß die Autoren eben meist ihren Kontrahenten im Streit um den »richtigen« Einsatz der »Wunderwaffen« die Schuld am »Versagen« gaben. Beispiel hierfür ist Walter Hertel, in dessen Nachlaß eine ganze Reihe von persönlichen Stellungnahmen der Beteiligten zu finden ist. Von zentraler Bedeutung war für ihn die Frage nach dem Messerschmitt-Düsenjäger Me 262, der als die größte Chance für eine Wende im Luftkrieg angesehen wurde[64]. Es gab durchaus Stimmen, beispielsweise von Generalingenieur Wolfram Eisenlohr, der im Technischen Amt für die Motorenentwicklung zuständig gewesen war, daß die Entwicklungsgeschichte der Me 262 absolut normal verlaufen sei[65]. Dennoch setzte sich die Ansicht Prof. Willy Messerschmitts durch, der der Karlsruher Studiengruppe in einem Schreiben die Geschichte der Me 262 als eine Verkettung von Fehlentscheidungen des RLM schilderte, deren fatale Folgen er nur durch den persönlichen Einsatz unter Umgehung von Befehlen wenigstens teilweise habe ausbügeln können[66]. Diese Darstellung hat Messerschmitt auch später in einem Interview im ZDF wiederholt[67]. Begreiflicherweise klingt die Geschichte der »Wunderwaffen«, die allein durch die »Verblendung« der Herrschenden »zu spät« gekommen seien, viel dramatischer, als wenn sich der Blick nur auf die technischen Probleme richtet, die wahrscheinlich aber viel ausschlaggebender gewesen sind. Die in den fünfziger Jahren durch Luftfahrtindustrielle und ehemalige Offiziere vorgetragene Wunderwaffenlegende setzte sich durch und scheint unausrottbar zu sein. Ihre Funktion als Schuldzuweisung an negative historische Gestalten, wie Hitler und Göring, oder als Minimierung des eigenen Anteils an der Kriegspolitik wird noch im folgenden zu diskutieren sein. Selbst in neuesten Darstellungen zum Luftkrieg ist sie immer noch anzutreffen[68]. Auch Jochen von Lang hat in seiner Sendereihe »Krieg der Bomber«, die im Januar 1985 in der ARD ausgestrahlt wurde, und in seinem Buch zur Fernsehsendung der Legende um die Düsenjäger wiederum eine große Verbreitung verschafft[69].

---

64 Vgl. Nachlaß Hertel, Ordner Schriftverkehr E-O, Brief Hertels an Dipl.Ing. W. Eisenlohr vom 4.4.1956, BA-MA, N 653.

65 Nachlaß Hertel, Ordner Me 262, He 162, Flugzeuge, Brief Wolfram Eisenlohrs an Hertel vom 19.4.1956, BA-MA, N 653.

66 Nachlaß Hertel, Ordner VI, Nr. 954, Abschrift 8.9.1955/K des Briefes von Prof. Willy Messerschmitt an Generalmajor a.D. Walter Grabmann vom 24.8.1955, BA-MA, N 653.

67 IfZ, Sammlung Irving, Niederschrift des Interviews in der Sendung des ZDF vom 17.2.1970 »Als Feuer vom Himmel fiel«.

68 So bei Stokesbury, A Short History of Air Power, S. 235f.; Czesany, Alliierter Bombenterror, S. 418ff.

69 Lang, Krieg der Bomber, S. 191—202.

Innerhalb der reinen Technikgeschichte liegt inzwischen eine ganze Anzahl von brauchbaren Werken zur Entwicklungsgeschichte der deutschen Flugzeuge vor[70]. Daneben gibt es Spezialdarstellungen über die Düsenflugzeuge[71] und über die Entwicklungsgeschichte der deutschen Jagdflugzeuge[72], Raketen[73] und Strahltriebwerke[74]. Sogar die Geschichte einzelner Flugzeugmuster, wie des Düsenjägers Me 262[75] und des Raketenjägers Me 163[76], sind erschienen. Nur wenige der angeführten Werke fragen aber nach den Hintergründen für gewisse Entscheidungen, die eben auch in der Struktur der Luftfahrtindustrie oder dem Denken der Luftwaffenführung begründet liegen. Ausnahmen bilden die »Chronik eines Me-262-Geschwaders« des Frankfurter Hobby-Historikers Manfred Boehme[77], die viel mehr abwirft, als der Titel verspricht, und vor allem die ausgezeichneten Studien von Karl-Heinz Ludwig[78]. Boehme arbeitet auf breiter Quellenbasis, leider aber ohne Anmerkungsapparat. Er untersucht bei seiner Darstellung nicht nur die Einsatzgeschichte der Me 262, sondern zeigt auch die Probleme bei der Entwicklung der Triebwerke und das Ringen um eine brauchbare Einsatzdoktrin innerhalb der Luftwaffe auf. Die Arbeiten Boehmes und Ludwigs verdeutlichen, wie fruchtbar ein Ansatz sein kann, der neben rein technischem Quellenmaterial auch Dokumente miteinbezieht, die nicht schon von den genannten Studiengruppen zur Geschichte der Luftwaffe aufgearbeitet worden sind.

Die Probleme mit der richtigen Einordnung von Rüstungsentscheidungen kommen wohl auch daher, daß die Quellenlage für eine Geschichte der Luftwaffe nicht gut ist, denn der größte Teil der Luftwaffenakten wurde vernichtet[79]. Zudem wurde dieses Forschungsgebiet meist Publizisten überlassen. Während die Geschichte der RAF[80], der USAAF[81] und der alliierten strategischen Bomberoffensive[82] jeweils in mehrbändigen Gesamtdarstellungen verarbeitet wurde, gibt es nichts entsprechendes für die Luftwaffe. Das briti-

---

[70] Sehr gut und durchaus kritisch gegenüber mancher Überbewertung einzelner Typen: Green, Warplanes; ebenfalls sehr ausführlich Shmith/Kay, German Aircraft; die beste deutschsprachige Übersicht bietet Nowarra, Deutsche Luftrüstung. Der Titel täuscht. Es handelt sich nicht um die Darstellung der Luftrüstung, sondern nur um die technische Beschreibung und Entwicklungsgeschichte der einzelnen Flugzeugtypen.

[71] Smith/Creek, Jet Planes of the Third Reich; Ethell/Price, Deutsche Düsenflugzeuge; Wagner, Strahlflugzeuge.

[72] Kosin, Entwicklung der deutschen Jagdflugzeuge.

[73] Benecke/Hedwig/Hermann, Flugkörper und Lenkraketen; Pocock, German Guided Missiles.

[74] Gersdorff/Grasmann, Flugmotoren und Strahltriebwerke; noch immer einschlägig ist die umfangreiche an der Harvard-Universität erstellte Untersuchung von Schlaifer, Development; auf hohem theoretischem Niveau und mit einem ausgezeichneten Modell technologischen Wandels Constant, Turbojet Revolution.

[75] Ziegler, Turbinenjäger Me 262; Boyne, Messerschmitt Me 262.

[76] Späte, Der streng geheime Vogel; Ethell, Messerschmitt Komet; Ziegler, Raketenjäger Me 163.

[77] Boehme, Jagdgeschwader 7.

[78] Ludwig, Flakraketen; ders., Technik und Ingenieure.

[79] Vgl. hierzu Endres, Zum Verbleib der Luftwaffenakten.

[80] Richards/Saunders, Royal Air Force.

[81] Army Air Forces.

[82] Webster/Frankland, Strategic Air Offensive.

sche Air Ministry veröffentlichte zwar schon 1948 eine immer noch brauchbare Studie über die Luftwaffe[83], der schon Asher Lees frühe Analyse vorangegangen war[84]. Sie fand aber wenig Beachtung, und journalistische Darstellungen, wie die von Herbert M. Mason[85], John Killen[86] oder Cajus Bekker[87] — um nur einige zu nennen — folgen der traditionellen Interpretation der ehemaligen Luftwaffenoffiziere. Auch eine so kritische Arbeit über den Luftkrieg wie die des DDR-Historikers Olaf Groehler[88] krankt an einer gewissen Einseitigkeit, denn Groehler versucht auf Biegen und Brechen nachzuweisen, daß die Luftmacht der Sowjetunion der entscheidende Faktor im Luftkrieg gewesen sei. Sehr viel ausgewogener und ein Durchbruch im Hinblick auf eine gesamtdeutsche Wissenschaftslandschaft ist dagegen Groehlers quellengesättigte Darstellung des Bombenkrieges gegen Deutschland[89]. Neue Denkanstöße bringen inzwischen Matthew Coopers[90] Werk über die Luftwaffe, das sich aber nur auf die Literatur stützt, und — fast muß man sagen endlich! — Williamson Murrays[91] ausgezeichnete Arbeit, bei der eine große Zahl der verfügbaren Quellen herangezogen wird. Zentrale Fragen der Luftrüstung, der Strategie und des Einsatzes der Luftwaffe werden auch in der neuen Gesamtdarstellung des Zweiten Weltkrieges durch das Militärgeschichtliche Forschungsamt angesprochen. Die bisher vorliegenden sechs Bände decken aber nur die Zeit bis 1943 ab[92].

Ähnlich sieht das Bild bei der Forschung zur Luftwaffenführung aus. Nach den bereits erwähnten Arbeiten Suchenwirths fachte vor allem David Irvings gut recherchiertes Buch über die Luftwaffe die Diskussion an[93]. Er stützte sich vor allem auf die Akten und Erinnerungen des ehemaligen Staatssekretärs der Luftfahrt und Generalinspekteurs der Luftwaffe, Erhard Milch. Wie so oft bei Irvings Werken identifizierte er sich aber zu sehr mit der Sehweise seines »Helden«, so daß Milch als der allwissende, vorausschauende Planer erscheint, der es schon richtig gemacht hätte, wenn man ihn nur gelassen hätte. Es wundert daher nicht, daß Irving auch von Seiten ehemaliger Luftwaffenangehöriger widersprochen worden ist[94]. Immerhin gab Irving den Anstoß, die »Schuld« für das technische Versagen der Luftwaffe nicht nur bei der Führung zu suchen, sondern auch die Darstellung der Luftfahrtindustriellen kritisch zu betrachten.

Das definitive Werk zur Luftwaffenführung hat inzwischen Horst Boog[95] vorgelegt. Seine große Fleißarbeit bringt eine Fülle von neuen Interpretationen, die mit gängigen Klischees aufräumt. Es wäre wohl ein gutes Dutzend von Spezialuntersuchungen notwen-

---

[83] Rise and Fall of the German Air Force.
[84] Lee, German Air Force.
[85] Mason, Luftwaffe.
[86] Killen, Luftwaffe.
[87] Bekker, Angriffshöhe 4000.
[88] Groehler, Geschichte des Luftkriegs.
[89] Groehler, Bombenkrieg gegen Deutschland.
[90] Cooper, Luftwaffe.
[91] Murray, Luftwaffe.
[92] Das Deutsche Reich und der Zweite Weltkrieg.
[93] Irving, Tragödie.
[94] Osterkamp/Bachér, Tragödie der Luftwaffe?
[95] Boog, Luftwaffenführung.

dig, um alle Fragen, die von ihm aufgeworfen worden sind, hinlänglich zu klären. Boogs Arbeit markiert einen Qualitätssprung in der Forschung zur Geschichte der Luftwaffe. Interessanterweise ist Hermann Göring, der neben vielen anderen Funktionen ja auch die des Oberbefehlshabers der Luftwaffe innehatte, erst in jüngster Zeit als Forschungsgegenstand »wiederentdeckt« worden[96]. Die für Fragen der Luftwaffe einschlägigste Biographie ist die von R.J. Overy[97], der ja als Kenner der deutschen Luftrüstungsindustrie viel von seinen früheren Forschungen profitierte. Insgesamt wäre noch eine ganze Reihe von Arbeiten in der Qualität von Völker, Homze, Overy, Murray und Boog notwendig, um die Geschichte der Luftwaffe und der Luftrüstung aus dem Bereich der populärwissenschaftlichen Hobby-Historie auf die Ebene der gesicherten quellenkritischen Geschichtsschreibung zu heben. Ich hoffe, mit meiner Untersuchung einen kleinen Beitrag zu diesem Unterfangen zu leisten.

Die Quellenlage ist hierzu vergleichsweise schwierig, weil bedeutende Teile der Luftwaffenakten durch Vernichtungsaktionen bei Kriegsende für immer verloren sind. Gerade im für technische Fragen so wichtigen Generalluftzeugmeisterbereich sind aber große Bestände erhalten geblieben, die inzwischen nach Rückgaben aus den USA und Großbritannien im Bundesarchiv-Militärarchiv in Freiburg zugänglich sind. Für Einzelprojekte der Luftrüstung bietet die »Sondersammlung Luftfahrt« des Deutschen Museums in München umfangreiches Material der ehemaligen Firmen der Luftfahrtindustrie. Tiefen Einblick in die jeweilige Firmenpolitik gewährt die sogenannte »Speer Collection« des Imperial War Museums in London, in der wichtige Dokumente aller bedeutenden Flugzeug- und Motorenhersteller der Zeit vor 1945 enthalten sind. Schließlich sei auf die wohlgeordneten Bestände des Bundesarchivs in Koblenz verwiesen, wo die Akten des Reichsministeriums für Rüstung und Kriegsproduktion, des Reichsforschungsrates und der SS liegen. Es bleibt die schwierige Aufgabe, aus der bruchstückhaften Überlieferung, aus Splitterakten und zum Teil durch Interpolation aus Akten der unteren Befehlsebene ein Bild der wichtigsten rüstungstechnischen Entscheidungen im Bereich der Forschung, Entwicklung und Produktion von Düsenflugzeugen und Raketenwaffen zu zeichnen. Dennoch lohnt sich die Mühe, denn in vielen eigentlich abseitigen Aktenfaszikeln finden sich wertvolle Hinweise, die das traditionelle Geschichtsbild für diesen Bereich relativieren. Darauf wird aber in der Diskussion innerhalb der einzelnen Kapitel noch genauer verwiesen.

---

96 Martens, Hermann Göring; Kube, Pour le mérite; Irving, Göring.

97 Overy, Hermann Göring.

II. Düsen- und Raketenflugzeuge in der Frühphase der Entwicklung und das rüstungspolitische Umfeld in Luftwaffenführung und Industrie

1. Die Entwicklung der ersten Raketen- und Strahlflugzeuge

Strahltriebwerke und Raketen waren revolutionäre Entwicklungen, die die überkommenen Strukturen der Luftfahrttechnik schlagartig veränderten, und ohne sie wäre die heutige internationale Luftfahrt kaum denkbar. Die zentrale Stellung in solch einem Prozeß kommt der Forschung und Entwicklung zu, ohne die ein Fortschritt wohl nur durch eher zufällige Entdeckungen möglich wäre. Die Bereitstellung von neuer Technologie im 20. Jahrhundert läßt sich nicht mehr mit dem Begriff »Erfindung« erfassen[1]. Komplexe technische Neuerungen, wie Düsenflugzeuge und Raketen, verlangen ein Ineinandergreifen von Grundlagenforschung, technischer Erfindung und industrieller Entwicklung, bis am Ende das fertige Produkt steht. Es ist wohl treffender, diese Vorgänge als »technologischen Wandel« zu bezeichnen, wobei ich das hervorragende Modell Edward W. Constants zugrunde lege, der sich seinerseits eng an Thomas Kuhns »Struktur wissenschaftlicher Revolutionen« anlehnt[2].

Innerhalb der »community of technological practitioners« herrscht ursprünglich die Konzentration auf eine bestimmte bewährte und anerkannte Technologie vor, die Constant als »normal technology« bezeichnet. »Normal technology generally is requisite to technological progress. Only a concentration on a functional normal technology can avoid hopeless dispersion of scarce resources. Normal technology therefore constitutes the bulk of all technological activity, whether measured in terms of funds or in terms of engeneering time and talent[3].« In der Zeit vor und während des Zweiten Weltkrieges bestand die »normal technology« der Luftfahrt in propellergetriebenen Kolbenmotorflugzeugen. Da ja technischer Fortschritt innerhalb des Systems sehr wohl möglich ist, konzentrierten sich alle kriegführenden Staaten auf die Weiterentwicklung der Motoren, um leistungsfähigere Maschinen zu bekommen. In dieser Phase tritt dann aber ein Phänomen auf, das Constant als »presumptive anomaly« bezeichnet[4]. Theoretische Überlegungen von Wissenschaftlern und Technikern lassen die Vermutung zu, daß in der Zukunft altbewährte Systeme nicht mehr ausreichen werden oder daß neue Systeme besser funktionieren werden als die herkömmliche Technologie. Männer, wie Ernst Heinkel und Helmut Schelp, erkannten schon Mitte der dreißiger Jahre, daß der Wirkungsgrad des Propellers bei höheren Geschwindigkeiten an eine Grenze stoßen mußte, die nur durch neue

---

[1] Grundlegend hierzu Moderne Technikgeschichte, S. 19f.

[2] Constant, Turbojet Revolution, S. 1–32.

[3] Ebd., S. 10.

[4] Ebd., S. 15.

Antriebssysteme überwunden werden konnte[5]. Ab 1936 arbeitete eine ganze Reihe von Wissenschaftlern und Ingenieuren an dem Problem, eine funktionstüchtige und ökonomisch vertretbare Strahlturbine für Flugzeuge zu entwickeln. Hans Papst von Ohain bei Heinkel, Herbert Wagner bei Junkers und Helmut Schelp im RLM waren dabei die wichtigsten deutschen Pioniere, die ein vorerst theoretisches Konzept in die Praxis umsetzten[6]. Die nächste Stufe in Constants Modell ist der Wettbewerb. Die neue Technologie konkurriert mit der »normal technology« innerhalb der »community of practitioners«. Zwei Lösungen sind dabei denkbar: »Nonadoption (either the alternative fails, or else attempts to refine the older system are perceived by the relevant community to have been successful, thus negating arguments for radical change) or adoption (the community adopts the new system and begins a new normal technology), which is the equivalent of technological revolution[7].« Die zahlreichen Debatten pro und contra Düsenjäger, die Unsicherheit sowohl der Luftwaffenspitze als auch der Luftfahrtindustriellen bis 1943 lassen sich als Ergebnisse dieses Wettbewerbs interpretieren. Nur weil heutzutage der Düsenantrieb die »normal technology« geworden ist, kann man leichtfertig den Verantwortlichen der deutschen Luftrüstung Dilettantismus vorwerfen, da sie ja die Bedeutung der neuen Antriebstechnik nicht erkannt hätten. Der Strahlantrieb war für die Zeitgenossen ein absolut neuartiges Gebiet der Luftfahrttechnologie, so daß manches Zögern, manches Unverständnis und teilweise auch die ablehnende Haltung der Fachleute verständlich werden. Kritiker der Luftwaffenführung sollten diese Perspektive mehr berücksichtigen, denn teilweise werden geradezu seherische Fähigkeiten von den führenden Leuten verlangt, obwohl sich sogar die Fachwelt noch uneins über die Zukunft der neuen Projekte war. Beispielsweise behauptete Willy Messerschmitt noch im Juli 1943: »Ein Flugzeug mit TL-Triebwerk (262) wird lange Zeit nicht, vielleicht sogar nie, den normalen Jäger ersetzen[8].« Erst als sich die Lage im Luftkrieg verschärfte, setzte Generalluftzeugmeister Milch alles auf eine Karte und beschloß, die Düsenflugzeuge zu produzieren. Er betonte, mit dieser Entscheidung sei man »sehr tapfer und mutig« gewesen[9]. Erst bei Kriegsende war das Turbinenluftstrahltriebwerk zur »normal technology« geworden und trat seinen Siegeszug um die Welt an. »Whatever its outcome, technological revolution has a significant time dimension. It is not a discrete critical event, but a dynamic process sometimes requiring decades to unfold. Development is not done overnight nor is competition resolved instantaneously[10].«

Im folgenden Kapitel sollen die ersten bahnbrechenden Schritte in diesem Prozeß aufgezeigt werden.

---

[5] Heinkel, Stürmisches Leben, S. 427; Köhler, Ernst Heinkel, S. 148ff.; Schlaifer, Development, S. 377—381; vgl. auch LC 7/III vom 14. 10. 1938, Gegenwärtiger Stand und künftige Entwicklungsarbeit auf dem Gebiet des Schnellfluges mit Strahltriebwerk, BA-MA, RL 3/780.

[6] Constant, Turbojet Revolution, S. 194—207; Schlaifer, Development, S. 377—386.

[7] Constant, Turbojet Revolution, S. 19.

[8] Willy Messerschmitt an F. W. Seiler vom 2. 6. 1943, IWM, Speer Collection, FD 4355/45, Vol. 6, S. 217.

[9] GL-Besprechung vom 20. 08. 1943, BA-MA, RL 3/24, S. 7135.

[10] Constant, Turbojet Revolution, S. 19.

a) Vorgeschichte und erste Projekte

Mitte der dreißiger Jahre führten theoretische Überlegungen einiger Fachleute der Luftfahrtentwicklung und -forschung zur Erkenntnis, daß die bisherigen propellergetriebenen Flugzeuge bei hohen Geschwindigkeiten an eine Grenze stoßen mußten, die auch durch stärkere Motoren oder verbesserte Aerodynamik nicht mehr überwunden werden konnte, weil die größere Motorleistung durch das entsprechend höhere Gewicht und den Kühlerwiderstand wieder aufgefressen würde. Gerade Ernst Heinkel, ein Flugzeugbauer und Industrieller, dessen Interessen auf dem Gebiet des Schnellfluges lagen, begann sich deshalb für neuartige Antriebssysteme zu interessieren[11].
Ende 1935 lernte er den jungen Wernher von Braun kennen, der später als Erbauer der V 2 und zahlreicher Raketen für das amerikanische Raumfahrtprogramm Weltruhm erlangen sollte. Von Braun experimentierte als Mitarbeiter von Walter Dornberger im Auftrag des Heereswaffenamtes mit Raketen. Heinkel stellte ihm eine Arbeitsgruppe und einen He-112-Kolbenmotorjäger zur Verfügung, in den zusätzlich ein Raketentriebwerk eingebaut wurde. Das Prinzip des Raketenantriebes war nicht neu. Schon 1928 hatte Fritz Stamer einen Flug auf einem raketengetriebenen Segelflugzeug absolviert. 1929 und 1930 experimentierte Fritz von Opel mit zwei Segelflugzeugen, die mit Pulverraketen ausgerüstet waren[12].
Neben dem Team des Heereswaffenamtes um Dornberger stellte auch Hellmuth Walter in Kiel mit einem neuen Verfahren Versuche an. Er gründete am 1. Juli 1935 das »Ingenieurbüro H. Walter GmbH«, das sich innerhalb weniger Jahre zu einem größeren Unternehmen, HWK (Hellmuth Walter, Kiel) genannt, ausweitete. Am Ende des Krieges beschäftigte er etwa 5000 Mitarbeiter, darunter ca. 300 Ingenieure und Wissenschaftler[13].
Beim sogenannten »kalten« Walter-Verfahren wurde eine 80prozentige Wasserstoffperoxidlösung mit einem Katalysator wie Natrium- oder Kalziumpermanganat zersetzt, wobei ein Sauerstoff-Dampf-Gemisch mit einer Temperatur von 460° C entstand. Ließ man es aus einer Rückstoßdüse austreten, so konnte ein entsprechender Vortrieb erzielt werden. Beim »heißen« Walter-Verfahren wurde das Wasserstoffperoxid als Oxidator benutzt, dem als weitere Brennstoffe Benzin und Hydrazinhydrat zugesetzt wurden, ein Gemisch, das bei einer Temperatur von bis zu 2000° C in einer Brennkammer reagierte[14]. Ernst Heinkel unterstützte vorerst nur die Versuche mit dem von-Braun-Raketentriebwerk. Nach mehreren Explosionen bei Standversuchen mit He-112-Rümpfen wurde schließlich auch die erste flugfähige He 112 zerrissen. Heinkel stellte eine neue Maschine zur Verfügung, mit der zum ersten Mal im Sommer 1937 ein Flug nur mit dem Raketentriebwerk glückte, als der Testpilot Erich Warsitz den Kolbenmotor abschaltete, und schließlich gelang ihm sogar ein Start ohne zusätzliche Motorkraft[15]. Das RLM, das

---

[11] Ebd., S. 198; Köhler, Ernst Heinkel, S. 148—150; Gersdorff/Grasmann, Flugmotoren und Strahltriebwerke, S. 181; Heinkel, Stürmisches Leben, S. 471 f.; Wagner, Strahlflugzeuge, S. 11—13.

[12] Gersdorff/Grasmann, Flugmotoren und Strahltriebwerke, S. 213; Köhler, Ernst Heinkel, S. 150 f.

[13] Kruska, Walter-Raketenantriebe, S. 53.

[14] Ebd., S. 54 f.; Gersdorff/Grasmann, Flugmotoren und Strahltriebwerke, S. 214 f.

[15] Köhler, Ernst Heinkel, S. 152; Heinkel, Stürmisches Leben, S. 473—481; Wagner, Strahlflugzeuge, S. 46—48.

durch von Braun über die Experimente informiert war, schaltete sich nun ein und ließ das Walter-Triebwerk in die He 112 einbauen. Gleichzeitig dachte Ernst Heinkel bereits an die Fertigung eines »Nur-Raketenflugzeuges«, der späteren He 176[16].

Neben der Arbeit an Raketenflugzeugen ist Heinkels Name eng mit der Förderung eines zweiten revolutionären Antriebssystems verbunden, des Turbinenluftstrahltriebwerks. Auch hier waren die Grundprinzipien schon seit längerem bekannt, allerdings waren sie noch nie auf den Flugzeugbau übertragen worden. Als Vorläufer können Dampfturbinen, Kompressoren und die ersten Gasturbinen gelten, die jede für sich bereits Elemente des Turbinenluftstrahltriebwerkes enthielten, das eigentlich eine Kombination von mehreren Technologien darstellt[17]. Schon zwischen 1900 und 1906 hatten die Franzosen Lemale und Armengaud eine Gasturbine entwickelt, und in den USA hatte Stanford Moss 1907 eine funktionsfähige Turbine hergestellt. Beide Maschinen wiesen aber einen geringen Wirkungsgrad auf[18]. A. A. Griffith in England, Jacob Ackeret in der Schweiz sowie Albert Betz und W. Encke in Deutschland arbeiteten ab 1926 an Axialkompressoren, die später einen wichtigen Bestandteil des Turbinentriebwerks darstellten[19]. Es kam nur noch darauf an, die einzelnen Bauteile zusammenzufassen und sie nutzbringend als Flugzeugantrieb einzusetzen. Mehrere Männer kamen fast gleichzeitig auf diese Idee und gaben das Startsignal für eine Revolution der Luftfahrt.

Im März 1936 wandte sich der Göttinger Physiker Professor Robert W. Pohl an Ernst Heinkel und empfahl ihm einen jungen Wissenschaftler, der an einem Turbinentriebwerk arbeitete[20]. Es handelte sich um den 24jährigen Hans Joachim Papst von Ohain, der schon seit einiger Zeit auf diesem Gebiet tätig war, aber für die Verwirklichung seiner Ideen die Industrie und ihr Kapital benötigte. Es ist bezeichnend, daß von Ohain Pohl um ein Empfehlungsschreiben an Heinkel bat, da er glaubte, bei diesem Pionier des Schnellfluges eher Unterstützung zu finden als bei den Flugmotorenherstellern, die sich noch voll auf die konventionellen Kolbenmotoren konzentrierten[21]. Tatsächlich engagierte Ernst Heinkel von Ohain und dessen technischen Assistenten Max Hahn sofort und betraute sie mit der Entwicklung einer Strahlturbine, die ausschließlich von seiner Firma finanziert und unter strengster Abgeschlossenheit ohne Wissen irgendeiner offiziellen Stelle betrieben wurde[22]. Von Ohain erstellte in kürzester Frist ein Demonstrationstriebwerk, um Heinkel von der Richtigkeit seiner Prinzipien zu überzeugen. Anfang März 1937 lief die He S 2 genannte Turbine zum ersten Mal erfolgreich auf dem Prüfstand, ungefähr zur selben Zeit also, als auch Frank Whittle sein Aggregat in England zum Laufen brachte[23]. Heinkel drängte nun auf den Bau eines gebrauchsfähigen Trieb-

---

[16] Heinkel, Stürmisches Leben, S. 472f.
[17] Vgl. Constant, Turbojet Revolution, S. 63ff.
[18] Schlaifer, Development, S. 325.
[19] Constant, Turbojet Revolution, S. 110.
[20] Heinkel, Stürmisches Leben, S. 452f.; Ohain, Evolution and Future; Wagner, Strahlflugzeuge, S. 12f.
[21] Ohain, Evolution and Future, S. 31f.
[22] Heinkel, Stürmisches Leben, S. 453f.; Gersdorff/Grasmann, Flugmotoren und Strahltriebwerke, S. 185.
[23] Ohain, Evolution and Future, S. 32f.; Schlaifer, Development, S. 378; Gersdorff/Grasmann, Flugmotoren und Strahltriebwerke, S. 185f.; Wagner, Strahlflugzeuge, S. 14f.

werks unter der Bezeichnung He S3, das als Antrieb für ein Versuchsflugzeug, die als streng gehütetes Fabrikgeheimnis gebaute He 178, dienen sollte. Im Frühjahr 1938 lief die He S3A mit einem Schubwert von 4,4 kN (450 kp) auf dem Prüfstand[24].
Ein zweites Team arbeitete in Deutschland parallel zu von Ohain an der Luftstrahlturbine. Der Initiator war Prof. Herbert Wagner, Ordinarius für Luftfahrtwesen der TH Berlin, der im Mai 1935 von Generaldirektor Koppenberg als Leiter der Flugzeugentwicklung zum Junkers-Konzern geholt worden war. Die Junkers-Flugzeugwerke A. G. und die Junkers-Flug-Motorenbau GmbH waren damals noch getrennte Unternehmen, so konnte Wagner unabhängig von dem als zu konservativ eingeschätzten Prof. Otto Mader, dem Leiter des Motorenbaues, mit Untersuchungen von neuartigen Triebwerken beginnen, die zu Hochgeschwindigkeitsflugzeugen führen sollten. Zusammen mit seinem Assistenten Max Adolf Müller konzipierte er ein Turbinenluftstrahltriebwerk mit Axialkompressor. Bis 1938 wurde die Arbeit geheimgehalten, und auch nachdem die beiden Junkers-Unternehmen im Juli 1936 fusioniert hatten, finanzierte die Flugzeugabteilung das Projekt[25]. Interessanterweise war also die Entwicklung der neuen Antriebssysteme nicht bei der alteingesessenen Motorenindustrie gestartet und vorangetrieben worden, sondern bei Flugzeugherstellern, die ein Interesse am Schnellflug hatten. Auch im Falle der Raketen waren die Projekte eher »Abfallprodukte«, denn die Dornberger-Gruppe des Heereswaffenamtes suchte vor allem nach neuen Möglichkeiten für den Ersatz der schweren Artillerie, Hellmuth Walter arbeitete im Auftrag des Marineamtes an einer Turbine für den Antrieb von U-Booten[26]. Noch gab es keine offizielle Politik des RLM, die alle Privatinitiativen zu einem geschlossenen und zielgerichteten Programm zusammengefaßt hätte.
Das Jahr 1938 brachte in dieser Beziehung einen Einschnitt. Schon 1937 war ein Spezialreferat »Sondertriebwerke« im Reichsluftfahrtministerium in der Entwicklungsabteilung des Technischen Amtes gebildet worden, das nach der Umgliederung von 1938 Bestandteil der Abteilung LC 8 (Triebwerke) wurde. Im April 1938 übernahm Hans A. Mauch die Leitung dieses Referats[27]. Bisher hatte sich das RLM nur um die Raketentechnik gekümmert und bei Heinkel vier Versuchsmuster des He-176-Raketenflugzeugs in Auftrag gegeben, die mit Walter-Triebwerken und dem Triebwerk von Brauns ausgerüstet werden sollten[28]. Mauch erfuhr nun von den Arbeiten von Ohains an der Strahlturbine und wurde auch von Prof. Wagner Mitte 1938 über die Entwicklung bei Junkers informiert[29]. Im August lernte er den jungen Flugbaumeister Helmut Schelp aus der Forschungsabteilung des Technischen Amtes kennen. Schelp hatte während seiner Ausbildung bei der DVL in Berlin-Adlershof eigene Forschungen durchgeführt und war unabhängig von anderen Forschungsgruppen zur Überzeugung gelangt, daß ein Turbinen-

---

24 Gersdorff/Grasmann, Flugmotoren und Strahltriebwerke, S. 187.
25 Ebd., S. 207; Constant, Turbojet Revolution, S. 203f.; Schlaifer, Development, S. 379—381; Wagner, Strahlflugzeuge, S. 44f.
26 Kruska, Walter-Raketenantriebe, S. 53.
27 Williams, Development, S. 242; Schlaifer, Development, S. 382.
28 Vgl. LC 7 III vom 14. 10. 1938, Gegenwärtiger Stand und künftige Entwicklungsarbeit auf dem Gebiet des Schnellfluges mit Strahltriebwerk, BA-MA, RL 3/780.
29 Constant, Turbojet Revolution, S. 204f.; Schaifer, Development, S. 382f.

luftstrahltriebwerk mit Axiallader die beste Lösung für das Antriebssystem eines Schnellflugzeuges sein müsse. Die Forschungsabteilung unterstützte jedoch nur die Arbeiten am Schmidt-Pulsoschubrohr, das später die V 1 antrieb, und an Raketentriebwerken. Mauch überredete deshalb Schelp, doch in seine Abteilung überzuwechseln[30].

Aber nicht nur die Triebwerksabteilung des Technischen Amtes begann sich für die neue Technik zu interessieren, auch die Abteilung Flugzeuge wurde nun aktiv. Die treibende Kraft war hier der Flugbaumeister Hans M. Antz, der seinen Abteilungsleiter im Oktober 1938 über den gegenwärtigen Stand und die künftige Entwicklungsarbeit auf dem Gebiet des Schnellfluges mit Strahltriebwerk informierte[31]. Leistungssteigerungen über die Geschwindigkeit von 800—850 km/h seien wegen der Verschlechterung des Wirkungsgrades der Luftschrauben nur mit dem Strahlprinzip möglich. Zur Zeit seien bei Heinkel vier V-Muster der He 176 in Auftrag, wobei die He 176 V1 bereits in eineinhalb bis zwei Monaten flugklar sein solle. Außerdem sei bei der Deutschen Forschungsanstalt für Segelflug (DFS) ein Projekt in Arbeit. Antz berichtete auch vom Turbinentriebwerk von Ohains und warnte: »Aufgrund des gegenwärtigen Entwicklungsstandes der Strahltriebwerke und der von LC 8 geplanten Entwicklung ist daher eher mit einem geeigneten Triebwerk für Höchstgeschwindigkeit als mit geeigneten Zellen zu rechnen[32].« Er verwies darauf, daß es noch keine ausreichenden Hochgeschwindigkeitskanäle für systematische aerodynamische Untersuchungen gebe, Serien von Schnellflugprofilen fehlten, die äußere Form des Flugwerkes absolut ungeklärt sei, die Frage der auftrieberzeugenden Mittel bei Landung und Start bzw. die der Landung auf Kufen oder Fahrwerk noch offenstehe und schließlich die Ausbildung des Führersitzes und der Kanzel sowie das Problem des Aussteigens mit Fallschirm bei hohen Geschwindigkeiten einer eingehenden Analyse bedürften. Die Aufzählung zeigt, daß die Entwicklung des Düsenflugzeugs in den Kinderschuhen steckte und noch eine Fülle von Forschungen notwendig war. Dennoch hob Antz hervor: »Es sei nochmals betont, daß es sich nicht um Utopien oder in weiter Zukunft liegende Wahrscheinlichkeiten handelt, sondern aufgrund unserer derzeitigen Erkenntnisse um bereits mögliche Entwicklungen auf dem Schnellfluggebiet[33].« Weiterhin schlug er ein Arbeitsprogramm vor, das die Fertigstellung von Hochgeschwindigkeits-Windkanälen in den Forschungsinstituten vorsah. Zudem beantragte Antz die Einstufung in die Dringlichkeitsstufe »S« und die Ausdehnung der Entwicklung neben Heinkel auch auf die Messerschmitt A.G., um eine Monopolstellung zu vermeiden. Die »Gruppe Lippisch« bei der DFS sollte außerdem an Messerschmitt angegliedert werden, da eine weitere Bearbeitung eines schnellen Einsitzers allein in dem Forschungsinstitut nicht möglich schien.

Im Herbst 1938 beauftragte Antz Robert Lusser von der Messerschmitt A.G. mit Voruntersuchungen für ein Jagdflugzeug mit Turbinenluftstrahlantrieb und erteilte ihm kurz darauf einen Entwicklungsauftrag. Am 2. Januar 1939 siedelte Prof. Dr. Alexander Lippisch von der DFS mit seinem Mitarbeiterstab zur Messerschmitt A.G. nach Augsburg über, wo er sein raketengetriebenes Nurflügel-Versuchsflugzeug DFS 194 zu einem Abfang-

---

[30] Constant, Turbojet Revolution, S. 205; Schlaifer, Development, S. 383—385; Williams, Development, S. 243.

[31] BA-MA, RL 3/780 (wie Anm. 28).

[32] Ebd., S. 3. [33] Ebd., S. 7.

jäger weiterentwickeln sollte[34]. Damit schlug die Geburtsstunde für zwei der bekanntesten Strahlflugzeuge des Zweiten Weltkrieges, die Me 262 und die Me 163.
Mauch und Schelp besuchten inzwischen im Herbst 1938 alle vier großen Motorenhersteller, Daimler-Benz, Junkers, BMW und Bramo, um sie für die Luftstrahlturbine zu interessieren. Sie gingen von der Annahme aus, daß die Arbeiten bei der Motorenindustrie auf einer breiteren Basis durchgeführt werden konnten als in den ursprünglich recht kleinen Teams bei den Flugzeugherstellern, die zudem ja keinerlei Erfahrung mit der Entwicklung und Produktion von Triebwerken hatten. Fritz Nallinger, Chef der Entwicklung bei Daimler-Benz, lehnte eine Beteiligung seiner Firma mit dem Hinweis auf Arbeitsüberlastung mit den herkömmlichen Kolbenmotoren ab[35]. Professor Otto Mader von Junkers war zwar ebenfalls recht skeptisch, er übernahm aber einen Auftrag vom RLM. Allerdings gab es Schwierigkeiten mit der Gruppe um Wagner und Müller. Wagner verließ Junkers und wechselte zu Henschel. Müller, der sein Triebwerk noch im Magdeburger Zweigwerk Anfang 1939 zum selbständigen Lauf gebracht hatte, wollte nicht nach Dessau übersiedeln und unter Mader weitermachen. Er ließ sich mit den meisten Mitarbeitern von Heinkel anwerben, um dort an einem neuen Turbinentriebwerk zu arbeiten[36]. Deshalb begann bei Junkers unter Leitung von Dr. Anselm Franz eine neue Mannschaft mit der Entwicklung eines Luftstrahltriebwerkes mit Axiallader, das die Bezeichnung Jumo 004 erhielt. Prof. Mader ließ aber gegenüber Dr. Franz keinen Zweifel aufkommen, daß für ihn die Kolbenmotoren weiter Vorrang hätten[37].
Bei Bramo hatte Dr. Herrmann Oestrich, der sich seit 1928 bei der DLV mit Strahlantrieben befaßt hatte und später bei Siemens auf dem Gebiet der Kompressoren und Abgasturbinen gearbeitet hatte, das Projekt eines TL-Triebwerks übernommen. BMW beteiligte sich mit dem Entwurf einer Turbine mit siebenstufigem Axialverdichter und zweistufiger Axialturbine. Als Bramo und BMW im Juli 1939 fusionierten, wurde die gesamte Entwicklung von Turbinenluftstrahltriebwerken im Werk Spandau unter Dr. Oestrich zusammengefaßt[38]. So waren also neben Heinkel nun auch Junkers und BMW miteingeschaltet worden. Mauch versuchte sogar, Heinkel dazu zu überreden, seine Triebwerksentwicklung an Daimler-Benz abzugeben, da er weder über Erfahrung bei der Produktion von Motoren noch über einen ausreichend großen Stab an Arbeitskräften verfügte. Er scheiterte jedoch am hartnäckigen Widerstand des schwäbischen Firmeninhabers, der die Kontrolle über seine Entwicklungen nicht aufgeben wollte, obwohl ihm Mauch zusicherte, jede Turbine würde eine Plakette tragen, die bestätigte, daß das Produkt eine Heinkel-Entwicklung sei[39].

---

[34] Schlaifer, Development, S. 391; Messerschmitt-Bölkow-Blohm, S. 160ff.; Kaiser, Geschichte des Messerschmitt-Flugzeugbaus, S. 24f.

[35] Constant, Turbojet Revolution, S. 206; Schlaifer, Development, S. 387.

[36] Constant, Turbojet Revolution, S. 209; Heinkel, Stürmisches Leben, S. 485; Köhler, Ernst Heinkel, S. 162; Gersdorff/Grasmann, Flugmotoren und Strahltriebwerke, S. 207.

[37] Franz, Das Junkers-Strahltriebwerk, S. 59f.; ders., The Development, S. 69; Decher, Entwicklung des Triebwerkes, S. 41.

[38] Gersdorff/Grasmann, Flugmotoren und Strahltriebwerke, S. 196; Constant, Turbojet Revolution, S. 206; Oestrich, Flug-Gasturbine, S. 69.

[39] Schlaifer/Heron, Development, S. 395; Williams, Development, S. 245; zum Verhältnis Heinkels zum RLM vgl. Wagner, Strahlflugzeuge, S. 27f.

Insgesamt war es Mauch gelungen, fast alle großen Flugmotorenhersteller in die Entwicklung von Turbinentriebwerken einzuschalten, obwohl es von seiten der Industrie massive Widerstände gegen das Projekt des RLM gegeben hatte. Die neue Technologie war überraschend schnell von den Militärs aufgegriffen worden, die nun systematisch auf ein brauchbares Waffensystem hinarbeiteten. Interessanterweise war zu diesem Zeitpunkt noch gar kein Prototyp eines Raketen- oder Turbinenluftstrahlflugzeuges geflogen. Dennoch wurden vom RLM für die nächsten Jahre beträchtliche Mittel für die Entwicklung von Sondertriebwerken bereitgestellt. Eine Kostenzusammenstellung vom Februar 1939 verdeutlicht dies[40]:

Rechnungsjahr	1940	1941
LC 3 II A Flüssigkeitsgekühlte Motoren	30 Mill.	30 Mill.
LC 3 II B Luftgekühlte Motoren	25 Mill.	25 Mill.
LC 3/7 Sondertriebwerke	10 Mill.	15 Mill.

Die neuartigen Antriebe befanden sich also schon mitten in der Phase des Wettbewerbs mit der »normal technology« der Kolbenmotoren, die damals ja noch sämtliche Flugzeuge antrieben. Die Spezialisten des RLM hatten für einen kräftigen Impuls in der Weiterentwicklung gesorgt, ohne den die neue Technologie wohl noch einige Jahre im Experimentierstadium steckengeblieben wäre.

Im November 1939, nach der kriegsbedingten Konzentration der Entwicklungsvorhaben auf dem Triebwerksgebiet waren folgende Vorhaben vorgesehen[41]:

	Gerätemuster/Firma	**Auslieferungstermin**	**Bemerkungen**
Hellmuth Walter, Kiel:			
RII 205	Raketentriebwerk für Me 163	Nov. 1939	Triebwerk für Zellenstudien
RII 206	Raketentriebwerk für Me 194 (= DFS 194, der Vorläufer der Me 163), 300 kg Schub	Nov. 1939	Triebwerk für Zellenstudien
Heereswaffenamt:			
RII 102	Raketentriebwerk mit Alkohol/Sauerstoff für He 176	1.1.1940	
B.M.W.:			
LII 751	Turbinenluftstrahltriebwerk für Jagdflugzeug P 1065 (= Me 262), 600 kg Schub	1.7.1940	Bau von 4 Prüfstandgeräten
LII 752	Turbinenluftstrahltriebwerk 1400 kg Schub	Entwurf	
LII 756	Turbinenzweikreisluftstrahltriebwerk für Zerstörer	Erfahrungen über TL abwarten	Entwurf des Triebwerkes
LII 757	Turbinenluftstrahltriebwerk (gegenläufig), 600 kg Schub für P 1065 (= Me 262)	1.10.1940	Bau von 8 V-Mustern
LII 758	Turbinenluftstrahltriebwerk (gleichläufig m. 2stufiger Turbine), 600 kg Schub für P 1065 (= Me 262)	1.12.1940	Bau von 7 V-Mustern
Junkers:			
LII 401	Turbinenluftstrahltriebwerk für Jagdflugzeug P 1065 (= Me 262), 600 kg Schub	1.7.1940	Entwicklung und Bau von 8 V-Mustern
Ernst Heinkel Flugzeugbau Rostock:			
LII 302	Turbinenluftstrahltriebwerk für He 280, 600 kg Schub	1.4.1940	0-Serie von 60 Geräten

---

40 Kostenzusammenstellung Entwicklung 1939—1941 vom 4.2.1939, Titel A12 31², BA-MA, RL 3/184.

41 Generalluftzeugmeister LC 3 Nr. 1006/39 g.Kdos. vom 16.11.1939, S. 10f., BA-MA, RL 3/1825. In der Übersicht werden nur Raketen und Turbinenluftstrahltriebwerke aufgeführt, Starthilferaketen,

Die Aufstellung zeigt, daß das RLM mit sehr knappen Terminen kalkulierte. Bereits im April 1940 hatte Heinkel seine Turbine abzuliefern, BMW und Junkers sollten ab Juli folgen. Diese optimistische Planung ließ sich jedoch nicht ohne Probleme verwirklichen. Schon im August 1939 hatte Dr. Franz, der bei Junkers die Entwicklung der Strahlturbine von Max Adolf Müller übernommen hatte, gewarnt, »daß bisher kein Versuchsergebnis erzielt werden konnte, durch das die Erwartungen und die der bisherigen Konstruktion zugrunde gelegten theoretischen Überlegungen bestätigt worden wären. Die Konstruktion des Messerschmitt-Aggregates muß daher durchgeführt werden, ohne durch den Versuch entsprechend unterbaut zu sein.
Angesichts dieser Tatsachen sind die obigen terminlichen Zugeständnisse Müllers (April 1940) unverständlich, eine Basis für die verantwortliche Abgabe eines solchen Termines ist nach Stand und bisherigem Verlauf der Arbeiten jedenfalls nicht gegeben[42].« Bereits hier wird eine wesentliche Schwachstelle der Luftwaffenentwicklung deutlich. Das RLM drängte bei den verschiedensten Projekten immer wieder auf eine möglichst kurze Entwicklungszeit, und die entsprechenden Konstrukteure gaben daher Zusagen, die sich später nicht einhalten ließen und die deshalb die Terminplanung des Technischen Amtes durcheinanderbrachten. Besonders bei den Turbinenluftstrahltriebwerken verschätzte man sich gewaltig. Es gab schließlich keinerlei Erfahrungswerte, auf die die Techniker aufbauen konnten. Die Entwicklung mußte daher zwangsläufig den Forschungsgrundlagen weit vorauseilen, was in vielen Fällen zu zeitraubenden Fehlschlägen in dem notgedrungen angewendeten »trial-and-error-Verfahren« der einzelnen Firmen führte[43]. Schon aus diesem Grund hatte das RLM die Arbeiten auf möglichst viele Firmen verteilt, um aus einer breiten Palette von Vorschlägen die geeignetsten Produkte auswählen zu können. Generalingenieur Eisenlohr, der Chef der Triebwerksentwicklung im Technischen Amt verteidigte im Sommer 1942 nachträglich die eingeschlagene Politik: »Das ganze Gebiet war absolutes Neuland und es konnte kaum auf Erfahrungen und Ergebnisse, sei es in der Entwicklung oder Forschung, zurückgegriffen werden. Weiterhin kam dazu, daß in Zukunft die Gasturbinen einen sehr großen Anteil in der Gesamttriebwerksentwicklung haben werden, daß bei den einzelnen tragenden Entwicklungsfirmen auf dem Triebwerksgebiet ein Fundament in der Konstruktion und Entwicklung von solchen Triebwerken geschaffen wurde. [...] Die verschiedenen Konkurrenzentwicklungen wurden so gesteuert, daß dabei durch die Verschiedenheit der Lösungen alle offenen Probleme einer Klärung zugeführt werden konnten. Maßgebend für diese Entscheidung war auch die Überlegung, daß wohl kaum ein vollständig neues Gerät, über dessen Verhalten keinerlei Erfahrungen vorlagen, sofort mit der Erstkonstruktion in Serie gehen würde. Es war

---

Motorluftstrahltriebwerke und Abgasrückstoßdüsen, die ebenfalls in der Rubrik »Sondertriebwerke« erscheinen, bleiben unberücksichtigt.

42 Bericht Franz (Kobü) vom 5.8.1939, Stand der Entwicklung bei Übernahme MSD im Juli 1939, S. 4, DM, Ordner Jumo 004.

43 Vgl. hierzu auch Nachlaß Hertel, Ordner VII, Dipl.-Ing. Wolfram Eisenlohr vom 31.10.1955, Stellungnahme zur Aktennotiz über die Besprechung der Herren Grabmann und Sachse vom 10.10.1955, S. 7, BA-MA, N 653; GL/C-Nr.193/42 g.Kdos., Entwicklung von Luftstrahltriebwerken vom 11.7.1942, S. 7, BA-MA, RL 3/1133.

dabei sofort beabsichtigt, von den verschiedenen angelaufenen Entwicklungen, zwei, die sich als die günstigsten herausgestellt haben, weiterzuentwickeln[44].«
So war beispielweise die Junkers-Turbine von Anfang an auf eine möglichst schnell zu erreichende Betriebssicherheit ausgelegt, BMW sollte dagegen ein kleineres und leichteres Triebwerk mit der gleichen Leistung schaffen[45].
Natürlich stieß dieses Verfahren bei der Industrie auf keine große Gegenliebe, war es doch klar, daß unter Umständen eine beträchtliche Zahl von Konstrukteurstunden fehlinvestiert wurde, die die sowieso überlasteten Motorenhersteller für profitablere Projekte im Bereich der herkömmlichen Kolbenmotoren dringend gebraucht hätten. Direktor Popp von BMW urteilte deshalb im Dezember 1940 zum Problem der Strahltriebwerke kritisch, es sei »grundfalsch, daß alle Firmen, ja sogar ein Outsider wie Heinkel, sich gleichzeitig heranmachen«. Seiner Meinung nach müsse eine staatliche Stelle, nämlich die Deutsche Versuchsanstalt für Luftfahrt, die Entwicklung übernehmen. Er sah das ganze Strahlturbinenprogramm eher als Langzeitprojekt, da die neuen Geräte »für die nächsten 5 Jahre für uns ganz gewiß nicht lebenswichtig« seien[46]. Die Stellungnahme Popps zeigt auf, daß die führenden Leute der Motorenbranche die Strahltriebwerke vorerst für Zukunftsmusik hielten, die zunächst nur die Weiterentwicklung der kriegswichtigen Kolbenmotoren behinderten, was ja auch die ablehnende Haltung Fritz Nallingers von Daimler-Benz und Prof. Otto Maders von Junkers deutlich belegt. Die Triebwerksfachleute des RLM mußten deshalb in die Rolle des Antreibers und Koordinators schlüpfen. Die Konzentration der Entwicklung bei einer Stelle hätte das ganze Programm sicherlich nicht beschleunigt, denn auch dort hätten erst einmal die Grundlagen erarbeitet werden müssen. So aber standen dann 1944 mit Junkers und BMW zwei erfahrene Triebwerkshersteller für die Großserienproduktion bereit, ohne daß ein langwieriger Technologietransfer von der Entwicklungsstelle zur Herstellerfirma notwendig gewesen wäre, da beide Unternehmen ihre eigenen Produkte übernehmen konnten. Auch der übliche Widerstand gegen firmenfremde Lizenzproduktion entfiel, die ansonsten wohl als Bedrohung der firmeninternen Kolbenmotorproduktion angesehen worden wäre.
Insgesamt gesehen läßt sich der knappe Vorsprung, den Deutschland auf dem Gebiet der Strahlflugzeuge vor Großbritanien und den USA besaß, wohl nur aus dieser Politik des RLM erklären, die von Anfang an auf eine breite Entwicklungsbasis und möglichst frühe und reibungslose Serienproduktion abzielte.
In der Zwischenzeit war auch der Bau der entsprechenden Flugzeuge weiter vorangeschritten. Am 20. Juli 1939 erhob sich das kleine Heinkel-Raketenflugzeug He 176 zum ersten Mal von der Luftwaffenerprobungsstelle Peenemünde aus in die Luft[47]. Vierzehn Tage später, am 3. Juli, wurde die Maschine auf der Erprobungsstelle Rechlin im Beisein von Göring, seinem Staatssekretär Milch und Generalluftzeugmeister Udet Hitler gezeigt. Dessen Luftwaffenadjutant, Nicolaus von Below, erinnerte sich an das Ereignis, bei dem

44 BA-MA, RL 3/1133 (wie Anm. 43), S. 7f.
45 BA-MA, N 653 (Nachlaß Hertel), (wie Anm. 43), S. 4.
46 Bayerische Motoren Werke Aktiengesellschaft, München, vom 2.12.1940, BA-MA, RL 3/52, S. 1694.
47 Heinkel, Stürmisches Leben, S. 469; Köhler, Ernst Heinkel, S. 156; Wagner, Strahlflugzeuge, S. 48—52.

die modernsten Geräte der Luftwaffe vorgestellt wurden: »Die eindrucksvollste Vorführung war zweifellos der Flug der He 176, des ersten Raketenflugzeuges der Welt[48].« Seiner Darstellung zufolge war die Rechliner Schau aber nur ein großangelegtes Täuschungsmanöver Görings und Udets, um Hitler von den Ausrüstungsmängeln der Luftwaffe abzulenken. Dazu paßt auch, daß Udet sich gegenüber Heinkel äußerte: »Der Führer soll nur was Neues sehen. Da ist mir der komische Vogel eingefallen, und wenn er seine Platzrunde fliegt, langt das völlig[49].« Ob Hitler hierdurch tatsächlich ein falsches Bild von der Leistungsfähigkeit der Luftwaffe erhalten hat, läßt sich nicht mit letzter Sicherheit feststellen. Auch über die Absicht und Haltung der einzelnen Beteiligten gibt es die unterschiedlichsten Darstellungen. Von Below berichtet: »Die sehr interessante und vielseitige Vorführung hinterließ bei allen Zuschauern einen nachhaltigen Eindruck. Milch bemühte sich zwar, Hitler zu erklären, daß sich die gezeigten Flugzeuge, Waffen und Geräte alle erst in der Erprobung befänden. Niemand sagte aber, daß sie nach Bestehen aller Teste frühestens in zwei bis drei Jahren der Truppe zur Verfügung stehen konnten[50].« Göring versuchte dann 1942 diese Vorgänge seinen Untergebenen anzulasten, Milch ließ sich schließlich durch David Irving rechtfertigen[51]. Horst Boog hat aber mit gutem Grund auch diese Darstellung angezweifelt[52]. Die Luftwaffenführung hatte in ihrer Gesamtheit den Kampf um knappe Ressourcen gegenüber den anderen Wehrmachtteilen durchzustehen, und da schien die Faszination, die nun einmal von moderner Kriegstechnik ausgeht, ein hervorragendes Mittel zu sein, um Deutschlands obersten Kriegsherrn auf ihre Seite zu bringen. Immerhin nahmen bei dieser Gelegenheit Hitler und viele führende Luftwaffenoffiziere von der Existenz der neuen Triebwerkstechnik Kenntnis. Zudem wurden sie laut Programm der Vorführung durch Heinkel und von Ohain in einem Vortrag über den Strahlantrieb informiert, wobei die beiden sicher auf die Bedeutung und die Zukunftsmöglichkeiten der Turbine und des Raketenantriebs hingewiesen haben[53]. Heinkel hat in seinen Memoiren diesen Vortrag mit keinem Wort erwähnt, es liegt aber der Schluß nahe, daß die oberste Luftwaffenführung wohl nicht ganz so ahnungslos war, wie er es darstellt, als seine He 178, das erste Flugzeug mit Turbinenluftstrahltriebwerk, am 27. August 1939 seinen Erstflug absolvierte[54]. Im RLM wurde die Nachricht mit kühler Zurückhaltung aufgenommen. Für die zuständigen Referenten im RLM dürfte der Flug der He 178 keine Sensation mehr gewesen sein, kannten sie doch die Prinzipien des Strahlantriebs und hatten ein entsprechendes Entwicklungsprogramm vorangetrieben. Zudem waren bei Messerschmitt und Heinkel schon die Konstruktionsarbeiten an fortschrittlichen und leistungsfähigen raketen- und turbinengetriebenen Jagdflugzeugen aufgenommen worden, die den noch recht einfachen Heinkel-Versuchsmustern meilenweit überlegen sein würden.

---

[48] Below, Als Hitlers Adjudant, S. 173.
[49] Heinkel, Stürmisches Leben, S. 468.
[50] Below, Als Hitlers Adjudant, S. 173.
[51] Vgl. hierzu Irving, Tragödie, S. 127f.
[52] Boog, Luftwaffenführung, S. 45.
[53] Anl. zum Schreiben von Oberstleutnant Petersen an den Oberreichskriegsanwalt vom 10.8.1942, BA-MA, RL 36/52, S. 43.
[54] Heinkel, Stürmisches Leben, S. 474—589; vgl. Köhler, Ernst Heinkel, S. 157.

Schon im Juni 1939 hatte die Messerschmitt A.G. ein Projektangebot im RLM eingereicht, das unter der Firmenbezeichnung »P 1065« ein zweistrahliges »Verfolgungsjagdflugzeug« mit zwei BMW-Triebwerken mit je 600 kg Nennschub für eine Höchstgeschwindigkeit von 900 km/h vorsah. Nachdem im Dezember desselben Jahres und im Januar 1940 eine Besichtigung der Sichtattrappe und der Attrappe des Kabinenaufbaus stattgefunden hatte, erhielt Messerschmitt am 1. März den Auftrag zum Bau von drei Versuchsmustern der dann später als Me 262 bezeichneten Maschine[55].
Auch Ernst Heinkel blieb im Rennen um ein zukünftiges Strahljagdflugzeug. Der inzwischen von Messerschmitt zu Ernst Heinkel gewechselte neue Technische Direktor, Robert Lusser, nahm die Arbeit an einem zweistrahligen Düsenjäger, der He 280, auf, die mit der eigens bei Heinkel entwickelten Turbine He S 8 ausgerüstet werden sollte. Da Lusser ja den Messerschmitt-Vorschlag mitgestaltet hatte, wußte er um die Konkurrenz und drängte auf einen möglichst schnellen Ablauf der Projektarbeiten[56]. Schon im Oktober 1939 erhielt Heinkel den Vorbescheid für den Bau von 20 Flugzeugen des Musters He 280[57]. Gleichzeitig erklärte Generalluftzeugmeister Udet, daß er »fanatisch« an den Erfolg der neuen Maschine glaube und er gleichsam das »Patronat« über die Arbeiten übernommen habe. Heinkel könne das ganze Aufgabengebiet ohne fremde Firmenhilfe bewältigen[58]. Heinkels Klagen in seinen Memoiren über die geringe Unterstützung von offizieller Seite sind also keinesfalls zutreffend[59]. Tatsächlich gab es Widerstand gegen Heinkels Projekte auf der Referentenebene im Technischen Amt, vertreten vor allem durch Mauch und Schelp von der Triebwerksabteilung. Wie bereits angesprochen, waren sie der Überzeugung, daß die Entwicklung der Triebwerke bei den Motorenherstellern besser aufgehoben sei als bei Heinkel. Aus diesem Grunde versuchten sie offensichtlich, Heinkel durch die Androhung, seine Triebwerksprojekte nicht mehr zu unterstützen, gefügig zu machen[60]. Heinkel konnte jedoch seine guten Beziehungen zu Ernst Udet nutzen, der in einem Schreiben an die Firma betonte, daß keiner der Referenten ermächtigt sei, in irgendeiner Weise Schwierigkeiten zu machen[61].
Die dritte vielversprechende Maschine war der Raketenjäger Me 163. Ihr Vorläufer war die von Dr. Alexander Lippisch bei der Deutschen Forschungsanstalt für Segelflug (DFS) konstruierte DFS 194. Lippisch hatte schon vor geraumer Zeit mit schwanzlosen Delta-Flugzeugen experimentiert und sollte nun durch den Einbau eines Walter-Raketentriebwerks ein verbessertes Raketenflugzeug schaffen, denn die Leistungen des Heinkel-Experimentalflugzeugs He 176 waren doch recht enttäuschend gewesen. Wie bereits erwähnt,

---

[55] Übersicht über die Entwicklungsgeschichte der Me 262, IWM, Speer Collection, FD 4933/45; Messerschmitt-Bölkow-Blohm, S. 162; Kaiser, Geschichte des Messerschmitt-Flugzeugbaus, S. 24.
[56] Köhler, Ernst Heinkel, S. 192.
[57] Der Reichsminister der Luftfahrt und Oberbefehlshaber der Luftwaffe LC 2 Nr. 4084 (III) g.Kdos. vom 17.10.1939, BA-MA, RL 3/538.
[58] Köhler, Ernst Heinkel, S. 193 f.; Heinkel He 280, S. 1072.
[59] Heinkel, Stürmisches Leben, S. 488 ff.; zum gleichen Ergebnis kommt übrigens auch Heinkels Biograph Köhler, Ernst Heinkel, S. 194.
[60] Heinkel, Stürmisches Leben, S. 488 f.; Schlaifer, Development, S. 397.
[61] Wagner, Strahlflugzeuge, S. 29 f.

ließen sich die Projektarbeiten aber nicht mehr in dem bescheidenen Rahmen der DFS durchführen und Lippisch war mit einem kleinen Team von Mitarbeitern als »Abteilung L« in die Messerschmitt-Werke eingetreten, um dort mit verbesserten Möglichkeiten weiterarbeiten zu können[62]. Da Hellmuth Walter die Leistungen seines Triebwerkes, das nach dem »kalten« Verfahren arbeitete, von ursprünglich 4,8 kN (500 kp) auf 7,3 kN (750 kp) steigern konnte, schien die Festigkeit der DFS 194 nicht mehr zu genügen, und Lippisch begann mit der Konstruktion von zwei Flugzeugzellen für Hochgeschwindigkeitsflüge, die zwar im Aufbau weitgehend der DFS 194 entsprachen, denen vom RLM aber die Messerschmitt-Typennummer Me 163 V-1 und Me 163 V-2 zugeteilt wurde[63]. Die Maschine sollte ein schnellsteigender Abfangjäger werden, vorerst ging jedoch der Bau infolge des Kriegsausbruches nur sehr langsam vorwärts[64]. Ein Nachzügler in dieser ersten Serie von deutschen Strahlflugzeugen war die bei Arado entwickelte Ar 234. Ende 1940 schrieb das Technische Amt den Bau eines Hochgeschwindigkeitsaufklärers aus, der die neuen Triebwerke von Junkers oder BMW erhalten sollte. Die Arado-Werke legten im Frühjahr 1941 dem RLM verschiedene Entwürfe vor und erhielten schließlich im Oktober 1941 den Projektauftrag für den Entwurf E 370, einen einsitzigen Schnellaufklärer mit TL-Triebwerk, der wegen der hohen Geschwindigkeiten auf Kufen landen sollte[65]. Insgesamt zeigt die Übersicht über das Arsenal der Düsenflugzeuge, daß das Technische Amt schon sehr frühzeitig Flugzeuge für die neuen Strahlantriebe in Auftrag gab. Das war damit zu erklären, daß die Flugzeugabteilung ja ursprünglich befürchtet hatte, die Triebwerke seien schneller fertig als geeignete Flugzeugzellen[66]. Der weitere Verlauf der Geschichte zeigt jedoch, daß die Entwicklung genau umgekehrt verlief. Während schon bald die ersten Versuchsmuster der Strahlflugzeuge bereitstanden, mußten sie oft sehr lange auf ihre Triebwerke warten, die einfach nicht rechtzeitig zu den kalkulierten Terminen geliefert werden konnten. Dadurch entstand vordergründig der Eindruck, man lasse die neuen Typen nutzlos herumstehen. Von Nutzen konnten sie jedoch nur mit den revolutionären Antriebssystemen sein, die aber immer noch im Experimentierstadium steckten. Deshalb kann auch kaum angenommen werden, der Generalluftzeugmeister hätte in dieser frühen Phase schon eine eindeutige Entscheidung zugunsten der vordringlichen Entwicklung und Produktion der Strahlflugzeuge treffen können. Endgültig gesicherte Ergebnisse waren erst in einigen Jahren zu erwarten. Tatsächlich setzte die eigentliche Auseinandersetzung um die Zukunft der Düsenflugzeuge erst ab Ende 1942 ein, als sich die Lage im Luftkrieg verschlechterte und sich außerdem die Brauchbarkeit der einzelnen Entwürfe abzeichnete.

---

[62] Lippisch, Me 163; Nowarra, Luftrüstung, Bd 3, S. 162f.; Green, Warplanes, S. 594f.; Messerschmitt-Bölkow-Blohm, S. 160.

[63] Nowarra, Luftrüstung, Bd 3, S. 163; Gersdorff/Grasmann, Flugmotoren und Strahltriebwerke, S. 214–216.

[64] Lippisch, Me 163, S. 383.

[65] Chef der Luftwaffen-Rechtspflege Nr. 21/45 g. Kdos. (LR 1IV) vom 17. 1. 1945 (Bericht über den Entwicklungsablauf des Strahlflugzeuges Ar 234 bis zu seiner Einsatzbereitschaft), Anl. 1, BA-MA, RL 3/2563; Nowarra, Luftrüstung, Bd 1, S. 66; Green, Warplanes, S. 49f.; Wagner, Strahlflugzeuge, S. 86f.

[66] Vgl. hierzu Anm. 32.

Heinkel und Messerschmitt waren mit großem Optimismus an die neuen Aufgaben herangegangen. Willy Messerschmitt schrieb schon im Februar 1940 an das RLM, er rechne damit, sein Projekt 1065 bereits Ende Juli 1940 flugklar zu haben, wenn die Triebwerke rechtzeitig einträfen und den Bauunterlagen entsprächen. »Wir glauben aber«, so schränkte er die Zusage ein, »daß bei der Neuartigkeit des Triebwerkes noch Schwierigkeiten auftreten werden, die zu einer entsprechenden Verschiebung des Flugtermines führen werden[67].« Damit hatte der Konstrukteur ein Problem angesprochen, das sich wie ein roter Faden durch die ganze Entwicklungsgeschichte der Strahlflugzeuge ziehen sollte.

Keiner der Triebwerkshersteller konnte nämlich die vorgegebenen Termine einhalten. Dr. Franz bei Junkers hatte ja schon 1939 vor einer zu optimistischen Planung gewarnt. Die Arbeiten am Jumo 004 gestalteten sich sehr zäh. Zwar gelang am 11. Oktober 1940 der erste Lauf der Turbine auf dem Prüfstand, jedoch gab es Schwierigkeiten mit den Verdichterleitschaufeln, die schließlich zur Zerstörung des Gerätes führten. Die Prüfstandläufe mußten unterbrochen werden. Erst am 6. August 1941 erreichte das Versuchsmuster V 3 den Schub von 600 kp, für den es ursprünglich ausgelegt war. Am Weihnachtstag des Jahres 1941 konnte dann ein störungsfreier Zehnstundenlauf absolviert werden. Im Jahr 1941 waren ganze vier Geräte für den Prüfstand oder für den Flugzeugeinbau hergestellt worden, und zwar je eines im Februar, Juli, September und November[68]. Schließlich wurde im März 1942 das Versuchstriebwerk V 5 unter einer Me 110 als Erprobungsträger im Fluge getestet[69]. Erst dann konnten Messerschmitt die ersten Geräte zum Einbau in die Me 262 geliefert werden, runde zwei Jahre später, als nach dem ursprünglichen Zeitplan aus der Vorkriegszeit vorgesehen war. Trotz allem zeigte sich Dr. Franz nach dem Krieg durchaus mit dem Erreichten zufrieden: »Daß solche Ergebnisse so schnell und mit relativ so geringen Schwierigkeiten erzielt werden konnten, ist bemerkenswert, wenn man die Neuheit des Gegenstandes berücksichtigt und die Tatsache, daß es Vorbilder und Erfahrungen nicht gab. Dieser erfolgreiche Verlauf ist nicht zuletzt wohl dem Umstand zu danken, daß wir von Anfang an bewußt darauf verzichtet haben, das maximal Mögliche zu erreichen. Um schnell zu einem betriebsfähigen Vollgerät zu kommen, haben wir die der Auslage des Triebwerkes zugrunde gelegten Ziele und Annahmen in realistischer Weise beschränkt. Die möglichst frühe Inbetriebnahme eines Volltriebwerkes war besonders deshalb von größter Wichtigkeit, weil Verdichter und Turbinen nur am laufenden Vollgerät untersucht werden konnten, da Spezialprüfstände für diese Baugruppen zu dem frühen Zeitpunkt noch nicht verfügbar waren[70].« Weiter habe man, um das Risiko zu verringern, bei der Konstruktion der Verdichter- und Turbinenbeschaufelung weitgehend auf Ergebnissen außerhalb von Junkers aufgebaut. Bei der Verdichterbeschaufelung habe das Team sich ganz auf die Arbeiten der Aerodynamischen Versuchsanstalt (AVA) in Göttingen gestützt und bei der Beschaufelung der Turbine auf Erfah-

---

67 Schreiben Messerschmitts vom 19.2.1940, IWM, Speer Collection, FD 4355/45, S. 632f.

68 Berichte Nr. L/009 vom 28.10.1940 und Nr. L/061 vom 8.12.1941, DM, Ordner Jumo 004; Franz, Junkers-Strahltriebwerk, S. 60.

69 Bericht Nr. L/087 vom 29.4.1942, DM, Ordner Jumo 004.

70 Franz, Junkers-Strahltriebwerk, S. 61.

rungen der AEG in Berlin. Der Konstrukteur der Strahlturbine für die Me 262 sah das Entwicklungstempo also durchaus als außergewöhnlich hoch an. Zudem wird die Zusammenarbeit von Forschung und Industrie deutlich, ohne die ein schneller Fortschritt der Arbeit gar nicht möglich war. Insgesamt sollte man sich die Beurteilung von Dr. Franz gut merken, vor allem wenn man sie mit den zahlreichen Vorwürfen vergleicht, die Entwicklung der Strahltriebwerke sei zu langsam vorangegangen und die Forschungsführung sei schlecht gewesen. Darauf wird noch näher einzugehen sein.

Schlimmer als bei Junkers sah es dagegen bei dem BMW-003-Projekt aus. Von dem firmenintern als P 3302 bezeichneten Triebwerk sollten 10 Versuchsmuster mit einem Standschub von 600 kp hergestellt werden. Ähnlich wie bei Junkers machte sich das Team um Dr. Oestrich die Erfahrungen der Aerodynamischen Versuchsanstalt in Göttingen zunutze und konstruierte ein Luftstrahltriebwerk mit sechsstufigem Axialverdichter. Am 20. Februar 1941 lief das erste Versuchsgerät, erreichte aber nur einen Schub von 1,5 kN (150 kp)[71]. Zudem gab es zusätzliche Schwierigkeiten: »Die Schubwerte waren zu niedrig, der Verbrauch zu hoch, und an der Turbine traten Schaufelschäden auf. Die Stufenzahl des Verdichters mußte von 6 auf 7 erhöht werden«[72], berichtet ihr Konstrukteur.

Trotz aller Rückschläge wurden im Herbst 1941 die ersten Aggregate für die Me 262 an Messerschmitt geliefert. Dort hatte man inzwischen zu einer Notmaßnahme gegriffen und in die Rumpfspitze einen konventionellen Kolbenmotor eingebaut, um die Me 262 V-1 nicht völlig ungenutzt herumstehen zu lassen. So erhob sich der zukünftige Düsenjäger am 18. April 1941 nur mit Hilfe der althergebrachten Technik zum ersten Mal in die Luft, ein schönes Beispiel für den Konkurrenzkampf der alten mit der neuen Technologie, bei dem vorerst der Kolbenmotor noch die Nase vorn hatte. Erst im März 1942 waren dann die BMW-Turbinen in das Flugzeug eingebaut, welches am 25. des Monats zum Erstflug startete. Klugerweise war aber zusätzlich zu den beiden Triebwerken unter den Tragflächen der Mittelmotor beibehalten worden, zum Glück, denn tatsächlich fielen beide BMW-Aggregate kurz nach dem Start aus. Der Testpilot, Flugkapitän Fritz Wendel, schaffte es nur mit knapper Not, die nun untermotorisierte Maschine wieder heil auf die Erde zu bringen. Die BMW-Spezialisten stellten fest, daß bei den Verdichtern Schaufelbrüche aufgetreten waren[73]. BMW war damit vorerst aus dem Rennen. Das Triebwerk mußte vollkommen abgeändert werden, ein zeitraubendes Unterfangen, das sich bis Ende 1942 hinzog. Erst im Oktober 1943 sollte sich wieder eine BMW-003-Turbine unter einem Ju-88-Erprobungsträger in die Luft erheben[74].

So wurde die größere und schwerere, aber auf Betriebssicherheit ausgelegte Junkers Jumo 004 zum Standardantrieb der Me 262. Am 18. Juli 1942 war es so weit: Die Messerschmitt-Techniker hatten in den dritten Me-262-Prototyp die zwei Junkers Versuchsaggregate V 9 und V 10 eingebaut und Flugkapitän Wendel startete diesmal nur mit der

---

[71] Gersdorff/Grasmann, Flugmotoren und Strahltriebwerke, S. 196f.

[72] Oestrich, Flug-Gasturbine, S. 69.

[73] Green, Warplanes, S. 620; Nowarra, Luftrüstung, Bd 3, S. 223; Maier, Development of the Me-262, S. 61.; Wagner, Strahlflugzeuge, S. 116.

[74] Gersdorff/Grasmann, Flugmotoren und Strahltriebwerke, S. 197; Green, Warplanes, S. 620.

Kraft der Strahltriebwerke zum Erstflug[75]. Ein großer Schritt vorwärts in der Geschichte der Luftfahrt war gelungen.

Schneller als alle anderen Konkurrenten war aber wieder einmal Ernst Heinkel gewesen. Schon im Spätsommer 1940 war die Zelle der He 280 fertiggestellt, die Triebwerke waren aber auch hier noch nicht so weit. Die Maschine wies eine Reihe von modernsten Einrichtungen auf, wie einen preßluftbetriebenen Schleudersitz und ein Bugradfahrwerk. Um das Flugzeug zu testen, führte das Heinkel-Team vom September 1940 bis März 1941 insgesamt 41 Gleitflüge mit der antriebslosen He 280 durch, wobei die Maschine von einem He-111-Bomber hochgeschleppt wurde. Im März 1941 waren dann die Probeläufe der He-S-8-Turbine abgeschlossen und die He 280 V 2 konnte am 30. des Monats ihren ersten kurzen Luftsprung absolvieren[76]. Heinkel hatte seinen Konkurrenten Messerschmitt um Monate aus dem Feld geschlagen.

Die Dinge entwickelten sich noch günstiger für den Schwaben, als er am 5. April die He 280 hohen Offizieren der Luftwaffe, darunter Generalluftzeugmeister Udet, Eisenlohr und Schelp von der Triebwerksabteilung des Technischen Amtes und dem Chefingenieur der Luftwaffe, Lucht, im Fluge vorführen konnte. Die erfolgreiche Besichtigung gab den Ausschlag für die Entscheidung des RLM, Heinkels Arbeiten an der Strahlturbine intensiver zu fördern[77]. Bisher bestand Heinkels Triebwerksabteilung nur aus einer kleinen Gruppe von Spezialisten, denen die Möglichkeit für umfangreichere Projekte und Erprobungsarbeiten fehlte. Jetzt wurde dem Firmenchef der Kauf der Hirth-Motoren GmbH angeboten, die 1938 nach dem Tode des Hauptgesellschafters Hellmuth Hirth in den Besitz der Bank der Deutschen Luftfahrt übergegangen war. Für sechs Millionen RM erwarb nun die Ernst-Heinkel-Flugwerke-GmbH die Firma in Stuttgart-Zuffenhausen und verfügte damit endlich über die entsprechende Basis für Entwicklungen, wie sie die Triebwerksspezialisten des RLM schon lange gewünscht hatten[78].

Daß die Ressentiments Mauchs und Schelps gegenüber Heinkels Zielen durchaus berechtigt waren, zeigt die weitere Geschichte der Heinkel-Turbinenentwicklung. Statt sich nämlich frühzeitig auf ein einziges Projekt zu konzentrieren, war eine ganze Reihe von verschiedensten Triebwerksauslegungen in Angriff genommen worden. Das Team um von Ohain entwickelte aus der He S 3B die He S6, die He S8 und die He S10, alles Turbinen mit Radiallader. Daneben arbeitete die Gruppe um den von den Junkers-Werken abgeworbenen Max Adolf Müller an Strahltriebwerken axialer Bauart ähnlich den Jumo-004- und den BMW-003-Aggregaten. Daraus entstand die He S 30, eine sehr fortschrittliche Konstruktion. Gleichzeitig beschäftigten sich die Triebwerksbauer auch mit motorgetriebenen Luftstrahltriebwerken, Zweistromtriebwerken und Propellerturbinen[79]. Gerade auch diese Zersplitterung der Kräfte hatte Schelps Widerstand gegen Heinkel hervor-

---

[75] Bericht Nr. L/108 vom 27.7.1942, DM, Ordner Jumo 004; Green, Warplanes, S. 621.; Wagner, Strahlflugzeuge, S. 117.

[76] Köhler, Ernst Heinkel, S. 194; Green, Warplanes, S. 362.; Wagner, Strahlflugzeuge, S. 60.

[77] Köhler, Ernst Heinkel, S. 194—197; Heinkel, Stürmisches Leben, S. 490f.

[78] Heinkel, Stürmisches Leben, S. 491; Köhler, Ernst Heinkel, S. 196.; Wagner, Strahlflugzeuge, S. 33.

[79] Köhler, Ernst Heinkel, S. 196; Gersdorff/Grasmann, Flugmotoren und Strahltriebwerke, S. 189—195; Constant, Turbojet Revolution, S. 209.

gerufen[80]. Das Ergebnis dieser Tendenzen bei Heinkel war eine Reihe von erfolgversprechenden Typen, die aber alle noch nicht sehr weit fortgeschritten waren, als das RLM sein zukünftiges Programm festlegte. Insgesamt läßt sich für die Phase der ersten Projekte und der Prototypen eine recht zielgerichtete und vom RLM nachdrücklich unterstützte Entwicklungspolitik feststellen. Deutsche Techniker hatten sich auf dem Gebiet des Strahlantriebs einen knappen Vorsprung erkämpft, und die staatlichen Lenkungsorgane hatten für eine schnelle Umsetzung der zersplitterten und bescheidenen Privatinitiativen in ein breit angelegtes Industrieprogramm gesorgt.
Trotz dieser Tatsachen wollten nach dem Krieg die Stimmen nicht verstummen, die dem RLM vorwarfen, es habe die bahnbrechenden Möglichkeiten der neuen Technologie nicht erkannt, ja sogar die Entwicklung gebremst und so schon in der Frühphase die neuen Projekte derart behindert, daß sie gar nicht mehr rechtzeitig in der Endphase des Zweiten Weltkrieges zum Einsatz kommen konnten. Es entstand die Legende vom Entwicklungsstopp, deren Wahrheitsgehalt nun etwas kritischer unter die Lupe genommen werden soll.

b) Der sogenannte Entwicklungsstopp

Keine Einzelmaßmahme im Bereich der Rüstungspolitik ist so sehr kritisiert worden, wie der sogenannte Entwicklungsstopp. Schon die Mitarbeiter des »Von-Rohden-Projekts« hatten kurz nach dem Krieg behauptet, Göring habe 1940 befohlen, alle Projekte einzustellen, die nicht binnen eines Jahres fertiggestellt werden könnten, und Hitler habe diese Anordnung 1941 dann zusätzlich bestätigt. Deshalb seien die neuen Waffenentwicklungen »zu spät« gekommen, denn der Rückstand, der in diesen zwei Jahren entstanden sei, habe sich nicht mehr aufholen lassen. Für diese Maßnahmen prägten die ehemaligen Luftwaffenoffiziere den Begriff »Entwicklungsverbot«[81]. Im Anschluß daran folgte die Literatur über die Luftwaffe im allgemeinen dieser Interpretation und machte den »Entwicklungsstopp« zu einem Synonym für die kurzsichtige und verfehlte Rüstungspolitik des Dritten Reiches[82]. Was steckt nun wirklich hinter den Anordnungen Görings und Hitlers?
Als erste einschneidende Maßnahme wird oft ein Vorschlag Udets zitiert, den er am 7. Februar 1940 Göring unterbreitete. Aufgrund der Mangellage bei Aluminium, Kupfer, Zinn, Molybdän und Chrom hielt er es für notwendig, sich in der nächsten Zeit auf die Hauptflugzeugmuster, die an der Front eingesetzt würden, zu konzentrieren, um sie unter allen Umständen auf einer möglichst großen Lieferhöhe zu halten. Deshalb

---

[80] Schlaifer, Development, S. 397.

[81] Europäische Beiträge zur Geschichte des Weltkrieges II 1939/45, Heft 6: Die Deutsche Luftrüstung 1935—1945, S. 33ff. und Heft 7, Entwicklung und Planung in der deutschen Luftwaffe, S. 47, IfZ, MA-54 (2).

[82] Um nur einige zu nennen: Baumbach, Zu spät?, S. 59—61; Galland, Die Ersten und die Letzten, S. 342; Irving, Tragödie, S. 143f.; Lusar, Deutsche Waffen und Geheimwaffen, S. 15; überraschenderweise auch Williams, Development, S. 120—122; Overy, Air War, S. 192; Gehrisch, Entwicklung der Luftfahrtindustrie, S. 265f.

sollten Schul- und Erkundungsflugzeuge nur noch in verminderter Zahl ausgebracht werden[83]. Überraschenderweise ist in dem Schreiben von einem Entwicklungsverbot gar nicht die Rede, ja es taucht nicht einmal das Wort »Entwicklung« auf. Ähnlich sieht es mit der Anweisung Görings aus. Zwei Tage nach Udets Vorstoß tagte der Ministerrat für die Reichsverteidigung, dem Göring vorsaß. In dem Protokoll über diese Sitzung heißt es: »Der Generalfeldmarschall gab als *grundsätzliche Richtlinie* (Hervorhebung im Original) die Anordung bekannt, daß ohne Rücksicht auf die bisherigen Tendenzen zur Streckung der Vorräte alle Rohstoffe usw. bis zum Äußersten einzusetzen sind, um mit dem vorhandenen Material die größtmögliche Menge an Rüstungsgegenständen so schnell wie möglich herzustellen.Entscheidend sind diejenigen Vorhaben, die im Jahre 1940 fertig werden oder spätestens 1941 Erträge abzuwerfen versprechen. [...] Alle sonstigen langfristigen Programme sind erneut durchzukämmen. Von besonderer Bedeutung ist die Schwerpunktbildung innerhalb der Rüstung, wie sie etwa bei der Luftwaffe durch den Verzicht auf den Weiterbau einzelner Typen durchgeführt ist[84].«

Auch hier ist von einem generellen Abbruch der Entwicklungsarbeiten nicht die Rede. Lediglich der Schwerpunkt der Anstrengungen sollte auf Vorhaben gelegt werden, die demnächst Erträge abzuwerfen versprachen. Udets Vorschlag zielte darauf ab, weniger wichtige, aber bereits vorhandene Flugzeugmuster in der Produktion zugunsten der entscheidenden Flugzeugmuster zurückzustellen, um so einen hohen Stand in der Kapazitätsausnutzung der Industrie halten zu können. Er bezog sich damit rein auf den Fertigungssektor und nicht auf die Konstruktion neuer Typen. In ähnlicher Weise versuchte auch Göring eine Konzentration in der Rüstungsindustrie zu erreichen, um mit der Mangellage des Dritten Reiches fertigzuwerden.

Boog hat diese Vorstellungen als typische Beispiele für die von Milward entwickelte These einer rüstungspolitischen »Blitzkriegsstrategie« bezeichnet, da sie die »Breitenrüstung« und Rüstungsendfertigung bevorzugten und deshalb die langfristigen Auswirkungen einer Vernachlässigung von Forschung und Entwicklung unterschätzten[85]. Es ist recht zweifelhaft, ob tatsächlich solche Gedanken hinter der Anordnung Görings steckten. Die Luftfahrtindustrie hatte Anfang 1940 vorerst die Grenzen ihrer Kapazität sowohl auf der Materialseite als auch bei den Arbeitskräften und durch einen gravierenden Mangel an Ingenieuren erreicht. Es war deshalb dringend geboten, die Programme so zu gestalten, daß man innerhalb dieser Grenzen ein Höchstmaß an Produktionsausstoß verzeichnen konnte. Immerhin hinkten die tatsächlichen Fertigungszahlen deutlich hinter den Planzahlen her[86]. Die Luftwaffenführung versuchte durch eine klare Schwerpunktbildung in einem »Konzentrierten Flugzeugprogramm« die Auswirkungen der Engpässe möglichst gering zu halten. Wenige Wochen vor Ausbruch des Krieges hatte der Generalstab der Luftwaffe nochmals darauf hingewiesen, daß es darauf ankomme, einen »Schwerpunkt für die Angriffsluftwaffe« zu setzen. Als Flugzeugmuster wurden die

---

83 Europäische Beiträge zur Geschichte des Weltkrieges II 1939/45, Heft 6, S. 33, IfZ, MA-54 (2).

84 V.P. 2699 g.Rs., Besprechung über die Förderung und Beschleunigung der Aufrüstung vom 9.2.1940, BA-MA, RL 3/63, S. 7281.

85 Boog, Luftwaffenführung, S. 59.

86 Homze, Arming, S. 231.

He 177, Ju 88, Me 210, Me 109 und Ha 138 (ein Fernaufklärungsflugboot von Blohm und Voß) genannt. Ausdrücklich wurde aber in dem Schreiben betont: »Die aufgestellten Forderungen beziehen sich rein auf die Flugzeugbeschaffung und sollen die Entwicklung in keiner Weise hindern[87].«

Generalstab und Generalluftzeugmeister hatten sich also auf einige wenige Standardmuster geeinigt, die Weiterentwicklung sollte aber nicht vernachlässigt werden. Allerdings war es notwendig, die auf diesem Gebiet beschäftigten Ingenieure effektiver einzusetzen. Gerade die He 177 und Me 210, auf die man so große Hoffnungen setzte, benötigten bis zur Serienreife noch beträchtlich viele Konstrukteurstunden. Andererseits arbeiteten Heinkel und Messerschmitt an einer ganzen Reihe weiterer Projekte. Es herrschte eine heillose Zersplitterung der Kräfte. Udet griff deshalb am 12. September 1939 ein und befahl eine »Verringerung der Entwicklungsvorhaben«[88], ein mutiger Schritt, den Kritiker der Luftrüstung in späteren Jahren immer wieder forderten, um effektiver zu serienreifen Einsatzmustern zu kommen. Es galt, die knappe Ingenieurkapazität zusammenzufassen und auf solche Vorhaben anzusetzen, die für die Führung des Luftkrieges und die optimale Ausrüstung der Luftwaffe am dringendsten waren.

Bedeutete das das frühzeitige Ende der Düsenjägerentwicklung? Studiert man die Bemerkungen zu den einzelnen Flugzeugmustern in dem Schreiben genauer, so stößt man auf Erstaunliches. Eine ganze Reihe von Entwicklungen war gestrichen worden, so beispielsweise die Hubschrauber, der Zerstörer Ar 240, das Transportflugzeug Ju 252 oder das Heinkel-Raketenversuchsflugzeug He 176. Bei der He 178, dem von Heinkel entwickelten Strahlflugzeug, das am 27. August 1939 zum ersten Mal geflogen war, stand hingegen die Anweisung: »Die Arbeiten an Einsitzern mit Luftstrahltriebwerken werden mit aller Kraft weitergetrieben, damit baldmöglichst ein einsatzfähiges Flugzeug geschaffen ist[89].« Trotz der Einschränkung der Entwicklungsarbeiten wurde der wichtige Bereich der Strahlflugzeuge nicht vernachlässigt, sondern sollte vielmehr mit Energie weiter betrieben werden.

Heinkel hat in seinen Memoiren den führenden Leuten der Luftwaffe eine indifferente Haltung gegenüber seiner Düsenmaschine unterstellt[90]. Udet habe auf seine Meldung des Erstfluges der He 178 nur geantwortet, man solle ihn erst einmal weiterschlafen lassen. Der Chefingenieur der Luftwaffe, Lucht, soll einem Vertreter Heinkels die Antwort gegeben haben: »Was sollen wir denn jetzt damit? Das können wir doch in Angriff nehmen, wenn der Krieg vorbei ist[91].« Schließlich besichtigten Milch, Udet und Lucht am 28. Oktober 1939 die He 178. Heinkel beschrieb seine Enttäuschung über Udet, als er und die anderen Besucher skeptisch blieben: »Er erfaßte das Neue vielleicht noch nicht. Vielleicht galt das für andere in ähnlichem Maße. [...] Meinem Temperament schien eben nichts anderes denkbar, als begeisterte Zustimmung und sofortige Förderung, und zwar

---

[87] Generalstab der Luftwaffe, Nr. 2701/39 g.Kdos. Genst. Gen. Qu. 6. Abt. vom 9.8.1939, BA-MA, RL 3/527.

[88] Generalluftzeugmeister, LC 2 Nr. 632/39 g.Kdos. vom 12.9.1939, Betr.: »Verringerung der Entwicklungsvorhaben«, BA-MA, RL 3/352.

[89] Ebd., S. 2.

[90] Heinkel, Stürmisches Leben, S. 476ff.

[91] Ebd., S. 476f., 479.

mit allen Mitteln. Die Ernüchterung kam jedoch sofort, als die Besucher sich ohne weitere Erklärungen verabschiedeten[92].« Auch Boog merkt kritisch an, es sei schließlich zu keinem Produktionsvertrag gekommen, »weil Udet die Düsenjägerentwicklung schon Messerschmitt versprochen und kein Zutrauen zu diesen neuartigen Flugzeugen hatte«[93]. War also die Anweisung Udets für die Strahlflugzeuge eine leere Worthülse?

Das Gegenteil ist richtig. Die He 178 war ein reines Versuchsmuster für die Triebwerkserprobung. Sie trug keine Bewaffnung und hatte keinerlei militärischen Nutzen[94]. Es war klar, daß die Luftwaffenführung keine knappen Ressourcen für einen reinen Erprobungsträger verschwenden wollte, forderte sie doch ein einsatzfähiges Strahlflugzeug. Demgemäß erhielt Heinkel bereits am 17. Oktober 1939, also noch vor dem Besuch Milchs und Udets, einen Vorbescheid für den Bau des Musters He 280, eines zweistrahligen Düsenjägers, der eine Konkurrenzentwicklung zu der unter der internen Firmenbezeichnung »Projekt 1065« bei Messerschmitt angelaufenen Me 262 darstellte[95]. Die Düsenjägerentwicklung war also durchaus nicht nur auf Messerschmitt beschränkt, und Heinkel wurde sehr wohl die Möglichkeit eingeräumt, seine bahnbrechenden Ideen zu verwirklichen. Der Bescheid war von dem bereits erwähnten Flugbaumeister Antz von der Abteilung LC 2 des Technischen Amtes unterzeichnet. Selbst wenn also Udet skeptisch gegenüber der neuen Technik gewesen sein mag, so trieben doch seine Fachleute offensichtlich die Entwicklung voran und leiteten schon den Sprung von der Erprobung der Technologie zur militärisch brauchbaren Waffe ein.

Einen weiteren Hinweis darauf liefert die Anordnung Udets über die »Verringerung der Entwicklungsvorhaben auf dem Gebiete des Triebwerkes« vom November 1939, die von ihm persönlich unterzeichnet worden war[96]. Bei den »Sondertriebwerken« waren einige Projekte für Raketenantriebe gestrichen worden, so das Walter-Raketentriebwerk für die He 176 und eines für den Raketenjäger Me 163. Parallelentwicklungen bei Walter für die Me 163 und beim Heereswaffenamt für die He 176 durften weiterbetrieben werden. Noch viel besser sah es bei den Turbinenluftstrahltriebwerken aus. Nur die Arbeiten an einer Propellerturbine bei Junkers wurden eingestellt. Dagegen sollte die Heinkel-Turbine für die He 280 schon im April 1940 mit einer Nullserie von 60 Geräten anlaufen, von den bei Junkers und BMW entwickelten Triebwerken für das Projekt 1065, die spätere Me 262, sollten bis Juli 1940 erste Versuchsmuster fertiggestellt sein. Die Triebwerksentwicklung lief also mit hohem Termindruck weiter.

Göring konnte demzufolge mit Recht bei seiner »Richtlinie« vom Februar 1940 darauf verweisen, daß die Luftwaffe durch den Verzicht auf den Weiterbau einzelner Typen die Schwerpunktbildung in Angriff genommen habe. Einer dieser Schwerpunkte war gerade die Entwicklung der neuen Antriebstechnik. Görings und Udets Maßnahmen haben dabei weder etwas mit einer angeblichen »Blitzkriegsstrategie« zu tun, noch stellen sie

---

92 Ebd., S. 482.

93 Boog, Luftwaffenführung, S. 62.

94 Hertel, Flugzeugbeschaffung, S. 97, MGFA, Lw 16/2.

95 Der Reichsminister der Luftfahrt und Oberbefehlshaber der Luftwaffe, LC 2 Nr. 4084 (III) geh. vom 17.10.1939, BA-MA, RL 3/538.

96 Generalluftzeugmeister LC 3 Nr. 1006/39 g.Kdos. vom 16.11.1939, BA-MA, RL 3/1825.

ein allgemeines »Entwicklungsverbot« dar. Sie waren vielmehr der Versuch, die Luftrüstung durch Konzentration auf wichtige Projekte organisatorisch zu straffen und durch die rationelle Ausnutzung der Kapazitäten zu mobilisieren. Das war vor allem auch wegen der materiellen Beschränkungen Deutschlands dringend notwendig, immerhin war vor dem Frankreichfeldzug gar nicht abzusehen, wie lange der Krieg noch dauern würde. Man mußte deshalb notfalls auch für einen längeren Zeitraum mit dem auskommen, was man zur Verfügung hatte. Den Kritikern der deutschen Luftrüstungspolitik muß die Frage gestellt werden, was sie denn nun eigentlich wollen. Einerseits wird die Zersplitterung der Entwicklung und die Überlastung der Firmen durch zu viele Projekte beklagt, andererseits wird dem Versuch, in das Chaos eine gewisse Ordnung zu bringen, eine schädigende Wirkung zugeschrieben, die angeblich die Entwicklung entscheidend zurückgeworfen habe. Dieser Widerspruch ist eigentlich nur damit zu erklären, daß die vorgebrachte Kritik in apologetischer Absicht die Niederlage Deutschlands nicht aus der simplen ökonomischen Tatsache ableitet, daß das Dritte Reich am entschlossenen Widerstand der drei größten Industrienationen und ihrer Verbündeten scheiterte, sondern vielmehr in irgendwelchen Führungsentscheidungen ein »Versagen« erkennen will, das die rechtzeitige technische Mobilisierung verhinderte. Karl-Heinz Ludwig hat ganz zu Recht darauf hingewiesen, daß die Folgen des angeblichen Entwicklungsstopps stark überschätzt werden und von den Zeitgenossen »erst ab 1944 — und dann aus einem ganz engen Blickwinkel heraus — für den relativ niedrigen Stand der deutschen wissenschaftlichen Technik und das Fehlen einer siegbringenden ›Wunderwaffe‹ verantwortlich gemacht«[97] worden seien.

Die Auswirkungen der Befehle Udets und Görings blieben sowieso schon aus dem Grunde gering, weil sie von der Industrie meist gar nicht beachtet wurden. Vielmehr arbeiteten die Flugzeugwerke einfach unter der Hand an ihren Projekten weiter, ohne sich um Verbote aus dem RLM zu kümmern[98]. An der Verschwendung von Material, unrationeller Fertigung und Doppelarbeit änderte sich auch in den nächsten Jahren wenig. Hitler sah sich deshalb genötigt, am 11. September 1941 mit einem Führerbefehl einzugreifen, der meist als Bestätigung des »Entwicklungsverbots« gesehen wird. Im einzelnen forderte er:

»1.) Scharfe Konzentrierung und Begrenzung *aller* (Hervorhebung im Original) Beschaffungen der Wehrmachtteile *innerhalb* (Hervorhebung im Original) ihres eigenen Bereichs auf die Schwerpunkte ihrer Rüstung.

2.) Abgleich durch das Oberkommando der Wehrmacht innerhalb der Gesamtwehrmacht, sofern nach Ziffer 1) die Unterbringung der Aufträge nicht sichergestellt werden kann.

3.) Grundsätzliche Anpassung und Abstimmung der Beschaffungsnotwendigkeiten der Wehrmachtteile auf die Leistungsfähigkeit der Industrie[99].«

Hitler ermächtigte den Chef des OKW, den Wehrmachtteilen Auflagen zur Kürzung von unwichtigen Fertigungen zu erteilen. Einschränkungen von Schwerpunktprogram-

[97] Ludwig, Technik und Ingenieure, S. 232.

[98] Boog, Luftwaffenführung, S. 63f.

[99] Der Führer und oberste Befehlshaber der Wehrmacht, Nr. 340/41 g.Kdos. vom 11.9.1941, BA-MA, RL 3/63, S. 7129f.

men behielt er sich selbst vor. Göring konnte schon im Januar 1942 diese Anordnung unterlaufen, indem er erreichte, daß Staatssekretär Milch über die Beschaffungs- und Entwicklungsprogramme entscheiden sollte und nicht das OKW[100]. Die Sonderstellung der Luftrüstung blieb gewahrt. Zudem hatte ja auch Hitler keinesfalls die Einstellung aller Forschungs- und Entwicklungsarbeiten verfügt. Er zielte vielmehr ebenfalls auf eine Konzentration und Rationalisierung bei der Rüstungsendfertigung ab.

Das war die Bestätigung der Politik, die die Luftwaffe schon seit langem, wenn auch ziemlich erfolglos, verfolgt hatte. So handelte es sich also beim von Hitler angeblich verordneten Entwicklungsstopp nicht um eine Unterbrechung von Forschungs- und Entwicklungsprojekten, sondern um eine Umschichtung der industriellen Kapazität, und hier besonders der Ingenieurkapazität, von einer Vielzahl von Vorhaben auf einige wenige Schwerpunkte. Die Vorgänge sind im Zusammenhang von Rationalisierungsmaßnahmen Udets und Milchs ab 1941 zu sehen, ohne die die Steigerung der Ausstoßzahlen nie erreicht worden wäre. Dazu war auch eine klare Zielvorgabe für die Industrie notwendig, welche Typen denn in absehbarer Zeit gebaut werden sollten.

Milch hatte im Sommer 1941 den Entschluß gefaßt, der Quantität an Flugzeugen Vorrang vor der Qualität einzuräumen. Deshalb wollte er nicht weiter auf Neuentwicklungen warten, sondern die bereits in Serie laufenden Typen übernehmen und ihre Produktion entsprechend hochfahren. Milch verdeutlichte vor dem Industrierat im September seine Haltung: »Wir stehen einfach vor der Frage: Haben wir 1943 gar keine Maschinen oder haben wir in großer Menge Maschinen, die sich jetzt gut bewährt haben?« Deshalb sei es notwendig, die eingefahrenen Muster zu übernehmen. Es sei klar. daß »1942/43 kein *neues* (Hervorhebung im Original) Flugzeugmuster in beachtlicher Anzahl in Serie kommen kann«[101]. Damit zog er die Konsequenzen aus der Produktionskrise, die sich in diesem Jahr klar abzeichnete. Eigentlich war geplant gewesen, die Luftwaffe mit wenigen Standardtypen auszurüsten und mit Hilfe der dadurch möglichen Großserienfertigung die Ausstoßstahlen erheblich zu steigern. Leider erwiesen sich zwei der neuen Muster, nämlich der Bomber He 177 und das Mehrzweckflugzeug Me 210, auf die die gesamte Planung in hohem Maße ausgerichtet war, als technische Versager. Weil die Maschinen praktisch vom Reißbrett weg bestellt worden waren, verstopften sie nun wertvolle Kapazitäten, und die Luftwaffe erhielt weder verbesserte Flugzeugmuster noch größere Zahlen. Es blieb nichts anderes übrig, als das ganze Programm umzuwerfen und die alten Muster weiterzubauen. Um das Problem in den Griff zu bekommen, rang sich Milch dazu durch, voll auf erprobte Technik zu setzen und als Tag- und Nachtjäger die Me 109, FW 190 und die Me 110, als Standardbomber die Ju 88, He 111 und Do 217 weiterzubauen, alles Flugzeuge, die zum Teil schon lange vor dem Krieg entwickelt worden waren. Nur die He 177 wurde als einziger neuer Typ weiterverfolgt[102].

---

100 Boog, Luftwaffenführung, S. 61.

101 Ansprache des Staatssekretärs der Luftfahrt und Generalinspekteurs der Luftwaffe GFM Milch an den Industrierat und die Führer der neu gebildeten Industrieringe (Ringführer) am 18.9.1941 im RLM, BA-MA, RL 3/51, S. 1160.

102 Irving, Tragödie, S. 198f.

Das hatte natürlich Auswirkungen auf neue Projekte. Das RLM drängte darauf, die Ingenieurkapazität für die zügige Weiterentwicklung der Serientypen einzusetzen. Als Milch im August mit Udet die Messerschmitt-Werke in Augsburg besuchte, wurde ihnen die Attrappe des Me-262-Düsenjägers vorgeführt. Milch soll das als Ablenkungsversuch Messerschmitts aufgefaßt haben, denn ihn interessierten im Augenblick die Ausstoßzahlen einer verbesserten Ausführung der Me 109 viel mehr. Verärgert habe er deshalb Messerschmitt und seinen Stab angefahren: »Meine Herren, es interessiert mich im Augenblick überhaupt nicht, was Sie mir hier zeigen. Ich will wissen, wann kommt der Jäger 109F, den wir an der Front brauchen, heraus[103]?« Er befahl deshalb dem Leiter der Bauaufsicht des RLM, dafür zu sorgen, daß keine Arbeit an die Me 262 verschwendet würde, bis nicht die Me 109F in Ordnung gebracht sei[104]. Willy Messerschmitt hat eine dramatischere Darstellung des Geschehens geliefert. Er habe bei dem Besuch in einem Vortrag auf die Bedeutung der Me 262 und des Raketenjägers Me 163 hingewiesen. Man müsse das Risiko eingehen, eine kleinere Serie aufzulegen, um im Notfall über besonders leistungsfähige Flugzeuge verfügen zu können. »Mein Vorschlag, die Arbeiten zu forcieren wurde abgelehnt, im Gegenteil, es wurde mir erklärt, daß eine solche Entwicklung keinen Sinn mehr habe und die Arbeiten ganz eingestellt werden müssen. [...] Ich habe dann mit dem Leiter der Bauaufsicht meines Werkes ein privates Abkommen getroffen, damit wenigstens in kleinerem Maßstab die Versuche weitergeführt werden können. Auch mit den Motorenfirmen Junkers und BMW habe ich vereinbart, daß die Triebwerke weiter entwickelt werden. Es wurde natürlich versucht, um unnötige Schwierigkeiten zu vermeiden, die Versuche so geheim wie möglich durchzuführen[105].«

Hier prallten deutlich zwei verschiedene Konzeptionen aufeinander, gleichzeitig werden die Zustände in der Luftrüstung erhellt. Während Milch versuchte, die Quantität der Ausrüstung durch den Großserienbau von bewährten Mustern zu vergrößern, vertraute Messerschmitt weiterhin auf qualitativ überlegene Maschinen in »kleiner Serie«. Zwar fiel die Entscheidung des RLM gegen die Ansichten des Unternehmers aus, sie wurde jedoch heimlich umgangen, ein in der Industrie durchaus gebräuchliches Verfahren.

Messerschmitts Schilderung paßt hervorragend zur These vom Entwicklungsstopp, doch sind seine Angaben in mehrfacher Hinsicht zu bezweifeln. Völlig unwahrscheinlich ist die Version, die Entwicklung der Triebwerke sei bei BMW und Junkers auf seine Bitte hin weitergelaufen. Das würde voraussetzen, daß für die Triebwerksentwicklung ebenfalls ein Stoppbefehl gegeben worden sei. Es läßt sich allerdings kein einziges Dokument finden, wo dezidiert der Abbruch aller Entwicklungsarbeiten gefordert wird. Auch in den Firmenakten von BMW und Junkers im Imperial War Museum gibt es keinen Hinweis auf solch einen doch sehr einschneidenden Vorgang. Die These vom Entwicklungsstopp stützt sich allein auf Nachkriegsaussagen von ehemaligen Offizieren des RLM und von Industriellen. Horst Boog hat diese Stellungnahmen ausführlich diskutiert und die

---

103 Ebd., S. 195.

104 Ebd.

105 Nachlaß Hertel, Ordner VI, Abschrift eines Briefes, Willy Messerschmitt an Generalmajor a.D. Walter Grabmann vom 24.8.1955, BA-MA, N 653.

Auffassung vertreten, beim Entwicklungsstopp handle es sich »um eine lose Reihe von Einzelmaßnahmen, um eine in den Jahren der Sieges- und Kurzkriegseuphorie besonders intensive Auswirkung des produktions- und operationsorientierten Führungsdenkens«[106]. Erst im Juni 1942 habe der Chef der Amtsgruppe Entwicklung das Zeichen zur offiziellen Wiederaufnahme der Arbeiten an Triebwerk und Zelle gegeben.

Nun lassen sich ebensogut Stellungnahmen anführen, die eine Unterbrechung der Arbeiten bestreiten. Helmut Sachse, der Leiter der Forschungs- und Entwicklungsabteilung bei BMW, betonte, das RLM habe zu jeder Zeit ein »heißes Bemühen« um die Förderung der Triebwerke gezeigt. Zu keinem Zeitpunkt sei die Entwicklung vernachlässigt worden, sie habe naturgemäß unter den Grenzen der personellen und materiellen Zuteilungen an die Werke und der Fülle der laufenden Aufgaben in Entwicklung und Produktion gelitten[107]. Ebenso bestätigte Dipl. Ing. Wolfram Eisenlohr, Chef der Abteilung Triebswerksentwicklung im RLM, die Aussagen Sachses. Die Triebwerksabteilung des RLM habe der Entwicklung von Strahlantrieben von Anfang an und ständig größtes Interesse entgegengebracht und sie laufend auf das intensivste gefördert[108]. Es steht also Aussage gegen Aussage.

Immerhin lassen sich aber einige Dokumente anführen, die die Behauptungen Sachses und Eisenlohrs erhärten, beispielsweise die Berichte des Konstruktionsbüros »Sondertriebwerke« bei Junkers, das die Entwicklung der Turbine Jumo 004 durchführte. Die insgesamt 249 Berichte von 1939 bis 1944 waren firmeninterne Nachrichten über den Ablauf der Arbeiten, die in gewissen Fällen laut Verteiler auch an die Bauaufsicht der Luftwaffe und an die Abteilung GL/C-E3 VII, also an die Gruppe Sondertriebwerke im RLM, weitergegeben wurden[109]. Sie zeigen einen regelmäßigen Fortgang der Versuche. Das RLM drängte sogar im Juni 1941 zu einer Steigerung des Entwicklungstempos und im Oktober desselben Jahres, also nach dem angeblich so folgenschweren Besuch Milchs und Udets bei Messerschmitt, teilte Schelp von der Gruppe Sondertriebwerke mit, der Generalstab wolle bis August 1942 zwanzig Strahljäger Me 262 mit Jumo-Strahltriebwerken zur Verfügung haben[110]. Tatsächlich hatte der Luftwaffenführungsstab in einer Denkschrift vom 29. September 1941 betont: »Der schnellen Weiterentwicklung der Strahlantriebe bis zur Serienreife wird besonderer Wert beigemessen[111].«

Im April 1942 hielt Milch eine Besprechung über die Entwicklungsplanung auf dem Triebwerksgebiet mit den wichtigsten Leuten aus dem Generalluftzeugmeisterbereich ab, darunter auch Eisenlohr und Schelp. Eisenlohr gab eine Übersicht über die Lage. In dem

---

[106] Boog, Luftwaffenführung, S. 65; vgl. ebd., S. 66f.

[107] Nachlaß Hertel, Ordner VIII, Aktennotiz über die Besprechung mit Ing. Sachse von BMW am 10.10.55 von Generalmajor a.D. Grabmann, S. 5 f, BA-MA, N 653.

[108] Nachlaß Hertel, Ordner VII, Stellungnahme zur Aktennotiz über die Besprechung der Herren Grabmann und Sachse vom 10.10.1955 von Dipl. Ing. Wolfram Eisenlohr, S. 2, BA-MA, N 653.

[109] Berichte Nr. L/001—L/149 und L/150—L/249, DM, Ordner Jumo 004.

[110] Bericht Nr. L/043 vom 18.8.1941, Aktenvermerk über Besprechung mit RLM am 13.6.1941 in Berlin betr. Bauprogramm Sondertriebwerke und Bericht Nr. L/053 vom 7.10.1941, Betr.: Sondertriebwerk T1, Bau einer Klein-Serie, DM, Ordner Jumo 004.

[111] Abschrift Luftwaffenführungsstab I T, Denkschrift, Betr.: Luftrüstung (Fliegertruppe) in den kommenden Kriegsjahren vom 29.9.1941, BA-MA, RL 3/2582, S. 765.

Protokoll heißt es: »Im Anschluß an diesen Vortrag [...] wurde vom Herrn Staatssekretär darauf hingewiesen, daß die beschriebenen Wege schon in verhältnismäßig kurzer Zeit zum Tragen kommen können und daß mit diesen neuartigen Triebwerken Lösungen erreicht werden können, an die man bisher nicht gedacht hat. Es ist zu hoffen, daß wir auf diesem Gebiet einen Vorsprung vor dem Ausland haben, und es ist mit allen Mitteln anzustreben, daß dieser auch gehalten wird. [...] Es ist selbstverständlich, daß augenblicklich im Krieg der Otto-Motor noch als Schwerpunkt anzusehen ist, und die Entwicklung dieses Triebwerkes ja noch nicht beendet ist. Es ist auch nicht so, daß der Übergang zu neuartigen Triebwerken schlagartig einsetzt, sondern die Anwendungsformen werden sich z. T. überdecken, so daß auch im jetzigen Krieg mit dem Einsatz einzelner dieser neuartigen Triebwerke zu rechnen ist[112].«

Selbst wenn man also wie Boog Udet »ein Interesse voller Pessimismus« und Milch geringe Aufgeschlossenheit für das Strahlflugzeug unterstellt[113], so sorgten zumindest seine Fachleute für einen kontinuierlichen Arbeitsablauf in der Triebwerksentwicklung, und sie erhielten noch vor Juni 1942 von Milch das Plazet für ihr Vorgehen. Messerschmitt hatte es gar nicht nötig, bei Junkers und BMW um die Fortführung der Arbeiten zu bitten, denn dafür sorgte schon das RLM, ganz davon abgesehen, daß Messerschmitts Einfluß nicht so weit reichte, um die Firmenpolitik der Triebwerkshersteller zu beeinflussen.

Nun zum zweiten Teil der Legende. Es gibt genügend Hinweise in den Akten des RLM, daß die Arbeiten an der Me 163 und Me 262 nie unterbrochen wurden und daß vor allem das RLM gut darüber informiert war. Am 22. Oktober 1941 wurde Generaloberst Udet die Planung für die Me 163B vorgetragen. Er verlangte 70 Maschinen bis zum Sommer 1942. Die anwesenden Vertreter der Messerschmitt-Werke erhoben gegen diesen Termin Einspruch: »Es wurde ausdrücklich darauf hingewiesen, daß bei einer Durchlaufzeit von 7 Monaten nicht die Rede davon sein kann, erprobte Serienflugzeuge zu bauen, sondern lediglich 70 Versuchsmaschinen mit allen Vor- und Nachteilen, die eben Versuchsmaschinen anhaften. Trotz dieser kurzen Durchlaufzeit wird die Forderung des Amtes, den größten Teil der in Auftrag gegebenen 70 Flugzeuge im Sommer 1942 zur Verfügung zu haben, nicht erfüllt, sondern es werden bis Ende September höchstens 26 Versuchsmaschinen fertig zum Einfliegen dastehen. Nach Ansicht der Messerschmitt A. G. müßte eine Mindestdurchlaufzeit von 17 Monaten gewährt werden, um erprobte Serienflugzeuge herzustellen. Der entsprechende Plan wurde Generaloberst Udet ebenfalls vorgelegt[114].« Die Messerschmitt A. G. hatte eigens zwei Pläne ausgearbeitet, wobei der erste eine genügende Erprobungszeit vorsah, um eine ausgereifte Serienmaschine herstellen zu können. Allerdings würden die geforderten 70 Maschinen erst im Sommer 1943 zur

---

112 Der Staatssekretär der Luftfahrt und Generalinspekteur der Luftwaffe, GL/C-E3 Nr. 520/42 (VII A) g. Kdos. vom 3. 5. 1942, (Niederschrift über eine Besprechung bei Herrn Generalfeldmarschall Milch am 24. 4. 42), BA-MA, RL 3/13, S. 395 f.

113 Boog, Luftwaffenführung, S. 66.

114 Aktenvermerk, Besprechung bei Generaloberst Udet am 22. 10. 1941 betr. Bau 163 B, BA-MA, RL 3/1103, S. 39.

Verfügung stehen[115]. Um den Termin einhalten zu können, erstellten die Fachleute bei Messerschmitt einen Alternativplan, für den die Firma aber zusätzliche Konstrukteure, Arbeitsvorbereiter, Fertigungsprüfer und Facharbeiter benötigte[116]. Die ganze Diskussion ist ein Beleg für die Tendenz des RLM, die Erprobung von neuen Typen über Gebühr abkürzen zu wollen. Sie zeigt aber auch, daß Udet im Oktober 1941 auf die schnelle Einführung eines Raketenjägers drängte.

Im Lieferplan Nr. 21 vom Oktober 1941 tauchten die Me 262 und die Me 163 allerdings noch nicht auf. Nur die He 280 wurde als einziges Strahlflugzeug unter der zweithöchsten Dringlichkeitsstufe genannt[117]. Schon im Januar 1942 hatte sich das Bild gewandelt. Unter der höchsten Dringlichkeitsstufe »SS« erschienen jetzt die He 280, die Me 262 und die Me 163, also zwei Turbinenluftstrahlflugzeuge und ein Raketenflugzeug[118]. Die Entwicklung der neuen Muster hatte somit höchste Priorität erhalten und brauchte deshalb wohl kaum im geheimen betrieben werden. Zudem informierte der Sonderausschuß F 2 für Messerschmitt-Flugzeugzellen unter der Leitung des Messerschmitt-Direktors Hentzen regelmäßig das Technische Amt über den Fortgang der Entwicklungsarbeiten. Im Bericht für den Monat Mai 1942 heißt es zur Me 262: »Die für die V 2 zum Einbau vorgesehenen BMW-Triebwerke, sowie das zweite Junkers-Triebwerk für die V 3 sind bisher noch nicht eingegangen und somit sind irgendwelche Terminangaben vorerst nicht möglich. Die zellenmäßige Fertigung der V 4 + V 5 ist z. Zt. im Gange. Die Fertigung der weiteren 15 V- bzw. 0-Serienflugzeuge wird nach Rücksprache mit dem RLM vorerst zurückgestellt bis endgültige Erprobungsergebnisse der V 3 vorliegen. Dementsprechend kann z. Zt. auch keine Gesamtplanung durchgeführt werden[119].«

Der entscheidende Engpaß waren die Triebwerke, die ja das eigentlich Revolutionäre an der Me 262 waren. Da sie 1941 eben nicht zur Verfügung standen, hatte die erste Versuchsmaschine ihren Erstflug noch mit einem konventionellen Kolbenmotor absolvieren müssen[120]. Die Me 262 hatte also bisher gar keinen Beweis erbracht, daß sie wirklich ein brauchbares Flugzeug abgeben würde. Wenn Willy Messerschmitt von Milch im August 1941 den Serienbau der Maschine forderte, so verlangte er genau das, was bei seiner Me 210 so kläglich gescheitert war, nämlich einen neuen Typ ohne ausreichende Erprobung und Entwicklung frühzeitig vom Reißbrett weg in die Serie zu pressen. Es war deshalb klar, daß Milch darauf bestand, daß der Konstrukteur erst seine Hausaufgaben erledigte und die neue Version der Me 109, die im Augenblick dringend gebraucht wurde, serienreif fertigstellte, statt sich auf ein Projekt zu stürzen, das frühestens in einigen Jahren einsatzbereit sein würde.

---

[115] Messerschmitt A.G. Augsburg, Aktenvermerk, Planung Me 163 B, vom 22.10.1941, BA-MA, RL 3/1103, S. 13–15.

[116] Ebd., S. 15f.

[117] Der Reichsminister der Luftfahrt und Oberbefehlshaber der Luftwaffe, Generalluftzeugmeister Az. 89a-m 20 GL/F1 I A1 vom 10.11.1941, (Lieferplan 21 vom 1.10.1941), BA-MA, RL 3/1406.

[118] Der Reichsminister der Luftfahrt und Oberbefehlshaber der Luftwaffe, St/GL, Nr. 21u/401/42 geh. Az. 89a-m 20 vom 28.1.1942, BA-MA, RL 3/1406.

[119] Messerschmitt A.G. Augsburg, Bericht des Sonderausschusses F 2 für Monat Mai 1942, Bl. 2f., BA-MA, RL 3/1421.

[120] Nowarra, Luftrüstung, Bd 3, S. 223; Green, Warplanes, S. 619f.

Auch die Firmenleitung der Messerschmitt-Werke scheint diese Einschätzung geteilt zu haben. Im Juni 1942 legte der Betriebsführer der Firma, SS-Brigadeführer Theo Croneiß, dem RLM ein Arbeitsprogramm der Messerschmitt A.G. vor, in dem er die zukünftigen Entwicklungspläne offenlegte, welche er zuvor mit Messerschmitt, Lippisch, dem Konstrukteur der Me 163, Voigt vom Projektbüro, Rethel vom Konstruktionsbüro, dem Aufsichtsratsvorsitzenden, dem Vorstand und den Hauptabteilungsleitern abgestimmt hatte[121]. Die Firma wolle sich »in völliger Übereinstimmung mit Herrn Professor Messerschmitt« auf die Entwicklung und den Bau von Jägern und Zerstörern in normaler und schwanzloser Bauweise konzentrieren. Die oberste Dringlichkeitsstufe erhielten die verbesserten Versionen der Me 109 und der Me 110 sowie der Raketenjäger Me 163 B. Sodann folgten die Me 210, ihre Weiterentwicklung Me 310, die Me-109-Nachfolgerin Me 309, der Höhenjäger Me 155 und die Me 329, ein Zerstörer und Schnellbomber. Unter Dringlichkeitsstufe III liefen die Me 262, die Me 328, ein kleines Jagdflugzeug, das mit Argusschubrohren ausgerüstet werden sollte, die auch die spätere V 1 antrieben.

Zur Me 262 bemerkte das Schreiben: »Die in Bau befindlichen V-Flugzeuge werden lt. protokollarischen Festlegungen zur Triebwerkserprobung und für Leistungsmessungen fertiggestellt. Solange nicht zu übersehen ist, ob die Argusstrahlrohre oder die TL-Triebwerke für die Weiterentwicklung zu bevorzugen sind, darf dieses Baumuster nicht vernachlässigt werden[122].«

Demnach war sich die Firma selbst unsicher, welche der neuen Antriebsmethoden zum Erfolg führen würde. Die Arbeiten an der Me 328 wurden später eingestellt, die Me 262 mauserte sich dagegen zur »Wunderwaffe« und Hoffnung der Lufwaffenführung. Die Maschine absolvierte am 18. Juli 1942 ihren erfolgreichen Erstflug mit zwei Jumo-004-Strahlturbinen[123]. Croneiß sah sich deshalb genötigt, vierzehn Tage nach seinem ersten Schreiben an das RLM sein Arbeitsprogramm zu berichtigen: »Aufgrund des guten Flugergebnisses mit Me 262 V-3 mit Junkers TL-Triebwerken erhielt ich mit Schreiben GL/C-E 2 Nr. 2645/45 I geh. vom 22.7. den Auftrag, über die z. Zt. in Bau befindlichen 5 V-Flugzeuge hinaus, weitere 15 0-Serienflugzeuge zu bauen. Da ich annehme, daß mit diesen 0-Serienflugzeugen außer der Triebwerkserprobung auch eine Ausrüstungserprobung evtl. sogar eine Fronterprobung vorgesehen ist, ist es erforderlich, den Ausrüstungszustand dieser Flugzeuge umgehend festzulegen. Die V-Flugzeuge, welche vorwiegend der Leistungserprobung und der Triebwerkserprobung dienen sollen, sind nur behelfsmäßig ausgerüstet. Für den Einbau einer serienmäßigen Ausrüstung werden also noch einige Konstruktionsarbeiten anfallen. Erst nach endgültiger Festlegung des Ausrüstungsstandes mit den zuständigen RLM-Stellen können von uns die Konstruktions- und Fertigungstermine für diese 15 Flugzeuge abgegeben werden[124].«

---

121 Messerschmitt A.G., Der Betriebsführer, Geh. Kdos. TDM I/3/30 vom 17.7.1942 (Arbeitsprogramm der Messerschmitt A.G.), BA-MA, RL 3/1102, S. 20ff.

122 Ebd., S. 23.

123 Nowarra, Luftrüstung, Bd 3, S. 223; Green, Warplanes, S. 620.

124 Messerschmitt A.G., Der Betriebsführer, Geh.Kdos. TDM I/8/78 vom 31.7.42 (Arbeitsprogramm der Messerschmitt A.G.), BA-MA, RL 3/1102, S. 27.

Das RLM hatte also sofort nach dem Vorliegen von positiven Erprobungsberichten eine Nullserie in Auftrag gegeben, was dem normalen Beschaffungsvorgang entsprach. Die Ausführungen von Croneiß zeigen aber vor allem, daß die Me 262 im Jahre 1941 noch gar kein serienreifes Muster gewesen war, sondern eben nur ein reines Versuchsflugzeug. Auch 1942 hielt die Messerschmitt A.G. noch weitere Konstruktionsarbeiten für notwendig, um eine einsatzreife Maschine herzustellen, und damit war dann noch kein Handgriff für die arbeitsmäßig umfangreiche Vorbereitung einer Serienfertigung getan.
Alle Behauptungen, der Messerschmitt-Düsenjäger sei in den Jahren 1940—1942 in seiner Entwicklung durch das RLM verzögert worden, entbehren jeder Grundlage. Die Maschine stand und fiel mit den Turbinentriebwerken, die jedoch nicht so schnell geliefert werden konnten, wie die Flugzeugzelle. Für die Entwicklung eines Triebwerkes mußten etwa fünf Jahre veranschlagt werden. Alle Planungen hatten sich letztendlich auf diesen Erfahrungswert einzurichten, denn die Erprobung einer neuen Zelle konnte nur mit einem Triebwerk erfolgen, dessen Entwicklung bereits abgeschlossen war. Völlig zu Recht hat Helmut Sachse von BMW auf diesen Umstand hingewiesen und kritisch zu Willy Messerschmitts Aussagen vermerkt: »Selbst wenn, wie Prof. Messerschmitt in seinem Schreiben vom 24.8.55 (R 838) angibt, die Zelle der Me 262 bereits Anfang 1941 fliegerisch vollkommmen erprobt war, konnte nur mit einem Motor gerechnet werden, dessen Entwicklung 5 Jahre vorher, also etwa Anfang 1936, begonnen worden war[125].« Bekanntlich aber waren die Triebwerke bei BMW und Junkers erst 1939 in Auftrag gegeben worden[126]. Es war deshalb frühestens 1943/44 mit serienreifen Produkten zu rechnen. Da die Entwicklung der Turbinenluftstrahltriebwerke relativ normal und ohne Unterbrechung ablief, ist es müßig, über angebliche Stoppbefehle zu diskutieren. Die Maßnahmen Milchs sind daher als Versuch zu interpretieren, mit bewährter Technologie eine Produktionssteigerung durchzuführen, ohne für die Zukunft neue Projekte völlig aus den Augen zu verlieren. Er drang deshalb auf die Erledigung der naheliegenden Aufgaben, bevor sich die Konstrukteure den Waffensystemen des Dritten Weltkrieges zuwendeten. Das wurde ihm dann nach dem Kriege in reichlich apologetischer Absicht als indifferente Haltung und als Abbremsen der revolutionären Entwicklungen ausgelegt[127].
Für die Geschichte der Strahlflugzeuge ist daher die Frage nach dem Ablauf der Entwicklung der Triebwerke viel entscheidender als die Betrachtungen über mögliche Versäumnisse bei der frühzeitigen Einrichtung der Serienproduktion in der Zellenindustrie. Nur wenn in der Anfangsphase des Krieges die völlig neuen Antriebssysteme zur Verfügung gestanden hätten, wäre ein Einsatz der Düsenjäger zu einem früheren Zeitpunkt möglich gewesen. In den nächsten Kapiteln werden diese Probleme eingehender diskutiert. Fest steht jedoch, daß es keinen Entwicklungsstopp gegeben hat, und deshalb das Erscheinen der neuen Typen nicht durch Lenkungsmaßnahmen des RLM in der Frühphase des Krieges verzögert worden ist.

125 Besprechung Sachse (wie Anm. 107), S. 2.
126 Vgl. hierzu Kapitel II.1.a.
127 Vgl. auch Suchenwirth, Milch, S. 17, MGFA, Lw 21/4.

2. Die Luftwaffenführung und ihr Technikverständnis

Die deutschen Düsenflugzeuge entstanden, wie dargestellt, nicht in einer Blitzaktion in der Endphase des Zweiten Weltkrieges, sondern in einem lang andauernden Entwicklungsprozeß, der bereits in den dreißiger Jahren einsetzte. Dieser Prozeß lief jedoch nicht nach einer inneren Logik ab, sondern wurde auch wesentlich durch Entscheidungen gesteuert, die sich zwar einerseits in die Gesamtstrategie einfügen mußten, andererseits aber auch durch konkurrierende Organisationsformen der militärischen Lenkungsapparate und der Industrie verursacht wurden. Diese Probleme sind bereits mehrfach angeklungen, so daß ein Blick auf die Strukturen der entscheidenden Sachwalter der Rüstungspolitik, auf die des Militärs und der Industrie, unerläßlich ist.

Raimo Väyrynen geht von der Hypothese aus, »that deep economic and technological forces in fact steer the development of national societies, including their military apparatus and its employment in international conflicts. The relationships, however, are not deterministic. Political decisions matter and they may reorient the course of economic and technological development within certain limits and redefine norms, rules and international institutions. The prevailing power distribution and level of technological development cannot, however, be altered in a short-term perspective by political decisions. They are constraints that cannot easily be overcome[128].« Davon ausgehend, kann behauptet werden, daß nicht nur die folgenschweren Ereignisse der letzten beiden Kriegsjahre innovative Projekte der Luftrüstung beeinflußten, sondern sich eben auch zählebige Defekte in der militärischen und politischen Führung sowie in der Rüstungsindustrie nachteilig bemerkbar machten, deren Ursprünge noch in der Zeit vor Beginn des Krieges lagen. Selbst wenn diese teilweise erkannt worden waren, ließen sie sich nicht mehr kurzfristig beseitigen.

Gerade die Geschichte der Düsenjäger wird sehr oft als Beleg für angeblich falsche Tendenzen im Reichsluftfahrtministerium oder in der Luftfahrtindustrie herangezogen. Das späte Erscheinen dieser Waffe auf dem Kriegsschauplatz erst 1944 zeigt doch offensichtlich, wie fatal der »verkehrte« Mann an entscheidender Stelle sein kann, wie negativ sich eine unübersichtliche Lenkung auswirkt oder wie »chaotisch« die Entwicklungspolitik einzelner Firmen gewesen ist. Solche Behauptungen sind weder zu verifizieren noch zu falsifizieren, denn generelle Probleme der Organisation lassen sich nicht unmittelbar an einzelnen Rüstungsprojekten aufzeigen, sie wirken sich eben nicht direkt aus. Dennoch kann eine indirekte Beeinflussung nicht geleugnet werden. Es ist deshalb notwendig, einige grundlegende strukturelle Fragen der Luftwaffenführung und der Luftfahrtindustrie zu diskutieren, um zu klären, ob sie wirklich von so entscheidender Bedeutung bei der Entwicklung der damals revolutionären Technologie waren.

---

[128] Väyrynen, Economic Fluctuations, S. 136f.

a) Organisatorische und personelle Schwierigkeiten und das Technikverständnis der Luftwaffe

Als die Luftwaffe am 1. März 1935 durch einen Erlaß Hitlers[129] als selbständiger dritter Wehrmachtteil neben Reichsheer und Reichsmarine trat, konnte sie natürlich nicht auf die lange Tradition der beiden anderen Bereiche der Streitkräfte zurückblicken. Erfahrungen mit der Führung einer selbständigen Luftmacht lagen nicht vor, und so mußte die Spitzengliederung der Luftwaffe immer wieder von neuem der schnell ins Gigantische wachsenden Organisation angepaßt werden. Durch die Expansion der Luftwaffe ergaben sich bald auch personelle Probleme, denn wo sollten die Offiziere mit Erfahrung im Luftkrieg und mit technischen Vorkenntnissen herkommen? Es kann nicht die Aufgabe der vorliegenden Arbeit sein, die Geschichte des RLM und der Luftwaffenführung detailliert nachzuzeichnen. Ich beschränke mich deshalb im folgenden auf den Personenkreis und diejenigen Führungsprobleme, die für die Geschichte der Düsenflugzeuge und der Raketen meiner Meinung nach am ehesten ausschlaggebend waren.
Die Führungsspitze des RLM bot in den Anfangsjahren ein sehr heterogenes Bild. Das Offizierkorps bildete keine gewachsene Einheit, sondern setzte sich aus verschiedenen Gruppen unterschiedlicher Herkunft zusammen. An erster Stelle standen Personen, die aufgrund politischer Entscheidungen und durch entsprechende Protektion zu ihren Ämtern gekommmen waren. Allen voran läßt sich hier Hermann Göring[130] anführen. Schon am 2. Februar 1933 war er zum Reichskommissar für die Luftfahrt und am 5. Mai 1933 zum Reichsminister für die Luftfahrt ernannt worden. Ab Juni 1935 führte Göring die Doppelbezeichnung »Reichsminister der Luftfahrt und Oberbefehlshaber der Luftwaffe«[131]. Zivile Luftfahrt und die Luftstreitkräfte bildeten unter ihm eine Einheit, wobei der militärische Bereich bei weitem überwog. Göring war durch seinen Ministerrang dem Reichskriegsminister und Oberbefehlshaber der Wehrmacht, General von Blomberg, bis zu dessen Ablösung durch Hitler in der »Blomberg-Fritsch-Krise« gleichgestellt, was der Luftwaffe zweifellos eine Vorrangstellung unter den Wehrmachtteilen einräumte.
Der zweite Mann in der Luftwaffe war sein Staatssekretär Erhard Milch, der ebenfalls wegen politischer Erwägungen anderen Kandidaten vorgezogen worden war[132]. Beide Männer hatten im Ersten Weltkrieg Erfahrungen im Luftkrieg sammeln können, Göring zuletzt als Kommandeur des Jagdgeschwaders »Richthofen« und Milch als Kommandeur der Fliegerabteilungen 5 bzw. 204 und zuletzt mit der Führung der Jagdgruppe 6 Beauftragter[133]. Weder Göring noch Milch waren aber über die mittlere Befehlshierarchie hinausgekommen, sie hatten keinerlei Generalstabsausbildung oder Kenntnisse, die sie für die Führung eines ganzen Wehrmachtteiles qualifiziert hätten. Dennoch erhielten sie schon

---

[129] Dokumente und Dokumentarfotos, Dok. Nr. 44, S. 134f.
[130] Völker, Luftwaffe, S. 41f.; Köhler/Hummel, Organisation der Luftwaffe, S. 507ff.; zur politischen Gewichtung der Berufung Görings zum Oberbefehlshaber der Luftwaffe siehe Martens, Hermann Göring, S. 25—30; Kube, Pour le mérite, S. 48—56.
[131] Völker, Luftwaffe, S. 77.
[132] Ebd., S. 42; Homze, Arming, S. 58; Irving, Tragödie, S. 61f.
[133] Köhler/Hummel, Organisation der Luftwaffe, S. 507, 510.

kurze Zeit nach ihrem Amtsantritt militärische Dienstgrade, die sie, selbst wenn sie nach 1918 in der Reichswehr geblieben wären, noch nicht erreicht hätten. Göring wurde am 31. August 1933 charakterisierter General der Infanterie, Milch am 19. Oktober 1933 charakterisierter Oberst. Schon am 19. Juli 1940 wurde Milch »wegen hervorragender Verdienste um den Aufbau der Luftwaffe« der Rang eines Generalfeldmarschalls verliehen, sein Chef wurde »Reichsmarschall«, ein in der neueren deutschen Militärgeschichte ungebräuchlicher und deshalb eigens für Göring zugeschnittener Dienstrang[134].

Neben der mangelnden militärischen Ausbildung war auch das geringe Technikverständnis der führenden Männer der Luftwaffe ein großes Manko. Göring hatte sich in den 15 Jahren seit dem Ersten Weltkrieg kaum noch mit Fragen der Fliegerei beschäftigt. Seine Inkompetenz auf technischem Gebiet offenbarte sich oft in jovialen Aussprüchen gegenüber seinen Untergebenen, so beispielsweise in der Frage der deutschen Hochfrequenzforschung, wo er erklärte, »sein Verständnis in dieser Beziehung sei bereits bei der Bedienung eines Radioapparates überfordert«[135]. Milch war dagegen in mehreren Luftverkehrsfirmen tätig gewesen, zuletzt als Vorstandsmitglied der Deutschen Lufthansa. Er brachte daher ein großes Organisationstalent und Führungsqualitäten in die Luftwaffenspitze ein. Dennoch blieb er bei technischen Entscheidungen stets unsicher. Nach dem Kriege erklärte er sogar, er sei froh gewesen, daß er die Verantwortung für das technisch-produktionelle Gebiet bis 1941 nicht habe tragen müssen[136].

Die dritte wichtige Figur in der Gruppe der politisch bestimmten Spitzen der Luftwaffenführung war Ernst Udet, seit 1936 Chef des Technischen Amtes, das mit der Entwicklung und Erprobung neuen Luftwaffengerätes betraut war. Udet stand zwar der NSDAP nicht sehr nahe, Göring war aber offenbar daran interessiert, den mit 62 Luftsiegen zweiterfolgreichsten Jagdflieger des Ersten Weltkrieges, berühmten Kunstflieger und Filmhelden für die Luftwaffe zu gewinnen[137]. »A colorful and charming character, Udet could have risen to the highest technical office in German aviation only in an intensely propaganda-oriented regime such as the Third Reich«, urteilt Homze über dessen Karriere[138]. Der damalige Oberleutnant der Reserve trat im Juni 1935 als Oberst in die Luftwaffe ein und erhielt im Juli 1940 den Rang eines Generalobersten[139]. Zwar verfügte er über eine reiche fliegerische Erfahrung, aber über keine technische Vorbildung oder tiefergehende Managerqualitäten, die er für seine Ämter dringend gebraucht hätte.

Eine zweite Gruppe von Offizieren waren ehemalige Heeresoffiziere, die noch in der »Tarnzeit« der Luftwaffe als Nichtflieger in den neuen Wehrmachtteil versetzt worden waren, um dort in hohe Positionen, wie z. B. die eines Amtschefs im Ministerium, ein-

134 Ebd., S. 510f.

135 Galland, Die Ersten und die Letzten, S. 171.

136 Handschriftlicher Zusatz Milchs, in: Erhard Milch, Ein Versuch von Richard Suchenwirth, MGFA, LW 21/4, S. 21.

137 Die beste biographische Skizze über Ernst Udet bietet immer noch Richard Suchenwirth, Ernst Udet, Generalluftzeugmeister der deutschen Luftwaffe 1939–1941, MGFA, LW 21/6; vgl. auch Ishoven, Ernst Udet.

138 Homze, Arming, S. 102.

139 Köhler/Hummel, Organisation der Luftwaffe, S. 532.

zurücken, solange es keine Fliegeroffiziere höherer Ränge gab[140]. Die wichtigsten Vertreter dieser Gruppe waren die Obersten Wever, Kesselring, Stumpff, Wimmer und Sperrle, die militärische Professionalität in die Luftwaffenführung brachten und daher schon bald mit den politisch bestimmten Führern der Luftwaffe in Konflikt gerieten.
Eine dritte Gruppe setzte sich aus Angehörigen der geheimen Reichswehrfliegerei zusammen, die 1933 in die Luftwaffe übertraten und bis 1938 dann höhere Ränge erreicht hatten. Zu diesem Kreis gehörten beispielsweise von Richthofen, Kammhuber, Korten und Jeschonnek[141]. Die erstaunlichste Karriere absolvierte dabei Hans Jeschonnek, der bereits mit 39 Jahren am 1. Februar 1939 Chef des Generalstabes der Luftwaffe wurde. Als Protegé Görings war der hochbegabte Offizier zugleich ein glühender Bewunderer Hitlers, der sich anders als die älteren Generalstabschefs des Heeres vollkommen dem Willen seines »Führers« unterwarf[142]. Jeschonnek zerbrach an seiner Aufgabe. Unter dem Eindruck der gescheiterten Schlacht von Kursk und den folgenschweren Luftangriffen auf Hamburg, Schweinfurt und die Luftwaffen- und Heeresversuchsstelle Peenemünde wählte er im August 1943 ähnlich wie knapp zwei Jahre vorher Ernst Udet den Freitod als letzten Ausweg[143]. Auch Jeschonnek zeigte ein sehr verengtes Technikverständnis. Seiner Auffassung nach sollte sich der Generalstab auf das Taktisch-Operative und die unmittelbare Kampfführung konzentrieren, Fragen der Ausbildung, der Logistik und der technischen Entwicklung interessierten ihn wenig, was sich auch in der Organisation seines Stabes ausdrückte[144]. Seiner Auffassung nach war die Technik in der Luftwaffe nicht das entscheidende Element, vielmehr sollte die Entwicklung der Lufttaktik eine Überlegenheit über potentielle Gegner sichern[145].
Diese Haltung war symptomatisch für die Luftwaffenführung, der Boog »Mängel des Technikverständnisses« vorwirft[146]. Wever hatte als Chef des Luftkommandoamtes die Bedeutung der Technik für die neue Teilstreitkraft klar erkannt, als er im Sommer 1936 urteilte: »Vielleicht bei keiner anderen Waffe ist die gegenseitige Abhängigkeit von Taktik und Technik, die Wechselwirkung zueinander so groß wie bei der Luftwaffe[147].« Die Praxis aber sah anders aus. Der Versuch, an der 1935 gegründeten Lufttechnischen Akademie in Berlin-Gatow technisch gut ausgebildete Generalstabsoffiziere heranzuziehen, endete schon nach zwei Lehrgängen im Dezember 1937. Die Lufttechnische Akademie ging im Februar 1938 in der Kriegsakademie auf, die Laufbahn des technischen Generalstabsoffiziers wurde als selbständige Institution abgeschafft[148].

[140] Völker, Luftwaffe, S. 41f.
[141] Ebd., S. 93.
[142] Köhler/Hummel, Organisation der Luftwaffe, S. 530; zur Biographie Jeschonneks Richard Suchenwirth, Hans Jeschonnek, Ein Versuch über Wesen, Wirken und Schicksal des vierten Generalstabschefs der deutschen Luftwaffe, MGFA, LW 21/5.
[143] Vgl. zu den Gründen für Jeschonneks Selbstmord auch Irving, Tragödie, S. 304f.; Murray, Luftwaffe, S. 176; Boog, Luftwaffenführung, S. 260.
[144] Boog, Lufwaffenführung, S. 245—249.
[145] Ebd., S. 410f.
[146] Ebd., S. 36—76; einschlägig dazu sind auch ders., Luftwaffe und Technik; ders., Luftwaffe und Logistik.
[147] Europäische Beiträge zur Geschichte des Weltkrieges II 1939/45, Heft 6: Die Deutsche Luftrüstung 1935—1945, S. 9, IfZ, MA-54 (2).
[148] Boog, Luftwaffenführung, S. 389—398.

Ein erfolgreicherer Anlauf, technische Fachleute für die Luftstreitkräfte zu gewinnen, war die Aufstellung eines Ingenieurkorps der Luftwaffe, die im April 1935 verfügt worden war. Seine Angehörigen waren Beamte, die die Luftwaffenuniform mit besonderen Abzeichen trugen und eigene Dienstgradbezeichnungen führten[149]. Aufgrund ihrer personalrechtlichen Stellung konnten sie nicht Vorgesetzte von Soldaten sein. Zudem war in der Wehrmacht die Tendenz weit verbreitet, Techniker und Wissenschaftler geringer zu bewerten als den Offizier, obwohl sie wegen ihrer Ausbildung diesen an Wissen meist überlegen waren. Deshalb wanderten Ingenieure in die Industrie ab oder wechselten in die Laufbahn des Truppenoffiziers über, wo sich schneller Karriere machen ließ[150]. Anfang 1945 gab es bezeichnenderweise bei rund 2500 aktiven Ingenieuren in der Luftwaffe ganze 18 Generalingenieure, ein im militärischen Bereich dem Generalmajor vergleichbarer Rang. Dagegen befanden sich bei den 18000 aktiven Offizieren der Luftwaffe 176 Generalmajore, 101 Generalleutnante, 57 Generale, sieben Generalobersten, vier Generalfeldmarschälle und der Reichsmarschall[151]. Die Offiziere rückten deshalb auch in technische Führungsstellen auf, für die sie gar nicht ausgebildet waren, aber in denen sie als Vorgesetzte der Techniker fungierten. Das Offizierkorps fühlte sich jedoch eher zu taktisch-operativen Aufgaben hingezogen. Die Neigung, sich um technische Probleme oder Fragen der Versorgung zu kümmern, war gering, galten doch solche Kommandierungen oft als ausgesprochen karrierehemmend und herabsetzend[152]. »Offiziere — dies war eine weitverbreitete Haltung — mußten nicht selbst Techniker sein. Für die technische Seite seiner Tätigkeit *hielt* sich der Offizier einen Ingenieur[153].« Die Auswirkungen des Dualismus von »Taktikern« und »Technikern« sind zwar nicht meßbar, sie erklären aber die oft heftigen Auseinandersetzungen um die Bereitstellung und den Einsatz von neuen Waffen.

Allerdings wäre es verfehlt, den eben beschriebenen Tendenzen einen zu großen direkten Einfluß auf den Ablauf der Entwicklung von Luftwaffengerät zuzuschreiben. Zwar scheinen sie hervorragend in das Bild von den »Dilettanten« im RLM zu passen, es ergibt sich jedoch bei genauerer Untersuchung der mittleren und unteren Ebenen der Befehlshierarchie ein etwas differenzierteres Bild. Vor allem im Technischen Amt, das ja für die Forschung sowie die Entwicklung und Erprobung von Waffen und Geräten in der Luftwaffe zuständig war, nahmen Ingenieure alle leitenden Positionen in den Abteilungen, Gruppen und Referaten ein. Nach der bei Völker abgedruckten Stellenbesetzung des Reichsluftfahrtministeriums, Stand 15. Juni 1939, gab es beispielsweise in der Abteilung Flugzeuge (LC 2) unter 28 angeführten Personen neun Ingenieure und 19 Diplomingenieure, darunter der Abteilungschef und fünf der sechs Gruppenleiter[154]. Ein ähnliches Bild zeigt Abb. 1, bei der aus dem gesamten Generalluftzeugmeisterbereich nur die für die Entwicklung der Luftstrahl- und Raketentriebwerke so entscheidende Abteilung LC 3 (Triebwerke) des Technischen Amtes herausgegriffen ist[155].

149 Völker, Luftwaffe, S. 126.
150 Boog, Luftwaffenführung, S. 41—46.
151 Angaben nach ebd., S. 47.
152 Ders., Luftwaffe und Logistik, S. 249f.
153 Ders., Luftwaffe und Technik, S. 66.
154 Völker, Lufwaffe, Anl. 57, S. 317.
155 Zur Organisation des Generalluftzeugmeisterbereichs vgl. Abb. 4.

Abb. 1: Organisation der Abteilung LC 3

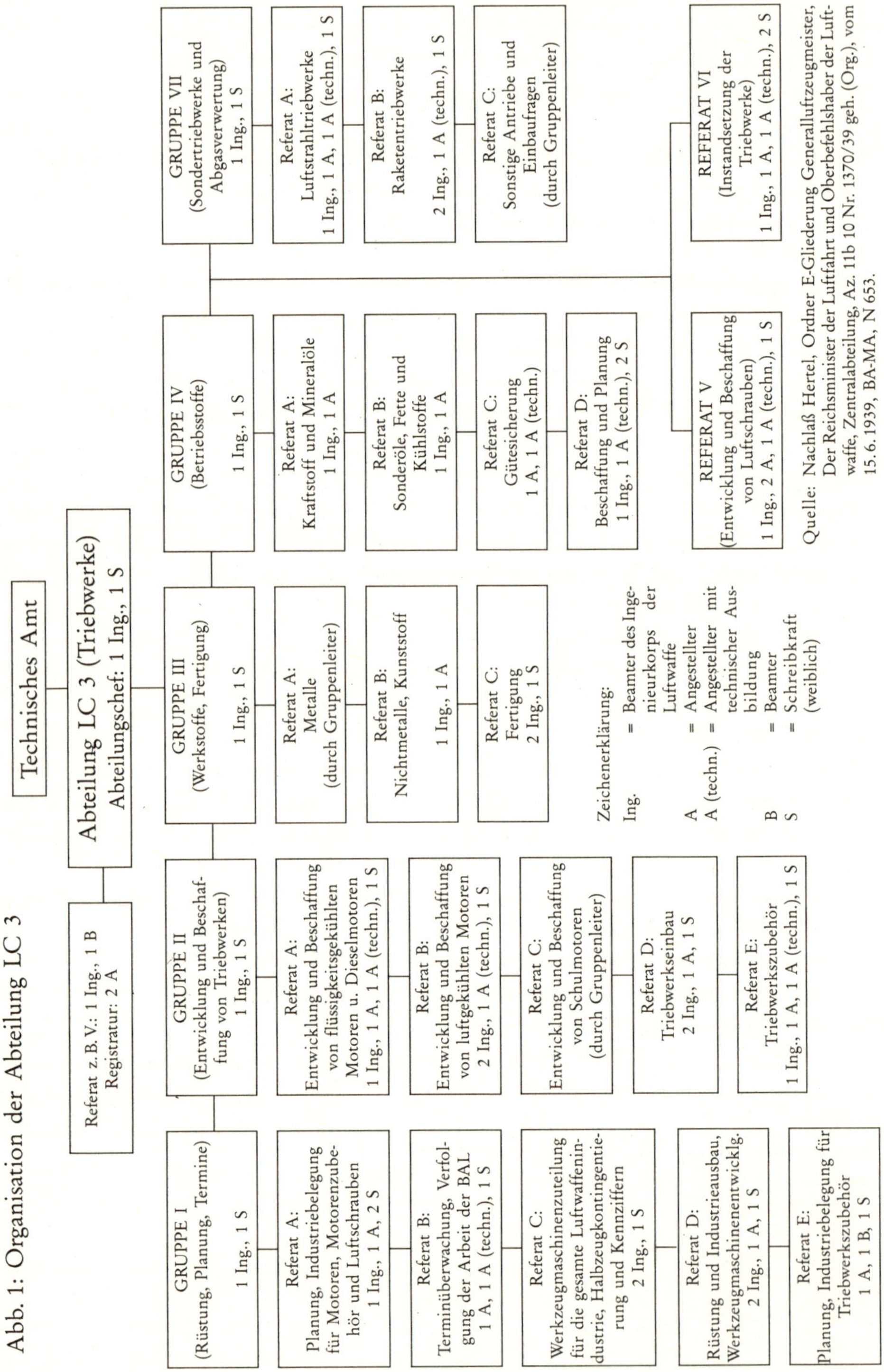

Quelle: Nachlaß Hertel, Ordner E-Gliederung Generalluftzeugmeister, Der Reichsminister der Luftfahrt und Oberbefehlshaber der Luftwaffe, Zentralabteilung, Az. 11b 10 Nr. 1370/39 geh. (Org.), vom 15.6.1939, BA-MA, N 653.

Die hier vertretenen Fachleute arbeiteten für ihre Abteilungschefs die entsprechenden Vorlagen aus, traten mit der Industrie in Verbindung und initiierten Forschungs- und Entwicklungsprogramme. Udet und später Milch mußten sich als Generalluftzeugmeister bei ihrer Fülle von Aufgaben wohl oder übel auf ihre Mitarbeiter verlassen. Gerade auf dem Gebiet der Strahlflugzeuge und des Turbinenluftstrahltriebwerkes arbeiteten im RLM einige hervorragende Techniker, allen voran die Dipl.-Ing. Antz und Schelp. Antz betreute während des Krieges in der Abteilung Flugzeugentwicklung des Technischen Amtes die Gruppe Sonderflugzeuge und zugleich das Referat Strahlflugzeuge. Schelp war in der Gruppe Sondertriebwerke der Abteilung Triebwerksentwicklung Leiter des Referates Luftstrahltriebwerke[156]. Beide hatten den Titel eines Flugbaumeisters erworben, ein Ausbildungsgang, der auf breite Kenntnisse in allen Bereichen der Luftfahrttechnik abzielte und sowohl theoretische Arbeit in der Forschung als auch praktische Erfahrung in der Industrie umfaßte[157]. Helmut Schelp hatte den »master's degree« am Stevens Institute of Technology in Hoboken/New Jersey erworben und arbeitete anschließend je sechs Monate bei Daimler-Benz und an der Deutschen Versuchsanstalt für Luftfahrt in Berlin-Adlershof[158]. Daß Heinkel ihm in seinen Memoiren »unzureichende Kenntnisse«[159] vorwarf, läßt sich wohl nur aus der verengten Perspektive des Luftfahrtindustriellen erklären, der selbst Laie auf dem Gebiet des Raketen- und Turbinenluftstrahltriebwerkes war und nur einige junge Wissenschaftler für seine Firma einkaufte.

Die Analyse der unteren Stufe der Befehlshierarchie zeigt, daß die Luftwaffe recht schnell auf die neuartige Technologie reagierte und entsprechende Lenkungsorgane mit kompetenten Fachleuten an der Spitze bereitstellte. Immerhin verdeutlicht die Gliederung des Generalluftzeugmeisterbereichs vom Juni 1939[160], daß das Technische Amt innerhalb der Abteilung LC 3 (Triebwerke) eine eigene Gruppe für »Sondertriebwerke und Abgasverwertung« eingerichtet hatte, deren Referate die Raketen- und Strahltriebwerksentwicklung betreuten. Erstaunlicherweise waren die Unterreferate nicht der Gruppe II (Entwicklung und Beschaffung von Triebwerken) unterstellt worden (vgl. Abb. 1), sondern sie waren als eigene Gruppe in der Hierarchie deutlich herausgehoben. Die Bedeutung der neuen Antriebstechnik wurde während des Krieges noch dadurch unterstrichen, daß Generalingenieur Dipl.-Ing. Wolfram Eisenlohr in Personalunion als Leiter der Abteilung Triebwerksentwicklung auch die Führung der Gruppe Sondertriebwerke übernahm[161]. Rein organisatorisch läßt sich also feststellen, daß das RLM sehr wohl neue Entwicklungen rechtzeitig erkannte und seine Spezialisten entsprechend einsetzte.

---

[156] Stellenplan und Stellenbesetzung des Reichsluftfahrtministeriums, Stand 1.9.1942, BA-MA, RL 5/603, S. 73, 78.

[157] Schlaifer, Development, S. 383, Anm. 12.

[158] Constant, Turbojet Revolution, S. 204.

[159] Heinkel, Stürmisches Leben, S. 484.

[160] Nachlaß Hertel, Ordner E — Gliederung Generalluftzeugmeister, Der Reichsminister der Luftfahrt und Oberbefehlshaber der Luftwaffe, Zentralabteilung, Nr. 1370/39 geh. (Org.) vom 15.6.1939, BA-MA, N 653.

[161] Stellenplan und Stellenbesetzung des Reichsluftfahrtministeriums, Stand 1.9.1942, BA-MA, RL 5/603, S. 78.

Zu Problemen kam es erst, wenn Entscheidungen anstanden, die über die reine Forschung und Entwicklung hinausgingen und damit den Bereich des Technischen Amtes verließen. Dann allerdings machte sich die komplizierte Organisationsstruktur des RLM unangenehm bemerkbar. Sie war mit ihren häufigen Umgliederungen Ausdruck des verdeckten Machtkampfes innerhalb der Luftwaffenführung. Zugleich zementierte sie persönliche Animositäten und strukturelle Fehlentwicklungen der Anfangsjahre, was sich zunehmend als Sand im Getriebe der Rüstungspolitik erwies.

Irving B. Holley hat in seinem Buch »Ideas and Weapons« darauf hingewiesen, daß überlegene Waffen allein nicht den Erfolg ausmachen. Sie müssen in eine Doktrin eingebettet sein, die die volle Ausnutzung einer Innovation auf strategischem oder taktischem Gebiet garantiert. Doch selbst das kann sich als ungenügend erweisen, wenn es keine Organisation gibt, die die Systeme auswählt, testet und Erfahrungen analysiert[162]. Nun waren ja durchaus in der Luftwaffenführung etliche Stellen vorgesehen, die mit diesen Aufgaben betraut waren, ihr Zusammenspiel funktionierte jedoch schlecht und behinderte die Einführung neuer Waffen.

In den Anfangsjahren war das noch anders, die Gliederung des RLM ermöglichte einen effektiven Aufbau der neuen Teilstreitkraft und gewährte zugleich eine enge Verbindung von ziviler und militärischer Luftfahrt und Luftfahrtforschung, da ja beide Bereiche von der einheitlichen Organisation erfaßt wurden (vgl. Abb. 2).

Abb. 2: Gliederung des Reichsluftfahrtministeriums (RLM)
Stand: 1. August 1936

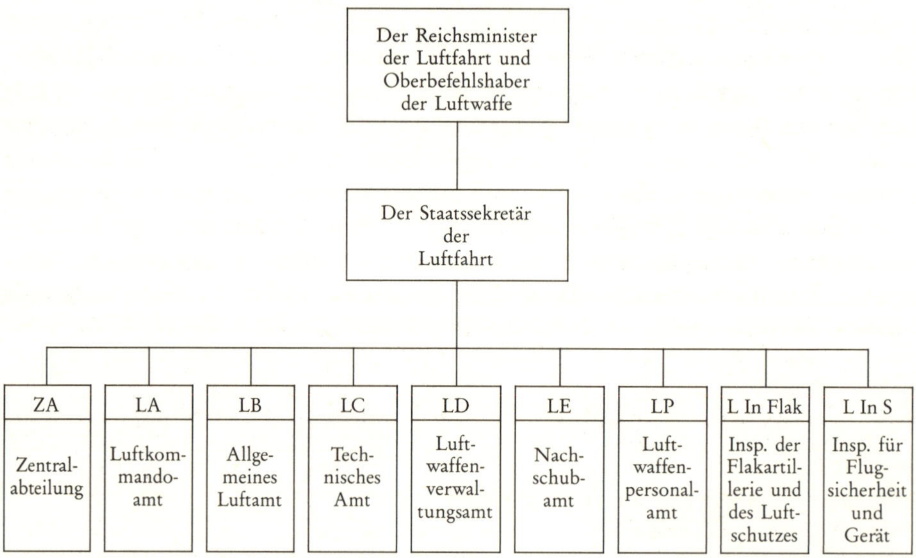

Quelle: Völker, Luftwaffe, S. 248, Anl. 24.

---

162 Holley, Ideas and Weapons, S. 19.

Die eigentliche Kärrnerarbeit leistete Görings Stellvertreter, Staatssekretär Milch. Da Göring neben seiner Aufgabe als Reichsminister der Luftfahrt eine Vielzahl von weiteren Ämtern innehatte, konnte er sich unmöglich um Details kümmern und war auf das kontinuierliche Wirken Milchs angewiesen. Generaloberst Stumpff, zeitweise Chef des Generalstabs der Luftwaffe, urteilte nach dem Krieg über Milch: »Er war eine einmalige Arbeitskraft. Das Luftfahrtministerium beherrschte er wie keiner[163].«

Nach dem tödlichen Absturz des Chefs des Luftkommandoamtes, Generalleutnant Walter Wever, im Jahre 1936 machte sich jedoch langsam die Unzufriedenheit mit dem bisherigen Zustand breit. Die Keimzelle dafür lag im Luftkommmandoamt, das die Funktion eines Generalstabs wahrnahm. Wevers Nachfolger Kesselring forderte einen von der »zivilen« Aufsicht des Staatssekretärs unabhängigen Generalstab, zumal der Posten eines Staatssekretärs bei den anderen Wehrmachtteilen nicht vorgesehen war[164]. Göring wäre dann der einzige »Nichtsoldat« über den Militärs gewesen. Der erbitterte Machtkampf innerhalb des RLM führte schon nach einem Jahr zum Rücktritt Kesselrings, allerdings hatte Göring dem Drängen nachgegeben und eine Neuordnung der Spitzenorganisation erlassen. Der Grund hierfür lag zum Teil wohl auch in einer gewissen Eifersucht Görings auf Milch. Die Umgliederung bot ihm die Gelegenheit, dem allmählich zu mächtig werdenden Staatssekretär Grenzen aufzuzeigen[165]. Am 2. Juni 1937 trat der Chef des Generalstabes, der die Gebiete der Führung, Ausbildung und Organisation übernehmen sollte, gleichberechtigt neben den Staatssekretär, dem Personal, Material, Verwaltung und Nachschub oblagen[166]. Die sehr allgemein gehaltene Aufgabenzuweisung bot eine Fülle von überlappenden Problembereichen und damit Reibungsflächen für Kompetenzstreitigkeiten. Milch führte nach dem Krieg die Reorganisation von 1937 als wichtigste Ursache für die Niederlage der Luftwaffe an[167]. Das ist wohl sicherlich übertrieben, aber die sporadische Amtsführung Görings ließ nun das Fehlen einer übergeordneten zentralen Koordinationsstelle deutlich werden. Die Zusammenarbeit zwischen Generalstab und Technischem Amt war unterbrochen, ein tiefer Graben trennte die »Taktiker« von den »Technikern«, die Militärs von den »Zivilisten«. Der Machtverfall Milchs setzte sich 1938 fort, als auch das Technische Amt und das Luftwaffenpersonalamt Göring direkt unterstellt wurden[168].

Sehr nachteilig wirkte sich auch die Umgliederung des Technischen Amtes im Mai 1938 aus. Udet schaffte die ursprünglich vertikal orientierte Großgliederung seines Amtes ab und ersetzte sie durch eine horizontale Organisationsform (vgl. Abb. 3).

---

163 Suchenwirth, Milch, S. 4, Anm. 6, MGFA, LW 21/4.
164 Ebd., S. 8; Boog, Luftwaffenführung, S. 215—219; Homze, Arming, S. 101f.
165 Irving, Tragödie, S. 101f.
166 Dokumente und Dokumentarfotos, Dok. Nr. 48, S. 142f.
167 Irving, Tragödie, S. 104.
168 Eine detaillierte Beschreibung der Umgliederung von 1938 bietet Boog, Luftwaffenführung, S. 222—228.

Abb. 3: Das Technische Amt unter Udet 1936–1939

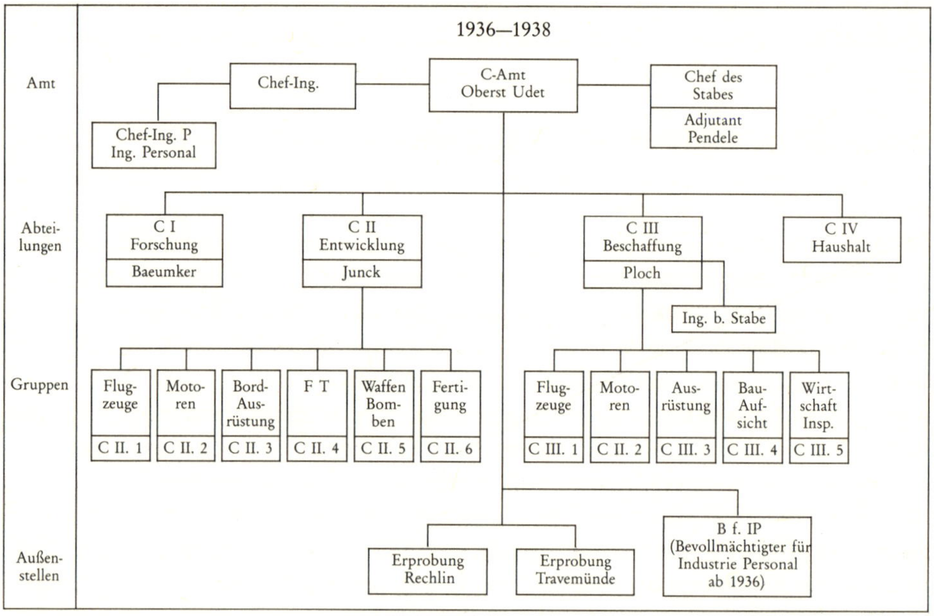

Technisches Amt 1938–1939

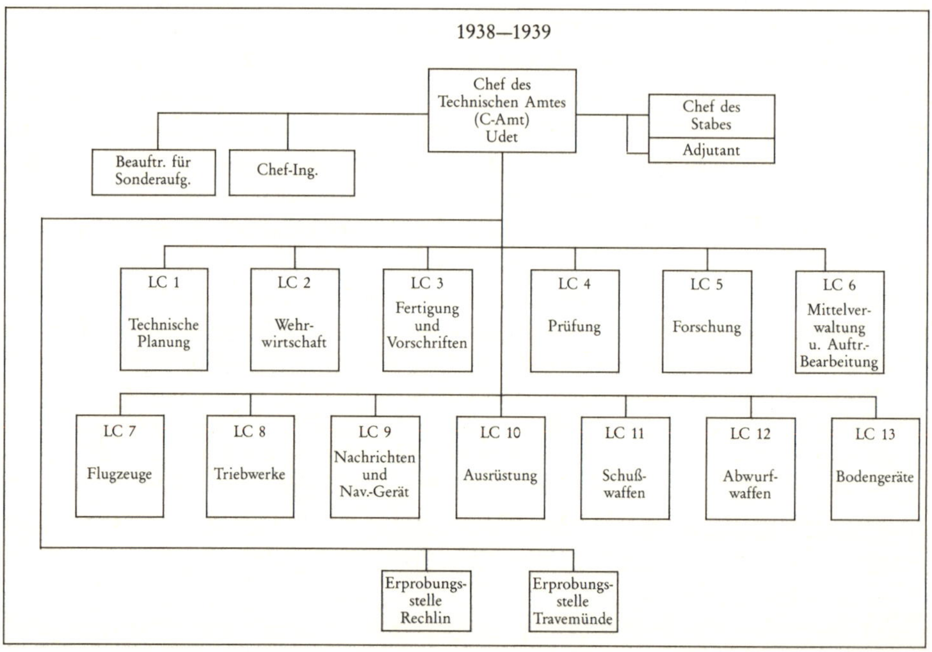

Quelle: 1936–1938: Nachlaß Hertel, Ordner IXX, Organisation der Luftwaffen-Dienststellen, BA-MA, N 653; 1938–1939: Boog, Luftwaffenführung, S. 591, Anlage 3.2a.

Von nun an bestanden 13 selbständige Abteilungen nebeneinender, deren Chefs alle vortragsberechtigt waren. Es lag auf der Hand, daß Udet die Übersicht über die breitgefächerte Bürokratie verlieren mußte, fehlte ihm doch auf diesem Gebiet jede Erfahrung[169]. Eine gewisse Wiedereinsetzung Milchs in seine alten Machtbefugnisse brachte dann die Umorganisation vom 1. Februar 1939. Dem Staatssekretär wurden wieder »sämtliche Dienststellen des R.L.M. mit Ausnahme des Ministeramtes, des Generalstabes, der Luftwaffen-Kommission und der Luftkriegsakademie unterstellt«[170]. Außerdem fungierte er bei Abwesenheit oder Verhinderung Görings in allen Angelegenheiten als dessen Vertreter. Damit unterstand ihm auch wieder Udet, der aber zum Generalluftzeugmeister bestellt worden war. Udet war für die »Forschung, Entwicklung, Erprobung und Beschaffung des gesamten Luftwaffengerätes, sowie die Geräteausstattung und Bevorratung aller Dienststellen der Luftwaffe« verantwortlich, ferner für »den Aufbau und Ausbau der Industrie sowie ihre Finanzierung und wirtschaftliche Betreuung«[171].
War Udet, im Grunde genommen, schon mit der Führung des Technischen Amtes überfordert gewesen, so ging der riesige Bereich, den er jetzt zu verwalten hatte, über seine Kräfte (vgl. Abb. 4). Er verzichtete seltsamerweise aber auf Entlastungsmöglichkeiten. So blieb er in Personalunion weiterhin Chef des Technischen Amtes, weil er aufgrund seiner Neigungen wohl die Entwicklung von Flugzeugen nicht einem Untergebenen überlassen wollte[172]. »Die Vielzahl der an Udet herangetragenen menschlich nicht verkraftbaren Aufgaben führte zu einer Unübersichtlichkeit und teilweisen Führerlosigkeit. Für die Abteilungen war es bisweilen über Monate hinaus nicht möglich, Entscheidungen von ihm zu erhalten. Sie arbeiteten daher nach eigenen Zielsetzungen notgedrungen selbständig. Ein Zusammenbruch der Arbeiten wurde nur durch die gute Zusammenarbeit der einzelnen Abteilungen untereinander vermieden«, berichtet ein ehemaliger Mitarbeiter[173].
Udets Verhältnis zum Staatssekretär war von Spannungen überschattet und bei weitem nicht so gut, wie es Milch durch Irving darstellen ließ[174]. Wahrscheinlich hatte es der ehrgeizige zweite Mann der Luftwaffe nie verwunden, daß nicht ihm, dem versierten Manager, sondern Udet der Generalluftzeugmeisterbereich übertragen worden war. Es gibt gewisse Hinweise, daß er deshalb Udet sich selbst überließ, um ihn scheitern zu sehen. General Bodenschatz, der Chef des Ministeramtes, berichtete sogar, Milch habe sich immer gefreut, wenn im Generalluftzeugmeisterbereich etwas schiefgegangen sei[175]!

---

169 Völker, Lufwaffe, S. 81; Boog, Luftwaffenführung, S. 226f.

170 Dokumente und Dokumentarfotos, Dok. Nr. 53, S. 150—152 (Befehl des Reichsministers der Luftfahrt und Oberbefehlshabers der Luftwaffe zur Neuordnung der Organisation des Reichsluftfahrtministeriums) und Dok. Nr. 54, S. 152 (Dienstanweisung für den Staatssekretär der Luftfahrt und Generalinspekteur der Luftwaffe).

171 Ebd., Dok. Nr. 59, S. 156 (Dienstanweisung für den Generalluftzeugmeister).

172 Hertel, Flugzeugbeschaffung, MGFA, LW 16/1, S. 109.

173 Ebd.

174 Irving behauptet, Milch und Udet seien 1940 »noch immer die allerbesten Freunde« gewesen (Irving, Tragödie, S. 144).

175 Boog, Luftwaffenführung, S. 240, Anm. 178; vgl. auch Suchenwirth, Milch, MGFA, LW 21/4, S. 22, wo Milch neben diesen Vorwurf handschriftlich den Kommentar »Pfui Deibel!« setzte.

Abb. 4: Generalluftzeugmeisterbereich unter Udet 1939—1941

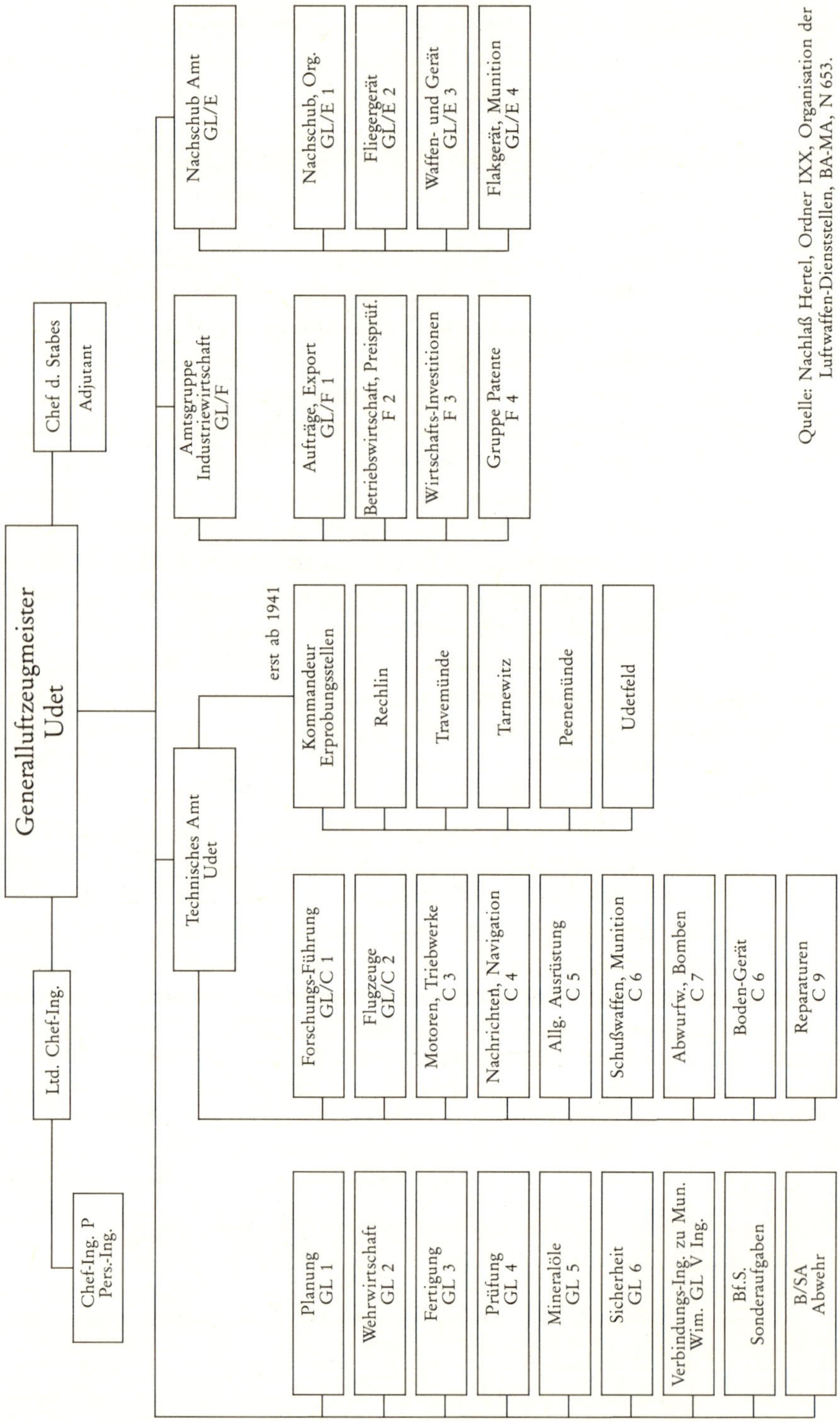

Quelle: Nachlaß Hertel, Ordner IXX, Organisation der Luftwaffen-Dienststellen, BA-MA, N 653.

Abb. 5: Gliederung des Reichsluftfahrtministeriums (RLM)
Stand: 1. Februar 1939

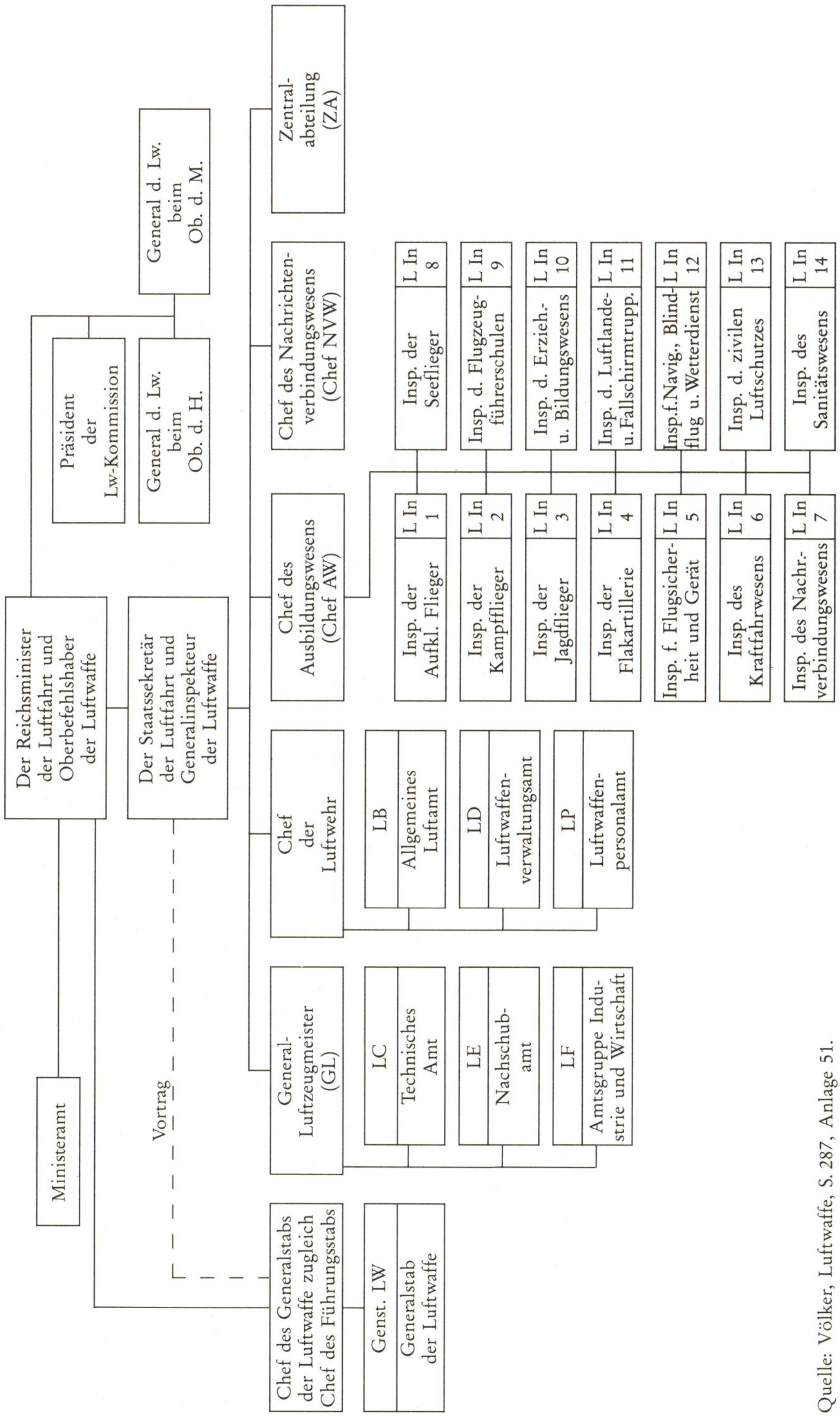

Quelle: Völker, Luftwaffe, S. 287, Anlage 51.

Der folgenschwere Dualismus von Taktik und Technik wurde jedoch durch die Umorganisation nicht aufgeboben. Der Chef des Generalstabes war als »Berater und Gehilfe des Oberbefehlshabers der Luftwaffe«[176] weiterhin unmittelbar Göring unterstellt. Als Hans Jeschonnek am 1. Februar 1939 die Nachfolge von General Stumpff antrat, übernahm er zugleich die Leitung des Luftwaffenführungsstabes. Milch war damit von operativen Fragen der Luftwaffe ausgeschlossen. Eine Zusammenarbeit wurde zusätzlich noch durch die Feindschaft der beiden Männer erschwert. Der Grund dafür lag in einem Verweis, den Milch Jeschonnek noch als jungem Truppenführer erteilt hatte, weil dieser einen Einsatzbefehl zu einer Tiefflugübung gegeben hatte, bei der neun Todesopfer zu beklagen und drei Flugzeuge verloren gegangen waren. Der ehrgeizige Jeschonnek hatte das nie verwunden. »Von hier ab war er lange Zeit mein Gegner«, kommentierte Milch nach dem Krieg[177]. Bei der bereits beschriebenen Haltung Jeschonneks gegenüber der Technik und seiner Bevorzugung von taktisch-operativen Aufgaben mußte sich die Trennung von Technik und militärischer Führung noch nachteiliger auswirken, als es schon aufgrund der Organisation zu vermuten war (vgl. Abb. 5). An dieser unglücklichen Konstellation änderte sich in den ersten Kriegsjahren nichts Grundlegendes, obwohl durchaus einige kleinere Verbesserungen vorgenommen wurden, die aber hier nichts zur Sache tun[178].

b) Die deutsche Luftkriegsdoktrin — Der alles beherrschende Angriffsgedanke

Jede rüstungstechnologische Entscheidung wird durch eine ganze Reihe von unterschiedlichen Faktoren beeinflußt. Wesentlich ist zuerst die Doktrin, die der jeweiligen Teilstreitkraft (Heer, Marine, Luftwaffe) zugrunde liegt und in die ein Waffensystem eingepaßt werden muß. Selbstverständlich unterliegt aber auch diese theoretische Grundlage der Kriegführung einem ständigen Wandel, da sich ja der technologische Fortschritt wiederum umwälzend auf die Militärdoktrin auswirkt. Im Kriege erfährt dieses Bewegungsmoment eine enorme Beschleunigung, da auf entsprechende Züge der Gegner reagiert werden muß. Die eigene Doktrin und die Bewaffnung müssen immer wieder einer neuen Lage angepaßt werden. Aus dieser Zwangsläufigkeit heraus ergibt sich aber auch, daß Rüstungsentscheidungen im Krieg nicht allein aus sachlogischen Erwägungen getroffen werden können, sondern sie müssen der gesamtstrategischen Situation des kriegführenden Landes entsprechen.
Jedoch läuft dieser Anpassungsprozeß nicht so reibungslos und ohne Widerstände ab, denn die Entscheidungsträger beharren oft noch auf einer bestimmten Einsatzdoktrin, wenn ein Umdenken bereits dringend notwendig wäre. Technische Neuerungen, die sich nicht nahtlos in die bewährte Doktrin einfügen, werden nicht mit Nachdruck gefördert, andere Projekte, die eigentlich nicht mehr in die veränderte strategische Lage passen, werden wegen dieses Beharrungsvermögens bevorzugt und behindern die Entwicklung besserer Waffensysteme.

---

176 Dokumente und Dokumentarfotos, Dok. Nr. 62, S. 160 (Dienstanweisung für den Chef des Generalstabes der Luftwaffe).

177 Handschriftlicher Zusatz Milchs in: Suchenwirth, Milch, MGFA, LW 21/4, S. 10.

178 Vgl. hierzu die präzisen Detailbeschreibungen bei Boog, Luftwaffenführung, S. 247—253.

Ein Schwerpunkt meiner Arbeit zur Geschichte der Strahlflugzeuge und Raketenwaffen ist deshalb dem Spannungsverhältnis zwischen Militärdoktrin, Kriegslage und den Entwicklungsmöglichkeiten der neuen Systeme gewidmet. Die Luftwaffenführung war während des Zweiten Weltkrieges oft gezwungen, auch gegen den Widerstand in den eigenen Reihen, rüstungspolitische Entscheidungen mitzutragen, die ganz und gar nicht in ihre ursprüglichen Planungen paßten, die aber durch die militärische Lage diktiert wurden. Insgesamt hielt sie zu lange an ihrer Konzeption der Angriffsrüstung fest, was das geringe Interesse an Jagdflugzeugen mit der neuen Antriebstechnik erklärt. Erst die immer größere Bedrohung der Heimatfront durch die alliierten Bomberströme zwang dann zum Umdenken und ließ den Düsenjäger als letzten Trumpf erscheinen. So soll die Darstellung der deutschen Luftkriegsdoktrin und der Entwicklung des Luftkrieges als Hintergrund für die rüstungstechnischen Schritte dienen, die von den damaligen Zeitgenossen eben oft als Abweichung vom »richtigen« Weg angesehen wurden, obwohl sie uns heute völlig logisch erscheinen.

Wenige Tage vor Beginn des Zweiten Weltkrieges hatte Hitler an Mussolini geschrieben: »Da weder Frankreich noch England im Westen irgendwelche entscheidende Erfolge erzielen können, im Osten aber nach Niederwerfung Polens Deutschland seine gesamten Kräfte durch das Abkommen mit Rußland frei bekommt und die Luftüberlegenheit eindeutig auf unserer Seite ist, scheue ich mich nicht, auf die Gefahr einer Verwicklung im Westen hin die Frage im Osten zu lösen[179].« Im Vertrauen auf eine überlegene Luftwaffe entfesselte Hitler also den Zweiten Weltkrieg. Betrachtet man die nüchternen Zahlen[180], so konnte Deutschland tatsächlich die stärkste Luftmacht ins Feld führen, wenn auch die Überlegenheit bei weitem nicht so groß war, wie Politiker und Militärs in Ost und West befürchtet hatten. Dennoch war die Luftwaffe unfertig, sie war weder in materieller noch in personeller Hinsicht für die Aufgaben, die auf sie zukommen sollten, gerüstet[181]. Die meisten Mängel, die im Krieg klar zutage treten sollten und zum »Versagen« der Luftwaffe führten, lassen sich auf Versäumnisse, Fehlplanungen und Entscheidungen in der Aufbauphase der Luftwaffe zurückführen.

---

179 ADAP, Serie D, Bd 7, Nr. 307. S. 263.

180 Stärkevergleich nach Overy, Air War, S. 23 und Maier, Totaler Krieg S. 68.

Nach Overy:

September 1939

	Frontflugzeuge	einsatzbereite Frontflugzeuge	Reserven
Deutschland	3609	2893	900
Britannien	1911	1600	2200
Frankreich	1792	—	1600
Polen	397	—	—

Nach Maier:

	Kampfflugzeuge	Jagdflugzeuge
Deutschland	1176 + 366 Sturzkampfflugzeuge	771 + 408 Zerstörer
Britannien	536	608
Frankreich	643	590

181 Völker, Luftwaffe, S. 210; Homze, Arming, S. 250.

Drei Komplexe zeigen nach Völker diese Mängel besonders deutlich auf: »Der erste ist das Unvermögen der deutschen Luftwaffe zur Eröffnung des strategischen Luftkriegs, der zweite die Niederlage der Reichsluftverteidigung und der dritte die unzureichende deutsche Luftkriegführung über See[182].« Für die hier vorliegende Arbeit sind vor allem die ersten beiden Komplexe ausschlaggebend, weil gerade sie die rüstungstechnischen Entscheidungen in Hinsicht auf Strahlflugzeuge und Raketenwaffen wesentlich mitbeeinflußten.

Nach dem Krieg ist der Luftwaffenführung vor allem von anglo-amerikanischen Generälen und Historikern vorgeworfen worden, sie habe es versäumt, rechtzeitig eine strategische Luftwaffe aufzubauen und den dafür notwendigen viermotorigen Bomber zu entwickeln[183]. Wie sehr oft bei solchen ex-post-Urteilen haben die Verfasser eher die späteren Erfahrungen des Krieges vor Augen, als die wirkliche Situation im Jahre 1939.

Die Luftwaffe, so wird argumentiert, habe sich zu sehr auf die Heereskooperation versteift, der wirklich »strategische« Luftkrieg — der Kampf gegen die industriellen Kraftquellen des Gegners also — sei zu kurz gekommen.

Eine Untersuchung der gültigen Luftwaffendoktrin läßt aber die Grundsatzentscheidungen, die von der Führung getroffen worden waren, durchaus als sachlogisch erscheinen. Was bedeutet nun eigentlich Doktrin? Nach Holleys einfacher wie einleuchtender Definition folgendes: »Doctrine is officially approved prescriptions of the best way to do a job. Doctrine is, or should be, the product of experience. Doctrine is not the same thing as dogma. Where dogma is frozen, fixed, unchanging, and arbitrary, based on authority, akin to ›revealed truth‹, doctrine is open-ended. Doctrine is subject to continual change as new developments, new experience, technological innovations, and the like, require us to reconsider and impel us toward a revised statement of official doctrine[184].«

Hier wird bereits ein Problem deutlich, mit dem alle Luftstreitkräfte in den dreißiger Jahren zu kämpfen hatten: Erfahrungen, auf denen eine Doktrin fußen konnte, gab es damals praktisch nicht. Die technische Entwicklung war so weit fortgeschritten, daß der Luftkrieg im Ersten Weltkrieg nicht mehr als Grundlage dienen konnte.

Wohl gab es dagegen eine Reihe von Luftkriegstheoretikern, deren einflußreichster der italienische General Giulio Douhet war, dessen 1921 publiziertes Buch »Il dominio dell' aria« großes Aufsehen erregte und auch ins Englische, Französische und Deutsche übersetzt wurde[185].

Nach Douhets Theorie sollten sich sämtliche Rüstungsanstrengungen auf die Schaffung einer mächtigen Luftflotte konzentrieren. Diese sei dann in der Lage, durch gezielte Terrorangriffe auf die gegnerische Bevölkerung binnen weniger Tage die Kriegsentscheidung herbeizuführen. Wesentlich dabei war die Überlegenheit der eigenen Luftstreitkräfte, denn

---

182 Völker, Luftwaffe, S. 211.

183 Homze, Arming, S. 266; Webster/Frankland, Air Offensive, Bd 1, S. 125f.; Rise and Fall, S. 27; Spaatz, Strategic Air Power, S. 387; Lee, German Air Force, S. 16f.; ähnliche Vorwürfe auch bei Galland, Die Ersten und die Letzten, S. 99; Osterkanp/Bachér, Tragödie, S. 68ff.

184 Holley, Of Saber Charges, S. 4.

185 Zur Beurteilung Douhets und seines Einflusses auf die Luftwaffenführung vgl. Salewski, Technologie, Strategie und Politik; Murray, British and German Air Doctrine; Maier, Aufbau der Luftwaffe.

die Drohung mit der völligen Auslöschung des Gegners sollte auch einen feindlichen Angriff unmöglich machen. »Im Grunde«, so beschreibt Salewski die Theorie Douhets sehr treffend, »nahm Douhet die noch heute gültige atomare Abschreckungsdoktrin vorweg; sein ›Pech‹ war nur, daß seine Vernichtungsvisionen in der Praxis nicht realisiert werden konnten. Vor allem deutsche Fachleute, Chemiker zumeist, wiesen nach, daß es völlig unmöglich sei, eine Millionenstadt wie Berlin oder Paris vollständig aus der Luft zu vergasen, und um eine Großstadt mit herkömmlichen Sprengbomben auszuradieren, benötigte man 43000 Flugzeuge und einen Bombenbedarf von 100 Tonnen pro Haus[186].«
Douhets Voraussagen ließen sich erst mit der Atombombe erfüllen, aber immerhin war es eine verlockende Überlegung, die eigenen Luftstreitkräfte »strategisch« — also kriegsentscheidend — gegen die feindlichen Industriezentren und Verkehrsknotenpunkte einzusetzen und durch die Zerstörung der industriellen Basis den Gegner kapitulationsreif zu bomben. Dieses Ziel verfolgten die RAF und die USAAF gegen Deutschland und Japan mit beträchtlichem Erfolg[187].

Die Luftwaffe schlug dagegen einen Weg des »Sowohl-als-auch« ein. In der 1935 herausgegebenen Luftwaffendienstvorschrift »Luftkriegführung« (L.Dv. 16) hieß es: »*Die Fliegerkräfte* tragen den Krieg von Kriegsbeginn an in Feindesland. Ihr *Angriff* trifft die Kampfkraft des Gegners und den Wiederstandswillen des feindlichen Volkes an der Wurzel. Als Träger der *offensiven* Luftkriegführung geben *die Fliegerkräfte, insbesondere die Kampfkräfte* (= die Bombereinheiten, d. Verf.) *der Luftwaffe das Gepräge*[188].«

Zwei wichtige Punkte, die auch die Rüstungsentscheidungen im Krieg wesentlich beeinflußten, waren zu diesem recht frühen Zeitpunkt bereits festgelegt: Die Luftwaffe war offensiv einzusetzen, und die Bomber waren ihre wichtigste Kampfeinheit.

Die Fixierung der Luftwaffenführung auf den Angriff ging so weit, daß sogar die Verteidigung des eigenen Landes offensiv gelöst werden sollte: »Die Luftgefährdung des eigenen Landes zwingt von Kriegsbeginn an zu *offensivem* Einsatz von Kampfkräften gegen die Luftwaffe des Gegners im *Feindgebiet*[189].« Aus der dogmatischen Festlegung auf die Luftoffensive, die in dem Satz »*Der Angriffsgedanke ist allem voranzustellen*«[190] gipfelte, ergab sich zwangsläufig, daß der Rüstungsschwerpunkt auf die »Angriffsrüstung«[191], also die Bomber, gelegt wurde. Erst unter der enormen Belastung der »strategischen Bomberoffensive« der Alliierten fand dann ein langsames Umdenken in der Luftwaffenführung statt.

Wie sollten jedoch die Bomber eingesetzt werden, eher »taktisch«, d.h. in der direkten Unterstützung der Erdoperationen, oder lieber »strategisch« gegen die feindliche Industrie? Wie neuere Forschungen ergeben haben, versuchte die Luftwaffe einen Mittelweg zu gehen[192].

---

[186] Salewski, Technologie, Strategie und Politik, S. 6.

[187] Zur Entwicklung der Luftkriegsdoktrin in Großbritannien und in den USA vgl. Powers, Strategy without Slide-Rule; Futrell, Ideas, Concepts, Doctrine.

[188] Dokumente und Dokumentarfotos, Dok. Nr. 200, S. 467f., Ziffer 2.

[189] Ebd., S. 470, Ziffer 16.

[190] Ebd., S. 471, Ziffer 24.

[191] Vgl. Boog, Luftwaffenführung, S. 137—150.

[192] Murray, The Luftwaffe Before the Second World War; Boog, Luftwaffenführung, S. 151ff.

Die L. Dv. 16 wies der Luftwaffe im Luftkrieg folgende Aufgaben zu: »Durch *Kampf gegen die feindliche Luftwaffe* schwächt sie die feindliche Wehrmacht und schützt gleichzeitig die eigene Wehrmacht, das eigene Volk und seinen Lebensraum.Durch *Eingreifen in die Operationen und Kampfhandlungen zu Lande und zur See* unterstützt sie Heer und Kriegsmarine unmittelbar.Durch *Kampf gegen die Kraftquellen* der feindlichen Wehrmacht und durch *Unterbindung des Kraftstromes* aus ihnen zur Front sucht sie die feindliche Wehrmacht zum Erliegen zu bringen[193].« Es waren neben der reinen Kooperation mit den anderen Wehrmachtteilen durchaus »strategische« Ziele vorgesehen. Allerdings erfuhr diese Zielsetzung eine Einschränkung: »Wie die für die Kriegsentscheidung stärkste Wirkung zu erreichen ist, welche Aufgabe demnach jeweils in den Vordergrund zu stellen ist, ist nur im Rahmen der Gesamtkriegslage zu entscheiden. Das jeweils wichtigste Ziel ist unter sorgfältiger Berücksichtigung aller militärischen, politischen und wirtschaftlichen Gesichtspunkte zu ermitteln. Feind, Wetterlage, Jahreszeit, Struktur des Landes, Volkscharakter und eigene Kampfkraft sind beim Entschluß zu berücksichtgien, die Möglichkeiten und Grenzen der Luftwaffe zu beachten[194].« Vor allem der letzte Nebensatz erscheint mir bei der Diskussion um die Luftwaffendoktrin von Bedeutung, denn »Möglichkeiten und Grenzen der Luftwaffe« waren ja vor allem durch ihre technische Ausrüstung diktiert. Auf diesem Feld standen der Luftwaffe aber nicht sehr viele Wahlmöglichkeiten zur Verfügung, sondern sie mußte sich vielmehr an die politische Konzeption Hitlers und die industrielle Kapazität Deutschlands anpassen.

Gemeinhin gilt der Chef des Luftkommandoamtes — faktisch der Generalstabschef der Luftwaffe —, General Wever, als größter Förderer des »strategischen« Bombereinsatzes, der auch frühzeitig die Entwicklung der viermotorigen Bomberprojekte Do 19 und Ju 89 befohlen habe. Nach seinem tödlichen Absturz im Juni 1936 sei aber dieses zukunftsträchtige Programm eingestellt worden[195]. Boog hat dagegen nachgewiesen, daß schon zu Wevers Lebzeiten entschieden wurde, »daß Fernbomberprojekte den Schnellbombern nachzuschalten sind«[196]. Das Schwergewicht der Luftrüstung sollte auf die Massenproduktion schneller mittlerer Bomber gelegt werden, die einfacher herzustellen waren und wahrscheinlich eine weniger langwierige Entwicklungs- und Erprobungsphase durchlaufen mußten, als viermotorige Bomberprojekte. Dafür gab es allerdings gute Gründe.

Die beiden viermotorigen Bomber Do 19 und Ju 89 waren 1936/37 weit davon entfernt, bereits technisch ausgereifte Kampfmaschinen abzugeben. Ihre Motoren erwiesen sich als zu schwach, und selbst als stärkere Triebwerke in Aussicht waren, konnten sie die neuen Spezifikationen der Luftwaffe nicht erfüllen[197]. Die Idee eines Fernbombers war damit nicht begraben, denn die Ernst-Heinkel-AG erhielt den Auftrag zur Entwicklung der He 177, ein für die damalige Zeit ungeheuer fortschrittliches Flugzeug, bei dem je zwei Motoren eine Luftschraube antrieben, was wegen des geringeren Luftwider-

[193] Dokumente und Dokumentarfotos, Dok. Nr. 200, S. 469, Ziffer 10.
[194] Ebd., Ziffer 11.
[195] So u. a. Deist, Die Aufrüstung, S. 485 f.; Irving, Tragödie, S. 102; Galland, Die Ersten und die Letzten, S. 91; Stokesbury, Air Power, S. 157; Higham, Air Power, S. 128.
[196] Zit. nach Boog, Luftwaffenführung, S. 166.
[197] Völker, Luftwaffe, S. 132 f.; Homze, Arming, S. 122—124.

standes zu einer angeblich größeren Reichweite und auch größeren Geschwindigkeit führte[198].

In der Zwischenzeit sollte sich eine »Kompromißluftwaffe« auf die mittleren Kampfflugzeuge He 111, Ju 86 und Do 17 stützen[199]. Görings Ziel war es, in kürzester Zeit eine eindrucksvolle Luftmacht aus dem Boden zu stampfen. Da als mögliche Gegner vorerst nur die unmittelbaren Nachbarn Österreich, die Tschechoslowakei, Polen und Frankreich ins Auge gefaßt wurden, gleichzeitig die Industrie aber an Devisen- und Rohstoffmangel litt und anstelle eines viermotorigen zweieinhalb zweimotorige Kampfflugzeuge gebaut werden konnten, schien die Entscheidung sachlich gerechtfertigt[200]. Für eine kontinentaleuropäische Kriegführung war die technische Ausrüstung der Luftwaffe im Vergleich mit den möglichen Kriegsgegnern völlig ausreichend.

Erst im Jahre 1942 war offensichtlich ein Krieg mit weitergreifenden Dimensionen geplant. Hitler hatte dafür ein Programm zur Verfünffachung der Luftwaffe initiiert, das sich als Planungsgrundlage im »konzentrierten Flugzeugmusterprogramm« vom 7. November 1938 niederschlug[201]. Die geplante gewaltige Luftmacht sollte über 58 Kampfgeschwader verfügen, darunter »möglichst viel He 177, mindestens 4 Geschwader«[202], also immerhin etwa 500 viermotorige Bomber. Die Masse der Kampfflieger sollte mit dem zweimotorigen »Wunderbomber« Ju 88 ausgerüstet werden. Wenn auch der Plan nie verwirklicht wurde, so zeigt er doch, daß sich Hitler und die Luftwaffenführung über die Unzulänglichkeiten der Kriegsvorbereitung im klaren waren. Wenn Hitler dennoch bereits 1939 losschlug, dann wohl unter dem subjektiven Eindruck, daß der Rüstungsvorsprung, den Deutschland besaß, wahrscheinlich bald von den potentiellen Gegnern eingeholt werden würde. Einen lang andauernden Rüstungswettlauf konnte das rohstoffarme Land aber nicht durchhalten[203]. Als Göring ihm am 29. August 1939 riet: »Wir wollen doch das Vabanque-Spiel lassen«, antwortete Hitler: »Ich habe in meinem Leben immer vabanque gespielt[204].« Hitler erkannte demnach durchaus das hohe Risiko, aber der Kriegsverlauf in den ersten Monaten schien ihm recht zu geben. Im Zusammenwirken mit Heer und Marine fegte die Lufwaffe ihre Gegner beiseite und schuf sich den Nimbus der Unbesiegbarkeit. Diese Kooperation machte die Erfolge erst möglich, denn die Erdoperationen beeinflußten natürlich auch die Luftlage. Schon in der L.Dv. 16 war das erkannnt worden: »Die Kriegsentscheidung kann nur durch das Zusammenwirken der drei Wehrmachtteile herbeigeführt werden. Durch Abstimmung der Operationen von Heer, *Kriegsmarine* und *Luftwaffe* und der Lage entsprechende Verlagerung des Schwerpunktes innerhalb der Wehrmacht sucht die Kriegsleitung die stärkste Gesamtwirkung zu erzielen[205].«

---

198 Völker, Luftwaffe, S. 133; Homze, Arming, S. 166f.; technische Details bei Nowarra, Luftrüstung, Bd 2, S. 227—231; Green, War Planes, S. 336—359; Smith/Kay, German Aircraft, S. 279—289.

199 Maier, Aufbau der Luftwaffe, S. 302.

200 Ebd.; Boog, Luftwaffenführung, S. 181; Murray, British and German Air Doctrine, S. 51.

201 Völker, Luftwaffe, S. 170; Boog, Luftwaffenführung, S. 177; Homze, Arming, S. 222; Irving, Tragödie, S. 119; Maier, Aufbau der Luftwaffe, S. 311.

202 Dokumente und Dokumentarfotos, Dok. Nr. 89, S. 211.

203 Hillgruber, Der Zweite Weltkrieg, S. 20.

204 Zit. nach: Ebd., S. 20.

205 Dokumente und Dokumentarfotos, Dok. Nr. 200, S. 471, Ziffer 30.

Gerade der später so viel geschmähte »taktische« Einsatz der Luftwaffe war der Schlüssel für das Gelingen der Feldzüge gemäß der Konzeption des Blitzkrieges[206].
Die Luftwaffendoktrin und die Ausrüstung der Geschwader hatten sich für den kontinentaleuropäischen Krieg als durchaus brauchbar erwiesen. Murray hat mit Recht darauf hingewiesen, daß im klassischen Sinne des Wortes die deutsche Luftmacht »strategisch« verwendet worden war; denn was hätte dagegen durch die Bombardierung einiger französicher Fabriken und Städte erreicht werden können, entsprechend dem Verständnis von »strategisch« also, dem die bereits genannten Kritiker der Luftwaffendoktrin anhängen[207]?
Der Offenbarungseid für die Luftwaffe kam allerdings schon im Sommer 1940 mit der berühmten »Luftschlacht um England«. Die bewährte Teamarbeit funktionierte nun nicht mehr, denn die Marine war viel zu schwach und das Heer stand Gewehr bei Fuß an den Ufern des Ärmelkanals. Immerhin begann die »Luftschlacht« noch ganz im Sinne der Luftwaffendoktrin. Als Voraussetzung für ein Landungsunternehmen gegen England hatte Hitler in der »Weisung Nr. 16« vom 16. Juni 1940 die Ausschaltung der RAF an die erste Stelle gesetzt. Anschließend sollte die Luftwaffe wieder in enger Kooperation mit Heer und Marine die eigentliche Landung unterstützen[208].
Die bisher so erfolgreiche Blitzkriegsstrategie ließ sich aber im Fall England nicht anwenden. Die Bedeutung der Luftüberlegenheit war zwar klar erkannt worden, sie sollte aber durch einen massierten überraschenden Luftüberfall gesichert werden, wie es in Polen und im Westfeldzug geschehen war[209]. Die RAF ließ sich jedoch hinter ihrer Frühwarnradarkette nicht überraschen, und so kam es zu einer lang andauernden Abnutzungsschlacht, die die Mängel der Luftwaffe deutlich zutage treten ließ. Die zweimotorigen Bomber Do 17 und He 111 waren zu schwach bewaffnet und zu langsam, so daß sie sich gegen die Jagdflugzeuge der RAF nicht durchsetzen konnten. Der deutsche Standardjäger Me 109 hatte eine zu geringe Reichweite und der für Langstreckenbegleitung vorgesehene »Zerstörer« Me 110 benötigte selbst Jagdschutz[210]. Sogar der neue »Wunderbomber« Ju 88 erfüllte die Erwartungen, die man in ihn gesetzt hatte, nicht. Da die Konzeption der Ju 88 schlaglichtartig die Wechselwirkung von Doktrin und Technik beleuchtet und außerdem ihre Auswirkungen auf die Düsenflugzeuge hatte, lohnt es sich, einen kurzen Blick auf die Entwicklung der Maschine zu werfen.
Im Jahre 1935 hatte das Luftkommandoamt die Entwicklung eines »Schnellbombers« gefordert[211]. Der von der Firma Junkers eingereichte Vorschlag wurde einem Messerschmitt-Versuchsmuster vorgezogen. Schon bald wurde das Schnellbomberkonzept aber durch weitreichende Änderungswünsche des Generalstabs verwässert, die in engem Zusammenhang mit den bereits dargestellten Entscheidungen über die Ausrüstung der Luftwaffe

[206] Vgl. Förster, Totaler Krieg und Blitzkrieg, S. 159.
[207] Murray, Luftwaffe, S. XIV, Anm. 3.
[208] Hitlers Weisungen, S. 61 ff.
[209] Förster, Totaler Krieg und Blitzkrieg, S. 161.
[210] Overy, Air War, S. 31—34; Murray, Luftwaffe, S. 52 f.; Galland, Die Ersten und die Letzten, S. 101 f.; Cooper, Luftwaffe, S. 160; Levine, Was World War II a Near-Run Thing? S. 45.
[211] Homze, Arming, S. 128, 163; Völker, Luftwaffe, S. 132; detaillierte Entwicklungsgeschichte bei Nowarra, Ju 88, S. 10—25.

zu sehen sind. Etwa ab 1937 forderte Ernst Udet, damals Chef des Technischen Amtes, die Sturzflugfähigkeit für Bombenflugzeuge. Diese Forderung war durch die schlechten Treffergebnisse im Horizontalangriffsverfahren begründet, und es erschien logisch, durch den direkten Sturz auf das Ziel eine wesentlich höhere Trefferrate zu erzielen. Die Erfahrungen des Lehrgeschwaders, dessen Kommandeur, Hans Jeschonnek, später Generalstabschef der Luftwaffe wurde, und die der »Legion Condor« im Spanischen Bürgerkrieg bestätigten die Theorie[212]. So wurde der »Schnellbomber« Ju 88 zum Sturzkampfflugzeug umkonstruiert, wobei sich sein Gewicht schließlich verdoppelte, Geschwindigkeit und Reichweite nahmen drastisch ab[213]. Im Endeffekt war das Flugzeug — wie übrigens die gesamte Luftwafffe — ein Kompromiß, entstanden unter dem Zwang, in kurzer Zeit möglichst große Zahlen an Maschinen herauszubringen und damit große Wirkung am Ziel zu erreichen. Die Ju 88 wurde der Standardbomber der Luftwaffe, und Göring glaubte immer noch daran, einen »Wunderbomber« zu besitzen. Er setzte Junkers-Generaldirektor Koppenberg als Sonderbevollmächtigten für das größte Rüstungsprogramm der Luftwaffe ein und befahl ihm: »Schaffen Sie mir in kürzester Frist eine gewaltige Bomberflotte der Ju 88[214].« Die Maschine war aber durch die Konstruktionsänderung zum »ordinären« mittleren Bomber herabgesunken, der keine Wunder vollbringen konnte. Dennoch war bei der Luftwaffenführung das Projekt »Schnellbomber« noch nicht ausgeträumt, und die »Luftschlacht um England« belegte tagtäglich, daß man ein Flugzeug brauchte, das sich mit hoher Geschwindigkeit der feindlichen Jagdabwehr entziehen konnte.

Als Ersatzlösung wurden daher normale Jagdflugzeuge zu »Jagdbombern« umgerüstet, was viel böses Blut bei den Jagdfliegern verursachte, die das »Dödelschleppen«, wie die Bombeneinsätze genannt wurden, als »Vergewaltigung« ihrer Maschinen ansahen[215]. Dennoch blieb die »Jabo-Idee« nach diesem improvisierten Anfang bestehen. Nach dem Abzug des größten Teils der Luftwaffe für den Angriff auf die Sowjetunion behielten die in Frankreich zurückgebliebenen JG 2 und 26 eine selbständige 10. Jabo-Staffel. Daneben wurden im März 1941 das »Schnellkampfgeschwader 210« mit Me-110-Zerstörern und im Dezember 1942 das »Schnellkampfgeschwader 10« mit Fw-190-Jagdflugzeugen aufgestellt[216]. Der Gedanke, Jagdflugzeuge als Bombenträger einzusetzen, war also durchaus nicht neu, als Hitler 1943 den Umbau des Düsenjägers Me 262 zum »Blitzbomber« forderte. Vielmehr waren solche Entscheidungen eher Teilaspekte der »Pervertierung des Angriffsgedankens«[217], die sich in der Luftwaffenführung nach der »Luftschlacht um England« abzeichneten.

Hitler hatte am 1. August 1940 in der »Weisung Nr. 17 für die Führung des Luft- und Seekrieges gegen England« eine Verschärfung des Luftkriegs gefordert, sich allerdings »Terrorangriffe als Vergeltung« vorbehalten[218]. Nachdem es der Luftwaffe nicht gelungen war, die

---

212 Murray, Luftwaffe Before the Second World War, S. 263; Homze, Arming, S. 164; Völker, Luftwaffe, S. 133f.

213 Homze, Arming, S. 164f.; Nowarra, Ju 88, S. 16—19.

214 Zit. nach: Irving, Tragödie, S. 118.

215 Galland, Die Ersten und die Letzten, S. 110; vgl. Osterkamp/Bachér, Tragödie, S. 117—119.

216 Die Verbände der Luftwaffe, S. 38, 48, 242, 245.

217 Boog, Luftwaffenführung, S. 133.

218 Hitlers Weisungen, S. 65f.

RAF, wie gefordert, in Vorbereitung des Unternehmens »Seelöwe« — der Invasion in England — in einem massierten Luftüberfall auszuschalten, gingen die Verbände am Kanal aus einer gewissen Ratlosigkeit heraus zu »strategischen« Angriffen über. Da Tagesangriffe auf heftigen Widerstand gestoßen waren, wechselte die Luftwaffe ab September auf Nachtbombardierungen mit dem Hauptziel London[219]. Später wurde die Luftoffensive auf wichtige britische Industriestädte ausgedehnt. Zwar fügten sich die Bombardements nahtlos in die Luftwaffendoktrin ein, die ja den Angriff auf die »Kraftquellen« des Feindes als kriegsentscheidendes Mittel sah, aber auch hier stießen die Verbände der Luftwaffe an die bereits erwähnten Grenzen. Keine Luftmacht der Welt verfügte im Jahre 1940 über die Ausrüstung, einen Feindstaat nur durch einen selbständigen Luftkrieg friedensbereit zu bomben, schon gar nicht die Luftwaffe, die sich in ihrer Doktrin nie ganz auf solche Methoden versteift hatte. Den Alliierten gelang es schließlich auch erst nach massiver Verstärkung ihrer Bomberwaffe im Jahre 1944, Deutschland aus der Luft ernsthaft zu bedrohen. Ein paar Zahlen mögen als Beleg genügen: Während Deutschland 1940 2852 Bomber produzierte und 36844t Bomben auf England abwarf, bauten Großbritannien und die USA 1944 42906 Bomber und belegten Europa mit 1188577t Bomben[220]. Erschwerend kam hinzu, daß Großbritannien bereits 1940 Deutschland auf dem Flugzeugsektor »ausproduzieren« konnte, denn es stellte 15049 Flugzeuge her, Deutschland dagegen nur 10247[221].
Wenn angesichts solcher Erfahrungen ehemalige Offiziere der Luftwaffe nach dem Kriege die These vertraten, schon nach der Luftschlacht um England hätte Deutschland sich auf ein defensives Luftrüstungskonzept umstellen müssen[222], so verkennen solche Überlegungen die politisch-strategische Situation der Wehrmacht 1940/41. Bereits im Sommer 1940 hatte sich Hitler dazu entschlossen, den entscheidenden Schritt in seinem rassenpolitischen »Programm« trotz des Weiterkämpfens Englands zu tun und die Sowjetunion bei nächster Gelegenheit anzugreifen[223]. Die Eroberung von »Lebensraum im Osten« war der zentrale Baustein in seiner »Weltanschauung«, und das ließ sich nur durch einen Überfall auf die Sowjetunion verwirklichen[224]. Daß nebenbei in diesem »Weltblitzkrieg« noch Englands letzter möglicher »Festlandsdegen« ausgeschaltet werden würde, schien eher ein Argument, um letzte Zweifler zu beschwichtigen[225]. Für einen Angriffskrieg benötigte Hitler aber auch eine Angriffsluftwaffe, d.h. große Verbände von Bombenträgern. Es ist daher völlig unrealistisch zu glauben, er hätte 1940/41 einer Bevorzugung der Defensivrüstung zugestimmt. Zudem war der Angriffsgedanke viel zu sehr in der Doktrin der Luftwaffenführung verhaftet, als daß vielleicht auf militärischer Ebene bereits ein Umdenken möglich gewesen wäre. Im Gegenteil, Jeschonnek, der Chef des

219 Murray, Luftwaffe, S. 58f.; Overy, Air War, S. 34f.; Cooper, Luftwaffe, S. 179—188.

220 Overy, Air War, S. 120.

221 Ebd., S. 150.

222 Berchem, Taktisch-technische Probleme, S. 133; Kesselring, Gedanken zum Zweiten Weltkrieg, S. 174f.; Osterkamp/Bachér, Tragödie, S. 137f.

223 Hillgruber, Hitlers Strategie, S. 200; ders., Der Zweite Weltkrieg, S. 48.

224 Jäckel, Hitlers Weltanschauung, S. 53; ders., Hitlers Herrschaft, S. 86.

225 Ders., Hitlers Herrschaft, S. 78f.; Hillgruber, Der Zweite Weltkrieg, S. 48; Rich, Hitler's War Aims, Bd 1, S. 209f.; Förster, Hitlers Entscheidung, S. 15.

Generalstabes der Luftwaffe, begrüßte den Angriff auf die Sowjetunion mit den Worten: »Endlich einmal ein ordentlicher Krieg[226]!« Der Schwerpunkt der Luftwaffe wurde im Frühjahr 1941 in den Osten verlagert, und nur schwache Einheiten blieben zur Deckung der westlichen Front zurück.

Für die Struktur der Luftwaffe hatte das »Unternehmen Barbarossa« fatale Folgen. Als sich der Feldzug im Osten vom »Blitzkrieg« zu einem langwierigen Abnutzungskrieg wandelte, wurde die Luftwaffe auf diesem Kriegsschauplatz mehr und mehr in die Rolle der »fliegenden Artillerie« zur Heeresunterstützung gedrängt, der »operativ-strategische« Luftkrieg trat in den Hintergrund[227]. Diese sehr kostspielige Einsatzart zehrte die Angriffskraft der Bomberverbände auf, so daß Galland die Ostfront als »Verdun der Luft« bezeichnete[228]. Im Dezember 1941 war die Einsatzbereitschaft der Kampfgeschwader auf 32% abgesunken, und die Luftwaffe hatte in diesem Jahr 1798 Bomber verloren, das waren 134,3% der Einsatzstärke vom Januar 1941, die 1339 Bomber betragen hatte[229]. Die Entwicklung läßt sich für die folgenden Jahre fortschreiben. An der sowjetischen Front blieben große Teile der Luftwaffe gebunden und verbluteten in der Heereskooperation. Der im November 1943 begonnene Versuch, durch Zusammenfassung von Bomberverbänden im IV. Fliegerkorps doch noch den »strategischen« Luftkrieg gegen die Sowjetunion aufzunehmen, scheiterte aus mehreren Gründen, z.B. an der Zurückverlegung der Front, an der langen Spezialausbildung der nur noch taktische Angriffe gewohnten Besatzungen und nicht zuletzt an der mangelhaften Ausrüstung, denn einen viermotorigen »Uralbomber« gab es noch immer nicht[230].

Mit der starken Betonung der Angriffsrüstung und der damit verbundenen Bevorzugung der Bombereinheiten und deren technischer Ausrüstung ging eine gewisse Vernachlässigung der Luftverteidigung einher. Die Luftwaffendoktrin hatte vor dem Kriege die Notwendigkeit einer starken Luftabwehr nicht erkannt. Die L.Dv. 16 bestimmte zwar: »*Der Luftkrieg* wird in Angriff und Verteidigung durch die *Luftwaffe* geführt[231]«, doch waren nur wenige Ziffern der Dienstvorschrift der reinen Luftverteidigung gewidmet. Nach der Vorstellung der Luftwaffe mußte der Krieg angriffsweise geführt werden, d.h. die feindliche Luftstreitmacht sollte überfallartig schon in der Anfangsphase der Kämpfe niedergezwungen werden. Die Luftverteidigung übernahm in der Theorie also praktisch nur »Aufräumarbeiten« gegen die Reste einer möglichen Bedrohung[232]. Da sich diese Überlegungen in den Blitzkriegen 1939/40 bestätigten, blieb die Organisation der Heimatluftverteidigung relativ ineffektiv. Es gab keine zentrale Führungsstelle für die Reichsluftverteidigung, die für die Abwehr vorgesehenen Jagdverbände und Flakeinheiten waren den jeweiligen Luftgaukommandos unterstellt[233].

---

226 Irving, Tragödie, S. 188.
227 Ratley, A Lesson; Boog, Luftwaffenführung, S. 194—204.
228 Galland, Die Ersten und die Letzten, S. 129.
229 Murray, Luftwaffe, S. 95, Tab. 17, und S. 97, Tab. 18.
230 Boog, Luftwaffenführung, S. 202; Groehler, Geschichte des Luftkriegs, S. 395f.
231 Dokumente und Dokumentarfotos, Dok. Nr. 200, S. 467.
232 Völker, Luftwaffe, S. 202; Herhudt von Rohden, Die Luftverteidigung des Deutschen Reiches, S. 734.
233 Boog, Luftwaffenführung, S. 131; Völker, Heimatluftverteidigung, S. 89.

Abb. 6: Kommandostruktur der Luftwaffe
Stand: 1. April 1939

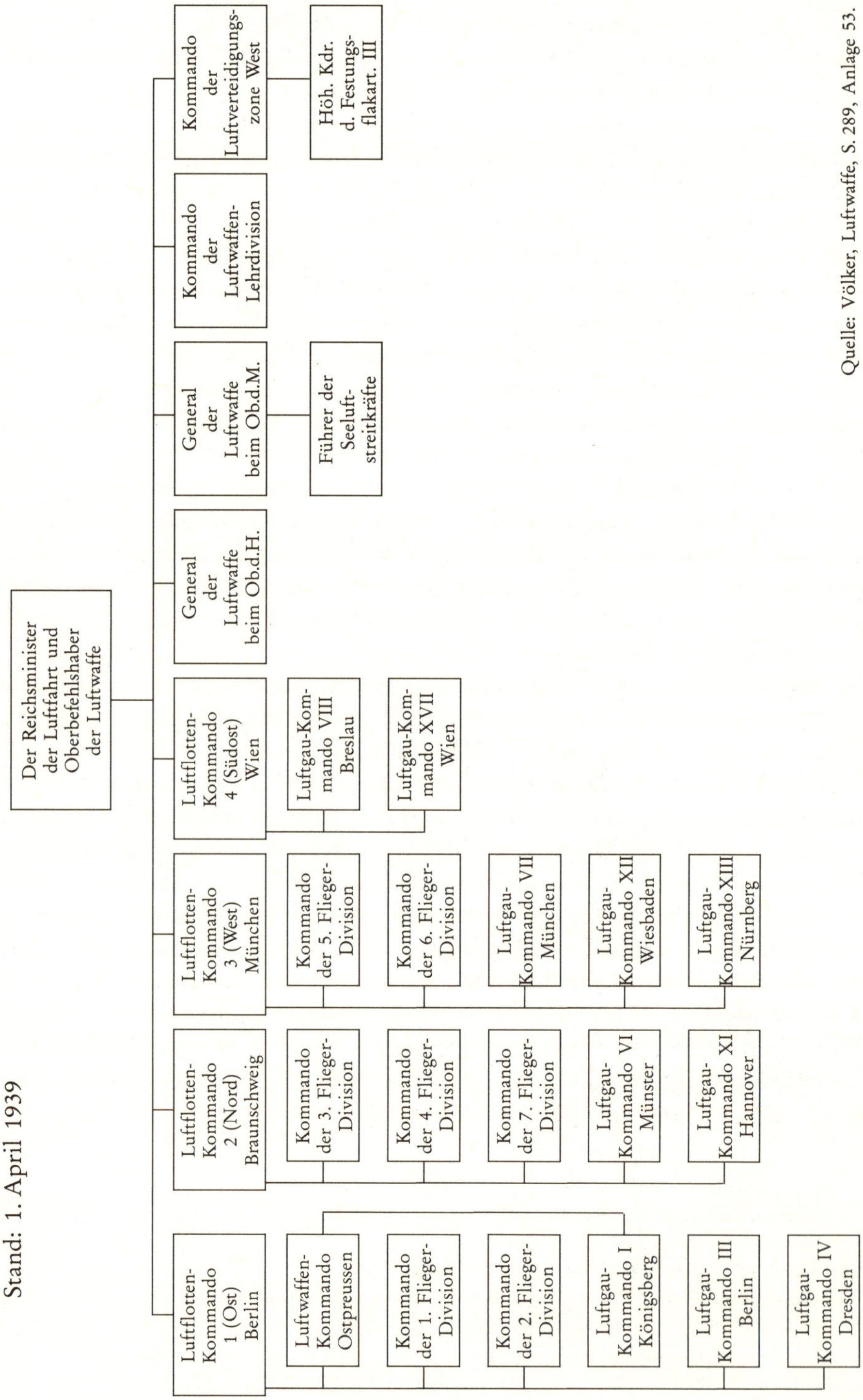

Quelle: Völker, Luftwaffe, S. 289, Anlage 53.

Insgesamt standen der Luftwaffe 18 Jagd- und zehn Zerstörergruppen mit 1179 Flugzeugen, 650 schwere Flakbatterien mit rund 2600 Geschützen, 560 leichte Flakbatterien mit 6700 Geschützen und 188 Scheinwerferbatterien mit 3000 Scheinwerfern zur Verfügung[234]. Diese Kräfte wurden aber bei weitem nicht alle in der Verteidigung eingesetzt, sondern in großen Teilen beim Angriff auf Polen, im Westfeldzug und in der Luftschlacht um England. Auch die Flakartillerie griff dabei unterstützend in die Erdkämpfe mit ein.

Die RAF war 1939/40 noch keine wirkliche Bedrohung. Erste Tagesangriffe hatten mit hohen Verlusten geendet, und das Bomber Command verlegte sich auf Nachtangriffe, worunter die Treffgenauigkeit erheblich litt[235]. Außerdem mußte die RAF die eigene Verteidigung an die erste Stelle rücken. Jedoch schrieb Churchill am 8. Juli 1940 vorausschauend an den Minister für Flugzeugproduktion: »Im düsteren Lichte des gegenwärtigen Notzustandes ist die Verstärkung unserer Jägerwaffe das Gebot der Stunde, und der Herstellung von Jagdflugzeugen muß vor allen anderen Erwägungen der Vorrang zukommen, bis wir die Angriffskraft des Feindes gebrochen haben. Wenn ich aber Ausschau halte und mich frage, wie wir den Krieg gewinnen können, sehe ich nur *einen* sicheren Weg. [...] Es gibt etwas, das ihn (Hitler) zurückzuwerfen und niederzuwerfen vermag, und das ist ein alles vernichtender und ausrottender Angriff mit ganz schweren Bombern von England aus gegen das Nazi-Heimatland. Wir müssen den Feind mit diesem Mittel überwältigen, sonst sehe ich keinen Ausweg[236].« Noch fehlte dem Bomber Command die Schlagkraft, um die Visionen des Premiers erfüllen zu können.

Immerhin machten sich die Nachtangriffe der RAF störend bemerkbar und bewirkten eine Umorganisation in der Heimatluftverteidigung. Im Juli 1940 wurde Oberst Kammhuber mit dem Aufbau einer Nachtjagdorganisation beauftragt, und im März 1941 wurde schließlich die Konsequenz aus der bisherigen Zersplitterung der Befehlsverhältnisse gezogen. Generaloberst Weise wurde als »Luftwaffenbefehlshaber Mitte« eingesetzt, dem die Führung der Luftverteidigung im Reichsgebiet oblag[237]. Die bis 1942 aufgebaute Verteidigungsorganisation aus Bodenleitstellen, Frühwarnsystem, Scheinwerferbatterien, Flak, Tag- und Nachtjägern schien sich in dieser Phase des Luftkrieges zu bewähren. Anthony Verrier kommt zu dem Urteil, »daß das Bomber Command zwischen 1939 und 1941 für die deutsche Luftabwehr keine wirkliche Herausforderung gewesen ist«[238].

Es schien auch keine Notwendigkeit zu bestehen, die technische Ausrüstung der Jagdflieger zu verbessern. Zwar gab es keinen speziellen Nachtjäger, jedoch genügte der Zerstörer Me 110 für diese Aufgabe durchaus und bildete die Ausrüstung des größten Teils der Nachtjagdverbände[239]. Bei den Tagjägern war die Me 109 das Standardflugzeug. Sie hatte sich fast allen feindlichen Mustern überlegen gezeigt und nur in der englischen Super-

---

234 Angaben nach Völker, Heimatluftverteidigung, S. 88f.

235 Webster/Frankland, Air Offensive, Bd 1, S. 139f.

236 Churchill, Der Zweite Weltkrieg, Bd 2/1, S. 388.

237 Völker, Heimatluftverteidigung, S. 90, 92; Boog, Luftwaffenführung, S. 132; zur Geschichte der Nachtjagd ausführlich siehe Aders, Nachtjagd.

238 Verrier, Bomberoffensive, S. 136.

239 Aders, Nachtjagd, S. 44.

marine Spitfire eine gleichwertige Gegnerin gefunden[240]. Außerdem war es nicht so, daß die Luftwaffe sich auf ihren technischen Lorbeeren ausgeruht hätte, denn sie verfolgte mit dem neuen Jägermodell Fw 190 die Politik, ein »zweites Eisen« im Feuer zu haben. Die Anregung zu der Maschine war schon 1937 vom Technischen Amt gekommen. Damit sind eigentlich auch Vorwürfe gegenstandslos, die in der Entscheidung, die Me 109 als Standardjäger einzuführen, einen Fehler des Technischen Amtes sehen wollten, weil »an dieser strategisch verhängnisvollen, aber verbissen verfochtenen Eingleisigkeit« festgehalten worden sei[241]. Die oft in der Diskussion angeführte angeblich vernachlässigte He 100, eine Weiterentwicklung der ursprünglich als Konkurrenzmuster zur Me 109 konzipierten He 112, wurde nämlich erst 1937 entworfen[242] und war damit ein Konkurrenzmuster zur Fw 190 und nicht zur Me 109, die einige Jahre früher entwickelt worden war.

Die Begründung für die dann gefallenen Entscheidungen lag in der Motorenfrage. Während die He 100 vom Daimler-Benz-Motor DB 601 angetrieben wurde, war für die Fw 190 der BMW-Motor BMW 139 bzw. später der BMW 801 vorgesehen. Der DB 601 aber war ein knappes Gut, denn er trieb auch die Me 109, Me 110 und He 111 P an, alles Flugzeuge, die in Großserie für die Luftwaffe hergestellt wurden und von denen man keine zusätzlichen Motoren für ein neues Jagdflugzeug abzweigen konnte[243]. Die Fw 190 mußte zwar einige Probleme mit dem neuen BMW 801 überwinden, ging aber im Sommer 1941 schließlich in Serie und erwies sich als ein der englischen Spitfire in vielen Belangen überlegenes Jagdflugzeug. Auch auf dem technischen Sektor brauchte man sich offensichtlich für die Luftverteidigung keine Sorgen zu machen.

Überblickt man also Doktrin und militärische Lage in den ersten Kriegsjahren, so wird deutlich, daß für die Luftwaffenführung wenig Anlaß bestand, neue Projekte mit revolutionären und deshalb unerprobten Antriebssystemen mit Nachdruck zu fördern. Trotz gewisser Rückschläge erwies sich die Luftwaffe als »Erfolg«. Da der Schwerpunkt der Rüstungsanstrengungen auf der Angriffsrüstung lag, waren die Strahlflugzeuge, die ja Jagdflugzeugtypen oder Aufklärer darstellten, von geringem Interesse. Einzig die »Schnellbomber«idee, die mit der Ju 88 nur unvollkommen verwirklicht worden war, bot Ansätze für eine Verwertung des Strahlantriebs gemäß der gültigen Luftwaffendoktrin. Das Umdenken in der Luftwaffenführung setzte erst zu einem relativ späten Zeitpunkt ein, und deshalb waren die Düsenflugzeuge vorerst nur eine technische Spielerei, von der kaum jemand annahm, daß sie in diesem Krieg noch eine bedeutende Rolle spielen würde.

---

240 Baumbach, Zu spät?, S. 237; Galland, Die Ersten und die Letzten, S. 84; Green, Warplanes, S. 524—571; einen ausführlichen Vergleich der Hurricane, Spitfire und Me 109 bringt Deighton, Unternehmen Adler, S. 95—135.

241 Nowarra, Luftrüstung, Bd 2, S. 72.

242 Sicher hat Ernst Heinkel in seinen Memoiren wesentlich zu dieser Interpretation beigetragen. Vgl. Heinkel, Stürmisches Leben, S. 357—366; Williams, Development, S. 20f. folgt seiner Ansicht; vgl. dagegen die Entwicklungsgeschichte der Fw 190 und He 100 in: Green, Warplanes, S. 194—220 und 331—336, bzw. bei Nowarra, Luftrüstung, Bd 2, S. 72—93 und 184—191.

243 Vgl. hierzu auch Smith/Kay, German Aircraft, S. 241f.

c) Forschung, Entwicklung und Effizienz der Forschungsführung

Wenn schon die Organisation der Luftwaffenführung und die Luftkriegsdoktrin sich als Hindernisse für den Durchbruch der neuen Antriebstechnik erwiesen, so bleibt doch das Problem, ob nicht die deutsche Luftfahrtforschung, die ja auf vielen Gebieten Weltruf genoß, nicht frühzeitiger das Potential des Strahlantriebs hätte erkennen müssen. Es stellt sich die Frage, ob die Phase des Wettbewerbs zwischen »normal technology« und »new technology« nicht durch entsprechende Lenkung und Förderung der Forschung und Entwicklung hätte abgekürzt werden können.

Die Luftfahrtforschung in Deutschland hatte nach 1933 enormen Auftrieb erhalten. Die Gelder flossen reichlich. Waren 1933 gerade 4 333 000 RM in die Forschung investiert worden, so hatte sich die Summe 1939 auf 63 231 000 RM erhöht. Von 1933 bis 1939 betrugen die Kosten 232 058 000 RM, zehnmal soviel, wie in dem vorhergehenden siebenjährigen Zeitabschnitt während der Weimarer Republik ausgegeben worden war[244].

Die staatliche Forschung konnte sich dabei auf Institute stützen, die Weltruf genossen und Pionierleistungen vor allem auf dem Gebiet der Aerodynamik hervorbrachten[245]. Hier sind besonders die Aerodynamische Versuchsanstalt (AVA) in Göttingen und die eher anwendungsorientierte Deutsche Versuchsanstalt für Luftfahrt (DVL) in Berlin-Adlershof zu nennen. Ihre Ursprünge lagen noch vor dem Ersten Weltkrieg. Beide Institute konnten also auf eine lange Tradition zurückblicken. Schon im März 1933 wurde in einer ersten Ausbauphase der Luftfahrtforschung die Zentrale für wissenschaftliches Berichtswesen über Luftfahrtforschung (ZWB) gebildet, und im April 1933 folgte die Gründung der Vereinigung für Luftfahrtforschung (VLF), die den Erfahrungsaustausch zwischen Behörden, Industrie und Wissenschaft fördern sollte[246]. Gleichzeitig wurde die bauliche und gerätemäßige Ausstattung der AVA und der DVL vorangetrieben.

In einer zweiten Aufbauphase ab 1936 erfolgte als erster Schritt die Gleichschaltung des Vereinswesens der Luftfahrt in der Lilienthal-Gesellschaft für Luftfahrtforschung, die als »Einheitsgesellschaft« aller Fachorgane der Luftfahrtforschung und -industrie konzipiert war[247]. Zudem gelang es Adolf Baeumker, Leiter der Forschungsabteilung des Technischen Amtes und Spiritus rector der Luftfahrtforschung, mit der Errichtung der Deutschen Akademie für Luftfahrtforschung ein weiteres Glanzstück den bestehenden Institutionen hinzuzufügen. Ein Jahr zuvor war noch der Vorschlag des Reichsministers für Wissenschaft, Erziehung und Volksbildung, Bernhard Rust, verworfen worden, eine Reichsakademie der Forschung unter Leitung Hitlers zu schaffen[248]. Nun war durch das geschickte Taktieren Baeumkers unter dem Vorsitz Görings eine Organisation entstanden, die als »Gesamtrepräsentation der deutschen Luftfahrt in allen ihren vielseitigen Ausdrucksformen« gedacht war. »Luftwaffe, ziviler Luftverkehr, Industrie waren unter

---

[244] Zahlen nach Homze, Arming, S. 211.

[245] Zur Geschichte der einzelnen Forschungsinstitute siehe Lundgreen u.a., Staatliche Forschung, S. 131–137; Baeumker, Ein Beitrag, S. 45ff.; Simon, German Research, S. 69–81.

[246] Baeumker, Ein Beitrag, S. 51f.

[247] Ebd., S. 54f.

[248] Ludwig, Technik und Ingenieure, S. 214f.

dem Leitstern des Wissenschaftsfortschritts — gewissermaßen auf neutralem Boden — zusammen vereinigt[249].«

Auch der materielle Ausbau der Forschungseinrichtungen schritt weiter voran. Zur AVA und der DVL kamen das Flugforschungsinstitut Oberpfaffenhofen (FFO), die Deutsche Forschungsanstalt für Segelflug (DFS) in Darmstadt, die Forschungsanstalt Graf Zeppelin (FGZ) in Stuttgart und die Luftfahrt-Forschungsanstalt München (LFM) hinzu[250]. Das größte Projekt war aber die Gründung eines neuen Zentrums für Grundlagenforschung in Braunschweig, das praktisch aus dem Boden gestampft wurde und unter dem Namen Deutsche Forschungsanstalt für Luftfahrt firmierte[251]. Die deutsche Luftfahrtforschung verfügte demnach wie kaum ein anderer Wissenschaftszweig über modernste Einrichtungen und bedeutende finanzielle Mittel, um im Wettrennen um neueste Waffentechnologie bestehen zu können. Nicht von ungefähr kommt Mehrtens zu dem Schluß, daß von allen Wehrmachtteilen »die vielfältigen Einrichtungen und die ›Forschungsführung‹ der Luftwaffe am umfangreichsten und vielleicht auch am effektivsten« waren[252]. Dennoch beklagen neuere historische Arbeiten beinahe unisono die mangelnde Effizienz der deutschen Luftfahrtforschung für die Kriegführung[253]. Hierbei geht es um den sensiblen Bereich der Kooperation von Wissenschaft und deren staatlichen Lenkungsorganen mit dem Militär und seiner technisch-operativen Führung.

Für die Forschung war innerhalb des RLM ab 1933 die Abteilung C I (Forschung) des Technischen Amtes unter Adolf Baeumker zuständig (vgl. Abb. 3). Durch die organisatorischen Veränderungen in Udets Befehlsbereich sank die Stellung der Forschungsführung immer weiter ab. War 1936 Baeumker immerhin einer von vier Abteilungsleitern gewesen, so konkurrierte er ab 1938 mit 12 weiteren und Ende 1941 war die Forschungsabteilung nur noch eine von 43 Untergruppierungen[254]. »Persönliche Vorträge des Leiters der Forschungsabteilung vor dem Minister hörten nach dem Herbst 1938 ebenso völlig auf, wie jene bei dem Staatssekretär der Luftfahrt; und sogar der (hierzu ernannte) Generalluftzeugmeister General Udet wurde nun fast unerreichbar für direkte Kontakte«[255], beschrieb der Abteilungsleiter selbst die Situation. Die hier angesprochene Problematik ist ein Teilaspekt der bereits behandelten personellen Schwierigkeiten der Luftwaffe und des Fehlens einer einheitlichen Führung von Taktik und Technik. Auch die Generalluftzeugmeister konnten die Verbindung zwischen Wissenschaft und Industrie nicht schaffen. Udets und Milchs Tätigkeit konzentrierte sich immer mehr auf die reine Rüstungsendfertigung, also die Entwicklung eines Waffensystems zur Serienreife und dessen Massenproduktion, wodurch wissenschaftliche Probleme zu kurz kamen[256].

---

249 Baeumker, Ein Beitrag, S. 56.

250 Ebd., S. 59—63.

251 Lundgreen u.a., Staatliche Forschung, S. 135.

252 Mehrtens, Das »Dritte Reich« in der Naturwissenschaftsgeschichte, S. 61; zu diesem Urteil kommen auch schon Goudsmit, ALSOS, S. 147; und Simon, German Research, S. 64.

253 Homze, Arming, S. 209—216; Overy, Air War, S. 189—195; Boog, Luftwaffenführung, S. 68—76.

254 Baeumker, Ein Beitrag, S. 28 f.; Boog, Luftwaffenführung, S. 72.

255 Baeumker, Ein Beitrag, S. 61.

256 Ludwig, Technik und Ingenieure, S. 250; Boog, Luftwaffenführung, S. 71.

Allerdings erscheint mir diese Haltung weit folgerichtiger, als es viele Kritiker wahrhaben wollen. Nach Günter Küppers läßt sich Forschung innerhalb des nationalen Wissenschaftssystems, wie in Abb. 7 dargestellt, in drei Sektoren aufgliedern[257].

Abb. 7: Sektoren des Wissenschaftssystems

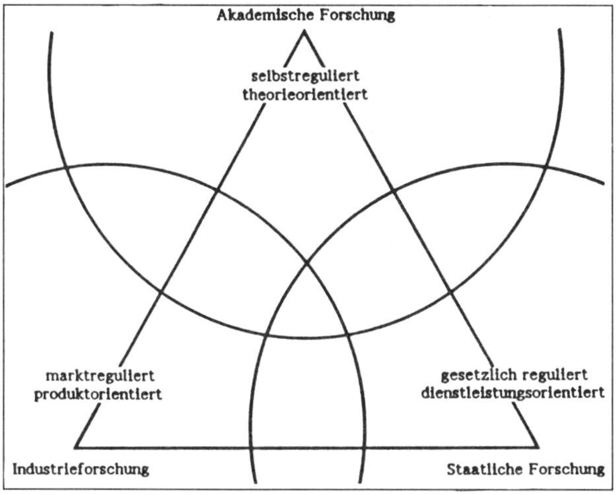

Die Kontroverse um die Bedeutung der Forschung für die Kriegführung kreist meist nur um die beiden Sektoren akademische Forschung und staatliche Forschung, die äußerst wichtige Industrieforschung wird dagegen nur am Rande erwähnt. In der Industrie wurden aber in großem Ausmaß Forschungsprojekte und Entwicklungen bearbeitet. Hier standen ein umfangreicher Stab an Fachkräften und die notwendigen Mittel zur Verfügung, um technische Einzelfragen zu klären, die natürlich nichts mit freier Grundlagenforschung zu tun hatten. »Die Industrieforschung war souverän für sich, bedurfte keiner Hilfestellung eines Kultusministeriums, eines Reichsforschungsrates oder einer sonstigen Kontingente bewilligenden Behörde[258].« Produktorientierte Forschung ließ sich deshalb wesentlich effizienter in der Industrie durchführen. In den obengenannten Forschungsinstituten war die Arbeit nämlich auf freie Grundlagenforschung ausgerichtet. Baeumker forderte nachdrücklich, daß die Luftfahrtforschung nicht zur Hilfswissenschaft degenerieren dürfe, sondern sich auf das Große und Grundsätzliche ausrichten müsse[259]. Das entsprach bester deutscher Wissenschaftstradition und wurde auch im NS-System nicht grundlegend bestritten, selbst als es ab 1936 um die Mobilisierung von Wirtschaft und Wissenschaft im Zuge der Kriegsvorbereitung ging. Carl Krauch betonte als Leiter der Abteilung Forschung und Entwicklung im Rahmen des Vierjahresplanes: »Es liegt nichts ferner, als etwa die Selbständigkeit der reinen Forschung, von deren früheren Ergebnissen letzten Endes die heutige technische Entwicklung zehrt, zu beschränken[260].« Einen Nachteil brachte die Grundlagenforschung mit sich: Sie ließ sich nicht sofort in brauchbare Waffen umsetzen. Es konnten Jahrzehnte vergehen, bis sich eine Entdeckung in praktische Technik niedergeschlagen hatte. Es war deswegen logisch, daß sich die Generalluftzeugmeister, die ja für die unmittelbare und dringende Geräte-

---

257 Nach Lundgreen u.a., Staatliche Forschung, S. 25.
258 Schneider, Größe und Verfall der deutschen Wissenschaft, S. 254.
259 Zit. nach: Boog, Luftwaffenführung, S. 74.
260 Zit. nach: Naturwissenschaft, Technik und NS-Ideologie, S. 49.

ausstattung der Luftwaffe zu sorgen hatten, sich zuerst auf die Weiterentwicklung der »normal technology« stützten, die von der Industrie durchgeführt wurde.

Den alles entscheidenden Engpaß, der die Möglichkeiten einschränkte, bildete dabei weniger die Frage der Finanzierung von Projekten, sondern der gravierende Personalmangel in der Forschung. Zwischen 1932 und 1940 hatten von 20995 Diplomierten an deutschen Technischen Hochschulen ganze 271 ihren Abschluß in Luftfahrzeugbau absolviert. Zum Vergleich: Im Fach Brauereiwesen waren es immerhin 896[261]. Ein Bericht der Deutschen Versuchsanstalt für Luftfahrt listete im Juni 1938 insgesamt 20797 Diplomingenieure, Fachschulingenieure und Techniker auf, die sich auf Industrie, Forschung, RLM, Verkehrswesen und Luftwaffe verteilten. Den Löwenanteil von 15326 Ingenieuren und Technikern beschäftigte die Industrie (vgl. Tab. 1).

Tabelle 1: Technisches Fachpersonal in der Luftfahrt (Juni 1938)

	Diplom-ingenieure	Fachschul-ingenieure	Techniker	gesamt
Industrie	1537	8431	5358	15326
Forschung	696	488	109	1293
RLM	727	1115	243	2085
Verkehr	62	124	107	293
Luftwaffe	500	1000	300	1800
	3522	11158	6117	20797

Quelle: Homze, Arming, Tab. 19, S. 214.

Für die nächste Zeit bestand weiterer Bedarf von 1060 Diplomingenieuren, 2005 Fachschulingenieuren und 1680 Technikern. In dem Bericht wurde der jährliche Zugang für die Luftfahrtindustrie jedoch nur auf 60 Diplomingenieure und 90 Fachschulingenieure geschätzt[262].

Es war deshalb klar, daß das RLM eher die Industrie als die Forschung förderte und Personalabgaben an die Luftfahrtunternehmen verfügte, schrie doch jede Firma bei neuen Rüstungsprogrammen sofort nach Konstrukteuren und Facharbeitern[263]. Was nützte die beste Grundlagenforschung, die in zehn Jahren eine »Wunderwaffe« versprach, wenn der Krieg bereits verloren war, weil der Nachschub an Flugzeugen für die nächsten Monate stockte. Immerhin wurde nach den ersten militärischen Rückschlägen im Kriege versucht, staatliche und industrielle Forschung besser aufeinander abzustimmen.

Im Juni 1942 beauftragte Hitler Göring per Erlaß, einen »Reichsforschungsrat mit selbständiger Rechtspersönlichkeit« zu bilden. Dabei ging auch der schon 1937 gegründete Reichsforschungsrat des Rustschen Wissenschaftsministeriums in die neue Organisation ein, die die »Forschung für die Kriegführung fruchtbar gestalten« sollte[264]. Göring wurde nach Absprache mit Speer mit dem Präsidentenamt bedacht.

261 Angaben nach Ludwig, Technik und Ingenieure, Tab. (7.) III, S. 281.
262 Homze, Arming, S. 213f.
263 Georgii, Forschen und Fliegen, S. 288.
264 Wortlaut des Erlasses vom 9.6.1942 in: Deutschlands Rüstung, S. 121.

Die neue Institution führte aber keineswegs zu einer konzentrierten Lenkung der Forschung. Vielmehr machte sich der für die NS-Polykratie so typische Organisationswirrwar bemerkbar. Rust wahrte nämlich seinen Einfluß auf die Hochschulforschung über die Deutsche Forschungsgemeinschaft, die seit Kriegsbeginn in das Wissenschaftsministerium integriert war[265]. Zudem betonte die Luftwaffe ihre Separatstellung, als Göring noch Ende Juni 1942 als Nachfolgeorganisation der Forschungsabteilung die »Forschungsführung des Reichsministers der Luftfahrt und Oberbefehlshabers der Luftwaffe« als Reichsstelle ins Leben rief[266]. Die Leitung übernahmen Prof. Dr. Prandtl, Göttingen, Prof. Dr. Ing. Seewald, Aachen, Prof. Dr. Georgii, Braunschweig und Ministerialdirigent Adolf Baeumker. Die monatlichen Zusammenkünfte des Quadrumvirats genügten jedoch nicht, einen umfassenden Überblick über die laufende Forschung zu garantieren. Georgii, der im Herbst 1943 die Geschäftsführung von Seewald übernahm, schrieb in seinen Memoiren recht resigniert über seinen Amtsantritt: »Nachdem es nicht gelungen war, in vier Jahren eine richtige Zusammenarbeit der Forschung mit Industrie und Luftwaffe herbeizuführen, erschien es mir fast unmöglich, bei der sich ständig verschlechternden Kriegslage noch eine entscheidende Wendung in der Forschung herbeizuführen[267].« Auch die regelmäßige Teilnahme Georgiis und Seewalds bei den Generalluftzeugmeisterbesprechungen konnte an diesem Zustand wenig ändern, obwohl doch in dieser Runde Industrie, Militär und Forschung an einem Tisch saßen. Die Diskussion kreiste aber meist um Fragen der Produktion, also um Pläne und Schwierigkeiten der Industrie[268]. Der Grund dafür lag sicher in der erwähnten Grundlagenorientierung der staatlichen und akademischen Forschung, die wenig zu den aktuellen Tagesproblemen beitragen konnte.
Adolf Baeumker hat darauf hingewiesen, daß die Luftfahrtforschung im Gesamtkonzept des Führens von Staat, Industrie und Technik der Wehrmacht stark von der jeweiligen politischen Lage des Staates abhängt. In Krisensituationen besteht die Notwendigkeit, die Forschung in hohem Maße projektbezogen einzusetzen, die Grundlagenforschung tritt in den Hintergrund. Recht selbstkritisch stellte er fest: »Die deutsche Luftfahrtforschung der dreißiger Jahre spielte — unbewußt bis bewußt — hierin eine Art Vogel-Strauß-Politik durch eine allzu betonte Entwicklungsrichtung ihrer Führung auf die Förderung der *Grundlagenforschung* (Hervorhebung im Original), dies gerade besonders im Programm ihrer neuen technischen Einrichtungen. War dieses nicht psychologisch eine Form von ›escapism‹, also eine Art ›Flucht vor sich selbst‹[269]?«
Wenn gerade die anglo-amerikanische Forschung und deren Effizienz für die Kriegsführung immer wieder anerkennend hervorgehoben werden, so muß darauf hingewiesen werden, daß die dortigen Wissenschaftler in weit größerem Maße an der unmittelbaren Entwicklung von Rüstungsgütern, wie Radargerät oder Atombombe, beteiligt waren als ihre deutschen Kollegen[270].

---

265 Ludwig, Technik und Ingenieure, S. 234f.
266 Ebd., S. 237; Boog, Luftwaffenführung, S. 74f.; Georgii, Forschen und Fliegen, S. 298f.
267 Georgii, Forschen und Fliegen, S. 299.
268 Ebd., S. 301f.
269 Baeumker, Ein Beitrag, S. 66.
270 Um nur einige Hinweise zu geben: Baxter, Scientists Against Time; Jones, Most Secret War; Zuckerman, From Apes to Warlords.

Erstaunlicherweise erkannten einige deutsche Wissenschaftler mit der sich zuspitzenden Kriegslage die Notwendigkeit, sich direkt in die Waffenentwicklung einzuschalten. Karl-Heinz Ludwig hat diesen Vorgang die »Selbstmobilisierung der Wissenschaft« genannt[271]. Dabei tat sich vor allem Prof. Dr. Ing. Werner Osenberg von der TH Hannover hervor, seit Juni 1943 Leiter des Planungsamtes im Reichsforschungsrat. In hektischer Betriebsamkeit, die gegen Ende des Krieges in blinden Aktionismus umschlug, versuchte er, das ingenieurwissenschaftliche Forschungspotential für die Wehrtechnik nutzbar zu machen[272]. Besonders die Bekämpfung der feindlichen Bomberströme stand ab 1944 im Vordergrund. Osenberg hatte im Juli 1944 in einer Denkschrift betont: »Ein Erfordernis des totalen Krieges ist der Totaleinsatz unseres gesamten Forschungspotentials[273].« Was dann aber an Ergebnissen der geistigen Mobilisierung beim Reichsforschungsrat einging, trägt geradezu groteske Züge. Da war der Plan zu finden, mit Erdgas Großraumexplosionen zu verursachen, um damit die Bomber zu stoppen. Ein anderer Vorschlag sah das Abregnen von Eisenpentakarbonyl über den Bombern vor, um die Zündkerzen zu überbrücken und die Flugzeuge durch Motorenstillstand zum Absturz zu bringen. Osenberg selbst schlug in einem persönlichen Schreiben an Hitler »Kreisende Geschosse zur wirksamen Bekämpfung von Bomberverbänden« vor[274]. Zwar waren alle Projekte theoretisch durchführbar, über den enormen Materialaufwand, die Entwicklungsdauer oder die Möglichkeiten der Rüstungsindustrie machten sich ihre »Erfinder« aber offensichtlich keine weiteren Gedanken.

Doch paßten diese Vorschläge natürlich in das anachronistische Technikverständnis der NS-Führung, das auf dem hohen Ansehen des »Erfinders« basierte, der, ähnlich wie die Alchimisten des Mittelalters, nach dem waffentechnologischen »Stein der Weisen« suchte und als Einzeltäter schließlich durch seine bahnbrechende Entdeckung die Kriegstechnik revolutionierte. Breit angelegte Langzeitprogramme der Forschung hatten in diesem Denken keinen Platz. Hitler selbst hatte im April 1942 per Erlaß die Frontkämpfer aufgefordert, neue Erfindungen von Waffen und Geräten aus ihrem Erfahrungsbereich einzureichen[275]. Ähnliche Erlasse wurden von Göring und Speer herausgegeben, die SS setzte eigene »Erfinderberater« ein[276].

Das Ziel der nationalsozialistischen Erfinderideologie war klar: »Unter Ersparnis zeitraubender Forschungs- und Entwicklungsarbeiten, deren endliche Realisierbarkeit und Verwertung mehr oder weniger ungewiß blieb, sollten, ausgehend möglichst von einer vorliegenden ›Erfindung‹, Konstruktionsaufgaben und Fertigungsvorbereitungen gleich-

271 Ludwig, Technik und Ingenieure, S. 241.

272 Ebd., S. 243 ff.

273 Denkschrift Prof. Dr.-Ing. Werner Osenberg vom 31.7.1944, BA, R 26III/39, S. 4 ff.

274 TLR/Fl. E 2 XI, Nr. 11162/44 g.Kdos. vom 5.11.1944 und vom 26.1.1945, BA, R 26III/52, S. 252 ff.; Schreiben Prof. Dr.-Ing. Werner Osenberg vom 21. Januar 1945 (Betreff: Kreisende Geschosse zur wirksamen Bekämpfung von Bomberverbänden), BA, R 26III/49, S. 107 ff.

275 Wortlaut des Erlasses in: Deutschlands Rüstung, S. 94.

276 Ludwig, Technik und Ingenieure, S. 248—250; Wirtschafts- und Verwaltungsanordnungen, 4. Jg., Nr. 1, S. 5, Befehl über Erfinderschutz und Förderung des technischen Vorschlagswesens in der SS und Polizei, BA, NS 3/500.

zeitig durchgeführt werden[277].« Daß Wissenschaftler gegen Kriegsende auf diese Gedanken einschwenkten, ist ein Beleg für den enormen Rechtfertigungsdruck, dem sie sich ausgesetzt sahen, als aus ihrer Arbeit kein unmittelbarer Nutzen zu erkennen war. Die geschilderten Vorgänge zeigen aber auch, daß eine staatlich gelenkte Mobilisierung des Geistes nicht unbedingt zu hervorragenden Ergebnissen führen muß. Um das zu erreichen, wäre breit angelegte Projektforschung im Sinne von Weinbergs Definition der Big Science nötig gewesen, also angewandte Wissenschaft plus Entwicklung mit interdisziplinärer Arbeitsweise und hierarchischer Organisationsstruktur[278]. Nun wurde Projektforschung in Deutschland ja durchaus betrieben, was aber fehlte, war die ungeheuere Größendimension von Big Science. Das Manhattanprojekt, der Bau der ersten Atombombe und zugleich erstes Big-Science-Projekt des 20. Jahrhunderts, kostete rund zwei Milliarden Dollar[279]. Daneben nehmen sich die rund 230 Millionen Reichsmark für die deutsche Luftfahrtforschung von 1933 bis 1939 recht bescheiden aus. Der »Erfinder«mythos des Nationalsozialismus und die traditionelle Stellung des Gelehrten in der deutschen Wissenschaftslandschaft waren meilenweit von solch großdimensionierten Organisationsformen entfernt.

Abb. 8: Linearer Ablauf des Entwicklungsfortschritts gemäß der technischen Tätigkeitsform

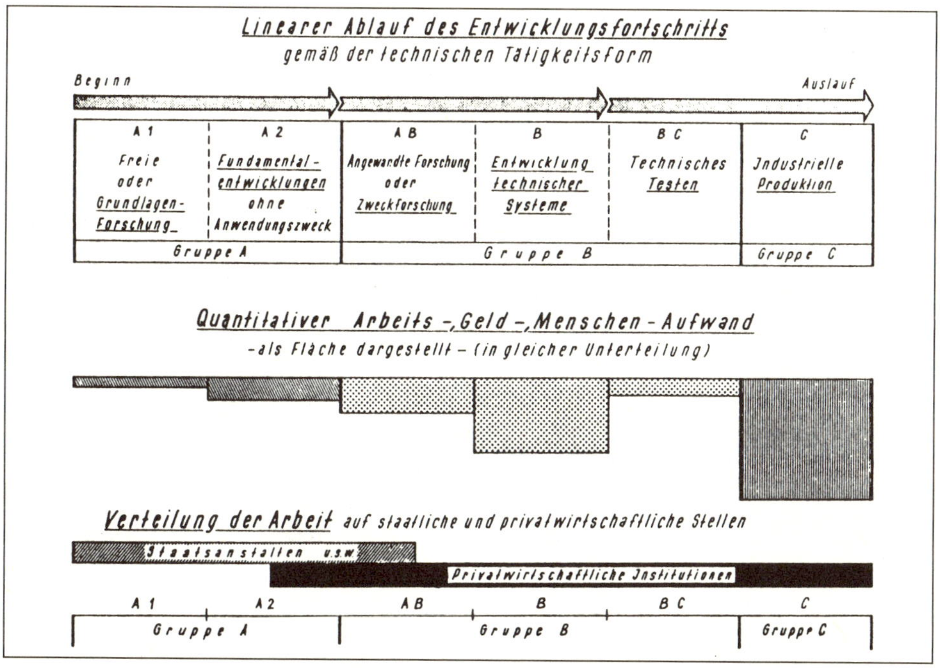

Quelle: Adolf Baeumker, Stellung der Technik in militärischen Führungsorganisationen, Bad Godesberg 1962 (= Langfristiges Planen der Forschung und Entwicklung, Heft 11), S. 6.

[277] Ludwig, Technik und Ingenieure, S. 248.
[278] Weinberg, Probleme der Großforschung, S. 12. [279] Ebd., S. 13.

Ist es nun statthaft, aus der geringen Effizienz der deutschen Luftfahrtforschung für die Kriegführung die These abzuleiten, entscheidende Vorhaben, wie Turbinentriebwerks- und Raketenentwicklung, seien verzögert worden und die Engländer und Amerikaner hätten den deutschen Vorsprung auf dem Gebiet der Düsenflugzeuge wegen ihrer besseren Forschungsorganisation schnell aufholen können[280]?
Mir erscheint diese Argumentation zweifelhaft. Sie geht von einem linear-deterministischen Ablauf einer Entwicklung bis hin zum fertigen Waffensystem aus, der offensichtlich von einer zentralen Stelle überwacht und gelenkt werden könnte (Vgl. Abb. 8). Nach dem Beziehungsgefüge von Wissenschaft, Technik und Kriegführung wird dabei gar nicht gefragt. Es bleibt also unklar, von wem denn nun der Anstoß für eine neue Entwicklung kommt, von der Wissenschaft, die eine verwertbare Entdeckung anbietet, oder vom Militär, das ein überlegenes Waffensystem haben möchte. Melvin Kranzberg spricht hier von »push-pull-relationships«. Vereinfacht lassen sich solche »push-pull-models« folgendermaßen darstellen[281]:

Möglichkeit 1:

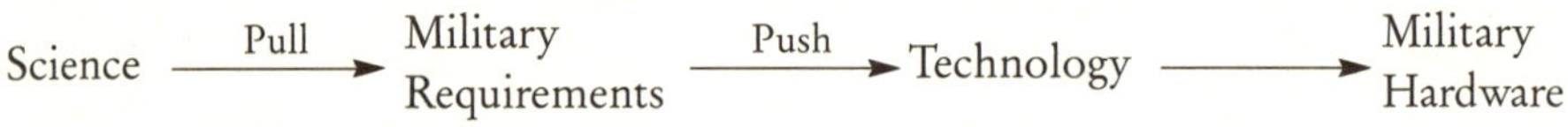

Möglichkeit 2:

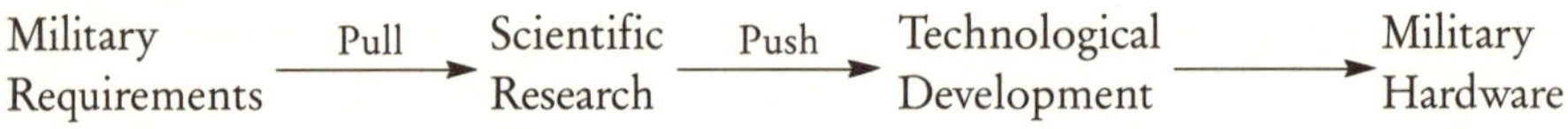

Während das erste Modell von einer wissenschaftlichen Entdeckung ausgeht, die auf die Militärs eine gewisse Anziehungskraft ausübt, die wiederum die technologische Weiterentwicklung in ein innovatives Waffensystem veranlassen, nimmt das zweite Modell den Fall an, daß das Militär mit klaren Vorstellungen an die Wissenschaft herantritt, die nun erst einmal durch projektorientierte Forschung Ergebnisse erarbeiten muß, die sich in Rüstungsgütern niederschlagen.
Zur Erfassung der komplexen historischen Wirklichkeit scheint aber das komplizierte dritte Modell Kranzbergs am besten geeignet:

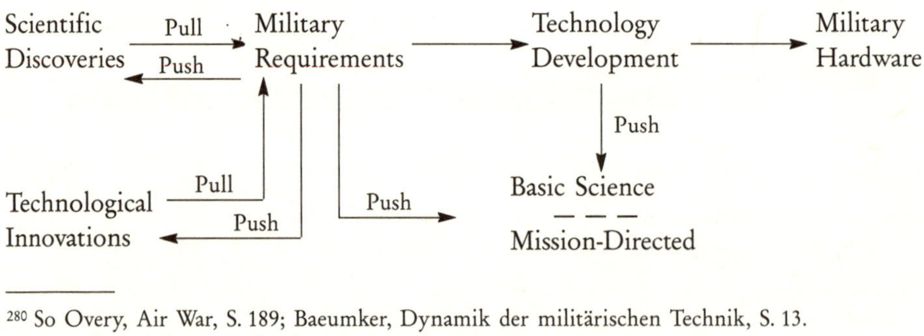

280 So Overy, Air War, S. 189; Baeumker, Dynamik der militärischen Technik, S. 13.
281 Kranzberg, Science, Technology and Warfare, S. 142–146.

Hierbei erregen wissenschaftliche Erkenntnisse und technologische Innovation das Interesse des Militärs, das sich eine neue Waffe verspricht. Im Lauf der technischen Entwicklung wird jedoch klar, daß weiteres Wissen über grundlegende Zusammenhänge der technischen Vorgänge notwendig ist, um das Projekt fertigzustellen. Das gibt den Anstoß für Innovationen und projektbezogene Grundlagenforschung.

Tatsächlich lief die Entwicklungsgeschichte der deutschen Turbinenluftstrahltriebwerke nach diesem Schema ab[282]. Die ersten brauchbaren Geräte gingen, wie bereits angesprochen, auf eine private Firmeninitiative zurück, wobei festgehalten werden muß, daß es seit Jahrzehnten theoretische und praktische Vorarbeiten gegeben hatte[283]. Die Phase der Grundlagenforschung und Fundamentalentwicklungen war also ab 1936 schon abgeschlossen, man befand sich bereits mitten in der Entwicklung technischer Systeme (vgl. Abb. 8). Die Luftfahrtforschung war sich nur nicht ganz darüber im klaren, denn während sie noch im August 1938 auf einer Tagung der Lilienthal-Gesellschaft die theoretischen Möglichkeiten einer Gasturbine für Flugzeuge diskutierte, lief bei Heinkel bereits die He-S-3B-Strahlturbine auf dem Prüfstand[284].

Folgerichtig schaltete sich deshalb auch die Triebwerksabteilung und nicht die Forschungsabteilung des Technischen Amtes im RLM ein. Dipl. Ing. Hans Mauch von der Gruppe Sondertriebwerke in der Triebwerksabteilung erfuhr 1938 von den bisher privat betriebenen Arbeiten. Binnen eines Jahres hatten er und sein Referent Helmut Schelp ein breit angelegtes Programm gestartet, das sowohl die Motorenindustrie als auch die Luftfahrtforschung miteinbezog[285]. Gleichzeitig hatte die Abteilung Flugzeuge Projekte für Schnellflugzeuge initiiert, obwohl noch gar nicht abzusehen war, ob sich die neue Antriebstechnik würde durchsetzen können[286]. Das Militär hatte also mit seinem Lenkungsapparat eine technische Innovation erfaßt und veranlaßte nun ganz getreu dem oben besprochenen Modell Kranzbergs die Weiterentwicklung und projektbezogene Grundlagenforschung.

Aus dem eben nicht linear-deterministischen Ablauf der Entstehungsgeschichte der Düsentriebwerke und der Tatsache, daß der Hauptimpuls von der Triebwerksabteilung und nicht von der Forschungsabteilung kam, nun ableiten zu wollen, die Forschungsführung habe versagt, geht an den Tatsachen vorbei. Es bleibt festzuhalten, daß die Versuche, die Lenkung der Arbeiten an Strahltriebwerken auf einer höheren Verwaltungsebene zu zentralisieren, sich recht kläglich ausnehmen, doch hatte das wohl kaum einen Einfluß auf

---

282 Vgl. hierzu Kapitel II 1. a.

283 Constant, Turbojet Revolution, S. 33—116, zählt »structural antecedents« (Wasserturbinen und Turbinenpumpen), »prior technology« (Dampfturbinen, Turbinenkompressoren und Gasturbinen) und Entdeckungen der Aerodynamik als Basis für die »turbojet revolution« auf; vgl. auch Schlaifer, Development, S. 321—331.

284 Gersdorff/Grasmann, Flugmotoren und Strahltriebwerke, S. 181.

285 Constant, Turbojet Revolution, S. 204—207; Schlaifer, Development, S. 382—386; sehr interessant ist auch die Selbstdarstellung der Arbeiten des Technischen Amtes in GL/C-Nr. 2346/42g. Kdos. GL/A Chef vom 4.9.1942 (Entwicklungen von Luftstrahltriebwerken), BA-MA, RL 3/1133, und GL/C-Nr. 4885/42 g.Kdos. Gemeinschaftssitzung der Arbeitsgemeinschaft für Triebwerksentwicklung, 4.11.1942, BA-MA, RL 3/2187.

286 LC 7/III vom 14.10.1938. Gegenwärtiger Stand und künftige Entwicklungsarbeit auf dem Gebiet des Schnellflugzeuges mit Strahltriebwerk, BA-MA, RL 3/780.

den Wissenschaftler und Techniker vor Ort, dem es doch letztendlich egal war, von wem er seine Aufträge erhielt. Ein schlagendes Beispiel für solche Vorgänge war Görings Anlauf, Ende 1942 eine »Forschungsgemeinschaft für Strahlvortrieb« im Rahmen des Reichsforschungsrates zu errichten. Zu diesem Zweck fragte er bei allen Wehrmachtteilen und im Wissenschaftsministerium an, welche Institutionen auf diesem Gebiet tätig seien[287]. Während Rust aus seinem Bereich nur auf eine Arbeitsgemeinschaft der TH Dresden und der TH Darmstadt und die Marine nur auf Experimente mit raketengetriebenen Torpedos, Granaten und Minen verwiesen, konnte das Heereswaffenamt immerhin mit seinen Raketenversuchen in Peenemünde aufwarten, wobei »die Mehrzahl der deutschen Technischen Hochschulen und wissenschaftlichen Institute zusammengefaßt und durch Stellung von Teilforderungsaufgaben an diese entscheidende Ergebnisse erzielt worden sind«[288]. Den Löwenanteil an Forschungs- und Entwicklungsarbeit hatte aber die Luftwaffe geleistet. Im entsprechenden Antwortschreiben heißt es: »Etwa 25% der für die Entwicklung von Triebwerken zur Verfügung stehenden Arbeitskapazität ist auf dieses Gebiet angesetzt. Im Auftrag der Forschungsführung des R. d. L. u. Ob. d. L. werden bei den Luftfahrtforschungsanstalten und bei anderen Forschungsstellen die allgemeine Grundlagenforschung sowie Teilprobleme bearbeitet[289].« In der Anlage werden 18 Projekte der Forschungsanstalten, 17 Firmenprojekte und 3 Vorhaben an Technischen Hochschulen angeführt, die von der Forschungsführung und vom Technischen Amt betreut wurden. Symptomatisch für die Herrschaftsstruktur des Dritten Reiches war die Antwort Speers. Er betonte, er habe bereits im September 1942 die Bildung einer »Strahlantriebskommission« angeordnet, dazu sei es aber bisher noch nicht gekommen. Nach Absprache mit dem Reichsforschungsrat sei man übereingekommen, »daß der Vorsitzer Ihrer Forschungsgemeinschaft für Strahlvortrieb der Strahlantriebskommission beitreten und umgekehrt, der Vorsitzer dieser Kommission Ihrer Forschungsgemeinschaft angehören soll[290].« Typischerweise gab es also wieder einmal zwei Lenkungsorgane, denn Göring setzte im April 1943 trotz Speers Hinweis Prof. Dr. Ing. Ernst Schmidt als Leiter der Arbeitsgemeinschaft für Strahlvortrieb ein[291]. Industrie, Wissenschaft und Militär saßen aber schon längst in informellen Gremien an einem Tisch[292]. Völlig unabhängig von den interministeriellen Zwistig-

[287] Der Reichsmarschall des Großdeutschen Reiches vom 19.12.1942, BA-MA, RL 3/56, S. 3454.

[288] OKH (Chef der Heeresrüstung und Befehlshaber des Ersatzheeres), Az 90 WaPrüf 11/Stab Nr. 5/43 g.K. vom 1.2.1943, BA, R 26III/212, ; ferner Der Reichsminister für Wissenschaft, Erziehung und Volksbildung RV 3/43 gRs vom 19.1.1943, BA, R 26III/212 und OKM (Der Bevollmächtigte Vertreter des Ob.d.M. für Wehrwissenschaft, Rüstung und Forschung), F.E.P. II B.-Nr. 59/43 g.Kdos. vom 18.1.1943, BA, R 26III/212.

[289] Der Staatssekretär für Luftfahrt und Generalinspekteur der Luftwaffe, Nr. 3016/43 g.Kdos. (Forsch. Fhrg.), ohne genaue Datumsangabe (Eingang bei Göring 23.1.1943), BA, R 26III/212.

[290] Der Reichsminister für Bewaffnung und Munition, TAE-Nr. 13/43 g.Kdos. vom 28.1.1943, BA, R 26III/212.

[291] Abschrift, Der Reichsmarschall des Großdeutschen Reiches, Br.B.Nr. Kf. 680/43 vom 30.4.1943, BA, R 26III/212.

[292] Der Verteiler des Protokolls der Gemeinschaftssitzung der Arbeitsgemeinschaft Triebwerksplanung vom 4.11.1942 (vgl. Anm. 285) nennt neben Staatssekretär Milch weitere 21 Offiziere und Ingenieure des Technischen Amtes, 26 Direktoren und Techniker der Industrie und neben Prof. Seewald von der Forschungsführung fünf Wissenschaftler der Forschungsanstalten.

keiten konnte deshalb die Arbeit am Strahlantrieb projektgebunden abgestimmt und vorangetrieben werden. Wer bei der Betrachtung der Forschungsführung zu sehr den Blick auf den Organisationswirrwarr auf der obersten Ebene der Hierarchie richtet, unterschätzt die innere Dynamik der Subsysteme, die auf einigen Gebieten äußerst effektiv arbeiteten. Anders wäre der gewisse Vorsprung, den Deutschland beim Düsenantrieb zweifelsohne besaß, wohl kaum zu erklären.

Ein Blick auf England und die USA unterstreicht diese Tatsache. Schon 1930 hatte der damals gerade 23 Jahre alte RAF-Offizier Frank Whittle ein Patent für eine Strahlturbine angemeldet, allerdings war er weder bei der Industrie noch beim Luftfahrtministerium auf Interesse gestoßen[293]. 1935 ließ er deshalb aus Geldmangel das Patent wieder verfallen, fand aber im selben Jahr die Unterstützung zweier ehemaliger RAF-Angehöriger, die mit ihm eine private Firma gründeten, die Whittles Ideen verwirklichen sollte. So entstand im März 1936 die Power Jets Ltd., die in Zusammenarbeit mit der British Thompson-Houston Company am 12. April 1937 die erste für ein Flugzeug bestimmte Luftstrahlturbine der Welt erfolgreich testete. Zwar hatte Henry Tizard, Vorsitzender des Engine Sub-Committee of the Aeronautical Research Council durchaus sein Interesse an der neuen Entwicklung bekundet, das Luftfahrtministerium steuerte aber nur kleine Beiträge zur Finanzierung der in Geldnöten steckenden Power Jets Ltd. bei. Erst im Juli 1939, als sich der endgültige Erfolg der Whittle-Turbine abzeichnete, übernahm die Regierung die Kosten für alle zukünftigen Arbeiten[294]. Ähnlich wie in Deutschland machten sich die Kompetenzüberschneidungen bemerkbar, als das Directorate of Scientific Research die Parallelkonstruktion eines Propellerturbinentriebwerks autorisierte[295].

Im Juli 1939 erteilte das Luftfahrtministerium der Gloster Aircraft Company den Auftrag zum Bau eines Experimentalflugzeugs mit Strahltriebwerk, der E 28/39. Zum Vergleich: Einen Monat später flog bereits die Heinkel He 178 als erstes Düsenflugzeug der Welt. Inzwischen war man bei der RAF zur Überzeugung gelangt, daß die Whittle-Turbine nicht nur ein reines Forschungsobjekt darstellte, sondern tatsächlich als zukünftiger Bestandteil eines Waffensystems geeignet war. Gloster begann deshalb Anfang 1940 mit der Entwicklung des Jagdflugzeuges E 28/39, das noch 1944 als Gloster »Meteor« bei der RAF zum Einsatz kam[296]. Rund ein Jahr nach den weichenstellenden Entscheidungen in Deutschland wurde in England der Schritt in dieselbe Richtung getan.

Mitte 1940 wurde die Organisation der englischen Luftfahrtentwicklung umgekrempelt. Im Mai war das neue Ministerium für Flugzeugproduktion gegründet worden, und im Juni wurde H. Roxbee Cox als Deputy Director of Scientific Research mit der Betreuung der Turbinenentwicklung beauftragt. »The somewhat more favorable attitude toward the immediate practicality of turbine development which began to appear early in 1940 resulted in a somewhat more liberal government policy on research facilities, although it was still nothing which might be called generous«, beschreibt Schlaifer die Lage in

---

293 Ausführlich zur Geschichte Whittles: Constant, Turbojet Revolution, S. 179—194; Schlaifer, Development, S. 333—364; vor allem aber Whittles Memoiren: Whittle, Jet.

294 Schlaifer, Development, S. 345.

295 Ebd., S. 349f.

296 Ebd., S. 352f.; Whittle, Jet, S. 276f.

der britischen Luftfahrtforschung[297]. Immerhin erhielt die Rover Company einen Auftrag für eine kleine Vorserie, es gab allerdings noch Schwierigkeiten mit der Whittle-Turbine.

Im Oktober 1941 wurde schließlich das Gas Turbine Collaboration Committee ins Leben gerufen, in dem Wissenschaft und Militär gemeinsam die Probleme abstimmten. Im selben Jahr wurde auch Rolls Royce in die Entwicklung der Turbinen eingeschaltet. Interessant ist vor allem, daß Rover nun die volle Verantwortung für die Weiterentwicklung des Whittle-Triebwerks übernahm, ein ähnlicher Schritt wie in Deutschland, wo allerdings teilweise kritisiert wird, daß das RLM von Anfang an darauf drang, daß die Arbeit in Flugmotorenwerken durchgeführt werden sollte[298].

Erst im Jahre 1942 wurde in England die Lenkung der Turbinenentwicklung von der Forschungsabteilung an die Entwicklungsabteilung des Ministeriums für Flugzeugproduktion abgegeben. Die Leitung übernahm wiederum Cox, der den Titel eines Deputy Director Research and Development, Engines (T) erhielt. Cox wurde schließlich im Frühjahr 1943 als Director of Special Projects den Leitern der Abteilungen Forschung und Entwicklung gleichgestellt[299]. Die Produktion der Turbine begann im Oktober 1943 bei Rolls Royce, die ersten Lieferungen erfolgten im Mai 1944.

Dieser kurze Abriß zeigt einmal das Kopf-an-Kopf-Rennen, das sich anfangs ohne Wissen der Kontrahenten voneinander entwickelte. Es verdeutlicht auch die Parallelität der Ereignisse, denn sowohl die deutsche wie die englische Entwicklung waren Produkte von Outsidern, die nichts mit den alteingesessenen Triebwerksherstellern zu tun hatten und auf private Initiative zurückgingen. Obwohl das RLM später als das Air Ministry von der neuen Technik erfuhr, handelten die Fachleute des Technischen Amtes schneller und kompromißloser als ihre britischen Kollegen. Sie starteten sofort ein breit angelegtes Industrieprogramm und ließen bereits die Flugzeuge für die neue Antriebstechnik bauen, bevor es greifbare Ergebnisse mit der Turbine gab. Insgesamt erkannten sie früher als die Anglo-Amerikaner das Potential, das im Strahltriebwerk steckte.

In den USA waren bis 1941 nur Grundlagenforschungen am California Institute of Technology als Langzeitprogramm betrieben worden, und Northrop und Lockheed hatten unabhängig davon mit Untersuchungen für die Entwicklung von Gasturbinen für Flugzeuge begonnen[300]. Als Anfang 1941 Gerüchte über den deutschen Fortschritt durchsickerten, setzte das National Advisory Committee for Aeronautics (NACA) ein Komitee für Strahlantrieb unter William F. Durand ein, in dem Vertreter der Universitäten, der Industrie und der Luftstreitkräfte saßen. Trotzdem hätten die USA wohl noch jahrelang hinter der Entwicklung in Deutschland und Großbritannien hergehinkt, wenn nicht General Arnold im April 1941 bei einem Besuch in England die Whittle-Turbine gese-

---

[297] Schlaifer, Development, S. 354.

[298] Ebd., S. 361; vor allem Ernst Heinkel hat sich natürlich sehr beklagt, daß ihm als »outsider« in der Triebwerksbranche die Leitung der Entwicklung praktisch aus der Hand genommen wurde; vgl. Heinkel, Stürmisches Leben, S. 484—495; Gersdorff/Grasmann, Flugmotoren und Strahltriebwerke, S. 192.

[299] Schlaifer, Development, S. 363 f.

[300] Army Air Forces, Bd 6, S. 247.

hen hätte. Er bat die Briten um die Pläne, und diese waren bereit, die Turbine den USA zur Verfügung zu stellen. Das Durand-Komitee veranlaßte außerdem Entwicklungen bei Allis-Chalmers, Westinghouse und General Electric. Daß bei den Amerikanern in der Lenkung der Vorarbeiten auch nicht alles klappte, zeigt die Tatsache, daß Northrop und Lockheed, die dann die ersten erfolgreichen Düsenflugzeuge bauten, bis 1943 nichts von den Vorgängen erfuhren[301]. Zwar gelang es in erstaunlich kurzer Zeit bis zum März 1942, die Whittle-Turbine bei General Electric nachzubauen, und schon im Oktober 1942 flog die Bell XP-59A als erstes Düsenflugzeug der USA. Es war jedoch leistungsmäßig so schwach, daß es nur als Trainingsmaschine verwendet werden konnte[302]. Erst Ende 1945 verfügten die USA mit der Lockheed P-80A über einen Düsenjäger in größerer Anzahl. Die offizielle Geschichte der Army Air Forces im Zweiten Weltkrieg kommt deshalb zu dem Urteil: »Although American progress in jet propulsion during 1941—45 was in many ways comparable to that of the British for the same period, it must be conceded that this was so only because the British had made available in 1941 the design and actual articles of the Whittle engine. The successful jet engines produced by General Electric through 1945 were all adaptations of the Whittle engine[303].« Die Amerikaner holten den deutschen Vorsprung also nicht wegen ihrer angeblich überlegenen Forschungsführung auf, sondern nur, weil sie die zeitraubenden Stufen der Grundlagenforschung und Entwicklung überspringen konnten, indem sie bereits erprobte Technologie übernahmen.
Die Geschichte des Turbinenluftstrahltriebwerks ist deshalb ein denkbar schlechter Beleg für ein Versagen der Lenkung von Forschung und Entwicklung im Dritten Reich. Zwar war die Polykratie von Lenkungsorganen sicher kein optimaler Zustand, sie machte sich aber weit weniger negativ bemerkbar, als einige Autoren annehmen. Vielmehr gibt es Hinweise, daß das Problem der deutschen Industrie und des Militärs eher beim Umsetzen einer Entwicklung in ein fertiges Endprodukt lag, also in der rechtzeitigen Vorbereitung einer ausgereiften Serienproduktion. Diese Tendenz schlug voll auf die Düsen- und Raketenflugzeuge durch und soll daher im folgenden noch näher beleuchtet werden.

3. Strukturelle Probleme der Luftfahrtindustrie

Wie bereits einleitend ausgeführt, sind neben organisatorischen Problemen der Luftwaffenführung auch strukturelle Gegebenheiten der Rüstungsindustrie für unsere Fragestellung von Bedeutung. Immerhin war die Luftfahrtindustrie größtenteils in die Entwicklung und Produktion von Düsenflugzeugen und Raketenwaffen eingeschaltet, so daß ihr ein hohes Maß an Verantwortung in diesem Bereich zukommt. Da die Vorgänge bei Entwicklung und Produktion ebenfalls langdauernde Prozesse darstellen, ist ein Überblick über die gesamte Periode von 1933 bis 1945 notwendig, um die Veränderungen in ihrer Bedeutung voll erfassen zu können. Gerade grundlegende Entscheidungen in der Auf-

[301] Ebd., S. 247f.
[302] Ebd., S. 249.
[303] Ebd., S. 252f.

bauphase der Luftrüstungsindustrie prägten die strukturellen Engpässe in den Kriegsjahren. Unter dem Druck der alliierten strategischen Bomberoffensive mußte dann nachgeholt werden, was in der Vorkriegszeit versäumt worden war, und das hatte natürlich auch seine Auswirkungen auf innovative Projekte, deren Umsetzung in den Produktionsprozeß nur unter erschwerten Bedingungen möglich wurde. Der folgende Abschnitt soll deshalb einige Teilaspekte der Entwicklungsgeschichte der neuen Flugzeugmuster näher beleuchten, denn die oft heftigen Auseinandersetzungen zwischen RLM und Industrie über die Fragen der Produktion von neuen Waffensystemen bleiben unverständlich, wenn man die Stellung der Luftfahrtindustrie innerhalb der deutschen Kriegswirtschaft nicht berücksichtigt.

a) Die Stellung der Luftfahrtindustrie im Herrschaftssystem des Dritten Reiches

Als kurz nach dem Ende des Zweiten Weltkrieges die Wissenschaftler des United States Strategic Bombing Survey[304] mit der Aufgabe über Deutschland ausschwärmten, die Auswirkungen der Bombenangriffe auf die Wirtschaft zu untersuchen, waren sie erstaunt über den geringen Ausstoß an Rüstungsgütern in den ersten Kriegsjahren im Vergleich zu den beachtlichen Zahlen während des »Rüstungswunders« 1943/44. Sie kamen deshalb zu dem folgenden Urteil: »For these early years the conclusion is inescapable that Germany's war production was not limited by her war potential — by the resources at her disposal — but by demand; in ohter words, by the notions of the German war leaders as to what was required for achieving their aim. The Germans did not plan for a long war, nor were they prepared for it[305].« Diese Interpretation legte den Grundstein für eine langwährende Forschungstradition. Erst in den letzten Jahren kündigt sich nun ein Paradigmenwechsel an.

Das Team des USSBS stellte die These auf, Deutschlands Wirtschaftsphilosophie sei es gewesen, Kanonen *und* Butter zu erzeugen, um die Bevölkerung ruhig zu halten[306]. Burton H. Klein, der beim USSBS mitgearbeitet hatte, charakterisierte deshalb die Wirtschaft der Jahre 1939/40 in seinem Werk über die Kriegsvorbereitungen Deutschlands als friedensmäßiges Wirtschaftssystem[307]. Alan S. Milward erweiterte diese Hypothesen, indem er die industriellen Kriegsvorbereitungen Deutschlands in das Gesamtkonzept des »Blitzkrieges« einordnete. Deutschland sei mehr auf »Breitenrüstung« als auf »Tiefenrüstung« eingestellt gewesen. »Es hatte seine Wirtschaft so organisiert, daß zwar ein relativ hoher Stand verfügbaren Rüstungsmaterials erreicht wurde. Dagegen hatte es nicht die grundlegenden Investitionen und Neuentwicklungen vorgenommen, um den notwendigen Rüstungsstand herzustellen, der in einem Krieg gegen Mächte mit größeren Möglichkeiten zur Massenproduktion allein hätte erfolgreich sein können. Deutschland besaß einen hohen Rüstungsstand, dagegen ein geringes Rüstungspotential. Sein Interesse bezog sich

[304] Zur Geschichte des USSBS vgl. MacIsaac, Strategic Bombing.
[305] USSBS, The Effects of Strategic Bombing on the German War Economy (European Report, No. 3), S. 6.
[306] Ebd., S. 9.
[307] Klein, Germany's Economic Preparations, S. 4ff.

auf die Rüstungsendfertigung, jedoch nicht auf die Ausweitung der entsprechenden Produktionsanlagen und die Modernisierung seines Maschinenparks für die Rüstungsproduktion[308].« Im Rahmen der »Blitzkriegs«strategie war diese Haltung nach Milward jedoch folgerichtig, denn Kriegshandlungen sollten sich auf kurze schnelle Schläge beschränken, auf die dann wieder Phasen der Erholung folgten. Deutschland konnte so eine Großmachtrolle spielen, ohne die Wirtschaft für einen totalen Einsatz mobilisieren zu müssen[309].

Davon ausgehend, erklärten einige Historiker auch den niedrigen Mobilisierungsgrad der Luftwaffe. So bezeichnet Bagel-Bohlan die Produktion der Flugzeugindustrie 1939 als »verhältnismäßig gering«, obwohl diese sich während des Krieges zum größten Industriezweig entwickelt habe[310]. Solche Behauptungen sind nur als ex-post-Erklärungen verständlich, die zu sehr die hohen Produktionszahlen der »Ära Speer« im Auge haben und nicht die Gesamtentwicklung seit 1933 detailliert betrachten.

Vor der »Machtergreifung« Hitlers war die deutsche Luftfahrtindustrie ein Wirtschaftszweig von verschwindend geringer Bedeutung gewesen. 1932 waren ganze 36 Flugzeuge produziert worden, und die Belegschaft aller Flugzeug- und Motorenwerke umfaßte im Januar 1933 insgesamt 3988 Beschäftigte[311]. Die Luftfahrtindustrie stellte also ganz gewiß keine Leitindustrie ähnlich wie die Schwerindustrie oder die Chemische Industrie dar, auf die sich das Interesse der Historiker konzentriert, die das Verhältnis des Big Business zum Nationalsozialismus untersuchen wollen[312]. Zudem war die ganze Branche für das Reich ein ausgesprochenes Zuschußgeschäft gewesen. In der Weimarer Republik allein von 1926 bis 1932 hatte die Luftfahrt 321 220 845 RM an Subventionen verschlungen[313]. Die Flugzeugfirmen Junkers, Heinkel, Focke-Wulf, Bayerische Flugzeugwerke, Dornier, Arado, Klemm, Rohrbach und Fieseler waren meist kleine und kleinste Privatunternehmen. Allein Junkers wies mehr als 1000 Beschäftigte auf und konnte sich auf größere Aufträge einrichten[314]. Ihre Besitzer waren oft zugleich Flugzeugkonstrukteure, die eifersüchtig über die Unabhängigkeit ihres Unternehmens wachten. »Most of them were primarily inventors and designers and only secondarily entrepreneurs. Men like Professor Hugo Junkers, Ernst Heinkel, Dr. Claude Dornier, Hanns Klemm and Heinrich Focke founded and ran their companies in a highly personal manner with little outside interference[315].«

Schon 1933 änderte sich das Bild. Die im Reichsverband der Luftfahrtindustrie zusammengeschlossenen Firmen konnten nicht verhindern, daß branchenfremde Unternehmen in Erwartung lukrativer Rüstungsaufträge auf den Markt drängten. Dazu zählten die Henschel Flugzeugwerke A.G. des Lokomotivenherstellers Henschel, Blohm und

---

308 Milward, Deutsche Kriegswirtschaft, S. 13.
309 Ebd., S. 14; vgl. hierzu auch die Einzelbeiträge in: The German Military.
310 Bagel-Bohlan, Hitlers industrielle Kriegsvorbereitung, S. 99.
311 Produktionszahlen nach Homze, Arming, S. 93, Tab. 4.
312 Nur Homze hat aufgrund seiner speziellen Fragestellung detaillierteres Material zur Luftrüstungsindustrie vorgelegt (Homze, Arming).
313 Ebd., S. 29, Tab. 1.
314 Zilbert, Albert Speer, S. 189.
315 Homze, Arming, S. 63.

Voss und die Weser Flugzeugbau GmbH aus der Werftindustrie, die Gothaer Waggonfabrik AG, die Luftfahrtabteilung der Mühlenbau und Industrie-Aktiengesellschaft (MIAG), die Siebel Flugzeugwerke GmbH, eine Abspaltung von Klemm, und die Allgemeine Transportanlagen-Gesellschaft (ATG) des Flick-Konzerns[316]. In einem Boom ohnegleichen wurden neue Produktionsanlagen hochgezogen und die bestehenden Werke erheblich ausgebaut. Hatten die Produktionsflächen der Flugzeugindustrie im Mai 1933 noch 30000 m^2 umfaßt, so war die Fläche im Mai 1938 auf 1001000 m^2 hochgeschnellt. Im Oktober 1938 betrug die Zahl der Beschäftigten allein in der Flugzeugbranche 146263[317]. Nimmt man die Motorenindustrie, die Ausrüster und die Reparaturbetriebe hinzu, so arbeiteten 1938 für die Luftfahrt 293000 Menschen[318]. Die Industrie lieferte 5235 Flugzeuge ab, also im Monatsdurchschnitt 436,25 Maschinen. Zum Vergleich: 1933 waren im Jahr 368 Flugzeuge hergestellt worden (vgl. Tab. 2)!

Tabelle 2: Die deutsche Flugzeugproduktion 1931—1944

Jahr	hergestellte Flugzeuge	Jahr	hergestellte Flugzeuge
1931	13	1938	5235
1932	36	1939	8295
1933	368	1940	10826
1934	1968	1941	11776
1935	3183	1942	15556
1936	5112	1943	25527
1937	5606	1944	39807

Quelle: USSBS, Over-all Report (European Report, No. 2), S. 11; ebd., The Effects of Strategic Bombing on the German War Economy (European Report, No. 3), Anhang, Tab. 102.

Die Zahlen belegen, daß der Ausbau der Luftrüstung mit äußerster Energie betrieben wurde, und zwar schon vom Jahr 1933 an. »In der Tat ist der Sprung vom Doppeldecker zum ersten Strahljäger der Welt, von den drei ›Reklamestaffeln‹ des Jahres 1933 zu den 4093 Frontflugzeugen bei Kriegsbeginn ohne Parallele in der damals noch kurzen Geschichte der militärischen Luftfahrt. Sucht man dennoch Analogien, so fällt der Blick unweigerlich auf den deutschen Flottenbau unter Wilhelm II. und Admiral v. Tirpitz[319]«, urteilt Wilhelm Deist. Tatsächlich erhielt Hitler durch die »Risiko-Luftwaffe« der Jahre 1933—1936 ein militärisches Machtmittel, das zwar für einen Krieg noch nicht ausreichte, sich aber hervorragend als außenpolitisches Drohinstrument einsetzen ließ[320].

316 Ebd., S. 65—68; Zilbert, Albert Speer, S. 191.
317 Homze, Arming, S. 107, 185, Tab. 11.
318 Ebd., S. 184, Tab. 10.
319 Deist, Aufrüstung, S. 473f.
320 Vgl. ebd., S. 474—487.

Das vorliegende Zahlenmaterial spricht dafür, daß die Luftrüstungsindustrie Ende 1938 ihre Aufbauphase hinter sich hatte und sich bereits in einem hohen Grad der Mobilisierung befand. Es gibt einige Hinweise, daß gerade kein Rüstungskonzept im Sinne von Milwards »Blitzkriegs«strategie für die Luftwaffe existierte, sondern daß diese sich rüstungsmäßig auf einen »totalen« Krieg einzustellen begann. Es ist nicht verwunderlich, daß gerade Richard J. Overy auch aufgrund seiner profunden Kenntnisse der Luftrüstung inzwischen Zweifel an Kleins und Milwards Thesen angemeldet hat[321].

Im Juli 1938 äußerte sich Göring in einer Rede vor den Vertretern der Luftfahrtindustrie lobend über das bisher Erreichte: »1933 hatten wir Null, heute 1938, Ende des Jahres besitzt Deutschland eine fertige Stärke der ersten Linie[322].« Die Luftwaffe habe nun einen Vorsprung vor der englischen und französischen, und diesen Vorsprung gelte es zu halten. Weiter führte er aus: »Wir befinden uns jetzt in vollem Anlauf zur Mob.-Kapazität und werden bis auf weiteres auf Jahre hinaus von dieser Mob.-Kapazität nicht abgehen können, werden sie unter Umständen sogar zur vollen Mob.-Kapazität zu steigern haben[323].« Göring sparte in seiner Ansprache nicht mit subtilen Drohungen gegen die Industrie, um das inzwischen eingetretene Abflachen der Wachstumskurve in der Flugzeugproduktion zu überwinden.

Dieser teilweise als »Stagnation der Flugzeugindustrie«[324] interpretierte Vorgang hatte mehrere Gründe. Zum einen wurden in der Luftwaffe ab 1936 die Maschinen der »zweiten Generation« eingeführt, also die Me 109, He 111, Do 17 und Ju 87, um die wichtigsten zu nennen. Die Umstellung der Produktion benötigte Zeit, und es war ganz klar, daß in dieser Phase die Lieferzahlen der alten Muster absanken, solange die Nachfolgemuster noch nicht in Großserie vom Band liefen. Zudem stieß die Luftfahrtindustrie an gesamtwirtschaftliche Grenzen, nämlich Materialknappheit und Facharbeitermangel, wie Göring selbst in seiner Rede betonte[325]. Trotzdem startete der Oberbefehlshaber der Luftwaffe im Oktober 1938 ein neues enormes Rüstungsprogramm. »Er habe vom Führer den Auftrag, die Rüstung abnorm zu steigern, wobei in 1. Linie die Luftwaffe stände. Die Luftwaffe sei schnellstens zu verfünffachen[326]«, berichtete Göring im RLM. Der Plan schlug sich im »Konzentrierten Flugzeugmusterprogramm« nieder, nach dem Deutschland über 58 Kampf-, 16 Zerstörer-, 16 Jagd-, 8 Stuka-, 4 Transport- und 1 Schlachtgeschwader verfügen sollte, außerdem über 33 Gruppen Nah- und Fernaufklärer und 500 Bord- und Trägerflugzeuge für die Marine[327]. Das war das größte je in Angriff genommene Rüstungsprojekt der deutschen Militärgeschichte, denn es hätte wahrscheinlich rund 60 Milliarden RM verschlungen[328]. An seine Verwirklichung war schon wegen des Roh-

---

321 Overy, Hitlers's War; ders., »Blitzkriegswirtschaft«?; ders., Mobilization for Total War; zur Kritik an den Thesen Overys vgl. Kroener, Der Kampf um den »Sparstoff Mensch«.

322 IMT, Bd 38, Dok. 140-R, S. 379.

323 Ebd., S. 381.

324 Bagel-Bohlan, Hitlers industrielle Kriegsvorbereitung, S. 99; Irving, Tragödie, S. 104.

325 IMT, Bd 38, Dok. 140-R, S. 380, 384f.

326 Ebd., Bd 27, Dok. 1301-PS, S. 160 (Besprechung bei Generalfeldmarschall Göring am 14.10.38).

327 Dokumente und Dokumentarfotos, Dok. Nr. 89, S. 211f.

328 Homze, Arming, S. 223.

stoff- und Devisenmangels nicht zu denken. Es zeigt aber, daß die These, die Führer des Dritten Reiches hätten nur mit kurzen »Blitzkriegs«operationen gerechnet und deshalb die Rüstung nicht rechtzeitig hochgefahren, verfehlt ist. Overy kommt zu dem Urteil: »The German economy in 1939 was already operating at a high level of military production and was designed to reach even higher levels in the future. Nearly all the plans indicate this[329].« Neuerdings hat Bernd-Jürgen Wendt nachgewiesen, daß Hitler in den letzten Monaten vor dem Zweiten Weltkrieg nicht mehr an einen »blitzartigen« Erfolg gegen England und Frankreich glaubte und sich auf einen langen Erschöpfungskrieg einstellte, womit deutlich wird, daß auch er keine »Blitzkriegs«strategie verfolgte[330].

Es bleibt immer noch die Frage zu klären, warum dann im Krieg die hohen Produktionszahlen möglich wurden (vgl. Tab. 2). Bei Kriegsbeginn verfügte die Luftfahrtindustrie über enorme Überkapazitäten, die aufgrund der räumlichen und maschinellen Ausstattung der Betriebe das Drei- bis Vierfache der tatsächlichen Produktion hätten leisten können. Das war aber nicht möglich, weil nur im Einschichtbetrieb gearbeitet wurde und für die Einführung einer zweiten oder dritten Schicht das Personal fehlte[331]. Deutschland verfügte im Gegensatz zu den USA über keine industrielle Reservearmee von Arbeitslosen mehr, die man für eine Produktionssteigerung hätte heranziehen können, vielmehr mußte die Industrie sogar noch Kräfte an die Wehrmacht abtreten[332]. Nun rächten sich strukturelle Schwächen der Luftfahrtindustrie, die noch auf die Aufbauphase nach 1933 zurückgingen. Wie bereits angesprochen, waren die neuen Produktionsstätten aus z. T. kleinsten Betriebsgrößen von 50 bis 100 Mitarbeitern entstanden, die Mengenfertigung überhaupt nicht gekannt hatten. So übersetzten beispielsweise die Mitarbeiter der Bayerischen Flugzeugwerke die Firmenabkürzung BFW scherzhaft im engeren Kreis als »Bastel Flying Works«, was wohl schlaglichtartig die Zustände beleuchtet[333]. Die Fertigungsprozesse beruhten noch zu einem großen Teil auf handwerklicher Arbeit, der Mechanisierungsgrad blieb gering und es gab keine Fließbandproduktion. Dies erforderte gut ausgebildete Facharbeiter, die anerkanntermaßen hohe Qualität lieferten, andererseits aber auch rigoros ihren Status gegenüber angelernten Arbeitskräften verteidigten[334]. Es war also nicht so ohne weiteres möglich, durch Umsetzen von Arbeitskräften aus anderen Branchen die Produktion hochzureißen. Wie wir noch sehen werden, kreiste die Diskussion über die Probleme bei der Einführung der Düsenjäger meist um fehlende Facharbeiter. Ein großer Teil der Kapazität der Luftfahrtindustrie blieb also ungenutzt.

Die Lage änderte sich, als noch unter Udet ein Rationalisierungsprogramm eingeleitet wurde, das moderne Methoden der Fließfertigung in den Flugzeugfirmen ermöglichte[335].

---

329 Overy, Hitler's War, S. 281.

330 Wendt, Großdeutschland, S. 175 f.

331 Vgl. Schmidt, Grundlagen und Wandlungen, S. 23 f.; Overy, Mobilization for Total War, S. 636.

332 Schmidt, Grundlagen und Wandlungen, S. 23; USSBS, The Effects of Strategic Bombing on the German War Economy (European Report, No. 3), S. 9.

333 Schmidt, Grundlagen und Wandlungen, S. 22.

334 Overy, German Aircraft Production, S. 151—161; ders., Air War, S. 170.

335 Overy, German Aircraft Production, S. 267—269; Becker, Basis of the German War Economy, S. 55 f.; vgl. auch Hachtmann, Industriearbeit im »Dritten Reich«, S. 78 f.

Damit war eine Spezialisierung des Arbeitsprozesses möglich, das heißt, es konnten nun auch angelernte Arbeiter solche Tätigkeiten übernehmen. Insgesamt gesehen, beschritt die Industrie nicht den Weg der Intensivierung der Produktion, sondern sie vertraute nach Gehrisch auf eine Extensivierung[336]. Mit anderen Worten: Trotz aller Rationalisierungsversuche kam es nicht zu einer Konzentration der Fertigung in großflächigen Betrieben mit Spezialwerkzeugmaschinen. Man blieb vielmehr bei einer auseinandergezogenen personalintensiven Produktionsweise mit Unviersalwerkzeugmaschinen und zahlreichen Unterlieferanten. Das war natürlich größtenteils auf die Bedrohung durch die alliierten Bombenangriffe zurückzuführen, die eine Dezentralisierung der Anlagen notwendig machte. Während beispielsweise in der Sowjetunion in der Staatlichen Flugzeugfabrik 26 auf einer riesigen Produktionsfläche von 6 km^2 in vier Jahren 97000 Klimov-Motoren gebaut wurden, stellte Junkers nur 89000 Motoren in sechs Jahren in acht verschiedenen Fabriken her[337]. Die Produktivität der deutschen Industrie blieb deshalb weit hinter den konzentrierten Produktionsmöglichkeiten der USA und der Sowjetunion zurück.

Bei der oben aufgezeigten immensen Aufrüstungspolitik seit 1933 stellt sich die Frage, wer denn nun die treibende Kraft hinter dieser umwälzenden Entwicklung war. Kann man von einem »Primat der Politik«[338] sprechen, oder ist vielmehr ein »Primat der Industrie«[339] im Herrschaftssystem des Nationalsozialismus festzustellen? Die marxistische Forschung geht dabei von einer engen Verflechtung der Interessen von Staat und Wirtschaft im »Staatsmonopolistischen Kapitalismus« aus und überträgt dieses Modell auch auf die Rüstungswirtschaft[340]. Die Frage nach dem »cui bono« führt hier aber nicht weiter, denn natürlich profitierte die Industrie vom Rüstungsboom ab 1933, und wohl keine Branche so sehr, wie die Luftfahrtindustrie. Dennoch ist es fraglich, ob sich aus den Profitinteressen der Unternehmer ein Führungsanspruch im gesamtstaatlichen Bereich ableiten läßt.

Die DDR-Historie machte jedenfalls die »Monopole« als Verantwortliche für Aufrüstung und Krieg dingfest. Dabei trägt es nicht gerade zur Klarheit der Argumentation bei, wenn jede einzelne Firma als »Monopol« bezeichnet wird[341]. Es gab in der Luftfahrt des Dritten Reiches nur ein Monopol, und das war das massive Nachfragemonopol des RLM. Da dort die militärische und zivile Produktion und sogar der Export gelenkt wurden, waren alle Unternehmer auf dieses staatliche Nachfragemonopol angewiesen, denn einen alternativen Markt gab es nicht. Da während des Krieges die Luftfahrtindustrie als einzige Wirtschaftsgruppe zu 100% für den militärischen Bedarf arbeitete (vgl. Tab. 3), kann durchaus von einem engen Abhängigkeitsverhältnis ausgegangen werden, denn wem sollte man sonst die laufende Produktion anbieten?

---

336 Gehrisch, Entwicklung der Luftfahrtindustrie, S. 279f.

337 Overy, Air War, S. 163.

338 Vgl. hierzu Mason, Primat der Politik; ders., Primat der Industrie?

339 Vgl. Czichon, Primat der Industrie; Eichholtz/Gossweiler, Noch einmal: Politik und Wirtschaft.

340 Kuczynski, Studien zur Geschichte des staatsmonopolistischen Kapitalismus; Eichholtz, Geschichte der deutschen Kriegswirtschaft; Gehrisch, Entwicklung der Luftfahrtindustrie.

341 Besonders kraß bei Gehrisch, Entwicklung der Luftfahrtindustrie, z.B. auf S. 268: »Heinkel verschweigt dabei aber seinen und den Anteil der anderen Monopole.«

Tabelle 3: Anteil der Kriegsgerätefertigung am Umsatz der Wirtschaftsgruppen*
(Stand Herbst 1943)

Industriegruppe	vH	Industriegruppe	vH
Luftfahrtindustrie	100	Werkstoffverfeinerung	17
Feinmechanik — Optik	70	Chemische Industrie	5
Eisen-, Stahl- und Blechwarenindustrie	65	Metallindustrie	3
Fahrzeugindustrie	60	Textilindustrie	3
Schiffbau	58	Bekleidungsindustrie	3
Metallwarenindustrie	50	Glasindustrie	2
Maschinenbau	33	Lederindustrie	2
Elektroindustrie	28	Papier- und Pappenindustrie	2
Holzverarbeitende Industrie	25	Keramische Industrie	2
Gießereiindustrie	25	Sägeindustrie	1
Stahl- und Eisenbau	17	Druckindustrie	1

* Dabei sind nur Geräte und Zubehör als Kriegsgerät gezählt worden, nicht aber Ausrüstungsgegenstände des Mannes, wie Stiefel, Uniformen usw. — Ergebnisse der Zusatzerhebungen zur Industrieberichterstattung, Spätherbst 1943.
Quelle: Wagenführ, Deutsche Industrie im Kriege, S. 44.

Es gab allerdings kein Angebotsmonopol, das nun umgekehrt den staatlichen Nachfrager unter Druck hätte setzen können. Vielmehr war die Luftfahrtindustrie eine recht heterogene Gruppe von Unternehmen mit unterschiedlichen Interessen, was schon die Besitzverhältnisse aufzeigen. Auf dem Markt drängten sich verstaatlichte Firmen wie Junkers und Arado, Unternehmen, die zu Großkonzernen gehörten, keine eigene Entwicklung betrieben und nur Flugzeuge im Lizenzbau herstellten, wie die ATG und die MIAG, Flugzeugabteilungen der Großkonzerne mit begrenzter Entwicklungskapazität, wie Blohm und Voss oder Henschel, und private Hersteller, die ausschließlich im Luftfahrtbereich arbeiteten, wie Messerschmitt, Heinkel, Fieseler, Siebel oder Klemm, die sich entweder rein mit Eigenkapital oder über Holding-Gesellschaften finanzierten[342]. Diese recht unterschiedliche Ansammlung von Unternehmen wurde ab 1934 unter der »Reichsgruppe Industrie« zur »Wirtschaftsgruppe Luftfahrtindustrie« unter der Leitung von Konteradmiral Lahs zwangsorganisiert, welche nun eine von insgesamt 31 Wirtschaftsgruppen bildete[343]. Sie diente als Interessenvertretung gegenüber anderen Verbänden oder staatlichen Organen, war aber kein Verwaltungsorgan mit Lenkungsbefugnissen. Der Motor der Aufrüstung wurde nicht die Wirtschaftsgruppe, sondern Görings Reichsluftfahrtministerium, das das Programm steuerte und finanzierte.

Der Versuch von Historikern der DDR, aus der Beteiligung von Großkonzernen der Stahl- und Elektronikindustrie an der Flugzeugindustrie eine führende Rolle dieser

342 Vgl. hierzu Homze, Arming, S. 62—68; Overy, German Aircraft Production, S. 124—127.

343 Overy, German Aircraft Production, S. 124; zu den Grundsätzen des Verbändewesens im Dritten Reich vgl. Blaich, Staat und Verbände, S. 108—111; Esenwein-Rothe, Wirtschaftsverbände, S. 68—75.

»Monopolgruppen« auf die Luftrüstung abzuleiten[344], geht an der Wirklichkeit vorbei. Natürlich kontrollierten Krupp die Weser Flugzeugbau GmbH, die Mitteldeutschen Stahlwerke des Flick-Konzerns die ATG oder die AEG die Focke-Wulf-Werke. Die führenden Luftfahrtkonzerne waren aber beispielsweise 1938 rein von den Beschäftigungszahlen her die verstaatlichten Unternehmen Junkers und Arado, sowie die Privatunternehmen Heinkel und Dornier. Erst an fünfter Stelle folgte Weser, an achter Stelle Focke-Wulf und an neunter die ATG. Zudem waren die meisten Luftfahrtunternehmen der Stahlkonzerne, wie die MIAG und die ATG, reine Lizenznehmer der führenden Firmen, die deren Produkte in Serie herstellten, selbst aber keine Entwicklung betrieben und deshalb auch keine eigenständigen Projekte auf den Markt bringen konnten[345]. Daher blieben sie für das so wichtige Gebiet der technischen Innovationen uninteressant, denn die Entwicklung wurde von den alteingesessenen Flugzeugfirmen dominiert. Die Argumentation, die verstaatlichten Firmen seien dem Zugriff der Chemie- und der Elektrokonzerne preisgegeben worden, weil Göring »als Leiter des ›Vierjahresplan Amtes‹ eindeutig Interessenvertreter des Chemie-Elektro-Flügels des Monopolkapitals gewesen ist«[346], ist ein geradezu lächerlicher Abklatsch der »Agententheorie«, in der der Reichsluftfahrtminister als Marionette der Großindustrie ohne eigene Intentionen erscheint. Ein Blick auf die Finanzierung der Luftfahrtindustrie kann wohl etwas mehr Klarheit in die ganze Diskussion bringen.

Die Kapitaldecke der noch kleinen Branche war für die geplante Ausweitung viel zu dünn. Es mußten deshalb von staatlicher Seite Möglichkeiten zur Finanzierung der Aufrüstung gefunden werden[347]. So gewährte das RLM Hilfen in Form von Abschreibungsgarantien und Zinszusicherungen, um private Bankmittel stärker für den Aufbau der Luftfahrtindustrie heranzuziehen. Da dies allein nicht ausreichte, wurden aus Haushaltsmitteln unverzinsliche »Investitionszwischenkredite« des Reiches gewährt, deren Ablösung oder Umschuldung offenblieb. Auf die Dauer konnte aber das Ministerium nicht die Abwicklung von Krediten übernehmen. Die Aufgabe wurde 1934 der Luftfahrtkontor GmbH übertragen, deren Kapital sich in den Händen des Reiches befand und die sich ursprünglich mit der Verwaltung von Anlagen auf dem Gebiet der Verkehrsluftfahrt beschäftigt hatte. Sie nahm nun immer mehr den Charakter einer Bank an. 1938 wurde ihr Kapital auf 70 Millionen RM erhöht, gleichzeitig als neue Tochter die Luftfahrtanlagen GmbH ausgegliedert, die den Grundbesitz verwaltete. 1940 wurde die Luftfahrtkontor GmbH in eine Aktiengesellschaft umgewandelt und führte die Bezeichnung Bank der deutschen Luftfahrt (Aero-Bank). Sie trat als Finanzierungsinstitut für Investitionen der Luftfahrtindustrie auf und hielt die Aktienmehrheit von 51 der 53 Aktiengesellschaften der Luftfahrtindustrie. Die Anteile von Eigenkapital und Fremdkapital standen hier in keinem üblichen Verhältnis mehr. Das Reich mußte deshalb zur Konsolidierung

---

[344] Demps, Zum weiteren Ausbau, S. 47f.

[345] Vgl. Homze, Arming, S. 185.

[346] Demps, Zum weiteren Ausbau, S. 47.

[347] Die folgenden Ausführungen halten sich eng an Nachlaß Hertel, Ordner XVI, Finanzwesen, Ausarbeitung Dr. Erich Nowak, Wege und Formen der Investitionsfinanzierung der deutschen Luftfahrtindustrie in den Jahren 1933–1945, BA-MA, N 653; vgl. auch Homze, Arming, S. 88–90.

der Unternehmen Investitionskredite in Beteiligungen umwandeln, wobei den Firmen die Option eingeräumt wurde, die Reichsbeteiligung nach einer gewissen Zeit wieder zu erwerben. Zudem wurden durch den sogenannten Kapitalschnitt großzügige Beihilfen für unwirtschaftliche Baukosten, beispielsweise wegen Luftschutzmaßnahmen, gewährt, die gegen die unverzinslichen Investitionskredite aufgerechnet wurden.
Ein besonderer Fall war die Luftfahrtanlagen GmbH, die durch entsprechende Vereinbarungen zwischen RLM und dem jeweiligen Unternehmen ganze Werksanlagen für Rüstungszwecke errichtete, wobei sie sowohl für Grund und Boden als auch für Gebäude und Maschinen aufkam. Die Finanzierung erfolgte zur einen Hälfte durch Kredite der Aero-Bank und zur anderen Hälfte durch unmittelbare Reichsgelder. Die neuen Anlagen wurden dann an die Industrie verpachtet. Auch hier erhielten die Firmen Optionen für den späteren Erwerb. So errichtete beispielsweise das RLM für Heinkel in Oranienburg und für Dornier in Wismar neue Produktionsanlagen, die nur noch pro forma den Firmennamen trugen, in Wirklichkeit aber vollständig staatlich finanziert wurden[348].
Schließlich gab es die sogenannten Mob.-Kredite, die auf einen Plan des Reichswirtschaftsministeriums zurückgingen. An die Stelle der direkten Finanzierung durch öffentliche Mittel traten Bankkredite, für die das Reich eine bis zu 90prozentige Bürgschaft übernahm. Der Gesamtumfang der vom Reich in die Luftrüstung investierten Mittel ist nicht bekannt und kann nur geschätzt werden. Stuebel[349] beziffert die Ausgaben für die Luftwaffe von 1934 bis 1939 auf über 17 Milliarden RM, Schweitzer[350], der nur die Ausgaben für die einzelnen Jahre auflistet, kommt zusammengerechnet auf fast dieselbe Zahl. Dazu müssen sicher noch Beträge aus der verdeckten Finanzierung über Mefo-Wechsel und über Ausgaben für den Vierjahresplan gerechnet werden. Wieviel davon in die Industrie gesteckt wurde, bleibt unklar. Homze zitiert Schätzungen, wonach vor dem Krieg 5 Milliarden RM investiert worden waren und die Beteiligung des Reichs an der Flugzeugzellenindustrie allein etwa 80% betrug[351]. Vergleicht man damit die 6,3 Milliarden der Vierjahresplaninvestitionen von 1936 bis 1939 ohne Kohle und Energieversorgung[352], so relativiert sich die Bedeutung dieses von der historischen Forschung immer als wesentlicher Einschnitt in die Politik des Dritten Reiches gesehenen Programms[353]. Insgesamt bestätigen die Zahlen der Luftrüstung die Interpretation Geyers, der den Abschnitt zwischen 1935/36 und 1938 eine »Phase der heftigsten Auseinandersetzungen um die Kontrolle der Rüstung«[354] nennt.
Das Gefüge der Industrie änderte sich während des Aufrüstungsbooms erheblich. Während der Vierjahresplan mit dem Aufbau der »Reichswerke Hermann Göring« das Mono-

[348] Vgl. hierzu auch Heinkel, Stürmisches Leben, S. 314ff.
[349] Stuebel, Finanzierung der Aufrüstung, S. 4129.
[350] Schweitzer, Big Business, S. 331.
[351] Homze, Arming, S. 260.
[352] Petzina, Autarkiepolitik, S. 183, Tab. 17.
[353] Vgl. Carr, Arms, Autarky and Aggression, S. 60f.; Eichholtz, Geschichte der deutschen Kriegswirtschaft, Bd 1, S. 13–17.
[354] Geyer, Deutsche Rüstungspolitik, S. 149; grundlegend dazu auch Mollin, Montankonzerne und »Drittes Reich«, Kap. 2 und 3.

pol der Schwerindustrie brach, lief daneben ein enormes Rüstungsprogramm der einzelnen Wehrmachtteile, die mit ihren projektgebundenen Investitionen das Wachstum neuer Branchen förderten. »Die Rüstung befand sich in einem unaufhaltbaren Übergang von einer material-intensiven und grundstofforientierten Produktion zur kapital-intensiven Produktion der ›neuen‹ Industrien. Diese Gewichte sollten sich dann im Laufe des Krieges vollends zugunsten der letzten Gruppe verschieben. Daran änderte der Vierjahresplan nicht das geringste[355].« Tatsächlich überflügelte die Luftfahrtindustrie die Munitionshersteller und damit die Chemie und die Schwerindustrie in der Rüstungsendfertigung (vgl. Tab. 4 und Abb. 9). Die Luftfahrtindustrie war zur neuen Leitindustrie geworden, die die größte in sich geschlossene Branche der Rüstungsindustrie bildete und mit allen Zulieferern an die zwei Millionen Menschen beschäftigte. Der Wert der hergestellten Flugzeuge einschließlich der Ausrüstung erreichte Jahresergebnisse von über 10 Milliarden RM[356].

Tabelle 4: Zusammensetzung der deutschen Rüstungsendfertigung*
(in % ihres Gesamtwertes)

Gruppe	1940	1941
Waffen	6,3	8,3
Munition	40,9	25,2
Panzer	1,6	3,5
Luftfahrtgerät	38,5	40,8
Schiffbau	4,4	11,9
Pulver	2,1	3,1
Zugkraftwagen	1,4	2,1
Kraftwagen	(4,8)	(5,1)

* Nach dem Rüstungsindex des Planungsamtes.

Quelle: Wagenführ, Deutsche Industrie im Kriege, S. 30.

Nicht ohne Grund hat Overy auf den Zusammenhang von Luftrüstung und Industrialisierungsgrad hingewiesen: »One of the most significant things about air warfare was its close correlation with a certain level of economic and technical achievement. Only the most advanced industrial powers could afford to run a large air force and undertake the research and development necessary to maintain the technological momentum associated with such an advanced weapons system. [...] Hence aircraft production assumed a great importance in the warring economies and became a real test of how successfully modern industrial economies could be converted to war purposes[357].« Bewußt oder unbewußt förderten die nationalsozialistischen Machthaber mit ihrer Betonung der Rü-

355 Geyer, Deutsche Rüstungspolitik, S. 147.
356 Wagenführ, Deutsche Industrie im Kriege S. 73.
357 Overy, Air War, S. 2.

Abb. 9: Prozentuale Verteilung der Rüstungsproduktion 1940—1944

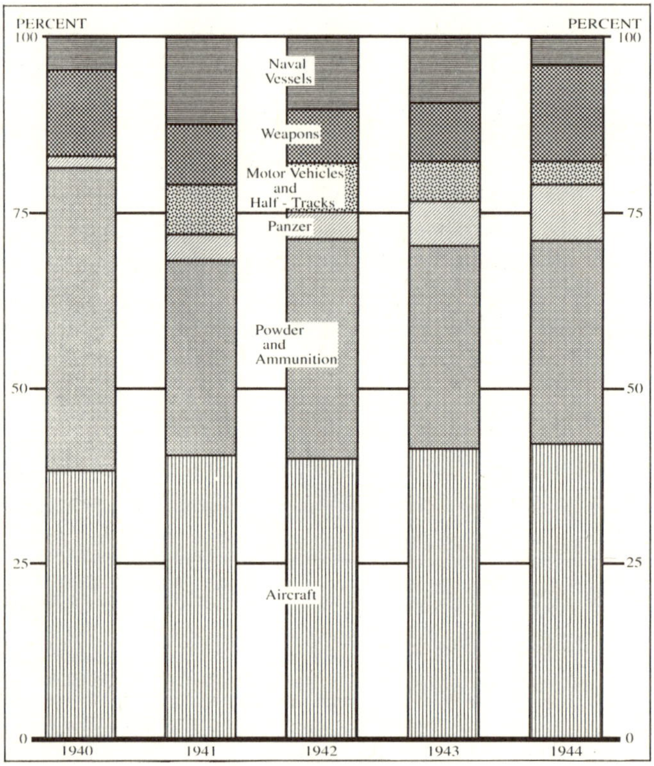

Quelle: USSBS, The Effects of Strategic Bombing on the German War Economy (European Report, No. 3), S. 144, Abb. D-3.

stungsendfertigung den Strukturwandel in der deutschen Wirtschaft, der sich sicher auch auf die Nachkriegszeit auswirkte.

Lösten also neue Monopole die alten Eliten ab? Immerhin ist es erstaunlich, daß bei dem hohen Prozentsatz an Reichsbeteiligungen in der Luftfahrtindustrie nicht sämtliche Firmen verstaatlicht wurden. Daß die Nazis vor diesem Schritt nicht zurückschreckten, zeigen die Arado-Flugzeugwerke und vor allem Junkers, der größte Konzern der Branche. Bei Arado wandelte das RLM die 1,5 Millionen RM an Krediten einfach in Firmenkapital um und setzte einen neuen Vorstand ein. Hugo Junkers wurde dagegen mit wenig feinen Mitteln aus der Firma gedrängt. Er wurde unter Hausarrest gestellt und ultimativ aufgefordert, seine Patente und Firmenanteile an das Reich zu veräußern. Obwohl es dem alten Mann gelang, die völlige Übernahme seines Werkes zu verzögern, konnte er doch die Entwicklung nicht aufhalten. Er starb im Frühling 1935, und im April desselben Jahres wurde Junkers verstaatlicht und zum größten und mit den modernsten Produktionsanlagen der Luftfahrtindustrie ausgestatteten Unternehmen ausgebaut[358]. Göring scheute sich nicht, offen vor den Vertretern der Industrie mit der Zwangsverstaatlichung zu drohen.

[358] Homze, Arming, S. 192—194; vgl. auch Schimank, Hugo Junkers, S. 434f.

Bei der bereits erwähnten Ansprache im Juli 1938 erklärte er in seiner so typischen saloppen Redeweise: »Also gerade auf dem Gebiet der Luftfahrtindustrie habe ich gottlob nicht zu klagen. Deshalb kann ich es umsomehr, als es auf die Luftfahrtindustrie nicht zutrifft, sagen: Ich würde heute keine Sekunde, aber auch keine Sekunde zögern — ich habe das auch auf einem anderen Gebiete bewiesen —, um sofort einzugreifen und dem Betreffenden augenblicklich seinen ganzen Laden abzunehmen, von dem ich das Gefühl hätte, er kapiert es nicht, er sieht nur den Klosettdeckelhorizont seines eigenen Betriebes und sieht nicht darüber hinaus. Der Mann versündigt sich, der Mann muß weg. Mit einem Federstrich würde er sein Geschäft und seinen Besitz los. Aber wie gesagt, ich bin sehr glücklich — das möchte ich noch einmal feststellen —, daß die Luftfahrtindustrie in ganz großem Maße Leistungen hinter sich gebracht hat[359].« Mit Zuckerbrot und Peitsche wurde die Industrie gefügig gemacht. Dabei sahen die Unternehmer sehr wohl, daß sie zu unwirtschaftlicher Bauweise, Überkapazitäten und Abhängigkeit von der »Luftwaffenkonjunktur«[360] gezwungen wurden. Im Februar 1937 beschwerte sich beispielsweise Fritz W. Seiler von den Bayerischen Flugzeugwerken über den »Zwang zur unwirtschaftlichen Betriebsführung in der Luftfahrtindustrie«[361]. Geschäftliches Denken und Selbständigkeitsstreben habe sich letztendlich nicht gegen die immer größeren Anforderungen der Luftwaffe behaupten können, schrieb Ernst Heinkel in seinen Memoiren[362]. Görings Lobrede auf die Luftfahrtindustrie zeigt aber auch, wie sich die Unternehmer recht schnell den Machtverhältnissen anpaßten, um den Einfluß wenigstens auf die eigene Firma zu bewahren.

Das RLM konnte bei seiner Aufrüstungspolitik hervorragend die Einzelinteressen der Firmen gegeneinander ausspielen. Diese konkurrierten nämlich heftig auf dem Gebiet der technischen Innovationen. Die alteingesessenen Flugzeughersteller, wie Heinkel, Dornier oder Messerschmitt, waren ja Konstrukteure, deren Interesse mehr der Entwicklung als der Produktionsseite galt. Messerschmitt und Heinkel lieferten sich einen erbitterten Kampf um den absoluten Geschwindigkeitsrekord. Als Heinkel am 30. März 1939 mit der He 100 den Rekord für sich gewonnen hatte, schlug Messerschmitt zurück und jagte ihn ihm vier Wochen später mit der Me 209 wieder ab. Das RLM mußte schließlich einen weiteren Versuch Heinkels verbieten, denn aus Propagandagründen sollte Messerschmitt, der ja auch den Standardjäger Me 109 konstruiert hatte, das schnellste Flugzeug der Welt bauen, was Heinkel nie verwinden konnte[363]. So ist es kein Wunder, daß gerade der »Pionier der Schnellflugzeuge«, Heinkel, den jungen Wernher von Braun bei seinen Raketenversuchen förderte und Hans Papst von Ohain die Arbeit an seiner Strahlturbine ermöglichte, was die Revolution der Antriebstechnik im Flugzeugbau einleitete[364].

Solche — aus unternehmerischer Privatinitiative entsprungenen — technischen Pionierleistungen hatten die Machthaber des Dritten Reiches im Auge, als sie den Schein der

---

359 IMT, Bd 38, Dok. 140-R, S. 384.

360 So Heinkel, Stürmisches Leben, S. 314.

361 Zit. nach: Völker, Luftwaffe, S. 136.

362 Heinkel, Stürmisches Leben, S. 314.

363 Köhler, Ernst Heinkel, S. 144; Green, Warplanes, S. 334, 606f.

364 Köhler, Ernst Heinkel, S. 148ff.; Heinkel, Stürmisches Leben, S. 447ff.

Privatwirtschaft aufrechterhielten. Die Techniker sollten im Konkurrenzkampf die Innovationen liefern, die Produktion wurde dann vom RLM gesteuert und dabei auch durchaus der Konkurrenz als Lizenzfertigung übertragen. Daß man damit richtig lag, zeigt das Beispiel Frankreich. Dort war die Flugzeugindustrie 1936 verstaatlicht worden, um die Produktionskapazität anzuheben. Als Endergebnis stagnierte jedoch die Rationalisierung der Betriebe, die konzentrierte Forschung und Entwicklung verzögerten sich. Frankreich war 1939 weit hinter die anderen europäischen Mächte zurückgefallen[365]. Während man den Firmen relativ freie Hand bei der Konstruktion der Einzelprojekte ließ, wurden sie bei der Serienproduktion genauestens überwacht. Dazu waren die Bauaufsichten der Luftwaffe (BAL) eingerichtet worden, deren Vertreter in den Konzernen und Einzelwerken der Luftfahrtindustrie saßen. Ihnen oblag die »Beratung der Firmen in Fragen der Durchführung von RLM-Aufträgen, Ausführung von Musterprüfungen, Übernahme, Zulassung, Fertigmeldung und Ablieferung von Gerät [...], Änderung von Seriengerät [...], Überwachung des Lieferprogramms und Bericht über Beschaffungslage [...]« und schließlich die »Beratung und Unterstützung der Firmen bei allen Beschaffungs- und Bauvorhaben«[366]. Die Industrie war also einem engen Netz von Kontrollen unterworfen und konnte nicht schalten und walten, wie sie wollte. Homzes Urteil über die Luftfahrtindustrie ist deshalb voll zutreffend: »The industry was for all practical purposes owned, financed, and controlled by the government, a quasi-public industry with only the facade of private ownership to maintain its respectability[367].« Den Unternehmern waren damit durch das RLM die wesentlichen Entscheidungen aus der Hand genommen worden, vor allem die Kontrolle über die Investitionen. Die deutsche Luftfahrtindustrie bestätigt deshalb als ein Sonderfall der Wirtschaftsgeschichte Masons These vom »Primat der Politik«. Die von ihm konstatierte Auflösung des kollektiven Interesses des kapitalistischen Wirtschaftssystems 1936—1939 in eine reine Anhäufung von Firmenegoismen[368] setzte in dieser Branche unter dem massiven Zugriff des Staates viel früher ein. Um es noch schärfer zu formulieren: Schon zu einem frühen Zeitpunkt der Geschichte des Dritten Reiches gab es in der Luftrüstung einen »Primat der Außenpolitik«, denn es existierten hier keine »Monopole«, denen ein Mitspracherecht über Fragen der Strategie und der Rüstungspolitik eingeräumt worden wäre. Die massive, teilweise gegen die Unternehmerinteressen betriebene Aufrüstung war aber die Grundlage für Hitlers außenpolitisches »Programm« der gewaltsamen Schaffung von »Lebensraum« durch einen rassenideologisch begründeten Krieg. Die Luftfahrtindustrie konnte schon wegen ihrer geringen Kapitalausstattung 1933 keine große selbständige Rolle spielen. Sie wurde mit Staatskapital gesättigt und zu einem willfährigen Instrument in den Händen Görings und seiner Technokraten im RLM umfunktioniert.

---

365 Groehler, Geschichte des Luftkriegs, S. 211—213.

366 Nachlaß Hertel, Ordner XXI, Bauaufsichtswesen, L.Dv. 61/1, Dienstanweisung für Bauaufsichten (BAL) des Reichsluftfahrtministeriums (Neue Aufl.) vom 1.8.1940, T. 1: Aufgabengebiet, S. 5, BA-MA, N 653.

367 Homze, Arming, S. 261.

368 Mason, Primat der Politik, S. 484.

b) Probleme der Entwicklung von neuen Flugzeugtypen

Die Entwicklung von Flugzeugen war das ureigenste Feld der alteingesessenen Hersteller. Die Firmen bewahrten sich auf diesem Gebiet ein hohes Maß an Autonomie und ließen sich vom RLM nicht immer in Vorhaben hineinreden. Die eigentliche Entwicklungskapazität war dabei auf nur wenige große Unternehmen konzentriert, die sich bei neuen Projekten einen erbitterten Konkurrenzkampf lieferten.

Eine für die Firma Messerschmitt hergestellte Studie auf der Zahlengrundlage der Wirtschaftsgruppe Luftfahrtindustrie verdeutlicht das Bild[369]:

Mitte 1944 arbeiteten in der Zellenindustrie 332334 Lohnempfänger und Angestellte. Die »Großen Drei« der Branche waren Junkers mit 13,55% der Beschäftigten, Heinkel mit 12,20% und Messerschmitt mit 10,12%. Auf den nächsten Plätzen folgten Focke-Wulf mit 9,8% und Arado mit 9,23%. Diese fünf Firmen umfaßten also allein fast 55% der Belegschaft der gesamten Fachgruppe Zellenbau. Tabelle 5a zeigt, wie sich der prozentuale Anteil der einzelnen Kostenbereiche 1943 und 1944 in der Zellenindustrie gestaltet. Nur 3,9% der Beschäftigten waren 1944 also tatsächlich in der Entwicklung tätig. Die in der Personalausstattung führenden Firmen zeigt Tabelle 5b.

Tabelle 5a: Prozentuale Anteile der Belegschaft in der Zellenindustrie nach Kostenbereichen (1943 und 1944)

	1943	1944
Materialbereich	6,5	7,4
Fertigungsbereich	49,0	46,1
Fertigungshilfsbereich	15,4	13,8
Verwaltungs- und Vertriebsbereich	3,6	3,7
Allgemeiner Bereich	21,9	25,1
Konstruktions- und Entwicklungsbereich	3,6	3,9

Tabelle 5b: Personalausstattung im Konstruktions- und Entwicklungsbereich der Zellenindustrie (Mitte 1944)

	Beschäftigte
Junkers	2726
Focke-Wulf	2470
Heinkel	1832
Messerschmitt	1636
Dornier	1368
Arado	882
zusammen	10914
von insgesamt 13030 Beschäftigten in der gesamten Zellenindustrie.	

[369] Kapazitäten der deutschen Luftfahrtindustrie vom 30.10.44, IWM, Speer Collection, FD 4921/45, Reference Nr. 55.

In sechs Firmen arbeiteten demnach 83,7% aller Beschäftigten in den Konstruktions- und Entwicklungsabteilungen der Luftfahrtindustrie. Es ist aufgrund dieser enormen Konzentration nicht verwunderlich, daß fast alle wichtigen deutschen Kampfflugzeuge des Zweiten Weltkrieges von diesen sechs Firmen stammen. Die übrigen Betriebe waren nur auf den Nachbau oder auf kleinere Serien von weniger bedeutenden Typen ausgerichtet[370]. Die Zahlen lassen zunächst vermuten, daß die Steuerung der Entwicklung durch das RLM eine relativ leichte Aufgabe hätte sein müssen, konnten sich doch die verantwortlichen Techniker offensichtlich auf ein sehr übersichtliches Feld von Anbietern beschränken.

Der Schein trügt jedoch, denn es gab zahlreiche Mängel im Zusammenspiel von Lenkungsapparat und Luftfahrtindustrie. Der normale Ablauf einer Beschaffung für die Luftwaffe sah zuerst eine Ausschreibung an die Industrie aufgrund von entsprechenden taktisch-technischen Forderungen des Generalstabs und des Technischen Amtes vor[371]. Es war damit beabsichtigt, durch die Konkurrenz der einzelnen Konstrukteure die geistige Kapazität der Entwicklungsbüros voll auszunutzen. »Mit Rücksicht auf einen zu erreichenden möglichst großen Leistungsvorsprung gegenüber dem Ausland kam diesem Weg besondere Bedeutung zu. Voraussetzung war hierbei, eine über die der Aufgabenstellung zugrundeliegende Forderung, der Mindestleistungen und der durch den Verwendungszweck bedingten Ausrüstung hinausgehende Beeinflussung durch amtliche Stellen zu vermeiden[372]«, schreibt Hertel in seiner Studie über die Flugzeugbeschaffung.

Die einzelnen Firmen reichten dann ihre Projekte beim RLM ein. Erhielt das Unternehmen einen Auftrag für die Herstellung eines Prototyps, begann erst die eigentliche Konstruktion, die im einzelnen folgende Arbeitsschritte umfaßte[373]:

1. Projekterstellung
2. Bau einer Attrappe
3. Konstruktion
4. Zeichnungsauslieferung
5. Betriebsmittelkonstruktion
6. Beschaffung reichseigener Geräte
7. Beschaffung von Triebwerken
8. Erstellung von Materiallisten
9. Materialbeschaffung
10. Fertigung der Betriebsmittel
11. Fertigung der Einzelteile
12. Zusammenbau
13. Endmontage
14. Kontrolle
15. Flugklarmachen der Maschine
16. Interne Erprobung in der Firma.

Das war ein langer, zeitraubender Weg vom Projekt bis zum ersten flugklaren Versuchsmuster. Mit der zunehmenden Komplexität der Technik in der Luftfahrt war dies nicht mehr in Tagen und Wochen, sondern nur noch in Monaten und Jahren abzuwickeln. Die Zeiten eines H. G. Fokker, der im Ersten Weltkrieg über Samstag und Sonntag sein Jagd-

---

370 Vgl. Nowarra, Luftrüstung; Green, Warplanes.

371 Zum Ablauf der Beschaffung vgl. Hertel, Flugzeugbeschaffung, S. 55—69, MGFA, LW 16/2; Bagel-Bohlan, Hitlers industrielle Kriegsvorbereitung, S. 96f.

372 Hertel, Flugzeugbeschaffung, S. 55, MGFA, LW 16/2.

373 Nach einer Ausarbeitung in IWM, Speer Collection, FD 4933/45, über die Entwicklungsgeschichte der Me 262.

flugzeug noch schnell um zwei Fuß verlängerte, um an einem Vergleichsfliegen teilnehmen zu können[374], waren seit der Einführung der Ganzmetallbauweise längst vorbei!
Mit den angesprochenen Schritten war aber erst ein Teil der Arbeiten für einen neuen Flugzeugtyp der Luftwaffe abgeschlossen. Die Maschine wurde nun in den Luftwaffenerprobungsstellen des Technischen Amtes ausführlich getestet. Hatten mehrere Firmen Prototypen hergestellt, so fand eine Modellauswahl statt. Aufgrund der in der Erprobung festgestellten technischen und militärischen Verwendbarkeit eines Musters und der Prüfung der Bauweise und des Arbeitsaufwandes erhielt ein Flugzeugwerk den Zuschlag[375].
Im Idealfall stellte nun das Unternehmen weitere Versuchsmuster her und legte eine kleine Vorserie oder Nullserie auf, um eine breitere Erprobung des neuen Typs zu gewährleisten. In Absprache mit der 6. Abteilung des Generalstabs erstellte dann das Technische Amt die C-Amt-Beschaffungsprogramme, deren Aufschlüsselung auf die einzelnen Flugzeughersteller als Industrielieferpläne an die Firmen weitergegeben wurden[376]. Mit der Übergabe eines solchen Planes war die Auftragserteilung zur Vorbereitung und Durchführung der Großserie verbunden. Das betreffende Werk mußte jetzt die Konstruktion der Serienmodelle in Angriff nehmen, die Betriebsmittel fertigen und die Auslieferung der Großserie erledigen.
Dieser idealtypische Gesamtvorgang war ein langwieriger Prozeß und dauerte mehrere Jahre. Die Luftwaffenführung war sich aber offensichtlich über den Zeitaufwand bei der Herstellung eines Flugzeuges völlig im unklaren. Der Technische Direktor der Fieseler-Flugzeugwerke, Dipl.Ing. Robert Lusser, sah sich deshalb im Januar 1942 in einer Denkschrift[377] dazu veranlaßt, eindeutig auf diese Zusammenhänge hinzuweisen. Rein schematisch lasse sich die Konstruktionsarbeit bis zur Großserienproduktion in folgenden fünf Schritten darstellen:

Abb. 10: Idealtypisches Schema der Konstruktionsarbeit bis zur Großserienproduktion

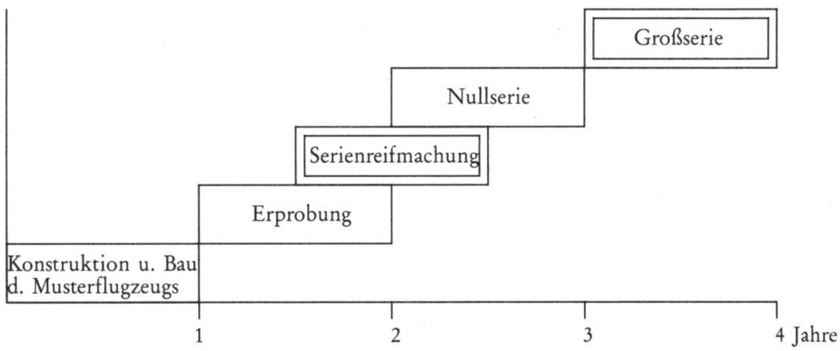

Den Zeitaufwand für die Herstellung eines Flugzeugs vom Reißbrett bis zur Auslieferung an die Truppe berechnete er überschlägig mit vier Jahren. Die Führer der Luftwaffe begriffen aber nie die Notwendigkeit dieser Maßnahmen.
In einer Besprechung Görings mit den Vertretern der Luftfahrtindustrie über Entwicklungsfragen beklagte er sich über die lange Entwicklungsdauer: »Ich kann nicht mehr

374 Kosin, Entwicklung der deutschen Jagdflugzeuge, S. 35.
375 Hertel, Flugzeugbeschaffung, S. 56, MGFA, LW 16/2.
376 Ebd., S. 58.
377 Robert Lusser, Denkschrift über Entwicklung und Entwicklungsplanung vom 15. 1. 1942, BA-MA, RL 3/51, S. 802—819.

wie im Frieden unerhört viel Zeit darauf verwenden, jeden einzelnen Motor und jede einzelne Zelle und dann jedes einzelne Flugzeug viele Monate bis ins letzte durchzuprobieren, bevor ich es in Serie gebe. Die Zeit, die benötigt wird, um ein Flugzeug, das einen Fortschritt oder einen neuen Typ darstellt, von der ersten Konstruktion bis zum Herausbringen in Serie fertigzustellen, die Zeit, die da vergeht, ist ja so, daß man nur hoffen kann, daß es nicht mehr zum Tragen kommt, weil vorher schon der Frieden da sein wird[378].« Er habe von Anfang an auf den »freien Wettbewerb der Kräfte« vertraut und die Konstruktion von Flugzeugen nicht den Ämtern überlassen. Göring drohte aber ganz offen damit, das System zu ändern, wenn er keine brauchbaren Ergebnisse sähe: »Ferner heißt es immer wieder: Aber die Privatinitiative ist das Entscheidende, nur die schafft es! — Meine Herren, Sie haben die Privatinitiative, und ich bin bereit, hier alles zu tun. [...] Entweder beweisen Sie, daß es richtig ist, daß die Privatinitiative herrscht, daß wir unsere Wirtschaft auf der privatwirtschaftlichen Grundlage aufgebaut haben — dann muß ich das jetzt aber an Ihren Früchten erkennen —, oder aber Sie versagen darin, und dann müssen Sie es mir nicht übelnehmen, wenn ich eine andere Form wähle[379].« Die Industrie wurde also unter erheblichen Druck gesetzt, damit sie schneller Innovationen für die Front lieferte.

Lusser hatte in seiner Denkschrift vor diesem Schritt gewarnt. Als ehemaliger Mitarbeiter bei Messerschmitt und Heinkel kannte er die Großen der Branche recht genau. Zudem hatte er am Düsenjäger He 280 mitgearbeitet und entwickelte für die Fieseler-Werke die V 1, war also auch mit den neuen Strahlantrieben vertraut[380]. Die Ausführungen des Konstrukteurs sind deshalb tatsächlich »ein Schlüsseldokument, das in wenigen Zügen eine Hauptmisere der deutschen Luftrüstung aufzeigt«[381]. Es lohnt sich daher, einige Passagen aus der Denkschrift näher zu durchleuchten und daran die Probleme der Luftfahrtindustrie und der Luftwaffenführung zu verdeutlichen.

Lusser beklagte sich, daß das RLM versucht habe, ab 1936 das Entwicklungstempo bei neuen Mustern zu steigern. Serienreifmachung und die Nullserie hätten um ein Jahr vorgezogen werden sollen. In der Theorie habe man also ein neues Schema verfolgt[382]:

Abb. 11: Vom RLM intendiertes Schema für die Konstruktionsarbeit bis zur Großserienproduktion

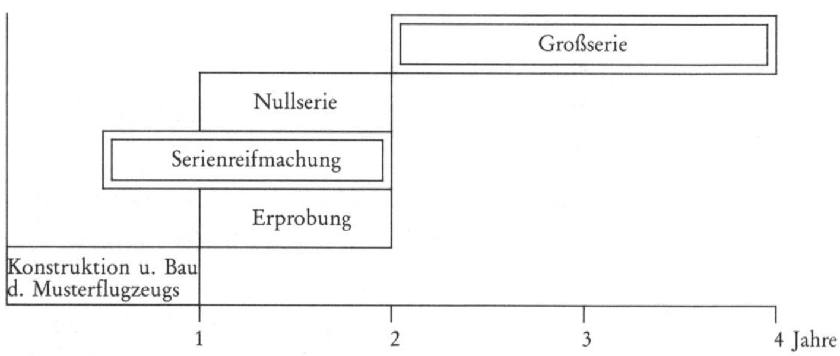

[378] Stenographischer Bericht über die Besprechung des RM Göring mit Vertretern der Luftfahrtindustrie über Entwicklungsfragen vom 13.9.1942, BA-MA, RL 3/60, S. 5279.
[379] Ebd., S. 5278, 5317.
[380] Vgl. Selbstdarstellung Lussers in: Denkschrift Lusser (wie Anm. 377), S. 813.
[381] Boog, Luftwaffenführung, S. 55.
[382] Denkschrift Lusser (wie Anm. 377), S. 805f.

Das habe sich aber als Illusion erwiesen: »Infolge der noch fehlenden Erprobungsergebnisse wurden die Flugzeuge oft in *völlig unreifem Zustand in Großserie genommen, was notwendig zu einem gewaltig gesteigerten Zeit- und Arbeitsaufwand für Änderungen aller Art und zu einer Verstopfung der Werksanlagen führte* (Hervorhebung im Original)[383].« Deshalb sei in Wirklichkeit im Ablauf von Entwicklungen folgende Situation aufgetreten:

Abb. 12: Schema der tatsächlichen Situation in der Konstruktionsarbeit bis zur Großserienproduktion

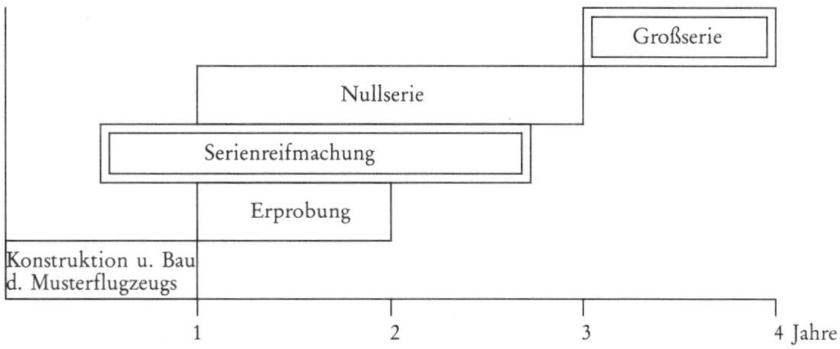

Tatsächlich bestätigt auch Hertel, der ja für die Beschaffung der Flugzeuge im Technischen Amt zuständig war, daß das RLM durch die Überschneidung der Entwicklung mit der Erprobung und Serienfertigung einen zeitlichen Vorsprung vor dem Ausland zu erreichen beabsichtigte[384]. Dadurch mußten noch nicht erprobte Muster in die Beschaffungsprogramme aufgenommen werden, wobei man nur darauf vertrauen konnte, daß bei dem neuen Typ keine Schwierigkeiten auftreten würden. Generalluftzeugmeister Udet hatte mit seinem »Konzentrierten Flugzeugprogramm« versucht, sich auf vier Grundtypen zu beschränken: die Me 109 als Jäger, die Ju 88 als mittleren Bomber, die He 177 als schweren Bomber und die Me 210 als Aufklärer, Zerstörer und Sturzkampfflugzeug[385]. Im Gegensatz zur breit gestreuten Entwicklungspolitik wollte man sich bei der Produktion nicht verzetteln. Nur die Me 109 und die Ju 88 waren einigermaßen erprobt. Prompt erwiesen sich die beiden neuen Modelle He 177 und Me 210 als kostspielige Fehlschläge. Die He 177 kämpfte mit Triebwerksschwierigkeiten, die immer wieder zu Motorbränden führten und ihr den Spottnamen »Luftwaffenfeuerzeug«[386] einbrachten. Die Me 210 zeigte eine gefährliche Neigung zum Trudeln und mußte nach kurzer Erprobung aus der Front herausgezogen werden. Inzwischen waren aber bereits die Halbfabrikate und Fabrikationseinrichtungen für mehrere hundert Maschinen bereitgestellt worden. Statt der Firma Zeit zu geben, die Mängel zu beseitigen, verlor Milch im April 1942 die Nerven und ordnete die Abstoppung der Serienproduktion an. Mit einem Schlag waren das Werk Augsburg und seine Unterlieferanten arbeitslos geworden, über 1000 Waggons mit Vorrichtungen und Flugzeugteilen mußten abtransportiert und eingelagert werden. Die Luftwaffe verlor etwa 2000 Flugzeuge[387].

---

383 Ebd., S. 806.
384 Hertel, Flugzeugbeschaffung, S. 63, MGFA, LW 16/2.
385 Homze, Arming, S. 229f.
386 Green, Warplanes, S. 339.
387 Schmidt, Grundlagen und Wandlungen, S. 48; vgl. auch Interview with Dr. Frydag and Mr. Hein-

Die Katastrophe der Me 210 kostete Willy Messerschmitt die Stellung als Firmenchef. Indirekt beeinflußten die Vorgänge um die He 177 und die Me 210 auch die Geschichte der Düsenflugzeuge, denn genau nach Lussers Voraussage waren nun beide Firmen, die auch stark in das Düsenjägerprogramm eingeschaltet waren, mit der Ausmerzung der Kinderkrankheiten der Me 210 und der He 177 beschäftigt. Dadurch waren bedeutende Konstruktionskapazitäten sinnlos gebunden, obwohl man sie für die neuen Projekte gebraucht hätte[388].

Udets Nachfolger Milch und die Fachleute im Technischen Amt zogen aus der Produktionskatastrophe von 1941/42 keine Schlüsse. Auch weiterhin hielten sie die Zusammendrängung der Entwicklungsdauer für notwendig[389]. Andererseits blieb Milch trotz aller wortgewaltigen Ankündigungen recht unsicher in den Entscheidungen. Die Tendenz, sich durch die Parallelentwicklung mehrerer ähnlicher Muster abzusichern, nahm zu. Statt sich über mehrere Jahre auf ein Ziel festzulegen, wechselten die Programme in verwirrender Folge. Von 1933 bis zum Ende des Krieges wurden insgesamt 41 Beschaffungsprogramme ausgearbeitet und von diesen 35 als Industriepläne herausgegeben[390]. Dadurch kam es vor, daß einzelne Muster schon nach der Produktion von wenigen hundert Stück wieder aufgegeben wurden, die Fabriken mußten sich erneut auf einen anderen Flugzeugtyp einrichten. Das bedeutete einen monatelangen Ausfall, weil die Fertigung erst auf neue Pläne und Werkzeuge umgestellt werden mußte. Die Konstruktionsarbeit blieb aber auch für eine kleine Serie erheblich, so daß große Kapazitäten der Industrie durch das planlose Hin und Her gebunden waren[391]. Deshalb beklagte sich Admiral Lahs, der Leiter der Wirtschaftsgruppe Luftfahrtindustrie, nach der »Standpauke« Görings für die Luftfahrtindustriellen in einem Rechtfertigungsschreiben an Milch: »Eine klare stetige Linie in der Entwicklung und Beurteilung des Fluggeräts war nicht zu erkennen.« Er bat deshalb für die Zukunft um eine »soweit als möglich klare eindeutige Aufgabenstellung mit dem obersten Grundsatz der Ruhe und Stetigkeit« und um »zielsichere Schwerpunktanordnungen, die nicht zu oft einer Änderung unterliegen«[392]. Gerade die langatmigen Diskussionen um die Me 262 bei den Generalluftzeugmeisterbesprechungen im Jahr 1943 beweisen, daß sich die Luftwaffenführung uneins war, ob sie noch einmal das Wagnis eingehen sollte, mit dem Düsenjäger einen unerprobten Typ in die Serienfertigung zu pressen, oder ob man nicht lieber noch auf einen normalen motorgetriebenen Jäger vertrauen sollte.

---

kel, IfZ, Sammlung Irving, USSBS Interrogations, Bd 1, S. 86f., die den Verlust sogar auf 5000 Flugzeuge schätzen; und Green, Warplanes, S. 610—617, der nur 600 Flugzeuge als verloren veranschlagt.

388 Die Me 210 wurde in abgewandelter Form als Me 410 1943/44 produziert, Heinkel laborierte über Jahre hinweg an seiner unglücklichen He 177, vgl. Green, Warplanes, S. 336—348, 658—664; Heinkel, Stürmisches Leben, S. 399ff.

389 Vgl. Boog, Luftwaffenführung, S. 56.

390 Hertel, Flugzeugbeschaffung, S. 70, MGFA, LW 16/2; zur Entwicklungspolitik vgl. Overy, German Aircraft Production, S. 60f.

391 Baumbach, Zu spät?, S. 66.

392 Der Leiter der Wirtschaftsgruppe Luftfahrtindustrie vom 1.11.1942, BA-MA, RL 3/51, S. 765ff., S. 770, 784.

Wie bereits angeführt, wurde die Industrie vom RLM wegen des Zeitbedarfs erheblich unter Druck gesetzt. Dadurch kam es zu einer Überhastung der Entwicklung vor allem auch aus Konkurrenzgründen, denn die Firmen neigten dazu, viel zu kurze Termine für den Beginn der Nullserie und der Großserie anzugeben, um die Mitkonkurrenten auszustechen. Lusser bemängelte in seiner Denkschrift diese Haltung[393]. Das Ziel mancher Stellen sei es gewesen, eine möglichst kurze Entwicklungsdauer bis zum Einfliegen der Mustermaschine aufweisen zu können. Für eine kriegstüchtige Luftwaffe komme es aber »weit weniger auf einen möglichst frühzeitigen Flug der Mustermaschine als auf die möglichst frühzeitige Herausbringung der 500. oder 1000. einsatzfähigen Großserienmaschine« an[394].

Die Me 262 ist das beste Beispiel für diese Politik. Sie flog zwar schon im Juli 1942 zum ersten Mal allein im strahlgetriebenen Flug, kam aber erst im Herbst 1944 in nennenswerten Stückzahlen an die Front[395]. Willy Messerschmitt selbst scheint dem Trugbild des frühen Erstflugs seines Düsenjägers erlegen zu sein, als er nach dem Kriege behauptete, schon 1941 sei seine Maschine einsatzbereit gewesen[396]. Das mag wohl für die Flugzeugzelle richtig sein, aber es gab keine einsatzreifen Triebwerke, und die Serienproduktion war damals in keiner Weise vorbereitet. Überhaupt scheinen die Firmenbesitzer, die, wie Heinkel und Messerschmitt, zugleich Konstrukteure waren, mehr Interesse an der Erstellung der Prototypen gehabt zu haben, als an der trockenen und mühseligen Arbeit bei der Serienreifmachung[397]. Das überließen sie meist ihren Fertigungsleuten, die sich mit den unmöglich einzuhaltenden Terminangaben ihrer Vorgesetzten herumschlagen mußten. Eberhardt Schmidt, Chef der Produktion bei Messerschmitt, beschrieb nach dem Krieg die Lage: »Die unverhältnismäßige Verschwendung an Arbeitskräften und Materialien, mit der diese Ergebnisse erzielt wurden, zeigte jedoch den Einsichtigen das Ungesunde und krisenhaft Aufgeblähte der Lage. Mit Überorganisation und Verantwortungsscheu, wie sie das RLM in zunehmendem Maße zur Schau trug, ließen sich die grundlegenden Fehler vergangener Jahre und die überall zu kurze Decke nicht mehr ausgleichen. Industriefremdheit und Zweckoptimismus des Ministeriums und der Konstruktuere, die wir unter dem Sammelbegriff ›Betriebsfeind Nr. 1‹ zusammenzufassen pflegten, kosteten einen dauernden, nervenzerreibenden Kampf um die Vernunft[398].«

Auch Lusser wies in seiner Denkschrift auf die Tatsache hin, daß in der Industrie der Aufwand an Ingenieurstunden für Serienreifmachung und Weiterentwicklung meist grob unterschätzt werde. Die Folge sei eine viel zu optimistische Entwicklungsplanung und der falsche Einsatz der ohnehin viel zu knappen Ingenieurkapazität. Die Annahme, nach

---

393 Denkschrift Lusser (wie Anm. 377), S. 807.

394 Ebd., S. 808.

395 Nowarra, Luftrüstung, Bd 3, S. 223 ff.; Green, Warplanes, S. 620, 634 ff.

396 Interview mit Messerschmitt in der Fernsehsendung des ZDF »Als Feuer vom Himmel fiel« vom 17.2.1970, IfZ, Sammlung Irving.

397 Schmidt, Grundlagen und Wandlungen, S. 22; vgl. auch Heinkel, Stürmisches Leben, S. 312, wo er bedauert, daß er den Grundcharakter seines Werkes in Marienehe als reines Entwicklungswerk nicht habe bewahren können.

398 Schmidt, Grundlagen und Wandlungen, S. 50.

der Neukonstruktion eines Musters würden wieder Konstrukteure frei, die man auf andere Projekte ansetzen könne, sei ein gefährlicher Irrtum. Vielmehr benötige man auch für ein erfolgreiches Serienflugzeug eine oft wachsende Zahl von Konstrukteuren für folgende Arbeiten:

»1.) Beseitigung von Mängeln auf Grund der Flugerprobung.
2.) Serienreifmachung zum Zwecke der Großproduktion.
3.) Dauernde Anpassung der militärischen Ausrüstung an den neuesten Stand der Kriegstechnik.
4.) Weiterentwicklung mit stärkeren Motoren und für andere Verwendungszwecke usw.[399]«

Die Unterschätzung dieses Arbeitsaufwandes verleitete viele Firmen dazu, sich auf neue Projekte zu stürzen, bevor die alten hinreichend betreut und abgeschlossen waren. Das führte zu einer »*Zersplitterung der Kräfte,* zu einer zunehmenden Verstopfung der Entwicklung und schließlich zu chronischen Terminüberschreitungen. (Hervorhebung im Original)[400].«

Das war natürlich auch auf den Ehrgeiz der einzelnen Firmen zurückzuführen, bei jedem Programm mit dabeizusein. Statt sich weise auf einige Hauptmuster zu beschränken, baute jedes führende Flugzeugwerk alles, vom Trainer bis zum Transportflugzeug und vom Jäger bis zum Bomber. Allein Messerschmitt hatte 1942 in der Weiter- und Neuentwicklung elf Typen aller Größen in Auftrag[401]. Obwohl das RLM versuchte, die Unternehmer zu einer konzentrierten Entwicklungspolitik anzuhalten, scheiterte das Unterfangen, denn sie ließen sich nicht auf einen speziellen Typ in der Palette der Verwendungsmöglichkeiten festlegen[402]. Als Milch berichtet wurde, Messerschmitt beschwere sich über zu viele Typen, antwortete er nur unwirsch: »Wenn Messerschmitt darüber klagt, daß er zu viel Typen hat, so ist zu diesem Punkt zu sagen: Wir haben immer wieder versucht ihm eine nach der anderen wegzunehmen[403].« Andererseits war ja auch das RLM an diesem Dilemma nicht ganz unschuldig, da Milch in seiner Unsicherheit bei technischen Fragen viele Parallelentwicklungen zuließ. Er hoffte wohl, beim Versagen eines Musters schnell auf ein anderes umschalten zu können, um eine ähnliche Katastrophe wie bei der Me 210 zu vermeiden.

Lusser kritisierte an dieser Politik, daß im Endeffekt dabei zu wenig für die Großserienproduktion herauskomme: »Wenngleich selbstverständlich nicht verlangt werden kann, daß jede Neuentwicklung zu einem Großserienerfolg führt, wie etwa die Me 109 oder die He 111, und wenngleich auch die Erfahrungen aus Fehlentwicklungen einen gewissen Wert darstellen mögen, so ist doch das Verhältnis 1:10 für die Luftrüstung untragbar und ein sicherer Beweis für die Fehllenkung eines beträchtlichen Teils der durch Ingenieur-

---

399 Denkschrift Lusser (wie Anm. 377), S. 809.
400 Ebd., S. 810.
401 Der Leiter der Wirtschaftsgruppe Luftfahrtindustrie vom 24.1.1942, BA-MA, RL 3/51, S. 799; vgl. Baumbach, Zu spät? S. 68.
402 Vgl. Homze, German MIC, S. 74.
403 GL-Besprechung vom 16.11.1943, BA-MA, RL 3/26, S. 8046.

mangel begrenzten Ingenieurkapazität[404].« Lusser forderte deshalb als Konsequenz seiner Denkschrift die Hintanstellung falschen Erfinderehrgeizes und der Firmeninteressen, eine Beschränkung der einzelnen Firmen auf höchstens drei bis sechs Muster und die Beseitigung des »Illusionismus« bei den Terminangaben und der Aufgabenstellung[405].

So richtig Lussers Feststellungen waren, so wenig wurden seine Forderungen befolgt. An der chaotischen Entwicklungspolitik der Luftwaffenführung änderte sich nichts. Das seltsame System aus Privatinitiative bei der Konstruktion und staatlicher Lenkung bei Beschaffung und Produktion funktionierte niemals reibungslos und war ein Hauptgrund dafür, daß Deutschland hinter die mit mehr privatem Einsatz arbeitende amerikanische und die auf größere zentrale Lenkung vertrauende sowjetische Luftfahrtindustrie zurückfiel[406].

Die geschilderten Tendenzen in der deutschen Luftrüstung hatten natürlich auch ihre Auswirkungen auf die innovativen Projekte auf dem Gebiet des Strahlantriebs. Im August 1943 schrieb Willy Messerschmidt recht selbstkritisch an Karl Frydag vom Industrierat: »Wir haben in den letzten Jahren bis heute den großen Fehler gemacht, durch maßlose Verzettelung einen wirklichen Serienbau zu verhindern, und haben außerdem die Entwicklung überlastet, so daß die guten, neuen Muster unnötig spät anlaufen[407].« Es ist deshalb wichtig, sich gerade bei der Geschichte der Strahlflugzeuge immer wieder die Kernsätze von Lussers Denkschrift vor Augen zu halten, denn sie werden in ihrem Wahrheitsgehalt dadurch voll bestätigt.

Die »Schuld« an den Zuständen verteilt sich dabei recht gleichmäßig auf RLM und Industrie. Im Dezember 1944, als für Deutschland eigentlich nichts mehr zu retten war, gab Karl Frydag eine Stellungnahme über die »Gründe für die Verschiebung im Serienanlauf der Me 262«[408] ab. Diese lägen hauptsächlich auf der Produktions- und Organisationsseite. Als für die Serienverarbeitung die Erstellung der Betriebsmittel erfolgen mußte, sei die Kapazität durch eine ganze Reihe neu anlaufender Muster blockiert gewesen. Frydag nennt hier als Beispiel neun weitere Flugzeugtypen! Das zeigt, daß auch die viel gelobte »Selbstverantwortung« der Industrie keinen Deut zu einer Verbesserung der Entwicklungspolitik beigetragen hatte, denn diese Domäne war in der Hand des RLM verblieben. Allerdings wies Frydag auch darauf hin, daß die Fabrikationsplanung der Firma Messerschmitt der Serie nicht gewachsen gewesen sei.

Das legt den Schluß nahe, daß der Schwerpunkt einer Arbeit über die Düsenflugzeuge im Dritten Reich eher auf eine Produktionsgeschichte als auf eine reine Entwicklungsgeschichte gelegt werden muß, um die entscheidenden Gründe für angebliche Verzögerungen aufzuzeigen.

---

404 Denkschrift Lusser (wie Anm. 377), S. 812.

405 Ebd., S. 818.

406 Vgl. Overy, Air War, S. 156—159.

407 Brief Messerschmitts an Karl Frydag vom 23. 8. 1943, IWM, Speer Collection, FD 4355/34, Vol. 3.

408 Gründe für die Verschiebung im Serienanlauf der Me 262 vom 17. 12. 1944, BA-MA, RL 3/1047, S. 132f.

III. Das Ringen um ein schlüssiges Konzept — Luftwaffenführung, Industrie und die Strahlflugzeuge

Während die Luftwaffe in den ersten Kriegsjahren durchaus erfolgreich operiert hatte, traten mit der »Kriegswende Dezember 1941«[1] schwere Rückschläge auf, die die Mängel in der Ausrüstung, in der Führungsorganisation und in der Ausnutzung der Fertigungskapazität immer deutlicher hervortreten ließen.

Die Luftwaffenführung reagierte mit einer Änderung der gesamten Struktur des technisch-industriellen Bereiches, der schließlich im alles verschlingenden »Ministerium Speer« aufging. Gleichzeitig brachte die heftige Diskussion um die Ausrüstung der Kampfeinheiten nun auch die Strahlflugzeuge deutlicher ins Bewußtsein der Führungseliten, denn bisher waren diese revolutionären Projekte fast ausschließlich von der mittleren und unteren Ebene der RLM-Hierarchie gefördert worden. War es nicht möglich, alle technischen Probleme der Luftwaffe mit einem Schlag zu lösen, wenn man einfach die nächste Generation von kolbenmotorgetriebenen Flugzeugen übersprang und gleich alle Fertigungskapazitäten in die neue Antriebstechnik investierte? Es gab enthusiastische Befürworter eines solchen Vorgehens, aber auch viele Skeptiker im Generalstab und in der Industrie, die bei einer überhasteten Einführung von völlig unerprobten Flugzeugtypen ein technisches Debakel für die Luftwaffe fürchteten, schlimmer noch als die Katastrophen der He 177 und der Me 210 aus dem alten Udet-Programm. Mitten im Krieg begann nun ein Ringen um ein schlüssiges Einsatzkonzept für die Strahlflugzeuge sowie um die Prioritäten bei der Fertigung, das wesentlich durch die sich stetig verschlechternde strategische Lage Deutschlands angestoßen wurde und sich bis in die Endphase des Krieges hinzog.

1. Rückschläge im Luftkrieg und die Reaktion der Luftwaffenführung und der Rüstungsindustrie

a) Die »strategische Bomberoffensive« und die deutsche Abwehr

Die erste Serie von Luftangriffen auf Deutschland in den Jahren 1940/41 hatte allenfalls dem Ruf der Luftwaffe geschadet, war aber keinesfalls eine tödliche Bedrohung des deutschen Rüstungspotentials gewesen. Die Lage verschärfte sich aber 1942, als die RAF mit verbesserter Ausrüstung und mit einem neuen Konzept zum ersten Mal die Selbstsicherheit der Heimatluftverteidigung erschütterte. Das Bomberkommando zielte auf die Moral der Zivilbevölkerung als »primary object«, speziell auf die der Industriearbeiterschaft, die durch das »de-housing«, d.h. die Zerstörung der Wohnsiedlungen, getroffen werden sollte[2].

---

[1] Vgl. hierzu Kriegswende Dezember 1941.

[2] Groehler, Bombenkrieg gegen Deutschland, S. 31—35; MacIsaac, Strategic Bombing, S. 13.

Sir Charles Portal, Chief of the Air Staff, erläuterte die neue, am 14. Februar 1942 herausgegebene Direktive: »I suppose it is clear that the aiming points are to be the built-up areas, not for instance, the dockyards or aircraft factories where these are mentioned in Appendix A. This must be made quite clear if it is not already understood[3].« Dies war immerhin acht Tage bevor der berühmt-berüchtigte Arthur »Bomber«-Harris den Befehl über das Bomberkommando übernahm, jener Mann, der als Vollstrecker dieses Konzepts zum Totengräber für die deutschen Städte werden sollte[4]. Eine erste Vorahnung auf das, was noch kommen sollte, lieferten die Angriffe auf Lübeck und Rostock im März und April 1942 und vor allem die ersten »1000-Bomber-Angriffe« im Mai und Juni 1942[5]. Die Auswirkungen dieser Angriffe auf die deutsche Kriegswirtschaft blieben jedoch gering, so daß die Luftwaffe nur mit einer Verstärkung der Nachtjagdverbände reagierte, die aber nicht ausreichend war, um die Bombardierung des Reichsgebiets zu stoppen[6]. Diese stachelte hingegen nur Hitler in seinem Streben nach »Vergeltung« an, der Terror mit Terror heimzahlen wollte. Immerhin machte sich aber Göring unter den zunehmenden Angriffen und der allgemeinen Entwicklung an den Fronten doch Sorgen um den qualitativen Vorsprung der Jagdwaffe. Vor führenden Vertretern der Luftrüstungsindustrie führte er aus: »Nun, meine Herren, stehen wir im Kampf auf Leben und Tod, und Ihre Verantwortung ist damit ins Große gewachsen. Sie sollen meinen tapferen Besatzungen die Flugzeuge liefern, mit denen sie dem Gegner gegenüber eine Überlegenheit besitzen. Im ganzen gesehen, haben wir diese Überlegenheit zunächst gehabt, ganz klar und eindeutig zunächst auf dem Gebiet der Jäger und Zerstörer. [...] Das hat sich aber langsam geändert: der Gegner — und hier an der Spitze England-Amerika — hat nicht nur quantitativ aufgeholt und uns überflügelt, was ja zu erwarten war, sondern qualitativ desgleichen[7].«
Der einzige folgerichtige Schluß war demnach eine Steigerung der Jägerrüstung und die Einführung neuer leistungsstärkerer Muster. Nun wurde der Generalstab der Luftwaffe, allen voran Generalstabschef Jeschonnek, nach dem Kriege beschuldigt, er habe dieses Problem nicht rechtzeitig erkannt und zu wenig Jäger für seine Verbände gefordert, was mit seinem angeblichen Ausspruch vom 21. März 1942: »Ich wüßte nicht, was ich mit mehr als 360 Jagdflugzeugen pro Monat anfangen sollte«[8], belegt zu sein scheint. Schon während des Krieges hat Generalluftzeugmeister Milch die geringe Ausrüstung der Luftwaffe mit Jagdflugzeugen beklagt und Jeschonnek bei mehreren Gelegenheiten aufgrund dieser Forderung die Schuld dafür zugeschoben[9].
Es ist erneut das Verdienst Horst Boogs, diese Legende überzeugend zerstört zu haben. Anhand mehrerer Dokumente weist Boog nach, daß der Generalstabschef im Juni 1942 bereits 750 einmotorige Jäger forderte, im Juli sogar eine »Monatslieferung von mindestens

[3] Webster/Frankland, Strategic Air Offensive, Bd 1, S. 324.
[4] Eine neue Darstellung von Harris' Rolle im Luftkrieg erfolgt durch Messenger, »Bomber« Harris.
[5] Boog, Der angloamerikanische strategische Luftkrieg.
[6] Ebd., S. 545f.; Völker, Heimatluftverteidigung, S. 95f.
[7] Stenographischer Bericht über die Besprechung des RM Göring mit Vertretern der Luftfahrtindustrie über Entwicklungsfragen vom 13.9.1942, BA-MA, RL 3/60, S. 5278.
[8] Irving, Tragödie, S. 217; Cooper, Luftwaffe, S. 207; Overy, Air War, S. 154.
[9] Boog, Luftwaffenführung, S. 143.

900 Jagdflugzeugen«[10]. Es war also der Luftwaffenführung Mitte 1942 durchaus klar, daß mehr Jäger notwendig waren. Boog urteilt abschließend: »Jeschonnek war 1941/42 sehr stark auf den Kriegsschauplatz im Osten fixiert, der vor allem Bomber kostete. Der neue Generalluftzeugmeister Milch sah demgegenüber in erster Linie die Gefahr, die seinen Produktionsstätten aus der Luft drohte und die nur durch Jäger zu bannen war, weniger die Erfordernisse der weit entfernten Landfronten. Die verschiedenen Interessenlagen beider führten zunächst nur zu einer unterschiedlich akzentuierten Beurteilung der Lage, aus der offenbar Milch vor dem Hintergrund der latenten Spannung zu Jeschonnek und wohl durch seinen Ehrgeiz angetrieben, die Dinge immer schon richtig vorausgesehen zu haben, später ein für Jeschonnek, der den Krieg nicht überlebte, ungünstiges Bild entwickelte und die Dinge zu seinen eigenen Gunsten entstellte. Dabei ist unbestritten, daß Milch mehr als Jeschonnek das Verdienst um die Steigerung der Jägerfertigung zukam, nur nicht so ausschließlich, wie er es darstellen ließ[11].«

Im Grunde vertraten aber die beiden Kontrahenten eine ähnliche Zielsetzung. Auch Milch wollte durchaus nicht den Abfall der Bomberproduktion zugunsten der Jäger. Im November 1942 verdeutlichte er seine Haltung: »Was wir aber für die ganze Kriegsführung unbedingt brauchen, ist eine starke Luftwaffe, die in der Verteidigung mit Jägern und Nachtjägern überlegen ist, und die auch umgekehrt angriffsmäßig dem Gegner entsprechend zusetzen kann. Um das zu erreichen, ist jedes Mittel recht[12].« Es ging vorerst noch um eine ausgewogene Luftwaffe, brauchbar für Offensive und Defensive. Hohe Zahlen ließen sich zwar leicht fordern, aber es war wesentlich schwieriger, das Produktionssoll dann auch zu erreichen, ohne einer der konkurrierenden Waffengattungen wehzutun, geschweige denn ein qualitativ besseres neues Jagdflugzeugmuster einzuführen. Noch war der »Leidensdruck« offensichtlich nicht so groß, als daß man der Defensivrüstung absolute Priorität eingeräumt hätte. Das sollte sich erst mit dem Jahr 1943 ändern.

Im Januar 1943 hatten sich die Engländer und Amerikaner auf der Konferenz von Casablanca auf eine kombinierte Bomberoffensive bei Tag und Nacht gegen Deutschland geeinigt. Die Combined Chiefs of Staff gaben die Direktive CCS 166/1/D heraus, besser bekannt unter dem Namen »Casablanca Directive«[13]. Wichtigste Angriffsziele waren 1. deutsche U-Boot-Werften, 2. die deutsche Flugzeugindustrie, 3. Transportziele, 4. Ölraffinerien, 5. andere Ziele der Rüstungsindustrie[14].

Als neuer gefährlicher Gegner griff die US Army Air Force in die Bomberoffensive gegen Deutschland mit ein. Allerdings lag ihren Einsätzen eine gänzlich andere Doktrin zugrunde als die des RAF Bomber Command. Der Oberkommandierende der USAAF, General Henry H. Arnold, faßte die wesentlichen Prinzipien am 4. Januar 1944 in einem Bericht an den Kriegsminister zusammen:

»(1) The No. 1 job of an air force is bombardment. We must have long-range bombers which can hit the enemy, before he hits us; in short, the best defense is attack [...]

[10] Ebd., S. 142f.
[11] Ebd., S. 144.
[12] GL-Besprechung vom 17.11.1942, BA-MA, RL 3/17, S. 3275.
[13] Army Air Forces, Bd 2, S. 305.
[14] Ebd.

(3) We believed in daylight operations. [...]

(6) We believed in the strategic precision bombing of key targets deep in the enemy's territory, such as airplane factories, aluminium plants, and submarine building bases — as illustrated today by 8th Air Force operations from England over Germany[15].«

Angriffe auf »Schlüsselziele« waren für das deutsche Kriegspotential ungleich gefährlicher als die Flächenbombardements der Engländer, drohten sie doch die industriellen Werkstätten der deutschen Kriegsproduktion zu vernichten, ohne die eine Weiterführung des Krieges unmöglich war. Vorerst hatten die Angriffe der 8. USAAF noch wenig Durchschlagskraft. Der Schwerpunkt in der Phase Januar bis Juli 1943 richtete sich gegen die U-Boot-Basen und Werften in Frankreich und den Niederlanden, zum geringeren Teil gegen deutsche Städte, wie Wilhelmshaven, Kiel, Emden, Hamm, Bremen und Flensburg. Die Zahl der eingesetzten Bomber stieg dabei von 88 auf 323[16]. Noch hatten die Amerikaner keinen Beweis für die Richtigkeit ihrer Doktrin erbracht. Im Mai 1943 beim Treffen Roosevelts und Churchills in Washington einigten sich die Combined Chiefs of Staff auf den »Plan for the Combined Bomber Offensive«[17]. Am 10. Juni 1943 wurde die endgültige Direktive unter dem Decknamen »Pointblank« ausgegeben, die als wichtigstes Ziel »the progressive destruction and dislocation of the German military, industrial and economic system, and the undermining of the morale of the German people to a point where their capacity for armed resistance is fatally weakened«[18] vorsah. Während die Briten mit ihren Flächenbombardements fortfahren konnten, würden die Amerikaner nun spezielle »bottleneck«-Ziele[19] angreifen, deren Zerstörung den Zusammenbruch der Kriegswirtschaft herbeiführen sollte. Das waren vor allem U-Boot-Werften, die Flugzeugindustrie, die Kugellagerindustrie, Ölziele, synthetische Gummierzeugung und Transportfahrzeuge[20]. Das deutliche Anwachsen der deutschen Jagdfliegereinheiten bereitete aber den Amerikanern Sorgen. Hier drohte die Gefahr, daß bei weiterem Erstarken des Gegners die ganze strategische Bomberoffensive zusammenbrechen könnte. Deshalb wurde als »Zwischenziel« die Vernichtung der deutschen Jagdfliegerverbände vorgesehen[21].

Die Katastrophe für die deutsche Abwehr kam bereits wenige Wochen später. In einer Serie von schweren Tages- und Nachtangriffen vom 25. bis 30. Juli 1943 wurde Hamburg durch einen vorher nie gekannten »Feuersturm« heimgesucht. Die Schäden übertrafen alle bisherigen Erfahrungen[22]. Der Angriff wirkte auf die Luftwaffenführung wie ein heilsamer Schock. Speer hatte noch am 29. Juli gewarnt, daß bei anhaltender Intensität

---

15 Marshall/Arnold/King, War Reports, S. 304.

16 Vgl. die Zusammenstellung Eighth Air Force Heavy Bomber Missions, in: Army Air Forces, Bd 2, S. 843—846.

17 Ebd., S. 348; Webster/Frankland, Strategic Air Offensive, Bd 2, S. 23.

18 Webster/Frankland, Strategic Air Offensive, Bd 2, S. 29.

19 Werrell, Strategic Bombing of Germany, S. 704 f.

20 Army Air Forces, Bd 2, S. 367.

21 Ebd.

22 Wie alle großen Luftschlachten haben auch die Angriffe auf Hamburg zahlreiche Einzeldarstellungen gefunden: Musgrove, Operation Gomorrah; Middlebrook, Hamburg Juli '43; Brunswig, Feuersturm über Hamburg.

der Fliegerangriffe in Kürze der Zusammenbruch folgen werde[23]. Schon einen Tag zuvor hatte Göring Milch telefonisch übermitteln lassen, »daß der Schwerpunkt auf die Verteidigung des Reiches zu legen sei. Der Feldmarschall wäre der stärkste Verfechter dieser Idee. Einige technische Dinge würden zu diesem Zweck wohl noch durchzuführen sein[24].«
Die Verhältnisse ließen sich jedoch nicht von heute auf morgen ändern. Die Luftwaffe war nun einmal zur Unterstützung der Land- und Seefronten in Rußland und im Mittelmeer gebunden und erlitt dort schwere Verluste. Immer deutlicher trat zutage, daß ihre Kräfte schon seit langem überspannt waren. Wohl auch aus dieser Einsicht heraus beging im August 1943 Generalstabschef Jeschonnek Selbstmord, weil er keinen Ausweg aus dem Zwiespalt sah, einerseits die Fronten zu stützen, andererseits die heimische Industrie zu schützen, die die Waffen für die Front lieferte[25]. Göring gab die Parole aus: »Die Luftverteidigung der Heimat ist aufs äußerste zu verstärken. Der Führer hat dazu die entsprechenden Vollmachten erteilt[26].« Anfang August 1943 standen dem Luftwaffenbefehlshaber Mitte mit 588 Tagjägern, 411 Nachtjägern und 103 Zerstörerflugzeugen (Istbestand!) die bei weitem größten Verteidigungskräfte von allen Fronten zur Verfügung[27].
Von August bis Oktober entbrannte eine Reihe von schweren Luftkämpfen über Deutschland, die in den Luftschlachten von Schweinfurt und Regensburg gipfelte[28].
Die Amerikaner wollten den Lebensnerv der deutschen Rüstung treffen, indem sie die Kugellagerproduktion in Schweinfurt vernichtend angriffen. Dazu war ein tiefes Eindringen in den feindlichen Luftraum notwendig, wobei die Bomber einen großen Teil der Strecke ohne Jagdbegleitung zurücklegen mußten. Dabei stürzten sich die deutschen Tagjäger in wiederholten Angriffen auf die Bomber. Bei der ersten Mission gegen Schweinfurt und Regensburg am 17. August gingen von 376 eingesetzten Maschinen 60 verloren[29]. Die 8. USAAF beschränkte sich in den folgenden Wochen bis auf ein Unternehmen auf Bombenflüge gegen Ziele in Westeuropa. Erst Ende September nahm sie die Angriffe gegen Deutschland wieder auf, die mit dem katastrophalen Einsatz gegen Schweinfurt am 14. Oktober, bei dem von 320 Bombern 60 abgeschossen wurden, einen Höhepunkt erreichten. Insgesamt gingen der 8. USAAF in der Woche vom 8. bis 14. Oktober

---

[23] Speer, Erinnerungen, S. 297; vgl. Besprechung der zentralen Planung im Vierjahresplan vom 29.7.1943, BA-MA, RL 3/48, S. 10443.

[24] Notiz eines Anrufs von Oberstleutnant von Brauchitsch am 28.7.1943, BA-MA, RL 3/50, S. 421.

[25] Murray, Luftwaffe, S. 198; Overy, Hermann Göring, S. 332; Irving, Tragödie, S. 304f.

[26] Abschrift: Zusammenfassung der Besprechungen vom 22., 23., 26., 27., 28., 29. und 30.7.1943 über die Maßnahmen zur Verstärkung der Luftverteidigung, Besprechungs-Notiz Nr. 84/43 g.Kdos. 1.9.1943, BA-MA, RL 36/52, S. 137.

[27] Groehler, Stärke, Verteilung und Verluste der deutschen Luftwaffe, S. 322. Auszug aus der Tabelle 6, Verteilung der Fliegerkräfte (Istbestand) auf die einzelnen Luftflotten (Anfang August 1943):

	Luftflotten						Luftflottenkdo.	Luftwaffenbefehlshaber
	1	2	3	4	5	6	Südost	Mitte
Jagdflugzeuge	24	203	216	163	133	126	74	588
Nachtjagdflugzeuge	8	—	—	27	—	38	—	411
Zerstörerflugzeuge	6	5	8	—	14	—	13	103

[28] Auch hier gibt es spezielle Einzeldarstellungen: Golücke, Schweinfurt und der strategische Luftkrieg 1943; Middlebrook, Schweinfurt-Regensburg Mission; Coffey, Entscheidung über Schweinfurt.

[29] Army Air Forces, Bd 2, S. 848.

148 Bomber verloren[30]. Beim letzten Angriff hatte die Verlustrate 20,7% der eingesetzten Kräfte betragen, 47,4% der Bomber waren beschädigt worden. Die Verlustrate war selbst für amerikanische Verhältnisse untragbar[31].

Die Oktoberereignisse hatten klar gezeigt, daß tiefe Vorstöße in den feindlichen Luftraum bei Tage ohne Jagdschutz unmöglich waren. Was die USAAF brauchte, war ein Langstrekkenjäger, der die Bomber bis zum Ziel begleiten konnte. Die amerikanischen Jagdflugzeugmodelle P-38 Lightning und P-47 Thunderbolt waren zwar in der Reichweite verbessert worden, konnten aber nicht das ganze Zielgebiet überdecken. General Arnold entschied sich daher für die P-51 Mustang als Langstreckenbegleitjäger, ein Flugzeug, das im März 1944 die Bomber sogar bis Berlin begleiten konnte[32]. Es war nur noch eine Frage der Zeit, bis genügend Flugzeuge für einen verstärkten Ansturm verfügbar waren. Der Grund für diese Verzögerung war das »time lag« zwischen der Bereitstellung von Personal und Ausrüstung und der wirklichen Einsatzfähigkeit eines Verbandes (vgl. Abb. 13). Neue Einheiten mußten praktisch aus dem Boden gestampft, ausgerüstet und geschult werden. Erst mit gewisser Verzögerung würde dann das gewaltige Potential der enorm vergrößerten amerikanischen Luftstreitkräfte in den Kampf geworfen werden können. Anfang 1944 hatte sich die Angriffskraft der Amerikaner um ein Mehrfaches gesteigert.

Auf der Gegenseite war man bemüht, die Abwehrkraft zu verstärken. Im Mai 1943 war zum ersten Mal die Tausendergrenze bei der Produktion von Jägern überschritten worden (vgl. Tab. 6 und Abb. 14).

Tabelle 6: Die deutsche Jagdflugzeugproduktion 1941—1944

	1941	1942	1943	1944
Januar	136	274	512	1555
Februar	255	303	885	1104
März	424	456	962	1638
April	476	427	936	2021
Mai	446	384	1013	2212
Juni	376	371	1134	2449
Juli	320	487	1263	2954
August	285	475	1135	3020
September	258	492	1072	3375
Oktober	261	502	1181	2973
November	232	488	985	2995
Dezember	263	554	687	2630

Quelle: USSBS, The Effects of Srategic Bombing on the German War Economy (European Report No. 3), Anhang, Tab. 102.

Als Folge der Luftangriffe im Sommer desselben Jahres sank die Zahl aber wieder ab. Auch war es ja durchaus nicht so, daß nach den Erfolgen der Abwehr im Oktober den

[30] Ebd., S. 850.
[31] Murray, Luftwaffe, S. 213.
[32] Army Air Forces, Bd 3, S. 9—12.

Abb. 13: Ausrüstung, Einsätze und abgeworfene Bombenmenge der USAAF 1939–1945

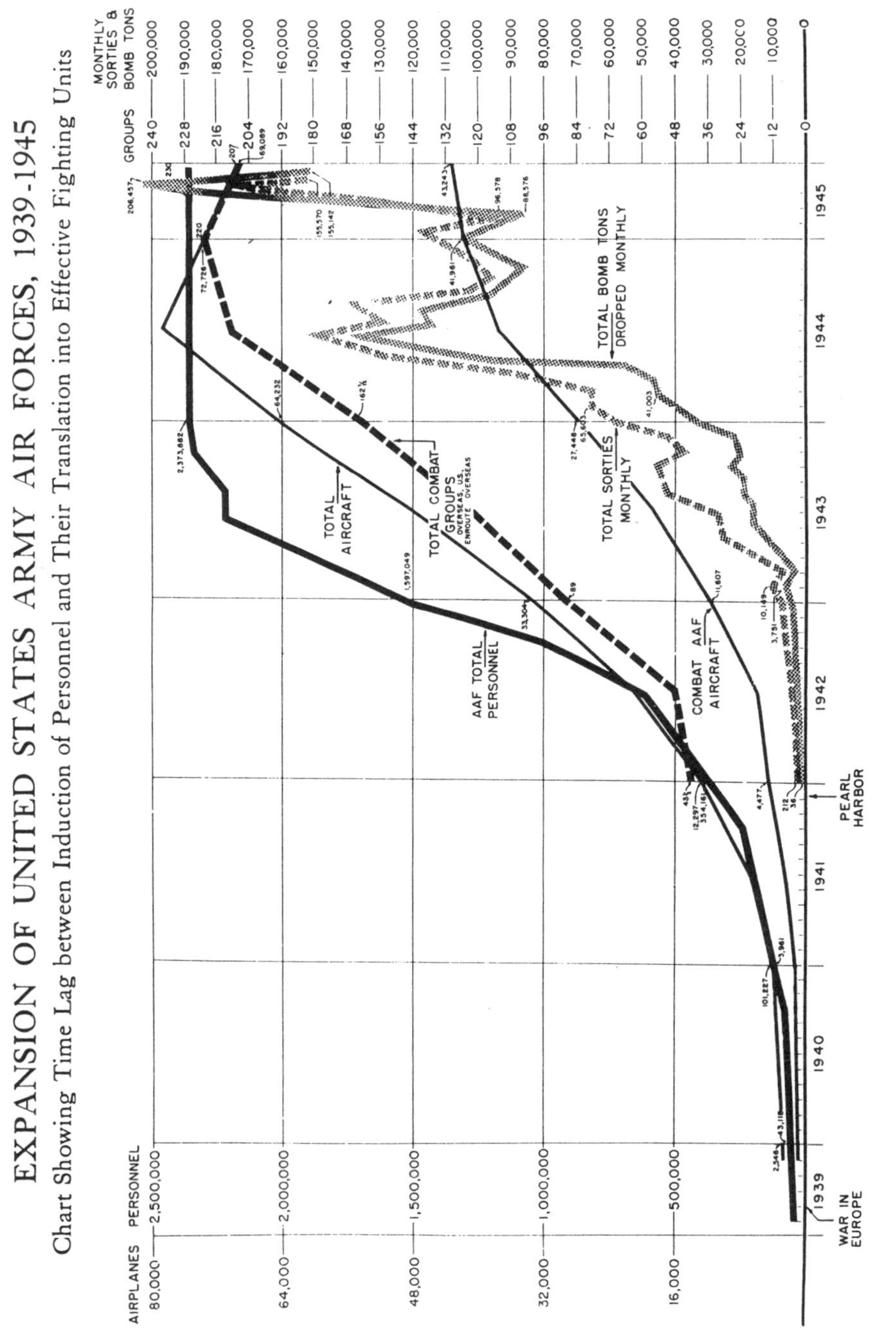

Quelle: C. Spaatz, Strategic Air Power, Fulfilment of a Concept, in: Foreign Affairs, 24 (1945/46), S. 385–396.

Abb. 14: Die Fieberkurve der deutschen Jagdflugzeugproduktion 1941—1944

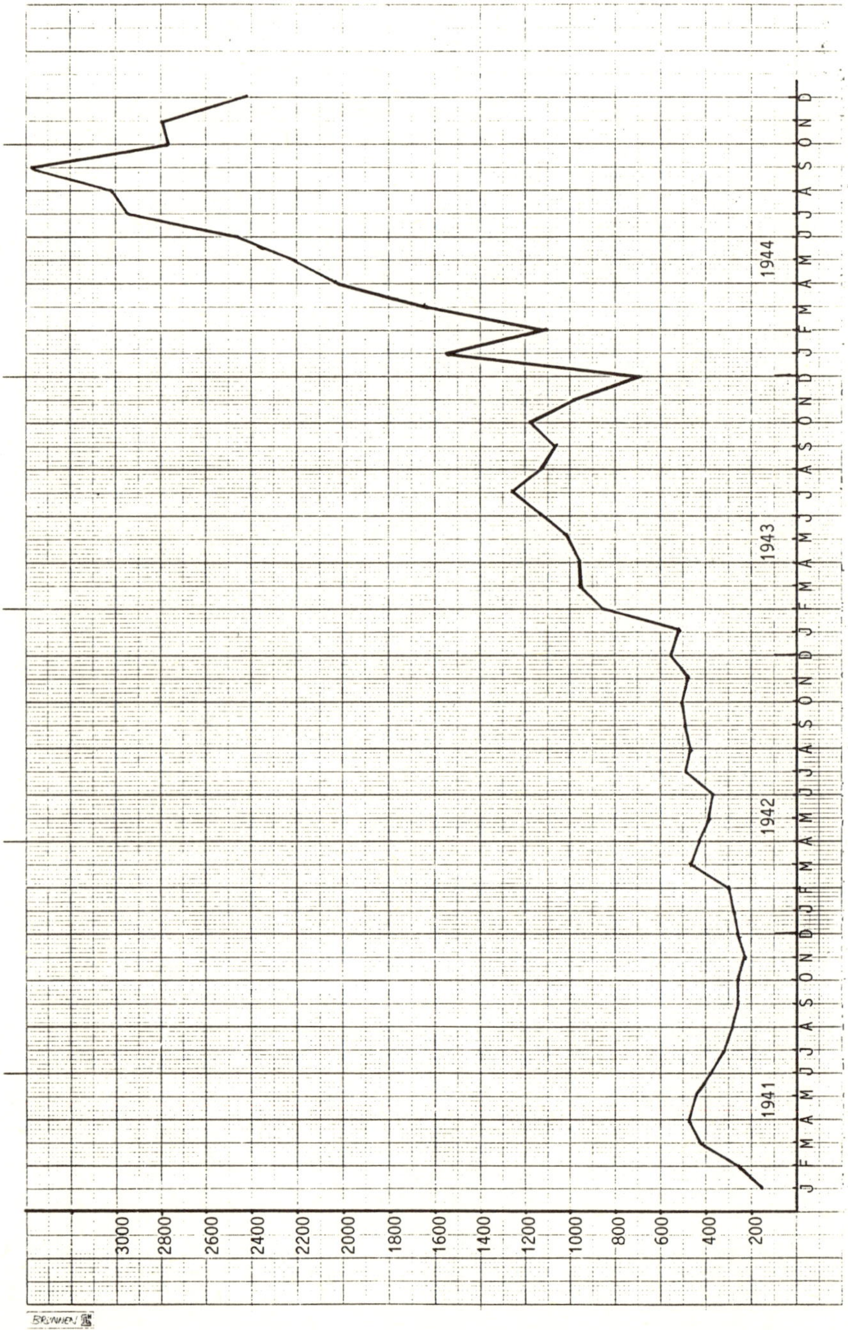

Quelle USSBS, The Effects of Strategic Bombing on the German War Economy (European Report No. 3), Anh., Abb. 102.

Abb. 15: Übersicht über Soll- und Iststärke und Einsatzbereitschaft der fliegenden Verbände der Tagjagd

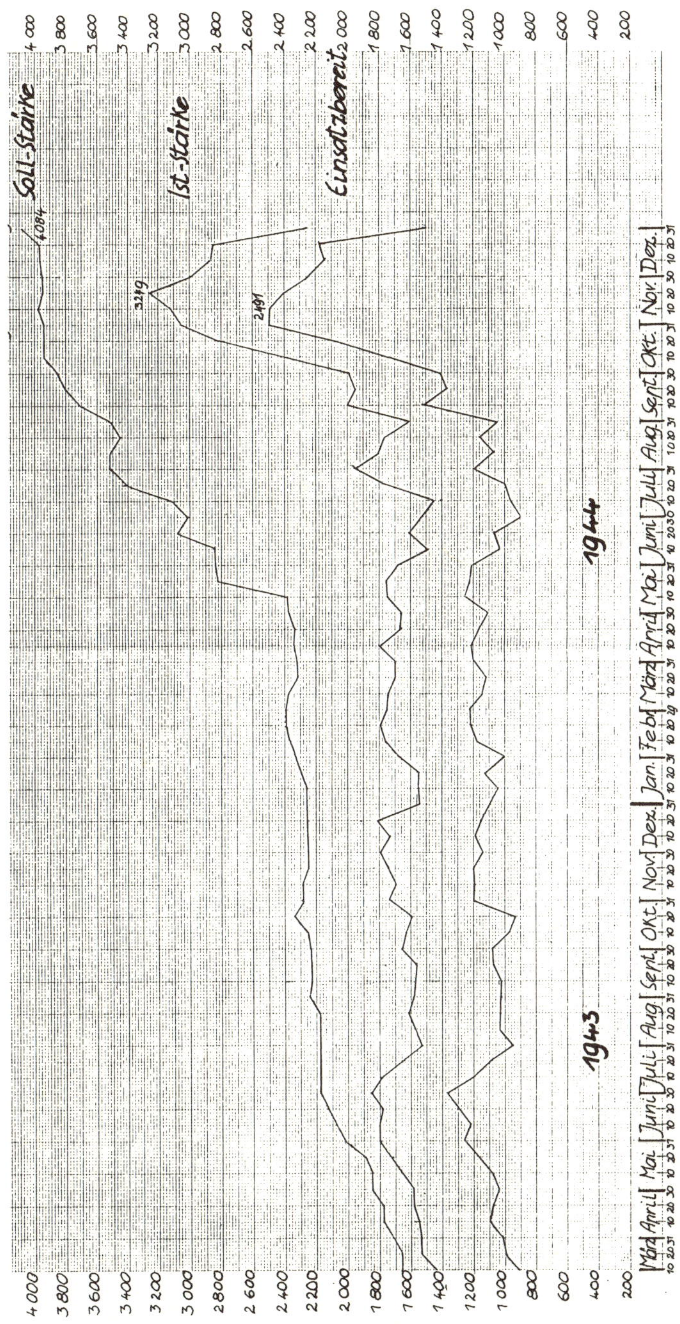

Quelle: BA-MA, RL 2 III/723–734

Jägern eine Ruhepause vergönnt gewesen wäre. Schließlich wurde an allen Fronten weitergekämpft und selbst die 8. USAAF griff an der Peripherie des Reiches mit Jagdschutz an. Die Verluste der Jäger betrugen vom September bis Dezember 1179 Jagdpiloten bei einer Durschnittsstärke von 2105 Piloten für das Jahr 1943[33]. Ähnlich sah es bei der Ausstattung mit Flugzeugen aus. Wenn wir die Langzeitentwicklung bei den Tagjägern in der entscheidenden Phase vom März 1943 bis zum Dezember 1944 betrachten (vgl. Abb. 15), so ergibt sich, daß das Soll an Maschinen einen stetigen Anstieg erfuhr, entweder durch Aufstellung neuer Einheiten oder durch Zuweisung von mehr Flugzeugen an die einzelnen Staffeln. Die tatsächlich vorhandenen Maschinen blieben dagegen immer weiter hinter den Sollforderungen zurück, besonders kraß ab Mai 1944. Noch schlimmer sah es bei den einsatzbereiten Jagdmaschinen aus, deren Zahl nach dem Juni 1943 beständig absank und erst im September 1944 wieder die Grenze von 1300 überstieg. Daraus ergibt sich, daß die Produktionssteigerungen und die Neuaufstellung von Verbänden gerade ausreichten, um die Dauerbeanspruchung der Jagdwaffe auszugleichen und die Einsatzbereitschaft auf etwa demselben Niveau zu halten. Mit anderen Worten: Die Combined Bomber Offensive hatte ihr »Zwischenziel«, die deutschen Jagdfliegerkräfte auszuschalten, nicht erreicht, hatte aber zumindest einen Zuwachs an Kampfkraft verhindert. Mit diesen ungünstigen Zahlenverhältnissen ging die Luftwaffe 1944 in die entscheidende Runde um die Luftherrschaft über dem Reich.

b) Veränderungen im technisch-industriellen Lenkungsbereich der Luftrüstung

Mitte 1941 befand sich der Generalluftzeugmeisterbereich unter Udet in einer schweren Krise. Udet überblickte den weitverzweigten Ämterapparat immer weniger, seine Fertigungsprogramme waren gescheitert, weil sich die neuen Flugzeugtypen als technische Versager erwiesen, und schließlich schien es unmöglich, den utopischen Produktionsforderungen nachzukommen. Im November entzog sich Udet der Verantwortung durch Selbstmord und machte damit den Weg für Änderungen in seinem Bereich frei[34]. Einen ersten wichtigen Einschnitt für den technisch-industriellen Lenkungsbereich stellte die Übernahme des Generalluftzeugmeisteramtes durch Milch dar. Dieser hatte sich im Sommer 1941 mehr und mehr in die Arbeit Udets eingeschaltet. Dessen Entmachtung trat schon deutlich zutage, als Göring Milch und nicht dem noch amtierenden Udet eine Vollmacht zur Vervierfachung der Luftwaffe übertrug[35]. Nachdem Milch dadurch de facto bereits den Generalluftzeugmeisterbereich übernommen hatte, gliederte er den unübersichtlichen bürokratischen Apparat nach seinen Vorstellungen um (vgl. Abb. 16). Die Personalunion von Generalluftzeugmeister und Chef des Technischen Amtes wurde aufgehoben. Das Amt übernahm Oberst i.G. Vorwald. Zur Straffung der Organisation führte Milch eine Reihe von Zwischeninstanzen auf der Ebene der Ämter und Amts-

---

[33] Murray, Luftwaffe, S. 217, Tab. 44.

[34] Zu den Faktoren, die zu Udets Selbstmord führten vgl. Boog, Luftwaffenführung, S. 239f.; eine detaillierte Schilderung der Begleitumstände des Selbstmordes findet sich bei Irving, Tragödie, S. 203f.

[35] Irving, Tragödie, S. 189–191; Boog, Luftwaffenführung, S. 240f.; Hertel, Flugzeugbeschaffung, S. 114f., MGFA, LW 16/1.

Abb. 16: Der Generalluftzeugmeisterbereich unter Milch 1941–1944

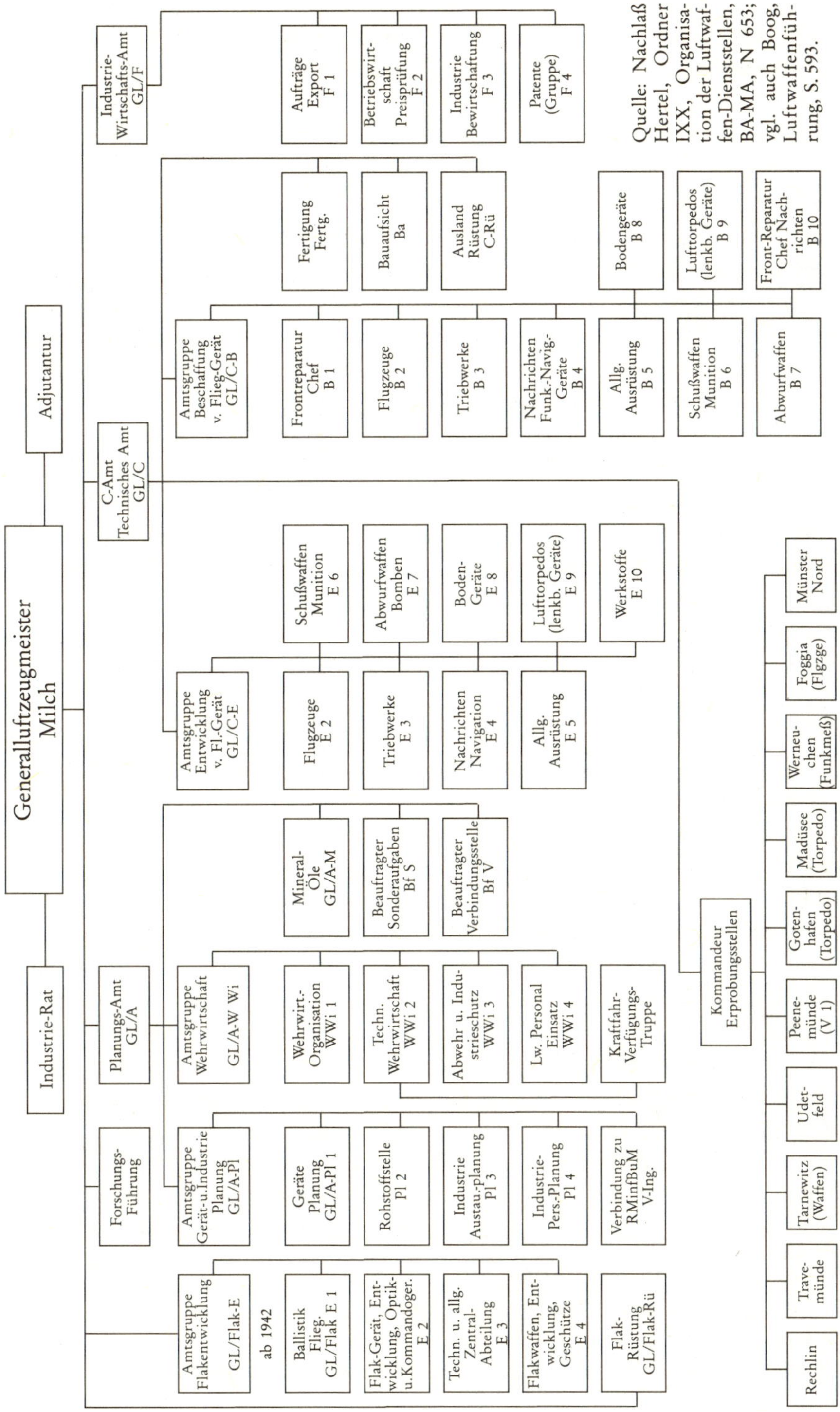

Quelle: Nachlaß Hertel, Ordner IXX, Organisation der Luftwaffen-Dienststellen, BA-MA, N 653; vgl. auch Boog, Luftwaffenführung, S. 593.

gruppen ein. Im Technischen Amt wurde die Zusammenfassung von Entwicklung, Erprobung und Beschaffung in einzelnen Fachabteilungen durch eine einheitliche Führung von Entwicklung und Beschaffung in je einer Amtsgruppe ersetzt. Damit war eigentlich die ursprüngliche Organisation des Amtes wiederhergestellt worden. Das Planungsamt erstellte über die Amtsgruppe Geräte- und Industrieplanung in Zusammenarbeit mit der 6. (Rüstungs-) Abteilung des Generalstabes die grundlegenden Programme für die Ausrüstung der Luftwaffe, den Rohstoffbedarf, den Industrieausbau und den Personalbedarf in der Industrie. Die Amtsgruppe Wehrwirtschaft war für die Verbindung zu den Fachabteilungen der Luftwaffe in den Rüstungsinspektionen der Wehrkreise zuständig[36].

Das Hauptübel in der Luftwaffenführung, die Trennung des militärisch-operativen Bereiches vom technisch-industriellen, war aber mit diesen Maßnahmen nicht beseitigt. Zwar führte das energische Anpacken Milchs bald zu einer Steigerung der Rüstungsendfertigung, die Orientierungslosigkeit in Forschungs- und Entwicklungsfragen war dagegen kaum geringer geworden. Im August 1943 schrieb der General der Fliegerausbildung, Generalmajor Kreipe, der 1944 von August bis November immerhin Generalstabschef und danach Kommandeur der Luftkriegsakademie werden sollte, in seiner Denkschrift »Gedanken zur Luftkriegführung«: »Der Notwendigkeit, Menschen, Material, Kapazität der Industrie auf ganz bestimmte Schwerpunktfertigungen zu konzentrieren, wird durch die Führung nicht im erforderlichen Umfang Rechnung getragen. [...] Zusammenfassend ist festzustellen, daß diese einem Oberkommando zufallenden Aufgaben für die Luftwaffe niemand verantwortlich wahrnimmt. Das hierfür erforderliche Oberkommando, das Truppenführung und Rüstung zusammenfaßt, welche die Voraussetzungen für jede strategische und operative Absicht schaffen müssen, existiert in der Praxis nicht. Darin liegt die größte Schwäche der deutschen Luftwaffe[37].«

Taktisch-technische Forderungen des Generalstabs an den Generalluftzeugmeister beschränkten sich meist auf Allgemeinplätze wie »Steigerung der Leistung, insbesondere der Höhenleistung, durch Verwendung besonderer Antriebsmittel« oder »Der schnellen Weiterentwicklung der Strahltriebwerke bis zur Serienreife wird besonderer Wert beigemessen«[38]. Milch beklagte sich deshalb, daß von der Front niemals klare Forderungen gestellt worden seien[39]. Zwar gab es zwischen der 6. Abteilung des Generalstabs und der Planungsabteilung des Generalluftzeugmeisters (GL 1) in loser Folge Absprachen über Entwicklungsfragen[40], doch fehlte die klare Generallinie auf höchster Ebene. Das Technische Amt initiierte deshalb oft Entwicklungen, in die dann erst später Wünsche des Generalstabs eingearbeitet werden mußten, was zu Verzögerungen in der Produktion oder gar zu einem Leistungsabfall einzelner Flugzeugmuster führte.

---

36 Hertel, Flugzeugbeschaffung, S. 118–122, MGFA, LW 16/1.

37 Nachlaß Kreipe, Gedanken zur Luftkriegführung, Eine Denkschrift, Berlin, 20.8.1943, S. 4f., BA-MA, N 141/17.

38 Abschrift Luftwaffenführungsstab I T, Denkschrift betr. Luftrüstung (Fiegertruppe) in den kommenden Kriegsjahren, 29.9.1941, BA-MA, RL 3/2582, S. 65.

39 GL-Besprechung vom 5.1.1943, BA-MA, RL 3/18, S. 3946.

40 Protokolle über die Besprechungen Generalluftzeugmeister/Generalstab vom 17.5.1940 bis 5.2.1944, BA-MA, RL 3/44; Boog, Luftwaffenführung, S. 47.

Parallel zum militärischen und technischen Verfall der Luftwaffe spielte sich der Niedergang Görings ab. Hatte ihm Hitler in den Anfangsjahren die Luftwaffe blindlings anvertraut, so schwand dessen Ansehen beim »Führer« mit dem »Versagen« der Luftwaffe ab 1941 und besonders nach Stalingrad 1943 mehr und mehr. Göring sagte beim Nürnberger Prozeß aus, sein Einfluß auf Hitler sei ab Ende 1941 geringer geworden und ab 1943 stark abgesunken[41]. Hitler verhandelte in operativen Fragen oft nur noch mit dem Chef des Generalstabs der Luftwaffe und über Rüstungsprobleme mit Milch oder Speer[42]. Im März 1943 notierte Goebbels in seinem Tagebuch, daß »das Prestige Görings beim Führer kolossal gelitten« habe[43]. Deshalb griff Hitler nun auch bei technischen Detailfragen ein[44]. Das bekannteste Beispiel ist die Affäre um das Turbinenflugzeug Me 262, die im folgenden noch eingehend behandelt wird. Die Luftwaffe wurde für Hitler mehr und mehr der Sündenbock für die Gesamtlage, denn überblickt man die Geschichte der übrigen Wehrmachtteile, so »versagten« sie ja wohl genauso wie die Luftwaffe. Das Heer mußte schon im Dezember 1941 vor Moskau seine erste große Niederlage einstecken, der U-Bootkrieg der Marine brach im Mai 1943 zusammen[45]. Nirgends war die sich abzeichnende Niederlage aber so offensichtlich wie im Luftkrieg, wo die alliierten Bomberströme tagtäglich Tod und Vernichtung bis ins Herz Deutschlands trugen. Allzu kritische Richter über die Leistungen der Luftwaffe sollten diese Perspektive nicht aus den Augen verlieren.

Trotz aller Vorwürfe hielt Hitler an Göring als Oberbefehlshaber der Luftwaffe fest. Die negative Nebenerscheinung des ungeheueren Rechtfertigungsdrucks auf Göring war seine kritiklose Übernahme der Anschauungen Hitlers, wohl weil er hoffte, durch Beweise seiner Loyalität seine angeschlagene Stellung halten zu können. So unterstützte er wider besseres Wissen und gegen den Rat seiner Fachleute die Führerforderung nach Einsatz des Düsenjägers Me 262 als »Blitzbomber«, was natürlich zu starken Spannungen in der Luftwaffenspitze führte[46]. Nach Overys Auffassung hätte jedoch eine Ablösung Görings in der Spätphase des Krieges auch keine Wirkung mehr erzielt. Zu dieser Zeit hatte sich Hitler schon zu sehr in die Angelegenheiten der Luftwaffe eingemischt. »Had the decision been taken several years earlier a more energetic and intelligent commander would have reduced the necessity for Hitler's own intervention which, combined with Göring's failing leadership, added only strategic confusion and demoralization[47].«

Letztlich waren die Probleme der Luftwaffenführung das Ergebnis des autoritären Führungsstils. Auch Göring war Anhänger des »Führerprinzips«, das mehr auf die Einzelleistung einer herausragenden Persönlichkeit vertraute, als auf Kooperation im Team zum Wohle eines gemeinsamen Zieles. Ausdruck dieses Denkens war die Einsetzung zahlloser Sonderbevollmächtigter für Spezialaufgaben, die an der angeblich schwerfälligen Verwal-

---

41 IMT, Bd 9, S. 490.

42 Vgl. hierzu Below, Als Hitlers Adjutant, S. 311 f., 339 f., 350; Kube, Pour le merite, S. 330—346; Martens, Hermann Göring, S. 223—241; Boog, Luftwaffenführung, S. 523—538.

43 Goebbels, Tagebücher, S. 254.

44 Overy, Hitler and Air Strategy, S. 415 f.

45 Hofmann, Schlacht von Moskau 1941; Rohwer, U-Bootkrieg.

46 Overy, Hermann Göring, S. 340 f.

47 Overy, Hitler and Air Strategy, S. 418.

tung vorbei die Erfüllung der gestellten Aufgabe gewährleistet sollten[48]. Für den komplizierten Bereich der Lenkung eines hochmodernen und unübersichtlichen technisch-industriellen Militärapparates war diese Lösung jedoch die denkbar schlechteste, blieb doch dadurch meist der Sachverstand der Fachleute aus dem Entscheidungsprozeß ausgeschlossen. Boog urteilt zu diesem Problem: »Eine solche Integration von Taktik und Technik hätte die teilweise Abschaffung des vom Heere übernommenen autoritären Führungsstils bedeutet. Ein neuer kooperativer Führungsstil wäre nötig gewesen, der nicht nur Gehorsam, formale Disziplin und persönliche Autorität da, wo nötig, einschloß, sondern auch funktional richtiges Handeln, und der dem technischen Wissen und Können den diesen zustehenden Stellenwert einräumte[49].« Dem kann mit Einschränkung zugestimmt werden. Studiert man nämlich die stenographischen Wortprotokolle der Generalluftzeugmeisterbesprechungen und Entwicklungsbesprechungen[50], die Milch wöchentlich im RLM abhielt, entsteht der Eindruck, daß hier sehr wohl eine Gruppe von Spezialisten mit einer »corporate identity« am Werk war, die in kooperativer Arbeitsweise ihre Aufgaben anging. Zwar herrschte immer wieder ein gewisser Wortradikalismus vor, der vor allem von Milch gepflegt wurde, aber die Anwesenden konnten frei ihre Meinung sagen und trugen zur Entscheidungsfindung mit bei. Es mag nicht überraschen, daß gerade der aus der freien Wirtschaft kommende Erhard Milch diesen Stil in seinem Verantwortungsbereich einführte. Spannungen gab es erst in der höheren Luftwaffenhierarchie und im Konkurrenzkampf mit anderen politischen und militärischen Führungsstellen. Diese Streitereien, die sich ja auch auf die Ausrüstung der Luftwaffe mit neuen Waffensystemen bezogen, fanden dann ihren Niederschlag in der Literatur, obwohl sie sich oft auf einer Ebene abspielten, die von der Realität weit abgehoben war und mit den tatsächlichen Entwicklungs- und Produktionsfragen nichts zu tun hatte. Insgesamt gesehen wird der Einfluß der Organisations- und Personalprobleme auf die Waffenentwicklung wohl überschätzt, die Arbeit der Fachleute auf der unteren Ebene dagegen unterschätzt.

Auch das Verhältnis von Staat und Flugzeugindustrie veränderte sich seit 1941. Die Machthaber, allen voran Göring, Milch und Udet, sahen die Notwendigkeit, die Industrie stärker in die Verantwortung für die Rüstungspolitik miteinzubeziehen. Die Luftwaffe steckte im Sommer 1941 in einer tiefen Krise. Die Produktionszahlen erwiesen sich als ungenügend, und die Programme für neue Flugzeugmuster, insbesondere für die He 177 und die Me 210, waren fehlgeschlagen. Göring erteilte deshalb Milch eine umfassende Vollmacht zur Vervierfachung der Luftwaffe[51]. Um die notwendigen Rationalisierungsmaßnamen in der Industrie besser durchführen zu können, hatte Göring schon am 14. Mai 1941 einen »Industrierat des Reichsmarschalls für die Fertigung von Luftwaffengerät«[52] berufen.

---

[48] Vgl. hierzu Boog, Luftwaffe und Technik, S. 73; ders., Generalstabsausbildung und Führungsdenken, S. 126ff.

[49] Ders., Luftwaffe und Technik, S. 73.

[50] Generalluftzeugmeisterbesprechungen vom 10.3.1942 bis 30.6.1944, BA-MA, RL 3/13—29; Entwicklungsbesprechungen vom 3.7.1942 bis 25.2.1944, BA-MA, RL 3/34—43.

[51] Irving, Tragödie, S. 189; Overy, German Aircraft Production, S. 42.

[52] Der Reichsminister der Luftfahrt und Oberbefehlshaber der Luftwaffe, Generalluftzeugmeister, Nr. 8308/41 (GL 1V) vom 22.5.1941, BA-MA, RL 3/1702.

Er setzte sich folgendermaßen zusammen:

Vorsitzender:	Generaloberst Udet
Ständiger Vertreter:	Direktor Dr. Werner — Fabrikation
Direktor Lange	— Werkzeugmaschinen
Direktor Koppenberg	— Material und Halbzeug
Direktor Dr. Bruhn	— Organisation
Direktor Frydag	— Flugzeugbau
Direktor Egger	— Verbindung zu anderen Wirtschaftsgruppen der Industrie.

Damit waren führende Vertreter der Industrie berufen worden. Werner und Bruhn kamen von der Auto-Union, Koppenberg vom Junkers-Konzern, Frydag war Leiter der Henschel-Flugzeugwerke, Egger Leiter der Wirtschaftsgruppe Fahrzeugindustrie und Lange Hauptgeschäftsführer der Wirtschaftsgruppe Maschinenbau. Im Oktober traten noch Albert Vögler von den Vereinigten Stahlwerken, Rudolf Lahs als Leiter der Wirtschaftsgruppe Luftfahrtindustrie und anstelle von Koppenberg Ludger Westrick von den Vereinigten Aluminiumwerken hinzu[53]. Interessanterweise bestand das Gremium also in seiner Mehrheit aus führenden Industriellen von branchenfremden Unternehmen. Nur Frydag und Lahs standen in direkter Beziehung zu Flugzeugherstellern. So diente der Industrierat auch dazu, die übrigen Industriezweige mehr für die Fertigung der Luftwaffe einzuspannen. Allerdings war er vorerst nur ein beratendes Gremium, das Vorschläge zur Rationalisierung und zur Leistungssteigerung der Luftrüstung ausarbeiten sollte. Exekutivorgan blieb weiterhin das RLM über den Generalluftzeugmeister[54].

Um die Luftrüstungsindustrie im Sinne einer größeren Selbstverantwortung aktiv in die Planung und Durchführung der Rüstungsendfertigung einschalten zu können, erließ Göring im August 1941 »im Zuge der Ausweitung der Luftrüstungsindustrie und zum Zwecke der klaren Führung« die Zusammenfassung gleichgerichteter Industriezweige zu Ringen. Die Ringführer waren für die Rüstungsprogramme verantwortlich[55]. In einem Ring waren alle Firmen zusammengeschlossen, die sich mit der Produktion von bestimmten Flugzeugmodellen befaßten. Zum ersten Mal war jetzt auch die Luftfahrtindustrie in die Planung und Organisation der Produktion einbezogen, was ja vorher ausschließlich dem Generalluftzeugmeister oblag.

Ihre endgültige Form fanden die »Selbstverwaltungsorgane« mit der Umorganisation vom April 1942[56]. In enger Anlehnung an das von Todt und Speer konzipierte System von Ausschüssen wurden nun drei Hauptausschüsse gebildet, nämlich der Hauptausschuß Zellen unter Frydag, der Hauptausschuß Triebwerke unter Werner und der Hauptausschuß Flugzeugausrüstung unter Direktor Heyne von der AEG (vgl. Abb. 17). Ihnen unterstanden jeweils eine Anzahl von Sonderausschüssen, die mit der Produktion von

---

53 Eichholtz, Geschichte der deutschen Kriegswirtschaft, Bd 2, S. 12, 32; Bleyer, Staat und Monopole, S. 41f.

54 Overy, German Aircraft Production, S. 236.

55 Zit. nach: Weyres von Levetzow, Deutsche Rüstungswirtschaft, Anmerkungsapparat, S. 21, Anm. 14; zur Organisation der Ringe vgl. Overy, German Aircraft Production, S. 237f.; Hertel, Flugzeugbeschaffung, S. 163f., MGFA, LW 16/1.

56 Eichholtz, Geschichte der deutschen Kriegswirtschaft, Bd 2, S. 65f.

Abb. 17: Hauptausschüsse und Sonderausschüsse der Luftrüstungsindustrie

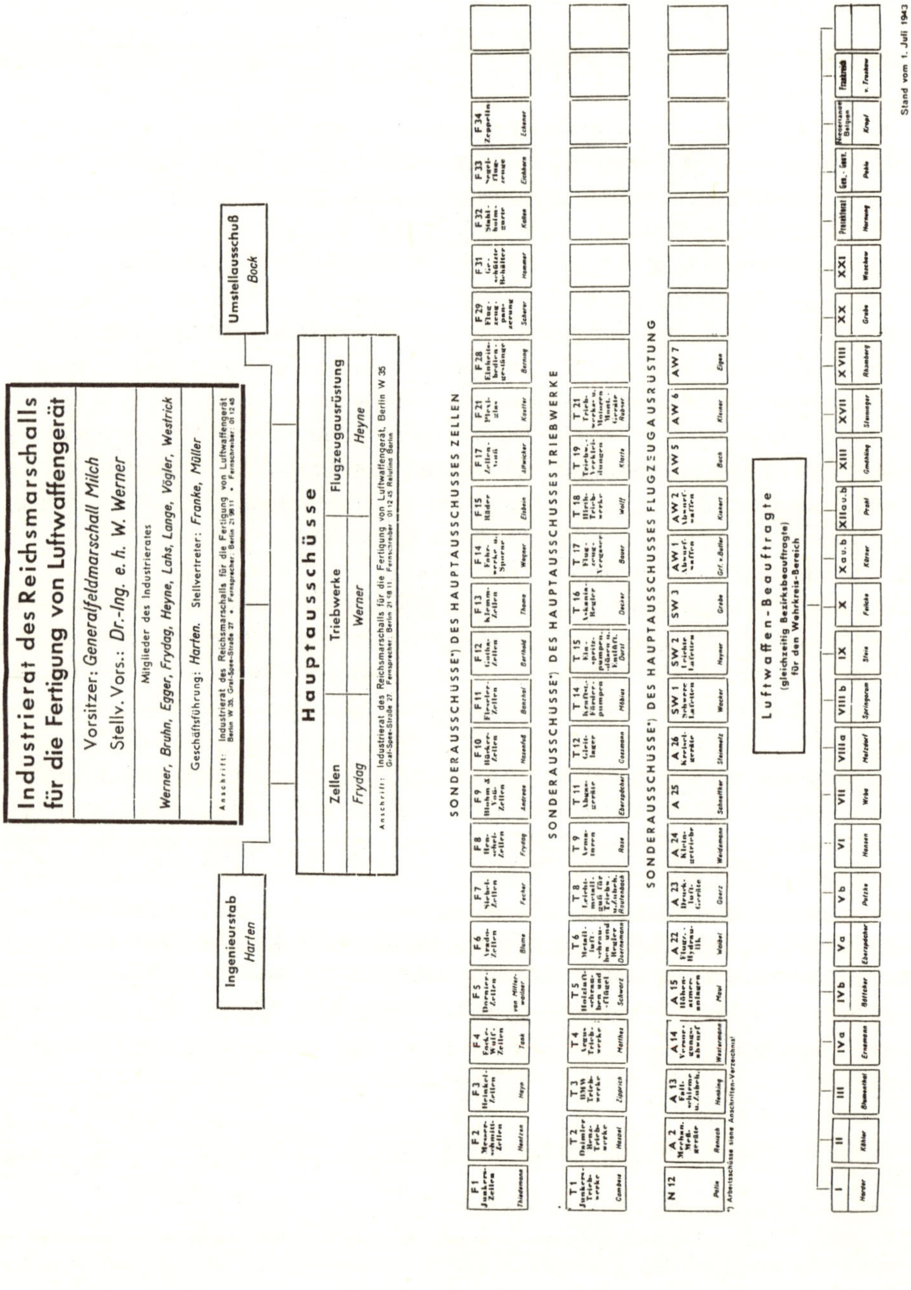

Quelle: BA-MA, RL 1/16

Flugzeugen und Motoren einer Firma oder Geräten eines Typs beschäftigt waren. Abb. 18 zeigt den typischen Aufbau eines Hauptausschusses mit seinen Sonderausschüssen am Beispiel des Hauptausschusses Triebwerke. Die Leiter der Sonderausschüsse rekrutierten sich aus leitenden Angestellten der jeweiligen Rüstungsbetriebe, so beispielsweise Direktor Cambeis von Junkers für den Ausschuß T 1. In einem Ausschuß waren alle Firmen und Unterlieferanten, die in die Produktion eingeschaltet waren, zusammengefaßt. Er steuerte Anforderungen der einzelnen Firmen für Material, Werkzeugmaschinen und Arbeitskräfte. Die jeweiligen Unternehmen waren nun zu einem gewissen Grad für die Durchführung der Fertigung selbst verantwortlich, wenn auch die Gesamtplanung und Programmgestaltung beim Generalluftzeugmeister verblieb[57].

Eine gewisse Zusammenarbeit in entscheidenden Bereichen der Wirtschaftslenkung zwischen Luftwaffe und Speers Ministerium für Bewaffnung und Munition brachte die Einrichtung der »Zentralen Planung im Vierjahresplan« im April 1942, die aus einer Initiative Milchs und Speers hervorgegangen war[58]. Man darf sich jedoch nicht von der Bezeichnung täuschen lassen. Die »Zentrale Planung« war keine Instanz zur Lenkung von Fertigungsprogrammen, sondern ein Koordinierungsgremium, das die Verteilung der Rohstoffe, der Energie und der Arbeitskräfte steuerte und somit über den Einsatz der Ressourcen entschied. Ihr gehörten neben Milch und Speer Staatssekretär Körner vom Vierjahresplan an, der aber keine entscheidende Rolle spielte. Die »Zentrale Planung« zeigt, daß es trotz der Sonderstellung der Luftrüstung als reine Angelegenheit des RLM auf oberster Ebene eine enge Verbindung zur gesamten Kriegswirtschaft gab.

Ähnlich der Verzahnung der Rüstungswirtschaft auf Reichsebene gab es im regionalen Bereich eine enge Zusammenarbeit von militärischen Dienststellen, Partei und Industrie. Die im September 1942 befohlene »Zusammenfassung der Dienststellen und der Selbstverantwortungsorgane der Rüstungswirtschaft in der Mittelinstanz« wurde durch Speers Durchführungsanordnung vom 10. Oktober 1942 näher geregelt[59]. Sie sah die Gründung einer Rüstungskommission vor, der der Rüstungsinspekteur, der Wehrkreisbeauftragte des Ministeriums, der Rüstungsobmann der Ausschüsse und Ringe, die Leiter der Landeswirtschaftsämter, die Präsidenten der Landesarbeitsämter, die Gauwirtschaftsberater und die Präsidenten der Gauwirtschaftskammern angehören sollten. Die Rüstungskommission war jeweils für einen Rüstungsbezirk zuständig, dessen Bereich sich nach den Wehrkreisgrenzen richtete. Abb. 19 zeigt die Organisation der Rüstungswirtschaft auf regionaler Ebene am Beispiel des Rüstungsbezirkes VII, der die industriellen Ballungsräume München und Augsburg umfaßte. Luftwaffeninteressen konnten hier durch die Rüstungsinspektion und die Rüstungskommandos, die jeweils über eine eigene Luftwaffenabteilung verfügten, sowie über den Bezirksbeauftragten des entsprechenden Hauptausschusses eingebracht werden. Die Hauptaufgaben der Rüstungskommission erstreckten sich einerseits auf die Überwachung des störungsfreien Ablaufs von Wehrmachtaufträgen, ande-

---

[57] Hertel, Flugzeugbeschaffung, S. 163–166, MGFA, LW 16/1.

[58] Weyres von Levetzow, Deutsche Rüstungswirtschaft, S. 7 f.; Eichholtz, Geschichte der deutschen Kriegswirtschaft, Bd 2, S. 79–86; Janssen, Ministerium Speer, S. 56–59.

[59] Der Reichsminister für Bewaffnung und Munition, Nr. 9041/16/217 vom 10. 10. 1942, BA-MA, RMfRuK/540.

Abb. 18: Aufbau des Hauptausschusses Triebwerke mit Sonderausschüssen

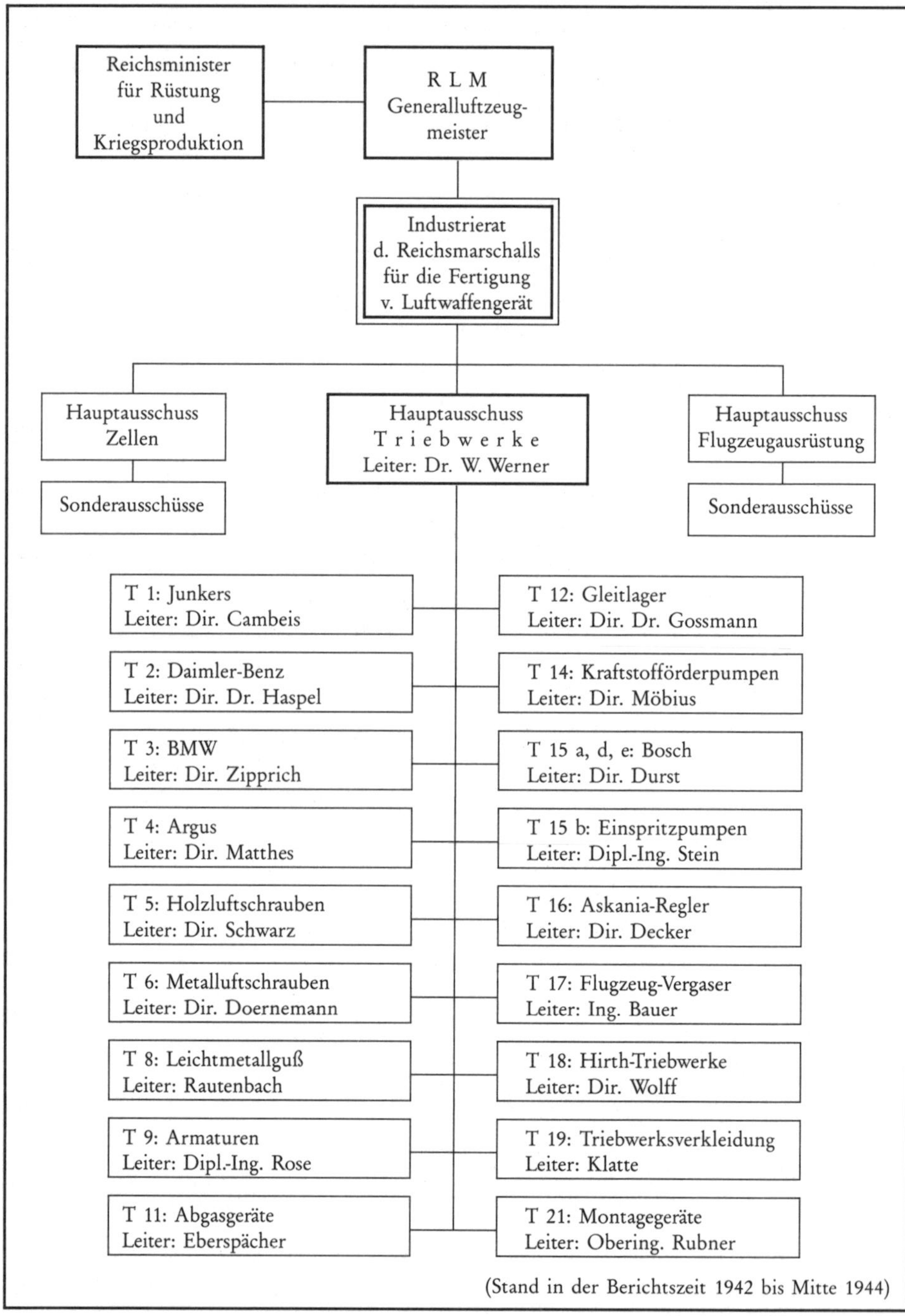

Quelle: Industrierat des Reichsmarschalls für die Fertigung von Luftwaffengerät, Leistungsbericht, Hauptausschuß Triebwerke, BA-MA, RL 3/1895.

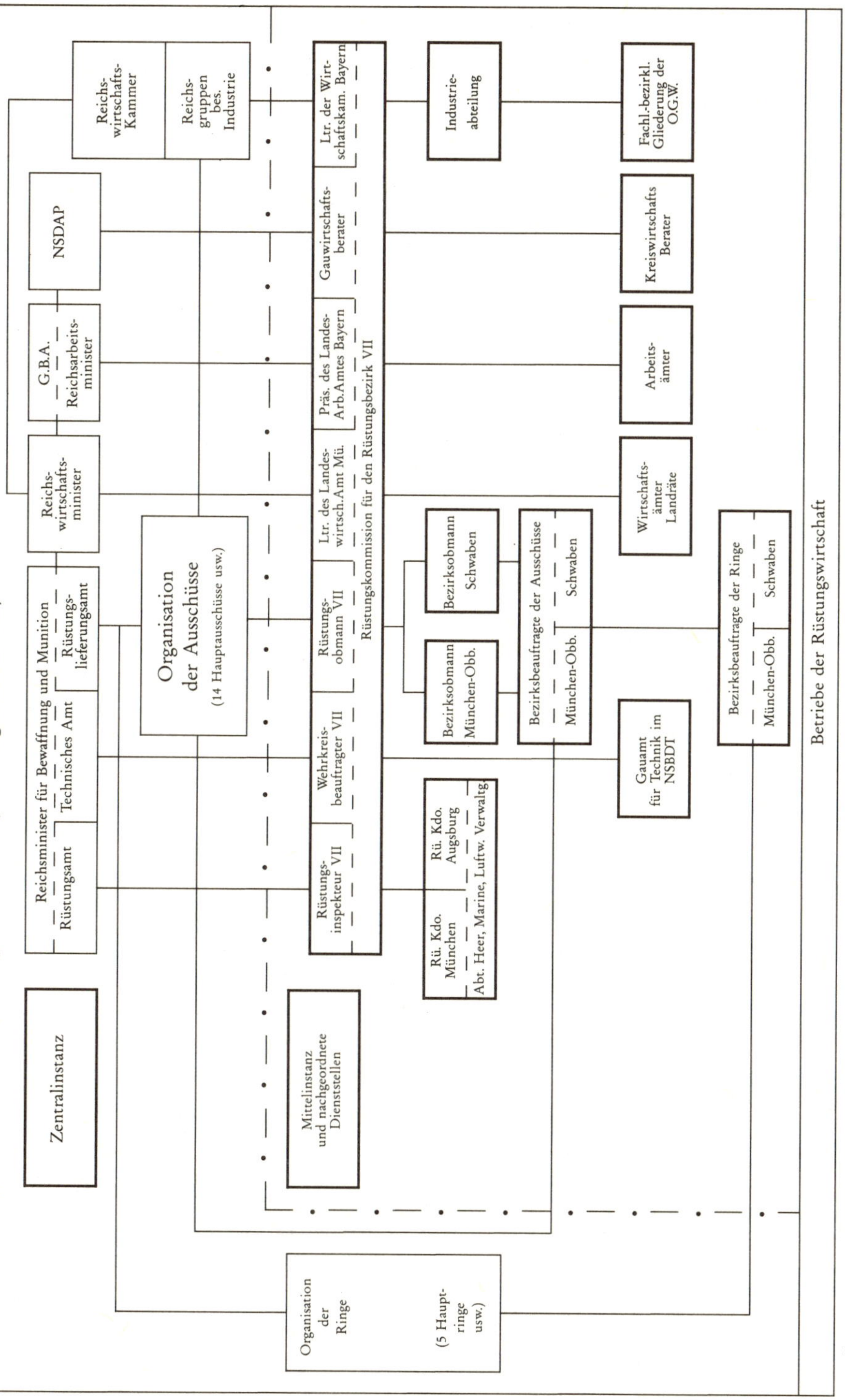

Abb. 19: Die Organisation der Rüstungswirtschaft (Rüstungsbezirk VII)

Quelle: BA-MA, RMfRuK/540.

rerseits auf die Zuteilung von Arbeitskräften, die Versorgung mit Produktions- und Betriebsmitteln und die Einhaltung der Reihenfolge der Dringlichkeitseinstufungen. Insgesamt war ein enges Netz von Kontroll- und Verwaltungsinstanzen über die Rüstungsindustrie ausgeworfen worden. Anders als in der Phase von 1933 bis 1941 waren jetzt die Vertreter der Industrie in weit größerem Maße an der reibungslosen Produktion von Kriegsgerät beteiligt. Eine klare Trennung von staatlicher Lenkung und privatwirtschaftlichem Interesse läßt sich ab 1942 kaum mehr feststellen, denn die Unternehmer waren selbst Bestandteil der quasi-staatlichen Lenkungsorgane geworden. Staat und privates Kapital standen in einem eng verflochtenen Verhältnis zueinander. In dieser Beziehung bestätigen sich die Theorien des »staatsmonopolistischen Kapitalismus« oder des »organisierten Kapitalismus« durchaus[60]. Die Unternehmer wurden zu gut funktionierenden Rädchen im System. Sie erhielten ab 1941/42 in zunehmendem Maße wieder Einfluß auf den Fortgang der Rüstungsanstrengungen. Dennoch stellt sich die Frage, ob sie einen dynamischen Faktor darstellten oder ob sie sich nur den veränderten Bedingungen der Kriegswirtschaft anpaßten. Natürlich strichen die einzelnen Firmen durch die Rüstungskonjunktur des Krieges ungeheuere Profite ein. Das beste Beispiel dafür ist die Messerschmitt AG. Die Firma, die ursprünglich den Namen Bayerische Flugzeugwerke trug, war mit einem Kapital von 400000 RM gegründet worden. Am Ende des Krieges umfaßten das Vermögen und alle Kapitalanlagen 106001000 RM. 1944 waren über 50% aller in Deutschland hergestellten Flugzeuge von Messerschmitt und seinen Lizenznehmern gebaut worden, insgesamt 17401[61]. Homze urteilt: »Growth of that magnitude in twelve years, even during a world war, must constitute a record in the annals of modern German business history[62].«
Dennoch erfuhr gerade Willy Messerschmitt, Firmenmitbegründer und Anteilseigner der Messerschmitt AG, wie die wahren Machtverhältnisse im Dritten Reich lagen. Als sein Werk wegen der Fehlkonstruktion der Me 210 in einer tiefen Krise steckte und die Luftwaffenforderungen nicht mehr erfüllen konnte, drohte Milch mit der Einsetzung eines Kommissars[63]. Daß das keine leere Drohung war, zeigt das Beispiel der V.D.M., des führenden Propellerherstellers, wo die Direktoren durch einen Kommissar abgelöst wurden, als sie 20% hinter dem Liefersoll zurückblieben[64]. Im »Familienrat« der Anteilseigner einigte man sich schließlich darauf, Messerschmitt durch den bisherigen Aufsichtsratsvorsitzenden, den SS-General Theo Croneiß, zu ersetzen. Messerschmitt mußte die Leitung der Firma abgeben und behielt nur den technischen Bereich unter sich[65].
In ähnlich rüder Weise wurde auch der früher so mächtige Generaldirektor von Junkers, Koppenberg, entlassen, dessen Herkunft vom Flick-Konzern gerade als Beweis für den Einfluß des Großkapitals auf das verstaatlichte Luftfahrtunternehmen angeführt

[60] Vgl. Winkler, Einleitende Bemerkung zu Hilferdings Theorie des organisierten Kapitalismus; Kocka, Organisierter Kapitalismus oder Staatsmonopolistischer Kapitalismus?
[61] Angaben nach USSBS, Messerschmitt AG Augsburg, Germany, (European Report, No. 11), Overall-Report, S. 7; ebd., T. A, S. 1.
[62] Homze, Arming, S. 196.
[63] Irving, Tragödie, S. 221; Ishoven, Messerschmitt, S. 271.
[64] Irving, Tragödie, S. 223.
[65] Ishoven, Messerschmitt, S. 271.

wird[66]. Als er den neuen Bomber Ju 288 nicht schnell genug in die Serienfertigung brachte, wurde er von Milch seines Postens enthoben[67]. Trotz aller Möglichkeiten zur »Selbstverantwortung« der Industrie griffen die Machthaber der Luftwaffenführung energisch durch, wenn sie ihre Interessen gefährdet sahen.

Um kein Mißverständnis aufkommen zu lassen: Es geht hierbei nicht darum, die Unternehmer der Luftfahrtindustrie im Sinne einer Apologie als Verfolgte des Nazi-Regimes darzustellen. Die Luftfahrtindustriellen machten sich durchaus als Komplizen des Dritten Reiches durch die Ausbeutung zahlloser Zwangsarbeiter und KZ-Häftlinge schuldig. Messerschmitt selbst schrieb an den Kommandanten des Konzentrationslagers Dachau, um KZ-Häftlinge für das Werk Augsburg zu bekommen, und äußerte den Wunsch, daß die »Zusammenarbeit in Zukunft eine immer engere und verständnisvollere sein und uns zu noch größeren gemeinsamen Erfolgen verhelfen möge«[68]. Die genannten Direktoren der Luftfahrtindustrie waren ja auch nicht entlassen worden, weil sie Widerstand geleistet oder sich kritisch über den Kurs des Dritten Reiches ausgelassen hätten, sondern weil sie den Forderungen nach hohen Produktionsergebnissen nicht genügen konnten.

Die Vorgänge zeigen jedoch, daß sich auch ab 1941 die Machthaber des Dritten Reiches die Vorrangstellung in der Luftrüstung sicherten und ihren Willen durchsetzten. Die Industrie ließ sich vor den Karren der nationalsozialistischen Rüstungspolitik spannen und trug mit ihrem Sachverstand und ihrer Leistung zur Stabilisierung des Systems auch in einer kritischen Phase des Krieges bei.

Wenn Martin Kutz recht polemisch die »BRD-Historie« angreift, weil sie die Geschichte der Kriegswirtschaft zu sehr über legislative und exekutive Akte des Staates interpretiere, in der die handelnden Staatspersonen in quasi eigener Verantwortung aufträten, die ökonomischen Interessen jedoch nur noch als »Einflüsse« auf die autonomen staatlichen Organe betrachtet würden, und deshalb die Frage nach den treibenden Kräften zu kurz komme[69], so muß ihm entgegenhalten werden, daß für die Luftfahrtindustrie gerade die Frage nach den »treibenden Kräften« eben auch zu solchen Ergebnissen führt. Kutz kritisiert, daß die Konzentration auf staatliche Akten nur eine formale Verantwortlichkeit erkennen lasse, nicht aber die inhaltliche Verantwortung aufzeige. Allerdings scheint mir die Interpretation von vorliegenden Akten die weit fundiertere Methode zu sein, als aufgrund einer partiellen Interessenidentität von Industrie und nationalsozialistisch bestimmten Staatsorganen durch die Profitinteressen der Unternehmer auf irgendwelche dunklen Kräfte des »Monopolkapitals« zu schließen, die den strategischen Kurs Deutschlands bestimmt hätten. Das Reichsluftfahrtministerium unter Göring bewahrte sich über weite Strecken der Geschichte des Dritten Reiches eine autonome Stellung über die Lenkung der Investitionen, die Auswahl von einzelnen Flugzeugmustern und die zentralen Fragen der Produktion. Mit dieser Feststellung geht es nicht darum, »über die Individualisierung von Schuld das politisch-ökonomische System als Ganzes wenigstens indirekt zu entla-

[66] Vgl. Hallgarten/Radkau, Deutsche Industrie und Politik, S. 258.
[67] Irving, Tragödie, S. 197.
[68] Brief Messerschmitts an Sturmbannführer Weiss vom 20.7.1943, IWM, Speer Collection, FD 4355/45, Vol. 3, S. 334.
[69] Kutz, Kriegswirtschaft und Historiographie, S. 234f.

sten«[70]. Die führenden Luftfahrtindustriellen können aus ihrer Verantwortung als Erfüllungsgehilfen der gewalttätigen Ziele des NS-Systems nicht entlassen werden. Allerdings ergibt sich eben für die Verantwortlichkeit bei der Umsetzung von innovativer Technologie in brauchbare, serienreife Waffensysteme ein falsches Bild, wenn einseitig von der Macht der »Monopolherren« ausgegangen wird[71]. Es wird deshalb für die Geschichte der Raketenwaffen und Düsenflugzeuge zu zeigen sein, wie sich das spezielle Wirtschaftssystem des Nationalsozialismus ausgewirkt hat und welche Verantwortung der Industrie bei der Entwicklung und Produktion zukommt. In den folgenden Kapiteln soll daher weiteres Material ausgebreitet werden, um die oben angeführten Thesen zu fundieren.

2. Der Weg zur Entscheidung für die Produktion der Strahlflugzeuge

a) Die Straffung des Entwicklungsprogramms

Ähnlich wie bei Luftwaffenführung und Industrie bewirkte die sich verschlechternde Kriegslage einschneidende Änderungen in der Entwicklung des Turbinenantriebs. Bisher hatte man alle Motorenhersteller auf breiter Basis an ihren Projekten arbeiten lassen. Die Triebwerksabteilung des Technischen Amtes war aber daran interessiert, möglichst schnell ein einsatzfähiges Turbinenluftstrahltriebwerk in die Serienfertigung zu geben. Es war klar, daß dafür eine Straffung des ganzen Programms notwendig war und man sich auf einige wenige Typen beschränken mußte. Im Sommer 1942 hatten dann die Überlegungen im Technischen Amt Gestalt angenommen. Am 11. Juli gab Wolfram Eisenlohr, der Chef der Triebwerksabteilung, einen Überblick über die laufende Entwicklung und ihre technische Auslegung, die sich in der Gesamtübersicht folgendermaßen gestaltet[72]:

Abb. 20: Bauausführung der Erstauslegung mit geplanten Änderungen

Firma	Geräte-Nr.	Verdichter	Brennkammer	Turbine	Schubdüse
Heinkel	TL-001 He S 8	~~Radial 1stufig~~	Ringbrennk.	~~Radial 1 stufig, ungekühlt~~	~~fest~~
Heinkel	TL-008 He S 30	Axial ~~5 stufig~~	Einzelbrennk.	Axial 2stufig, ~~ungekühlt~~	~~fest~~
Jumo	TL-004	Axial 8stufig	Einzelbrennk.	Axial ~~1stufig, ungekühlt~~	verstellbar
BMW	TL-003 P 3302	Axial 7stufig	~~Ringbrennk.~~	Axial ~~1stufig,~~ luftgekühlt	verstellbar
BMW Weinrich	TL-002 P 3304	Axial 8stufig, gegenläufig	Ringbrennk. gegenläufig	~~Axial 6stufig, ungekühlt~~	verstellbar
DB	ZTL-007	Axial 9stufig, gegenläufig	Ringbrennk.	~~Axial 1stufig, teilbeaufschlagt~~	verstellbar
				✕ wird geändert	

[70] Ebd., S. 235.

[71] Bleyer, Staat und Monopole, S. 55; Gehrisch, Entwicklung der Luftfahrtindustrie, S. 8f.

[72] GL/C Nr. 193/42 g.Kdos., Entwicklung von Luftstrahltriebwerken vom 11.7.1942, Abb. 2, BA-MA, RL 3/1133.

Die Aufstellung zeigt, daß mittlerweile auch Daimler-Benz mit dem Projekt eines Zweistromstrahltriebwerkes in die Technologie eingestiegen war. Allerdings kam das Umdenken bei den Stuttgartern recht spät, denn erst 1941 begannen die eigentlichen Entwicklungsarbeiten an dem DB-007-Triebwerk[73].

Zur Beurteilung der Bauauslegung der einzelnen Typen vermerkte der Bericht: »Bei L-Triebwerken ist die Verwendung des Radialverdichters wegen der zu niedrigen Wirkungsgrade als überholt anzusehen. Bei Axialverdichtern hat sich gezeigt, daß ein viel höherer Wirkungsgrad zu erzielen ist, als vorher angenommen werden konnte[74].« Damit war die He-S-8-Turbine mit ihrem Radiallader bereits nicht mehr aktuell. Es sollte nur eine Anzahl von Versuchstriebwerken hergestellt werden, »um weiterhin grundlegende Erfahrungen sammeln zu können«[75]. Auch das von Max Adolf Müller entwickelte He-S-30-Triebwerk fand keine Gnade. Da es in der gleichen Leistungsklasse wie das Jumo-004- und das BMW-003-Aggregat lag, diese aber schon weiter fortgeschritten waren, schien eine Weiterverfolgung des Heinkel-Projekts nicht zweckmäßig. Heinkel sollte vielmehr eine völlig neue Strahlturbine einer höheren Leistungsklasse entwickeln, in der die Erfahrungen mit dem Radial- und Axiallader miteinbezogen werden konnten. Bei der He S 11 genannten Turbine wurde deshalb »eine kombinierte Bauform einer Diagonal-Vorstufe mit nachgeschalteten Axialstufen verwendet«[76]. Es war aber klar, daß dieses Triebwerk erst in einigen Jahren serienreif werden konnte. Zusammen mit dem Daimler-Benz-Projekt sollte es der Grundstock für die folgende Generation von Strahltriebwerken werden. Den Zuschlag für die nächste Zukunft erhielten aber Junkers und BMW. Eisenlohr führte dazu aus: »Es ist geplant, dabei den Schwerpunkt auf die Junkers-Entwicklung zu legen und das Gerät in verschiedenen Baureihen in die Serie zu bringen, so daß das entsprechende Flugzeug — Me 262 — mit Junkerstriebwerk zum Fronteinsatz kommen wird. [...] Das BMW-Gerät wird als Sicherheitsentwicklung bis zum Serienlauf mitgezogen, da nicht vorausgesehen werden kann, ob bis zu dieser Zeit ein direkter Bedarf von BMW-Triebwerken für Schnellkampfflugzeuge vorliegen wird[77].«

Damit waren die Weichen für die kommenden Jahre gestellt. Tatsächlich gingen während des Krieges nur noch die Jumo-004- und die BMW-003-Turbine in Serie, allein die Jumo 004 wurde in größeren Stückzahlen hergestellt. Heinkel hat nach dem Krieg diese Entscheidung heftig kritisiert und dabei vor allem Eisenlohrs Referenten Schelp angegriffen: »Ich stehe heute noch auf dem Standpunkt, daß es besser gewesen wäre, die Entwicklung des He S 30 mit allen Mitteln zu vollenden. Statt dessen führte Schelp, und zwar meiner Überzeugung nach nicht nur aus mangelnder Fachkenntnis, eine Entscheidung herbei, welche endgültig den Todesstoß für meine Strahltriebwerksentwicklung bedeutete.« Zugleich tat er die He S 11 als »Irrweg« ab[78]. Aus Heinkels Worten ist die Verbitterung darüber herauszulesen, daß er von den traditionellen Motorenherstellern

[73] Gehrsdorff/Grasmann, Flugmotoren und Strahltriebwerke, S. 203.
[74] BA-MA, RL 3/1133 (wie Anm. 72), S. 18.
[75] Ebd., S. 19.
[76] Ebd., S. 14.
[77] Ebd., S. 32.
[78] Heinkel, Stürmisches Leben, S. 497.

überholt worden war, obwohl er in reiner Privatinitiative die ganze Entwicklung erst ins Rollen gebracht hatte. Es war allerdings wohl abzusehen, daß die erfahreneren Triebwerksbauer dem Outsider Heinkel den Rang ablaufen würden, wenn sie sich erst einmal konzentriert an die Arbeit machten. Die geschilderten Ereignisse sind eine nachträgliche Bestätigung der Politik, die das RLM eingeschlagen hatte, als es die alteingesessenen Motorenhersteller zur Übernahme der neuen Technologie drängte.

Interessanterweise hat von Ohain in einem Brief an den Heinkel-Biographen Köhler der Auffassung seines Chefs entschieden widersprochen und darauf hingewiesen, »daß das von Heinkel favorisierte He S 30 niemals gegen das Jumo-004-Triebwerk oder das BMW-003-Triebwerk konkurrenzfähig hätte sein können, vielmehr zu diesem Zweck in Richtung für höheren Schub und höheres Druckverhältnis hätte umkonstruiert werden müssen, obwohl es zu seiner Zeit in vieler Hinsicht der fortschrittlichste Entwurf eines TL-Strahltriebwerks war«[79]. Übrigens hat von Ohain in dem Schreiben auch die Darstellung bezüglich des »Irrweges« der He S 11 widerlegt.

Insgesamt zeigt die Entscheidung des Technischen Amtes ganz klar, daß es der Triebwerksabteilung vor allem darum ging, möglichst schnell eine zuverlässige Strahlturbine einsatzbereit zu haben. Deshalb wählte sie das unkomplizierteste und ausgereifteste Triebwerk, das Jumo 004, obwohl es durchaus technisch bessere Entwürfe gegeben hätte. Allein dieser Politik ist es zu verdanken, daß in Deutschland vor Kriegsende überhaupt ein Turbinenluftstrahltriebwerk in Serie ging.

Hätte trotz allem die Entwicklung der Strahlturbine nicht noch beschleunigt werden können? Clifford F. Maier hat diese Frage in seiner Dissertation über die Geschichte der Me 262 eindeutig bejaht. Seiner Ansicht nach hätten die Probleme mit den Turbinen ein Jahr früher gelöst werden können, wenn nur mit dem nötigen Willen die Arbeit beschleunigt worden wäre. Als Argument verweist er auf das amerikanische Raumfahrtprogramm nach dem sogenannten Sputnikschock, das in kürzester Zeit den Vorsprung der Sowjetunion einholte[80].

Maiers Vergleich hinkt aber etwas. Es mag durchaus richtig sein, daß ein heilsamer Schock die Sache der Strahlturbine beschleunigt hätte, allerdings fehlte ein solcher in den ersten Kriegsjahren. Ein Blick auf die angesprochene Geschichte des Luftkrieges genügt, um zu sehen, daß die Luftwaffenführung in den Jahren 1939—1941 keinen Grund hatte, mit ihrer Ausrüstung, vor allem mit ihren Jagdflugzeugen, unzufrieden zu sein. Wohl weckten die Luftangriffe der Engländer den Wunsch nach »Vergeltung«, dazu brauchte man aber Bomber, nicht schnelle Jagdflugzeuge. Deutschlands »Sputnikschock« im Luftkrieg kam erst mit den kombinierten Tages- und Nachtangriffen der Angloamerikaner, die in der Katastrophe von Hamburg gipfelten. So ist es nicht verwunderlich, daß die hektische Diskussion um die Einführung der Strahlflugzeuge erst im Sommer 1943 einsetzte. Vorher bestand in den Augen der obersten Führung des Reiches einfach kein Handlungsbedarf. Die Entwicklung der Triebwerke lief daher in den ersten Kriegsjahren vollkommen normal ab, weder unterbrochen durch einen angeblichen Entwicklungsstopp, noch beschleu-

---

79 Köhler, Ernst Heinkel, S. 203.

80 Maier, Development of the Me-262, S. 154.

nigt durch den dringenden Bedarf an modernsten Jagdflugzeugen. Die Turbinen waren vorerst eine Konkurrenz zu den herkömmlichen Kolbenmotoren, und ohne die Verschlechterung der allgemeinen Kriegslage wären sie wohl noch länger als eher abseitige Spielerei angesehen worden. Der Konkurrenzkampf zwischen »normal technology« und »new technology« zog sich eben bis zu den letzten Kriegsjahren hin. Einige Kritiker der Luftwaffe mögen zwar das späte Erscheinen der Düsenjäger bedauern, aber allein von den gegebenen Tatsachen her ist die Haltung der Luftwaffenführung durchaus verständlich.
Mitte 1942 hatten zwar die Triebwerksfachleute des Technischen Amtes den weiteren Kurs der Entwicklung der Strahltriebwerke festgelegt, es war aber nicht klar, welche Flugzeuge wann und wo in die Produktion gehen sollten. Wie bereits dargestellt, war sich ja noch nicht einmal die Messerschmitt AG im Juli 1942 darüber im klaren, ob die Me 262 ein zukunftsträchtiges Projekt sei, das eine forcierte Weiterarbeit lohnte[81]. Die Gedanken der oberen Luftwaffenführung und des Generalluftzeugmeisters kreisten eher um das auch von Hitler geforderte »Schnellbomber«projekt als um die Ausrüstung der Jagdwaffe. Schon im Mai 1942 war auf einer Generalluftzeugmeisterbesprechung der »Gewaltaufklärer mit Strahltriebwerken« Ar 234 angesprochen worden, der auch als Bomber eingesetzt werden könne und dabei 500 kg Bomben auf ca. 1500 km rechnerische Flugstrecke mitführen könne. Mit dem Einsatz wurde allerdings erst 1944 gerechnet[82]. Als Jäger der nächsten Generation galt zu dieser Zeit die Me 309, die als Nachfolgemuster der berühmten Me 109 konzipiert war[83]. Immer noch herrschten bei der Luftwaffenführung der Angriffsgedanke und die Angriffsrüstung vor, doch die He 280 und die Me 262 waren nun einmal als Jäger ausgelegt.
Am 17. August 1942 traf Dipl. Ing. Beauvais von der Luftwaffenerprobungsstelle Rechlin auf dem Flugplatz Leipheim ein, um die Me 262 zu testen. Beauvais war ein erfahrener Flieger, dennoch hatte er Schwierigkeiten beim Start, schoß über die Startbahn und machte Bruch. Glücklicherweise kam er mit leichten Verletzungen davon. Der Unfall war das Ergebnis der konventionellen Bauart des Fahrwerks mit einem kleinen Spornrad statt eines Bugrades, wie es die He 280 bereits aufwies. Die Wirkung des Höhenruders der Me 262 war dadurch stark herabgesetzt und erlaubte es auch bei hoher Geschwindigkeit nicht, die Maschine in die horizontale Fluglage zu bringen. Der Pilot mußte deshalb in einem halsbrecherischen Manöver kurz auf die Bremse treten, um dadurch das Höhenleitwerk aus der Flügelnachlaufströmung zu bringen. Trat er dabei zu stark auf die Bremse, überschlug sich das Flugzeug, bremste er zu schwach, schoß er über die Platzgrenze hinaus, und genau das war auch Beauvais passiert[84]. Es war klar, daß die Me 262 mit dieser Startmethode bei weitem noch kein einsatzreifes Muster war, und Messerschmitt mußte die Maschine auf ein Bugradfahrwerk umkonstruieren. Wenn aber Ernst Heinkel in seinen Memoiren kritisiert, seine »fertige He 280« sei durch die »erst halbfertige Me 262« ersetzt worden, so entspricht dies nicht den Tatsachen[85]. Als nämlich Haupt-

[81] Vgl. Messerschmitt AG, Der Betriebsführer vom 17.7.1942, BA-MA, RL 3/1102.
[82] Abschrift, GL/C-E2/II, (Vortrag C-E2/Chef über Schnellkampfflugzeuge am 12.5.1942 vor ChefGenst.) vom 11.5.1942, BA-MA, RL 3/14, S. 555f.
[83] GL-Besprechung vom 19.6.1942, BA-MA, RL 3/15, S. 1108, 1111.
[84] Ziegler, Turbinenjäger Me 262, S. 28ff.; Green, Warplanes, S. 621; Interview Beauvais.
[85] Heinkel, Stürmisches Leben, S. 502.

mann Wolfgang Späte, der mit der Erprobung des Me-163-Raketenjägers betraut war, und deshalb durchaus die Strahlflugzeugtechnik kannte, die He 280 im März 1943 testete, meldete er anschließend: »Der Eindruck, den das Flugzeug beim Fliegen machte in Verbindung mit den vom Werk gemachten Leistungsangaben, läßt kaum die Erwartung zu, daß das Flugzeug in dieser Form frontverwendungsfähig gemacht werden kann (Startstrecke, Steigfähigkeit, Höchstgeschwindigkeit, Gipfelhöhe usw. sind ungünstiger als bei der BF 109). [...] Im übrigen erscheint die Me 262 als die weitaus aussichtsreichere Entwicklung der durch TL-Geräte angetriebenen Flugzeugmuster[86].« Die beiden Tests zeigen klar, daß entgegen den vollmundigen Versprechungen ihrer Hersteller die Düsenjäger vorerst noch unfertige Prototypen waren, und die Luftwaffe war gut beraten, auf dem Feld des Strahlantriebes nichts zu überstürzen.

Es ist auch nicht richtig, daß Beauvais' Unfall mit der Me 262 das Interesse des RLM an der Maschine abgekühlt hätte, wie es der USSBS in seiner Spezialstudie zur Geschichte der Me 262 vermerkt[87]. Am 8. August hatte die Messerschmitt AG dem RLM den Bau von fünf weiteren Versuchsmustern (V 6—10) vorgeschlagen, gleichzeitig aber darauf hingewiesen, daß die in Auftrag gegebene Nullserie von 10 Maschinen noch nicht geplant sei, da die bisherigen Flugergebnisse noch einen größeren zusätzlichen Konstruktionsaufwand erwarten ließen[88]. Damit hatte die Firma zugegeben, daß die Me 262 noch nicht einmal reif für die Vorserie war. Das Flugzeugprogramm Nr. 222 vom 1. September 1942 sah deshalb von Seiten des RLM pauschal für die He 280 und die Me 262 jeweils 10 Vorserienmaschinen vor, legte aber noch keine Termine fest[89]. Im Oktober forderte das Technische Amt dann den Bau einer Vorserie von 40 Me 262 und 20 He 280, wobei die erste He 280 bereits im Januar 1943 geliefert werden sollte, die erste Me 262 im Juli 1943[90]. Messerschmitt sah sich aber nicht imstande, diesen Auftrag einhalten zu können. Die Firma sicherte den Bau von fünf weiteren Versuchsmustern, beginnend im August 1943, und einer Vorserie von 25 Stück ab Januar 1944 zu, unter der Bedingung, daß dem Werk Augsburg 600 Arbeitskräfte, davon 200 Fachkräfte, zur Verfügung gestellt würden[91]. Das sich nun über die nächsten Jahre hinziehende Feilschen um Arbeiter, vor allem um Facharbeiter, hatte begonnen.

Mittlerweile war auch die sich langsam abzeichnende technische Unterlegenheit gegenüber den Alliierten ins Bewußtsein der obersten Luftwaffenführung gedrungen. Im September hatte sich Göring in seiner »großen Standpauke« vor den Vertretern der Luftfahrtindustrie bitter darüber beklagt, daß die Luftwaffe weder über einen geeigneten

---

[86] Arbeitsbericht 18 des Erprobungskommandos 16 vom 16.3.1943, BA-MA, RL 36/60, S. 103f.; vgl. Späte, Der streng geheime Vogel, S. 135.

[87] USSBS, Aircraft Division, Air Frames Plant Report No. 6 (European Report, No. 11), Messerschmitt A.G. Augsburg, Appendix III, Report on Messerschmitt Me-262, S. 2.

[88] Messerschmitt A.G., Augsburg vom 8.8.1942, BA-MA, RL 3/1101, S. 192.

[89] Flugzeugprogramm, Nr. 222, 2233/42 g.Kdos. vom 1.9.1942, BA-MA, RL 3/1020.

[90] Flugzeugprogramm, Liefervorschlag Me 163, Me 262, He 280, GL/C-B2I Nr. 5117/42 g.Kdos. vom 30.11.1942, BA-MA, RL 3/1048.

[91] Vgl. ebd.; Schreiben an den Chef des Technischen Amtes im Reichsluftfahrtministerium, Oberst i.Genst. Vorwald vom 10.11.1942, BA-MA, RL 3/1101, S. 148.

Schnellbomber noch über ein überlegenes Jagdflugzeug verfüge, und damit gedroht, jede Privatinitiative in der Industrie abzuschaffen[92]. In diesem Zusammenhang ist für die spätere Geschichte der Me 262 sehr interessant, was Willy Messerschmitt in einem Aktenvermerk zu seiner Rechtfertigung niederlegte. In bezug auf Górings Forderung nach einem Schnellbomber stellte er fest: »Der Schnellbomber der Zukunft, wie ihn sich der Reichsmarschall vorstellt — er sprach von allmählicher Erreichung der Schnellgeschwindigkeit (sic) — kann nur mit Strahltriebwerken gelöst werden. Auch hier sind gerade bei uns in weitem Maße Vorarbeiten geleistet. Ich erinnere an die Förderung der Entwicklung von Flugzeugen mit gepfeilten Flügeln, an die Schaffung der 328 und an die 262, deren Ausführung als Schnellbomber dem RLM schon lange als Entwurf vorliegt und die schon als V-Flugzeug erfolgreiche Flüge hinter sich gebracht hat[93].«

Der in der Luftwaffe vorherrschende Angriffsgedanke mit der Forderung nach Bombern wurde also von führenden Leuten der Industrie nicht kritisiert, sondern Messerschmitt selbst diente seinen Me-262-Düsenjäger auch als Schnellbomber an, was Hitlers »Blitzbomber«entscheidung ein Jahr später in einem anderen Licht erscheinen läßt. Auch im Generalluftzeugmeisterbereich hieb man in dieselbe Kerbe. »Die Entwicklung der TL-Triebwerke und der schwanzlosen Bauweise sowie Machzahlforschung sind für eine spätere Ablösung des Schnellkampfflugzeugs dringend weiter zu verfolgen«[94], hieß es im November.

Der Durchbruch für die Strahlflugzeuge auch als Defensivwaffen kam dann vier Wochen später. Am 10. Dezember gab Milch einen Befehl heraus, der alle Projekte auf dem Gebiet des Strahlantriebs zu einem Programm zusammenfaßte[95]:

»Die unbedingte Forderung nach qualitativer Überlegenheit des deutschen Luftwaffengeräts über dem des feindlichen Auslandes veranlaßt mich, die Zusammenfassung eines vordringlichen Entwicklungs- und Beschaffungsprogramms unter dem Kennwort ›Vulkan‹ zu befehlen.

Die unter diesem Kennwort laufenden Aufgaben haben innerhalb der Luftwaffe absolut erste Dringlichkeit. [...]

Das Programm umfaßt folgende Geräte:

A) Flugzeuge

Me 163:	Einsitziger Interceptor mit Strahlantrieb
Me 262:	Einsitzige Jagdflugzeuge
He 280:	mit 2 TL-Triebwerken
Me 328:	Einsitziger Schnellbomber aus Holz mit 2 Argusrohren für die Küstenverteidigung
Ar 234:	Einsitziger Aufklärer mit 4 TL-Triebwerken

[92] Stenographischer Bericht über die Besprechung des RM Göring mit Vertretern der Luftfahrtindustrie über Entwicklungsfragen, BA-MA, RL 3/60, S. 5277 ff.

[93] Aktenvermerk g. Kdos. TDM/25/249 (Betr.: Vortrag des Reichsmarschalls vor einer Abordnung der Flugzeug-, Motoren- und Waffenindustrie im RLM am 13.9.1942), IWM, Speer Collection, FD 4355/45, Vol. 4, S. 3.

[94] Bericht Nr. 12 über die Entwicklungsbesprechung am 13.11.42, BA-MA, RL 3/42, S. 6500.

[95] ST/GL, GL/C-Nr. 845/42 g. K. (E/J) vom 10.12.1942 (ST/GL-Befehl Nr. 480, Betr.: Entwicklungs- und Beschaffungsprogramm »Vulkan«), BA-MA, RL 36/54.

B) Ferngelenkte Körper

Hs 293:	Ferngelenkte Gleitbombe mit verschiedenen Varianten, insbesondere mit Fernbildanlage
Hs 294:	Ferngelenkter Gleittorpedo
Fritz X:	Ferngelenkte Fallbombe
Fi 103:	Kirschkern [die spätere V 1]

C) Strahltriebwerke

Jumo	- 004	[Turbinenluftstrahltriebwerk]
BMW	- 003, -018	[dito]
He	- 011	[dito]
DB	- 007	[dito]
Argus	- 014	[Pulso-Schubrohr für die V 1]
	- 024	[dito]
Walter	- R II -260	[Raketentriebwerk]
	- 260 a	[dito]
Schmidding	- R II -102 a	[dito]
Walter	- R II -260 b	[dito]
Schmidding	- R II -102 b	[dito]
Walter	- R II -211	[dito]
BMW	- R II -303	[dito]«.

Abschließend wurde vermerkt: »Weitere Geräte, deren Projektunterlagen noch nicht ganz abgeschlossen sind, werden nach ihrer Festlegung zur Ergänzung dieses Programms nachträglich benannt. Es handelt sich hierbei um Schnellbomber und Zerstörer mit Strahlantrieb sowie weitere ferngelenkte Körper.«

Für die bereits vorhandenen Typen von Düsenjägern war diese Anordnung ein enormer Impuls. Er zeigt, daß Milch sehr wohl mit großer Energie die Strahlflugzeugprojekte aufgriff, als sich deren Durchführbarkeit endgültig abzeichnete. Allerdings blieb er skeptisch gegenüber dem Zeitraum, in dem die neuen Muster in Dienst gestellt werden konnten. Nur zwei Tage nach seinem Befehl erklärte er nämlich auf einer der regelmäßigen Entwicklungsbesprechungen: »Sowohl beim Jäger wie beim Schnellbomber ist für eine Ablösung immer noch eine tragbare Zeit notwendig, mit den alten Triebwerken. Ich glaube nicht, daß die Ablösung für die beiden verbesserten Maschinen, für die 109G oder die 190FW durch den Strahljäger kommen kann, sondern daß dazwischen ein anderer Jäger liegen muß auf der Motorengrundlage[96].« Dieses für Milch charakteristische Schwanken zwischen Radikallösungen und eher konservativer Absicherung der Entwicklungspolitik sollte dann auch die Diskussion in der ersten Hälfte des Jahres 1943 bestimmen.

Das einzige Projekt, das schon sehr frühzeitig vom RLM mit Nachdruck unterstützt worden war, war Lippischs Raketenflugzeug Me 163 gewesen. Die Geschichte dieses Musters zeigt aber auch, daß sich das Drängen der offiziellen Stellen auf möglichst schnelle Entwicklung und Serienproduktion nicht unbedingt beschleunigend auswirken mußte.

[96] Entwicklungsbesprechung vom 12.12.1942, BA-MA, RL 3/34 S. 2695.

Im August 1940 hatte die DFS 194 erste erfolgreiche Testflüge auf der Luftwaffenerprobungsstelle Peenemünde-West durchgeführt, was sich positiv für die Me 163 niederschlug. Das Projekt erhielt nun eine höhere Prioriät. Es sollten drei Prototypen hergestellt werden, gleichzeitig sollte Hellmuth Walter in Kiel sechs Raketentriebwerke für die Zellen liefern[97]. Die ersten beiden Versuchsmuster der Me 163 wurden im Winter 1940 fertig, mußten jedoch vorerst nur als Segelflugzeuge erprobt werden, da die Walter-Triebwerke auf sich warten ließen. Nachdem Ernst Udet Zeuge eines dieser Gleitflüge geworden war, versprach er, das Projekt noch intensiver zu unterstützen. Das RLM erteilte den Auftrag für den Bau von weiteren zwei Versuchsmustern. Nach den Vorstellungen Udets sollte aus der Me 163 ein schnellsteigender Abfangjäger werden[98]. Mit diesem Vorhaben befand er sich offensichtlich im Einklang mit dem Generalstab der Luftwaffe. Im August 1941 hatte dieser gebeten, zu untersuchen, ob ein Jäger mit großer Steiggeschwindigkeit, Interceptor genannt, für den Tageseinsatz in geringer Stückzahl hergestellt werden könne. Der Einsatz sei für das nächste Frühjahr vorgesehen[99]. Im September hatte der Luftwaffenführungsstab in seiner Denkschrift zur Luftrüstung in den kommenden Kriegsjahren festgestellt: »Die entscheidende und umwälzende Weiterentwicklung des Jagdflugzeuges ist der Interceptor[100].« Die Me 163 schien diese Forderungen des Generalstabs hervorragend zu erfüllen. Mit Hilfe ihres Raketentriebwerkes konnte sie mit für damalige Verhältnisse unglaublicher Geschwindigkeit auf die entsprechende Einsatzhöhe hochschießen und dort gegen eindringende Bomber operieren. War der Treibstoff zu Ende, sollte sie im antriebslosen Gleitflug zu ihrem Horst zurückkehren und dort wie ein konventionelles Segelflugzeug auf einer ausfahrbaren Kufe landen. Das Ganze hörte sich allerdings leichter an, als es dann auch technisch durchführbar war. Immerhin trafen die ersten Walter-Triebwerke im Mai 1941 zur Einbauerprobung ein, und die ersten Probeläufe begannen im Juli[101]. Am 2. Oktober 1941 absolvierte die Me 163 dann unter Testpilot Heini Dittmar einen spektakulären Rekordflug. Um Treibstoff zu sparen, wurde die Maschine von einer Me 110 auf 4000 m Höhe geschleppt. Dittmar zündete die Rakete, erreichte 1003 km/h und katapultierte sein Flugzeug damit an die Schallmauer heran. Wegen der bei dieser Geschwindigkeit einsetzenden Verdichtungsstöße geriet die Me 163 außer Kontrolle, konnte aber von Dittmar abgefangen werden und landete glatt[102].

Das Raketenflugzeug war jedoch noch ein reines Versuchsmuster, das für einen Kampfeinsatz völlig ungeeignet war, denn sein Treibstoffvorrat reichte gerade für zwei Minuten Vollschubleistung[103]. Lippisch entwarf daher ein neues Flugzeug, das eigentlich nur die Grundcharakteristika der Me 163 übernahm. Der Abfangjäger erhielt die Bezeich-

---

97 Ethell, Messerschmitt Komet, S. 62; Lippisch, Me 163, S. 423.

98 Ethell, Messerschmitt Komet, S. 110; Green, Warplanes, S. 596; Lippisch, Me 163, S. 424.

99 Generalluftzeugmeister GL 1 Nr. 832/8.41 g.Kdos. (IQ) vom 14.8.1941 (Besprechung GL 1/Genst. 6. Abt. am 14.8.41), S. 3, BA-MA, RL 3/1982.

100 Abschrift, Luftwaffenführungsstab I T vom 29.9.1941 (Betr.: Luftrüstung [Fliegertruppe] in den kommenden Kriegsjahren), BA-MA, RL 3/2582, S. 774.

101 Ethell, Messerschmitt Komet, S. 63.

102 Ebd., S. 71; Green, Warplanes, S. 596; Lippisch, Me 163, S. 424.

103 Späte, Me 163, S. 191.

nung Me 163B, während die bisherige Ausführung nun Me 163A genannt wurde. Als Antrieb war ein völlig neues Walter-Triebwerk, das R II-211, vorgesehen, welches nach dem »heißen« Verfahren arbeitete und einen geplanten Schub von 14,7 kN (1500 kp) lieferte. Damit sollte die Maschine zwölf Minuten mit Vollschub fliegen können[104]. Nach gutem Brauch des RLM war auch BMW mit einer Konkurrenzentwicklung zum Walter-Raketenantrieb betraut worden, die als Sauerstoffträger Salpetersäure verwendete[105].

Udet drängte darauf, möglichst bald 70 Stück Me 163 herzustellen, und erteilte einen entsprechenden Auftrag an Messerschmitt. Die Firma legte, wie bereits erwähnt, im Oktober 1941 ihre Planung für das Baumuster vor. Sie betonte, daß nach ihrer Auffassung eine genügend lange Erprobungszeit mit anschließender Serienreifmachung zwischen dem Bau der V-Flugzeuge und der Lieferung der Serienflugzeuge veranschlagt werden müsse. Man rechne mit sechs Monaten, die Einarbeitung und Auswertung der Erprobung in die Serienunterlagen würden einige weitere Monate in Anspruch nehmen. Die Fertigung könnte demnach im November 1942 beginnen, so daß die Flugzeuge erst im Sommer 1943 zur Verfügung stehen würden. Die Messerschmitt AG sah einen Durchlaufplan als »Vorschlag 2« unter diesen Prämissen vor (vgl. Abb. 21)[106]. Gleichzeitig wurde aber, da Udet die Maschinen bereits für das kommende Jahr haben wollte, ein »Vorschlag 1« ausgearbeitet (vgl. Abb. 22), nach dem die 66 Me 163B nach den gleichen Unterlagen gebaut werden sollten wie die Musterflugzeuge V 1—V 4 in Augsburg. Es wurde klargestellt, daß man nur Flugtermine, nicht aber Ablieferungstermine angeben konnte, was bedeutete, daß die 66 Flugzeuge nur Versuchsmuster, aber keine Serienmaschinen waren[107]. Die ganze Planung stand sowieso auf wackeligen Beinen, denn die Termine waren ohne Triebwerkseinbau berechnet, und es war völlig unklar, ob das neue Walter-Triebwerk schon im Jahre 1942 einsatzbereit sein würde. Außerdem forderte Messerschmitt für die Fertigung in Augsburg, Regensburg und Obertraubling zusammengenommen 615 Arbeitskräfte, angefangen vom ungelernten Arbeiter bis zum Fertigungsprüfer, Planungsingenieur, Statiker und Konstrukteur. Wegen der Engpässe beim Personal stellte die Planungsabteilung der Firma abschließend lapidar fest: »Nach dieser Planung ist eines festzustellen, nämlich daß das Ziel, diese Flugzeuge größtenteils im Laufe des Sommers zu erhalten, nicht erreicht wird. Bis Ende September sind flugklar:

4 V-Flugzeuge aus Werk Augsburg
22 V-Flugzeuge aus dem Fliegerhorst Obertraubling.

Die restlichen 44 Flugzeuge sind flugklar in den Monaten Oktober, November und Dezember 1942[108].«

---

[104] Lippisch, Me 163, S. 424; Gersdorff/Grasmann, Flugmotoren und Strahltriebwerke, S. 216; Green, Warplanes, S. 598.

[105] Gerdorff/Grasmann, Flugmotoren und Strahltriebwerke, S. 217f.; Schubert, Raketentriebwerksentwicklung bei BMW.

[106] Messerschmitt A.G. Augsburg, Aktenvermerk, Planung Me 163B vom 22.10.1941, BA-MA, RL 3/1103, S. 13ff.

[107] Ebd., S. 14.

[108] Ebd., S. 16.

Abb. 21: Durchlaufplan Me 163 B, Vorschlag 2

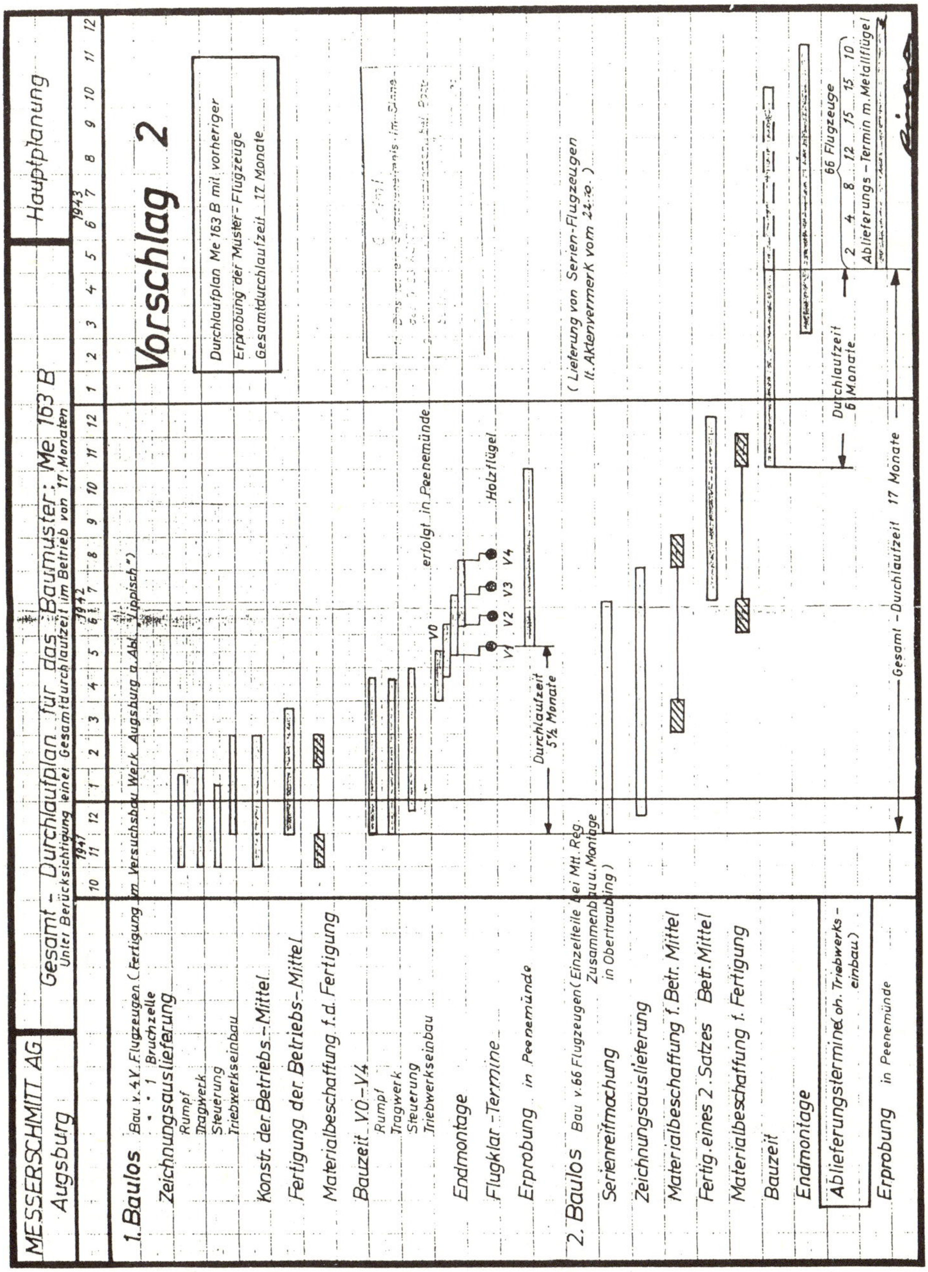

Quelle: Messerschmitt A.G. Augsburg, Aktenvermerk, Planung Me 163 B vom 22. 10. 1941, BA-MA, RL 3/1103.

Abb. 22: Durchlaufplan Me 163b, Vorschlag 1

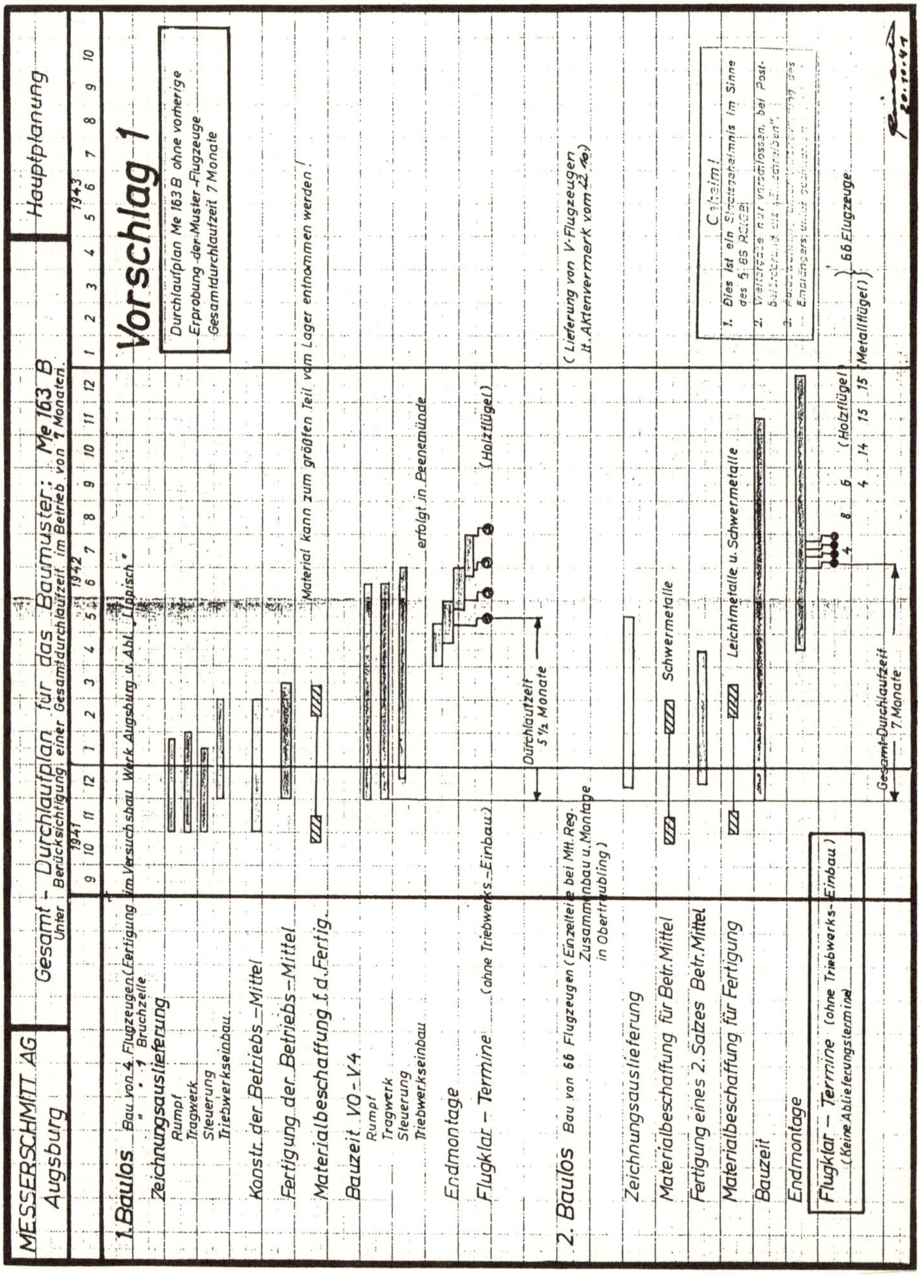

Quelle: Messerschmitt A.G. Augsburg, Aktenvermerk Planung Me 163B vom 22.10.1941, BA-MA, RL 3/1103.

Es zeigt sich hier wieder die schon mehrfach kritisch beleuchtete Tendenz des RLM, die Erprobungszeiten der Flugzeugmuster abzukürzen und die Maschinen möglichst bald in die Serie zu pressen. Das war in letzter Konsequenz die Politik, die von allen Anhängern der These vom »verspäteten« Serienbau der Strahlflugzeuge indirekt gefordert wird. Dennoch ließ sich die Entwicklung und Herstellung der Me 163B nicht beliebig beschleunigen. Mehrere Faktoren verhinderten ihr rechtzeitiges Eintreffen auf dem heißumkämpften Kriegsschauplatz über dem Reichsgebiet.

Auch der General der Jagdflieger hatte es eilig, seine Verbände möglichst schnell auf die neue Technologie einzuschulen. Aus diesem Grunde stellte er im Frühjahr 1942 das Erprobungskommando 16 unter der Führung des erfahrenen Segelfliegers und hochdekorierten Jagdpiloten Hauptmann Wolfgang Späte auf, das als Truppenerprobungskommando noch während des Anlaufs der ersten Nullserie und während der Werkserprobung erste Erfahrungen mit dem neuen Typ sammeln sollte und dann zugleich den Grundstock für spätere Einsatzeinheiten bildete[109]. Dieses Verfahren war neu und sollte Zeit sparen, denn es konnten sofort Erkenntnisse aus der Truppenpraxis in die Prototypen eingearbeitet werden. Da es vorerst aber gar keine flugfähigen Me 163B gab, mußten Späte und sein Kommando die ersten Eindrücke noch auf der »alten« Me 163A gewinnen. Zwar konnte Messerschmitt schon im Juni 1942 das erste V-Flugzeug der neuen Me 163B ausliefern, das am 26. Juni den ersten Gleitflug durchführte, es stand aber noch kein Triebwerk der Firma Walter zur Verfügung[110]. Außerdem waren noch nicht einmal alle zehn in Auftrag gegebenen Zellen der Me 163A fertiggestellt, so daß das Erprobungskommando 16 gar keinen geregelten Schulbetrieb aufnehmen konnte. Mit der Lieferung der Triebwerke für die neue Me 163B rechnete man zu diesem Zeitpunkt noch mit Ende 1942[111]. Doch selbst dieser Termin blieb ein frommer Wunsch.

Es war vorgesehen, das Walter-Triebwerk mit einer Schubregelung auszustatten, die dem Piloten erlauben sollte, den Vollschub zu reduzieren und damit wegen des geringeren Treibstoffverbrauchs die Flugzeit zu verlängern. Die Me 163 sollte 30 Minuten Flugzeit erreichen können, was einem Einsatzradius von 255 km entsprach. Erste Prüfstandläufe ergaben aber, daß der Treibstoffverbrauch des Raketenmotors viel höher war als ursprünglich angenommen. Zudem explodierte er beim dritten Probelauf[112]. Späte besprach das Problem mit Galland und vertrat die Ansicht, da die Flugzeit mit Vollschub sich auf vier bis fünf Minuten reduzieren würde, wäre das ganze Projekt kaum noch mit gutem Gewissen zu verantworten. Der General der Jagdflieger wollte jedoch die Me 163B so schnell wie möglich einsatzreif haben, selbst wenn die Maschine Mängel aufwies[113].

Auch der Generalluftzeugmeister ließ sich bei mehreren GL-Besprechungen über den Stand der Entwicklung berichten. Milch drängte dabei auf eine schnelle Fertigstellung der Flugzeugzellen und der Triebwerke, wobei er nicht mit Ausfällen gegen Messerschmitt,

---

109 Späte, Der streng geheime Vogel, S. 14; ders., Me 163, S. 191.

110 Entwurf Bericht des Sonderausschusses F 2 für Monat Juni vom 2.7.1942, BA-MA, RL 3/1422.

111 Erprobungskommando 16, B. Nr. 17/42 g.Kdos. vom 31.7.1942 (Arbeitsbericht 5 des E-Kdos. 16), BA-MA, RL 36/60.

112 Ethell, Messerschmitt Komet, S. 80.

113 Späte, Der streng geheime Vogel, S. 158f.

Walter, BMW und sogar gegen seinen eigenen Referenten sparte[114]. Trotz aller Hektik im RLM war aber der Terminplan für die Me 163B völlig zusammengebrochen. Im März 1943 gab das Technische Amt eine neue Übersicht über das Triebwerksprogramm heraus. Danach sollte das Walter-Triebwerk im Mai oder Juni 1943 mit 6 V-Mustern einbaureif sein, je 10 weitere sollten im Juli und August folgen[115].

Diesmal konnten die Termine eingehalten werden. Anfang Juni traf die Me 163B V 21 mit dem in Kiel eingebauten »heißen« Triebwerk in der Luftwaffenversuchsstelle Peenemünde ein. Am 24. Juni konnte Leutnant Opitz vom Erprobungskommando 16 den ersten Start durchführen. Der entsprechende Arbeitsbericht Hauptmann Spätes vermerkte dazu: »Alles hängt jetzt also lediglich davon ab, mit welchem Zeitaufwand die an der vorhandenen Zellenserie noch vorzunehmenden Änderungen und Nachrüstungen durchgeführt werden. Wenn bei Messerschmitt und Klemm mit dem nötigen Nachdruck gearbeitet würde, wäre es als durchaus möglich anzusehen, im Herbst d.J. Einsatzeinheiten mit Me 163 aufzustellen[116].« Auch der Kommandeur der Erprobungsstellen, Oberst Petersen, machte sich Ende Juni 1943 für die Me 163B stark. Er sah in dem neuen Raketenjäger ein hervorragendes Mittel, die schnellfliegenden englischen Aufklärungsflugzeuge vom Typ »Mosquito« über dem Reichsgebiet zu stören: »Mit der im Herbst 1943 in geringen Stückzahlen zur Verfügung stehenden Me 163 ist ein Spezial-Kampfmittel vorhanden, das trotz seiner Nachteile (sehr geringe Flugzeiten) die Mosquitos nach Ansicht des K.d.E. bei guter Bodenführung wirksam bekämpfen kann[117].« Petersen forderte daher über die bisherige Zahl von 70 Flugzeugen hinaus eine Erweiterung der Stückzahl auf 200. Abschließend betonte er: »Im Hinblick auf die kräftemäßig unterlegene Luftverteidigung wird es für unbedingt notwendig gehalten, jedes zusätzliche, wenn vielleicht auch noch unvollkommene Mittel, das der Stärkung der Luftverteidigung zugute kommt, zum Einsatz zu bringen[118].«

Das Technische Amt verwies in seinem Antwortschreiben darauf, daß ein Anschlußauftrag über weitere 120 Stück bereits erteilt sei, und zwar »bevor der erste Start mit heißem Triebwerk erfolgt war, also bevor abgesehen werden konnte, ob der Flug mit heißem Triebwerk klargeht«[119]. Tatsächlich war im Technischen Amt im Januar 1943 bereits die Entscheidung gefallen, weitere 120 Me 163B zu bestellen. Schon im Oktober 1942 waren BMW und Walter aufgefordert worden, eine Planung für eine Serie von monatlich je 300 Raketentriebwerken vorzulegen[120]. Wieder einmal hatte das RLM also nicht erst auf Ergebnisse der Testflüge gewartet, sondern schon in einem sehr frühen Stadium

---

[114] GL-Besprechungen vom 19. und 26.5.1942, BA-MA, RL 3/14, S. 621—625, 706—713; GL-Besprechung vom 27.10.1942, RL 3/16, S. 2974ff.

[115] Der Reichsminister der Luftfahrt und Oberbefehlshaber der Luftwaffe, GL/C-E2 Nr. 10.499/45 (I) geh. (Eingangsstempel vom 12.3.1943), BA-MA, RL 3/1101, S. 276.

[116] Erprobungskommando 16, Br.B.Nr. 26/43 g.Kdos. vom 25.6.43, BA-MA, RL 36/60, S. 120.

[117] Kommando der Erprobungsstellen, Brb.Nr. 612/43 g.Kdos. (I a) vom 29.6.43, BA-MA, RL 36/60, S. 124.

[118] Ebd., S. 125f.

[119] GL/C-E2 Nr. 7487/43 (I A) g.Kdos. vom 13.7.1943, BA-MA, RL 36/60, S. 126.

[120] GL/C-E2 Nr. 5148/43 g.Kdos. (I) vom 21.1.1943, BA-MA, RL 3/1103, S. 20.

die Serie geplant. Allerdings war zu diesem Zeitpunkt noch völlig unklar, ob die beteiligten Firmen über genügend Kapazitäten für diesen Auftrag verfügten. Am 22. Juli 1943 wurden deshalb im RLM drei Besprechungen mit Vertretern von Messerschmitt, vom Lizenznehmer Klemm und von der Firma Walter, mit den Fachleuten des Technischen Amtes, darunter Antz, Schelp und Eisenlohr, sowie der Erprobungsstelle Peenemünde und des Erprobungskommandos 16 abgehalten[121]. Der Hauptmangel der Me 163B, nämlich ihre geringe Reichweite, wurde klar gesehen und deshalb die Me 163C gefordert, die ein zusätzliches Marschtriebwerk haben sollte, was ihre Flugdauer erheblich verlängern würde. Da aber ein erstes V-Muster frühestens 1944 zu erwarten war, wurde der Auftrag über 120 Me 163B bestätigt und zusätzlich als Anschluß weitere 200 Flugzeuge bestellt. Neben den 70 V-Mustern sollte Messerschmitt also 320 Maschinen herstellen, dazu noch Material für 120 weitere. Walter hatte den Ausstoß der Triebwerke auf monatlich bis zu 35 Stück im Frühjahr 1944 zu steigern, im April 1944 sollte dann die Großserienproduktion einsetzen. Dem Raketenjäger war damit der Durchbruch gelungen.

Allerdings waren die Voraussetzungen für das Projekt nicht gerade optimal. Späte beschwerte sich in einem seiner Arbeitsberichte: »Gelegentlich einer Besprechung bei der Fa. Messerschmitt ist jedoch beim E.-Kdo. 16 der Eindruck entstanden, als ob bei den maßgebenden Stellen des Werkes reichlich Unklarheit über die Notwendigkeit einer intensiven Bearbeitung und Verfolgung aller mit der Konstruktion und Fertigung der Me 163 zusammenhängenden Fragen bestände. Es wurde beispielsweise in Erfahrung gebracht, daß seitens der Technischen Direktion der Fa. Messerschmitt die Ansicht geäußert wurde: ›Flugzeuge mit derart kurzer Betriebsdauer interessieren nicht‹[122].« Damit war ein altes Übel bei Messerschmitt angesprochen. Die »Abteilung L« unter Alexander Lippisch war immer nur ein Anhängsel der Firma gewesen, die Beziehungen zwischen dem Konstrukteur der Me 163 und Willy Messerschmitt blieben über die ganzen Jahre hinweg gespannt. Schon im August 1941 hatte sich Lippisch beim Aufsichtsratsvorsitzenden Theo Croneiß beklagt, es könne zwischen Willy Messerschmitt und ihm keine Zusammenarbeit geben[123]. Der Grund hierfür war der Versuch Messerschmitts gewesen, die selbständige »Abteilung L« seinem eigenen technischen Bereich anzugliedern. Nach Lippischs Meinung sei dies ein schwerer Fehler. »Abgesehen davon, daß es entgegen jedem Begriff des geistigen Eigentums ist, wenn Prof. Messerschmitt verlangt, daß die Flugzuge, deren Entwicklung meine Lebensarbeit bedeutet, seinen Namen tragen, so ist es auch sachlich durchaus abwegig, wenn Prof. Messerschmitt nun auch noch diese Aufgabe von seinen Abteilungen durchführen lassen will, nachdem die dort bereits vorliegenden Aufgaben kaum bewältigt werden können. Notgedrungen muß dann die ins einzelne gehende Durcharbeitung unter der Vielzahl der Aufgaben leiden, und wenn ja an einer Stelle Schwierigkeiten auftreten — und sie werden bei schwanzlosen Flugzeugen noch manche Male auftreten —, fehlt jegliche Zeit und Geduld um den Dingen wirklich auf den Grund zu gehen[124].«

---

[121] GL/C-E2 Nr. 7485/43 (I a) g. Kdos. Protokoll über die Besprechungen im Reichsluftfahrtministerium am 22.7.1943, BA-MA, RL 3/1103 S. 23ff.

[122] Erprobungskommando 16, Br.B.Nr. 26/43 g.Kdos. vom 25.6.43, BA-MA, RL 36/60, S. 120f.

[123] Alexander Lippisch, Göggingen (Augsburg), den 23.8.1941, BA-MA, RL 3/52, S. 1409ff.

[124] Ebd., S. 1411.

Die Spannungen gingen schließlich so weit, daß Lippisch die Firma verließ und am 1. Mai 1943 zur Luftfahrtforschungsanstalt nach Wien überwechselte. Die »Abteilung L« wurde aufgelöst[125]. Damit hatte Willy Messerschmitt endlich den ungehinderten Zugriff auf die Me 163, allerdings trat genau das ein, was Lippisch schon 1941 befürchtet hatte, die Firma war mit zu vielen Projekten überlastet.
Darunter litt auch die hoffnungsvollste Entwicklung der Messerschmitt AG, der Turbinenjäger Me 262. Während der Raketenjäger immer nur als ein zusätzliches und ungewöhnliches Mittel der Luftabwehr gesehen wurde, das die herkömmlichen Kolbenmotorjäger ergänzen konnte, so bot sich nun die Gelegenheit, mit einem revolutionären Flugzeugmuster — vorausgesetzt es würde in Großserie gebaut — die herkömmlichen Jagdflugzeuge zu ersetzen und damit eine »Wunderwaffe« gegen die zunehmende Luftbedrohung des Reiches zu besitzen. Sowohl bei der Luftwaffenführung als auch bei Messerschmitt kam es deshalb zu tiefgreifenden Auseinandersetzungen um dieses Flugzeug.

b) Turbinen- oder Otto-Jäger?

Das Jahr 1943 markierte den Wendepunkt in der Geschichte der Strahlflugzeuge, denn nun fiel die Entscheidung, den Jet zur »new normal technology« heranreifen zu lassen. Das war allerdings ein langwieriger Prozeß, der im folgenden kurz nachgezeichnet werden soll. Im Januar 1943 standen Entscheidungen an, welche neuen Flugzeugmuster für die Ausrüstung der Luftwaffe in den nächsten Jahren beschafft werden sollten. Generalluftzeugmeister Milch gab zu Beginn des Jahres in einer Grundsatzrede auch seine Haltung zu den Strahlflugzeugen bekannt: »Eine der nächsten Besprechungen geht in der Richtung, daß wir die Frage klären, welche Flugzeuge und Flugzeugarten in Auftrag gegeben werden sollen, [...] wobei ich immer wieder ablehne, daß wir uns die Sache leicht machen und den heutigen Motor verlassen und gleich die neuen Konstruktionen auf Strahlentriebwerke (sic) absetzen. Das können wir heute nur in zweiter Linie, nur in kleiner Zahl machen. Aber die weitere Linie läuft. Wir können heute noch nicht übersehen, ob durch die Leistungen dieser Flugzeugtypen alle Forderungen, die gestellt werden, abgedeckt werden[126].« Milch sah in den Strahlflugzeugen immer noch eher eine langfristige Möglichkeit, die Standardjäger abzulösen, und zögerte noch vor dem Schritt, der neuen Technologie absolute Priorität ohne den Zwischenschritt eines noch herkömmlichen Kolbenmotorjägers einzuräumen. Eine entsprechende Studie des Planungsamtes und des Technischen Amtes rechnete deshalb auch erst im Jahre 1945 mit einem nennenswerten Ausstoß an Strahlflugzeugen, wobei die Parallelentwicklungen Me 262 und He 280 gleichberechtigt nebeneinanderstanden (vgl. Abb. 23). Immerhin zeichnete sich schon im Januar 1943 ab, daß das ganze Programm gestrafft werden mußte, indem man sich nur auf einen Typ konzentrierte. Milch wollte dabei jedoch nichts überstürzen: »Die ganzen Sachen, die mit Strahltriebwerk laufen, sind glücklicherweise noch auf einer sehr breiten Basis angefangen worden. Allmählich werden wir das komprimieren; aber wir

[125] Ethell, Messerschmitt Komet, S. 89.
[126] GL-Besprechung vom 5.1.1943, BA-MA, RL 3/18, S. 3948.

Abb. 23: Studie des Planungsamtes zu Strahljägern

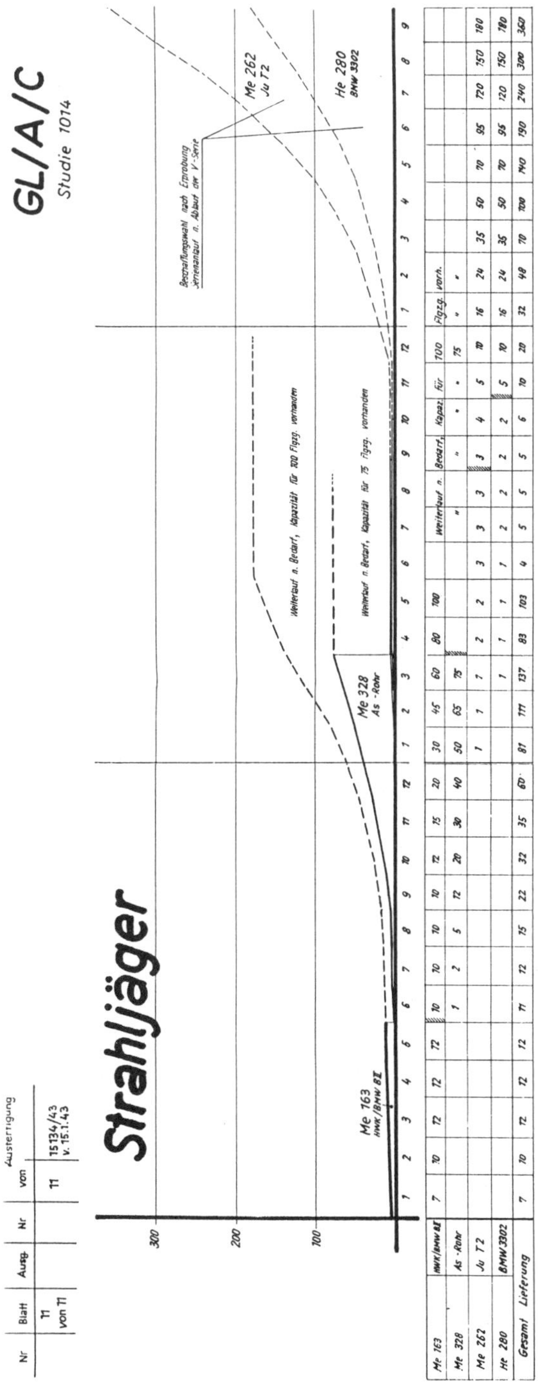

Quelle: BA-MA, RL 3/1688.

müssen erst den Zeitpunkt haben, daß wir einen klaren Überblick gewinnen, was wir weglassen können[127].«

Auch bei der Truppe erregten die Strahlflugzeuge nun mehr und mehr das Interesse. Der General der Jagdflieger hatte noch am Silvestertag des Jahres 1942 seine Forderungen für eine »Leistungssteigerung der Jagdflugzeuge« herausgegeben. Galland verlangte einen Höhenjäger mit einer Mindestgipfelhöhe von 15000 m, einen schwerstbewaffneten Jäger mit mehr als fünf Kanonen, einen Höchstgeschwindigkeitsjäger mit Turbolader oder Strahltriebwerk und einen schnellsteigenden Jäger, nämlich die Me 163 B[128]. Das Technische Amt stellte in seinem Antwortschreiben auf Gallands Forderungen klar: »Mit Strahltriebwerken stehen bis Ende 43 keine Höchstgeschwindigkeitsjäger zur Verfügung. Einige Flugzeuge He 280 und Me 262 sind frühestens in der zweiten Hälfte 1944 lieferbar[129].« Während Galland wenigstens klar Position bezog, konnte sich der Generalstab nicht zu einer Entscheidung durchringen, sondern schob das Problem eines Strahlflugzeugprogramms wieder dem Generalluftzeugmeister zu: »Strahlflugzeuge und Strahltriebwerke bilden nur einen beschränkten Teil des gesamten Beschaffungsprogrammes. [...] Inwieweit nun in die vorhandene Gesamtkapazität aufgrund festliegender Forderungen noch Strahlflugzeuge eingeplant werden können, ist in erster Linie von den Stellen des GL abhängig, die für die Programmgestaltung verantwortlich sind[130].«

Bei allem Hin und Her zeichneten sich im März 1943 wenigstens einige Grundsatzpositionen für die Jägerrüstung ab. Das Nachfolgemuster für die bewährte Me 109, die Me 309, war im Januar gestrichen worden. Dafür bot nun Messerschmitt die Me 209 an, die Komponenten der alten Me 109 übernehmen sollte und deshalb leichter und schneller herzustellen war als die Me 309[131]. Es war verständlich, daß Messerschmitt nicht auf eine profitable Großserie von Kolbenmotorjägern verzichten wollte, solange das RLM nicht eindeutig klargemacht hatte, welchen Kurs es in Zukunft steuern würde. Die zweite Entscheidung betraf die He 280. Schon der Beschluß der Triebwerksabteilung des Technischen Amtes im Jahre 1942, sich nur noch auf die Junkers- und BMW-Turbinen zu konzentrieren, hatte die He 280 des eigentlich vorgesehenen Triebwerks beraubt. Zwar sollte sie auf das BMW-Aggregat umkonstruiert werden, im März 1943 war aber noch keine Maschine dieser neuen Version geflogen. Statt dessen gab es zwei Versuchsmuster mit Jumo-Triebwerk[132]. Da die Me 262 in allen technisch-taktischen Belangen überlegen war, standen die Chancen für einen in Aussicht gestellten Auftrag über 300 He 280 recht schlecht. Am 1. April wurde dann Heinkel von einem Vertreter seiner Firma in Berlin benachrichtigt,

---

127 Entwicklungsbesprechung vom 8.1.1943, BA-MA, RL 3/35, S. 2801.

128 Der Oberbefehlshaber der Luftwaffe, General der Jagdflieger, L.In.Br.B. Nr. 1016/42 g.Kdos. vom 31.12.1942, BA-MA, RL 36/55, S. 22.

129 Technisches Amt, GL/C, GL/C-E2 Nr. 5487/43 (III A) g.Kdos vom 14.2.1943, BA-MA, RL 36/55, S. 40.

130 Generalstab, Generalquartiermeister 6. Abt. Nr. 1141/43 g.Kdos. (III) vom 3.3.1943. Betr.: Forderung für Strahltriebwerke, BA-MA, RL 3/945, S. 164.

131 GL-Besprechung vom 26.1.1943, BA-MA, RL 3/18, S. 4223—4225; Messerschmitt A.G. Augsburg, Bericht des Sonderausschusses F-2 für Monat Januar 1943, Bl. 13, RL 3/1425.

132 Entwicklungsbesprechung vom 19.3.1943, BA-MA, RL 3/36 S. 3643.

daß die Maschine vom Programm abgesetzt sei. Heinkel-Biograph Köhler streicht in seiner Darstellung heraus, der Chef des Technischen Amtes, General Vorwald, habe angegeben, der Vorschlag sei von der Firma Heinkel selbst gekommen, was sich nicht mit der Darstellung Ernst Heinkels decke, die Absetzung der He 280 sei eine Fehlentscheidung gewesen[133]. Vorwalds Angaben sind jedoch richtig. In der Entwicklungsbesprechung am 19. März 1943 hatte Siegfried Günter, der Leiter des Projektbüros bei Heinkel, von sich aus vorgeschlagen, die He 280 nicht in Serie zu bauen, sondern nur 13 V-Muster herzustellen, um Konstrukteure für den viermotorigen Bomber He 177 freizubekommen[134]. Nur wenige Tage später fiel dann die Entscheidung, die He 280 endgültig gegenüber der Me 262 zurückzustellen. Der zuständige Referent im Technischen Amt, Flugbaumeister Antz, bedauerte zwar, daß man nicht beide Muster nebeneinander bauen könne, unter den gegebenen Umständen sei dies jedoch nicht möglich. Nach einem »Gewaltplan« der Firma Messerschmitt sollten jetzt bis Ende 1944 40 Me 262 hergestellt werden[135].
Der große Durchbruch für die Strahlflugzeuge war das noch nicht, immerhin war aber das Interesse der zuständigen Stellen für eine kurzfristiger abzuwickelnde Serie der Me 262 geweckt worden. Im April wandte sich Oberstleutnant Petersen, der Kommandeur der Erprobungsstellen der Luftwaffe, in einem Schreiben an Milch und forderte ein Umdenken im Bereich der Jägerrüstung: »Die Entwicklungslage und der Erprobungsstand der Jagdflugzeuge zeigt, daß mit den vorhandenen, in Serie befindlichen Jagdflugzeugen nur noch geringe Leistungssteigerungen bei Weiterentwicklung, bzw. Verwendung anderer Triebwerke zu erwarten sind. Auch das einzige Nachfolgemuster, welches in Serie vorgesehen ist, die Me 209, wird wohl in der Bewaffnung, nicht aber in den Leistungen, einen wesentlichen Schritt vorwärts bringen, abgesehen davon, daß dieses Flugzeug sich zur Zeit noch in Konstruktion befindet[136].« Er forderte deshalb eine Nullserie von 100 Me 262 unter der höchsten Dringlichkeitsstufe »DE«.
Außerdem erhielt Hauptmann Späte vom Erprobungskommando 16 den Auftrag, die Me 262 zu testen. Sein Bericht über seinen Flug am 17. April 1943 fiel recht günstig aus: »Die überlegene Horizontal- und Steiggeschwindigkeit dürfte das Flugzeug in die Lage versetzen, gegen zahlenmäßig überlegene feindliche Jagdabwehr auch in kleinsten Einheiten erfolgreich aufzutreten. Die vorgesehene starke Bewaffnung (sechs 3 cm Kanonen) gestattet, Bomber mit großer Überschußfahrt anzugreifen und doch im kurzen Augenblick der Schußgelegenheit genügend zerstörende Feuerwirkung zu erzielen. Als Jabo-Flugzeug verspricht es, auch mit Bomben schneller zu sein als jeder feindliche Jäger[137].«
Die positiven Testergebnisse des Frühjahrs 1943 scheinen Milchs vorsichtige Haltung geändert zu haben, denn im Mai versuchte er nun, den Bau der Me 262 zu beschleunigen. Er stellte fest: »Der Schwerpunkt in der ganzen TL-Sache wird jetzt darauf gelegt, neben der 163, die uns noch das eine oder andere in diesem Jahr bringt, die 262 sowohl in

133 Köhler, Ernst Heinkel, S. 201.
134 Entwicklungsbesprechung vom 19. 3. 1943, BA-MA, RL 3/36, S. 3644.
135 Entwicklungsbesprechung vom 22. 3. 1943, BA-MA, RL 3/36, S. 3730.
136 Kommando der Erprobungsstellen der Luftwaffe Br. B. Nr. 348/43 g. Kdos. vom 10. 4. 1943. Betr.: Jagdflugzeuge mit TL-Triebwerken, BA-MA, RL 36/55, S. 77 f.
137 Erprobungskommando 16, Arbeitsbericht 20 des E-Kdos 16 vom 19. 4. 1943, BA-MA, RL 36/60, S. 112.

der Zelle wie im Triebwerk fertigzumachen. Diese Pläne, wie sie hier stehen, sind indiskutabel, daß die im nächsten Jahr mit der ersten serienmäßigen Nullmaschine kommt, sondern sie wird schneller hingestellt werden müssen[138].« Damit war Milch von seiner Überzeugung abgewichen, die Me 262 würde erst in zwei bis drei Jahren spruchreif werden. Allerdings war immer noch nicht ganz geklärt, ob sie zum neuen Standardjäger der Luftwaffe werden sollte.

Es ist das Verdienst General Gallands, die Dinge hier erst ins Rollen gebracht zu haben. Am 22. Mai startete der General der Jagdflieger persönlich vom Lechfeld bei Augsburg mit einer Me 262 zu einem Testflug. Galland war sofort von der Maschine angetan. »Es ist, als wenn ein Engel schiebt«, soll er seine Eindrücke damals beschrieben haben. Für ihn war das Flugzeug ein »Silberstreifen am Horizont«, denn er erwartete »vom Massenjagdeinsatz der Me 262 auch damals noch einen grundsätzlichen Wandel in der deutschen Luftverteidigung«[139]. Galland schrieb am 25. Mai an Milch und äußerte sich begeistert über den neuen Jäger. Das Flugzeug stelle einen ganz großen Wurf dar, der im Einsatz einen unvorstellbaren Vorsprung sichere. Es eröffne völlig neue taktische Möglichkeiten. Da er noch am selben Tag bei Göring Vortrag halten sollte, bat er um die Erlaubnis, ihm folgenden Vorschlag unterbreiten zu dürfen: »Wir haben die Fw 190D in Entwicklung, die in allen Werten etwa der Me 209 ebenbürtig sein dürfte. Beide Muster werden leistungsmäßig die Feindmuster insbesondere in der Höhe nicht übertreffen. Lediglich waffenmäßig und in der Geschwindigkeit werden Fortschritte erzielt werden.

Daher: a) Muster Me 209 einstellen

b) ganze Jägerserie auf Fw 190 mit BMW 801 und Fw 190 mit DB bezw. Jumo 213 umstellen

c) Freiwerdende Konstruktions- und Fabrikationskapazität ab sofort auf Me 262 umlagern[140].«

Milch zeichnete das Schreiben noch am selben Tag ab und notierte am Rand des Schreibens: »Sehr wichtig; 1) GL-Chef B 25/5; 2) R.M. vorl. 26/5: ja; 1) 209 steigt 1' schlechter als 109; 2) Großserie ab Herbst 45; Mi 25/5: ja[141].«

Das war ein Kurzprotokoll der ereignisreichen Besprechungen, die Gallands Vorschlag auslöste. Die erste Notiz bezieht sich auf die GL-Besprechung vom 25. Mai, bei der Milch entschied, die Me 262 sofort in Serie gehen zu lassen, die Me 209 sollte dagegen entfallen. Oberst Petersen wurde als Kommissar für dieses Flugzeugmuster eingesetzt[142]. Die zweite Bemerkung bestätigt, daß Göring am 26. Mai sein Plazet für diese Maßnahme gab. Die Gründe sind ebenfalls aus der Randglosse Milchs ersichtlich: Die Me 209 hatte eine geringere Steigleistung als die alte Me 109 und würde erst im Herbst 1945 in Großserie gehen. Milch hoffte aber, die Me 262 schneller zu bekommen und damit einen großen Teil der Jagdkräfte ausrüsten zu können. Die »new technology« der Strahlflugzeuge war endgültig zur »new normal technology« geworden.

---

138 Gl-Besprechung vom 18.5.1943, BA-MA, RL 3/20, S. 5434.

139 Galland, Die Ersten und die Letzten, S. 347f.

140 Oberbefehlshaber der Luftwaffe, General der Jagdflieger vom 25.5.1943, BA-MA, RL 3/54, S. 262.

141 Ebd.

142 Bericht über die Besprechung vom 25.5.1943, S. 3, BA-MA, RL 3/45, S. 7454.

Natürlich ließ sich diese radikale Lösung nicht ohne Einsprüche durchsetzen. Den hartnäckigsten und entschiedensten Widerstand leistete dabei seltsamerweise der Schöpfer der Me 262, Prof. Willy Messerschmitt. Am 31. Mai 1943 fand im Verwaltungsgebäude der Messerschmitt AG in Augsburg eine Sitzung des Verwaltungsrates statt, die sich mit den Auswirkungen der Entscheidung der Luftwaffenführung auf die Firma beschäftigte. Direktor Hentzen, der zugleich auch Leiter des Sonderausschusses F 2 für Messerschmitt-Zellen war, hatte konkrete Vorschläge für die Durchführung des »Gewaltprogramms Me 262« vorgelegt, über die nun sofort entschieden werden mußte, »da bei der kriegsentscheidenden Bedeutung der Me 262 nicht nur keinerlei Zeit verloren werden dürfe, sondern im Gegenteil mit äußerster Konzentration an die Herausbringung des Flugzeuges herangegangen werden müsse. Die entscheidende Frage sei, ob zu Gunsten der Schnelleinführung der Me 262 die Me 209 vollständig abgesetzt werden könne[143].« Willy Messerschmitt erklärte darauf, daß er mit aller Entschiedenheit gegen eine vollständige Absetzung der Me 209 sei, und schlug vor, wenigstens die drei V-Maschinen in Augsburg und die zwei Regensburger Maschinen fertigzustellen. Direktor Kokothaki, der Betriebsführer in Augsburg, akzeptierte den Vorschlag unter der Voraussetzung, daß der Anlauf der Me 262 dadurch nicht beeinträchtigt werde. »Seiner Überzeugung nach bringe heute die Me 262 die Entscheidung im Luftkrieg.« Messerschmitt gab dagegen zu Protokoll, er warne »vor zu großem Optimismus«. Die Me 262 könne die Me 209 als Höhenjäger nicht ersetzen, vielmehr fordere er, daß die Me 209 neben der Me 262 weiterlaufen müsse. Nach ausführlicher Diskussion aller Argumente für und wider die Absetzung der Me 209 zugunsten der Me 262 vermerkt das Protokoll der Sitzung: »Die anschließende Aussprache ergibt, daß im Interesse der Erhaltung der Me 209 vermieden werden muß, die Planung für die Me 262 ohne Berücksichtigung des Weiterbaues der Me 209 einzureichen.« Willy Messerschmitt hatte also seine Direktoren umgestimmt, immerhin hatte er ja als technischer Experte vor dem Risiko gewarnt, sich zu sehr auf die noch unerprobte Technologie zu verlassen. Was konnten ihm da seine kaufmännisch geschulten Führungskräfte schon entgegnen?

Als der Aufsichtsratsvorsitzende Seiler darauf nach Berlin reiste, um die Produktionspläne mit dem RLM zu besprechen, schickte ihm Messerschmitt noch einen Brief mit zusätzlichen Argumenten gegen die Me 262 hinterher: »Ein Flugzeug mit TL-Triebwerk (262) wird lange Zeit nicht, vielleicht sogar nie, den normalen Jäger ersetzen, insbesondere wegen der Start- u. Landeverhältnisse und wegen des sehr hohen Brennstoffverbrauches. Trotz der guten Steigleistung der 262 bis auf Höhen über 10 km ist noch nicht erwiesen, ob diese neuartigen Triebwerke für größere Höhen geeignet sind[144].«

Am 4. Juni wurde das Problem Me 262/Me 209 erneut in Berlin beim Generalluftzeugmeister besprochen. Einige Fachleute, verunsichert durch die Argumente Messerschmitts, rieten nun doch dazu, wenigstens eine Höhenvariante der Me 209 zu verfolgen. Seiler und seine leitenden Angestellten Lucht und Bley gaben an, die Me 209 sei bereits zu 90%

---

143 Niederschrift über die Verwaltungsratssitzung des Messerschmitt-Konzerns vom 31.5.1943, IWM, Speer Collection, FD 4355/45, Vol. 9, S. 229ff.

144 Herrn F.W. Seiler vom 2.6.1943, IWM, Speer Collection, FD 4355/Vol. 6, S. 217ff.

fertig konstruiert, man benötige nur noch 25 weitere Konstrukteure, um sie ohne Schaden für die Me 262 abzuschließen. Es mache nichts aus, wenn beide Typen gleichzeitig gebaut werden würden. Ein ausgesprochener Engpaß sei allerdings der Vorrichtungs- und Werkzeugbau. Direktor Frydag, der Leiter des Hauptausschusses Flugzeugzellen, warnte, Werkzeugmacher und Vorrichtungsbauer seien noch schwerer zu beschaffen als die geforderten Ingenieure[145]. Milch blieb hart. Er entschied: »Me 262 ist einschließlich Höhenvariante mit aller Gewalt voranzutreiben. Die hierfür vorgesehenen Maßnahmen bezüglich Totalschutz von Personal auf mindestens 1 Jahr u.a. sind mit Nachdruck zu verfolgen[146].«

Drei Wochen später trafen erste Hiobsbotschaften ein. Untersuchungen der Firma Messerschmitt hatten ergeben, daß es unmöglich sei, die bis Ende 1943 geforderten 100 Maschinen rechtzeitig bereitzustellen, sondern sie konnten frühestens bis Mai 1944 gefertigt werden[147]. Milch beraumte deshalb eine Sondersitzung mit allen maßgeblichen Messerschmitt-Leuten an, um die Probleme durchzusprechen. Inzwischen spielte Willy Messerschmitt seine stärkste Trumpfkarte gegen Milch aus. Am 27. Juni ließ Hitler die führenden Flugzeugkonstrukteure auf den Obersalzberg kommen, um sie in Einzelgesprächen über den Stand der Luftrüstung zu befragen. Nach der Darstellung Messerschmitts, die er einige Tage später dem Verwaltungsrat der Firma gab, kritisierte er gegenüber Hitler, daß Göring und der Chef des Generalstabs keine unmittelbare Fühlung mit der Industrie hielten und das RLM nicht das nötige Interesse für die wichtige Zukunftsentwicklung aufweise. »Der *Führer* habe sich dabei sehr interessiert für ein Höhenflugzeug, das für das nächste Vierteljahr voll einsetzbar sei, mit dem man während dieser Zeit ungestört in England einfliegen könne. *Messerschmitt* habe weiter anhand der Kurvenblätter über die erflogenen Werte der Me 262 berichtet, Ergebnisse, die dem *Führer* noch nicht bekannt waren und die ihn sehr überraschten. Reichsminister *Speer* habe darauf aufmerksam gemacht, daß dieses, allen anderen weit überlegene Flugzeug z.Zt. mit Sondermaßnahmen vorgezogen werde. *Messerschmitt* habe darauf hingewiesen, daß die Me 262 später als Bomber eingesetzt werden könne[148].« Messerschmitt trug damit die Idee, die Me 262 als Bomber zu bauen, selbst an Hitler heran, und dieser sollte später wieder darauf zurückkommen. Gleichzeitig scheint er Zweifel an der Entscheidung Milchs gesät zu haben, ganz auf die Me 209 zu verzichten.

Als Milch zwei Tage später mit Messerschmitt und seinen Direktoren verhandelte, war jedoch davon nicht die Rede. Die Vertreter der Firma wiesen darauf hin, daß bei Anspannung aller Kräfte das erste Vorserienflugzeug im Januar 1944 kommen werde, im Februar dann 8, im März 21, im April 40 und im Mai schließlich 60 Flugzeuge. Damit wären Mitte Mai 1944 die geforderten 100 Stück erreicht[149]. Milch reagierte sehr verärgert auf die Forderung nach zusätzlichen Arbeitskräften, Konstrukteuren und Werkzeugmaschi-

---

145 Entwickungsbesprechung vom 4.6.1943, BA-MA, RL 3/57, S. 4039.

146 Bericht Nr. 29 über die Entwicklungsbesprechung vom 4.7.1943, BA-MA, RL 3/42, S. 6347f.

147 GL-Besprechung vom 22.6.1943, BA-MA, RL 3/21, S. 5804.

148 Niederschrift über die Verwaltungsratssitzung des Messerschmitt-Konzerns vom 2.7.1943, IWM, Speer Collection, FD 4355/45, Vol. 9, S. 271.

149 St/GL-Besprechung am 29.6.1943, BA-MA, RL 3/12, S. 5702.

nen. Er forderte vielmehr eine Rationalisierung innerhalb des Konzerns: »Nun gibt es ja viele Dinge, wie z. B., daß gerade die Serienwerke bei Ihnen oder sonstwo noch gar nicht ausgelastet sind, daß wir da auch noch etwas machen könnten. Nur Ihr Schrei geht zuerst: Vati hilf! Ihr wißt genau: Vati hat auch nichts, er ist ein armes Luder, Ihr seid viel reicher[150].« Milch sicherte aber zu, man wolle versuchen, durch engste Zusammenarbeit von Generalluftzeugmeister und Industrie das gesteckte Ziel zu erreichen[151].

In diese von energischer Entschlossenheit und einer klaren Entwicklungslinie gekennzeichneten Phase der Geschichte der Strahlflugzeuge platzte eine Führerweisung, die typisch ist für das hektische Hin und Her in der Luftrüstung während der Endphase des Zweiten Weltkrieges. David Irving behauptet, Hitler habe befohlen, die Me 209 nicht abzusetzen, und datiert diese Entscheidung auf Anfang August[152]. Es gibt jedoch keinen aktenkundigen Befehl Hitlers, nur einige unklare Andeutungen Milchs in den Generalluftzeugmeisterbesprechungen. Es ist eher wahrscheinlich, daß Hitler Milch in einer Unterredung vor dem Schritt gewarnt hat, ganz auf den Kolbenmotorjäger zu verzichten. Das war auch vom RLM nie so vorgesehen gewesen, denn es war immer ein von Kurt Tank konstruiertes Nachfolgemuster der Fw 190 in der Planung gewesen. Nun genügten aber die von Willy Messerschmitt beeinflußten Einlassungen Hitlers, um den Generalluftzeugmeister wieder schwankend werden zu lassen. Der Stimmungsumschwung scheint bereits im Juli vollzogen gewesen zu sein. Als Milch am 27. Juli mit Messerschmitt die Frage eines Höhenjägers erörterte, betonte er: »Die Schwierigkeit der Überlegungen besteht nun darin: wir wollen auf alle Fälle schärfstens die 262 durchziehen. Auf der anderen Seite müssen wir natürlich bei solchen neuen Sachen wie der Strahltriebmaschine immer etwas Spezielles sehen. Wir können sie noch nicht als den normalen Frontjäger ansehen, wie es die Maschine des alten Prinzipes ist.« Und Messerschmitt assistierte: »Das habe ich immer betont. Man kann nicht nur auf den Strahljäger gehen[153].«

Damit war Milch wieder in seine skeptische Haltung vom Januar 1943 zurückgefallen. Es ist erstaunlich, wie schnell der Generalfeldmarschall seine Meinung änderte, als er den Zweifel Hitlers an seinen Maßnahmen spürte. Der Vorgang ist symptomatisch für Milchs Einstellung in bezug auf die Luftrüstung. Seine Tendenz, sich hundertprozentig abzusichern und problematische Entscheidungen zu vermeiden, schlug hier durch, auch wenn er immer den Eindruck eines entschlußfreudigen Mannes zu erwecken versuchte. Er räsonierte drei Wochen später noch: »Ich bedauere es persönlich, daß ich die 262 nicht 100%ig bauen kann. Ich persönlich würde sie bauen und nicht den Weg über die 209 gehen, sondern das Risiko laufen, wie wir es beschlossen hatten. Aber ich habe klare Befehle. Ich bin Soldat und muß Befehlen gehorchen. Die Sicherheit, die der Führer verlangt, ist von uns zu berücksichtigen[154].« Milch scheint aber recht froh gewesen zu sein, sich hinter einem »Führerbefehl« verschanzen zu können, mußte er nun nicht mehr das hohe Risiko tragen, einen unerprobten Typ ohne Parallelentwicklung in Serie gehen

[150] Ebd., S. 5714.
[151] Bericht Nr. 79 über die Amtsbesprechung (sic) vom 29. 6. 1943, BA-MA, RL 3/45, S. 7406.
[152] Irving, Tragödie, S. 302.
[153] GL-Besprechung vom 27. 7. 1943, BA-MA, RL 3/23, S. 6840.
[154] GL-Besprechung vom 17. 8. 1943, BA-MA, RL 3/24, S. 7237.

zu lassen, was seinem Vorgänger Udet ja zum Verhängnis geworden war. Jedenfalls wurde ab August 1943 die Me 209 wieder in vollem Umfang in das Beschaffungsprogramm aufgenommen und bildete eine firmeninterne Konkurrenz zur Me 262, welche das Strahlflugzeug in seiner Weiterentwicklung behinderte.

Tabelle 7: Eingesetzte technische Zeichner für Me 209 und Me 262 im Jahre 1943

		Me 209	Me 262			Me 209	Me 262
Januar	1.	-	5	Juli	1.	14	115
	15.	-	14		15.	13	100
Februar	1.	1	20	August	1.	14	66
	15.	12	31		15.	9	28
März	1.	26	40	September	1.	19	41
	15.	34	41		15.	13	44
April	1.	38	25	Oktober	1.	15	40
	15.	71	3		15.	14	26
Mai	1.	83	4	November	1.	17	31
	15.	57	27		15.	12	37
Juni	1.	56	48	Dezember	1.	14	31
	15.	37	60		15.	6	45

Quelle: Maier, Development of the Me-262, S. 83.

Tabelle 7 zeigt, daß erst im Juli 1943 die Me 262 in der Konstruktion die Oberhand über die Me 209 gewann. Messerschmitt ließ also trotz des Befehls vom Mai 1943, die Me 209 einzustellen, den Kolbenmotorjäger parallel weiterlaufen, obwohl er sich immer wieder über den Mangel an Konstrukteuren beklagte. Warum er so heftig gegen seine eigene Schöpfung intrigierte, ist nicht ganz klar. Vielleicht befürchtete er tatsächlich bei der Me 262 ein ähnliches Debakel wie bei der Me 210, deren Fehlkonstruktion ihn immerhin den Posten des Betriebsleiters gekostet hatte, und wollte sich deshalb mit einer herkömmlichen Konstruktion absichern. Wenig plausibel erscheint die Erklärung von Wolfgang Gehrisch, die »Flugmonopole« hätten kein Interesse daran gehabt, ein überlegenes Flugzeug zu bauen, das »kaum abgeschossen und demzufolge wegen des geringen Verschleißes auch nur wenig produziert« worden wäre[155]. Auch die Me 209 sollte ja eine stark verbesserte Jagdmaschine werden, und Messerschmitt lehnte nie den Serienbau der Me 262 ab. Es ging ihm offensichtlich auch nicht um die Aufrechterhaltung der profitablen Großserie der alten Me 109, die immerhin das meistgebaute Flugzeug der Welt wurde. Vielmehr wollte er möglichst alles bauen, den Standard-Kolbenmotorjäger der Luftwaffe, den Strahljäger, den Strahlbomber und wenn möglich den viermotorigen »Amerikabomber« Me 264, den er ebenfalls im Juni Hitler angepriesen hatte[156]. Der Konstruk-

[155] Gehrisch, Entwicklung der Luftfahrtindustrie, S. 274.
[156] IWM, Speer Collection, FD 4355/45, Vol. 9, S. 272.

teur übersah aber dabei, daß seine Fertigungsleute mit der Fülle von Aufgaben nicht mehr zurechtkamen und Verzögerungen in den Ablieferungsterminen auftraten. Am 7. September 1943 war Messerschmitt wieder bei Hitler. Dessen Luftwaffenadjutant erinnert sich, der Professor habe sich beklagt, »daß ihm vom Feldmarschall Milch nur Schwierigkeiten bereitet und nicht genügend Arbeitskräfte zur Verfügung gestellt würden«[157]. Messerschmitt benutzte also die Gelegenheit, um seinen Erzfeind Milch anzuschwärzen. Das gespannte Verhältnis der beiden ging noch auf die Zeit zurück, als Milch Lufthansadirektor gewesen war. Milch hatte sich 1931 geweigert, weitere Flugzeuge von Messerschmitt abzunehmen, da er bei seinen Entwürfen den Sicherheitsfaktor zu wenig berücksichtige. Die Bayerischen Flugzeugwerke waren daraufhin in erhebliche finanzielle Schwierigkeiten geraten[158]. Die Klagen auf der Führerkonferenz sollten nicht die letzte Intrige gegen Milch bleiben. Entscheidender war, daß Messerschmitt versuchte, bei Hitler alle möglichen Konkurrenzprojekte abzuschießen. In seinen Unterlagen für die Besprechung findet man folgende Passage: »Die Beschaffungslage der 262 ist vollständig unklar. Vorschlag: das Flugzeug weitgehendst aufzugliedern und Einzelteile bei Bomberfirmen bauen zu lassen. Der technische Vorsprung der 262 ist so gewaltig, daß dieses Flugzeug nicht schnell genug kommen kann, da sonst zu befürchten ist, daß der Gegner mit etwas ähnlichem früher oder mit uns kommt. Es läßt sich unter Umständen Kapazität bei Dornier oder Arado freimachen, wenn man auf Schnellbomber 335 bei Dornier und auf das Strahlflugzeug (234) [handschriftliche Einfügung] bei Arado verzichtet[159].« Wäre dieser Vorschlag verwirklicht worden, so wären die beiden einzigen ernsthaften Konkurrenten beim »Schnellbomber«projekt, das Hitler so sehr am Herzen lag, weggefallen. Messerschmitt pries aber die Me 262 als Lösung an: »Oberst Pelz hat in seinem Vortrag in Rechlin über Einsatz gegen England den Strahlbomber dringlichst gefordert. Schnellste Möglichkeit auf Basis der 262[160].« Damit hatte er selbst den Grundstein für Hitlers spätere »Blitzbomber«entscheidung gelegt.

Später stritt Messerschmitt jede Verantwortung für die unglückliche Entwicklungspolitik der Me 262 ab. Als ihm im Januar 1944 Direktor Kokothaki schwere Vorwürfe wegen seines Festhaltens an der Me 209 und seiner Vorstöße bei Hitler machte, wies er diese energisch zurück und behauptete: »Persönlich habe ich fast in allen GL-Besprechungen auf die Bedeutung der 262 hingewiesen, aber kein Gehör gefunden. Dies ist so sattsam bekannt, daß es überflüssig ist, mir Vorwürfe zu machen. Daß sie so spät serienreif gemacht wurde, ist ausschließlich Schuld des RLM[161].« Hier klingt bereits deutlich die nach dem Kriege so ausführlich geschilderte Legende von den Dilettanten im RLM an, die die große Chance verpaßt hätten. Auch über seine Rolle bei den Besprechungen mit Hitler gab er nun eine andere Version: »Ich habe anläßlich des Besuches im Juni beim Führer auf

---

157 Below, Als Hitlers Adjutant, S. 350.

158 Ishoven, Messerschmitt, S. 117.

159 Entwurf für Besprechung mit dem Führer, 7.9.43, IWM, Speer Collection, FD 4355/45, Vol. 1, S. 102f.

160 Ebd.

161 Stellungnahme zum Brief des Herrn Kokothaki vom 19.1.1944, IWM, Speer Collection, FD 4355/45, Vol. 6, S. 248.

die Notwendigkeit der 262 hingewiesen, worauf der Führer und Reichsminister Speer ein Umschalten des gesamten Jägerprogramms auf Strahljäger aus Brennstoffgründen für bedenklich hielten. In meinem 2. Besuch im vergangenen Jahr beim Führer habe ich mit keinem Wort die 209 erwähnt, bei der Verabschiedung hat jedoch der Führer mich gebeten, die 209 trotz der Dringlichkeit der 262 nicht zu vernachlässigen, was ich allerdings mit gutem Gewissen auch zusagen konnte[162].«
Es bleibt aber festzuhalten, daß Willy Messerschmitt ein gerütteltes Maß an Verantwortung für die Ungereimtheiten in der Rüstungspolitik der Luftwaffenführung trägt. Ohne sein Eingreifen wäre die Entwicklung der Me 262 wesentlich geradliniger verlaufen. Statt den unsicheren Generalluftzeugmeister in seinem Entschluß zu bestärken, hintertrieb der Konstrukteur vielleicht auch aus persönlicher Feindschaft die Richtlinien des RLM. Die entscheidende Krise um den Strahljäger sollte aber erst noch kommen, denn nun griffen auch Göring und Hitler in das Geschehen ein.

3. Strahlflugzeuge als Elemente der Angriffsrüstung und die Konkurrenz der »V-Waffen«

War in der Frühphase der Entwicklung der Turbinenantrieb hauptsächlich für Jagdflugzeuge oder Aufklärer vorgesehen, so ließ die starke Betonung des Angriffsgedankens und der Angriffsrüstung in der Luftwaffenführung die Idee aufkommen, Strahlflugzeuge auch offensiv als Kampfflieger einzusetzen. Es entspann sich ein langdauernder Kampf der »Jägerfraktion« gegen die »Bomberfraktion«, in den auch Hitler eingriff. Gleichzeitig wurde das ganze Programm durch die »V-Waffen« behindert, die ihre Existenz vor allem dem Umstand verdankten, daß Hitler »Vergeltung« für die anglo-amerikanischen Bombenangriffe forderte, wofür die deutsche Luftwaffe aber nur technisch veraltete Mittelstreckenbomber bereitstellen konnte. Dies ließ den Wunsch nach einer verbesserten Angriffskomponente noch größer werden, egal ob es sich um fliegende Bomben, Raketen oder Strahlbomber handelte. Das Ringen um ein schlüssiges Konzept für die neuen Flugzeugtypen trat in seine entscheidende Phase.

a) »Vergeltung« und die Ohnmacht gegen England

Obwohl die Luftwaffe sich seit der Schwerpunktverlegung nach dem Osten in der unterlegenen Position gegenüber der RAF befand, kam Hitler von dem Gedanken eines Luftkrieges gegen England nicht ab, vor allem unter dem Eindruck der schweren britischen Bombenangriffe nach der neuen Taktik des Flächenbombardements, die zum erstenmal beim Luftangriff auf Lübeck in der Nacht vom 28./29. März 1942 angewendet worden war[163]. Hitler befahl als Reaktion am 14. April 1942 »im Rahmen der Vergeltung Terrorangriffe gegen Städte außer London«[164]. Der erste »Vergeltungsangriff« richtete sich

[162] Ebd., S. 249.
[163] Webster/Frankland, Strategic Air Offensive, Bd 1, S. 391—393, 483 f.; Verrier, Bomberoffensive, S. 97.
[164] Collier, Defense, Anh. 36, S. 512.

am 25./26. April gegen Exeter, wobei nur 25 Flugzeuge, ein Zehntel der gegen Lübeck eingesetzten britischen Bomber, aufgeboten werden konnten[165]. Insgesamt handelte es sich bei den sogenannten »Baedecker«-Angriffen um 14 größere Unternehmen gegen wenig verteidigte britische Städte, z.B. Bath, Norwich, York und Canterbury. Danach wurden die Angriffe auf wichtige Ziele in kleinerem Maßstab fortgesetzt und schließlich nur noch Jagdbomberangriffe geflogen[166]. Die Zahl der eingesetzten Flugzeuge erreichte im Höchstfall ca. 100 Maschinen, im Durchschnitt nicht mehr als 60 bis 70[167]. Insgesamt gesehen blieben die Anstrengungen der Luftflotte 3 bedeutungslos und waren im Vergleich zu den britischen Luftangriffen nicht mehr als Nadelstiche.

Die strategische Ausgangslage änderte sich auch im Jahre 1943 nicht. Dennoch blieb der Wunsch Hitlers nach einer Luftoffensive bestehen, vor allem als die britischen Bombardements im März gegen das Ruhrgebiet intensiviert wurden. Hitler sah die alliierte Bomberoffensive mehr unter dem Gesichtspunkt der Schwächung der Kampfmoral der Bevölkerung denn als Mittel des Krieges gegen Wirtschaftsziele. Daher sollten die Angriffe mit den gleichen Methoden beantwortet werden, nämlich mit einer Terroroffensive: »Terror bricht man durch Terror: sonst nicht! [...] Den Krieg gewinnen kann ich nur dadurch, daß ich beim Gegner mehr vernichte als der Gegner bei uns, — dadurch daß ich selber ihm jedenfalls die Schrecken des Krieges beibringe; das ist zu allen Zeiten so gewesen und ist bei der Luft genauso[168].«

Am 1. März 1943 wurde Oberstleutnant i. G. Peltz als »Angriffsführer England« in der Dienststellung eines Kommandierenden Generals ernannt[169]. Er sollte den Luftkrieg gegen England entsprechend leiten und koordinieren. Für die ihm gestellte Aufgabe verfügte Peltz jedoch nur über sehr schwache Kräfte. Ende April 1943 waren 107 Bomber der KG 2 und 6 sowie 97 Jagdbomber des SKG 10 einsatzbereit[170]. Diese Einheiten führten im Laufe des Jahres mehrere kleinere Unternehmen durch. Die Treffergenauigkeit war aber infolge der unzureichenden Ausbildung gering[171]. Hitler selbst beklagte sich über die angebliche Unfähigkeit der Luftwaffe: »Die meisten Erklärungen, die ich immer wieder höre, gehen dahin: man findet es nicht. London nicht finden, eine Affenschande[172].«

Gerade jetzt, im Sommer 1943, als die Diskussion um die weitere Konzeption des Luftkrieges ihren Höhepunkt erreichte, war die Entscheidung zugunsten eines verstärkten strategischen Bombenkrieges gefallen, wie ihn die Generale Korten, von Greim und Meister sowie Oberst Peltz forderten. Die alternative Konzeption, sich ganz auf die Heimatluftverteidigung zu konzentrieren, die von Kammhuber, Galland und Milch vertreten wurde, geriet ins Hintertreffen[173]. Sogar Generalluftzeugmeister Milch, der ursprünglich

165 KTB OKW, Bd 1, S. 168.
166 Collier, Defense, Anh. 37, S. 513f.
167 KTB OKW, Bd 2/1, S. 168.
168 Hitlers Lagebesprechungen, S. 296f.; vgl. auch Overy, Hitler and Air Strategy, S. 411.
169 Boog, Luftwaffenführung, S. 134; Irving, Tragödie, S. 280.
170 Collier, Defense, Anh. 40, S. 518.
171 Vgl. ebd., Anh. 38, S. 515f.
172 Zit. nach: Boog, Luftwaffenführung, S. 135.
173 Ebd., S. 135; Groehler, Geschichte des Luftkriegs, S. 389.

für die Verteidigung plädiert hatte, ließ sich kurzzeitig anstecken: »Wir müssen England auch angreifen. [...] Legen Sie den Engländern auch ein paar Millionen um[174].« Tatsächlich unternahm die Luftwaffe Ende 1943 umfangreiche Vorkehrungen, um den strategischen Luftkrieg gegen England zu eröffnen. Der »Angriffsführer England« erhielt Verstärkung für seine bisher nur sehr schwachen Angriffskräfte. Insgesamt standen Peltz 524 Maschinen, zumeist mittlere Bomber, zur Verfügung, 462 waren einsatzbereit[175]. Der erste Angriff erfolgte am 21. Januar 1944 auf London mit 447 Maschinen. Offensichtlich hatten die deutschen Bomber aber größte Schwierigkeiten, überhaupt ihr Ziel zu finden, denn von 500t abgeworfener Bomben fielen nur 30t auf London[176]. Danach sank die Einsatzbereitschaft der Flugzeuge rapide ab. Beim zweiten Angriff am 29. Januar ebenfalls gegen London waren nur noch 285 Maschinen beteiligt. Die Angriffsserie wurde im März, April und Mai mit stetig sinkenden Einsatzzahlen weitergeführt, wobei neben London weitere Ziele, wie die Häfen Hull, Bristol, Plymouth und Portsmouth angegriffen wurden. Ende Mai 1944 verfügte das gegen England eingesetzte IX. Fliegerkorps nur noch über 107 einsatzbereite Kampfflugzeuge[177]. Die Bomberwaffe war nach diesem Aderlaß als Faktor für eine strategische Luftkriegführung ausgeschaltet. Die restlichen Kampffliegerverbände bei der Luftflotte 3 wurden im Verlauf der Invasion aufgerieben[178].

In der stetig absinkenden offensiven Kampfkraft gegen England ist der Rückgriff auf die V-Waffen als letztes Mittel für strategische Luftangriffe begründet. Schon das Konzept Hitlers »Terror gegen Terror« im Jahre 1943 hatte zu einer Forcierung der Entwicklung und Produktion der V-Waffen geführt, wohl auch schon aus der Einsicht, daß die Luftwaffe zu diesem Zeitpunkt zu einem operativen Luftkrieg kaum noch fähig war. Als die letzte Offensive im Frühjahr 1944 kläglich gescheitert, d.h. die Möglichkeit für einen konventionellen Luftkrieg gegen Großbritannien ausgeschöpft war, blieben als »strategische« Angriffswaffen nur noch die angeblichen Wunderwaffen V 1 und V 2.

Die Flugbombe Fi 103 (V 1) und die Rakete A 4 (V 2) waren Konkurrenzentwicklungen der Luftwaffe und des Heeres, denn sie waren für denselben Zweck, den weitreichenden Beschuß, als Fernkampfwaffe ausgelegt. Gerade in der Zeit, als Hitler »Vergeltungsangriffe« gegen England forderte, die die Luftwaffe aber infolge ihrer Schwächen im Westen nur mit geringem Erfolg durchführen konnte, wurde für die Luftwaffenführung das Projekt einer Flugbombe interessant. Die Fieseler-Flugzeugwerke entwickelten unter Leitung ihres technischen Direktors Robert Lusser eine selbstgesteuerte Bombe[179]. Am 19. Juni 1942 erteilte Generalfeldmarschall Milch den beteiligten Firmen den Bauauftrag für die Flugbombe Fieseler Fi 103 und veranlaßte, »der Produktion dieses Geräts hohen Vorrang innerhalb der Flugzeugindustrie zu geben«[180].

---

[174] Irving, Tragödie, S. 280.

[175] Vgl. Groehler, Stärke, Verteilung und Verluste, Tab. 6 und 7, S. 322f.; Collier, Defense, Anh. 41, S. 519.

[176] Collier, Defense, S. 327.

[177] Gundelach, Drohende Gefahr West, S. 305.

[178] Ebd., S. 324ff.

[179] Hölsken, Die fliegende Bombe Fi 103; ders., V-Waffen, S. 34—38; siehe auch History of German Guided Missiles.

[180] Irving, Geheimwaffen, S. 26.

Die Fi 103 war im Prinzip ein kleines unbemanntes Flugzeug mit einem Gesamtgewicht von 2,2t. Sie war als reines Verlustgerät gedacht und deshalb so einfach wie möglich aufgebaut. Die Konstruktion war aus dünnem Stahlblech, es gab keine Kraftstoffpumpen, sondern nur Druckluftbehälter, die den Treibstoff zum Triebwerk drückten, und ebenso wurden die Seiten- und Höhenruder mit Druckluft betrieben. Die Steuerung übernahm ein System aus Gyroskopen, Magnetkompaß und Barometerkapsel, das die Flugbombe auf der richtigen Höhe und auf dem eingestellten Kurs hielt. Ein kleiner Propeller an der Nase des Flugkörpers trieb einen Tachometerzähler an, der nach einer festgelegten Strecke die Bombe zum Absturz brachte. Die militärische Nutzlast bestand in einer 850-kg-Pulverladung in der Spitze der Bombe. Als Antrieb diente das Argus-As-014-Pulso-Schubrohr mit 335 kp Maximalschub. Der Start erfolgte von einem 55m langen Katapult aus. Die Entwicklung der Waffe wurde nun in bemerkenswert kurzer Zeit durchgeführt. Sogar Hitler sprach sich im März 1944 »über die kurze Dauer der Entwicklung und den bereits erzielten Fortschritt sehr anerkennend«[181] aus. Ende September 1943 lief die Serienproduktion im Volkswagenwerk Fallersleben an[182]. Generalluftzeugmeister Milch rechnete damit, durch die V 1 einige Bombergruppen ersetzen zu können[183]. Auch die Techniker der Industrie glaubten an eine solche Möglichkeit. Willy Messerschmitt schrieb im August 1943 an Karl Frydag, den Leiter des Hauptausschusses Flugzeugzellen im »Industrierat des Reichsmarschalls für die Fertigung von Luftwaffengerät«: »Was wir außerdem benötigen, ist der ›Kirschkern‹ [Tarnname für die V 1, der Verf.] und zwar in ganz großen Mengen, um auf weite Entfernungen ohne Einsatz von Flugzeugführern Einsatzhäfen und Feindstädte bombardieren zu können[184].«

Im Gegensatz zu der direkt durch die Entwicklung im Luftkrieg angeregten Flugbombe V 1 war die Fernrakete des Heeres »Aggregat 4« (V 2) ein Projekt, das sich bis in die frühen 30er Jahre zurückverfolgen läßt.

Bereits Ende 1929 war vom Heereswaffenamt beschlossen worden, »Versuche einzuleiten, um die Möglichkeit der Verwendung des Strahlantriebes für militärische Zwecke zu erproben«. Mit dieser Aufgabe wurde der spätere General Walter Dornberger beauftragt, der im Frühjahr 1930 dem ballistischen Referat des Heereswaffenamtes zugeteilt worden war, das die Raketenentwicklung übernehmen sollte[185]. Das Heereswaffenamt hoffte mit der Entwicklung einer Fernkampfrakete den Versailler Vertrag umgehen zu können, der der deutschen Armee jede Art von schwerer Artillerie verbot, Raketen aber nicht erwähnte[186].

Für die Militärs war die Rakete eigentlich nur die Verbesserung des Ferngeschützes, wie es z.B. im Ersten Weltkrieg mit dem »Parisgeschütz« mit 120 km Reichweite zum Einsatz gekommen war[187]. Allerdings war der militärische Nutzen solcher Geschütze und

---

181 Deutschlands Rüstung, S. 338 (Konferenz vom 5.3.1944).
182 Hölsken, V-Waffen. Entstehung, S. 47, 56; Irving, Geheimwaffen, S. 182f.
183 Irving, Tragödie, S. 357.
184 Messerschmitt an Frydag vom 23.8.1943, IWM, Speer Colletion, FD 4355/45 Vol. 3, S. 499.
185 Dornberger, Peenemünde, S. 29; vgl. auch Hölsken, V-Waffen. Entstehung, S. 15.
186 Ludwig, Fusées, S. 75f.
187 Ebd., S. 76.

damit auch der Fernrakete sehr beschränkt, da kein genaues Zielen auf eine so große Entfernung möglich war, d. h. es konnte höchstens Störfeuer gegen Flächenziele geschossen werden. Aus diesem Grund kommt Ludwig zu dem Urteil: »Leur seule utilité pouvait être de terroriser les populations civiles[188].« Damit war aber niemals eine kriegsentscheidende Wirkung zu erreichen. Dennoch war vor allem die Heeresgeneralität von den Leistungen des A 4 beeindruckt. Irving glaubt für diesen Umstand einen Grund gefunden zu haben: »Auf Strategen, die mit den Leistungen bemannter Bomber vertraut waren, wirkte die A-4-Rakete mit ihrem teuren Triebwerk, den völlig unorthodoxen Treibstoffen und der Geschoßspitze von nur 1000 kg unerheblich und militärisch widersinnig; doch allein schon die Tatsache, daß die Entwicklung vom Heer im allgemeinen und von einem Artillerieoffizier im besonderen geleitet wurde, erklärt zu einem großen Teil, daß das Projekt trotz dieser starken Widerstände nicht einschlief. Einem Artillerieoffizier mußte das A 4 als ein Höhepunkt der Waffentechnik erscheinen: wie winzig waren die 1915 nach Paris geschossenen Granaten im Vergleich zu dem Geschoß von 1000 kg im Kopf des A 4[189]!« Diese These Irvings wird noch dadurch erhärtet, daß auch die Oberbefehlshaber des Heeres von 1933 bis 1941, von Fritsch und von Brauchitsch, ebenso der Befehlshaber des Ersatzheeres 1939–1944, Fromm, dem das Heereswaffenamt unterstand, sowie die gesamten Spitzengenerale des OKW, Keitel, Jodl und Warlimont, Artilleristen waren[190]. Gerade Fritsch, Brauchitsch und Fromm gehörten zu den maßgeblichsten Förderern der Raketenentwicklung.

Im Gegensatz zu seinen Generalen verhielt sich Hitler lange Zeit sehr zurückhaltend in der Raketenfrage. Er war von der Durchführung der Pläne von Peenemünde nicht überzeugt und äußerte noch 1942, zu einem Zeitpunkt, als das A-4-Projekt bereits wieder höchste Dringlichkeit erhalten hatte, seine Bedenken gegenüber Speer[191]. Außerdem hielt er den Einsatz der Rakete erst für sinnvoll, »wenn mindestens gleichzeitig erstmalig 5000 Geschosse für den Masseneinsatz zur Verfügung stehen«[192]. Diese Forderung zeigt, daß Hitler mit der Rakete weitreichendere Ergebnisse erreichen wollte, als nur Störfeuer zu schießen. Offensichtlich beabsichtigte er mit den V-Waffen dieselbe vernichtende Wirkung zu erzielen, wie die britischen schweren Bomber, die derzeit täglich die deutschen Städte verwüsteten. Da die Luftwaffe keine entsprechende Bomberwaffe mehr zur Verfügung stellen konnte, blieb nur der massierte V-Waffenbeschuß, um eine ähnliche Wirkung wie ein Flächenbombardement hervorzurufen. Bei dem Vortrag Dornbergers im Juli 1943, der Hitler endgültig von der Rakete überzeugte, fragte er auch, ob die Nutzlast nicht auf 10 t und die monatliche Stückzahl auf 2000 erhöht werden könne[193]. Als Dornberger erklärte, daß beide Forderungen unmöglich zu erfüllen seien, schrie Hitler: »Aber ich will vernichtende –, ich will vernichtende Wirkung[194]!« Dornberger äußer-

---

[188] Ebd.
[189] Irving, Geheimwaffen, S. 17.
[190] Stumpf, Wehrmacht-Elite, S. 168.
[191] Deutschlands Rüstung, S. 138, Besprechung vom 23.6.1942.
[192] Ebd., S. 194.
[193] Dornberger, Peenemünde, S. 117.
[194] Ebd., S. 118.

te dagegen im Laufe des Vortrags: »Als wir die Entwicklung begannen, haben wir nicht an eine alles zerstörende Wirkung gedacht«, worauf ihn Hitler unterbrach: »Sie! Freilich, Sie haben das nicht beabsichtigt, aber ich[195]!« Tatsächlich lassen alle Befehle Hitlers in bezug auf das A 4 erkennen, daß er durch die Massenfertigung des Gerätes sich ab 1943 doch noch eine Kriegswende erhoffte. Im Protokoll der Konferenz vom 17./18. Juli 1943 mit Speer ist ein entsprechender Hinweis zu finden: »Der Führer legt nochmals fest, daß die A IV mit allem Nachdruck zu fördern ist. — Er hält dies für eine — mit verhältnismäßig geringen Mitteln durchführbare — kriegsentscheidende und die Heimat entlastende Maßnahme[196].« Deshalb ging das A 4 in Serienproduktion und kam als V 2 in den Einsatz, obwohl alle Verantwortlichen wußten, daß ein Masseneinsatz viel zu kostspielig werden würde und die notwendigen Rohstoffe, vor allem Treibstoff für die Raketen, von der Industrie nie geliefert werden könnten[197]. Nach Ludwig scheinen diese Informationen Hitler nie erreicht zu haben: »Il semble ne s'être jamais informé des conditions techniques nécessaires au lancement des fusées[198].«

Bei der Beurteilung der V-Waffen wird sehr oft die These vertreten, sie seien nicht nur durch ihren zu spät erfolgten Einsatz, sondern auch wegen der falschen Anwendung wirkungslos geblieben. Urheber dieser Aussage ist der damalige Oberkommandierende der alliierten Invasionsstreitkräfte, General Eisenhower, dem als scheinbar neutralem Kritiker ein fundiertes und objektives Urteil über den V-Waffeneinsatz zugebilligt wird. Der Kern seiner Ausführungen lautet: »Es war anzunehmen, daß unsere Invasion in Europa sich als äußerst schwierig, vielleicht sogar als unmöglich erwiesen hätte, wenn es den Deutschen gelungen wäre, diese neuen Waffen sechs Monate früher fertigzustellen. Ich bin überzeugt, daß das Unternehmen ›Overlord‹ [Deckname für die Invasion, der Verf.] hätte ausfallen müssen, wenn es dem Feind gelungen wäre, diese Waffen sechs Monate lang einzusetzen, besonders dann, wenn er den Raum von Portsmouth und Southampton zu einem seiner Hauptziele gemacht hätte[199].« Eisenhower stellte also den Erfolg der Invasion in Frage, die nur dadurch gerettet wurde, daß sich der Einsatz der V-Waffen gegen London richtete, also ein militärisch nicht so wichtiges Ziel wie die Absprunghäfen der Invasionsflotte. Winston Churchill hat bereits Eisenhowers Behauptung als übertrieben zurückgewiesen: »Die durchschnittliche Fehlleistung beider Waffen hat über fünfzehn Kilometer betragen. Selbst wenn die deutschen hundertzwanzig Stück täglich abgefeuert hätten und überhaupt keine von uns abgeschossen worden wären, hätte ihre Wirkung den Abwurf von zwei bis drei Eintonnenbomben pro Quadratmeile und Woche nicht übertroffen[200].«

In der Tat ist Churchills Analyse der Möglichkeiten der V-Waffen weitaus zutreffender als diejenige Eisenhowers. Die V-Waffen konnten wegen ihrer großen Ungenauigkeit nicht gegen Punktziele, wie die Invasionshäfen, eingesetzt werden. Nur ein entsprechend gro-

---

195 Ebd., S. 119.
196 Deutschlands Rüstung, S. 280, Besprechung vom 8.7.1943.
197 Hölsken, V-Waffen. Entstehung, S. 206; Irving, Geheimwaffen, S. 18.
198 Ludwig, Fusées, S. 83; vgl. auch Irving, Geheimwaffen, S. 318ff.
199 Eisenhower, Kreuzzug in Europa, S. 309.
200 Churchill, Der Zweite Weltkrieg, Bd 5/1, S. 271f.

ßes Flächenziel wie London bot die Aussicht auf eine angemessene Trefferquote. Heinrich Temme, Mitarbeiter der Erprobungsstelle der Luftwaffe in Peenemünde gibt präzise über die Treffgenauigkeit der V 1 Auskunft: »The accuracy demanded meant that the 50% longitudinal and lateral divergence should be not more than 4% of the distance flown, i.e. $\pm$ 4,5 km at 225 km range[201].« Daraus ergibt sich bereits eine Trefferstreuung auf ein Gebiet von 9 km Durchmesser. In der Praxis wurde die Forderung aber nicht erreicht: »After the preliminary testing, shortly before going into service, the lateral divergence was about twice that value[202].« Damit streute die V 1 auf eine Fläche von 18 km Durchmesser. Ähnlich liegen die Werte für die V 2. Ursprünglich rechneten die Fachleute mit einer Abweichung von ungefähr 3,5 km auf 250 km Reichweite, was aber wegen zusätzlicher Abweichungen durch Schubschwankungen und Steuerfehler nie erreicht wurde[203]. Punktzielbeschuß war also mit den V-Waffen von Anfang an nicht möglich.

Der militärische Nutzen blieb, was die Wirkung betrifft, äußerst gering. Bei jedem größeren alliierten Bombenangriff wurde mehr Sprengstoff abgeworfen als bei der gesamten V-Waffenoffensive gegen England verschossen wurde. Größere Wirkung hätte nur die Atombombe bringen können, und diese Waffe war während des ganzen Krieges in der deutschen Kernforschung nicht in greifbare Nähe gerückt[204]. Hitler rechnete offensichtlich gegen Ende des Krieges selbst nicht mehr mit einer entscheidenden Wirkung der V-Waffen. Im Januar 1945 sagte er bei einer Lagebesprechung zu Göring: »Die V 1 kann den Krieg leider nicht entscheiden[205].«

War schon der Nutzen dieser Waffen relativ gering, so hatten ihre Kosten eine äußerst fatale Wirkung auf die deutsche Luftrüstungsindustrie. Die V 1 war vom Preis her eine billige Waffe[206], die eine Tonne Sprengstoff ins Ziel bringen konnte und kaum knappe Rohstoffe verbrauchte. Sie war von der Kostenseite durchaus vertretbar[207]. Erheblich ungünstiger sieht die Rechnung bei der V 2 aus. Sie benötigte große Mengen Treibstoff und knappe Materialien, wie Qualitätsbleche und elektrische Geräte, die auch dringend für die Flugzeugfertigung gebraucht wurden[208]. Die V 2 trug dadurch wesentlich zur Behinderung der deutschen Luftfahrtindustrie bei. Milward urteilt: »Mit diesen Mitteln und der gleichen Produktionsanstrengung hätten mindestens sechs Hochleistungs-Kampfflugzeuge hergestellt werden können[209].« Geht man von einem geschätzten Gesamtausstoß von etwa 6500 Raketen aus[210], so verlor die Luftwaffe durch die Konkurrenz der

---

201 Temme, Development and Testing of the V-1, S. 70.

202 Ebd., S. 77.

203 Müller, Control System of the V-2, S. 88.

204 Zum Problem der deutschen Atombombe siehe ebenfalls Irving, Traum von der deutschen Atombombe; vgl. auch Blankenstein/Turkenburg, Atoomenergie; als neue und sehr fundierte Arbeiten sind zu nennen: Walker, Legenden um die deutsche Atombombe; ders., Uranmaschine.

205 Hitlers Lagebesprechungen, S. 818.

206 Nach Hölsken, V-Waffen. Entstehung, S. 81, betrug der Richtpreis 5000 RM, was sicher ein »Minimalwert« war; Irving, Geheimwaffen, S. 337, gibt die Kosten gar nur mit 1500 RM an.

207 Milward, Die deutsche Kriegswirtschaft, S. 95.

208 Ebd., S. 96.

209 Ebd.

210 Hölsken, V-Waffen. Entstehung, S. 79, schätzt den Gesamtausstoß auf etwa 6500 bis 6600 Raketen.

Heeresfernkampfwaffe ca. 39000 Flugzeuge. Ganz abgesehen von allen Zahlenspielen um die Wirtschaftlichkeit der »Vergeltung«, offenbart die Haltung Hitlers und der Wehrmachtführung erneut das typische Angriffsdenken, das auch in der kritischen Situation, in der Deutschland seit 1943 steckte, noch absoluten Vorrang hatte.

b) Das Schnellbomberkonzept und die drohende Invasion

Neben der Unfähigkeit, England durch Luftangriffe strategisch zu bedrohen, machten sich bei Hitler und der Luftwaffenführung zunehmend Sorgen um die rein taktische Einsatzfähigkeit der Luftwaffe breit. Man befand sich im Westen in der zahlenmäßigen Unterlegenheit, und da Verstärkungen aus dem Osten nicht zu erwarten waren, würde das auch so bleiben. Schon im September 1941 hatte der Luftwaffenführungsstab deshalb den Schluß gezogen: »Wenn überhaupt, kann die *deutsche Luftwaffe die Entscheidung über den amerikanisch-englischen Luftgegner nur durch die Überlegenheit in der Güte ihrer Rüstung herbeiführen* (Hervorhebung im Original)[211].« Neben einer ganzen Reihe von taktisch-technischen Forderungen wurde deshalb auch »der schnellen Weiterentwicklung der Strahlantriebe bis zur Serienreife [...] besonderer Wert beigemessen«[212]. Die Bedeutung der qualitativen Überlegenheit und die Möglichkeiten des Strahlantriebs wurden also schon recht früh eingesehen, die Wirklichkeit sah aber anders aus.

Die Masse der Kampfverbände war auch von 1942 bis 1944 mit den zweimotorigen Bombern Do 217, He 111 und vor allem Ju 88 ausgestattet. Anfang 1943 urteilte die Inspektion der Kampfflieger über die Ju 88, sie sei »für die englisch-amerikanischen Kriegsschauplätze bei Tage wegen der außerordentlich schweren Verluste als nicht mehr einsatzfähig anzusehen, da Geschwindigkeit, Bewaffnung und Standfestigkeit gegenüber dem englisch-amerikanischen Jäger und dem entsprechenden Leitverfahren nicht ausreichen«[213]. Ähnlich sah es bei den »Jagdbomber«verbänden aus, die 1942 durchaus noch Erfolge bei ihren schnellen Vorstößen nach England erzielt hatten. Im März 1943 schätzte das Technische Amt die Geschwindigkeitsüberlegenheit des neuen englischen Jägermodells Hawker Typhoon gegenüber dem erst 1941 eingeführten neuen Jäger und Jagdbomber FW 190 auf 30 bis 40 km/h[214].

Die Lösung schien im »Schnellbomber« zu liegen, der aufgrund seiner überlegenen Geschwindigkeit der feindlichen Jagdabwehr entkommen konnte. Schon am 9. Februar 1942 hatte Hitler von einem solchen Projekt geträumt: »Wenn ich heute einen Bomber bekäme, der siebenhundertfünzig bis achthundert Kilometer fliegt, dann hätte ich überall die Oberhand. Bewaffnung brauchte der nicht, weil er schneller ist als die schnellsten Jäger. Zu diesem Zweck müßte man in der Planung beim Bomber anfangen und nicht beim Jäger, denn der Jäger wird sofort nachgebaut. Es müßte ein Sprung sein, der über

---

211 Abschrift Luftwaffenführungsstab I T, 29.9.1941 (Denkschrift, Betr. Luftrüstung [Fliegertruppe] in den kommenden Kriegsjahren), BA-MA, RL 3/2582, S. 757.

212 Ebd., S. 765.

213 Zit. nach: Baumbach, Zu spät?, S. 88.

214 GL/C-G.O. Nr. 500/43 g.Kdos. vom 13.3.1943 (Bericht über Reise zur Luftflotte 3 vom 11.–12.3.1943), BA-MA, RL 3/1513.

das jetzige weit hinausgeht[215].« Spätestens Anfang März 1942 waren die wichtigsten Männer der Luftwaffe, Göring, Generalluftzeugmeister Milch und Generalstabschef Jeschonnek, über die Forderungen Hitlers nach einem Schnellbomber informiert[216]. Es war dabei aber eher an eine Me 109 mit 250-kg- oder 500-kg-Bombe gedacht worden, also an einen Jagdbomber. Ein richtiger »Schnellbomber« war damit noch nicht erreicht. In dieser Phase des Krieges traten nun deutlich Mängel in der Entwicklung von Luftwaffengerät in Erscheinung, denn der GL konnte kein geeignetes Flugzeug für diese Aufgabe anbieten. Im Juli 1942 beschwerte sich der Generalstab darüber, daß in einer Studie für ein neues Flugzeugbeschaffungsprogramm die »Einplanung des vom Führer mit äußerstem Nachdruck geforderten ›Schnellbombers‹ und ›Höhenbombers‹ überhaupt nicht erwähnt ist. Es ist jedoch darauf hinzuweisen, daß der Führer in den letzten 2 Jahren wiederholt mündlich seine Forderungen an den Schnellbomber und den Höhenbomber eingehend erläutert und begründet hat[217].«

Das Technische Amt hatte zuvor dem Chef des Generalstabs mitgeteilt: »Die Überlegenheit von Schnellkampfflugzeugen kann nur jeweils kurzzeitig erreicht werden durch Anwendung überraschender neuester technischer Mittel, die jedoch zum Zeitpunkt ihrer Neuheit aus Beschaffungsgründen meist nur in geringen Stückzahlen vorhanden sind[218].« An Neuentwicklungen gebe es z.B. die Ar 234, ein »Gewaltaufklärer mit Strahltriebwerken«, der auch Bomben trage könne. Mit dem Einsatz wurde 1944 gerechnet. Es böten sich aber auch die konventionell angetriebenen Me 210 und die Ar 240 an, wobei die Ar 240 nicht vor 1944 erwartet wurde. Nun war, wie bereits erwähnt, das Schnellbomberprojekt ja keine Erfindung Hitlers, sondern schon lange vor dem Krieg konzeptionell entwickelt worden. Die technische Verwirklichung war aber mit der Ju 88 nicht gelungen. Der in Aussicht gestellte neue Flugzeugtyp, die Me 210, die zugleich Zerstörer, Nachtjäger, Sturzkampfbomber und Schnellbomber sein sollte — heute würde man im NATO-Jargon »multi-role-combat-aircraft (MRCA)« dazu sagen — hatte sich als Fehlkonstruktion erwiesen und wurde zu einem der katastrophalsten Fehlschläge in der deutschen Luftrüstung[219]. Notgedrungen wurden die alten Muster weitergebaut, obwohl der General der Kampfflieger im November 1942 feststellte: »Das derzeitige Flugzeugprogramm entspricht nicht mehr den taktischen Notwendigkeiten.« Daher, so fuhr er fort, müsse es das Ziel einer künftigen Umrüstung sein, »die Masse der Kampfverbände auf ein leichtes Kampfflugzeug zu bringen, das zweckmäßigerweise vom Jagdflugzeugtyp ausgehend zu entwickeln ist«[220].

---

[215] Hitler, Monologe, S. 274.

[216] Besprechungsnotiz Nr. 46/42 g.Kdos. 6.3.1942, BA-MA, RL 3/60, S. 6.

[217] Der Chef des Generalstabes der Luftwaffe, Nr. 1150/42 g.Kdos. 14.7.1942, Betr.: Forderungen und Vorschläge für das Flugzeugbeschaffungsprogramm, BA-MA, RL 3/865, S. 3f.

[218] Vortrag C-E 2/Chef über Schnellkampfflugzeuge am 12.5.42 vor Chef-Genst., BA-MA, RL 3/14, S. 555.

[219] Ausführlich zum Fall der Me 210: Irving, Tragödie, S. 219—222; Williams, Development, S. 209—213; Ishoven, Messerschmitt, S. 258f., 267—271.

[220] General der Kampfflieger, Nr. 80.125/42 g.Kdos. (T.O.) 27.11.42, Stellungnahme zum derzeitigen Flugzeugprogramm, BA-MA, RL 3/51, S. 754f.

Das Technische Amt forderte deshalb in seinen »Richtlinien für die Flugzeugentwicklung« die »Steigerung der Fluggeschwindigkeit bis Schallgeschwindigkeit« und außerdem die Möglichkeit, das »Jagdflugzeug als Jabo und Gewaltaufklärer« zu verwenden[221].
Die eigentliche Schnellbomberentwicklung hatte das Ziel, ein Flugzeug zu schaffen, das mit einer 500-kg-Bombe eine Geschwindigkeit von 750 km/h erreichen konnte. Dazu sollte auch die Konstruktion der TL-Triebwerke weiterverfolgt werden[222]. Im Januar 1943 wurden führende Techniker der Luftrüstungsindustrie ins RLM eingeladen, um ihre Vorschläge für das Schnellbomberprojekt zu besprechen. Neben Heinkel, Messerschmitt, Dornier und Prof. Hertel von Junkers waren auch der General der Jagdflieger, Galland, und der General der Kampfflieger, Peltz, anwesend. Nachdem man eine ganze Reihe von Varianten mit Luftschraubenantrieb und mit Strahlantrieb durchgesprochen hatte, einigte man sich schließlich auf das Projekt Do 335 von Dornier, ein unkonventionelles zweimotoriges Flugzeug, dessen Triebwerke in Tandemanordnung montiert waren[223]. Demnach war klar, daß auch dieses Flugzeug nicht in absehbarer Zeit zur Verfügung stehen würde. Man war weiter darauf angewiesen, mit den vorhandenen Jagdbombern zu improvisieren.
Dies rief bei Göring große Erbitterung hervor, der sich zwei Monate später in einem heftigen Ausfall gegen die Fachleute im RLM und die Konstrukteure seinen Ärger von der Seele redete: »Sie erinnern sich, meine Herren, daß ich schon vor dem Kriege von dem Höhenbomber und dem Schnellbomber gesprochen habe. [...] Ich habe Ihnen während des ganzen Krieges immer wieder sagen lassen, daß Höhenbomber und Schnellbomber zwei Typen sind, die uns endlich mal wieder einen gewissen Vorsprung geben müssen. [...] Die Projekte, die, mit ganz geringen Ausnahmen, da sind, sind immer noch Zukunftsmusik und können erst Ende 1944, 1945 oder 1946 zur Ausführung kommen. Meine Herren, das sind Dinge, von denen schon vor Kriegsausbruch gesprochen wurde. Ich stelle also fest, daß sie in all den Jahren auch hier keine Fortschritte gemacht haben. Auch auf dem Gebiet des Strahlantriebs waren ja die Dinge schon vor dem Krieg da. Als ich damals fragte, wann ich das bekommen kann, wurde mir geantwortet: in 1 ½ bis 2 Jahren seien sie da. Jetzt, wo ich eine wirklich sachliche Auskunft bekomme, höre ich, daß es in zwei Jahren ist. So sieht es aus[224]!«
Als dann Hitler im November 1943 seine berühmt-berüchtigte »Blitzbomber«entscheidung in bezug auf die Me 262 traf, war das kein einsamer Entschluß eines verblendeten Laien, sondern fügte sich durchaus in die Denkweise großer Teile der Luftwaffenführung ein. Daß er gerade das Jagdflugzeug Me 262 wählte, zeigt den Zwang zur Improvisation, der durch das Fehlen eines wirklichen Schnellbombers und durch die sich zuspitzende militärische Lage des Reiches begründet war. Dabei stand allen die Abwehr der drohenden Invasion im Westen vor Augen. Falls die Luftwaffe auch nur ein halbwegs

---

221 Anl. zu GL/C Nr. 500/42 g.Kdos. (E), Richtlinien für die Flugzeugentwicklung, BA-MA, RL 3/50, S. 338.

222 Entwicklungsbesprechung vom 13.11.1942 im RLM, BA-MA, RL 3/34, S. 2458 ff.; Bericht Nr. 12 über die Entwicklungsbesprechung vom 13.11.1942, RL 3/42, S. 6496 ff.

223 Vgl. Entwicklungs-Besprechung vom 19.1.1943 im RLM, BA-MA, RL 3/35, S. 2825 ff.

224 Stenographische Niederschrift über die Besprechung beim Reichsmarschall vom 18.3.1943 in Karinhall, BA-MA, RL 3/60, S. 5475.

entscheidender Faktor in diesem Kampf sein sollte, so brauchte sie eine gewisse Angriffskomponente, die sich gegen die alliierte Luftüberlegenheit durchsetzen konnte, wie es ja auch der Oberbefehlshaber West, Generalfeldmarschall von Rundstedt, im November 1943 forderte[225]. Ein paar Zahlen können diese Argumentation schlagend belegen: Am »D-Day«, dem 6. Juni 1944, verfügten die britischen und amerikanischen Luftstreitkräfte in England für ihren Angriff über 3467 schwere Bomber, 1645 mittlere, leichte und Torpedobomber, 5409 Jäger und 2316 Transport- und Truppentransportflugzeuge[226]. Damit flogen sie 14674 Einsätze binnen eines Tages, die Luftwaffe konnte dagegen nur 319 Einsätze verbuchen, ein Verhältnis von 46:1! Selbst als Verstärkungen in den Westen geworfen wurden, verbesserte sich das Einsatzverhältnis im Durchschnitt nur auf 25:1[227]. Auch einige hundert Jäger mehr hätten wohl kaum etwas gebracht, der Einsatz von einigen hundert überlegenen »Blitzbombern« schien dagegen mehr abzuwerfen, als eine reine Defensivluftwaffe. Wie wir noch sehen werden, konnten nicht einmal diese Erwartungen erfüllt werden, aber es bleibt festzuhalten, daß hinter den Überlegungen Hitlers durchaus eine gewisse Logik steckte[228]. Überraschenderweise hat auch der Chef des Luftwaffenführungsstabes, Koller, der 1944/45 der letzte Generalstabschef der Luftwaffe wurde, ganz im Gegensatz zu späteren Darstellungen wenige Tage vor der »Blitzbomber«entscheidung ähnliche Gedanken gehegt[229]. In einer Vortragsnotiz[230] bezog sich Koller einleitend auf Hitlers Überlegungen. Der Führer, so heißt es, habe gefordert, den »Strahlbomber mit allen Mitteln vorwärts zu treiben zum Einsatz in großer Zahl mit kleinen Bomben zur Abwehr einer Westinvasion; Strahlbomber wichtiger als Strahljäger.« Anschließend wägte Koller das Für und Wider des Einsatzes von Strahlflugzeugen als Jäger, Bomber, Aufklärer und Schlachtflugzeug gegeneinander ab. »Auf Grund der luftgeographischen Lage muß vom Strahlflugzeug in erster Linie als *Kampfflugzeug* in der operativen Luftkriegführung gegen England der große Erfolg erwartet werden«, urteilt er. Damit wollte er sich aber nicht ausschließlich auf Bomberversionen festlegen, denn im nächsten Abschnitt betonte er: »*Entsprechend der Luftlage*, gekennzeichnet durch eine zahlenmäßige und z. *Zt.* qualitative Überlegenheit der anglo-amerik. Luftwaffe, hat der *Strahljäger* seine überragende Bedeutung als künftig schärfste Waffe der Reichsverteidigung (Hervorhebungen im Original).« Hier argumentierte Koller durchaus auf der Linie von Vertretern einer Defensivkonzeption, wie Milch und Galland. Strahlflugzeuge als Schlachtflieger schließlich beurteilte er ungünstig, da sie im Tiefflug einen unverhältnismäßig hohen Treibstoffverbrauch aufwiesen. Da es darauf ankam, möglichst schnell ein einsatzbereites Muster zu erhalten, andererseits aber die laufende Produktion nicht durch Umstellungen und neue Typen behindert werden sollte, empfahl er zusammenfassend:

---

225 Wegmüller, Abwehr der Invasion, S. 92f.

226 Angaben nach Gundelach, Drohende Gefahr West, S. 317f.

227 Alle Angaben nach ebd., S. 318f.

228 So urteilt auch Späte, Der streng geheime Vogel, S. 153f.

229 Görlitz, Vorwort, S. 18, behauptet, Koller habe am 18. November 1943 »einen neuen ›Dies ater‹ für die Luftwaffe« erlebt, als Hitler sich für die Me 262 als »Schnellbomber« entschieden habe.

230 Luftwaffenführungsstab Ia op Nr. 8889/43 g.Kdos. Chefs. vom 18.11.1943, Vortragsnotiz, Flugzeuge mit Strahl- und R-Triebwerken, BA-MA, RL 2II/74.

»Da für den Jäger Me 262 die Mitnahme von Bomben bereits in der Planung vorgesehen war und die Möglichkeiten tatsächlich gegeben sind, kann beim Festhalten am Bau dieses Typs in vorderster Dringlichkeit die Führerforderung nach einem Strahlflugzeug zum Bombeneinsatz gegen den Erd- und Seefeind beim Kampf um die Küsten voll erfüllt werden, ohne daß durch Umlegen einer Dringlichkeit vom Jäger zum Bomber oder gar durch Sonderausbringung eines speziellen Strahl-Schlachtflugzeuges die laufende Entwicklung und Produktion nachteilig gestört wird [Hervorhebung im Original].«

Horst Boog hat diese Stellungnahme Kollers recht kritisch als Indiz für den vorherrschenden Angriffsgedanken in der Luftwaffe und die daraus resultierende Bevorzugung der Angriffsrüstung gewertet[231]. Damit folgt er aber zu sehr der Argumentation der »Jägerfraktion« um Galland. Der Chef des Luftwaffenführungsstabes hatte ein durchaus ausgewogenes Urteil gefällt und einen Kompromiß im sich anbahnenden Streit um den richtigen Einsatz der Strahlflugzeuge aufgezeigt. Dadurch, daß Hitler — und gegen seine innere Überzeugung auch Göring — am Bomberkonzept festhielten, Milch und Galland aber auf dem Jägereinsatz bestanden, geriet das Strahlflugzeug in dem recht dogmatischen Streit kurzzeitig in eine Krise, die zugleich auch zur Krise in der Luftwaffenführung und im Generalluftzeugmeisterbereich führte.

Koller kämpfte gegen eine einseitig orientierte Luftwaffe. Ähnlich wie in der Aufbauzeit der Bomber viel zu sehr im Vordergrund des Interesses stand, so schien ihm nun die reine Bevorzugung der Jägerrüstung unausgewogen. Im März 1944 warnte er: »Mit der Verteidigung allein läßt sich der Krieg nicht gewinnen, sondern nur, wenn wir auch angreifen können[232].« Damit hatte er sicher recht, denn die Luftwaffe benötigte diese Angriffskraft, wenn sie wenigstens taktisch schlachtentscheidend eingreifen wollte, wie es ja auch die Alliierten neben ihrer »strategischen« Bomberoffensive 1944/45 vorexerzierten[233]. 1944 war der Zug aber schon längst abgefahren, denn keine Doktrin, keine Schwerpunktbildung im Produktionssektor und nicht einmal die technische Revolution der V-Waffen und der Düsenflugzeuge konnte dann noch der gewaltigen vereinigten Produktionskapazität des Empire, der USA und der Sowjetunion widerstehen. Gerade aber der Streit um richtige und falsche Konzeptionen hat nach dem Krieg die Bewertung der neuen Waffen stark beeinflußt und zum Teil zu überspitzten Urteilen geführt.

c) Hitlers »Blitzbomber« — Strahlflugzeuge als Jäger oder als Bomber?

Im Sommer 1943 reichte die zu geringe Decke an Arbeitskräften, Facharbeitern und Konstrukteuren in der Luftrüstung nicht mehr aus, um alle Anforderungen zu erfüllen. Milch hatte die Ausstoßzahlen enorm gesteigert und sah für die kommenden Jahre noch größere Zuwächse und vor allem neue Typen für Angriff und Verteidigung vor. Zudem konkurrierte die Luftwaffenrüstung mit der Heeres- und Marinerüstung unter Speer, der seine Panzerfertigung ebenfalls unter höchster Dringlichkeit in der Industrie laufen ließ

231 Boog, Luftwaffenführung, S. 147.
232 Entwicklungsbesprechung vom 2.3.1944, BA-MA, RL 3/41, S. 5694.
233 Vgl. hierzu Jacobs, Tactical Air Doctrine.

und mit der Förderung der Heeresrakete A 4, der späteren V 2, in die Domäne der Luftwaffe einbrach. Es war deshalb nicht erstaunlich, daß alle Programme zunehmend wegen zahlreicher Mangelerscheinungen verzögert wurden.

Schon im Juli 1943 hatte die Messerschmitt AG darauf hingewiesen, daß ihr 225 Vorrichtungsschlosser und Werkzeugmacher und 40 Vorrichtungskonstrukteure, die eigentlich bis Mitte Juli eintreffen sollten, fehlten und sich deshalb die Ausbringung der Me 262 um drei bis vier Wochen verschiebe[234].

Generaldirektor Frydag vom Industrierat bemühte sich zwar, über die Engpässe hinwegzuhelfen, er konnte aber auch nicht zaubern. Bei einer Besprechung im September wurde klar, daß trotz der Zuweisungen von anderen Firmen der Bedarf noch lange nicht gedeckt war. Zwar waren bei der Vorrichtungskonstruktion durch Leute von Blohm und Voß bis auf 25 alle Forderungen erfüllt, beim Lehrenbau, beim Verformungswerkzeugbau und beim Großvorrichtungsbau konnten aber von 1930 fehlenden Kräften nur 475 abgedeckt werden[235]. Die Überlastung der Firma trat klar zutage, die Probleme mit der Stellung von Arbeitskräften sollten sich aber noch zuspitzen.

Ausschlaggebender für das ganze Strahlflugzeugprogramm waren aber die Schwierigkeiten, die bei der Produktion der Turbinen auftraten. Am 27. August 1943 hatte sich der Generalluftzeugmeister in einer Entwicklungsbesprechung von seinen Fachreferenten ausführlich über die Strahlflugzeuge und Strahltriebwerke unterrichten lassen[236]. Stabsingenieur Schelp hatte dabei über alle laufenden Projekte auf dem Gebiet der Turbinentriebwerksentwicklung einen Überblick gegeben. Das erste Aggregat, das Jumo 004 B, sollte im Juni in der Nullserie anlaufen und im September 1943 in Großserie gehen. Im Juli 1944 würde es dann von dem Jumo 004 C abgelöst werden. Das BMW 003 sollte ab März 1944 in der Großserienfertigung herauskommen und das leistungstärkere He S 11 schließlich Mitte 1945 in der Nullserie anlaufen. Die genannten Triebwerke waren Weiterentwicklungen der ersten Prototypen, die aus gewichts- und fertigungstechnischen Gründen nicht in der ursprünglichen Form in die Produktion gehen konnten. Vor allem ihr Anteil an notwendigen »Sparstoffen«, wie Nickel, Kobalt, Molybdän und Chrom, die dem Reich nicht in ausreichender Menge zur Verfügung standen, war zu hoch. Die Serientriebwerke sollten deshalb einen geringen Sparstoffanteil enthalten. So benötigte das Jumo 004 B nur noch 24,4 kg Nickel gegenüber 88 kg Nickel im V-Triebwerk, und das Jumo 004 C sollte sogar nur noch 7 kg verbrauchen[237]. Die Junkers-Konstrukteure hatten »daher eine weitgehende und sehr radikale Änderung der warmfesten Werkstoffe in zum Teil völlig sparstofffreie Materialien vorgenommen[238].« Das war natürlich ein großes Risiko, denn bei den enormen Temperaturen, die im Triebwerk entstanden, waren eigentlich hochwarmfeste Spezialstähle für die besonders beanspruchten Teile notwen-

[234] Abschrift Fernschreiben ZA-H 562, 379/43 vom 20.7.1943, BA-MA, RL 3/63, S. 7050.

[235] Besprechungsniederschrift, Geh. Kdos. ZA/III/2610, vom 14.9.43 in Augsburg, BA-MA, RL 3/1100.

[236] Staatssekretär der Luftfahrt und Generalinspekteur der Luftwaffe, St/GL/C-E2 Nr. 9875/43 g. Kdos. vom 15.9.1943, Bericht Nr. 37 über die Entwicklungsbesprechung am 27.8.1943, BA-MA, RL 3/42, S. 6287 ff.

[237] Ebd., S. 6290.

[238] Franz, Junkers-Strahltriebwerk, S. 61.

dig. Es ist aus heutiger Sicht als eine Meisterleistung anzusehen, daß die deutschen Techniker ihre Turbinen zum Laufen brachten, obwohl sie teilweise aus normalem Tiefziehblech bestanden. Für die Turbinenschaufeln entwickelte Krupp die Speziallegierung Tinidur, die 30% Nickel, 15% Chrom und 1,7% Titan enthielt und später durch die Legierung Cromadur ohne Nickel und mit 13% Chrom, 18% Mangan und 0,7% Vanadium ersetzt wurde[239]. Leider ließ sich das ganze Programm aus diesen Gründen nicht ohne Rückschläge und Verzögerungen durchführen. Bei der Erprobung des Jumo-004-B-Triebwerks im Sommer 1943 traten immer häufiger Schwingungsbrüche der Turbinenschaufeln auf. Die Berichte von Dr. Franz über die Probeläufe sind in der Zeit bis Dezember 1943 eine einzige Abfolge von Katastrophenmeldungen[240]. Trotz hektischer Bemühungen der Junkers-Mannschaft gelang es nicht, dieses Problem ganz abzustellen, auch nachdem das Jumo 004 schon in Serie lief[241].

Im August 1943 war das noch gar nicht abzusehen. Milch entschied, sowohl für Junkers als auch für BMW eine Kapazität von 2000 Stück monatlich einzuplanen. Dabei sollten die Konzentrationslager Oranienburg und Dachau in die Produktion miteinbezogen werden. Der Generalluftzeugmeister wollte sich deswegen auch mit Himmler in Verbindung setzen. Er hoffte dabei auf die Fürsprache von Helmut Graf von Zborowski, dem Leiter der BMW-Raketentriebwerksentwicklung, der SS-Mann war und deshalb Himmler immer wieder über den neuesten Stand der Strahltriebwerksentwicklung informierte[242].

Tatsächlich wandte sich Zborowski schon wenige Tage später an Himmler und erklärte, die neuen Triebwerke könnten dazu beitragen, die Luftüberlegenheit der deutschen Luftwaffe zu erringen. Da die Fertigung aber bei BMW auf Schwierigkeiten stoße, habe er SS-Obergruppenführer Jüttner um Hilfe bei der Ausnutzung der SS-eigenen Fertigungskapazität gebeten. Auch Milch wolle sich deswegen noch an ihn wenden[243]. Der zunehmende Einfluß der SS auf die Raketen- und Strahltriebwerksprogramme vor allem in der Endphase des Krieges ist auf diese Vorgänge zurückzuführen. Neben dem Millionenheer der »Fremdarbeiter« und Kriegsgefangenen sollten auch die KZ-Häftlinge als industrielle Reservearmee in die Produktionsschlacht geworfen werden. Milchs Entscheidungen belegen, daß er trotz aller Schwierigkeiten versuchte, die neuen Waffensysteme ohne Rücksicht auf Verluste in die Großserie zu drücken.

Allerdings gerieten die Strahlflugzeuge nun in den Bannkreis des bereits beschriebenen »Schnellbomber«konzepts, was zu tiefgreifenden Auseinandersetzungen in der Luftwaffenführung und schließlich zur Ablösung des Generalluftzeugmeisters führte. Göring griff im Herbst 1943 wieder energischer in die Fragen der technischen Ausrüstung der

---

239 Gersdorff/Grasmann, Flugmotoren und Strahltriebwerke, S. 209.

240 Vgl. z.B. Berichte Nr. L/156, L/157, L/172, L/176, L/182, L/190, L/193, L/196, L/197, L/202, L/222, DM, Ordner Jumo 004.

241 Vgl. Bericht Nr. L/234, Neue Turbinenschaufelbrüche in B-1-Maschinen vom 20.3.1944, DM, Ordner Jumo 004.

242 Entwicklungsbesprechung vom 27.8.1943, BA-MA, RL 3/38, S. 4638; vgl. BA-MA, RL 3/42, S. 6291 (wie Anm. 236).

243 SS-Obersturmführer Dipl.Ing. Helmut Zborowski, Geheime Kommandosache, Tgb. Nr. 119/43 Zbo./Zb. vom 2.9.1943, BA, NS 19/3711.

Luftwaffe ein, wohl auch unter dem Rechtfertigungsdruck Hitler gegenüber. Neben der verstärkten Jägerrüstung zum Schutze des Reiches sollte die Luftwaffe aber ebenso über einen »Schnellbomber« für den Angriff gegen England verfügen, um dort »Vergeltung« üben zu können. Hier bot nun das neue Konzept des Strahlantriebs die Möglichkeit, nach langen Jahren der technischen Fehlschläge endlich solch eine Waffe in die Hand zu bekommen. Im September besprach Göring das Problem mit Milch, dem Chef des Generalstabs sowie den Generalen der Kampfflieger und Jagdflieger. Das Protokoll hielt fest: »Herr Reichsmarschall sieht in dieser Entwicklung die Möglichkeit, für uns einen entscheidenden Vorsprung zu bekommen, um so den Gegner in der Rüstung qualitätsmäßig zu überspringen. Herr Reichsmarschall befiehlt deshalb, daß alle Anstrengungen in der Forschung, Entwicklung und Beschaffung zu machen sind, um diesen TL-Bomber schnellstmöglich darzustellen. [...] Der Strahlbomber ist bewußt außerordentlich zu forcieren[244].« Die Me 262 war zu diesem Zeitpunkt bei der Luftwaffenführung noch keinesfalls als Notlösung für den »Schnellbomber« vorgesehen, denn auch der Befehl Görings zielte ja auf eine zukünftige Entwicklung. Allerdings bestand bei Hitler und bei den Offizieren im Umkreis von Göring die Tendenz, den Strahltrieb eher offensiv in einem Bomber als defensiv in einem Jäger zu verwenden. Schon im August 1943 hatte der Technische Offizier beim Reichsmarschall und spätere Chef der Technischen Luftrüstung, Oberstleutnant Diesing, Stellung bezogen: »Ich halte den Strahlbomber für die ausschlaggebende Sache. Auch der Führer hat gesagt, daß er die Möglichkeit des Strahltriebwerks mehr von der Bomberseite sehe, wenn man in großen Stückzahlen antrete[245].« Milch hatte darauf erwidert: »Ich sehe sie zuerst auf der Jägerbasis, und ich kann nicht erwarten, daß ein anderer, der sich gelegentlich mit solch einer Frage beschäftigt, das ebenso übersieht wie ein Spezialist. Wenn man sich in der Verteidigung befindet, muß man die Verteidigungskräfte so stark wie möglich machen und kann nicht sagen: ich gehe jetzt auf die andere Seite über[246].«

Es deutete sich hier schon der Kampf der »Jägerfraktion« gegen die »Bomberfraktion« um den richtigen Einsatz der Strahlflugzeuge an, der sich bis in den September 1944 hinzog. Diese Auseinandersetzungen waren ein Teilaspekt im Ringen um die Luftwaffenstrategie, also in der Frage, ob man die Luftwaffe in ihrer bisherigen Form als Angriffswaffe beibehalten sollte oder ob sie rein defensiv zum Schutze der Heimat eingesetzt werden mußte, um die industrielle Produktion vor dem Bombenhagel der Alliierten zu retten. Vorerst waren die Vertreter der Angriffsstrategie in der besseren Position, denn Hitler und Göring neigten in ihren Ansichten eher dieser Konzeption zu.

Das Technische Amt des RLM hatte dabei schon lange eine mögliche Strahlbomberversion im Auge, nämlich die Arado Ar 234. Arado hatte für die ursprünglich als einsitziger Schnellaufklärer mit TL-Triebwerk, Kufenlandung und nur für Einzeleinsätze geplante Maschine im April 1942 den Auftrag zur Entwicklung, Konstruktion und zum Bau von 6 V-Flugzeugen erhalten, der im Dezember 1942 auf 20 Flugzeuge erweitert worden

[244] Besprechungsnotiz Nr. 87/43 g.Kdos. vom 2. und 3.9.1943, BA-MA, RL 3/60, S. 5595f.
[245] GL-Besprechung vom 20.8.1943, BA-MA, RL 3/24, S. 7135.
[246] Ebd.

war[247]. Ab Januar 1943 liefen die ersten 10 Flugzeuge in der höchsten Dringlichkeitsstufe. Zu diesem Zeitpunkt tauchten bereits Überlegungen auf, den Aufklärer auch als Schnellbomber zu verwenden. Da aber die eigenartige Kufenlandung der Ar 234 nur beim Einzeleinsatz als Aufklärer zu vertreten war, verlangte das Technische Amt eine Umkonstruktion auf ein Einziehfahrwerk, um die Maschine auch im Verband als Bomber einsetzen zu können. Im Februar erteilte die Entwicklungsabteilung für Flugzeuge im Technischen Amt den Auftrag für zwei Musterflugzeuge mit Einziehfahrwerk als Schnellbomber. Im Juni schlug dieselbe Abteilung den Serienbau von 180 Flugzeugen vor, obwohl noch gar kein Prototyp geflogen war. Anfang Juli 1943 berichtete Oberst Dr. Pasewaldt, der Chef der Amtsgruppe Entwicklung im Technischen Amt, auf einer der Generalluftzeugmeisterbesprechungen: »Die Ar 234 macht an sich einen guten Eindruck. Wir erwarten von dieser Maschine, daß sie die Hoffnungen restlos erfüllt. Es ist zu berücksichtigen, daß die Ar 234 als Aufklärer entwickelt worden ist. Die Variante als Bomber ist in der letzten Zeit untersucht worden, und die Möglichkeiten bei der Ar 234 sind jedenfalls bedeutend günstiger als bei der Me 262, die wir eigentlich wesentlich der Jagd vorbehalten wollen. Der jetzige Druck auf die 262-Ausbildung für Jagd rechtfertigt auf weite Sicht einen Eingriff, eine Bombervariante dort zu schaffen, eigentlich kaum[248].« Oberstleutnant Peltz, der »Angriffsführer England« wies darauf hin, daß man außer der geplanten V 1 keine Kampfmittel mehr habe, mit denen man noch über Feindesland auftreten könne. Er wollte daher die Ar 234 hauptsächlich als Bomber haben[249]. Pasewaldt erklärte darauf entschuldigend: »Wenn man es kurz historisch betrachtet, dann ist die Lage so, daß die Strahlflugzeug-Entwicklung ursprünglich aus ganz selbstverständlichen Gründen heraus für Jäger angelaufen ist. Die Lage hat sich aber grundlegend erst seit ungefähr etwas über Jahresfrist geändert. Die Überlegungen in dieser Richtung sind auch schon angestellt, und natürlich ist auch die Kampfseite bedacht worden. Das einzige brauchbare Objekt ist die Ar 234 gewesen, und da das Flugzeug bisher überhaupt noch nicht in einem V-Muster geflogen ist, konnte es natürlich nicht so sehr vorgestellt werden. Im übrigen sind auch weitere TL-Projekte-Kampf bereits in Bearbeitung[250].« Mit diesem Hinweis auf weitere Projekte für Strahlkampfflugzeuge meinte Pasewaldt wahrscheinlich die Ju 287, einen schweren Strahlbomber, dessen Konstruktion Anfang 1943 bei Junkers aufgenommen worden war[251]. Jedenfalls war die Generalrichtung zu diesem Zeitpunkt noch klar: Wenn ein Strahlbomber gebaut werden sollte, dann würde es die Ar 234 sein. Am 13. Juli 1943 wurde Göring über den geplanten Einsatz der Ar 234 als Erkunder und Bomber informiert[252]. Sechs Tage später fiel eine endgültige Entscheidung auf der Generalluftzeugmeisterbesprechung. Der Konstrukteur der Ar 234, Walter Blume, gab einen Überblick über die einzelnen Auslegungen der Maschine und hob die Vorteile

---

247 Chef der Luftwaffenrechtspflege Nr. 21/45 g. Kdos. (LR 1 IV), Bericht über den Entwicklungsablauf des Strahlflugzeuges Ar 234 vom 17. 1. 1945, Anl. 1, S. 1, BA-MA, RL 3/2563.

248 GL-Besprechung vom 9. 7. 1943, BA-MA, RL 3/22, S. 6460 f.

249 Ebd., S. 6462.

250 Ebd., S. 6462 f.

251 Vgl. Green, Warplanes, S. 493—496.

252 BA-MA, RL 3/2563 (wie Anm. 247), S. 2.

des Einziehfahrwerks gegenüber der Kufenversion hervor. Wenn ein Bomberverband auf Kufen landen würde, wäre der Flugplatz bald verstopft, denn die Bomber müßten wie zu Bruch gegangene Flugzeuge erst geborgen werden. Er halte die Maschine mit Fahrgestell einsatzmäßig für besser. Außerdem sei ein verbessertes Muster mit vier BMW-Triebwerken in Bearbeitung. Allerdings mußte eine gewisse Verzögerung durch die Umkonstruktion der Ar 234 in Kauf genommen werden. Blume glaubte aber, daß diese nicht mehr als ein Vierteljahr betragen würde. Er rechnete damit, bis Ende 1944 von der endgültigen Ausführung B 100 Stück herauszubringen[253].
Aufgrund dieser Information stimmte Milch dem Vorschlag zu, die Ar 234 in der Ausführung B als Bomber und Aufklärer mit Fahrgestell zu bauen, welche zuerst mit Jumo 004B angetrieben würden und später vier BMW-Turbinen erhalten sollten[254]. Das Projekt erhielt noch einen zusätzlichen Impuls, als die 6. Abteilung des Generalstabs der Luftwaffe mitteilte, »daß bei Überprüfung der Gesamtrüstlage im Jahre 1944/45 die Notwendigkeit vorliegt, das Muster Ar 234 in möglichst großen Stückzahlen zu fertigen«[255]. In dem Schreiben wurde eine monatliche Stückzahl von etwa 150 Ar 234 gefordert. Der Generalluftzeugmeister ging auch auf diesen Vorschlag ein. Ende August 1943 sah die Beschaffungsabteilung eine Großserie mit 130 Flugzeugen pro Monat mit der höchsten Dringlichkeitsstufe »SS 4940« vor[256]. Im Generalluftzeugmeisterbereich war also schon lange für die Bereitstellung eines Strahlbombers vorausgeplant worden. Allerdings lag der Termin, zu dem eine größere Zahl Ar 234 zur Verfügung stehen würde, relativ spät. Deshalb sahen sich die Spitzen der Luftwaffenführung und Hitler, als die Lage im Luftkrieg immer aussichtsloser wurde, nach einer Notlösung um, die vielleicht früher im Einsatz stehen konnte. Nach dem Stand der Dinge konnte das nur die weit fortgeschrittene Me 262 sein, und die hatte Willy Messerschmitt schließlich schon lange Hitler und der Luftwaffe auch als Bomber angeboten. Göring schaltete sich nun selbst ein und traf sich am 13. Oktober mit Prof. Messerschmitt in Neuburg a. D., wobei er sich bei dem Konstrukteur beschwerte, daß »dieser bei der Wichtigkeit der Entwicklung der Me 262 ihm nicht direkt von dem Lieferungsverzug Mitteilung gemacht habe«[257]. Messerschmitt antwortete, Generalfeldmarschall Milch habe ihm die direkte Fühlungnahme mit Hitler oder Göring verboten. Milch bestritt diese Darstellung entschieden und leitete eine kriegsgerichtliche Untersuchung zur Klärung des Sachverhaltes ein. Die Nachforschungen ergaben, daß Milch es sich im Mai des Jahres 1942 verbeten hatte, »daß Prof. Messerschmitt dauernd mit einem Besuch beim Führer oder Reichsmarschall drohe, wenn er mit seiner Ansicht bei GL nicht durchdringt«[258]. Milch hatte damit verhindern wollen, daß Willy Messerschmitt aufgrund seiner guten Beziehungen für ihn unangenehme Entscheidungen zu unterminieren versuchte, und genau das hatte er im Falle der Me 209 dann

---

[253] GL-Besprechung vom 19.7.1943, BA-MA, RL 3/22, S. 6164—6177.
[254] Bericht Nr. 84 über die Amtschefbesprechung am 19.7.1943, BA-MA, RL 3/45, S. 7345.
[255] Abschrift von Abschrift für GL/C-B 2/IA, Generalstab, Generalquartiermeister 6. Abt. Nr. 16882/43 geh. (III) vom 23.8.1943, BA-MA, RL 3/1404.
[256] BA-MA, RL 3/2563 (wie Anm. 247), S. 2.
[257] Amtsgruppe Recht Nr. 359/43 g.Kdos. (2 III A) vom 15.11.1943, BA-MA, RL 3/64, S. 1.
[258] Ebd., S. 4.

ein Jahr darauf getan. Ein »Besuchsverbot« hatte der Generalluftzeugmeister aber nicht verhängt. Göring befahl daraufhin, daß Besprechungen mit Messerschmitt nur noch in Gegenwart von Zeugen und eines Stenographen stattfinden dürften[259]. Milch und seine Fachleute befürchteten aber nach diesem Vorfall ständig, daß Messerschmitt sie hinter ihrem Rücken bei Hitler anschwärzen könnte. Die Beziehungen zwischen dem RLM und der Messerschmitt AG waren damit auf einem Tiefpunkt angelangt.

Einen Tag nach der folgenreichen Konferenz in Neuburg traf sich Göring mit Milch und den Vertretern des Industrierates in Berchtesgaden. Willy Messerschmitt pries bei dieser Gelegenheit seinen viermotorigen Langstreckenbomber Me 264 an, der wegen seiner projektierten Reichweite von 14000 km die Möglichkeit eröffnen sollte, Amerika anzugreifen. Generaldirektor Frydag vom Industrierat warnte aber ganz entschieden davor, noch einen neuen Typ in das Beschaffungsprogramm aufzunehmen: »Das Hauptproblem im Zellenbau liegt heute in der Vorrichtung, in der Materialverarbeitung. Wir haben früher ein bis zwei Typen gehabt, und wir stehen heute in dem Komplex: 188, 410, 262, 209, 154, und alles zur gleichen Zeit. [...] Wenn wir die Vorrichtung überhaupt schaffen wollen, ist äußerste Konzentration nötig. Und wenn jetzt noch etwas dazu käme und umzustellen wäre, würde das dem Bomberprogramm und auch dem Jägerprogramm unbedingt schaden[260].«

Auch dieser Vorfall bestätigt die Einstellung Messerschmitts. Es ging ihm hauptsächlich darum, seine Schöpfungen an den Mann zu bringen, ohne daß er sich um die Fragen der Produktion und damit um die Probleme wie Serienanlauf, Einhalten von Terminen, Kapazitätsfragen, Bereitstellung von Arbeitskräften und anderes mehr gekümmert hätte. Seine eigenen Produktionsfachleute und das RLM mußten sich dagegen täglich damit herumschlagen und versuchten, an Messerschmitts Ausnahmestellung vorbei die Programme nach ihren Vorstellungen zu gestalten.

Immer noch planten die Referenten des Generalluftzeugmeisters und der General der Jagdflieger die Me 262 als Ersatz für herkömmliche Kolbenmotorjäger ein, nicht jedoch als Bomber. Galland hatte Ende Oktober nochmals betont, die Me 262 bringe eine derartige Überlegenheit, daß schon geringe Stückzahlen wichtig wären[261]. Am 29. Oktober 1943 stand deshalb das Problem der zukünftigen Ausrüstung der Jagdwaffe nochmals in einer langen Entwicklungsbesprechung im RLM zur Debatte. Es zeigte sich deutlich, daß die Messerschmitt AG mit den Projekten Me 262, Me 209 und der Me 410, einer verbesserten Ausführung der verunglückten Me 210, überlastet war. Wieder tauchte der Vorschlag auf, die Firma nur die 262 bauen zu lassen, jedoch befürchtete die Runde, daß Willy Messerschmitt erneut gegen die Streichung der Me 209 kämpfen würde[262]. Die Ressentiments der Luftwaffenführung gegen ihn kamen deutlich zum Vorschein, als Oberst Petersen, der Kommandeur der Erprobungsstellen der Luftwaffe, darauf kommentierte: »Wenn er zum Führer rennt, kann man ihm nur sagen, daß er gar nicht der Mann ist, der auf dem Jägergebiet unfehlbar ist. Er hat die 309 absolut daneben gegeigt.« Und Milch assistierte ihm

---

259 Entwicklungsbesprechung vom 29.10.1943, BA-MA, RL 3/39, S. 5112.

260 Stenographische Niederschrift der Besprechung des Reichsmarschalls mit GL und Industrierat am 14.10.1943, BA-MA, RL 3/61, S. 6147 ff., S. 6235, 6245.

261 GL-Besprechung vom 26.10.1943, BA-MA, RL 3/26, S. 8261.

262 Entwicklungsbesprechung vom 29.10.1943, BA-MA, RL 3/39, S. 5155–5161.

sofort: »Er hat die 210 auch völlig daneben gegeigt, und die 410 ist auch nicht rechtzeitig fertig. Die 410 ist auch nicht sein Verdienst. Es ist klar: hier liegen immer gute Treffer mit vollständigen Vorbeischüssen nebeneinander, und es ist leider schwer, von vornherein bei ihm zu sagen, ob es ein Treffer oder wieder ein Vorbeischuß wird[263].« Innerhalb des Generalluftzeugmeisterbereiches wuchs die Stimmung, die Me 209 nun doch abzusetzen und damit den alten Plan vom Mai 1943 wiederaufzugreifen. Die Hauptanstrengung bei Messerschmitt sollte auf der Me 262 liegen, und hier gab Milch zu verstehen, daß die Maschine vielleicht auch als Jagdbomber benötigt werde, denn Göring habe ihm gesagt, die Me 262 müsse unbedingt für die Bombenmitnahme ausgerüstet werden[264].

Damit ergibt sich Ende Oktober 1943 ein klares Bild. Es hatten sich in der Einsatzkonzeption der Strahlflugzeuge zwei Lager gebildet. Das eine mit Galland und Milch als Hauptprotagonisten wollte zuerst einen Strahljäger bauen und vielleicht später einen Bomber nachschieben. Hitler und — wohl mehr als Treuebeweis denn aus Überzeugung — Göring setzten auf den Strahlbomber. Beide Seiten hatten aber ein Interesse daran, die neuen Maschinen möglichst bald an der Front einzusetzen, was sich zwangsläufig als Impuls für die neue Technologie auswirken mußte. Anfang November wurde deshalb eine Kommission zusammengestellt, die die Frage überprüfen sollte, ob die Me 262 nicht früher in Serie gehen konnte. Ihr gehörten neben dem Kommissar für die Maschine, Oberst Petersen, den Direktoren Werner und Frydag vom Industrierat, Vertretern des Planungsamtes und des Technischen Amts des RLM auch Willy Messerschmitt, Dir. Hentzen und Dipl. Ing. Bley von der Messerschmitt AG sowie Dir. Cambeis und Dr. Franz von Junkers an[265]. Militär, Industrie und Konstrukteure sollten gemeinsam einen Lösungsweg suchen. Außerdem ergriff Göring selbst die Initiative und bereiste vom 2. bis 5. November alle wichtigen Werke des Strahlflugzeugprogrammes, Messerschmitt in Regensburg, Junkers in Dessau und Arado in Brandenburg/Havel[266]. Schon wenige Tage vor der Reise hatte Göring in einer Besprechung die Gedanken Hitlers referiert und seine Sorgen über ein zu spätes Erscheinen der Düsenflugzeuge zum Ausdruck gebracht: »Lebensentscheidend ist, daß wir spätestens im Frühjahr mit einer Manövrierfähigkeit antreten, die es gestattet, im Westen die Front zu halten und keine zweite Front aufkommen zu lassen. Dafür ist die Fliegerei entscheidend. Das ist gestern beim Führer in Gegenwart von Dönitz klar zum Ausdruck gekommen. Der Führer hat gesagt, entscheidend sei der Strahljäger mit Bomben, weil sie (sic) in ihrer großen Schnelligkeit im gegebenen Moment am Ufer entlangsausen und ihre Bomben in die Masse, die sich dort bilden muß, hineinwerfen können. Ich habe gedacht: ob wir sie bis dahin haben, weiß ich nicht[267].«

---

263 Ebd., S. 5162.

264 Ebd., S. 5174.

265 Fernschreiben Generalfeldmarschall Milch an Göring, Gst. Nr. 1578/43, g.Kdos., 3.11.1943, BA-MA, RL 3/63, S. 7050.

266 Vgl. hierzu Stenographische Niederschrift über die Besprechungen beim Reichsmarschall anläßlich des Besuchs der Arado-Werke in Brandenburg/Havel am 5.11.1943, in den Junkers-Werken zu Dessau am 4.11.1943 und in den Messerschmitt-Werken in Regensburg am 2.11.1943, BA-MA, RL 3/61, S. 5907ff.

267 Stenographische Niederschrift über die Besprechung beim Reichsmarschall am 28.10.1943 in Karinhall, BA-MA, RL 3/61, S. 6081.

Auf seiner Reise wollte sich Göring jetzt vor Ort von den Problemen ein Bild machen und für eine Beschleunigung der Projekte sorgen. Bei Messerschmitt gab er Hitlers Überlegungen für die Abwehr der Invasion wieder und kam zum Kern: »Die Hauptfrage ist aber dann eine sehr wichtige technische Frage, wie weit der Strahljäger 262 imstande ist, ein oder zwei Bomben mitzunehmen, um als überrascher Jabo (sic) wirken zu können[268].« Messerschmitt antwortete, es sei von vornherein vorgesehen gewesen, die Maschine mit zwei Bombenschlössern auszurüsten. Vorläufig seien diese und die notwendigen elektrischen Leitungen nicht eingebaut. Auf die Frage Görings, wann denn die ersten Flugzeuge mit Bombenschlössern kämen, gestand Messerschmitt ein, sie seien noch nicht konstruiert, das ließe sich aber in vierzehn Tagen erledigen, in der Baubeschreibung seien sie aufgeführt[269].

Tatsächlich vermerkt die Baubeschreibung in ihrer Ausführung vom 25. März 1943: »Der Einsatz als *Jabo* (Hervorhebung im Original) mit Lasten bis 500 kg bezw. 700 kg ist ohne Umbau möglich. Die Aufhängungsmöglichkeit für die Bombenschlösser ist von vornherein vorgesehen[270].« Göring verlangte also nichts Unmögliches, denn die Firma selbst hatte die Jagdbomberversion vorgeschlagen. Er forderte klare Pläne für die Fabrikation, um Hitler endlich detailliert Auskunft über den Einsatztermin geben zu können. Milch meinte dazu: »Ich bin an sich Optimist, kann aber nicht melden: Galland, die Sache ist klar, wir können an die Front gehen; im April kommen soundsoviel Maschinen heraus, die eingesetzt werden können. Wir müssen auch hier mit Vorsicht und Schnelligkeit an die Sache herangehen, um die Erprobung durchzuführen; sonst wissen wir nachher nicht, was los ist[271].«

Der Eindruck, daß die Me 262 noch gar kein serienreifes Flugzeug, geschweige denn eine frontreife Einsatzmaschine war, verstärkte sich noch zwei Tage später beim Besuch Görings bei Junkers in Dessau. Direktor Cambeis teilte zwar mit, daß er die Fertigung für 3000 Triebwerke auf Verdacht habe anlaufen lassen und man im Januar mit dem Beginn der Großserie rechnen könne, aber Dr. Franz, der Konstrukteur der Jumo 004, mußte zugeben, daß er neuerdings Schwierigkeiten mit dem Turbinenlaufrad habe, bei dem unerwartet Schwingungsbrüche der Schaufeln aufträten. Er glaubte aber, in wenigen Wochen alle Probleme beseitigt zu haben[272]. Ähnlich lagen die Dinge bei Arado. Walter Blume, der Konstrukteur der Ar 234, mußte auf die Frage Görings, wann denn günstigstenfalls mit ersten Frontmaschinen zu rechnen sei, antworten, daß der ursprüngliche Plan, bis Ende 1944 100 Flugzeuge herzustellen, wegen zu geringer Kapazitäten und mangels Arbeitskräften nicht mehr zu halten sei[273].

Mitte November trafen dann jene Hiobsbotschaften ein, die alle Hoffnungen auf eine vorgezogene Serienproduktion der Strahlflugzeuge zunichte machten. Am 11. November mußte Milch an Göring melden, daß die Kommission für die Me 262 nach

---

268 BA-MA, RL 3/61, S. 5962 (wie Anm. 266).

269 Ebd., S. 5963 f.

270 Kurzprojektbaubeschreibung Me 262 vom 25.3.1943, DM, Ordner Me 262, 01.09/0, Bl. 2.

271 BA-MA, RL 3/61, S. 5990 (wie Anm. 266).

272 Ebd., S. 5948.

273 Ebd., S. 5917.

Überprüfung der Firmenangaben ein Vorziehen der V- oder Großserie nicht für möglich hielt[274].

Trotz dieser Nachricht schien der Luftwaffenführung die Me 262 die einzige Möglichkeit zu bieten, in absehbarer Zeit noch ein Strahlflugzeug in Dienst zu stellen. Wie bereits ausführlich dargestellt, empfahl der Chef des Luftwaffenführungsstabes, General Koller, am 18. November die Me 262 als Strahljäger und gleichzeitig »in vorderster Dringlichkeit« als Bomber »gegen den Erd- und Seefeind beim Kampf um die Küsten«[275]. Die Positionen innerhalb der Luftwaffe waren abgesteckt, jetzt mußte Deutschlands oberster Kriegsherr eine endgültige Entscheidung treffen.

Am 26. November ließ sich Hitler auf dem Flugplatz Insterburg die neuesten Modelle der Luftrüstung vorführen, darunter auch die Me 262 und die Ar 234. Er rief Willy Messerschmitt zu sich und fragte ihn, ob seine Maschine auch Bomben tragen könne, was der Konstrukteur bejahte. Nach Darstellung Gallands soll Hitler darauf ausgerufen haben: »Seit Jahren fordere ich von der Luftwaffe den ›Schnell-Bomber‹, der ungeachtet der feindlichen Jagdabwehr sein Ziel sicher erreicht. In diesem Flugzeug, das Sie mir als Jagdflugzeug präsentieren, erblicke ich den ›Blitz-Bomber‹, mit dem ich die Invasion in ihrer ersten und schwächsten Phase abschlagen werde. Er wird ungeachtet des feindlichen Luftschirmes in die gerade gelandeten Massen von Material und Truppen hineinschlagen und Panik, Tod und Verderben anstiften. Das ist endlich der *Blitz-Bomber*! (Hervorhebung im Original) — Daran hat natürlich niemand von Ihnen gedacht[276]!«

Galland fährt in seinen Erinnerungen fort: »Daran hatte tatsächlich niemand von uns gedacht! Und wir dachten auch jetzt nicht daran. Das bisherige Produktions- und Erprobungsprogramm der Me 262 als Jäger wurde unverändert fortgeführt[277].« Seine Aussage ist im ersten Teil kaum haltbar, denn, wie aufgezeigt, hatten große Teile der Luftwaffenführung sehr wohl an eine Bomberversion der Me 262 gedacht, und Willy Messerschmitt hatte sie Hitler selbst vorgeschlagen. Wahrscheinlich war Hitler nur durch dessen Hinweis auf die Idee mit dem »Blitzbomber« gekommen und hatte sich aus strategischen Überlegungen für eine Angriffswaffe entschieden[278]. Hitlers Luftwaffenadjutant von Below gibt an, er selbst habe auf der Rückfahrt zum Führerhauptquartier versucht, »die Me 262 als Jagdflugzeug zu retten«. Hitler habe ihm zwar grundsätzlich rechtgegeben, er wollte sogar mehr Jagdflugzeuge für die Reichsverteidigung, blieb aber bei seiner Entscheidung. »Die höchste Gefahr der nächsten Zeit sah er in der Landung der Alliierten in Frankreich. Es müßte von uns alles getan werden, um diese Landung zu verhindern«[279], berichtet von Below. Hitlers Erwägungen sind nicht von der Hand zu weisen. Gelänge

---

[274] Der Staatssekretär der Luftfahrt und Generalinspekteur der Luftwaffe, Gst. Nr. 1631/43 g.Kdos. vom 11.11.1943, BA-MA, RL 3/63, S. 7049.

[275] Vgl. hierzu Kap. III. 3. b.

[276] Galland, Die Ersten und die Letzten, S. 353; vgl. hierzu die Erinnerungen von Hitlers Luftwaffenadjutanten, Below, Als Hitlers Adjutant, S. 355, der eine weniger dramatische Schilderung der Ereignisse gibt.

[277] Galland, Die Ersten und die Letzten, S. 353.

[278] Zu diesem Ergebnis kommt auch Boehme, Jagdgeschwader 7, S. 50ff.

[279] Below, Als Hitlers Adjutant, S. 355.

es, die Invasion abzuwehren, so hätte sich das schwer ringende Reich für mehrere Monate Luft verschafft, ja es schien sogar eine Kriegswende noch möglich. Die Me 262 wurde so in den Augen Hitlers zur »Wunderwaffe« gegen die drohende Niederlage, während sich die »Jägerfraktion« in der Luftwaffenführung immer mehr in den Gedanken hineinsteigerte, mit dem Strahljäger könne wenigstens die Lage über dem Reichsgebiet entscheidend verändert werden. Letztendlich konnte die Maschine aber wegen ihres späten Erscheinens nicht mehr den Beweis antreten, welche Konzeption die richtige war. Keine rüstungstechnologische Entscheidung Hitlers ist jedoch so sehr in der Nachkriegsliteratur angegriffen worden wie sein »Blitzbomber«entschluß vom November 1943[280]. Eugene M. Emme widmete diesem Vorfall sogar eine damals noch als »restricted« eingestufte Spezialstudie unter dem Titel »Hitler's Blitzbomber«[281], in der er aber in weiten Teilen den Aussagen ehemaliger Luftwaffenoffiziere folgte, die unisono Hitler die Schuld am »Versagen« der Me 262 zuschoben. Selbst Heinz J. Nowarra, der sich sonst nur auf die reine Entwicklungsgeschichte und die technischen Daten von Flugzeugen beschränkt, beklagt in seinem mehrbändigen Werk über die Ausrüstung der Luftwaffe heftig das Schicksal der Me 262: »Seine Entwicklungs- und Baugeschichte jedoch gestaltete sich zu einer der größten Tragödien in der deutschen Luftfahrtstrategie, und der durch eine verbohrte und phantasielos unrealistische Führung um zwei Jahre verzögerte Serienbau war der größte Schildbürgerstreich in der an Tragödien nicht armen deutschen Kriegsluftfahrtplanung. Die Me 262 hätte zwar den Krieg nicht mehr entscheidend beeinflussen können, aber sie wäre in der Lage gewesen, der Zivilbevölkerung in den luftkriegsgefährdeten Gebieten unsagbares Leid zu ersparen[282].«

Die Darstellung ist zweifelsohne stark von der These vom »Entwicklungsstopp« geprägt, denn von einem hier festgestellten »zwei Jahre verzögerten Serienbau« kann überhaupt nicht gesprochen werden, wenn man die langfristige Entwicklung der Maschine überblickt. Was die »verbohrte und phantasielos unrealistische Führung« betrifft, so stellt sich die Frage, wie entscheidend der Befehl Hitlers überhaupt war, die Me 262 als Bomber einzusetzen, und welcher Grad der Verantwortung für die Konzeption und Produktion der Maschine ihm zukommt. Immerhin war seine Haltung gerade nicht der »Einfall eines Laien, die kuriose Eingebung eines Augenblicks«, wie Galland später behauptete[283]. Vielmehr hatte Hitler nach einem monatelangen Entscheidungsprozeß das letzte Wort gesprochen und der Me 262 die absolute Priorität erteilt, wenn auch nicht in dem Sinne, wie es Galland und Milch vorschwebte. Andererseits muß sich der Befehl Hitlers vorerst als zusätzlicher Impuls für die Produktion der Düsenmaschine ausgewirkt haben, denn nun konnte sich das RLM im Streit um Arbeitskräfte und Werkzeugmaschinen immerhin auf einen »Führerbefehl« berufen. Es empfiehlt sich außerdem, sich

280 Um nur eine kleine Auswahl zu nennen: Rieckhoff, Trumpf oder Bluff? S. 138f.; Galland, Defeat of the Luftwaffe, S. 31; Baumbach, Zu spät? S. 250; Speer, Erinnerungen, S. 372f.; Ziegler, Turbinenjäger Me 262, S. 130f.; Stokesbury, A Short History of Air Power, S. 236; Lang, Krieg der Bomber, S. 196f.

281 Emme, Hitler's Blitzbomber.

282 Nowarra, Luftrüstung, Bd 3, S. 222.

283 Galland, Die Ersten und die Letzten, S. 355.

die oben angeführten Bemerkungen Gallands zur Insterburger Vorführung nochmals deutlich vor Augen zu halten: Auch nach dem Befehl Hitlers wurde das Programm der Me 262 als Jäger unverändert fortgeführt[284]. Wie sollte es auch anders sein, denn die Luftwaffenführung hatte von Anfang an die Einsatzmöglichkeit als Jagdbomber vorgesehen, der Konstrukteur der Me 262 hatte sogar bestätigt, eine entsprechende Umrüstung sei kein Problem. Zudem war klar, daß erst im Sommer 1944 eine größere Zahl von Düsenjägern zur Verfügung stehen konnte. Die Absichten Milchs dürften demnach dahin gegangen sein, mit Hilfe des »Führerbefehls« die Me 262 schnellstmöglich in Serie zu pressen und dann, wenn eine entsprechende Stückzahl einsatzbereit gewesen wäre, nochmals über die Verwendung der Maschinen zu verhandeln. Inzwischen gibt es durchaus auch eine ganze Reihe von Stimmen, die vor einer Dramatisierung der »Blitzbomber«entscheidung warnt[285].

Ein endgültiges Urteil über diese Frage scheint erst möglich, wenn man den weiteren Verlauf der Geschichte der Produktion und des Einsatzes der neuen »Wunderwaffen« im Jahre 1944 näher untersucht und dabei die gegebenen Umstände, wie Triebwerksprobleme, Bombenschäden und zu geringe Kapazitäten der Herstellerwerke, mit einbezieht. Dann ergibt sich allerdings auch ein differenzierteres Bild der Lage, als aufgrund der Klagen über die »verpaßte Chance« der Strahlflugzeuge angenommen werden könnte.

---

284 Ebd., S. 353.

285 Boehme, Jagdgeschwader 7, S. 53 f.; Murray, Luftwaffe, S. 239; Cooper, Luftwaffe, S. 365; Williams, Development, S. 274 ff.; Green, Warplanes, S. 626.

IV. Strahlflugzeuge als mögliche Rettung vor der drohenden Niederlage?

Im Juli 1943 war nach dem Abbruch der Schlacht um Kursk im Osten an allen Fronten das Gesetz des Handelns an die Streitkräfte der Antihitlerkoalition übergegangen. Auch im Luftkrieg markierten die Angriffe auf Hamburg am Ende desselben Monats einen Einschnitt in die Strategie der Luftwaffenführung[1]. War die Luftwaffe bisher nach ihrem Selbstverständnis eine Angriffswaffe gewesen, so sollte nun auch ihre Defensivkomponente mit allen Mitteln gestärkt werden. Das bedeutete den quantitativen Ausbau der Jagdfliegerkräfte, auf den zuerst Milch und später Speer mit dem Jägerstab hinarbeitete. Alan S. Milward sieht in dieser Maßnahme eine der Möglichkeiten, die *qualitative* Überlegenheit der deutschen Rüstung zur Geltung zu bringen. Durch den Bau von Defensivflugzeugen hätte man die Bedrohung durch Luftangriffe vermindern können. Dies wäre nur möglich gewesen, wenn Deutschland seine beschränkte Kapazität ausschließlich auf die Herstellung von Jägern konzentriert hätte[2].

Milwards These ist aber eine Fehlinterpretation des »Zahlenrausches« der Jahre 1943/44, in denen Milch und Speer immer neue Produktionsrekorde melden konnten. Wie bereits dargestellt, hatte sich Milch 1941 für den zahlenmäßigen Ausbau der Luftwaffe durch Beibehalten bewährter Flugzeugmuster entschieden. Diese stellten zwar im Luftkampf über dem Reichsgebiet eine ernstliche Bedrohung für die alliierten Bomber dar, die Lage änderte sich aber schlagartig, als die amerikanischen Begleitjäger mit ihrer offensiven Taktik ebenfalls tief nach Deutschland hineinstoßen konnten. Im Kampf Jäger gegen Jäger waren die deutschen Maschinen aber keinesfalls überlegen, im Gegenteil, die amerikanische P-51 Mustang erwies sich als besser[3]. Die Luftwaffe mußte sich also einem blutigen Abnutzungskampf stellen, und dabei lagen alle Vorteile bei den Alliierten. Sicher, 1944 produzierte Deutschland 39 807 Flugzeuge, eine beeindruckende Zahl, in der Speer Hitlers »letzten kriegstechnischen Trumpf«[4] sah. Allerdings stellten in diesem Jahr die USA allein 96 318 Maschinen her. Zählt man die Luftrüstung der UdSSR und Großbritanniens hinzu, so flossen 167 654 Flugzeuge in die alliierten Luftwaffen[5]. Selbst wenn davon ein Teil gegen Japan abgezweigt werden mußte, blieb eine erdrückende Überlegenheit gegenüber Deutschland bestehen. Milchs und Speers Konzept der Massenfertigung mußte deshalb scheitern.

---

[1] Vgl. hierzu Kap. III. 1. a.

[2] Milward, Deutsche Kriegswirtschaft, S. 93.

[3] Einen ausführlichen Vergleich zwischen der Mustang, der Fw 190 und der Me 109 aufgrund eines Tests der »Air Fighting Development Unit« der RAF bringt Price, Luftschlacht über Deutschland, Anh. E, S. 210ff.

[4] Speer, Erinnerungen, S. 415.

[5] Alle Zahlenangaben nach Overy, Air War, S. 150.

Schon aus dieser Einsicht heraus klammerten sich Hitler und mit ihm Speer an eine angebliche qualitative Überlegenheit der deutschen Waffen, die einen Ausgleich zur überlegenen Produktionskapazität der Alliierten schaffen sollte und vor allem vom Rüstungsminister in zahlreichen Reden zur Aufrechterhaltung der Moral propagiert wurde[6]. Nun ist die Aufrechnung des qualitativen Vorsprungs gegenüber der quantitativen Überlegenheit eines Gegners ein durchaus gebräuchliches Mittel der Rüstungspolitik. Auch die NATO vertraute in ihrer Doktrin auf die angeblich qualitativ besseren Waffensysteme, weil für sie das rein zahlenmäßige Übergewicht des Warschauer Paktes nicht einzuholen war. Das Konzept der Qualität ist allerdings eine wenig griffige Angelegenheit, die sich aus mehreren Teilaspekten der Rüstungspolitik, der Strategie und der Militärdoktrin zusammensetzt. Michael Handel unterscheidet dabei zwischen »materiellen Aspekten« und »nichtmateriellen Aspekten«[7]. Materielle Qualität meint die Leistungen eines Waffensystems, also beispielsweise Geschwindigkeit, Reichweite, Feuerkraft, Zuverlässigkeit und Haltbarkeit im Vergleich zu einem gegnerischen Produkt. Allein, hier gibt es bereits erste Probleme für die Entscheidungsträger der Rüstung. Soll die Waffenentwicklung eher den Schwerpunkt auf die Zuverlässigkeit und Ausdauer legen, oder werden lieber hochgezüchtete Leistungen bevorzugt. In der nichtmateriellen Seite sind schließlich solche Dimensionen, wie Güte und Ausbildungsstand des Soldaten, die Motivation und Moral, die Militärdoktrin, Generalstabsarbeit, Planung und die politisch-strategische Leistung enthalten, die erst ein Waffensystem zur Geltung bringen. Die gesamte militärische Macht läßt sich deshalb nach Handel mit folgender Formel erfassen:
Total Military Power = Quantity x Material Quality x Non-Material Quality
Überträgt man die Formel auf die Luftwaffe, so zeigt sich, daß in den ersten Kriegsjahren die einzelnen Faktoren in einem ausgewogenen Verhältnis zueinander standen. Sowohl zahlenmäßig wie auch auf dem Gebiet der materiellen Qualität und der personellen Ausstattung war die Luftwaffe ihren Gegnern überlegen oder zumindest gleichwertig. Ab 1941 legte Milch das Schwergewicht auf die Quantität, um mit den Alliierten wenigstens annähernd mithalten zu können. Spätestens 1943 wurde aber klar, daß man in keinem der drei Bereiche vorn lag. Da sich der Ausbildungsstand der Piloten rapide verschlechterte, die Ausstoßzahlen jedoch auch nicht genügten, um die »strategische Bomberoffensive« zu stoppen, griff die Luftwaffenführung nach dem letzten Strohhalm, der materiellen qualitativen Überlegenheit. Tatsächlich schienen ja mit den neuartigen Düsen- und Raketenflugzeugen Waffen in der Entwicklung zu sein, die einen gewaltigen technischen Vorsprung vor dem Gegner garantierten. Konnten sie rechtzeitig in den Kampf geworfen werden, so bestand die Möglichkeit, die Lage im Luftkrieg noch einmal entscheidend zu ändern. Auch die Alliierten sahen besonders in dem Messerschmitt-Düsenjäger Me 262 eine Gefahr für ihre Überlegenheit. Die Fachleute des United States Strategic Bombing Survey kamen schon 1945 zu dem Urteil: »The Me-262, turbo-jet aircraft, was perhaps the fastest operational aircraft in the skies in 1944 and 1945. Although its poten-

---

[6] Milward, Deutsche Kriegswirtschaft, S. 91 f.; Ludwig, Technik und Ingenieure, S. 437—444; Schmidt, Albert Speer, S. 136 f.

[7] Handel, Numbers Do Count, S. 225 f.

tialities were belatedly recognized by the German High Command, it was in this aircraft that they finally placed their hopes of reestablishing air equality on the Western Front. It may not be an exaggeration to say that the Germans might even have regained air superiority with this extremely fast aircraft had they been able to establish a force of 500 Me 262's by midsummer 1944[8].«

Dem Waffensystem wurde also auch von der Feindseite eine entscheidende Wirkung zugestanden, nur der Masseneinsatz sei eben zu spät erfolgt, um noch eine Wende herbeiführen zu können. Nach dem Krieg fragten natürlich Militärs und Historiker nach den Gründen für das späte Erscheinen der Düsenflugzeuge. Je nach Standpunkt und Fragestellung kamen sie dabei zu unterschiedlichen Ergebnissen. Während einige Hitler verantwortlich machten, weil er durch die Entscheidung, die Me 262 als »Blitzbomber« einzusetzen, die Entwicklung verzögert habe[9], sahen andere die Schuld bei der Luftwaffenführung, die zu lange in einer indifferenten Haltung gegenüber den revolutionären Projekten verharrt habe[10]. Eine dritte Gruppe hielt schließlich die Industrie für den Hauptschuldigen, weil sich die Firmen zu spät auf die Produktion der neuen Typen einstellten oder gar aus Profitinteresse andere Flugzeugmuster bevorzugten[11].

Es soll daher die Aufgabe des folgenden Kapitels sein, diese Thesen näher zu durchleuchten und ihren Erklärungswert an den rüstungstechnischen und wirtschaftlichen Realitäten des Jahres 1944 zu messen.

1. Der Zusammenbruch der Heimatluftverteidigung und die Reaktionen des militärisch-industriellen Lenkungsapparates

a) Die Krise der Heimatluftverteidigung 1944

Am 27. Dezember 1943 hatte General Arnold als Chef der amerikanischen Luftstreitkräfte an die Oberbefehlshaber der 8. und 15. Air Forces eine Neujahrsbotschaft gerichtet, die mit den Worten endete: »My personal message to you — this is a MUST — is to ›Destroy the Enemy Air Force wherever you find them, in the air, on the ground and in the factories‹[12].« Das vorläufige »Zwischenziel«, die Zerstörung der Luftwaffe, hatte die oberste Priorität erhalten. Zu diesem Zweck waren die 8. und die im November 1943 in Italien neu aufgestellte 15. USAAF ab 1. Januar 1944 dem Kommando der US Strategic Air Forces in Europe (USSTAF bzw. ursprünglich USSAFE) unter General Spaatz unter-

---

[8] USSBS, Aircraft Division, Air Frames Plant Report No. 6 (European Report, No. 11), Messerschmitt A.G. Augsburg, Appendix III, Report on Messerschmitt Me-262, S. 1.

[9] So u.a. Emme, Hitler's Blitzbomber; Lewin, Hitler's Mistakes, S. 91 f.; Galland, Die Ersten und die Letzten, S. 350 ff.; Baumbach, Zu spät?, S. 92 ff.; Nowarra, Luftrüstung, Bd 3, S. 223 ff.

[10] Boog, Luftwaffenführung, S. 68; Ludwig, Technik und Ingenieure, S. 443; Suchenwirth, Historical Turning Points, S. 119 ff.

[11] Hertel, Flugzeugbeschaffung, S. 101 ff., MGFA, Lw 16/2, Irving, Tragödie, S. 288 ff.; Gehrisch, Entwicklung der Luftfahrtindustrie, S. 269 ff.

[12] Zit. nach: Army Air Forces, Bd 3, S. 8.

stellt worden[13]. Damit konnten nun auch Süddeutschland und Österreich von Süden her noch wirkungsvoller angegriffen werden. Die Taktik hatte sich wesentlich geändert und sollte mehr als alle Bombardierungen zum Erfolg führen. Bisher waren die Begleitjäger eng an die Bomber gebunden gewesen, ihr Hauptauftrag war es, sie vor feindlichen Jägern zu schützen. Jetzt erhielten die amerikanischen Jagdflieger größere Bewegungsfreiheit. Sie sollten die deutschen Jäger angreifen, wann immer das möglich war, und notfalls im Tiefflug die Maschinen am Boden zerstören[14]. Damit war dem Jagdflugzeug eine völlig neue Rolle zugewiesen worden. Statt nur Verteidigungsaufgaben zu erfüllen, war es zu einem flexiblen Kampfinstrument geformt worden, das ebenfalls im »strategischen« Sinne offensiv die Zerstörung der feindlichen Luftmacht suchte[15].

Am 19. Februar begannen die Amerikaner mit ihrer »Big-Week«-Offensive, bei der 3800 Bombereinsätze gegen Flugzeugwerke in ganz Deutschland geflogen wurden. Die RAF beteiligte sich mit fünf Nachtangriffen. Zusätzlich setzten die Amerikaner über 3600 Begleitjäger ein[16]. Dieser geballten Angriffswucht war die Heimatluftverteidigung nicht mehr gewachsen, die Verluste stiegen sprunghaft an. Hatte man im blutigen Oktober 1943 noch gehofft, die Oberhand über die amerikanischen Tagbomber erkämpfen zu können, so wurden im Frühjahr 1944 die Verhältnisse bald aussichtslos. General Arnold berichtete mit gewisser Übertreibung über die »Big Week«: »The week of 20—26 February 1944 may well be classed by future historians as marking a decisive battle of history, one as decisive and of greater world importance than Gettysburg[17].« Tatsächlich ist die »Big Week« bei vielen Luftkriegshistorikern der entscheidende Wendepunkt im Niedergang der Luftwaffe. Das ist aber eine grobe Vereinfachung. Murray hat durch seine Arbeiten nachgewiesen, daß der Zusammenbruch der Heimatluftverteidigung sich nicht auf diese fünf Tage konzentrieren läßt, sondern ein langer und verlustreicher Abnutzungskampf von Januar bis Mai 1944 war[18].

Die Verteidigungsorganisation war am 15. Oktober 1943 gestrafft worden. Das vorherige XII. Fliegerkorps war in das I. Jagdkorps unter General Schmid umgewandelt worden. Zu ihm gehörten die 1., 2. und 3. Jagddivision, in denen Tag- und Nachtjagdführung vereinigt waren. Unmittelbar dem ab Januar in Befehlshaber Luftflotte Reich umbenannten Luftwaffenbefehlshaber Mitte unterstanden die 7. Jagddivision in Süddeutschland und die 30. Jagddivision, einmotorige Nachtjäger. Alle fünf Divisionen verfügten am Jahresende 1943 über 1200 Tag- und Nachtjäger[19].

Auch die Produktion von Jagdflugzeugen wurde weiter forciert. Am 1. März 1944 wurde in Zusammenarbeit des Reichsministers für Rüstung und Kriegsproduktion, Speer, und des Generalluftzeugmeisters, Milch, der »Jägerstab« gebildet, der vorläufig für die

---

13 Ebd., Bd 2, S. 754.

14 Hansell, Airplan, S. 127.

15 Vgl. hierzu die Ausführungen General Momyers, in: Air Superiority in World War II and Korea, S. 40f.

16 Army Air Forces, Bd 3, S. 43; Völker, Heimatluftverteidigung, S. 109.

17 Marshall/Arnold/King, War Reports, S. 360.

18 Murray, Luftwaffe, S. 198—247; ders., Attrition and the Luftwaffe.

19 Völker, Heimatluftverteidigung, S. 105f.; Herhudt von Rohden, Luftverteidigung, S. 817f.; Boog, Luftwaffenführung, S. 132.

Dauer von sechs Monaten den Ausstoß von Jagdflugzeugen ankurbeln sollte[20]. Drei Tage später ordnete Speer an: »Die Fertigung von Jagd-, Nachtjagd- und Zerstörer-Flugzeugen rückt mit Vorrang vor allen anderen Rüstungsprogrammen in die 1. Dringlichkeit[21].« Trotzdem genügte diese Kraftanstrengung aus mehreren Gründen nicht mehr, um der Übermacht Herr zu werden.

Der erste Grund ist rein statistischer Natur: Obwohl die 8. USAAF im April 1944 mit 512 abgeschossenen und 65 unreparierbaren Bombern die höchsten Verluste des Krieges hinnehmen mußte, war die Verlustrate rein prozentual mit 3,6% der eingesetzten Flugzeuge wesentlich geringer als im Oktober 1943, wo noch 9,2% verloren gegangen waren[22]. Das war eine Folge der größeren Einsatzstärke, d.h. es gab individuell bei den einzelnen Bombergruppen weniger Verluste, wenn 60 Maschinen aus einem Verband von 1000 herausgeschossen wurden, als dieselbe Anzahl aus einem Verband von 300. Deshalb konnten die Amerikaner ihre Tagesoffensive ohne Mühe fortsetzen.

Die Begleitjäger absorbierten außerdem einen großen Teil der vergrößerten deutschen Jagdwaffe. Deren Ausbildung und Ausrüstung war auf Bomberbekämpfung beschränkt gewesen, und die Jagdflugzeuge waren mit Zusatzbewaffnung ausgerüstet, um die schwer gepanzerten viermotorigen Bomber überhaupt abschießen zu können. Jetzt zersprengten die amerikanischen Begleitjäger die angreifenden Jagdverbände. In der Verzweiflung versuchten die sogenannten »Sturmjagdgruppen«, die von weiteren Jägern gedeckt wurden, notfalls durch Rammen die Bomber zum Absturz zu bringen[23]. Die schwer gepanzerten »Sturmjäger« brauchten aber selber Deckungsverbände, da sie im Luftkampf gegen die feindlichen Begleitjäger unterlegen waren. »Leichte Gruppen« und »Sturmgruppen« bildeten einen geschlossenen »Gefechtsverband« von bis zu 100 Maschinen[24]. Für die ähnlich hohen Erfolge wie im Oktober 1943 brauchte die Luftwaffe also ein Mehrfaches an Jagdflugzeugen, was die Wirkung der Verstärkungen für die Heimatluftverteidigung verringerte.

Dazu kam noch der Verschleiß an allen übrigen Fronten, wo sich die Lage ebenfalls zuspitzte. Wohl versuchte der General der Jagdflieger, Galland, eine Jägerreserve für die Reichsverteidigung zurückzuhalten, aber die im Mai 1944 angesammelten 450 Jäger mußten an die Invasionsfront geworfen werden, wo sie in kurzer Zeit aufgerieben wurden[25]. Vor allem die Pilotenverluste wurden untragbar. Von Januar bis Mai 1944 verlor die Luftwaffe 2262 Jagdflieger bei einer durchschnittlichen Pilotenzahl von 2283 in diesem Zeitraum[26]. Das bedeutete, daß die Jagdwaffe in diesen fünf Monaten völlig ausgelöscht wor-

---

20 Der Reichsminister für Rüstung und Kriegsproduktion, 320—922/44 g. vom 1.3.1944, Anordnung über die Errichtung des »Jägerstabes«, BA-MA, RL 3/10, S. 434ff.

21 Der Reichsminister für Rüstung und Kriegsproduktion — Jägerstab, vom 4.3.1944, BA-MA, RL 3/10, S. 431.

22 Freeman, Mighty Eighth, S. 137, 139.

23 Völker, Heimatluftverteidigung, S. 108; Dahl, Rammjäger, S. 32f.; Galland, Die Ersten und die Letzten, S. 281f.

24 Price, Luftschlacht über Deutschland, S. 147.

25 Galland, Die Ersten und die Letzten, S. 287; Völker, Heimatluftverteidigung, S. 158.

26 Murray, Luftwaffe, S. 228, Tab. 54.

den wäre, hätte sie nicht ständig Nachschub an neuen Piloten erhalten. Gerade hier aber lag das Problem. Einer der wichtigsten Gründe für das Absinken der Kampfkraft der Luftwaffe war die ungenügende Ausbildung des Pilotennachwuchses. Da in immer kürzeren Abständen eine wachsende Zahl an Piloten gefordert wurde, mußte notgedrungen die Ausbildungszeit gekürzt werden. Mitte 1944 war die Zahl der Gesamtübungsflugstunden auf rund 120 gesenkt worden. 1939 hatte sie noch 230 bis 250 Stunden betragen. Dagegen stieg die Übungszeit der englischen Piloten von ca. 100 auf 360, die der amerikanischen Piloten von ca. 250 bis 300 auf bis zu 400 Stunden (vgl. Abb. 24).

Abb. 24: Vergleich der Flugstunden in der Fliegerausbildung bei der Luftwaffe (= GAF), der Royal Air Force (= RAF) und der US Army Air Force (= AAF)

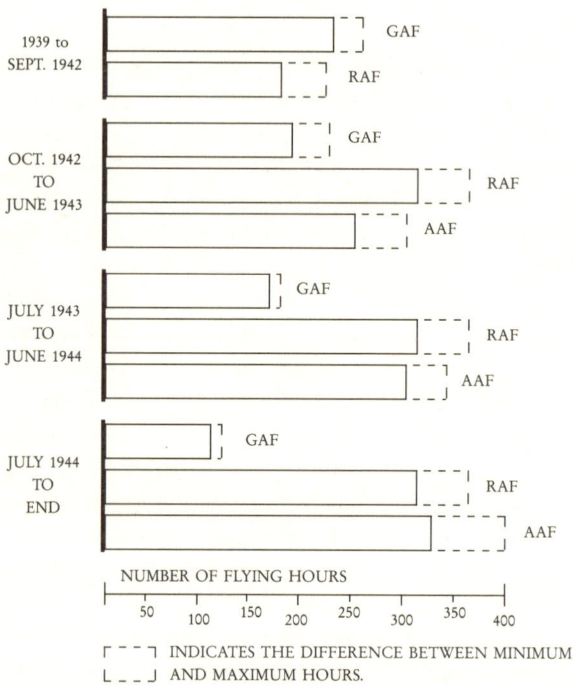

Quelle: USSBS, The Defeat of the German Air Force (European Report, No. 59), S. 19, Abb. 8.

Wegen der wenigen Flugstunden, die die Ausbildung erlaubte, waren die jungen Piloten mehr mit der Handhabung des Flugzeuges beschäftigt als mit Schießen und Luftkampftaktik, d.h. sie konnten leichter abgeschossen werden. Die Flugzeugführer waren mit den modernen Frontflugmustern weniger vertraut, was zu Bedienungsfehlern und tödlichen Unfällen führte[27]. Interessanterweise waren daher die Verluste ohne Feindeinwirkung in den letzten Kriegsjahren oft höher als durch Feindeinwirkungen[28]. Feldmar-

[27] Rise and Fall, S. 316; Boog, Luftwaffenführung, S. 29f.

[28] Vgl. Boog, Luftwaffenführung, S. 30, Tab.

schall Sperrle, Kommandeur der Luftflotte 3 in Frankreich, meldete im Juli 1944, daß die Mehrzahl seiner Piloten nicht mehr als 8 bis 30 Tage aktiven Einsatz hinter sich hätten[29]. Dies beanspruchte natürlich zusätzlich die wenigen erfahrenen Verbandsführer, für die die ungeübten Piloten nur eine Belastung darstellten. Meist gingen die jungen Jagdflieger schon bei den ersten ernsthaften Luftkämpfen verloren[30].
Der immer schneller vorangetriebene Ausbau der Jagdwaffe erreichte deshalb weniger auf der materiellen, sondern auf der personellen Seite seine Grenzen. Während die Industrie Jagdflugzeuge in steigender Zahl herausbrachte und im August 1944 erstmals die Grenze von 3000 Jägern überschritt, blieb die Anzahl der Besatzungen weit hinter dem Soll zurück (vgl. Tab. 8). Jetzt rächte es sich bitter, daß der Bereich der Ausbildung immer ein »Stiefkind der Luftwaffe«[31] gewesen war.

Tabelle 8: Die personelle Ausstattung der Jagdwaffe von Februar bis August 1944

	Soll	Ist	voll einsatzbereit
Februar	2524	2396	1448
März	2471	2298	1340
April	2475	2294	1298
Mai	2724	2260	1356
Juni	2979	2011	1283
Juli	3345	2178	1332
August	3492	2108	1417

Quelle: BA-MA, RL 2 III/699.

General Galland schilderte vor dem »Jägerstab« Ende April 1944 die Lage: »Das Problem, das der Jagdfliegerei durch die Amerikaner gestellt worden ist — ich stelle hier bewußt nur das Problem der Tagjäger heraus —, ist einfach das Problem der Luftüberlegenheit schlechthin. Die Entwicklung, wie sie jetzt läuft, grenzt bereits an Luftbeherrschung. Die Zahlenverhältnisse, mit denen jetzt am Tage gekämpft wird, liegen ungefähr bei 1:6 bis 1:8. Der Ausbildungsstand des Gegners ist erstaunlich hoch. Die technischen Leistungen, die er in seinen Flugzeugen hat, sind so beachtlich, daß wir sagen müssen: es muß bei uns schon etwas geschehen[32].«
Gallands Analyse der verzweifelten Lage der Heimatluftverteidigung zeigt gleichzeitig, daß sich nicht nur die zahlenmäßige Überlegenheit der amerikanischen Luftstreitkräfte auswirkte, sondern sich auch zunehmend der qualitative Vorsprung des Begleitjägers P-51 Mustang vor den deutschen Standardmodellen Me 109 und Fw 190 unangenehm bemerkbar machte. Galland forderte: »Es muß erstens das Zahlenverhältnis geändert werden, d.h. die Industrie muß eine gesicherte Zahl von Flugzeugen herausbringen, die einen

[29] Rise and Fall, S. 316.
[30] Ebd.; Rieckhoff, Trumpf oder Bluff?, S. 194.
[31] Boog, Luftwaffenführung, S. 26ff.
[32] Jägerstab-Besprechung vom 27.4.1944, BA-MA, RL 3/5, S. 1725.

Aufbau der Waffe gestattet, beginnend mit der Grundausbildung, dann folgend mit der Stärkung der Verbände. [...] Zweitens muß gerade, weil wir zahlenmäßig unterlegen sind und immer unterlegen bleiben werden — darüber sind wir alle restlos klar —, die technische Leistung gesteigert werden[33].«

Ein Mittel, um die gewünschte qualitative Überlegenheit wieder zu erreichen, waren für den General der Jagdflieger der Düsenjäger Me 262 und der Raketenjäger Me 163. Er war davon überzeugt, »daß man schon mit einer geringen Zahl ganz hoch überlegener Flugzeuge wie der 262 oder der 163 enorm viel erreichen kann«. Ihm sei, so betonte Galland, »eine 262 im Einsatz lieber als 5 Stück 109«[34].

Auch Galland als Vertreter einer Defensivstrategie setzte demnach seine Hoffnungen auf das »Wunderflugzeug« Me 262. Während Hitler und Teile des Luftwaffengeneralstabs in ihr das letzte Mittel für die Abwehr der Invasion sahen, glaubte die »Jägerfraktion« daran, nur mit den überlegenen Düsenjägern noch einmal eine Wende im Luftkrieg über dem Reich herbeiführen zu können. Beide Seiten forderten also mit höchster Dringlichkeit dieses technisch revolutionäre Flugzeugmuster. Für eine Abwehr des zahlenmäßig überlegenen Feindes mit »konventionellen« Mitteln reichte die wirtschaftliche Kapazität trotz des »Rüstungswunders« unter Speer ganz offensichtlich nicht aus. Über den Einsatz der neuen »Wunderwaffen« entstand zwar ein heftig geführter dogmatischer Streit, doch trotz aller Forderungen kamen die technischen Neuerungen »zu spät«. Die Gründe hierfür sollen noch aufgezeigt werden, es bleibt aber festzuhalten, daß erst die verzweifelte Lage im Luftkrieg diese Auseinandersetzungen auslöste. Vorher schien die Konzeption der Luftwaffe aufzugehen, die technischen Leistungen vor allem der Jagdflugzeuge waren ausreichend.

Abb. 25 verdeutlicht, daß ab Juni 1944 die Zahl der Einsätze der Luftwaffe über dem Reich deutlich abnahm. Ein Grund lag natürlich darin, daß große Teile der Jägerkräfte an die Invasionsfront geworfen werden mußten. Die Luftwaffe wurde nun langsam aber sicher von ihren übermächtigen Gegnern in Ost und West erdrückt. Noch immer stemmte sie sich gegen die Einflüge in das Reich, konnte aber keine ähnlich vernichtenden Schläge mehr austeilen wie im Oktober 1943 über Schweinfurt.

Daß dann auch die »Wunderwaffen« in der Endphase des Krieges »versagten«, hat offensichtlich eine tiefe Enttäuschung in der Luftwaffenführung verursacht. Man begann nach den Gründen für das »Versagen« zu suchen, die Schuldzuweisungen setzten ein, ohne die Gegebenheiten in der Industrie und die Fertigungstermine zu beachten. Vor allem die falsche Konzeption der Luftwaffe, so wurde argumentiert, habe die Katastrophe ausgelöst und die technische Revolution behindert. Davon kann aber keine Rede sein, denn das »zu späte« Erscheinen der Düsenjäger lag viel mehr in ihrer Entwicklungsgeschichte begründet als in den Streitereien um das richtige Einsatzverfahren. Sowohl der »Strahlbomber« als auch der »Strahljäger« konnten deshalb in letzter Konsequenz nicht den Beweis führen, wer denn nun recht hatte. Für beide Konzeptionen gab es aufgrund der Entwicklung des Luftkrieges einleuchtende Argumente.

---

[33] Ebd., S. 1726f.

[34] Ebd., S. 1729.

Abb. 25: Der Abwehreinsatz der Luftwaffe gegen die 8. USAAF vom März bis Dezember 1944

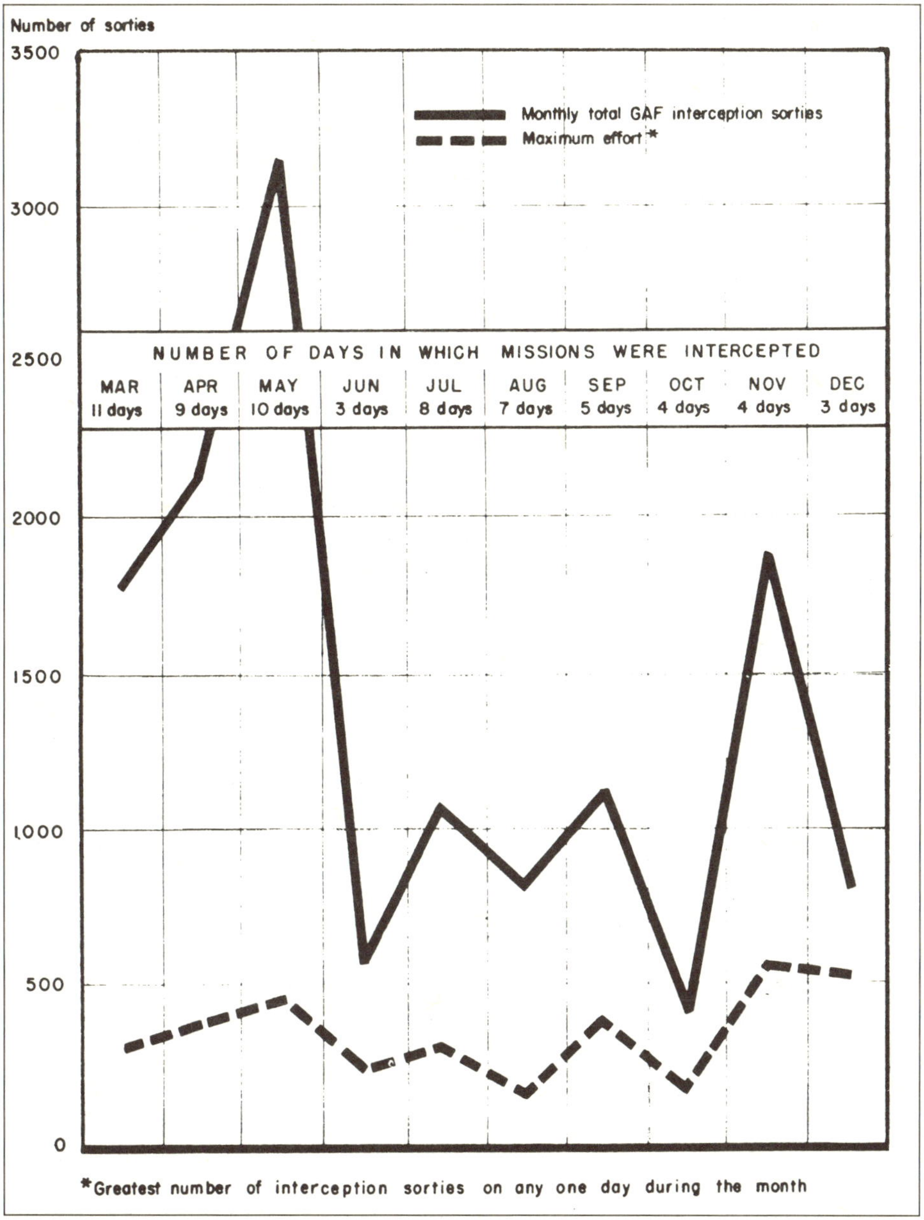

Quelle: USSBS, Over-all Report (European Report, No. 2), S. 23, Abb. 11.

b) Die Konzentration des Lenkungsapparates — Vom »Jägerstab« zum »Rüstungsstab«

Das Jahr 1944 brachte einen fundamentalen Wandel der Führungsorganisation der Luftwaffe mit sich, ausgelöst vor allem durch das Ausscheiden Milchs als Generalluftzeugmeister und Staatssekretär. Bis zu diesem Zeitpunkt war es der Luftwaffenführung gelungen, sich die Eigenständigkeit in der Luftrüstung zu bewahren. Sie entzog sich der Forderung nach einem wehrmachtseinheitlichen Lenkungsapparat für die Gerätebeschaffung und geriet dadurch zuehmend in Konkurrenz zu Speers Reichsministerium für Rüstung und Kriegsproduktion, das bereits die Heeres- und Marinerüstung übernommen hatte. Anfang 1944 war dieser Zustand unhaltbar geworden. Unter dem Eindruck der schweren alliierten Angriffe auf die deutsche Luftrüstung während der »Big-Week«-Offensive, deren Schäden sich nicht mehr mit den beschränkten Mitteln des Generalluftzeugmeisters beseitigen ließen, konzipierte Milch den »Jägerstab«.

Mit dieser Einrichtung wurde die bisher informelle Zusammenarbeit des GL mit Speer institutionalisiert[35]. Die gemeinsame Leitung übernahmen Speer und Milch, Stellvertreter und Chef des Stabes wurde Hauptdienstleiter Karl-Otto Saur aus dem Speer-Ministerium, der wegen der krankheitsbedingten Abwesenheit Speers de facto die Verantwortung trug. Der Jägerstab hatte vor allem die Aufgabe, durch Instandsetzung von beschädigten Werken oder deren Verlegung die Jägerproduktion sicherzustellen. Tatsächlich gelang es, den abgesunkenen Ausstoß an Jägern wieder anzukurbeln. Die Beschränkung der Zusammenarbeit auf nur einen Teil der Flugzeugausrüstung erwies sich jedoch auf die Dauer als inpraktikabel. Ursprünglich war der Jägerstab nur als Übergangsorganisation für sechs Monate konzipiert worden. Noch vor Ablauf dieser Frist setzten sich die Überlegungen Speers und Milchs durch, die Luftrüstung endgültig in Speers Hände zu legen und damit die Rüstungsaufgaben der drei Wehrmachtteile bei einer Stelle zu konzentrieren[36].

Göring befahl deshalb mit Erlaß vom 20. Juni 1944: »Die Verstärkung der deutschen Luftrüstung erfordert eine Konzentration der gesamten deutschen Rüstung auf dies Ziel. Die Rüstung der deutschen Luftwaffe ist daher nach den vom Ob. d. L. aufzustellenden taktischen Forderungen und technischen Festlegungen verantwortlich vom Reichsminister für Rüstung und Kriegsproduktion durchzuführen[37].« Die Ausführungsbestimmungen sollten bis zum 1. August 1944 folgen. Göring behielt sich zwar noch ein Mitspracherecht im taktisch-technischen Bereich vor, in der Praxis dominierte aber das übermächtige Speer-Ministerium.

---

35 Zum Jägerstab siehe Janssen, Ministerium Speer, S. 186—189; Milward, Deutsche Kriegswirtschaft, S. 125—127; Irving, Tragödie, S. 346—350; Boog, Luftwaffenführung, S. 296—299; Hertel, Flugzeugbeschaffung, S. 129—131, MGFA, LW 16/1; Der Reichsminister für Rüstung und Kriegsproduktion, 320—922/44 g., 1.3.1944, Anordnung über die Errichtung des Jägerstabes, BA-MA, RL 3/10, S. 5862—5864.

36 Janssen, Ministerium Speer, S. 263—265; Irving, Tragödie, S. 364 f.

37 Der Reichsminister für Rüstung und Kriegsproduktion, Jägerstab, Schnellbericht vom 27.6.1944, BA-MA, RL 3/11, S. 6101.

Für die Durchführung der Rüstungsprogramme war ab 1. August 1944 der sogenannte Rüstungsstab zuständig[38]. Aus dem ehemaligen Generalluftzeugmeisterbereich schieden große Teile des Planungsamtes, des Technischen Amtes und des Industriewirtschaftsamtes aus und traten in das Reichsministerium für Rüstung und Kriegsproduktion über. Für die der Luftwaffe verbleibenden Aufgaben wurde die neue Dienststelle des Chefs der Technischen Luftrüstung (Chef TLR) aufgestellt[39] (vgl. Abb. 26). Der Chef TLR war für die Forschung, Entwicklung, Erprobung und Übernahme des gesamten Luftwaffengeräts verantwortlich. Neu war vor allem die Unterstellung unter den Chef des Generalstabs der Luftwaffe (vgl. Abb. 27). Milch war durch die Umgliederung im RLM »herausorganisiert« worden und hatte nach seinen eigenen Angaben »die Nase voll«[40]. Er trat vom Posten des Staatssekretärs zurück, blieb jedoch Generalinspekteur der Luftwaffe. Nominell sollte er auch das Amt eines Stellvertreters Speers übernehmen, trat aber wegen seiner am 1. Oktober 1944 erlittenen Verletzung bei einem Autounfall nicht mehr in Erscheinung[41].

Die verspätete Integration der Technik in die operative Führung der Luftwaffe konnte sich zu diesem Zeitpunkt kaum mehr positiv auswirken. Mit dem 33jährigen Oberst i.G. Diesing als Chef TLR war wieder einmal ein technisch nicht besonders vorgebildeter Offizier mit der Führung der Entwicklung und Erprobung von neuem Luftwaffengerät betraut woren, der zudem beim Generalstab und bei Milch und Speer absolut unbeliebt war[42]. Als Günstling Görings konnte er zwar mit dessen Unterstützung rechnen, er bemühte sich auch durchaus, sich mit seinem Amtsbereich vertraut zu machen, aber letztendlich konnte er nur Projekte verwalten, die lange vor seiner Zeit konzipiert worden waren. Es ging in den neun Monaten vor Kriegsende eigentlich nur noch um die schnelle und reibungslose Produktion der Düsenflugzeuge und Raketenwaffen, was nun in die Verantwortung des Rüstungsstabes fiel.

Auf der Produktionsseite wurden nun die »Selbstverwaltungsorgane« der Luftrüstungsindustrie als zusätzliche Bausteine in das Imperium Speers eingefügt. Die Hauptausschüsse Zellen, Triebwerk und Ausrüstung waren voll in das System der Ausschüsse und Ringe integriert, mit dem Speer ab 1942 so wirkungsvoll die deutsche Wirtschaft mobilisiert hatte (vgl. Abb. 28). Während die Hauptausschüsse als »vertikale« Lenkungsorgane für

---

[38] Der Reichsminister für Rüstung und Kriegsproduktion, 1.8.1944, Erlaß über die Bildung des Rüstungsstabes, BA-MA, RL 3/2587, S. 70—72.

[39] Akten Chef TLR II, Bd 2, Aufstellung Chef TLR, Vorläufige Dienstanweisung Chef TLR, BA-MA, RL 3/2570, S. 137—142, 143—144.

[40] Suchenwirth, Milch, Handschriftliche Zusätze Milchs auf S. 32 und 34, MGFA, LW 21/4.

[41] Irving, Tragödie, S. 364, 368.

[42] Boog, Luftwaffenführung, S. 304f.; vgl. Unterlagen Koller, Chef des Luftwaffenführungsstabs, BA-MA, RL 2I/24, Eintrag 26.7.: »Diesing wird ja nun als Chef der technischen Luftrüstung dem Chef des Generalstabes unterstellt. In Erwartung dieser Unterstellung unter mich, hat er sich bestimmt die Beine abgelaufen, um das zu hintertreiben. Er weiß, daß ich General Korten dringend abgeraten habe, diesen Mann als Chef der technischen Luftrüstung zu nehmen. Er wird alles getan haben um zu verhindern, daß ich sein Vorgesetzter werde. Ich halte diesen Mann für den unaufrichtigsten und falschesten Offizier der ganzen Luftwaffe. Korten selbst war genau der gleichen Meinung, Milch, Speer und viele andere.«

Abb. 26: Organisation des Chef TLR 1944–1945

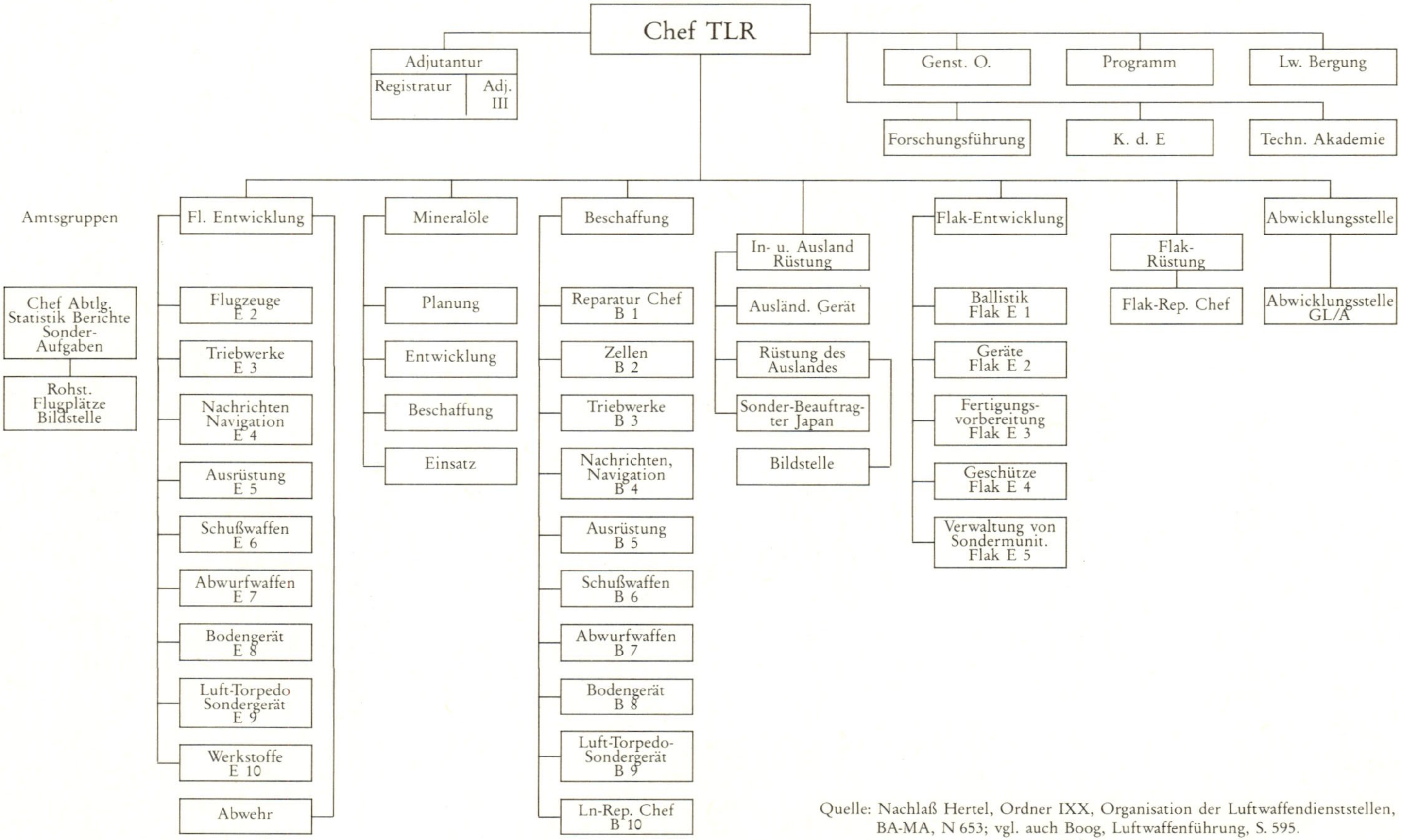

Quelle: Nachlaß Hertel, Ordner IXX, Organisation der Luftwaffendienststellen, BA-MA, N 653; vgl. auch Boog, Luftwaffenführung, S. 595.

Abb. 27: Kommandostruktur der Luftwaffe, Stand: September 1944

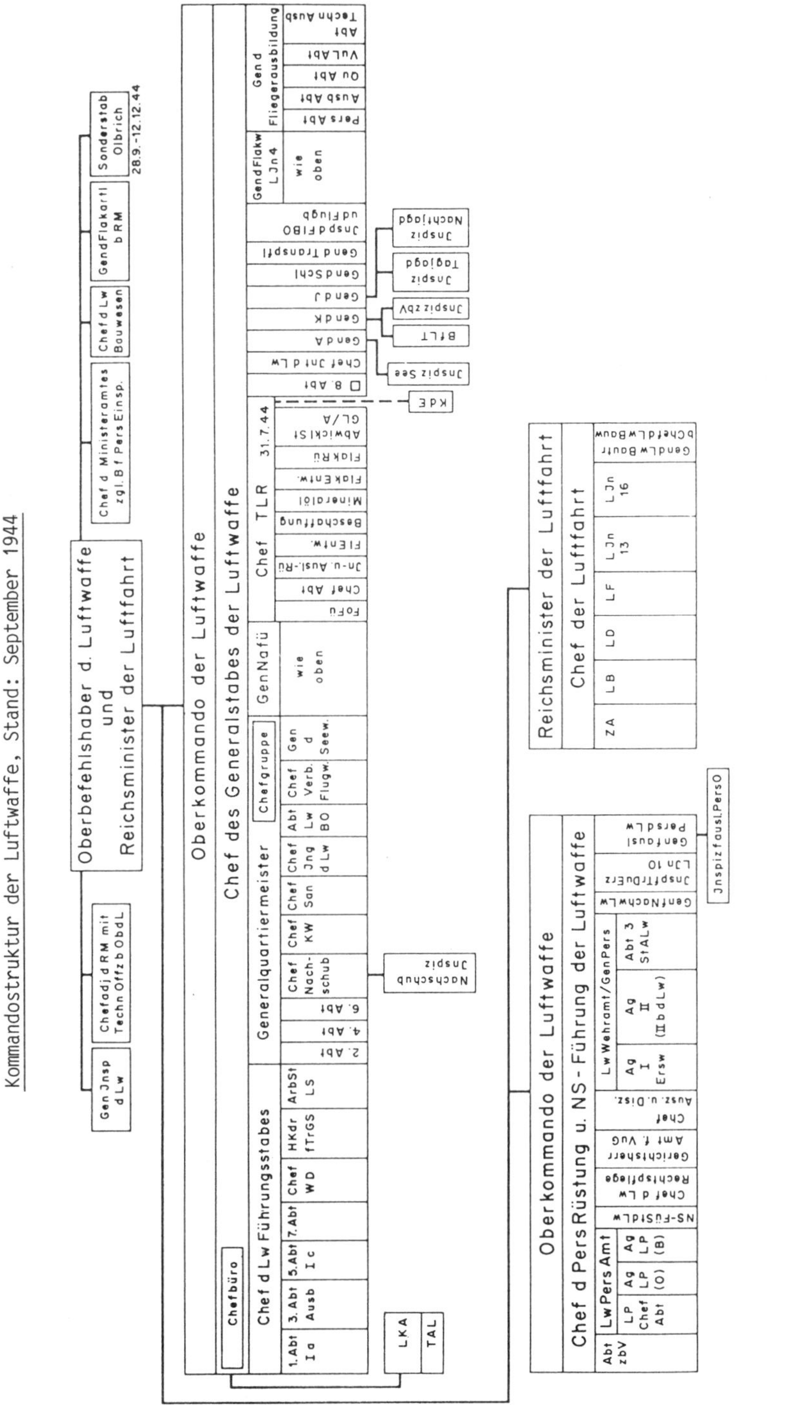

Quelle: Boog, Luftwaffenführung, S. 584, Anlage 1.5c

Abb. 28: Organisation der Hauptausschüsse und Ringe zueinander

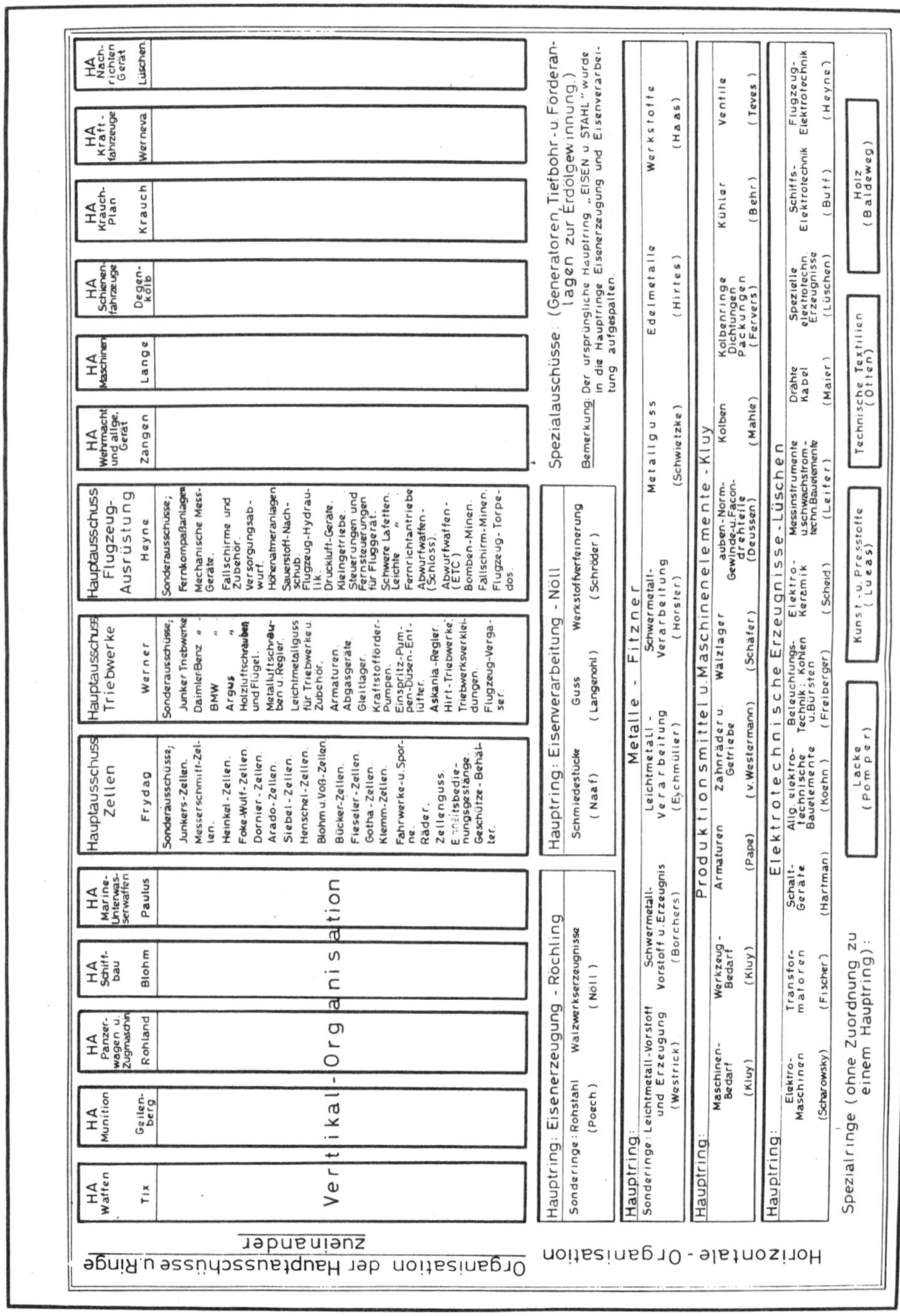

Quelle: Nachlaß Hertel, Ordner IXX, Organisation der Luftwaffendienststellen, BA-MA, N 653.

die spezialisierte Rüstungsendfertigung vorgesehen waren, übernahmen die Hauptringe als »horizontale« Organisationen die Versorgung und Zulieferung der Industrie in ihrer ganzen Bandbreite. In Fragen der Produktion war das RLM nun vollständig ausgeschaltet. Es konnte höchstens noch auf dem Gebiet der Entwicklung über die Erprobung von Luftwaffengerät seinen Einfluß geltend machen.

Tatsächlich konnte die deutsche Luftrüstung 1944 nie gekannte Produktionsrekorde vermelden, und die Ausstoßzahlen an Flugzeugen stiegen steil an. Über die Erklärung dieser Tatsachen wurde schon damals heftig gestritten, da sowohl die Luftwaffenführung, als auch die führenden Köpfe aus dem Speer-Ministerium die »Erfolge« für sich verbuchen wollten. Im Sommer 1944 entbrannte deshalb die eher müßige Auseinandersetzung zwischen dem RLM und dem Rüstungsministerium, wer denn nun für die erhöhten Lieferungen verantwortlich sei, nämlich das RLM wegen seiner Planungen in den vorangegangenen Jahren oder der Jägerstab wegen seines energischen Eingreifens ab März 1944[43]. Sie verdeutlicht, daß beide Seiten auf die hohen Zahlen der Endfertigung fixiert waren, mit denen es sich prächtig Propaganda machen ließ, daß sie aber die gesamtwirtschaftlichen Zuammenhänge und die qualitätsmäßige Zusammensetzung der Luftrüstung völlig aus den Augen verloren hatten. Daß manche Historiker der Darstellung Speers folgten, zeigt, wie sehr die Legende vom »Rüstungswunder« nachgewirkt hat. Es bleibt festzuhalten, daß die deutsche Luftfahrtindustrie in den Zweiten Weltkrieg mit einem hohen Mobilisierungsgrad eintrat, der sich dann langfristig durch Rationalisierung und Arbeitskräftezuteilung auch in einem Anstieg der Produktion auswirken mußte.

Die hohen Zahlen des Jahres 1944 konnten nur durch zwei Faktoren erreicht werden. Eine offizielle Statistik des Hauptausschusses Flugzeugbau im Speer-Ministerium zeigt das auf (vgl. Abb. 29). Die Anzahl der Beschäftigten in der Luftfahrtindustrie nahm in den Kriegsjahren ständig zu. Dabei sank der Anteil der Deutschen und vor allem der UK-gestellten Facharbeiter. Seit 1941 wurden dagegen in zunehmendem Maße Ausländer in die Fertigung eingeschleust. Diese rekrutierten sich aus dem Millionenheer der »Fremdarbeiter« und der Kriegsgefangenen, die in der Industrie zur Sklavenarbeit gepreßt wurden[44]. Immerhin arbeiteten im August 1944 in der deutschen Wirtschaft 7615970 Ausländer[45]. Im September 1944 berichtete der Hauptausschuß Triebwerke über die Rationalisierungsergebnisse der vorangegangenen Jahre[46]. Habe man früher 87 Arbeitskräfte je Motor benötigt, so komme man jetzt mit 48 aus. Bei den gleichen Arbeitsmethoden wie im Januar 1942 wären zur Erfüllung des Lieferprogramms 565000 Leute erforderlich gewesen, tatsächlich seien aber nur 310000 eingesetzt worden, also eine Einsparung von 255000. Interessanterweise hatte der Ausländeranteil im Januar 1942 nur 10,6% betragen, im März 1944 hingegen 41,4%! In einigen Betrieben, wie bei BMW in Allach, sei der Anteil der Ausländer und Kriegsgefangenen sogar auf 71% angestiegen.

---

[43] St/GL Gen.-Ing., GL/C.Nr. 2592/44 g.Kdos., Über die Gründe der erhöhten Lieferungen im Rahmen des Luftwaffenprogramms vom März bis Juni 1944, BA-MA, RL 3/890.

[44] Vgl. hierzu vor allem Homze, Foreign Labor; Herbert, Fremdarbeiter.

[45] Herbert, Fremdarbeiter, S. 271, Tab. 42.

[46] Industrierat des Reichsmarschalls für die Fertigung von Luftwaffengerät, Leistungsbericht Hauptausschuß Triebwerke, September 1944, BA-MA, RL 3/1895, Bl. 4f.

Abb. 29: Gegenüberstellung von Rüstgewicht, Flugzeugausbringung und Gefolgschaftsbewegung 1938—1944

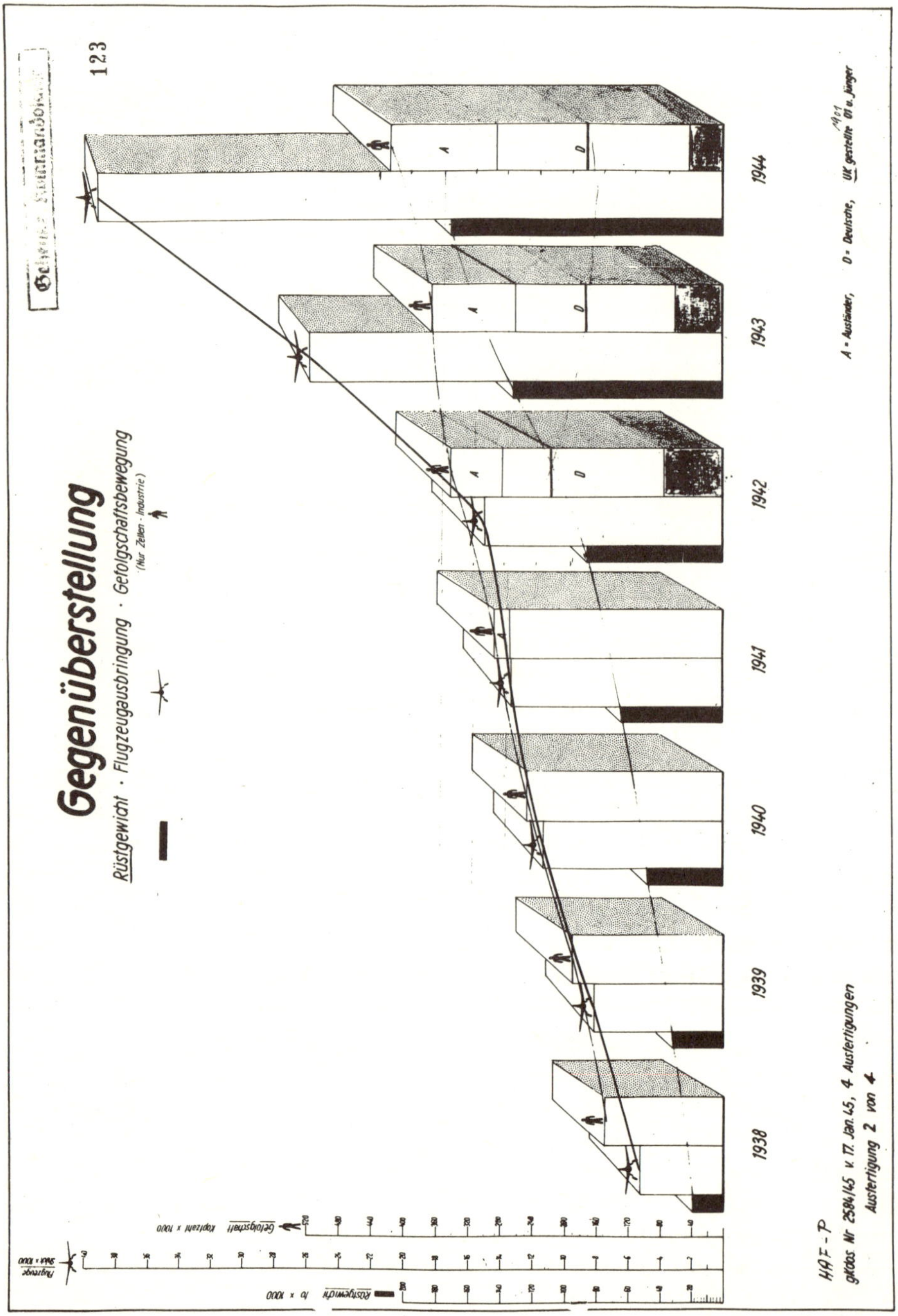

Quelle: BA-MA, RL 3/1047.

Das »Rüstungswunder« des Jahres 1944 war nur durch Rationalisierungen erreicht worden, die den Einsatz eines modernen Sklavenheeres ermöglichten. Die zum »Menschenmaterial« degradierten ausländischen Arbeitnehmer konnten jedoch erst nach Hitlers Raubkriegen aus allen Teilen Europas zusammengekarrt werden. Michael Geyer hat ganz richtig auf diesen Zusammenhang von Rüstung und Kriegsverlauf hingewiesen: »Der Rüstungsprozeß erreichte erst einen Höchststand an Organisation, Zentralisation und Rationalität des Herrschaftsvorgangs, als sich die Barbarei des nationalsozialistischen Systems im Krieg frei entfalten konnte. Ohne die Ausplünderung der besetzten Gebiete — ob durch ungleiche Verträge wie in den besetzten Gebieten des westlichen und nördlichen Europas, ob durch Gewalt und Terror wie im östlichen Europa — wäre der Hochstand der Produktion nicht möglich gewesen[47].«
Gleichzeitig wurde der Produktionsrekord von 1944 mit einem Abfall der Arbeitsproduktivität ab 1943 bezahlt (vgl. Abb. 30). Trotz aller Rationalisierungsmaßnahmen stieg die Leistung vor allem deswegen nicht weiter an, weil eben gerade nicht mehr in ausreichen-

Abb. 30: Vergleich der Effizienz der amerikanischen und deutschen Flugzeughersteller Juli 1941—Juli 1944 (in Pounds pro Mann und Tag)

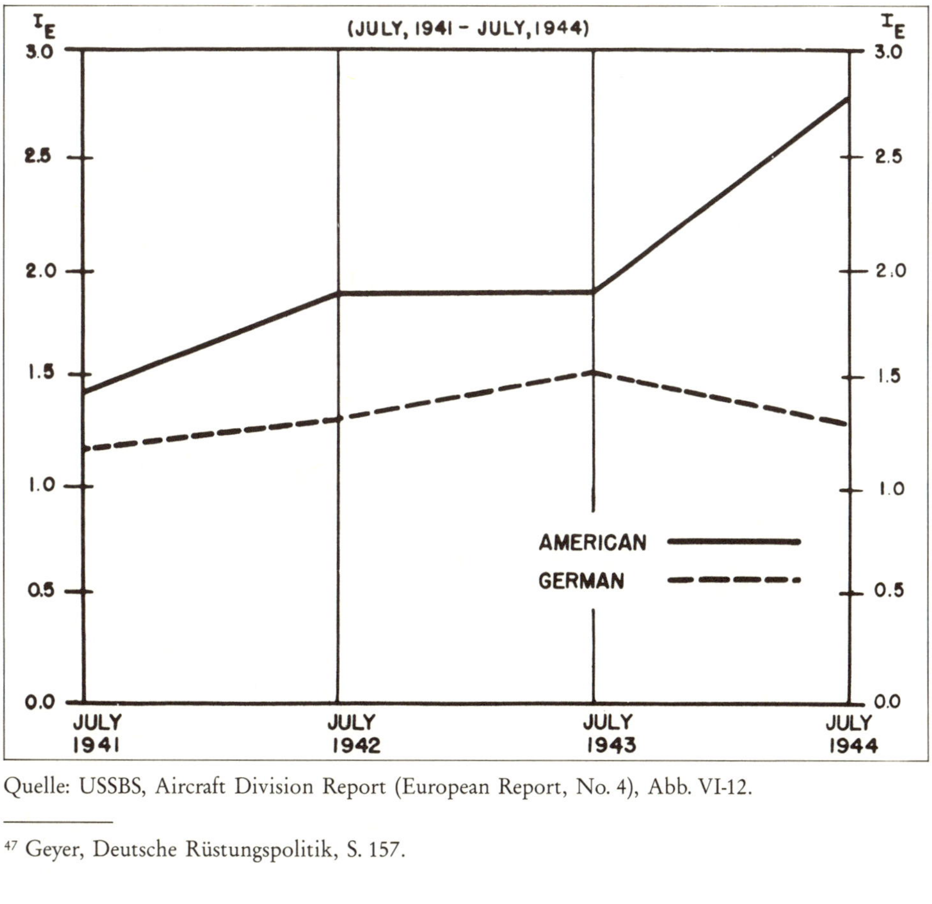

Quelle: USSBS, Aircraft Division Report (European Report, No. 4), Abb. VI-12.

47 Geyer, Deutsche Rüstungspolitik, S. 157.

dem Maße deutsche Arbeitskräfte bereitgestellt werden konnten. Die Produktivität der als Ersatz herangezogenen ausländischen Arbeiter war niedriger als die der deutschen[48]. Die »Fremdarbeiter« halfen der deutschen Kriegswirtschaft zwar über den Engpaß im Arbeitskräftereservoir hinweg, gleichzeitig konnten aber deswegen niemals die Kapazitäten voll ausgenutzt werden, was schon daran lag, daß es weiterhin an qualifiziertem Aufsichts- und Lehrpersonal für die oft zur Zwangsarbeit gepreßten angelernten Kräfte mangelte[49].
Kehren wir nochmals zur Abb. 25 zurück, denn in ihr wird der zweite Faktor für die hohen Ausstoßzahlen der Jahre 1943 und 1944 deutlich. Interessant ist dabei, daß das Rüstgewicht bei weitem nicht so steil ansteigt, wie die Flugzeugausbringung. Das lag daran, daß ab 1943 vermehrt Jagdflugzeuge produziert wurden (vgl. Abb. 31). Die kleineren und meist einmotorigen Jäger waren natürlich leichter und benötigten weniger Material und Arbeitsaufwand. Der mengenmäßige Ausstoß nahm dadurch zwar zu, die Steigerung des Rüstgewichts blieb aber in seiner Relation zu den Arbeitskräften durchaus im Rahmen der Vorjahre.
Die entscheidenden Fragen für die Produktion der Strahlflugzeuge waren daher, wie sich die neuen Projekte in die bereits eingespielte Fertigungsstruktur integrieren ließen und ob es möglich war, Fertigungskapazitäten und Arbeitskräfte für dieses Rüstungsprogramm freizubekommen.

Abb. 31: Anteil von einzelnen Typen an der gesamten Flugzeugproduktion 1939—1944

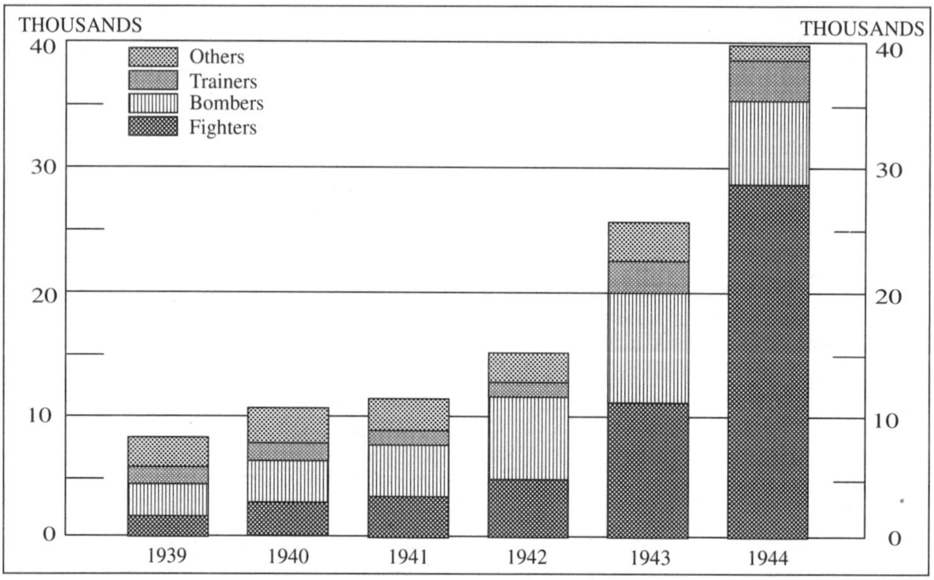

Quelle: USSBS, The Effects of Strategic Bombing on the German War Economy (European Report, No. 3), S. 150, Abb. D-4.

[48] Milward, Arbeitspolitik und Produktivität S. 82; Homze, Foreign Labor, S. 240—263.
[49] Vgl. hierzu USSBS, Messerschmitt A.G. Augsburg, Germany (European Report, No. 11), Over-All-Report, S. 10.

2. Die Luftrüstung und die Strahlflugzeuge

a) Das Ringen um Arbeitskräfte und Material

Am 6. Dezember 1943 schickte die Adjutantur Görings an Milch ein Fernschreiben, das erneut das Drängen Hitlers auf einen Strahlbomber betonte: »Der Führer erwähnte erneut die ungeheure Wichtigkeit der Fertigung von Strahlflugzeugen für den Einsatz als Jabo. Es muß von der Luftwaffe unbedingt erreicht werden, im Frühjahr 1944 eine Anzahl Strahljabos an die Front zu bringen. Schwierigkeiten durch Mangel an Personal und Material müssen innerhalb der Luftwaffe und der Luftwaffenindustrie für diese wichtigste Aufgabe aus eigenen Mitteln behoben werden, bis neue Kräfte zugeführt sind. Irgendeine Verzögerung auf dem Strahlflugzeugprogramm bezeichnete der Führer als eine unverantwortliche Verkennung der Tatsachen[50].« Der Führer habe angeordnet, daß ihm alle vierzehn Tage über den Fertigungsstand der Me 262 und der Ar 234 berichtet werde.
Unter diesem Druck bemühten sich Göring und Milch, die Serienproduktion der Strahlflugzeuge mit Energie anzukurbeln. Die zentralen Probleme waren dabei der gravierende Mangel an Arbeitskräften und die ungenügende Zahl der Werkzeugmaschinen. Alle Bemühungen, die Engpässe zu überwinden, verfingen sich aber im Gestrüpp des polykratischen Kompetenzwirrwarrs der nationalsozialistischen Wirtschaftslenkung mit ihrer Vielzahl von Zuständigkeiten, Generalbevollmächtigten, Sonderkommissaren und Organen der »Selbstverantwortung« der Industrie. Es fehlte Ende 1943 in Deutschland noch eine Instanz, die die gesamten Rüstungsanstrengungen gelenkt und die innerhalb eines Gesamtplanes klare Prioritäten bei der Dringlichkeit der Projekte gesetzt hätte. So konkurrierte die Heeresrüstung unter Speer mit der Luftrüstung unter Milch, obwohl die beiden sich recht gut verstanden und immer mehr zusammenarbeiteten. Besonders unangenehm machte sich die Tatsache bemerkbar, daß die Lenkung des Reservoirs an Arbeitskräften in der Hand des Gauleiters von Thüringen, Fritz Sauckel, lag, der als »Generalbevollmächtigter für den Arbeitseinsatz« im Rahmen des Vierjahresplanes Speer und Milch gleichgestellt war[51]. Daneben forderte die Wehrmacht aufgrund der enormen Verluste in den Schlachten des Jahres 1943 erneut zusätzliche Einziehungen auch aus dem Bereich der Luftrüstungsindustrie, um die Verluste einigermaßen decken zu können.
Besonders augenfällig belegt diese Situation die Diskussion um die sogenannte »SE-III-Aktion«, bei der die Luftrüstungsindustrie insgesamt 60000 Mann an die Wehrmacht abstellen mußte[52]. Natürlich hatte das schwerwiegende Folgen für den reibungslosen Fertigungsablauf. Schon Mitte 1943 hatte das Planungsamt des Reichsluftfahrtministeriums in einem Aktenvermerk für Milch davor gewarnt, daß durch die Einberufungen der Stand der Fertigung und die Programmgestaltung der Luftwaffenrüstung nachteilig beeinflußt werde. Wenigstens die Forschung und Entwicklung sowie das Jäger- und Zerstörerpro-

---

[50] Fernschreiben 0818 6/12 2110, An Staatssekretär der Luftfahrt und Generalinspekteur der Luftwaffe, Herrn Generalfeldmarschall Milch vom 6.12.1943, BA-MA, RL 3/51, S. 725.

[51] Weyres von Levetzow, Deutsche Rüstungswirtschaft, S. 8 f.; Eichholtz, Geschichte der deutschen Kriegswirtschaft, Bd 2, S. 74—79.

[52] Vgl. Bericht über die St/GL-RfRuK-Besprechung vom 1.12.1943, BA-MA, RL 3/59, S. 4958.

gramm einschließlich der Me 262 und der Fertigung der Flugbombe Fi 103 sollten davon gänzlich ausgenommen werden. Wenn die Forderungen der Wehrmacht bestehen blieben, so müßte man auch auf Arbeitskräfte aus der Fertigung der Me 262 zurückgreifen[53]. Eine Woche später beklagte sich auch Direktor Frydag in seiner Eigenschaft als Leiter des Hauptausschusses Zellen im Industrierat des Reichsmarschalls für die Fertigung von Luftwaffengerät über die Aktion. Das Schwergewicht der Einberufungen belaste die betriebliche Fertigung. Rund 10000 deutsche Schlüssel- und Fachkräfte seien unmittelbar betroffen. Frydag befürchtete vor allem auch eine Verzögerung bei der Umstellung auf neue Muster um zwei bis drei Monate, weil gerade hier dann das Führungspersonal fehlen werde[54]. Trotz dieser Warnungen blieb die Wehrmachtführung hart. Göring kam deshalb auf den genialen Plan, 60000 Mann zur Luftwaffe einzuziehen und davon sofort wieder 30000 zu beurlauben und am alten Arbeitsplatz zu belassen. Das funktionierte jedoch nicht, da die ersten Gestellungsbescheide bereits herausgegeben waren, bevor die neue Regelung bekannt wurde. Deshalb wurden ab Ende November 1943 laufend Arbeiter zum Heer eingezogen. Der zuständige Beauftragte für die Me-262-Fertigung forderte deshalb am 1. Dezember 1943 einen »Totalschutz« für die Me 262[55]. Besonders Milch ereiferte sich in dieser Frage und drohte an, er werde mit »schärfsten Mitteln« gegen jede Person oder Dienststelle vorgehen, die die Arbeiter nicht an ihren Arbeitsplätzen belasse[56]. Milchs Erregung war verständlich, denn trotz aller Rationalisierungsmaßnahmen und Kürzungen bei den Anforderungen der Herstellerfirmen fehlten ihm Kräfte für sein Strahlflugzeugprogramm. Direktor Frydag vom Industrierat berichtete nach einer Untersuchung des Bedarfs bei Messerschmitt, für die Me-262-Serie benötige man im Werk Augsburg 1072 Arbeitskräfte, davon 500 »Strafgefangene«, 300 deutsche und 272 »fremdländische« Arbeiter und im Werk Regensburg 1000[57]. Den Hilferuf Milchs an Speer konnte dieser jedoch nur unbefriedigend beantworten. Zwar sicherte er dem Generalluftzeugmeister »mit Rücksicht auf die Bedeutung, die der Me 262 für die künftige Luftkriegsführung zweifellos zukommt« zu, daß der Bedarf an Arbeitern vorrangig abgedeckt werde, konnte aber vorerst nur italienische Militärinternierte anbieten, die aus der Landwirtschaft in die Rüstung überführt werden sollten. Er sei jedoch nicht in der Lage, außer ungelernten Kräften noch zusätzliche Facharbeiter zu stellen. Dieses Problem müsse die Luftwaffe durch Abzüge aus dem eigenen Bereich auf der Ebene der Rüstungsbezirke lösen[58]. Speer erreichte allerdings bei Hitler, daß 3000 Werkzeugmacher für den Vorrichtungsbau auf die Dauer von zunächst vier Monaten in einer Sonderaktion vom Heer in die Industrie zurückgeholt werden sollten[59]. Das ganze Hin und Her in dieser Phase

---

[53] Planungsamt Nr. 23056/43 geh. (GL/A-WWi 4) vom 11.11.1943, BA-MA, RL 3/2310.

[54] Industrierat des Reichsmarschalls für die Fertigung von Luftwaffengerät, Der Leiter des Hauptausschusses Zellen, Geheim Nr. 4253/43 vom 18.11.1943, BA-MA, RL 3/2310.

[55] BA-MA, RL 3/59, S. 4958f. (wie Anm. 52).

[56] Ebd., S. 4959.

[57] Bericht Nr. 101 über die Amtschefbesprechung am 14.12.1943, BA-MA, RL 3/59, S. 4945.

[58] An den Reichsminister Luftfahrt und Oberbefehlshaber der Luftwaffe, z.Hd. Herrn Generalfeldmarschall Milch vom 15.12.1943, BA, R 3/1591, S. 7728.

[59] Abschrift, Ministeramt vom 19.12.1943: Auszüge aus der Niederschrift über die Besprechung beim Führer am 16./17.12.1943, BA, R 3/1591, S. 7723.

des Krieges belegt die ungenügende Organisation in der Personalbewirtschaftung des Reiches. Daß Hitler selbst sich um 3000 Werkzeugmacher kümmern mußte, zeigt deutlich, wie die Forderungen der konkurrierenden Instanzen sich wechselseitig lahmlegten und die Entscheidung des obersten Kriegsherrn herausforderten. Dabei hätte die Luftwaffe durchaus bei einer klareren strategischen Zielvorgabe in ihrem Bereich zusätzliche Kapazitäten freimachen können. Die Bedarfsplanung der Arado-Flugzeugwerke für ihr Fertigungsprogramm beweist dies deutlich (vgl. hierzu auch Abb. 32 und 33).

Ende November beklagte sich Dipl. Ing. Blume, der technische Direktor dieser Firma, beim Chef des Technischen Amtes über die unklare Programmgestaltung für die Ar 234. Ein erster Plan habe die Auslieferung von 100 Stück bis Ende 1944 vorgesehen und eine Steigerung der Serienproduktion auf 250 Stück pro Monat bis April 1946. Zwischenzeitlich sei als Notlösung, falls das nicht zu erreichen sei, eine Verschiebung um zwei Monate einkalkuliert worden, wobei bis Ende 1944 36 Flugzeuge zu liefern gewesen wären. Nun sei ein dritter Plan in der Kalkulation, der eine beschleunigte Auslieferung von 200 Ar 234 bis Ende 1944 und einen Serienhöchststand von 300 Stück pro Monat im September 1945 vorsehe. Obwohl die Voraussetzungen für diesen Plan fehlten, habe Göring bereits Hitler gemeldet, daß er die Lieferung von 200 Stück bis Ende 1944 angeordnet habe[60]. Das war typisch für Görings Haltung in dieser Zeit, der ständig bestrebt war, ohne Rücksicht auf die Realitäten Erfolge »seiner« Luftwaffe an Hitler melden zu können. Da die Arado-Maschine bestens in das Strahlbomberkonzept paßte, war es nur logisch, daß der Reichsmarschall bei Hitler den Eindruck zu erwecken suchte, man könne bald mit einer Flotte von Strahlbombern rechnen.

Die Wirklichkeit sah anders aus. Am 21. Dezember reichten die Arado-Flugzeugwerke ihre Gesamtplanung für das neue Luftwaffenprogramm 225 ein. Der Konzern sollte demnach drei Typen herstellen: Die Ar 234 und als Lizenzproduktion die Focke-Wulf 190, ein einmotoriges Jagdflugzeug, und die He 177, einen viermotorigen schweren Bomber, der der Luftwaffenführung wegen seiner technischen Mängel schon seit Jahren Sorgen bereitete, an dessen Serienproduktion sie jedoch hartnäckig festhielt. Die Firma errechnete einen Gesamtbedarf von 32 240 Lohnempfängern für die Erfüllung des Programms. Da sämtliche Zweigwerke aber nur über 21 201 Arbeitskräfte verfügten, fehlten einschließlich einer Reserve für Fluktuationen 15 227 Mann in der Rechnung. Würden alle Forderungen erfüllt werden, so bedeutete dies auch nach den Worten der Firmenleitung eine Vergrößerung des Konzerns um 50 Prozent[61]. Konnten keine zusätzlichen Kräfte gestellt werden, so mußte automatisch firmenintern ein Teil der Produktion zurückgestellt werden, was einer Entscheidung des RLM bedurfte. Die Firmenleitung wies mit drastischen Worten auf diese Sachlage hin: »Wir bitten hiermit den Amtschef, die Größe der uns gestellten Aufgaben nunmehr an Hand dieser übergebenen Mappe eindeutig den obersten Stellen zum Ausdruck zu bringen und darauf hinzuweisen, daß auch der geringste

[60] Dipl. Ing. W. Blume an den Chef des Technischen Amtes, Herrn Generalmajor Vorwald vom 29.11.1943, BA-MA, RL 3/1112, S. 47 f.

[61] An das Reichsluftfahrtministerium GL/C-Chef, Herrn General Vorwald vom 21.12.1943, Gefolgschaftsplanung nach Programm 225, Lohnempfänger, BA-MA, RL 3/1112, S. 47 f., 52.

Abb. 32: Planung des Arbeitskräftebedarfs von Arado nach Programm 225

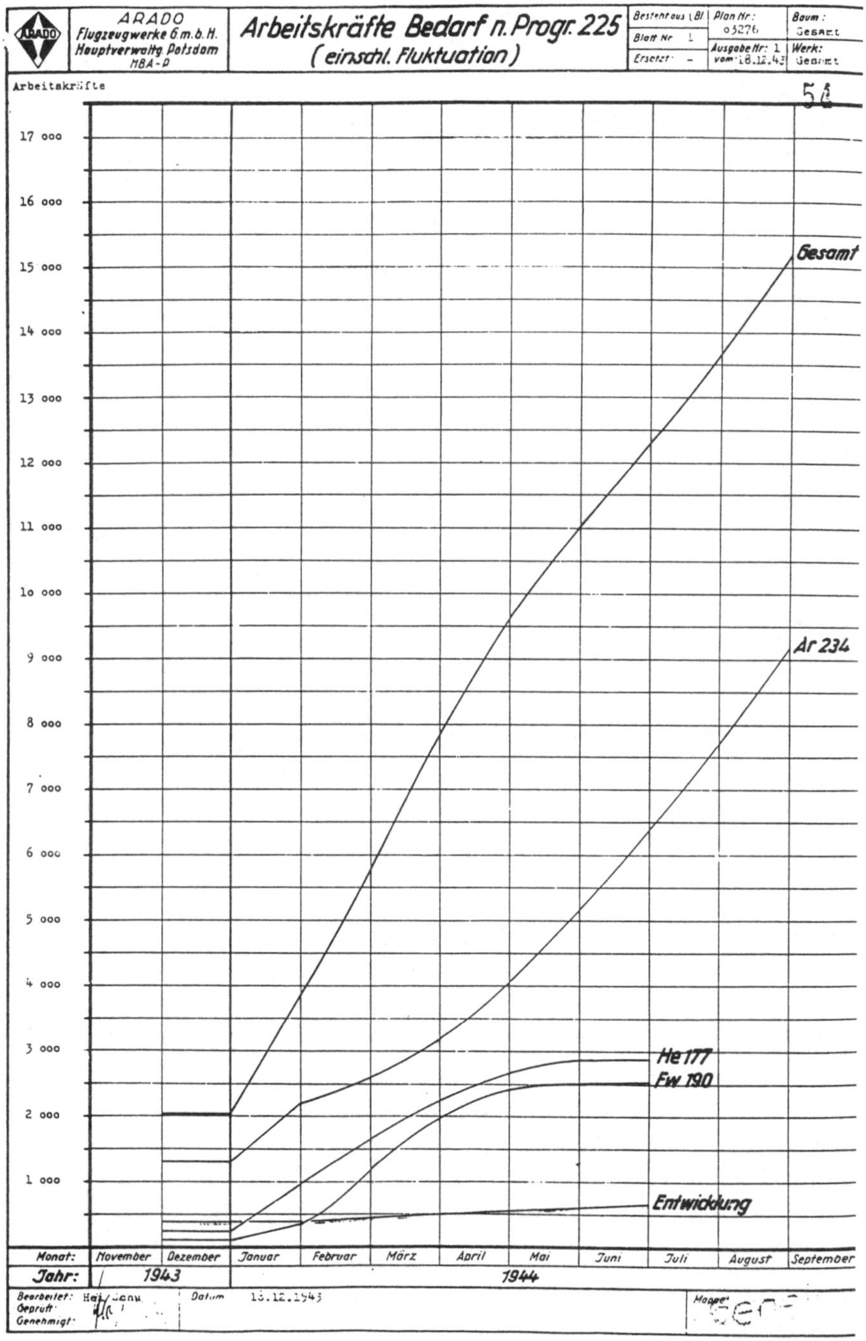

Quelle: BA-MA, RL 3/1112.

Abb. 33: Planung der Monatslieferung von Arado nach Programm 225

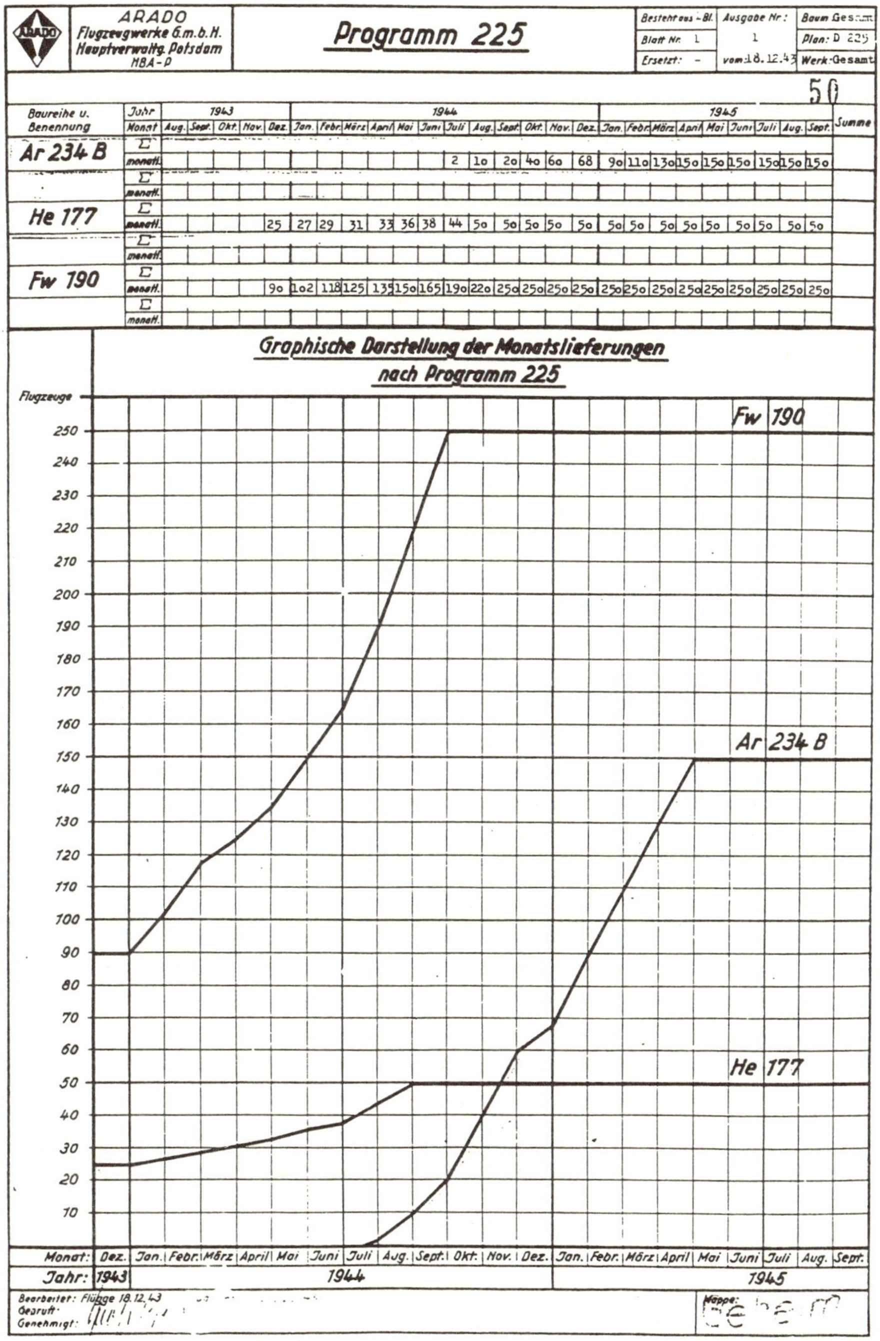

ARADO Flugzeugwerke G.m.b.H. Hauptverwaltg. Potsdam HBA-P

Programm 225

Besteht aus - Bl. | Blatt Nr. 1 | Ersetzt: - | Ausgabe Nr.: 1 | vom: 18.12.43 | Baum Ges... | Plan: D 225 | Werk: Gesamt

50

Baureihe u. Benennung	Jahr	1943					1944												1945									Summe
	Monat	Aug.	Sept.	Okt.	Nov.	Dez.	Jan.	Febr.	März	April	Mai	Juni	Juli	Aug.	Sept.	Okt.	Nov.	Dez.	Jan.	Febr.	März	April	Mai	Juni	Juli	Aug.	Sept.	
Ar 234 B	Σ																											
	monatl.												2	10	20	40	60	68	90	110	130	150	150	150	150	150	150	
	Σ																											
	monatl.																											
He 177	Σ																											
	monatl.					25	27	29	31	33	36	38	44	50	50	50	50	50	50	50	50	50	50	50	50	50	50	
	Σ																											
	monatl.																											
Fw 190	Σ																											
	monatl.					90	102	118	125	135	150	165	190	220	250	250	250	250	250	250	250	250	250	250	250	250	250	
	Σ																											
	monatl.																											

Quelle: BA-MA, RL 3/1112.

Terminverzug in der Zuweisung von weiteren Arbeitskräften einen Rückschlag gibt, der nicht mehr aufzuholen ist. [...] Da bereits jetzt unsere Forderungen bezüglich der Arbeitskräfte nicht erfüllt sind, bitten wir, *eine eindeutige Entscheidung darüber herbeizuführen, ob und in welche Type ein Einbruch zugunsten der Ar 234 erfolgen soll* (Hervorhebung im Original)[62].«

Tatsächlich hätte Arado sein Strahlflugzeugprogramm bewältigen können, wenn das RLM auf die He 177 verzichtet hätte. Für die Produktion der Ar 234 war ein Bedarf von 9180 Lohnempfängern errechnet worden, von denen aber nur 750 vorhanden waren. Dagegen waren für die Serienproduktion der He 177 bereits 12293 Mann eingesetzt, hier betrug die zusätzliche Forderung nach Arbeitern lediglich noch 2870[63]. Hätte sich Arado allein auf die Herstellung des Jägers Fw 190 und des Strahlflugzeugs Ar 234 konzentrieren können, hätte die Firma durch entsprechende Umsetzung in ihren Betrieben fast alle Arbeitskräfte selbst stellen können und nur noch einen Ausgleich für Fluktuationen benötigt. Die Luftwaffenführung war aber nicht bereit, zu diesem Zeitpunkt auf einen schweren Bomber zu verzichten. Die Entwicklung, die He 177 fallenzulassen, kam erst unter dem Druck der katastrophalen Situation im Luftkrieg einige Monate später und damit zu spät. Göring hatte es nicht verstanden, die divergierenden Interessen von Generalluftzeugmeister, also der technisch-produktiven Seite, mit denen des Generalstabs und damit der taktisch-operativen Führung auszugleichen. Der sprunghafte Wechsel in der Programmgestaltung war Ausdruck des ständigen Richtungsstreites um die Position der Luftwaffe innerhalb der Gesamtstrategie des Reiches. Bis zum Sommer 1944 behielten aber die Vertreter des Angriffsgedankens eindeutig die Oberhand. Das erklärt die Behinderung der Flugzeugindustrie mit aufwendigen und letztendlich unsinnigen Großbomberprojekten, andererseits auch die Verlagerung des Einsatzschwerpunktes der Strahlflugzeuge vom Jäger zum Bomber. Ende 1943 war zwar auf allen Ebenen der militärischen und politischen Führung die Bedeutung der neuen Waffensysteme bekannt, über die notwendige Kleinarbeit bei der Umstellung der Herstellerwerke auf die Großserienproduktion herrschte aber offensichtlich außer bei einigen Eingeweihten im RLM absolute Unklarheit.

Dabei war es im Fall Messerschmitt Ende November durchaus gelungen, das Fertigungsprogramm zu straffen, indem nun endlich auf Befehl Görings die umstrittene Me 209 zugunsten der Me 262 gestrichen worden war, obwohl eine Studie des Technischen Amtes und des Planungsamtes deshalb mit einem Abfall der geplanten Jagdflugzeugproduktion von 4000 auf 3000 Stück pro Monat rechnete (vgl. Abb. 34 und 35). Milch klagte zwar, er halte die Zahl von 3000 Jägern für nicht ausreichend, das Endziel von 4500 pro Monat sei aber materialmäßig nicht zu schaffen, ohne ein Absinken bei anderen Mustern zu verursachen[64]. Dieses Urteil stellte klar, daß auch Milch, der ja der Jägerrüstung Vorrang geben wollte, nicht dazu bereit war, die Angriffskomponente der Luftwaffe zugunsten der Defensive zu schwächen. Noch ging es um den Hochlauf aller Flugzeugmuster bei gleichzeitiger Verbesserung der Qualität. Nach dem neuen Lieferplan 225 vom 1. De-

[62] Ebd., S. 48.
[63] Ebd., S. 52.
[64] Vgl. GL-Besprechung vom 30.11.1943, BA-MA, R 3/26, S. 7918f.

Abb. 34: Jäger — Fall I

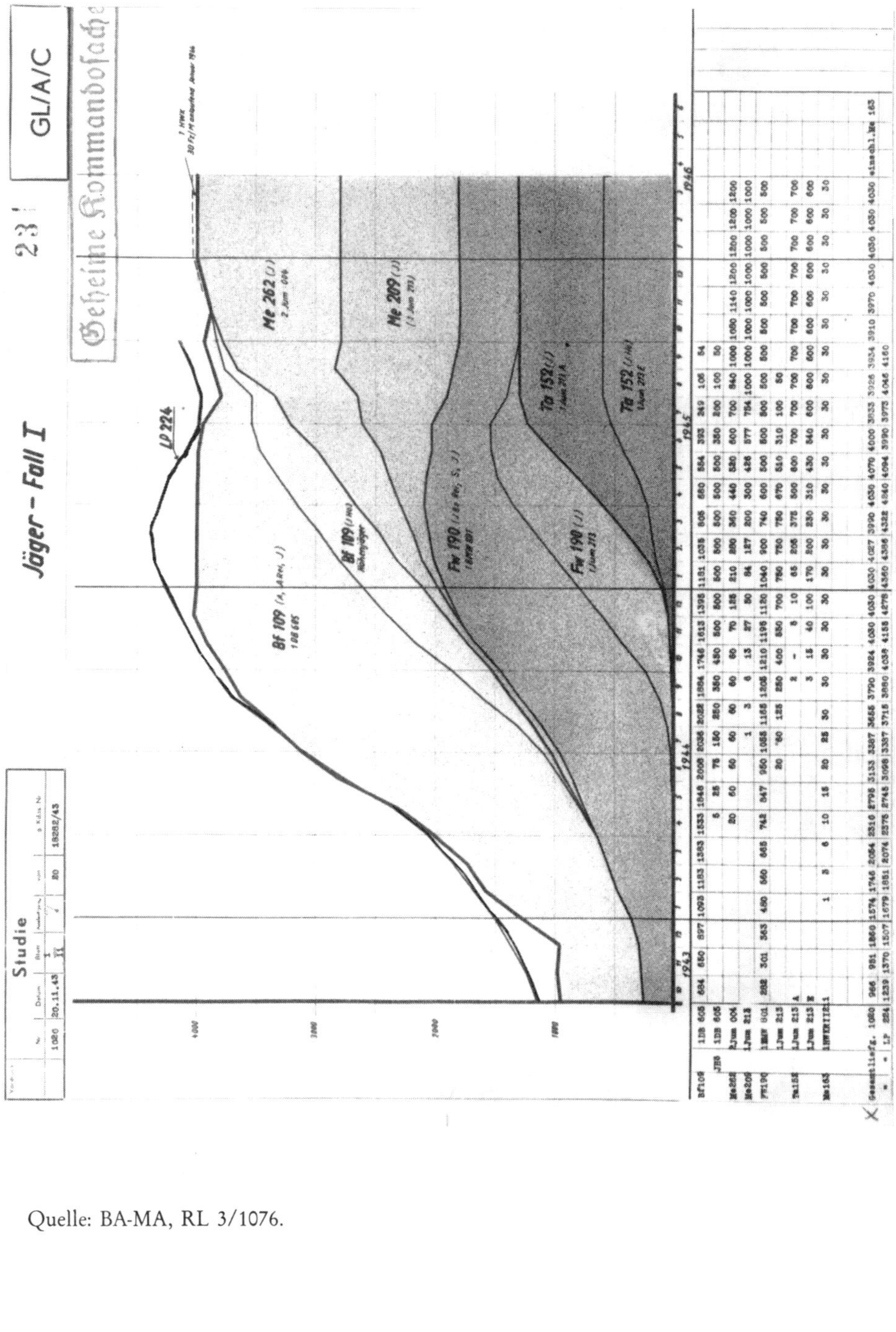

Quelle: BA-MA, RL 3/1076.

Abb. 35: Jäger — Fall II

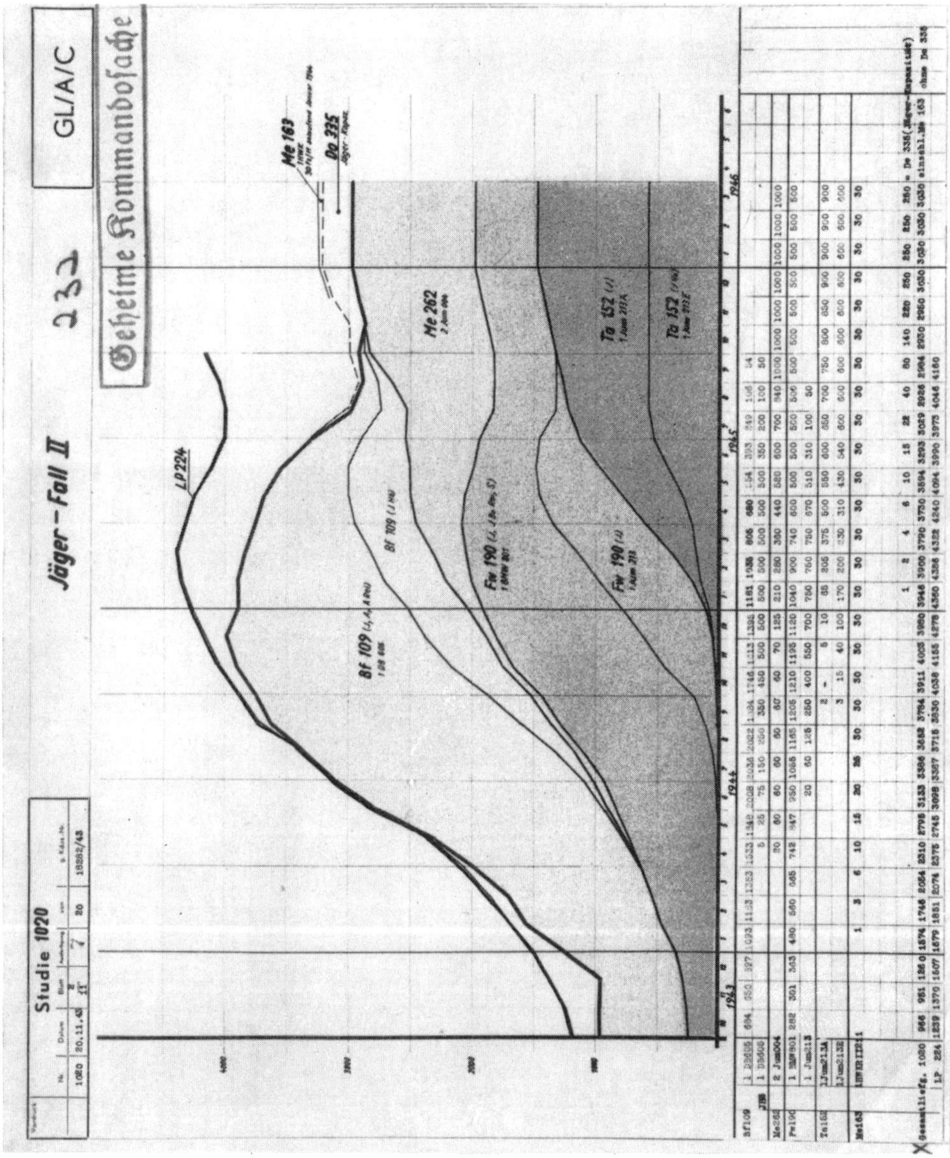

Quelle: BA-MA, RL 3/1076.

zember 1943 sollte sich Messerschmitt-Augsburg nur noch auf die Me 410 und die Me 262 konzentrieren, wobei die Me 410 Ende 1944 auslaufen sollte. Ab Juni 1945 hatte Augsburg dann 300 Me 262 pro Monat zu liefern. Messerschmitt-Regensburg baute die Me 109 und würde ab November 1944 die ersten Me 262 liefern, mit einem Höchstausstoß von 360 im Juli 1945. Die Wiener-Neustädter-Flugzeugwerke schließlich fertigten ebenfalls nur die Me 109 und ab Februar 1945 die ersten Me 262[65]. Vor Mitte 1944 war aber nicht mit einer größeren Zahl Me 262 zu rechnen, die übrigens immer noch als Jägerversion eingeplant war. Allerdings war es bei der Streichung der Me 209 ja »nur« um einen Jäger gegangen, und das scheint in der Luftwaffenführung konsensfähiger gewesen zu sein, als der Verzicht auf Bomber. Insofern war Hitlers »Blitzbomber«entscheidung nur ein zusätzliches Argument für den Bau der Me 262, schien sie doch den Wunsch sowohl nach einem überlegenen Jagdflugzeug als auch nach dem schnellstmöglich herstellbaren Strahlbomber zu erfüllen. Die weiteren Querelen des Frühjahrs 1944 drehten sich folgerichtig auch nicht um die Einsatzdoktrin des neuartigen Flugzeugs, sondern vielmehr um die Beseitigung von Hindernissen bei der Serienproduktion, denn Hitler brauchte die Maschine ja zur Abwehr der Invasion. Der deutschen Luftrüstung lief aber die Zeit davon, und die Kriegsereignisse entwickelten sich sehr viel schneller zuungunsten des Dritten Reiches, als die Planer einer industriellen »Wunderwaffenfertigung« wohl angenommen hatten.

Am 17. Januar 1944 gab Speer an alle Vorsitzer der Rüstungskommissionen und die Rüstungsinspekteure eine neue Rangfolge für die Zuweisung von Arbeitskräften heraus. In der sogenannten »Vorrangstufe« stand an erster Stelle die Me 262, gefolgt von der Arado 234, dann erst kam die Sturmgeschützfertigung und die Rakete A 4 (V 2) sowie die Flugbombe Fi 103 (V 1)[66]. Die Strahlflugzeuge rangierten demnach noch vor den V-Waffen und der Panzerfertigung. In der Luftwaffe selbst waren die Me 262, die Ar 234, der Raketenjäger Me 163 B und die neue Dornier Do 335, ein zweimotoriges Jagd-, Zerstörer- und Schnellkampfflugzeug, als Muster erster Dringlichkeit erklärt worden, erst dann folgten die Fi 103, die übrigen Jäger, Kampfflugzeuge und Schulflugzeuge[67]. Auf die Frage, wovon man mehr benötige, von der Rakete A 4 oder der Me 262, nahm der Generalluftzeugmeister Milch im Beisein von Vertretern des noch konkurrierenden Rüstungsministeriums klar Stellung: »Me 262 brauchen wir vor allem andern, vor U-Booten und Panzern, weil ohne diese Maschinen eine Rüstung nicht mehr möglich ist. Ich erkenne die Wichtigkeit als gleichwertig an; aber Sie können Deutschland nur mit dieser Flugzeugsache in Ordnung bringen. Die andern Sachen können unerhört helfen, aber bringen uns nicht dasselbe[68].«

Trotz dieser vordergründig klaren Prioritäten gab es eine Menge Schwierigkeiten. Im Januar sollte die Großserie der Turbine Jumo 004 bei Junkers anlaufen, doch Direktor

[65] Flugzeug-Programm LP 225 vom 1.12.1943 für die Firmen Messerschmitt Augsburg, Messerschmitt Regensburg und Wiener-Neustädter-Flugzeugwerke, g. Kdos. Nr. 14744/44 vom 8.3.1944, BA-MA, RL 3/976.

[66] Der Reichsminister für Rüstung und Kriegsproduktion, Rü A Arb E I 101/44 g. vom 17.1.1944, BA, R 3/1944, S. 94.

[67] GL/C-B 2, Nr. 14158/44 g. Kdos. vom 28.1.1944, BA-MA, RL 3/2640, S. 22.

[68] St/GL/RuK-Besprechung vom 19.1.1944, BA-MA, RL 3/32, S. 1153.

Cambeis berichtete, zur Zeit seien noch alle wesentlichen Teile des Triebwerkes unklar, so daß von einer Serienreife nicht gesprochen werden könne, und Dr. Franz meldete an das Technische Amt ein ganzes Bündel von Beanstandungen. Die Turbinenschaufeln mußten nach 25 Betriebsstunden nachpoliert werden, es gab Regelschwierigkeiten und Probleme mit dem Anlasser und der Treibstoffpumpe[69]. Milch eilte daraufhin nach Dessau, um zu retten, was zu retten war. Interessanterweise berief er sich hier wieder auf Hitlers Forderungen nach dem Einsatz der Strahlflugzeuge bei der Invasionsabwehr und gab an alle Beteiligten die Parole aus, »daß es unsere Pflicht und Aufgabe ist, dem Willen des Führers gemäß alles zu tun, was nach menschlichen Kräften hier möglich ist«[70]. Direktor Cambeis konnte aber trotz aller moralischer Massage nur zusichern, 150 Triebwerke bis April 1944 zu liefern, was völlig ungenügend war, um die hochgespannten Erwartungen Hitlers erfüllen zu können.

Technische Probleme ließen sich nicht per »Führerbefehl« beseitigen. Am 22. Februar mußte Milch die ganze Misere Göring melden. Demnach ergab sich folgendes Bild[71]:

Das Motorenlieferprogramm 325 A sah für die Ausbringung vor:

	325 A	Entwicklungsreihe	Zusammen
Januar	-	10	10
Februar	40	15	55
März	50	20	70
April	100	30	130
	190	75	265

Junkers konnte dagegen nur die folgende Zusage für E-Reihe und Großserie zusammen machen:

	Zusammen
Januar	10
Februar	25
März	50
April	65
	150

Demgegenüber bestand ein Bedarf von 324 Triebwerken, der sich folgendermaßen errechnete:

---

[69] GL/C-B 2 II D, Az 89 o GL/C-B 2 Nr. 45372/44 (II D) vom 10.1.1944, BA-MA, RL 3/1144, S. 59.

[70] Besprechung bei Junkers in Dessau vom 21.1.1944, BA-MA, RL 3/32, S. 1011.

[71] Nach Abschrift der 8. Anfertigung von 20, Fernschreiben vom 22.2.1944, Reichsluft, St/GL GL/C-Nr. 546/55 g.Kdos, BA-MA, RL 3/1144, S. 41f.

	Firmen-versuch Junkers	Me 262 V-Flug-zeuge	Me 262 Vor-serie	Ar 234 V-Flug-zeuge	Erprobungs-stelle Rechlin
Februar	-	-	16	2	-
März	25	10	82	2	25
April	-	-	160	2	-
gesamt	25	10	258	6	25

Der tatsächliche Bedarf war noch erheblich höher, denn hier waren keine Reservetriebwerke eingerechnet.

Den Hauptgrund für die Lieferverzögerung sah Milch im Fehlschlag bei der zu frühen Umschaltung vom Jumo 004 auf das Serientriebwerk 004 B, das, wie bereits beschrieben, seit Mitte 1943 immer wieder Schwierigkeiten bereitete. Es war damit zu rechnen, daß bis Ende April für die Vorserie der Me 262 nur 80 Triebwerke bereitstünden, da ja die Erprobung im Interesse der Serienfertigung parallel weiterlaufen mußte. Die Vorgänge belegen, daß die übergroße Hast, mit der die neue Technologie in die Großserie gepreßt worden war, zu Rückschlägen führte, die sich die deutsche Luftrüstung in dieser Phase des Krieges nicht mehr leisten konnte.

Im RLM begann nun ein ständiges Feilschen um die Zuteilung der Triebwerke. Einige wurden für die Ar-234-V-Muster gebraucht, ein Teil war für die Me-262-Serie bestimmt, dagegen benötigte aber auch Dr. Franz bei Junkers noch Aggregate, um die Fehler durch Versuchsreihen auszumerzen, und die Erprobungsstelle Rechlin meldete ebenfalls Bedarf an. Die ganze Hektik dieser Tage zielte darauf ab, wenigstens im März 1944 20 Me 262 herauszubringen[72]. Das war nun nicht gerade eine berauschende Zahl, mit der man etwas gegen die alliierte Luftüberlegenheit ausrichten konnte.

Dennoch hatte sich in der Zwischenzeit auch Goebbels der Gerüchte um neue Waffen bemächtigt und versuchte mit Hinweisen auf diese sogar die Moral in den höchsten Kreisen der NSDAP zu stärken. Am 23. Februar 1944 erklärte er vor der Tagung der Reichs- und Gauleiter in München: »Ich bin fest davon überzeugt, daß wir in bezug auf den Luftkrieg sowohl als auch in bezug auf den U-Boot-Krieg in absehbarer Zeit wieder sehr stark aufholen werden. Diese beiden Kapitel sind durchaus nicht etwa bei uns abgeschrieben, sondern wir werden hier sehr bald wieder mit beachtlichen Neuerungen, zum Teil sogar mit sensationellen Erfindungen und Waffen antreten[73].«

So setzten nicht nur Hitler, Göring und führende Militärs ihre Hoffnungen auf die »sensationellen Erfindungen«, sondern auch immer breitere Kreise der nachgeordneten Parteihierarchie. Dabei bestand kaum eine Grundlage für die Zuversicht, die der Propagandaminister verbreitete. Göring war sich aufgrund der schlechten Nachrichten über den Serienlauf der Strahlflugzeuge wohl eher darüber im klaren. Er sah aber darin immer

[72] Entwicklungsbesprechung vom 18.2.1944, BA-MA, RL 3/41, S. 5761.

[73] Rede Dr. Goebbels vor der Tagung der Reichs- und Gauleiter am 23.2.1944 in München, IfZ, MA-314, S. 2613676.

mehr einen gewollten Sabotageakt der Industrie gegen die Pläne der Luftwaffe. Für den technischen Laien Göring waren alle Anforderungen nach zusätzlichen Arbeitern, Fachleuten oder gar Werkzeugmaschinen Nebensächlichkeiten. Interessanterweise gab er jetzt auch der gelenkten Wirtschaft die Schuld an den Verzögerungen: »Würden diese Firmen in einer pekuniären Konkurrenz stehen, da sollten sie mal sehen, wie alle diese Kleinigkeiten längst untergeordnet wären. Für diese Leute ist die Hauptsache: verdienen! Sie denken nur daran, daß sie nachher im Frieden gut gebettet sind, und im übrigen ist ihre Sorge: nur jetzt nicht hineinschlittern. Und wenn ich komme, dann stellen sie sich hin als verantwortungsbewußte vaterländische Wirtschaft, die weiß, daß sie ihren Mann zu stellen hat[74].«

Görings Urteil war sicher zu hart, denn viele Fehlentscheidungen lagen nicht in der Macht der Industrie. Bei komplizierten technischen Neuerungen mußte einfach auch mit Rückschlägen gerechnet werden, davon ist keine noch so effiziente Rüstungsmaschinerie ausgenommen. Zudem richteten sich ausgerechnet jetzt in der sensiblen Phase des Serienanlaufs die Luftangriffe der Alliierten mit voller Wucht gegen die Unternehmen der Luftrüstung, denn mit der Angriffsserie der Amerikaner im Februar 1944 sollte ja die deutsche Luftverteidigung endgültig niedergezwungen werden. Bei der »Big-Week«-Offensive vom 20. bis 25. Februar 1944 flogen die 8. und 15. USAAF insgesamt 26 schwere Luftangriffe gegen die Produktionsstätten der Flugzellenindustrie, der Motorenhersteller und der Zulieferbetriebe und warfen 3174 t Bomben ab, eine Menge, die nur noch einmal während des Krieges im August 1944 übertroffen werden sollte[75]. Es wurden dabei am 25. Februar die Messerschmitt-Werke in Augsburg und am 22. und 25. Februar die Anlagen in Regensburg-Obertraubling und Prüfening schwer getroffen[76]. Natürlich wirkten sich diese gezielten Angriffe auch hemmend auf den Serienanlauf der Me 262 aus. Eine quantitative Erfassung dieser Verzögerungen scheint nicht möglich zu sein, es ist aber sehr wahrscheinlich, daß Messerschmitt ohne die Bombenschäden mit erheblich weniger Problemen zu kämpfen gehabt hätte, als die Firma sowieso schon hatte. Jedenfalls mußte der Sonderausschuß F 2 für Messerschmitt-Zellen Ende März einen Änderungsvorschlag für den gültigen Lieferplan 225 vom 1. Dezember 1943 einreichen. Demnach konnte Messerschmitt statt der geplanten 190 Me 262 bis Ende Juni 1944, beginnend mit dem Januar 1944, erst ab April 115 Flugzeuge anbieten. Ab Juli sollten dann die Lieferzahlen sogar das Programm übertreffen, denn Ende 1944 wollte man statt der geplanten 625 Stück sogar 915 abliefern[77]. Das bedeutete, daß sich die Auslieferung der Vorserie und der ersten Serienmaschinen verzögerte, um sich in der zweiten Hälfte des Jahres stark zu steigern. Dann konnte es aber bereits zu spät sein.

Verständlicherweise bemühte sich deshalb der Anfang März gegründete Jägerstab mit aller Energie, die teilweise gelähmte Fertigung wiederanzukurbeln. Dies war um so dringender, als die Luftwaffenführung seit Anfang 1944 darüber informiert war, daß auch

---

[74] Niederschrift der Besprechung beim Reichsmarschall vom 8.2.1944, BA-MA, RL 3/62, S. 6558.
[75] USSBS, Aircraft Division Industry Report (European Report No. 4), Tab. V-3 und Tab. V-6.
[76] USSBS, Messerschmitt AG Augsburg, Germany (European Report No. 11), T. A, S. 24, T. B, S. 1.
[77] St/GL-Vorlage (Flugzeuge), Nr. 41, g.Kdos. Nr. 15072/44 vom 27.3.1944, BA-MA, RL 3/1050.

die Briten und Amerikaner an Strahlflugzeugentwicklungen arbeiteten und beide Länder mit dem Serienbau von Strahljägern begonnen hatten. Das Technische Amt rechnete mit dem Fronteinsatz britisch-amerikanischer Strahljäger jedoch nicht vor Herbst 1944[78]. Immerhin war wohl zumindest den Fachleuten klar, daß der Vorsprung Deutschlands auf diesem Gebiet nicht riesengroß war, es konnte sich höchsten um einige Monate handeln. Eile war geboten. Der Jägerstab bereiste mit Milch und Hauptdienstleiter Saur vom Speer-Ministerium im März und April unter dem Decknamen »Unternehmen Hubertus« die Luftrüstungsindustrie, um sich ein Bild von den Schäden zu machen und die angeschlagene Moral der Belegschaft wiederaufzurichten[79].

Besonders wichtig schienen dabei die sogenannten »Verlagerungen«, die die Bombenbedrohung der Rüstungsbetriebe herabmindern sollten, indem ganze Firmen aus ihren Stammwerken herausgeholt und in weit verstreute Anlagen auf dem Lande untergebracht wurden. Wenn möglich, sollten besonders wichtige Fertigungen unter Tage in Höhlen, Tunnels oder Bunkern aufgezogen werden. Der Anstoß dazu war im Frühjahr 1943 von Hitler selbst gekommen, erste konkrete Pläne waren dann im Herbst 1943 zwischen Hitler und Speer besprochen worden[80]. Im Oktober desselben Jahres hatte auch Göring an Speer geschrieben, er halte es wegen der laufenden Einbrüche in das Flugzeugbeschaffungsprogramm durch Bombenangriffe für dringend erforderlich, »schnellstens bombensichere Produktionsstätten mindestens für die Motorenerzeugung und besondere Engpaßteile zu erstellen. Soweit nicht die Ausnutzung von großen Höhlen, Kellereianlagen, stillgelegten Bergwerken, ungenutzt liegenden Festungsanlagen im Heimatkriegsgebiet wie in den besetzten Gebieten möglich ist, müssen Fabriken unter Betonschutz gestellt werden[81].«

Natürlich war klar, daß ein so enormes Vorhaben nicht von der Luftwaffe allein zu bewältigen war. Materialzuteilung und Rohstoffe mußten in der »Zentralen Planung« mit Speer abgestimmt werden. Von entscheidender Bedeutung waren auch die Arbeitskräfte, und hier hoffte man offensichtlich, die Sklavenarmee der KZ-Häftlinge für die notwendigen Baumaßnahmen einsetzen zu können. Diese Absichten Görings, Milchs und Speers kamen andererseits der SS-Führung entgegen, die schon lange versuchte, eine stärkere Rolle in der Rüstungspolitik des Dritten Reiches zu spielen[82]. Damit begann ab Ende 1943 der unaufhaltsame Aufstieg des SS-Brigadeführers Dr. Ing. Hans Kammler, der bei Kriegsende neben der Produktion der V-Waffen auch alle Bereiche der Produktion von Strahlflugzeugen und Raketenwaffen kontrollierte. Kammler war bis Mai 1941 als Luftwaffenangehöriger in der Bauabteilung des RLM tätig gewesen, Ende Mai wurde er wegen der »Übernahme in den Geschäftsbereich des Reichsführers SS« aus der Luftwaffe entlassen. Nach Gründung des SS-Wirtschaftsverwaltungshauptamtes wurde Kammler Leiter der

---

[78] Der Reichsminister der Luftfahrt und Oberbefehlshaber der Luftwaffe, Technisches Amt, GL/C Nr. 100 545/44 geh. (RuiF) vom 15.3.1944, BA-MA, RL 3/2350.

[79] Vgl. BA-MA, RL 3/1, S. 54ff., RL 3/3, S. 878ff., RL 3/4, S. 1303ff.

[80] Deutschlands Rüstung, S. 309 (Besprechung vom 14./15.10.1943); Speer, Sklavenstaat, S. 308.

[81] Der Reichsmarschall des Großdeutschen Reiches, Adj. 1754/43 g.Kdos. vom 10.10.1943, BA, R 3/1580.

[82] Vgl. hierzu Speer, Sklavenstaat; Ludwig, Technik und Ingenieure, S. 473—514; Demps, Zum weiteren Ausbau, S. 89ff.; Kannapin, Wirtschaft unter Zwang, S. 259—293.

Amtsgruppe C, die für das Bauwesen zuständig war[83]. Speer charakterisierte ihn später in seinen Erinnerungen als rücksichtslosen, kalten Rechner, »als Fanatiker in der Verfolgung eines Zieles, das er so sorgfältig wie skrupellos zu kalkulieren wußte«[84]. Der Rüstungsminister beauftragte den SS-General im Dezember 1943 »mit der Durchführung besonderer Bauaufgaben«, und im März 1944 zählte er auch zu den ständigen Mitgliedern des Jägerstabes, wo er für den baulichen Sektor der Verlagerungsmaßnahmen zuständig war. Zudem wurde ihm von Göring am 4. März 1944 die Verantwortung für die unterirdischen Verlagerungen übertragen, gleichzeitig konnte er als »Sonderbeauftragter des Reichsführers-SS« auch den Arbeitseinsatz der Häftlinge dirigieren. Kammler konnte nach den Worten Speers »alle Vorteile eines ›Doppelspänners‹ ausnutzen und sich je nach Bedarf auf die eine oder andere Dienststelle berufen«[85]. Diese für die Herrschaftsstruktur des Dritten Reiches so typische Konstruktion ermöglichte es der SS, im Laufe des Jahres 1944 immer mehr Kompetenzen für die Produktion und den Einsatz der »Wunderwaffen« an sich zu ziehen, da Speer und Milch auf die Arbeitskraft der KZ-Häftlinge angewiesen waren.

Nach Ludwig blieb allerdings in der ersten Hälfte des Jahres 1944 von den fünf an der Rüstung beteiligten Gruppen, nämlich Industrie, Staat, Wehrmacht, Partei und SS, die Schutzstaffel die schwächste, jedoch gewann sie angesichts zunehmender Zerfallserscheinungen zwangsläufig an Boden. »Wie nach dem Gesetz der kommunizierenden Röhren hatte ein spezifischer Gewichtsverlust in der industriellen Rüstungsorganisation regelmäßig einen Machtgewinn der SS zur Folge[86].« Hier bleibt zu ergänzen, daß sich in der Luftrüstung der Machtwechsel in mehreren Etappen vollzog. In das Vakuum, das der immer bedeutungsloser werdende Generalluftzeugmeister hinterließ, stießen Saur und die Fachleute des Rüstungsministeriums zuerst im Jägerstab, dann ab August 1944 im Rüstungsstab. Als dann auch Speer schließlich kein Wunder in der Produktion neuer Waffen vollbringen konnte, blieb die SS als letzte linientreue Organisation übrig, die sich bereits eine Fülle von Kompetenzen angeeignet hatte und sich so in den letzten Kriegsmonaten an die Spitze der Jagd nach »Wunderwaffen« setzte. Die letzte Entscheidung lag aber auch hier immer bei Hitler, der ab Frühjahr 1944 nun regelmäßig in die Belange der Luftrüstung eingriff, nachdem er sich bisher nur sporadisch um diese Probleme gekümmert hatte.

Am 5. März 1944 wurde Hitler von Milch und Saur über den Erlaß Görings für die »Sonderbauten Kammler« und Speers Erlaß wegen der »Dringlichkeit der Jäger-Fertigung« informiert. Hitler hielt eine »starke Forcierung« der Untertageverlagerung für notwendig und forderte zusätzlich neu zu erbauende Betonwerke mit einem Mindestumfang von 600000 bis 800000qm. Zugleich verlangte er wegen Bedenken gegen die aufwendige Fernrakete A 4 eine Überprüfung der Kräfte für dieses Projekt, wobei auch die Möglichkeit untersucht werden sollte, ob »für die Stärkung der Jäger-Waffe« in den vom

---

[83] Demps, Zum weiteren Ausbau, S. 260—263; Ludwig, Technik und Ingenieure, S. 487.
[84] Speer, Erinnerungen, S. 383.
[85] Speer, Sklavenstaat, S. 332; vgl. Ludwig, Technik und Ingenieure, S. 494.
[86] Ludwig, Technik und Ingenieure, S. 497.

A-4-Programm belegten unterirdischen Räumen Platz gemacht werden könnte[87]. Hitler sah sehr wohl die Notwendigkeit einer verstärkten Defensivrüstung, da er aber auf die »Vergeltung« nicht verzichten wollte und einige Spitzen des Reiches, darunter auch Speer und Himmler, das Raketenprogramm nachdrücklich unterstützten, kam es zu einer Konkurrenz zwischen Fernkampfwaffen und Strahlflugzeugen. Ähnlich wie die Luftwaffenführung wollte die Führungsspitze des Reiches sich sowohl eine offensive wie auch eine defensive Rüstungskomponente erhalten. Wie bereits beschrieben, wurde die V 2 deshalb zum Materialfresser, die der Luftrüstung schwer zu schaffen machte, ohne großen militärischen Nutzen zu bringen. Allerdings war das so im Frühjahr 1944 noch nicht abzusehen[88].

Anfang April berichtete Milch im Führerhauptquartier über die Vorhaben. Bis etwa August solle die Dezentralisierung über der Erde durchgeführt sein, als zweite Stufe werde dann bis Ende des Jahres eine totale Sicherung unter der Erde für die empfindlichsten Werke abgeschlossen sein. Hitler forderte zusätzlich den Bau von zwei Großwerken von 600 000 qm, möglichst als Bunkeranlage. Die »zentrale Planung«, das gemeinsame Koordinierungsgremium von Generalluftzeugmeister und Rüstungsministerium hatte aber bereits abgesprochen, diese Bunkerwerke als Erweiterung des sogenannten »Mittelwerkes« zu errichten. Als Sofortaufgabe sollte dabei auch die Produktion der Me 262 mit 1000 Stück im Monat geplant und sichergestellt werden[89].

Das »Mittelwerk« oder auch »Projekt Mittelbau« war eine riesige unterirdische Fabrik, die ab Sommer 1943 in einem ehemaligen Kalibergwerk bei Nordhausen im Harz zur Produktion der Fernrakete A 4 hergerichtet wurde. Im September 1943 war deshalb als Tochtergesellschaft des dem Speer-Ministerium nachgeordneten Rüstungskontors die Mittelwerk GmbH gegründet worden. Die Entwicklung der Rakete lag, wie bereits ausgeführt, beim Heereswaffenamt, die Produktion unterstand dem Sonderausschuß A 4 des Rüstungsministeriums, und der Bau der Fertigungsanlagen sowie die Bereitstellung von Arbeitskräften war vom SS-Wirtschaftsverwaltungshauptamt übernommen worden. Für diese Aufgabe war SS-Brigadeführer Hans Kammler zuständig[90]. Nun drängte sich die Luftwaffe mit ihren Strahlflugzeugen und wenig später auch mit »ihrer« V-Waffe, der Fi 103, in die unterirdischen Fertigungsanlagen. So entstand nach und nach ein umfangreicher militärisch-industrieller Komplex zur Herstellung von »Wunderwaffen«, an dem Heer, Luftwaffe, Rüstungsministerium und SS beteiligt waren und der die Keimzelle des im Februar 1945 eingerichteten »Sperrgebiets Mittelbau« rings um Nordhausen bildete, in dem sich bei Kriegsende alle Hoffnungen auf eine siegbringende »Geheimwaffe« konzentrierten[91]. Die SS stellte vom Stammlager Buchenwald für das neue Arbeitslager »Dora« im »Mittelbau« bis Ende April etwa 17 500 Häftlinge ab, die unter furchtbaren

---

87 Deutschlands Rüstung, S. 337, 341 (Besprechung vom 5.3.1944).

88 Vgl. hierzu Kap. III. 3. a.

89 Deutschlands Rüstung, S. 346 (Besprechung vom 6./7.4.1944); vgl. auch Jägerstabbesprechung vom 31.3.1944, BA-MA, RL 3/4, S. 1499 f.

90 Deutschlands Rüstung, S. 291; ausführlich zum »Projekt Mittelbau«: Bornemann, Geheimprojekt Mittelbau; Bornemann/Broszat, KL Dora-Mittelbau.

91 Ludwig, Technik und Ingenieure, S. 506 f.; Bornemann, Geheimprojekt Mittelbau, S. 137 ff.

Bedingungen das Werk errichten mußten. Bei Kriegsende wurden von der Mittelbau GmbH schätzungsweise 8000 Zivilarbeiter und 22000 bis 25000 Häftlinge beschäftigt[92]. Diese Zahlen spiegeln den allgemeinen Trend in der Luftrüstung wider. Das »Produktionswunder« des Sommers 1944 war nur durch die immer größere Zahl von Zwangsarbeitern und KZ-Häftlingen möglich, die jetzt als billigste Arbeitskräfte die katastrophalen Engpässe in den Belegschaften der Firmen überbrücken mußten. Demps schätzt, daß im Oktober 1944 neben 468000 deutschen Zivilarbeitern bei der reinen Flugzeugherstellung ohne Zulieferfirmen 118000 KZ-Häftlinge sowie 324000 Kriegsgefangene und Zwangsarbeiter beschäftigt waren. Dazu kamen noch rund 30000 KZ-Häftlinge, die bei der unterirdischen Verlagerung eingesetzt waren[93]. An dieser Stelle sei nochmals auf Geyers These hingewiesen, daß der Rüstungsprozeß erst einen Höchststand an Organisation, Zentralisation und Rationalität des Herrschaftsvorgangs erreichte, »als sich die Barbarei des nationalsozialistischen Systems im Krieg frei entfalten konnte«[94]. Die genannten Zahlen bestätigen diesen Zusammenhang auf erschreckende Art und Weise. Interessanterweise scheinen weder die Militärs noch die Industriellen größere Skrupel bei ihrem Vorgehen gehabt zu haben, denn die Initiative für den Einsatz von KZ-Häftlingen und Zwangsarbeitern ging von ihnen aus. Alle waren auf die Erfüllung ihrer Produktionspläne fixiert, ohne Rücksicht auf Verluste. Daß sich mit der SS am Ende des Prozesses der skrupelloseste Partner im Kartell der Rüstungspolitik durchsetzte, kann deshalb nachträglich kaum überraschen.

b) Schwerpunktverlagerung der Rüstung auf die Strahlflugzeuge

Im April 1944 war überhaupt noch nicht abzusehen, in welcher Stückzahl die Strahlflugzeuge in nächster Zeit bereitstehen würden. Zudem war die Frage des Einsatzes — ob Bomber oder Jäger — gar nicht ausführlich diskutiert oder im Sinne von Hitlers »Blitzbomber«befehl weiterverfolgt worden. General Galland informierte gegen Ende des Monats den Jägerstab über die bedrohliche Situation in der Reichsverteidigung. Da das Lenkungsgremium ja vor allem zur Steigerung der Jägerrüstung eingesetzt worden war, erhoffte sich der General der Jagdflieger natürlich eine zahlenmäßige Verstärkung bei seiner Waffe und vor allem auch eine qualitative Verbesserung der Ausrüstung. So setzte Galland alle Hoffnungen auf die Strahljäger. Er stehe auf dem Standpunkt, »daß man schon mit einer geringen Zahl technisch ganz hoch überlegener Flugzeuge, wie der 262 oder der 163, enorm viel erreichen kann«[95]. Die Konzeption des Generals der Jagdflieger zeigt eine frappierende Ähnlichkeit mit den Plänen Hitlers. Während dieser mit einer Handvoll Strahlbomber die Invasion zurückzuschlagen gedachte, glaubte Galland, mit wenigen Strahljägern sich einen Vorteil über dem Reichsgebiet erkämpfen zu können. Beide gingen davon aus, daß die qualitative Überlegenheit der neuen Waffen so groß sein würde, daß große Stückzahlen gar nicht notwendig wären, was sich als absoluter Trugschluß

[92] Bornemann, Geheimprojekt Mittelbau, S. 66, 76.
[93] Demps, Zum weiteren Ausbau, S. 200.
[94] Geyer, Deutsche Rüstungspolitik, S. 157.
[95] Jägerstab-Besprechung vom 27.4.1944, BA-MA, RL 3/5, S. 1727.

erweisen sollte. Hauptdienstleiter Saur vom Jägerstab mußte außerdem zugeben, daß die Fertigung der Flugzeuge nicht so schnell lief, wie es in den Planungsunterlagen des RLM vorgesehen gewesen war. Es seien für April 1944 acht (!) Me 163 zugesagt, bei der Me 262 könne man für diesen Monat mit keiner einzigen Maschine rechnen[96]. Damit war klar, daß die Strahlflugzeuge nicht mehr rechtzeitig im Frühjahr 1944 an die Front gehen konnten. Immerhin wurde vom Jägerstab noch am selben Tag der Beschluß gefaßt, die Fertigung der Me 163 »mit möglichst steilem Anlauf auf eine Ausbringung von 100 Stück pro Monat« zu steigern[97]. Bis November sollten 545 Flugzeuge gebaut werden. Aber auch bei diesem Plan war für Mai 1944 nur mit 20 Maschinen zu rechnen.

Interessanterweise scheint Hitler kaum etwas von allen Verzögerungen oder technischen Problemen erfahren zu haben. Am 28. April schimpfte Saur im Jägerstab, weil einige untergeordnete Referenten in einem Entwurf für eine Führermeldung berichtet hatten, trotz des Fliegerschadens würden sämtliche vorgesehenen 20 Stück Me 262 ausgeliefert. Der Meldungsentwurf war aber noch rechtzeitig zurükgehalten worden, denn es war klar, daß die Maschinen »auf keinen Fall« herauskommen würden[98]. Offensichtlich drückten sich viele Verantwortliche vor der unangenehmen Aufgabe, Hitler darüber aufzuklären, daß sein »Blitzbomber« nicht mehr rechtzeitig erscheinen konnte. So kam es im Mai 1944 zu einem Eklat, der eigentlich vorauszusehen war.

Am 12. Mai 1944 war die ganze Produktionsmisere der Me 262 auf einer gemeinsamen Sitzung des Generalluftzeugmeisters mit Vertretern des Rüstungsministeriums und des Jägerstabes, an der auch Prof. Messerschmitt teilnahm, offenkundig geworden. Demnach rechnete man für diesen Monat nur mit 10 bis 12 Me 262. Zudem waren Fehler an den Serienmaschinen entdeckt worden, die bei den bisher gebauten Versuchsmustern nicht aufgetreten waren, denn ihre Festigkeit war geringer und es trat Bugradflattern im Fahrwerk auf[99]. Die Lage war also nicht gerade rosig. Es bedurfte einer grundsätzlichen Klärung innerhalb der Beschaffungsprogramme, welche Typen nun mit absolutem Vorrang und mit welcher Auslegung hergestellt werden sollten.

Vom 23. bis zum 25. Mai 1944 tagte deshalb die Spitze der Luftwaffe bei Göring auf dem Obersalzberg, um endlich einmal alle Probleme der Technik und der Beschaffung gründlich zu diskutieren, ein Vorgang, der eigentlich schon viel früher hätte stattfinden müssen. Erst jetzt, unter der Bedrohung der alliierten Bomberoffensive, übernahm Göring die Rolle des Koordinators von Technik und Taktik, während bisher der Generalstab und der Generalluftzeugmeisterbereich relativ unabhängig ihre jeweils eigene Rüstungspolitik betrieben hatten. Das war zugleich eine der entscheidenden Schwachstellen der Luftwaffenführung gewesen.

Im wesentlichen ging es am Vormittag des 23. Mai um eine Straffung des Beschaffungsprogramms. Durch Konzentration auf nur wenige Standardmuster konnte die Produk-

---

96 Ebd., S. 1736.

97 Der Reichsminister für Rüstung und Kriegsproduktion, 9032—5043/44 g.Kdos. vom 27.4.1944, BA-MA, RL 3/947, S. 223f.

98 Jägerstab-Besprechung vom 28.4.1944, BA-MA, RL 3/6, S. 3115.

99 St/GL/RuK-Besprechung unter Beteiligung der Mitglieder des Jägerstabes vom 12.5.1944, BA-MA, RL 3/23, S. 1382—1384.

tion vereinfacht werden, was die Erhöhung des Flugzeugausstoßes erleichterte. Als neueste technische Errungenschaften waren deshalb auch die Strahlflugzeuge als nächste Generation von Hochleistungsflugzeugen vorgesehen, nämlich die Ar 234 als Aufklärer, die Me 262 als Jäger und die Ju 287, ein vierstrahliger Düsenbomber, als Kampfflugzeug[100]. Wesentlich an der Diskussion scheint vor allem zu sein, daß die Me 262 hier noch unwidersprochen als zukünftiger Standardjäger der Luftwaffe geplant war, obwohl seit einem halben Jahr Hitlers »Blitzbomber«befehl stand. Das sollte sich jedoch schlagartig ändern, als am Nachmittag die Luftwaffenführung bei Hitler auf dem Berghof tagte, um mit diesem die zukünftige Rüstungsplanung abzustimmen. Leider gibt es über diese Besprechung kein Protokoll, so daß wir auf Augenzeugenaussagen angewiesen sind, die je nach der Intention des Berichterstatters mehr oder weniger dramatisch gehalten sind.

Nach Adolf Galland erkundigte sich Hitler, nachdem er über den Stand der Erprobung und Fertigung der Me 262 unterrichtet worden war, wieviele der Flugzeuge Bomben tragen könnten, worauf ihm Milch geantwortet habe: »Keines, mein Führer, die Me 262 wird ausschließlich als Jagdflugzeug gebaut[101].« Hitler habe darauf vor Zorn geschäumt, Offiziere aus seiner Umgebung hätten Galland später erzählt, sie hätten einen derartigen Temperamentsausbruch bisher bei ihm nur selten erlebt. Die Wut Hitlers war verständlich, hatte doch die gesamte Luftwaffenführung, die eingeschalteten Stellen des Rüstungsministeriums und sogar die Industrie seinen »Führerbefehl« ein halbes Jahr lang völlig mißachtet. Es muß ihm klar geworden sein, daß seine »Wunderwaffe« gegen die Invasion nur ein Wunschbild gewesen war, denn Galland und der Generalluftzeugmeister hatten hinter seinem Rücken ihre eigene Konzeption für die Me 262 durchgesetzt. David Irving weiß noch zu berichten, daß Milch auf die Beschimpfungen ebenfalls mit einem Wutausbruch reagiert habe und ausrief: »Mein Führer, das sieht doch jedes kleine Kind, daß das kein Bomber, sondern ein Jäger ist[102]!« Ob sich die Szene wirklich so dramatisch abgespielt hat, ist nicht mehr nachzuweisen, immerhin erinnerte sich auch Oberst Petersen, der Augenzeuge der Besprechung gewesen war, einige Jahre später an die Auseinandersetzung auf dem Obersalzberg und glaubte, daß der Vorfall Milch das Amt des Generalluftzeugmeisters gekostet habe[103]. Auch von Below führt die Entscheidung, die Luftrüstung endgültig an das Speer-Ministerium zu übertragen, auf den Streit über die Me 262 Ende Mai 1944 zurück[104].

Während Milch letztendlich in Ungnade gefallen war, versuchte Göring, seine Position zu retten, indem er nun in sklavischer Unterwürfigkeit — wohl auch gegen seine Überzeugung — bedingungslos den Willen Hitlers in der Luftwaffenführung durchdrückte. Schon am Tag nach dem folgenschweren Vorfall gingen die Krisensitzungen weiter, wobei jetzt die Me 262 das zentrale Thema war.

---

100 Stenographische Niederschrift über die Besprechung beim Reichsmarschall am 23. 5. 1944, BA-MA, RL 3/2582, S. 618.

101 Galland, Die Ersten und die Letzten, S. 355.

102 Irving, Tragödie, S. 361; vgl. auch Rieckhoff, Trumpf oder Bluff, S. 138.

103 Nachlaß Hertel, Ordner V, Nr. 765, Wann und warum fiel Feldmarschall Milch bei Hitler in Ungnade?, BA-MA, N 653.

104 Below, Als Hitlers Adjutant, S. 371.

Es zeigte sich nun, daß entgegen allen Versicherungen Messerschmitts und der Fachleute des RLM die Maschine gar nicht ohne weiteres als Jagdbomber umgerüstet werden konnte. Die Festigkeit des Fahrgestells war dazu nicht ausreichend, außerdem war das Aufhängen von Bomben schon wegen der Gewichtsverteilung unmöglich, denn die Me 262 war durch die Schwerpunktveränderung dann nicht mehr zu fliegen. Ein Umbau war für die ersten 100 Vorserienmaschinen nicht vorgesehen und konnte deshalb nicht nachträglich eingefügt werden[105].

Göring schimpfte: »Ich muß schon sagen: der Führer muß ja wirklich einen merkwürdigen Begriff bekommen. Es ist ihm sofort von allen Stellen, Messerschmitt eingeschlossen, geantwortet worden, daß kein Zweifel darüber bestände, und zwar von Anfang an. Messerschmitt hat noch in meiner Gegenwart dem Führer gesagt, es sei von Hause aus vorgesehen gewesen, daß daraus ein Jabo gemacht werden kann. Jetzt geht es auf einmal nicht[106]!« Oberst Petersen, der Kommandeur der Erprobungsstellen der Luftwaffe, schilderte zu seiner Verteidigung die Situation. Die Me 262 sei »unter Inkaufnahme des größten Risikos« und auf Befehl Görings in Serie gegangen, obwohl klar gewesen sei, daß die Zelle und das Triebwerk sehr viel später kommen müßten. Es habe nur 10 V-Muster gegeben, davon seien drei abgestürzt, drei hätten noch das veraltete Heckrad. Von den notwendigen 3000 Flugstunden für eine gründliche Erprobung seien erst 10 Prozent geflogen worden, bei den Serienmaschinen trete Höhen- und Querruderflattern auf. Göring reagierte wütend: »Ich wäre dankbar, wenn Sie 10% von Ihren Ausführungen gestern gemacht hätten. Das wäre sehr gut gewesen[107].«

Ganz offensichtlich waren Göring und vor allem Hitler zu lange in dem Glauben gelassen worden, die Me 262 sei bereits eine serienreife Maschine ohne Probleme, die nur noch in großen Stückzahlen hergestellt werden mußte. Nun stellte es sich heraus, daß sie viel zu früh in die Reihenfertigung gepreßt worden war. Andererseits sind die Protokolle der Besprechungen auf dem Obersalzberg auch erschütternde Dokumente der Unfähigkeit Görings, der sich bisher praktisch um keine Details gekümmert hatte. Immer wieder mußte er verärgert nachfragen, worüber gerade diskutiert wurde, er klagte über unterschiedliche Zahlenangaben und wetterte gegen das »Narrenhaus«, von dem er keine klaren Auskünfte bekommen könne[108]. Seine technische Inkompetenz offenbarte sich, als die Treibstofffrage angeschnitten wurde. Der Chef des Luftwaffenführungsstabes, Generalleutnant Koller, warnte davor, die ganze Luftwaffe auf Strahltriebwerke umzustellen, da wahrscheinlich nicht genügend Treibstoff zur Verfügung stehen würde. Göring tat den Einwand mit dem Hinweis ab, für die TL-Triebwerke könne man »jeden Dreck« nehmen[109]. Zwar benötigten die Strahltriebwerke tatsächlich keinen solch hochwertigen Kraftstoff mit hohen Oktanzahlen wie die herkömmlichen Kolbenmotoren und kamen deshalb mit geringeren Hydrierungsstufen aus, mit »Dreck« ließen aber auch sie sich

---

105 Stenographische Niederschrift über die Besprechung beim Reichsmarschall am 24.5.1944, BA-MA, RL 3/2581, S. 470f.

106 Ebd., S. 471—473.

107 Ebd., S. 474f.

108 Ebd., S. 477ff.

109 Ebd., S. 517.

nicht betreiben. Als der Reichsmarschall von seinem Stab aufgeklärt wurde, daß die Triebwerke sehr wohl Treibstoff benötigten, der auf der Basis des sowieso knappen Öls gewonnen werden mußte, war der nächste Ausbruch programmiert: »Es ist aber doch immer wieder beim Führer gesagt worden, man könne jeden Dreck da hineinfüllen. Sie sind doch selbst dabei gewesen, als der Führer das bei einer Hydrierbesprechung gesagt hat: schon aus dem Grunde muß auf das Triebwerk gegangen werden, weil wir damit endlich von dieser Schweinerei der hochwertigen Treibstoffe befreit sind, von dem hochwertigen Benzin wegkommen und hier ganz andere Ingredienzien mitnehmen können[110].«
Auch Saur vom Jägerstab warnte, die Me 163, der Raketenjäger, könne nicht weiter gesteigert werden, weil man den Brennstoff nicht aufbringen könne[111]. Göring ließ keinen Zweifel daran, daß er auf Biegen oder Brechen ab sofort Hitlers Befehl über den Einsatz der Me 262 als Bomber durchsetzen wollte. Auf Einwände seiner Offiziere aus dem RLM reagierte er nur mit neuen Schimpftiraden: »Ich habe das doch nun befohlen. Er (Hitler) hat es auch rückhaltlos befohlen und nie einen Zweifel daran gelassen, daß die Maschine als Jabo herauskommt. Aber man wird nicht einmal darauf aufmerksam gemacht, daß das nicht geht. Das ist eben der ganze militärische Sauladen, der so zuchtlos ist wie nur irgend etwas. Was kein Zivilist wagte, das wagen die Herren ununterbrochen, nämlich einfach Befehle nicht zu beachten. Und dann wird geschwindelt, es wird mal so die Sache ausgedrückt, mal so. Der zuchtloseste Laden, den wir in Deutschland haben, ist die deutsche Wehrmacht und das Offizierskorps. Hier gehorcht überhaupt keiner mehr[112].«
Tags darauf wurde die Sitzung fortgesetzt, diesmal unter Beteiligung der bedeutendsten Flugzeugkonstrukteure, Ernst Heinkel, Kurt Tank und Willy Messerschmitt. Göring sprach in seiner Einleitungsrede davon, daß durch die Entscheidungen dieser Tage der Industrie eine ruhige Zukunftsentwicklung gegeben werde, da das Programm »noch einmal rücksichtslos auf die letzte Typenbereinigung hin« überprüft worden sei. Er habe Verständnis dafür, »daß eine Reihe der Herren sehr traurig sein wird, wenn sie hören, welche Maschinen nun endgültig und definitiv aus dem Programm herausgestrichen sind«[113]. Dieser radikale Schnitt sei notwendig, um überhaupt große Ausstoßzahlen erreichen zu können. Wieder einmal versuchte die Luftwaffenführung eine »radikale« Typenbereinigung, um die völlig überlasteten Konstruktionsbüros auf Schwerpunktaufgaben ansetzen zu können.
Den Kern des neuen Beschaffungsprogramms bildeten dabei für Göring die Strahlflugzeuge. Da man mit dem Gegner niemals zahlenmäßig gleichziehen könne, müsse man qualitativ wieder eine solche Überlegenheit gewinnen, daß man auch mit weniger Flugzeugen mehr erreichen könne: »Wer heute zuerst seine Strahlflugzeuge in sicherem Einsatz an die Front bringen kann, der Gegner oder wir, wird ganz automatisch die Luftherrschaft noch einmal an sich reißen. Der Gegner kann drüben so viel bauen, wie er will, wenn es uns heute gelingen würde, in einem großen Ausmaße Strahlflugzeuge zu erstellen, so würden wir damit noch einmal eine ganz entscheidende Wendung zu unseren Gunsten

110 Ebd., S. 518.
111 Ebd., S. 519.
112 Ebd., S. 542f.
113 Stenographische Niederschrift über die Konstrukteursbesprechung beim Reichsmarschall vom 25.5.1944, BA-MA, RL 3/2580, S. 337.

im Luftkrieg herbeiführen können. Aus diesem Grunde liegt auf der raschen serienmäßigen Herstellung der Strahlflugzeuge und Strahltriebwerke das Hauptgewicht[114].«
Die wichtigsten Muster waren die Me 262, die Ar 234 und der Großstrahlbomber Ju 287. Wiederum beklagte sich Göring, daß die Me 262 nicht dem Führerbefehl gemäß als Strahlbomber gebaut werde. Messerschmitt versprach, die Maschine mit einer 500-kg-Bombe und voller Waffenausrüstung in Ordnung zu bringen, indem er das Fahrgestell verstärkte. Ab der sechsten Serienmaschine sei die Me 262 voll mit einer Bombenanlage ausgerüstet[115]. Göring zeigte sich nach diesen Informationen befriedigt.
Im zusammenfassenden Protokoll der Besprechungen vom 23. bis 25. Mai.1944 waren die zentralen Punkte als Richtlinien für das zukünftige Luftwaffenbeschaffungsprogramm aufgeführt: »Die wichtigste Erkenntnis, die wir inzwischen gewonnen haben und die durch die Tätigkeit des Jägerstabes ihrer Verwirklichung entgegengeht, ist die Schaffung einer starken Jagdwaffe als Voraussetzung für den Weiterlauf unserer gesamten Rüstung. Hierdurch darf aber die Kampfluftwaffe nicht so weit in den Hintergrund treten, daß sie praktisch zum Erliegen kommt[116].«
Damit hatten sich die Vertreter einer ausgewogenen Luftrüstung, die Abwehr und Angriff zugleich berücksichtigte, gegenüber den Anhängern einer reinen Defensivluftwaffe durchgesetzt. Als Ergebnis mußten dadurch erhebliche Kapazitäten auf dem Gebiet des Strahlantriebs für Angriffswaffen, also Schnellbomber, mittlere und schwere Bomber abgezweigt werden, was den Jagdeinsatz der Me 262 sicher beeinträchtigte. Trotzdem hielt das Protokoll fest: »Als Ablösemuster für Bf 109 ist der gemäß Führerforderung zunächst ausschließlich im Schnellkampfsektor erscheinende Strahljäger Me 262 auf das äußerste zu forcieren[117].« Als »Interzeptor zum Schutz bestimmter Objekte« war zusätzlich »aus Kraftstoffgründen in geringerer Stückzahl« die Me 163 vorgesehen. Die Ju 287 sollte schließlich in Zukunft die mittleren Kampfflugzeuge Ju 88 und Ju 188 ablösen. Allerdings wollte man immer noch nicht auf die viermotorige He 177 verzichten. Göring verlangte davon immerhin 600 Stück für seine Luftwaffe[118]. Die Ergebnisse der Maikonferenzen waren deshalb eher ein Kompromiß, der allen Anforderungen gerecht werden sollte, den sich aber Deutschland mit seinen bereits angegriffenen Ressourcen nicht mehr leisten konnte. Die Aussagen aus diesen Tagen belegen deutlich, daß Hitlers »Blitzbomber«entscheidung bisher nicht die geringste Auswirkung auf das Me-262-Programm gehabt hatte. Erst Ende Mai griff Göring energisch dieses Problem auf.
In der Nacht des 27. Mai 1944 schickte Göring ein Telegramm ab, das an die gesamte Führungsspitze der Luftwaffe einschließlich des technischen Bereichs, an Oberst von Below als Hitlers Luftwaffenadjutant, an Saur vom Jägerstab und an Prof. Messerschmitt persönlich gerichtet war. Darin hieß es: »Der Führer hat befohlen, daß das Flugzeug Me 262 ausschließlich als Schnellstbomber zum Einsatz zu bringen ist. Das Flugzeug

---

114 Ebd., S. 348.
115 Ebd., S. 361.
116 Zusammenfassendes Protokoll über die Besprechung beim Herrn Reichsmarschall über Luftrüstung vom 23.5.–25.5.1944, BA-MA, RL 3, S. 321.
117 Ebd., S. 323.
118 Ebd., S. 324f.

kommt als Jagdflugzeug bis auf weiteres nicht in Frage. Die Verwendungsbezeichnung Jabo ist zu streichen und dafür Schnellstbomber einzusetzen. Der Einsatz der Me 262 soll taktisch als Schnellstbomber in mehreren 1000 m Höhe stattfinden, so daß auch die Verwendung im Tiefflug in Fortfall kommt. Die taktische Betreuung der Maschine übernimmt ab sofort der General der Kampfflieger[119].« Görings Haltung wurde später von Galland heftig kritisiert: »Man hätte genau so gut befehlen können, daß Pferd in Zukunft Kuh heißen solle[120].« Hier kommt die Enttäuschung des im Kampf um die richtige Einsatzdoktrin der Me 262 Unterlegenen deutlich zum Vorschein. Für Göring aber war es sicher eine Frage des politischen Überlebens, sich auf die Seite Hitlers zu stellen.

Am Pfingstmontag, dem 29. Mai 1944, rief er den Generalstabschef Korten, Galland, den General der Kampfflieger Oberst Marienfeld, sowie Oberst Petersen, Hauptmann Thierfelder, den Kommandeur des Erprobungskommandos 262 und Willy Messerschmitt auf den Obersalzberg. Zunächst ging es um die Schuldzuweisung, wer dem Führer mitgeteilt habe, die Me 262 könne keine Bomben tragen. Hitler habe sich mit Recht darüber sehr erregt. Petersen gab Milch die Schuld und erzählte, der Feldmarschall habe später zugegeben, das sei eine irrtümliche Auffassung gewesen[121]. Göring wollte nun endgültig »die letzten Klarheiten festlegen« und übergab die Maschine in die Betreuung des Generals der Kampfflieger. Von den Versuchsmaschinen sollten »nach dem Willen des Führers einige als Jäger weiter erprobt und entwickelt werden«. Der Führer wolle ausdrücklich nicht, daß das Flugzeug von der Jagd abgeschaltet werde, nur die ersten Serienmaschinen sollten vorerst als Schnellbomber laufen, und deshalb sollten alle Fragen des Bombereinsatzes schwerpunktmäßig geklärt werden[122]. Hitler habe Bedenken beim Jagdeinsatz der Me 262, denn die Maschine könne von langsameren Flugzeugen ausgekurvt werden. Er sei sich nicht klar darüber, wie überhaupt der taktische Luftkampf mit dieser Maschine aussehen solle. Galland erklärte, nach den Einsatzvorbereitungen hätte die Me 262 zuerst gegen die schnellen englischen Mosquito-Aufklärer am Tage eingesetzt werden sollen. Göring blieb aber hart: »Ich hoffe auch zu Gott, daß die 262 einmal ein hervorragender Jäger wird, und das hofft auch der Führer inständigst. [...] So unangenehm der Mosquito und alle diese Dinge sind, so sind sie doch nicht entscheidend. [...] Darum dreht sich alles praktisch letzten Endes, daß man einmal jetzt zu einer Maschine kommt, die dem Gegner eine Bombe in seine Ansammlungen schmettern kann, ohne daß diese Maschine mit irrsinnigen Verlusten zu rechnen braucht[123].« Er habe sich für alle Herren, die an der Maschine arbeiteten beim Führer verbürgt, es dürfe daher nicht wieder hinter seinem Rücken etwas anderes gemacht werden[124]. Erst wenn die Großserie voll angelaufen sei, könne eine größere Zahl der Me 262 als Jäger eingesetzt werden. »Es handelt sich hier um einen strikten Befehl vom Führer und von

---

119 KR RM Asien Nr. 0572 27/5. (2200) Adj. Nr. 1441/44 g.Kdos., BA-MA, RL 3/51, S. 5664f.

120 Galland, Die Ersten und die Letzten, S. 356.

121 Stenographische Niederschrift über die Besprechung beim Reichsmarschall am 29. 5. 1944, BA-MA, RL 3/62, S. 6324.

122 Ebd., S. 6325–6327.

123 Ebd., S. 6334.

124 Ebd., S. 6345f.

mir, und ich muß mich darauf verlassen können, daß dieser Befehl mit dem gleichen Eifer durchgeführt wird. Es ist für mich ein unerträglicher Zustand, etwa zu wissen, wie es schon oft geschehen ist, daß man darauf ausgeht [...] meine Absichten zu durchkreuzen. [...] Wenn das gegen meine Anordnungen noch möglich ist, so darf das aber niemals bei Befehlen des Führers möglich sein. Die Befehle des Führers müssen für uns sacro sanct sein[125].«

Dieses Zitat kommt einem Offenbarungseid Görings gleich, gab er doch zu, daß oft gegen seinen Befehl von nachgeordneten Stellen der Luftwaffenhierarchie anders entschieden worden war, ja sogar »Führerbefehle« umgangen worden waren, wenn sie nicht ins Konzept paßten. Die Vorwürfe richteten sich sicherlich in erster Linie gegen Milch, der jetzt systematisch kaltgestellt wurde, da Speer die Luftrüstung vollkommen übernahm. Nur noch in technischen Fragen blieb der Generalluftzeugmeisterbereich zuständig, und auch dieses Feld wurde unter dem Chef der Technischen Luftrüstung, Oberst Diesing, enger an den Generalstab der Luftwaffe angegliedert. Die Krise um die Me 262 hatte die lange verborgenen Mängel in der Luftwaffenführungsspitze offenbart und diese in letzter Konsequenz um ihre ursprünglich so selbstherrliche Stellung gebracht. Speer, Saur und die SS standen schon bereit, um das Machtvakuum in den Lenkungsinstanzen der Rüstungsindustrie wiederaufzufüllen. Göring befahl abschließend, »mit der alleräußersten Energie, die überhaupt denkbar ist, an die 262 heranzugehen«, um möglichst noch eine Angriffsgruppe bereitzustellen, wollte sich aber gleichzeitig bei Hitler dafür verwenden, daß Galland 10 oder 20 Maschinen für die Erprobung als Jagdflugzeug bekäme[126].

Die Forderungen Hitlers und Görings lagen klar auf dem Tisch, mit den alltäglichen Problemen der Produktion und den technischen Schwierigkeiten mußte sich jedoch jetzt der Jägerstab herumschlagen. Vorerst bedeutete der Befehl Görings, die Me 262 als Bomber herauszubringen, daß im nächsten Jahr 1000 Bomber mehr und 1000 Jäger weniger im Beschaffungsprogramm erschienen[127]. Das konnte nicht im Interesse der immer mehr in die Defensive gedrängten Luftrüstung sein. Folgerichtig versuchte der Jägerstab vorsichtig, eine Sprachregelung zu entwickeln, die sowohl Hitler und Göring zufriedenstellte, als auch die Produktion der Me 262 als Jäger sicherte. Der Chef des Technischen Amtes, Generalmajor Vorwald, prophezeite schon Anfang Juni: »Die 262 kommt über kurz oder lang von selber wieder in den Jägersektor hinein[128].« Generaldirektor Frydag vom Industrierat bestätigte ebenfalls, was heute gebaut werde, sei nach wie vor ein Jäger. Trotzdem legte der Jägerstab fest, daß die Maschine »in jeder überhaupt erreichbaren Stückzahl« als Bomber gefertigt werden solle, jedoch »müsse unabhängig davon mit aller erdenklichen Unterstützung die Erprobung als Jäger erfolgen«[129].

Gleichzeitig begann eine systematische Desinformationskampagne mit Hilfe der Statistiker. Auf die Frage, ob die Me 262 in Zukunft in den Tagesmeldungen des Jägerstabes »Schnellstkampfflugzeug« genannt werden solle, gab Milch zur Antwort, man könne

125 Ebd., S. 6347f.
126 Ebd., S. 6399.
127 Jägerstab-Besprechung vom 6.6.1944, BA-MA, RL 3/7, S. 3303f.
128 Ebd., S. 3306.
129 Jägerstab-Besprechung vom 8.6.1944, ebd., S. 3219.

die Maschine als »Sondertyp« führen und vorerst ruhig als »Schnellstbomber« bezeichnen, aber am besten eine eigene Rubrik dafür aufmachen. Wie das gemeint war, zeigte seine Erläuterung der hohen Bomberzahlen im neuen Beschaffungsprogramm: »Der Bombersektor sieht hier so voll aus, weil 500 262 drin sind, und die rechnen wir insgeheim schon drüben. Wir wissen, daß sie zu irgendeinem Zeitpunkt doch als Jäger erscheinen[130].« Klammheimlich wurde die Me 262 also weiter zu den Jägern gerechnet, obwohl offiziell den Befehlen Hitlers und Görings Folge geleistet wurde. Auch der angeblich so linientreue Saur schloß sich dieser Haltung an. Lägen nach den Truppenversuchen die ersten Abschußergebnisse der Jagdversion vor, könne man »ja gar nicht rasch genug Jäger machen«[131].

Trotz aller Unterstützung machte die Produktion der Maschine immer noch große Schwierigkeiten. Am 22. Juni war deshalb eine Sitzung anberaumt worden, bei der sich der Jägerstab ausschließlich mit der Me 262 beschäftigte[132]. Saur führte einleitend aus, daß er vom »Führer« ermächtigt worden sei, dem Strahlflugzeug aus der gesamten deutschen Rüstungsindustrie die notwendige Unterstützung zu geben, das Programm also nicht von den Voraussetzungen abhängig sei, sondern von den Erfordernissen diktiert werde. Damit hatte das Düsenjägerprogramm endlich die entscheidende Position in der deutschen Rüstungspolitik eingenommen, wie es viele schon Jahre zuvor gefordert hatten. Das war allerdings erst möglich, als die Luftwaffe endgültig auf ihre Souveränität bei der Gestaltung der Beschaffungsprogramme verzichtete. Zuvor hatte sich die Konkurrenz zu Speers Heeres- und Marinerüstung immer als Hemmschuh erwiesen, denn vor allem beim Kampf um Facharbeiter war die Luftwaffe in der schlechteren Position gewesen. Saur betonte, daß, »durch die jetzige Kriegslage bedingt«, die Me 262 als Bomber gebaut werde, sobald aber genügend Maschinen vorhanden seien und mit der Ar 234 der eigentlich vorgesehene Strahlbomber eintreffe, »die 262 in ihrem Endzustand Jäger wird, und daß deshalb die Versuche für den Jäger, allerdings vollkommen getrennt von dem jetzigen Einsatz, weitergeführt und zu Ende geführt werden und die entsprechenden wohl dafür notwendigen Korrekturen in die Fertigung eingeschleust werden für den Jägerteil«. Der Führer habe keinerlei Bedenken, zunächst in dem Programm die Me 262 mit 500 Jägern und 500 Bombern zu verankern[133].

Das Flugzeug stand oder fiel aber mit dem neuartigen Triebwerk, und auf diesem Gebiet gab es immer noch Verzögerungen. Saur kanzelte den Junkers-Direktor Cambeis vor versammelter Mannschaft ab. »Entschuldigen Sie, wenn ich ganz brutal offen bin. Sie wissen, daß ich ihnen noch weniger oder genau so wenig glaube auf Grund dessen, was ich von Ihnen schon alles gehört habe an Terminversprechungen. [...] Sie haben Termine erzählt, die spotten jeder Beschreibung. Die anderen übrigens auch, Sie stehen da in guter Gesellschaft[134].« Unhaltbare Terminversprechungen waren in der Geschichte der Me 262 schon oft vorgekommen und stellten eine ganz symptomatische Erscheinung

---

130 Jägerstab-Besprechungen vom 15. und 16.6.1944, BA-MA, RL 3/8, S. 4474, 4515.
131 Ebd., S. 4460.
132 Jägerstab-Besprechung vom 22.6.1944, Besprechung über 262, BA-MA, RL 3/8, S. 4174.
133 Ebd., S. 4175; vgl. auch Deutschlands Rüstung, S. 388.
134 Jägerstab-Besprechung vom 22.6.1944, Besprechung über 262, BA-MA, RL 3/8, S. 4186.

in der deutschen Luftrüstung dar, denn nur so konnten die Firmen dem Druck des RLM und jetzt des Jägerstabes wenigstens zeitweise standhalten und sich Luft verschaffen. Am Ende war das Chaos aber nur noch vergrößert worden, die ständig künstlich erzeugte Hektik brachte nichts ein.

Es stellte sich heraus, daß Junkers bisher 231 Strahlturbinen hergestellt hatte, davon waren 155 an Messerschmitt geliefert worden, der Rest war an Arado und an die Erprobungsstelle Rechlin gegangen oder für firmeninterne Versuche im Werk geblieben. Für Juni war mit der Lieferung von 24 Me 262 zu rechnen, bisher waren bis Mai 1944 lediglich 11 Maschinen ausgeliefert worden[135], man war also weit unter den geplanten Ausstoßzahlen geblieben. Schuld daran waren hauptsächlich die Turbinenleitschaufeln aus der Speziallegierung Tinidur. Bei dem äußerst spröden Material traten bei der Schmiedung Risse auf, die zu Schaufelbrüchen führten. Als die Turbine in die Großfertigung ging, stellte sich heraus, daß beim Schmiedeprozeß bis zu 90% Ausschuß produziert wurde. Junkers konnte schließlich die Rate auf 15% herunterdrücken, hatte aber dann das Pech, daß die Schmiede in Dessau durch einen Bombenangriff zerstört wurde. Der Wiederaufbau kostete Zeit. Trotz aller Bemühungen konnte die Firma wegen des Turbinenrades vorläufig nicht mehr als 25—30 Stunden Laufzeit garantieren, dann mußte das Aggregat überholt werden[136]. Die neuen Hohlschaufeln, die die bisherigen Vollschaufeln ablösen sollten und aus kaltgezogenem Blech bestanden, konnten aber wahrscheinlich erst im Herbst 1944 in größeren Stückzahlen produziert werden. Diese Terminverzögerungen waren im Endeffekt das Ergebnis der hoffnungslosen wehrwirtschaftlichen Lage des Reiches, denn die Industrie war gezwungen, statt hochwertiger Spezialstähle einfachere Legierungen ohne »Sparstoffe« zu verwenden, weil nicht mehr genügend Stahlveredler zur Verfügung standen. Es grenzt schon an ein Wunder, daß es überhaupt gelang, die Turbinen mit diesen Notmaßnahmen herzustellen.

Das nächste Problem betraf die Ar 234, die ja schließlich die Me 262 in der Bomberrolle ablösen sollte, denn laut Saur hatte Hitler erklärt, »daß er auf die 262 selbstverständlich verzichtet, wenn die 234 da ist«[137]. Die Serienproduktion sollte im Oktober anlaufen, im Mai 1945 würden zum ersten Mal 100 Maschinen geliefert werden. Saur hielt den Plan für unbrauchbar.

Nach eingehender Diskussion wurde folgender Lieferplan festgelegt[138]:

Liefersoll Me 262:

Juni 1944	24	Oktober	225
Juli	60	November	325
August	100	Dezember	500
September	150		

---

135 Ebd., S. 4191, 4233f.

136 Ebd., S. 4214—4218.

137 Ebd., S. 4208.

138 Der Reichsminister für Rüstung und Kriegsproduktion, Jägerstab, Bb. Nr. 661/44 g. Kdos., Bericht über die Me-262-Besprechung am 22.6.1944 unter Hauptdienstleiter Saur vom 23.6.1944, BA-MA, RL 3/1103.

Dabei handelte es sich um Firmenrichtwerte, keinesfalls um Zahlen für eine Generalstabsplanung. Das bedeutet, daß nur ein Teil der Flugzeuge an Einsatzeinheiten geliefert werden konnte, andere mußten nach wie vor in der Erprobung bleiben. Auch das belegt, daß die Me 262 viel zu früh in Serie gegangen war.

c) Die Wende zur Defensive — Produktion und Einsatz

Die ganze Diskussion um die Strahlflugzeuge im Sommer 1944 trug bereits groteske Züge, denn es waren bereits alle strategischen Entscheidungen gefallen. Am 6. Juni waren die Anglo-Amerikaner in der Normandie gelandet, ohne daß ein »Blitzbomber« oder gar die übrige Luftwaffe sie ernsthaft dabei gestört hätte. Die Luftüberlegenheit im Westen war einfach erdrückend[139]. Außerdem hatten die Alliierten bei ihren »strategischen« Bombenangriffen auf die deutsche Rüstungsproduktion endlich die Achillesferse erkannt, nämlich die Treibstoffversorgung, die zu einem großen Teil mangels eigener Ölförderung und wegen der zu geringen Einfuhren auf die Kohlehydrierung angewiesen war. Am 12. Mai 1944 griff die 8. USAAF erstmals systematisch die Anlagen zur synthetischen Treibstoffproduktion an[140]. Hans Kehrl, Chef des Rohstoffamtes im Rüstungsministerium, nannte in seinen Memoiren die Vernichtung der Treibstoffindustrie durch die alliierte Luftoffensive im Mai 1944 »das Stalingrad der Rüstungswirtschaft«[141]. Das Gesamtaufkommen aus Erzeugung und Einfuhr an Flugbenzin lag deshalb im August 1944 im Vergleich zum normalen Monat April nur noch bei 17%, die rein deutsche Erzeugung betrug nur noch 8% der Aprillieferungen[142].

Angesichts der Lage änderte Hitler nun seine Meinung über die Lufwaffenstrategie und betonte am 26. Juni gegenüber dem Luftwaffenführungsstab, es komme darauf an, »Jäger und nochmals Jäger zu bauen«. Der Verzicht auf eine operative Luftwaffe müsse in Kauf genommen werden. Göring befahl daher am 28. Juni, jede Produktion von Kampfflugzeugen und Torpedoflugzeugen sowie die gesamte Ausbildung dafür einzustellen. Proteste wies er mit dem Hinweis ab, es sei der Wille des Führers, nur noch Jagdflugzeuge zu bauen[143]. Der schärfste Kritiker dieser Maßnahme war der Chef des Luftwaffenführungsstabes und spätere Generalstabschef, Generalleutnant Koller. Er notierte einen Tag vor Görings Befehl: Mit 1000 Jägern mehr auf Kosten der Bomber könne die Luftlage auch noch nicht entscheidend geändert werden, und wegen des Aussterbens der Kampfverbände werde die Luftwaffe aus dem operativen Luftkrieg verschwinden[144]. Kollers Kommentar trifft die Lage der Luftwaffe genau. Die alliierten Luftflotten waren so stark geworden, daß auch die hohen Produktionsziffern unter Speer, die ja vor allem auf der einseitigen Bevorzugung der Jäger beruhten, die Verhältnisse nicht mehr zugunsten der

---

139 Murray, Luftwaffe, S. 265; vgl. Gundelach, Drohende Gefahr West, S. 317ff.

140 Army Air Forces, Bd 3, S. 176.

141 Kehrl, Krisenmanager, S. 381.

142 V.O. bei Chef H Rüst u. BdE vom 12.10.1944, Vortragsnotiz über wehrwirtschaftliche Lage des Reiches im Herbst 1944, BA-MA, RW 19/104.

143 Boog, Luftwaffenführung, S. 147f.; Irving, Tragödie, S. 365.

144 Aus der Führerlage am 27.6.1944, 13.00 Uhr, BA-MA, RL 2I/24.

Luftwaffe ändern konnten. Zudem drohte die Abschnürung der Treibstoffversorgung die gesamten deutschen Streitkräfte lahmzulegen. Ein überlegenes Flugzeug war nach dem Stand der Dinge in großen Zahlen nicht vor Jahresende zu erwarten. Bis dahin konnten aber schon alle Fronten zusammengebrochen sein.

Die Wende zur Defensive in der Luftrüstung wurde dennoch vom Jägerstab mit aller Energie durchgesetzt. »In der Erfüllung der vom Führer und vom Herrn Reichsmarschall aufgestellten Forderung einer absoluten Schwerpunktbildung für Jäger, Nachtjäger und Zerstörer« sollte in kürzester Zeit ein Programm mit riesigen Beschaffungszahlen aufgezogen werden, wohlgemerkt »mit Einbeziehung der Blitzbomber (Me 262, später bei vollem Übergang dieses Musters in den Jagdsektor Ar 234)«[145]. Göring hatte aus diesem Grund 20 Flugzeugmuster bereits gestrichen, fünf liefen nur noch beschränkt weiter. Er forderte einen Ist-Bestand von 10000 Jägern, Zerstörern und Nachtjägern[146]. Die Flugzeuge des »Jägerprogramms« liefen ab sofort in der neuen höchsten Dringlichkeitsstufe »Null«[147]. Hitler erließ höchstpersönlich die Anordnung, die Umsetzung von Arbeitskräften aus den Werken der auslaufenden Flugzeugmuster zu den Firmen des Jägerprogramms »ohne Formalität auf dem Kommandowege als Kriegsnotmaßnahme durchzuführen«[148]. Speer ergänzte die Anordnung durch ein Schreiben an die Vorsitzer der Rüstungskommissionen, wonach »alle durch Programmstreichungen freiwerdenden Kräfte schlagartig auf die neuen Schwerpunkte umzusetzen« waren[149]. Nachdem die Invasionsabwehr nicht gelungen war, hofften die Mächtigen des Dritten Reiches nun darauf, sich in der Luftdefensive mit großen Stückzahlen und qualitativ besseren Waffen doch noch halten zu können. Es kam darauf an, mit zusammengebissenen Zähnen die Periode der Schwäche bis zum wirkungsvollen Greifen des Jägerprogramms durchzustehen. Saur formulierte diese Ansicht emphatisch vor dem Jägerstab. Er sei sicher, daß, »wenn die nächsten 3 oder 4 Monate die härteste Durststrecke dieses Krieges mit den größten Behelfsmitteln und mit den unerhörtesten Anstrengungen überwunden sind, eine Möglichkeit besteht, endgültig einer erdrückenden Übermacht Herr zu werden. Ich möchte Ihnen nur eines sagen: seien wir alle miteinander uns bewußt, welches unglaubliche und einmalige Glück wir haben, an dieser Arbeit an hervorragender Stelle selbst eingeschaltet zu sein[150].« Alle Hoffnungen konzentrierten sich nun auf die Strahlflugzeuge, wobei immer mehr die Tendenz auch bei den Fachleuten des Jägerstabes zunahm, die Wirklichkeit nicht mehr zur Kenntnis zu nehmen. Als auf der sogenannten »Anlaufbesprechung«, bei der über den endgültigen Ablauf der geplanten Großserien der Typen Me 163,

---

145 Der Reichsminister für Rüstung und Kriegsproduktion, Jägerstab, Schnellbericht 3.7.1944, BA-MA, RL 3/11, S. 150.

146 Der Chef der Technischen Luftrüstung, Chef-Abt., vom 27.12.1944, Reichsmarschall-Besprechung am 1.7.1944, BA-MA, RL 3/2579.

147 Der Reichsminister für Rüstung und Kriegsproduktion, Jägerstab, Schnellbericht 4.7.1944, BA-MA, RL 3/11, S. 140.

148 F.H.Qu., 7.7.1944, Geheim! Betr.: Umsetzung von Arbeitskräften für Jagdflugzeugprogramm, BA-MA, R 3/11, S. 118.

149 Der Reichsminister für Rüstung und Kriegsproduktion, M 2339/44 g. vom 12.7.1944, BA-MA, R 3/1944, S. 62.

150 Jägerstab-Besprechung vom 9.7.1944, BA-MA, RL 3/9, S. 457.

Me 262 und Ar 234 verhandelt wurde, einige Referenten darauf hinwiesen, daß für die vorgesehene Stückzahl von monatlich 100 Me 163 wahrscheinlich gar nicht genügend Treibstoff vorhanden sei, blockte Saur ab: »Wir fertigen jetzt die 100 Maschinen pro Monat, und dann können wir uns noch darüber unterhalten, woher wir den Betriebsstoff nehmen[151].« Der Jägerstab verfolgte nur noch das Ziel, an Hitler große Ausstoßzahlen zu melden, die später als Speers »Rüstungswunder« bekannt wurden. Die gesamtstrategische Lage und die Einsatzmöglichkeiten wurden dabei völlig mißachtet, denn was nutzten noch so viele »Geheimwaffen« ohne Treibstoff?

Am 4. Juli 1944 legte Arado die Firmenplanung für die Produktion der Ar 234 vor (vgl. Abb. 36). Selbst wenn es gelang, die verbesserte Ar 234 C 3, die statt von Junkers-Triebwerken von vier BMW 003 angetrieben wurde, vorzuziehen, so konnte bis Ende 1944 vorerst nur mit 97 Ar 234 B 2 gerechnet werden. Vierzehn Tage später meldete das Kommando der Erprobungsstellen der Luftwaffe, der Anlauf der Ar 234 C sei wegen des Entwicklungszustandes des BMW-Triebwerks noch stark gefährdet[152]. Wie bei der Me 262 erwies sich auch bei der Arado-Maschine das neuartige Triebwerk als eigentlicher Schwachpunkt. Die Schnellbomberlücke sollte ja die Me 262 wenigstens zeitweise ausfüllen, doch Speer warnte in einem Schreiben an Saur, er »traue dem Strahltrieb der Me 262 noch nicht die letzte Fertigungsreife zu«[153].

Abgesehen davon gingen die Alliierten dazu über, systematisch die Fertigungsstätten der neuen Waffensysteme zu zerschlagen, nachdem sie die Bedrohung ihrer Luftherrschaft erkannt hatten. Am 19. Juli 1944 wurde durch eine Serie von Angriffen die Produktion der Me 262 durch schwere Treffer in den Messerschmitt-Anlagen in Leipheim, im Werkzeugbau Kottern bei Kempten und in Augsburg, hier im besonders wichtigen Vorrichtungsbau und in der Schlosserei, zeitweise lahmgelegt[154]. Dadurch kamen die Strahlflugzeuge nur stockend und in geringer Zahl an die Einsatzeinheiten. Innerhalb der Luftwaffe entbrannte ein erbitterter Kampf der einzelnen Waffengattungen um die neuen Modelle, denn natürlich wollten sowohl die Jagdflieger als auch die Bombereinheiten und die Aufklärer »ihre« Düsenflugzeuge haben.

Anfang August berichtete Saur, er habe gehört, daß von der Me-262-Fertigung nichts mehr an die Jäger abgegeben werde. Das sei gegen jede Vereinbarung. Ihm wurde geantwortet, die Kampfflieger würden die Befehle so auslegen, als ob zuerst ihr Bedarf in vollem Umfang befriedigt werden solle, was Saur als »Blödsinn« abkanzelte[155]. Andererseits gab es die klare Anweisung Hitlers und Görings, daß die Me 262 zuerst als »Blitzbomber« eingesetzt werden sollte.

---

151 Stenographischer Bericht über die Anlauf-Besprechung unter Vorsitz von Hauptdienstleiter Saur und Oberst Diesing 3.7.1944,BA-MA, RL 3/9, S. 728.

152 Kommando der Erprobungsstellen der Luftwaffe, Brb. Nr. 1470/44 g.Kdos. (Ia) vom 18.7.1944, BA-MA, RL 36/54.

153 Schreiben Speers an Saur, M 442/44 g.Rs. vom 17.7.1944, BA, R 3/1597, S. 130.

154 Gruppe Luftwaffe, Meldungen über Fliegerangriffe vom 19.7.1944 auf Gerätebau Leipheim, auf Werkzeugbau Kottern und Auswirkung des Angriffs auf Fa. Messerschmitt A.G. Werk Augsburg, BA-MA, RMfRuK/1287.

155 Rüstungsstab-Besprechung am 3.8.1944, BA-MA, RL 3/9, S. 62.

Abb. 36: Firmenplanung von Arado für die Produktion der Ar 234

ARADO
Flugzeugwerke G.m.b.H.
Hauptverwaltung Potsdam
HBA-P

Programm Ar 234

Bestellt aus: | Bl. | Plan Nr.: | Baum: | Blatt Nr.: | Ausgabe Nr.: | Werk: zu [illegible] | Ersetzt: | vom:

1944:

	Monat	Jan.	Febr.	März	April	Mai	Juni	Juli	Aug.	Sept.	Okt.	Nov.	Dez.
1) Ausbringung wie in der J-Stab-Besprch. v.3.7.44 festgelegt:	Σ												
	monatl.												
Ar 234 B 2	Σ							2	7	17	37	67	97
	monatl.							2	5	1o	20	30	30
Ar 234 C 3	Σ												
	monatl.												
G e s a m t :	Σ							2	7	17	37	67	97
	monatl.							2	5	1o	20	30	30
2) Ausbringung mit Vorverlegung d.Baureihe C 3	Σ												
	monatl.												
Ar 234 B 2	Σ							2	7	17	37	67	97
	monatl.							2	5	1o	20	30	30
Ar 234 C 3	Σ												
	monatl.												
G e s a m t :	Σ							2	7	17	37	67	97
	monatl.							2	5	1o	20	30	30

1945:

	Monat	Jan.	Febr.	März	April	Mai	Juni	Juli	Aug.	Sept.	Okt.	Nov.	Dez.
1) Ausbringung wie in der J-Stab-Besprch. v.3.7.44 festgelegt:	Σ												
	monatl.												
Ar 234 B 2	Σ	127	157	187	21o								
	monatl.	30	30	30	23								
Ar 234 C 3	Σ			3	1o	40	1oo	2oo	35o	55o	8oo	11oo	15oo
	monatl.			3	7	30	60	1oo	15o	2oo	25o	3oo	4oo
G e s a m t :	Σ	127	157	19o	22o	25o	31o	41o	55o	75o	1o1o	131o	171o
	monatl.	30	30	33	30	30	60	1oo	15o	2oo	25o	3oo	4oo
2) Ausbringung mit Vorverlegung d.Baureihe C 3	Σ												
	monatl.												
Ar 234 B 2	Σ	127	157	187	21o								
	monatl.	30	30	30	23								
Ar 234 C 3	Σ		3	1o	40	1oo	2oo	35o	55o	8oo	11oo	15oo	2ooo
	monatl.		3	7	30	60	1oo	15o	2oo	25o	3oo	4oo	5oo
G e s a m t :	Σ	127	16o	197	25o	31o	41o	56o	76o	1o1o	131o	171o	221o
	monatl.	30	33	37	53	60	1oo	15o	2oo	25o	3oo	4oo	5oo

1946:

	Monat	Jan.	Febr.	März	April	Mai	Juni	Juli	Aug.	Sept.	Okt.	Nov.	Dez.	Summe
1) Ausbringung wie in der J-Stab-Besprch. v.3.7.44 festgelegt:	Σ													
	monatl.													
Ar 234 B 2	Σ													21o
	monatl.													
Ar 234 C 3	Σ	2ooo	25oo	3ooo										3 ooo
	monatl.	5oo	5oo	5oo										
G e s a m t :	Σ	221o	271o	321o										3 21o
	monatl.	5oo	5oo	5oo										
2) Ausbringung mit Vorverlegung d.Baureihe C 3	Σ													
	monatl.													
Ar 234 B 2	Σ													21o
	monatl.													
Ar 234 C 3	Σ	25oo	3ooo	35oo										3 5oo
	monatl.	5oo	5oo	5oo										
G e s a m t :	Σ	271o	321o	371o										3 71o
	monatl.	5oo	5oo	5oo										

Geheim!
1. Dies ist ein Staatsgeheimnis im Sinne des § 88 RStGB.
2. Weitergabe nur verschlossen, bei Postbeförderung als „Einschreiben".
3. Aufbewahrung unter Verantwortung des Empfängers unter gesichertem Verschluß.

92/389/44

Bearbeiter: Sp/Wr [illegible] 4/7
Geprüft:
Genehmigt:

Datum: 4.7.1944

Mappe:

Quelle: BA-MA, RL 3/1133.

Mitte August drängte deshalb Speer den neuen Chef des Generalstabs der Luftwaffe, General der Flieger Kreipe, er solle dem Führer den »Blitzbomber« ausreden[156]. Interessanterweise wurde im Kreis der höheren Luftwaffengeneräle bereits heftig an der Düsenjägerlegende gestrickt, denn schon einige Tage zuvor hatte General Galland Kreipe erzählt, daß wegen Hitlers Befehl bei der Vorführung in Insterburg die Me 262 um ein Dreivierteljahr verzögert worden sei, was nach dem Stand der Dinge keinesfalls zutraf[157]. Als sich jedoch Kreipe ein Herz faßte und bei Hitler am 30. August das »Me-262-Problem« ansprach, wobei er um die Rücknahme des »Blitzbomber«befehls bat, reagierte Hitler schroff ablehnend. Kreipe notierte in sein Kriegstagebuch: »In steigender Erregung wurde ich scharf abgefertigt. Nun falle auch ich ihm in den Rücken. Unverantwortliche Elemente in der Luftwaffe, wie Milch und Galland, hätten mich beschwatzt. Niemand habe eine Ahnung, wie man die Me 262 am besten verwende. Fachleute seien nur dazu da, um zu beweisen, daß etwas nicht ginge.« Immerhin billigte Hitler am Ende der Besprechung, daß jedes 20. Flugzeug als Jäger herauskommen sollte[158].

Der Generalstab der Luftwaffe plante dagegen langfristig bereits mit der Me 262 als Jagdflugzeug. Der Generalquartiermeister rechnete nach dem Lieferplan 226/2 für Ende 1945 mit 76 Jagdgruppen, davon 17 Gruppen Me 262 und zusätzlich 8 Staffeln Me 163. Die ersten zwei Jagdgruppen sollten demnach im November 1944 auf die Me 262 umrüsten, zwei weitere im Dezember und anschließend je eine pro Monat. Bei den Kampffliegern plante man 22 Gruppen ein, davon 14 Gruppen Ar 234 und je zwei Gruppen Ju 287 und Me 262. 12 Arado-Gruppen sollten aus der Umrüstung von Me-262-Gruppen entstehen[159]. Die Zahlen sahen zwar auf dem Papier imponierend aus, im Augenblick gab es aber kaum Strahlflugzeuge bei der Fronttruppe. Die ganze Verteilung war reine Spiegelfechterei. In der damaligen Lage des Reiches war eine Planung bis Dezember 1945 reichlich vermessen. Hitler ließ sich im September ausführlich über den Stand der Fertigung der Me 163 und Me 262 unterrichten, äußerte sich aber enttäuscht, »daß diese Muster entgegen den ersten Zusagen mit so kläglichen Zahlen ausgebracht wurden«. Die gesamte Produktion der Me 163 wurde deswegen sofort der Führung von Junkers unter Direktor Thiedemann unterstellt[160].

Hitlers Haltung zur Me 262 konnte schließlich durch einen Kompromißvorschlag Saurs aufgeweicht werden, nämlich daß für jede als Bomber ausgelieferte Ar 234 eine Me 262 in den Jagdsektor übernommen werden konnte. Das war nur möglich, weil Arado die Ar 234 zwei Monate früher als vorgesehen herausbringen konnte[161]. Die Entscheidung

---

[156] Persönliches Kriegstagebuch des Generals der Flieger Kreipe als Chef des Generalstabs der Luftwaffe für die Zeit vom 22.7.–2.11.1944, BA-MA, RL 2I/21, S. 11 (18.8.1944).

[157] Ebd., S. 9 (12.8.1944).

[158] Ebd., S. 16 (30.8.1944).

[159] Generalquartiermeister, Nr. 8631/44 g.Kdos. (6. Abt. III) vom 29.8.1944, Verbandsberechnung nach Lieferplan 226/2, BA-MA, RL 2III/1123.

[160] Der Reichsminister für Rüstung und Kriegsproduktion, Rüstungsstab, Sammelberichte 11. und 13.9.1944, BA-MA, RL 3/12, S. 331, 325.

[161] Der Reichsminister für Rüstung und Kriegsproduktion, Rüstungsstab, Sammelbericht 25.9.1944, BA-MA, RL 3/12, S. 301.

zeigt aber, daß es Hitler bei der Bomberversion der Me 262 entgegen vielen Behauptungen nur um eine Übergangsmaßnahme bis zum Eintreffen des eigentlichen Strahlbombers ging. In der gesamten Luftwaffenführung war dies auch entsprechend geregelt worden. Am 4. November 1944 war Hitler endlich damit einverstanden, »daß die Me 262 mit ihrem gesamten Ausbringen nunmehr als Jäger freigegeben wird unter der ausdrücklichen Voraussetzung, daß jedes Flugzeug in der Lage ist, im Bedarfsfall mindestens eine 250-kg-Bombe mitnehmen zu können«[162]. Die »Blitzbomber«episode hatte etwas mehr als fünf Monate gedauert, von Ende Mai 1944 bis Anfang November. Es stellt sich die Frage, ob dieser kurze Zeitabschnitt in der Geschichte der Me 262 überhaupt eine so große Rolle für das angeblich verspätete Eintreffen der Maschine im Jagdeinsatz gespielt hat. Ein Überblick über Produktions- und Einsatzzahlen in diesem Zeitraum kann hier wohl etwas mehr Klarheit schaffen.

Schon am 9. Dezember 1943 hatte General Galland die Aufstellung eines Erprobungskommandos für die Me 262 befohlen, um möglichst schnell und reibungslos wie beim Erprobungskommando 16 für die Me 163 erste Einsatzerfahrungen zu erhalten und Piloten und Bodenpersonal zu schulen. Zum Kommandeur der Einheit wurde der erfahrene Zerstörerpilot Hauptmann Werner Thierfelder bestimmt. Anfang Januar 1944 trafen die ersten Piloten auf dem Flugplatz Lechfeld bei Augsburg ein, aber erst am 19. April 1944 konnte das Erprobungskommando den Flugbetrieb aufnehmen, denn vorher hatte es keine einzige Me 262 zur Verfügung gehabt[163]. Anfang Mai wurde dann die III. Gruppe des Zerstörergeschwaders 26 dem Erprobungskommando 262 unterstellt. Vierzehn Besatzungen gingen nach Lechfeld zur Umschulung, das Bodenpersonal der 8. und 9. Staffel arbeitete zur Unterstützung und zum Kennenlernen der Maschine in Schwäbisch Hall am Bau und an der Montage der Me 262 mit[164]. Damit war also erst Mitte Mai die gründliche Erprobung der Maschine als Jagdflugzeug möglich. Schon wenige Tage später platzte in die Vorbereitungen der Befehl Hitlers, die Me 262 als Kampfflugzeug einzusetzen. Thierfelders Einheit wurde wieder auseinandergerissen und ihm wurde nun eine Gruppe des Kampfgeschwaders 51 zugewiesen[165]. Ihm verblieben nur sechs bis acht Maschinen für die Erprobung auf Frontbrauchbarkeit, und die war wegen der schlechten Verarbeitung der ersten Serienmaschinen nicht gegeben. Boehme zählt eine ganze Latte von Beanstandungen auf, lose Nieten, eingerissene Rumpfspanten, deformierte Landeklappen, Risse in der Höhenruderantriebsstange, sich ablösende Punktschweißung an den Landeklappen, um nur einige zu nennen[166].

Trotz dieser katastrophalen Zustände hatte der Chef des Generalstabs der Luftwaffe am 22. Juni befohlen, drei Schwärme von zusammen 12—15 Me 262 als Bombenträger beschleunigt herauszubringen, die Besatzungen, »gleichgültig ob Soldaten, Zivilisten, Ing. oder Offz.«, für den Einsatz zu schulen und nach Frankreich zum Angriff gegen Kriegsschiffe zu verlegen. Zum Führer dieses Kommandos wurde Major Schenk vom Kampf-

---

162 Deutschlands Rüstung, S. 436 (Konferenz vom 1.—4. 11. 1944).

163 Boehme, Jagdgeschwader 7, S. 55f.

164 Kriegstagebuch Nr. 8 der III. ZG 26 vom 1. 1. 1944 bis 30. 9. 1944, BA-MA, RL 10/257, S. 53.

165 Ebd., S. 57.

166 Boehme, Jagdgeschwader 7, S. 61.

geschwader 51 bestimmt[167]. Obwohl die Invasion schon lange gelaufen war, sollte die Me 262 doch noch die ihr von Hitler zugedachte Rolle spielen. Die Umschulung der Piloten dauerte etwa einen Monat, dann verlegte das Kommando am 20. Juli 1944 mit neun Maschinen nach Frankreich[168]. Nach den Meldungen des Generalquartiermeisters verfügten die Kampfflieger im Juli über insgesamt 18 Me 262, im August über 34[169]. Es kann also nicht behauptet werden, daß der Befehl, die Me 262 als Bomber einzusetzen, nun größere Zahlen an Jagdflugzeugen gekostet hätte, denn wegen der nur schleppend anlaufenden Produktion blieb auch die Menge der »Blitzbomber« gering. Außerdem ging gleichzeitig die Erprobung des Flugzeugs als Jäger weiter. Der Kommandeur der Testeinheit, Hauptmann Thierfelder, stürzte jedoch am 18. Juli 1944 tödlich ab. Nach der Darstellung des Kriegstagebuchs der III./Z.G. 26 wurde er bei Kaufering von feindlichen Jägern abgeschossen. Manfred Boehme führt jedoch Zeugenaussagen an, daß Thierfelder infolge technischer Mängel der Maschine, und zwar durch den Defekt beider Triebwerke, abgestürzt sei[170].

Erst am 26. Juli 1944 gelang wahrscheinlich der erste Abschuß eines feindlichen Flugzeuges, und damit war endlich der Beweis erbracht, daß die Me 262 ein brauchbares Jagdflugzeug war. Am 5. August übernahm Hauptmann Geyer das Kommando. Die Auffüllung des Verbandes verzögerte sich aber durch die Luftangriffe vom 19. Juli, bei denen auf dem Lechfeld fünf und in Leipheim sieben der kostbaren Me 262 am Boden zerstört wurden. Am 21. August verlegte schließlich die 8. Staffel nach Lärz, wo sie zur Jagd auf feindliche Aufklärer eingesetzt wurde[171]. Ende September wurde die III./Z.G. 26 in III./J.G. 6 umbenannt, die Kommandos in Schwäbisch Hall, Leipheim, Erfurt-Bindersleben und Lärz, Teile der Stabskompanie, der Luftnachrichtenzug und Teile des Erprobungskommandos 262 bildeten unter ihrem neuen Kommandeur, dem hochdekorierten Major Nowotny, eine neue Jagdgruppe, um die Versuche mit der Me 262 weiter voranzutreiben[172].

Nach einer Übersicht des Generalquartiermeisters verteilten sich die deutschen Strahlflugzeuge am 30. September 1944 folgendermaßen in den Einsatzeinheiten[173]:

Sonderkommando Sperling		Kommando Nowotny	23 Me 262 A 1
(früher Götz)	0 Ar 234	I./K.G. 51	46 Me 262 A 1
I./J.G. 400	23 Me 163 B 0	3. Staffel	14 Me 262 A 1
Ergänzungsjagdstaffel 400	4 Me 163 A	II./K.G. 51	2 Me 262 A 1
	und	I./K.G. 54	5 Me 262 A 2
	7 Me 163 B	III./K.G. 54	0 Me 262 A 2
		III./K.G. 76	9 Ar 234

167 Der Chef des Luftwaffenführungsstabes, F a Nr. 4532/44 g.Kdos. 17. Aug., Tagesverlauf am 22. 6. 1944, BA-MA, RL 2I/24.

168 Ethell/Price, Deutsche Düsenflugzeuge, S. 24.

169 Anl. zu Gen.Qu. 6. Abt. (V) Nr. 9418/44 g. Kdos. vom 9.44 und zu Nr. 9971/44 g.Kdos. vom 10.44, BA-MA, RL 2III/946.

170 BA-MA, RL 10/257 (wie Anm. 164), S. 63; Boehme, Jagdgeschwader 7, S. 63.

171 BA-MA, RL 10/257 (wie Anm. 164), S. 65; Boehme, Jagdgeschwader 7, S. 64 ff.

172 BA-MA, RL 10/257 (wie Anm. 164), S. 67.

173 Monatsmeldung Generalquartiermeister, Ist 30. 9. 1944, BA-MA, RL 2III/882.

Die Aufstellung zeigt auch das Schicksal der Ar 234 und der Me 163 auf. Die erste Serienmaschine der Ausführung Ar 234B mit Einziehfahrwerk war am 21. Juni 1944 an die Erprobungsstelle Rechlin geliefert worden, am 24. August hatte das Kampfgeschwader 76 die erste Maschine erhalten[174]. Schon im Juni hatte man allerdings den fünften und den siebten Prototyp mit den veralteten Landekufen als Aufklärungsflugzeug hergerichtet und einer Aufklärersondereinheit unter Oberleutnant Horst Götz zugeteilt. Die kleine Einheit verlegte Ende Juli 1944 nach Frankreich und führte am 2. August 1944 den ersten Einsatz eines Düsenaufklärungsflugzeuges durch. Im Verlauf dieser Aufklärungseinsätze ging eine der Maschinen verloren, die zweite kehrte Anfang September ins Reich zurück. Dort sollte die jetzt in »Sonderkommando Sperling« umbenannte Einheit auf die Ar 234B umgerüstet werden[175].

Als entsprechende Bombereinheit war das Kampfgeschwader 76 vorgesehen. Dessen Kommandeur Oberst Storp hatte vom General der Kampfflieger am 13. Juni 1944 den Auftrag bekommen, mit seinem Geschwader auf die Ar 234 umzurüsten, die Einweisung und Schulung zu übernehmen, die Einsatzbereitschaft einer Gruppe herzustellen und die Einsatzrichtlinien auszuarbeiten[176]. Allerdings verzögerte sich das Unternehmen, weil noch gar nicht genügend Ar 234 vorhanden waren. Erst Mitte November meldete das Geschwader 16 Maschinen einsatzbereit[177].

Ähnlich sah es beim Raketenjäger Me 163B aus. Aus dem Erprobungskommando 16 wurde im Januar 1944 eine Einsatzstaffel gebildet, die urprünglich als 20. Staffel des Jagdgeschwaders 1 bezeichnet wurde. Im Februar wurde die Einheit in die 1. Staffel Jagdgeschwader 400 umbenannt, die bis zum Juni zur I. Gruppe J. G. 400 ausgebaut wurde[178]. Der Verband startete von Brandis bei Leipzig aus, wo die Me 163 als Objektschutzjäger die Hydrierwerke Leuna-Merseburg, Böhlen, Zeitz und Lützkendorf schützen sollte[179]. Im Einsatz zeigten sich die Nachteile des Raketenflugzeuges ganz deutlich. Der Start erfolgte auf einem abwerfbaren Fahrgestell. Die Landung wurde auf einer Gleitkufe durchgeführt. Diese Technik und die hohe Landegeschwindigkeit machten jeden Flug mit der Me 163 zu einem gefährlichen Unternehmen, denn der Treibstoff des Jägers war äußerst empfindlich und konnte schon bei der kleinsten Unachtsamkeit explodieren. Zudem hatten die zwei MK-108-Bordkanonen in den Flügelwurzeln wegen der hohen Beschleunigungskräfte oft Ladehemmung, das Zielen bei hohen Geschwindigkeiten erwies sich als schwerwiegendes Problem[180]. Die Einbußen durch Unfälle lagen weit über den Verlu-

---

174 Abschrift, Fl.-E.2 Nr. 15772/geh. (IIB) vom 23. 11. 1944, Terminablauf Ar 234, BA-MA, RL 3/1047, S. 137.

175 Ethell/Price, Deutsche Düsenflugzeuge, S. 95 ff.

176 OKL-LR (1IV), Anl. 1 zu LR-Nr. 21/45 g. Kdos., Chronologische Übersicht über den wesentlichsten Entwicklungsablauf und die Einsatzbereitschaft Ar 234, BA-MA, RL 3/2563, S. 4.

177 Chef der technischen Luftrüstung, Chef-Abteilung Nr. 12014/45 geh. vom 2. 1. 1945, Rüstentwicklung der Ar 234 beim Verband (K. G. 76), BA-MA, RL 3/2563, S. 7.

178 Die Verbände der Luftwaffe, S. 63; Ethell, Komet, S. 124 f.; Ethell/Price, Deutsche Düsenflugzeuge, S. 140.

179 Ethell, Komet, S. 143 f.: Ethell/Price, Deutsche Düsenflugzeuge, S. 144.

180 Smith/Kay, German Aircraft, S. 517; Green, Warplanes, S. 602.

sten, die die Me 163 den alliierten Bombern zufügte. Ethell und Price halten es für zweifelhaft, ob innerhalb eines knappen Jahres mehr als 16 Gegner abgeschossen wurden, eine im Vergleich zum ungeheuren Aufwand völlig enttäuschende Zahl[181].

Auch das Argument, der viel wirksamere Turbinenjäger Me 262 sei durch das Abzweigen von Maschinen für die Kampfflieger zu spät in großen Zahlen in die Reichsluftverteidigung geströmt, erweist sich als nicht stichhaltig. Die Jagdflugzeugerprobung der Me 262 war trotz Hitlers Beharren auf dem »Blitzbomber« relativ kontinuierlich weitergelaufen. Der tödliche Absturz des Kommandeurs der Erprobungseinheit, Major Nowotny, am 8. November 1944 markierte gleichzeitig das Ende dieser Testserie[182]. Boehme urteilte über die Erfolge der Me 262 als Jagdflugzeug: »Angesichts der katastrophalen Ausfälle konnte sich der General der Jagdflieger nicht länger der bitteren Erkenntnis verschließen, daß der Versuch, die neue Waffe im größeren Verband einzusetzen, zunächst gescheitert war. Die erzielten Erfolge hatten keineswegs den Erwartungen entsprochen, die eingetretenen Verluste waren untragbar. Den 18 sicheren und vier wahrscheinlichen Abschüssen standen 26 Verluste gegenüber, darunter lediglich acht durch Feindeinwirkung[183].« Nach Angaben des Generalquartiermeisters der Luftwaffe standen im Oktober 1944 den Jägern 39 Me 262 zur Verfügung, den Kampffliegern 70[184]. Es ist wohl kaum anzunehmen, daß diese 70 Flugzeuge im Jagdeinsatz den durchschlagenden Erfolg erzielt hätten, der von ihnen erwartet wurde. Dazu standen die Jäger über dem Reich bereits in einer viel zu aussichtslosen Position. Die amerikanischen Tagjäger überwachten nun die Startplätze der Strahlflugzeuge, um sie in der Start- und Landephase abfangen zu können, wenn die Maschinen relativ hilflos in der Luft hingen. Eine Chance auf Erfolg hätte wohl nur bestanden, wenn bei Beginn der »Big-Week«-Offensive der Amerikaner im Februar einige hundert Strahljäger mit gut ausgebildeten Besatzungen bereitgestanden hätten. Ende 1944 waren diese Voraussetzungen nicht mehr gegeben. Die überlegene Flugleistung von 100 oder 200 Turbinenjägern genügte nicht mehr, um die alliierte Luftstreitmacht zu gefährden. Die deutschen Piloten hatten zwar wieder bessere Chancen im Luftkampf als mit der alten Me 109 oder der Fw 190, aber das allein reichte nicht aus, um einen Masseneinsatz von Jagdfliegern zu ersetzen. Die Theorie, mit wenigen qualitativ hervorragenden Jägern der Übermacht erfolgreich begegnen zu können, hatte sich als falsch erwiesen.

Es kann nicht die Aufgabe dieser Arbeit sein, den Einsatz der Strahlflugzeuge detailliert in allen Einzeloperationen nachzuzeichnen. Der Luftkriegshistoriker Olaf Groehler hat auf diesem Gebiet Defizite in der westlichen Luftkriegsgeschichtsschreibung erkannt: »Betrachtet man heute eine Reihe imperialistischer Luftkriegsdarstellungen, dann mutet der Einsatz der Me 262 wie ein einziger Siegeszug an, dem nichts widerstehen konnte. Prüft man jedoch die verfügbaren Unterlagen, so ergibt sich ein wesentlich differenzierteres Bild. Einzelerfolgen — wie dem vom 18. März 1945, der in jeder bürgerlichen Be-

---

181 Ethell/Price, Deutsche Düsenflugzeuge, S. 165.

182 Boehme, Jagdgeschwader 7, S. 81 ff.

183 Ebd., S. 83.

184 Anl. zu Gen.Qu. Nr. 12699/44 g.Kdos. (6. Abt. V), Monatsmeldung Oktober 1944, BA-MA, RL 2III/946.

schreibung entsprechend ausgeschmückt wird — stehen reihenweise Schlappen und Niederlagen gegenüber[185].« Die Grundtendenz der Kritik Groehlers ist sicherlich berechtigt, allerdings muß darauf hingewiesen werden, daß die Einsatzerfolge der Me 262 bei Ethell und Price, Green und neuerdings auch Boehme durchaus sehr kritisch beleuchtet werden[186].

Die Einsatzgeschichte der Me 262 zeigt deutlich, daß dieses Flugzeug noch gar kein ausgereiftes Waffensystem war. Zu einem erfolgreichen Jagdflugzeug gehören nicht nur eine überlegene Geschwindigkeit, sondern auch eine angemessene Bewaffnung, die eine entsprechende Wirkung bringt. Die Kanonenbewaffnung von 4 MK-108-3-cm-Kanonen erwies sich als wenig geeignet. Wegen des hohen Fahrtüberschusses der Me 262 gegenüber den Bombern blieb praktisch nur der Angriff von hinten oder aus ganz geringem Winkel. Da die Bewaffnung auf eine Entfernung von 400 m justiert war, verblieben zum Feuern nur Bruchteile von Sekunden, die Bomber konnten hingegen mit ihren Bordwaffen bereits auf 1200—1400 m das Feuer eröffnen. Dies führte immer wieder zu Verlusten[187]. Auch die alliierten Begleitjäger waren nicht völlig machtlos. Sie konnten die Me 262 auskurven oder mit hohem Fahrtüberschuß bei Start und Landung angreifen. Es gelang ihnen sehr oft, reihenweise Me 262 im Luftkampf abzuschießen. Ethell und Price kommen nach eingehender Auswertung britischer und amerikanischer Unterlagen zu dem Ergebnis, daß der 262 nicht mehr als 150 Maschinen der Alliierten zum Opfer fielen bei gleichzeitigen eigenen Verlusten von 100 Maschinen[188].

Die Me 262 konnte so weder als Jagdbomber noch als Jäger die hohen Erwartungen erfüllen, die in sie gesetzt waren. Natürlich hing das auch damit zusammen, daß ihr Einsatz »zu spät« kam, als bereits alle strategischen Voraussetzungen gegen sie sprachen. Von der Einsatzreife und dem Produktionsablauf gesehen, kam sie aber viel zu früh, denn nur unter großen Opfern konnten die entsprechenden Erfahrungen gesammelt werden, die sonst unter normalen Umständen in einer längeren Evaluationsphase hätten gewonnen werden können. Auch der Luftwaffenführung und den Führern der Rüstungsindustrie war im Spätsommer diese Lage offensichtlich klar. Nur so erklärt sich die erneut einsetzende hektische Suche nach neuen »Wunderwaffen«, in die jetzt die neue Technologie des Strahlantriebs integriert werden sollte. Dabei zielten die Anstrengungen neben der Qualität der neuen Waffensysteme auch auf die Quantität, die offensichtlich bei der Me 262, der Me 163 und der Ar 234 nicht in ausreichendem Maße zu erreichen war. Mit billig und in großer Menge herstellbaren »Geheimwaffen« sollte der Krieg doch noch gewonnen werden.

Neben den V-Waffen spielten die Strahlflugzeuge und in den letzten Monaten auch die neuartigen Flugabwehrraketen die zentrale Rolle bei allen rüstungspolitischen Überlegungen. Ludwig vergleicht die Entwicklungsteams, die an den verschiedenen Projekten arbeiteten, mit den Alchimisten der Barockzeit, die damals in sogenannten »Goldhäu-

185 Groehler, Geschichte des Luftkriegs, S. 444.
186 Ethell/Price, Deutsche Düsenflugzeuge; Green, Warplanes; Boehme, Jagdgeschwader 7.
187 Tronicke, Einsatzerfahrungen eines deutschen Düsenjägerverbandes, S. 15f.
188 Ethell/Price, Deutsche Düsenflugzeuge, S. 70.

sern« festgesetzt wurden, um nach einem Mittel zu suchen, mit dem sie für ihre Fürsten Materie in Gold umwandeln konnten: »Beinahe wie 250 Jahre zuvor ging es darum, für die Herrschenden zur Erhaltung oder nochmaligen Steigerung ihrer Macht einen letztlich unbestimmbaren lapis philosophorum zu finden — nunmehr ›zur Brechung des feindlichen Luftterrors‹[189].«

---

[189] Ludwig, Flakraketen, S. 96.

V. Die Suche nach »Wunderwaffen« – die Luftrüstung in der Endphase des Zweiten Weltkrieges

In der deutschen Luftrüstung markierten die letzten eineinhalb Jahre des Zweiten Weltkrieges eine Phase der hektischen Aktivität, in der versucht wurde, die Versäumnisse der vergangenen Jahre »auszubügeln«. Dies gestaltete sich um so schwieriger, als spätestens ab Februar 1944 die Alliierten auch den Luftraum über dem Reich beherrschten und der nun auf vollen Touren laufenden Industrie empfindliche Schläge versetzen konnten, die alle Bemühungen um eine verbesserte Ausrüstung der Luftwaffe entscheidend bremsten. Neben der Steigerung der Ausstoßzahlen an Jagdflugzeugen, die unter der Leitung des Jägerstabes ohne Rücksicht auf Verluste durchgesetzt wurde, stand immer mehr die Sorge um einen qualitativen Vorsprung in der Luftrüstung im Vordergrund, um vielleicht auf diese Weise der nicht mehr aufzuholenden zahlenmäßigen Überlegenheit der Alliierten ein Gegengewicht entgegensetzen zu können. Die zentralen Bausteine in diesem Konzept waren die Strahlflugzeuge und die Raketenwaffen. Es war deshalb nicht verwunderlich, daß sich die Propaganda der neuen Projekte annahm und zahlreiche Gerüchte über angebliche »Geheimwaffen« in Umlauf setzte, die natürlich den Durchhaltewillen der Bevölkerung stärken sollten. In der letzten Phase des Krieges ist dann eine zunehmende Realitätsferne der politischen Führung des Reiches und der Militärs an der Spitze der Luftwaffe zu erkennen. Immer mehr erlagen die Größen des Dritten Reiches der Faszination ihrer eigenen Propagandaparolen, und so ist es nicht erstaunlich, daß praktisch bis zur letzten Sekunde ein Heer von Wissenschaftlern und Technikern auf neue Projekte angesetzt wurde, um doch noch eine kriegsentscheidende Waffe zu finden. Die hochgespannten Erwartungen erfüllten sich jedoch nicht, Wunder konnten auch die revolutionären Waffensysteme nicht vollbringen. Allerdings wurde viel von der Wunderwaffenpropaganda in die Nachkriegszeit hinübergerettet. Nun verfestigte sich die Legende, nur die phantasielose Führung habe den rechtzeitigen Einsatz neuer Kampfmittel verhindert, immerhin hatte es ja genügend erfolgversprechende Prototypen gegeben.

Das folgende Kapitel will dagegen die Realitäten in den letzten Kriegsmonaten aufzeigen, wobei die Planung der Luftwaffenführung, die technische Realisierung der Projekte und die propagandistische Ausbeutung deutlich herausgefiltert werden sollen, um Wunschtraum und Wirklichkeit differenzierter beurteilen zu können.

1. Der Versuch einer Massenfertigung von qualitativ überlegenen Waffensystemen

a) Letzte Trümpfe der Luftrüstung für die Reichsverteidigung? — »Volksjäger« und »Hochleistungsflugzeuge«

Nachdem es bis zum Spätsommer 1944 nicht gelungen war, die aufwendige und teure Me 262 in großen Stückzahlen an die Front zu bringen, setzten sich im RLM Überlegungen durch, vielleicht auf anderem Wege zu einem Masseneinsatz von Strahlflugzeugen zu kommen. Wichtigster Vertreter solcher Gedanken war der Leiter der Amtsgruppe Flugzeugentwicklung beim Chef der Technischen Luftrüstung, Oberstleutnant Siegfried Knemayer. Dieser forderte in einer Besprechung mit einigen seiner Referenten am 5. September 1944 die »Untersuchung eines Kleinstjägers mit 1 TL-Triebwerk und geringstem Gesamtaufwand«[1]. Schon am 8. September gab das RLM deshalb eine Ausschreibung an Arado, Dornier, Messerschmitt, Blohm und Voß, Focke-Wulf, Fieseler, Junkers und Heinkel heraus, die im wesentlichen folgende Spezifikationen enthielt: Antrieb durch Luftstrahlturbine BMW 003; billigste Bauweise aus Holz und Stahl; Höchstgeschwindigkeit 750 km/h; Kurzstarteigenschaften nicht über 500 m. »Das ganze Flugzeug müsse gleichsam ein ›Verbrauchsgerät‹ sein. Termin: Ab 1. Januar 1945 großserienreif[2]!« Die Idee, die hinter der ganzen Aktion steckte, war eigentlich recht einfach. Statt der zwei Strahltriebwerke der Me 262 würde der »Kleinstjäger« nur eines benötigen und zusätzlich durch die Gemischtbauweise aus Holz und Stahl einfacher zu fertigen sein. Im Prinzip sollte die Maschine eine Art »Wegwerf«flugzeug werden, ähnlich der V 1, die ja als unbemannte Flugbombe die normalen Kampfflugzeuge abgelöst hatte. Durch die einfache Herstellung würden auch wesentlich größere Zahlen von Jägern an der Front eingesetzt werden können, und, schoß der »Kleinstjäger« in seinem kurzen Leben auch nur ein oder zwei feindliche Flugzeuge ab, war der Sinn des Konzepts bereits erfüllt. Das wirklich Revolutionäre waren aber die Termine. Hatte man bisher für ein neues Muster mit mindestens zwei bis drei Jahren bis zum Beginn einer Großserienproduktion gerechnet, so sollten jetzt alle Arbeiten in weniger als einem halben Jahr zusammengedrängt werden. Das barg natürlich enorme Risiken in sich, weil die Vorbereitung der Produktion gleichzeitig neben der Konstruktion durchgeführt werden mußte und deshalb keine Erprobungsergebnisse eingearbeitet werden konnten. Im Prinzip wurde nach dem Motto »Alles oder Nichts« verfahren, denn wenn sich das Flugzeug als Fehlschlag erweisen sollte, waren irgendwelche Verbesserungen kaum oder nur mit erheblichem Zeitaufwand nachzurüsten.

Besonders Ernst Heinkel stürzte sich mit aller Energie auf die neue Aufgabe. Ihm, dem Pionier auf dem Gebiet des Strahlantriebs, war es bisher nicht gelungen, ein Flugzeug seiner Firma in dieser Sparte in Serie gehen zu lassen. Es bot sich die letzte Chance für den Schwaben, im großen Stil bei der Herstellung von Strahlflugzeugen einzusteigen.

---

[1] Chef der Technischen Luftrüstung, Chef-Atlg. vom 23. 1. 1945, Entwicklungsablauf der 8—162, BA-MA, RL 3/2563.

[2] Heinkel, Volksjäger S. 373; vgl. auch Nowarra, Luftrüstung, Bd 2, S. 218f.; Hiller, Heinkel He 162 S. 28f.

Schon am 11. September konnte Heinkel erste Entwürfe vorlegen[3]. Für die Sichtung der Projekte war inzwischen die »Entwicklungs-Hauptkommission Flugzeuge« zuständig, die Speer im Einvernehmen mit Göring im September gebildet hatte, »um die Entwicklung von Flugzeugen im Sinne des Erlasses des Führers über die Konzentration der Rüstung und Kriegsproduktion vom 19.6.1944 zusammenzufassen, einheitlich zu steuern und die sich daraus ergebenden Aufgaben beschleunigt zu lösen«[4]. Der Vorsitzende der Kommission war Generalstabsingenieur Lucht, sein Stellvertreter Direktor Frydag, der Leiter des Hauptausschusses Flugzeuge. Am 19. September wurden die Projekte für den »Kleinstjäger« in dem Gremium durchgesprochen, am Tag darauf erhielt Heinkel den Zuschlag und den Auftrag, mit der Konstruktion und dem Bau von Versuchsmustern zu beginnen. Die Konstruktionsarbeiten sollten am 2. November 1944 abgeschlossen sein, der Erstflug hatte am 10. Dezember 1944 zu erfolgen[5].

Am 22. September wurde die ganze Kleinstjägerproblematik eingehend bei Göring diskutiert. Oberst Diesing, der Chef der Technischen Luftrüstung, zeigte dem Oberbefehlshaber der Luftwaffe die Alternativen auf. Entweder lege man einen noch stärkeren Schwerpunkt auf die Me 262, oder man schaffe zusätzlich ein billiges Kleinflugzeug, um im nächsten Frühjahr eine einfache, schnell anlaufende Maschine auf Holzbasis zu bekommen. Die Me 262 sei auf der Aluminiumseite festgelegt und habe zwei Triebwerke, was nach Ansicht vieler zu teuer sei und nicht genügend Stückzahlen bringe[6]. Allerdings gab es eine ganze Reihe von Einwänden gegen das Kleinstjägerprojekt. Seine Reichweite schien ungenügend zu sein, und General Galland gab zu bedenken, daß die Sicht nach hinten wegen des Triebwerkes, das direkt auf dem Rumpf angebracht war, zu gering sei, außerdem müsse man berücksichtigen, daß wegen der Treibstoffverknappung die Stückzahl der einsatzfähigen Flugzeuge beschränkt sein werde. Ihm sei deshalb eine Me 262 lieber als zwei der neuen Maschinen[7]. Galland erläuterte seine Forderungen: »Daß trotzdem ein Jäger mit einem TL kommen muß, den ich im Januar sehr scharf gefordert habe und noch einmal in einer Studie gefordert habe, das steht fest, aber in einer solchen Auslegung, daß er einmal die Ablösung der 262 werden kann. Das kann der hier aber nie[8].« Ihm war eine Erhöhung der Stückzahlen der Me 262 lieber. Generalstabschef Kreipe warf ein, daß bei dem geplanten Massenausstoß eine erhöhte Zahl von Piloten benötigt werde und damit auch zusätzliche Schulen, die wiederum kostbaren Treibstoff verbrauchen würden, den man nicht mehr aufbringen konnte: »Wir haben einfach nichts mehr. Wenn man also dieses Projekt schnell anlaufen läßt, stehen nachher die Flugzeuge da, und wir haben die Flugzeugführer nicht, weil wir sie nicht ausbilden können[9].«

[3] Nowarra, Luftrüstung, Bd 2, S. 219.

[4] Der Reichsminister für Rüstung und Kriegsproduktion vom 15.9.1944, Bildung der Entwicklungs-Hauptkommission Flugzeuge, BA, R 3/1583, S. 572.

[5] BA-MA, RL 3/2563 (wie Anm. 1).

[6] Stenographische Niederschrift der Entwicklungsbesprechung beim Reichsmarschall, 21.9.1944, BA-MA, RL 3/2578, S. 11.

[7] Ebd., S. 11, 20f., S. 23.

[8] Ebd., S. 23.

[9] Ebd., S. 27.

Saur meinte, von der Produktionsseite sei der neue Kleinstjäger »ein Kompromiß aus Zeit und Fortschritt«[10]. Die Maschine sei noch nicht einmal eine Zwischenstufe für den endgültigen einstrahligen Jäger, aber der Zeitplan erforderte es, kompromißlos das Muster zu übernehmen und durchzuziehen, wenn man überhaupt noch einen Strahljäger in großer Zahl haben wollte. Falls sich das Projekt als ein Fehlschlag erweisen sollte, könnte man das Ganze schlimmstenfalls nach einer Serie von 100 Stück wieder abstoppen und die Triebwerke anderweitig verwenden[11]. Damit erhielt das Kleinstjägerprojekt den Charakter eines Lückenbüßers, weil eine genügende Anzahl von herkömmlichen Strahljägern nicht zu beschaffen war. Göring war bereit, die Nachteile des Vorhabens in Kauf zu nehmen und mit dem Billigflugzeug die Jagdverbände auszurüsten: »Ich kann nicht jedem eine 262 geben. Natürlich ist das ganze Unternehmen hoffnungslos — da stehe ich hundertprozentig zu dem, was Saur gesagt hat —, wenn ich heute den Beschluß fasse: das Ding wird gebaut, und wenn dann gleichzeitig von der Stelle des technischen Einsatzes das Wort geprägt wird: Dreckskiste. [...] Es muß dann — das ist auch meine heiligste Überzeugung — die Parole ausgegeben werden: zu dem Jäger 262 tritt, eiskalt gesagt, der Ein-TL-Jäger. Daß das nicht der künftige Einsitz-Jäger ist, brauchen wir ja nun nicht jedem jungen Fant der Jagdfliegerei auseinanderzusetzen, sondern es wird ihm gesagt: hier hast du ein Flugzeug, leicht, schnell, zum kurzen Jagdkampf, gut bewaffnet, etwas anderes sollst du damit nicht machen[12].«

Göring hatte keine großen Wahlmöglichkeiten mehr, denn er stand mit dem Rücken zur Wand. Er hoffte, mit dem neuen Strahlflugzeugprojekt vielleicht doch noch das angekratzte Ansehen seiner Luftwaffe retten zu können. »Wir müssen zunächst und durch eigene Kraft unsere Waffe wieder zu besserem Ansehen bringen. Gerade darum greife ich nach jedem Strohhalm, der mir dazu verhilft[13].«

Am 23. September gab Hitler sein Einverständnis zum von Göring und Speer abgestimmten »Konzentrationsprogramm der Luftrüstung«. Der Strahlbomber Ju 287, der am 8. August seinen Erstflug absolviert hatte, wurde gestrichen, die Ar 234 war dagegen »in der überhaupt höchstmöglichen Stückzahl« herauszubringen. Für jede Ar 234 durfte eine Me 262 in den Jagdsektor. Für das Kleinstjägerprojekt wurde grünes Licht gegeben: »Der nach durchgehender Prüfung von der Entwicklungshauptkommission Flugzeuge zum Bau vorgeschlagene einsitzige Einstrahltriebkleinstjäger, Entwurf Heinkel, wird zum Sofortanlauf der Serienfertigung freigegeben und mit einer vorläufigen Stückzahl von 1000 monatlich befohlen. Entwicklungsabschluß, Durchkonstruktion, Erprobung und Fertigung werden in einer Gewaltaktion als Gemeinschaftsarbeit der beteiligten Dienststellen und Industriewerke unter schärfster Konzentration durchgeführt[14].« Das Risiko eines Fehlschlags müsse in Kauf genommen werden. Die Federführung der »Gewaltaktion« wurde Generaldirektor Philipp Kessler übertragen. Kessler, Generaldirektor der Bergmann-Elektrizitätsgesellschaft und Vorsitzender des Rüstungsbeirates, hatte sich mit

[10] Ebd., S. 33.
[11] Ebd., S. 44.
[12] Ebd., S. 46f.
[13] Ebd., S. 52f.
[14] Deutschlands Rüstung, S. 411 (Besprechung vom 21.—23.9.1944).

seinem Arbeitsstab schon mehrfach als Krisenmanager bei vorangegangenen »Gewaltaktionen« hervorgetan. Einige Ingenieure des RLM, darunter auch Flieger-Oberstabsingenieur Schelp, hatten bereits früher versucht, den erfahrenen Industriellen für die Me 262 zu interessieren. Nach der Darstellung Alfons Heinls, eines Mitarbeiters von Kessler, setzte dann letztendlich Speer ihm die Gründe für den neuen, im Propagandajargon der Zeit jetzt auch als »Volksjäger« bezeichneten Kleinstjäger auseinander. Das projektierte Flugzeug wog nur 2,5 t, die Tragflächen und das Leitwerk bestanden aus Holz. Es benötigte nur ein Triebwerk und verbrauchte deshalb weniger Treibstoff. Von der Materialseite her war mit Stückzahlen von 1000—2000 Me 262 monatlich nicht mehr zu rechnen. Nur der »Volksjäger« könne schnell in großen Mengen herausgebracht werden, und nur Kessler mit seinem Stab könne dies erreichen. »Der Entschluß zur Annahme dieser Aufgabe fiel Kessler außerordentlich schwer. Wieviel lieber hätten wir uns der schon bewährten Me 262 angenommen. Wir sahen den Volksjäger als die ultima ratio an und hofften auf ein ganz großes Glück, daß der kleine Vogel sich wie gewünscht verhalten würde[15].«
Am 26. September besprach Generaldirektor Frydag vom Hauptausschuß Flugzeugbau mit Vertretern der Firma Heinkel das Projekt. Das neue Baumuster erhielt die Bezeichnung 162, die Entscheidung war zugunsten der Heinkel-Entwicklung gefallen. Heinkel und Junkers sollten gemeinsam die Produktion übernehmen und schon im Januar 1945 die ersten 50 He 162 abliefern, im Mai waren erstmals 1000 Stück im Monat angepeilt[16].
Eine Woche später erläuterte Saur vor dem Rüstungsstab einen Vorschlag, den er schon Göring unterbreitet hatte und den er »psychologisch für sehr wertvoll« hielt. Er wolle die He 162 zu einem »Hitler-Jugend-Flugzeug« machen. Der gesamte Pilotennachwuchs sollte aus der Hitler-Jugend gezogen werden und nach einer Segelflugausbildung auf den »Volksjäger« umsteigen[17]. Dieser abstruse Vorschlag, wie auch die Bezeichnung »Volksjäger«, paßten ganz in die Waffenpropaganda der Zeit. Es gab in der Endphase des Krieges eine ganze Reihe von Waffenentwicklungen, die das Präfix »Volk« trugen, beispielsweise eine »Volkspistole« oder ein »Volksgewehr«[18]. Es handelte sich immer um recht primitive, aber leicht herstellbare Waffen, die mit ihrer Bezeichnung natürlich auch in Verbindung mit dem »Volkssturm«, dessen Einberufung Hitler am 25. September befohlen hatte, ein bis an die Zähne bewaffnetes Deutschland suggerierten, das dem Massenansturm der Feinde entgegentreten konnte. Warum sollte es keinen »Volkssturm in der Luft« geben, bei dem man die Hitler-Jugend auch hier ins letzte Gefecht werfen konnte? Saur schaltete deshalb Generaloberst Keller ein, den Führer des Nationalsozialistischen Fliegerkorps, einer Parteiorganisation, die 1937 an die Stelle des Deutschen Luftsport-Verbandes getreten war und die Ausbildung im Segelflug förderte. Später wurde das NSFK auch auf die Flieger-HJ ausgedehnt, wo die Jungen zuerst Flugmodelle bauten und an-

---

15 Nachlaß Hertel, Ordner I, 1, Einzelunterlagen über Flugzeuge, Flugzeugfirmen, Der Volksjäger, Gewaltaktion He 162 von Alfons Heinl, persönlicher Mitarbeiter des Herrn Generaldirektor Kessler, BA-MA, N 653, S. 13.

16 Aktenvermerk Nr. 219, EHF vom 27.9.1944, BA-MA, RL 3/1105, S. 16.

17 Aus Protokoll über die Rüstungsstab-Besprechung am 3.10.1944 (S. 35f.), Berlin, den 16.11.1944, BA, R 3/1749, S. 53

18 Vgl. Hahn, Waffen und Geheimwaffen, Bd 1, S. 22, 29.

schließend die Möglichkeit hatten, die Prüfung als Segelflieger abzulegen[19]. Keller stellte alle Männer und Werkstätten des NSFK für die He 162 zur Verfügung und stimmte dem Plan zu, die Schulflugzeuge weitestgehend selbst von seiner Organisation bauen zu lassen. Ein geschlossener HJ-Jahrgang sollte dann von der Segelflugschulung unmittelbar auf die einsatzmäßige He 162 umsteigen, ohne Zwischenschaltung einer Ausbildung auf Flugzeugen mit Ottomotoren[20].

Voraussetzung selbst für einen so seltsamen Plan war natürlich eine reibungslose Großserienproduktion des neuen Strahlflugzeuges. Hitler hatte aus diesem Grund am 12. Oktober 1944 eine Vollmacht ausgestellt, in der es hieß: »Die erfolgreiche Weiterführung des Krieges erfordert eine sofortige Produktionssteigerung der neuen Hochleistungsflugzeuge.« Deshalb wurden nun eigene »Anlaufbeauftragte« für alle wichtigen Flugzeugtypen dieser Kategorie eingesetzt, um »jede dem vorgesehenen Ausstoß entgegenstehende Schwierigkeit unter Ausnutzung aller Mittel zu beseitigen«[21].

Als Anlaufbeauftragte waren genannt:

für die	
He 162	Generalkommissar Kessler,
Me 262 Gruppe Messerschmitt	Dipl.Ing. Franck,
Me 262 Gruppe Kahla	Gauleiter Sauckel,
Ar 234	Dipl.Ing. Nauck,
Do 335	Major Bauer,
Me 163	Herr Sachse
und für die zugehörigen Strahltriebwerke	Major Dr. Krome.

Die Einsetzung des altgedienten Parteigenossen Fritz Sauckel, der in einer unterirdischen Anlage bei Kahla in Thüringen einen Teil der Me-262-Produktion übernehmen sollte, zeigte erneut die Tendenz, die traditionellen Eliten aus Industrie und Militär bei der Fertigung der »Wunderwaffen« durch zuverlässige Leute aus Partei oder SS zu ersetzen. Interessant an der Vollmacht ist vor allem, daß vier der fünf aufgeführten Flugzeugmuster Strahlflugzeuge waren. Damit hatte die neue Technologie endgültig die herkömmlichen Ottomotoren auf den zweiten Platz verwiesen. Selbst im Herbst 1944 traute man den Strahlflugzeugen noch die Kriegswende zu. Saur beurteilte die Vollmacht Hitlers vor dem Rüstungsstab als »eine unerhörte Verpflichtung der Rüstung, für die Wiedererringung der Luftherrschaft die tragenden Voraussetzungen in härtestem Einsatz und kürzester Zeit zu schaffen«[22].

---

[19] Hiller, Heinkel He 162, S. 22.

[20] Der Chef der Technischen Luftrüstung, Chef-Abteilung vom 23.1.1945, Entwicklungsablauf der 8-162, BA-MA, RL 3/2563, S. 2; Aktenvermerk, Betr.: Einschaltung des NSFK in 162-Fertigung, BA-MA, RL 3/1105, S. 10.

[21] Abschrift v.d. Abschrift, Der Führer vom 12.10.1944, Betr.: Hochleistungsflugzeuge, BA-MA, RMfRuK/569.

[22] Der Reichsminister für Rüstung und Kriegsproduktion, Rüstungsstab, Sammelbericht vom 13.10.1944, BA-MA, RL 3/12, S. 255.

Die Grundlagen der zukünftigen Luftwaffenrüstung hatte Göring schon zwei Tage früher mit dem Chef der Technischen Luftrüstung erörtert. Als Hochleistungsflugzeuge mit Kolbenmotoren waren die von Kurt Tank konstruierte Ta 152 und die Dornier Do 335 vorgesehen. Die Me 163 als reiner Objektschutzjäger stellte einen sehr hohen Aufwand gegenüber einer sehr geringen Flugzeit dar und sollte deswegen von einer bemannten Flakrakete abgelöst werden. Beim einstrahligen Turbinenjäger sei die He 162 zunächst nur ein Muster, um möglichst schnell zusätzliche Hilfe zu bekommen und bei Bewährung die veraltete Me 109 abzulösen. Als nächste Stufe müßte jedoch ein Jäger mit der stärkeren He-S-11-Turbine kommen. Darüber hinaus seien die weiteren TL-Entwicklungen und die anderen Formen der Strahltriebwerke »mit größtem Nachdruck so voranzutreiben, daß eine klare Geschwindigkeitsüberlegenheit und die entsprechende Höhenleistung gegenüber dem Gegner auf die Dauer sichergestellt bleibt«[23].
Durch die verschiedenen Streichungen in den Vormonaten und die Entwicklung neuer Typen war das Ende Mai unter viel Mühen verabschiedete »Hermann-Göring-Programm« so durchlöchert und überholt, daß auch eine grundsätzliche Umgestaltung der Produktionspläne notwendig wurde. Der Rüstungsstab besprach das neue Flugzeugbauprogramm am 25. Oktober, wobei die großen Engpässe der Produktion in dieser Phase des Krieges deutlich hervortraten. Insgesamt hatte es starke Verluste an Rohstoffen und Fertigungskapazitäten gegeben, mit weiteren Einbrüchen war zu rechnen. Trotzdem mußten die Muster He 162, Me 163, Me 262, Ar 234 und Do 335 »total erfüllt werden«. Ein Heruntergehen unter die befohlenen Zahlen von 2000 Me 262 und 1000 He 162 sei »überhaupt nicht zu diskutieren«. Eine Erörterung der Zweckmäßigkeit und der Notwendigkeit der He 162 wurde abgelehnt: »Ein Flugzeug, das man in kritischer Stunde schnell und in großer Anzahl bekommt, ist ungleich wertvoller als ein anderes das einige Prozente mehr leisten würde, aber viel später — und damit zu spät! — zur Verfügung stünde. In diesem Sinne wird der Befehl des Führers einmütig und unbeirrbar ausgeführt[24].« Die genannten Zahlen entbehrten schon allein deshalb jeder Realität, weil auf derselben Sitzung festgestellt wurde, daß der Bedarf an BMW-003-Triebwerken für die He-162-Zellen gar nicht voll gedeckt war. Dennoch sollte das Programm am 9. November so verabschiedet werden. Als an diesem Termin die entsprechenden Planzahlen festgelegt wurden, mußte jedoch eine Reihe von Abstrichen in Kauf genommen werden. Das sogenannte »Idealprogramm« umfaßte monatlich 9000 Flugzeuge. Die Verhältnisse zwangen aber zur Aufstellung eines »Realprogrammes«, das im Endzustand den Auslauf der Großserien der alten Fw 190 und Me 109 vorsah und »ohne Berücksichtigung der aus Treibstoffgründen noch zu klärenden 163« folgende monatliche Produktionszahlen beinhaltete:

---

[23] Der Chef der Technischen Luftrüstung, Entwurf für technischen Befehl des Herrn Reichsmarschall aufgrund des Protokolls der Sitzung vom 10.10.1944; BA-MA, RL 3/2570, S. 148; vgl. auch Der Chef der Technischen Luftrüstung vom 11.10.1944, Entwurf zu einer Entwicklungsanweisung des Herrn Reichsmarschall, BA-MA, RL 3/12, S. 158f.

[24] Der Reichsminister für Rüstung und Kriegsproduktion, Rüstungsstab, Bericht über die Besprechung bei HDL Saur am 25.10.1944, BA-MA, RL 3/2570, S. 202.

Ta 152	1500
Me 262	2000
He 162	1000, bei Bewährung 2000
Do 335	300
Ar 234	300
Ju 388	200
dazu	400 Schulflugzeuge
Summe	5700 bzw. 6700 Flugzeuge im Monat.

Außerdem war ein »Notprogramm« vorgesehen:

Me 163	0
Me 109	Auslauf der Bestände unter
Fw 190	organischer Ergänzung der Engpässe
Ta 152	1000
Me 262	1500
He 162	2000, zunächst 1000
Ar 234	200
Do 335	200
Ju 388	200
dazu	300 Schulflugzeuge
Summe	5400 Flugzeuge im Monat[25].

In allen Programmvarianten dominierten ganz eindeutig die Strahlflugzeuge, speziell die Strahljäger Me 262 und He 162, wobei letztere im »Notprogramm« noch zusätzlich die Rolle des Lückenbüßers übernahm. Die gesamte Programmgestaltung zeigte deutlich die fast vollständige Defensivrüstung der Luftwaffe, denn die geringen Zahlen der Do 335 und Ju 388 waren als Zerstörer und Nachtjäger eingeplant. Auch diese kolbenmotorgetriebenen Maschinen sollten später durch eine Nachtjagdversion der Ar 234 verdrängt werden.

Im Sommer und Herbst 1944 hatte sich damit eine endgültige Wandlung der Luftwaffenstrategie abgespielt. War im ursprünglichen Konzept die Luftwaffe eine Angriffswaffe gewesen, so war die deutsche Luftstreitmacht durch den Zwang zur Verteidigung der Industrie auch in der theoretischen Planung zum reinen Verteidigungsinstrument geworden.

Göring sprach anläßlich der Einführung des neuen Generalstabschefs Generalleutnant Koller Ende November die Wende offen an und beklagte Versäumnisse auf dem Gebiet der Luftwaffenstrategie. »Das Niederringen und der Kampf gegen die feindliche Luftwaffe ist das Primäre, ist das Hauptsächliche, das Ausschließliche, und alles andere kommt dann erst im Gefolge. Wären wir diesem Grundsatz treu geblieben und hätten ihn nie verlassen, so wäre selbstverständlich auch in der Technik niemals diese Panne eingetreten. [...] Hätten wir uns mit ganzer Kraft nur der Hauptidee gewidmet, zunächst mal die feindli-

[25] Rüstungsstab, im Sonderzug, 9.11.1944, Betr.: Flugzeugprogramm, BA-MA, RL 3/2570, S. 204f.

che Luftwaffe völlig aus dem Felde zu schlagen, dann wären selbstverständlich dieser Aufgabenstellung, die man in der Hauptsache halten mußte, auch die technischen Forderungen und dann die Technik selbst gefolgt. [...] Auch wir müssen jetzt wieder ganz eindeutig und klar zu dieser Ausgangsstellung zurückkehren: Vernichtung der feindlichen Angriffswaffe, der Jägerei, daran anschließend die Vernichtung seiner Bomber[26].«

Daß Göring hier die feindlichen Jäger als Angriffswaffe bezeichnete, beweist, wie sehr die Amerikaner mit ihrer neuen offensiven Taktik für die Begleitjäger ab Februar 1944 die Luftwaffe getroffen hatten. Der größte Teil der Luftwaffenführung hatte aus der Luftschlacht um England keine Schlüsse gezogen und war bei dem Konzept der Heereskooperation geblieben, das den Jägern eine nachgeordnete Rolle zuwies, während die Amerikaner aus ihren schweren Verlusten im Herbst 1943 schnell gelernt hatten und zeigten, daß der Langstreckenbegleitjäger durchaus eine strategisch entscheidende Waffe sein konnte, indem er die gegnerische Abwehr niederrang und so den Bombern den Weg zur Zerstörung des feindlichen Industriepotentials freiräumte. Die Gefahr hatten nur wenige Offiziere der Luftwaffe, wie Milch und Galland, rechtzeitig erkannt, waren aber mit ihrer Defensivkonzeption an Hitler, Göring und dem Generalstab der Luftwaffe gescheitert. Erst im Sommer 1944 war der Druck dann so groß geworden, daß ein totales Umdenken einsetzte.

Das Defensivkonzept schlug auch auf die Fliegertruppe durch, denn jetzt sollte das IX. Fliegerkorps, das noch im Frühjahr 1944 zu Bombenangriffen auf England eingesetzt worden war, zu einem reinen Jagdkorps umgerüstet werden und teilweise Strahljäger erhalten[27]. Diese Entscheidung verursachte viel böses Blut bei den Jägern, wurden doch erneut die Kampffliegerverbände bei der Ausrüstung bevorzugt. Galland beklagte wohl nicht zu Unrecht, daß die Umschulung der Bomberpiloten die Ergänzungstruppen und den Verbandsführerlehrgang der Jagdfliegereinheiten blockierte und polemisierte, es sei wohl das beste, »das gesamte IX. Fl. K. (J) bis zum Kriegsende in die bayerischen Berge zu beurlauben«[28]. Hier brachen die alten Rivalitäten zwischen Jägern und Kampffliegern auf, die durch den Verteilungskampf um die wenigen kostbaren Strahlflugzeuge noch verschärft wurden.

Neben Streitereien um die Ausrüstung der einzelnen Verbände gab es auch Querschüsse aus der Industrie gegen das Volksjägerprojekt. An vorderster Front gegen die Heinkel-Maschine befand sich Prof. Willy Messerschmitt. In seiner Stellungnahme zu dem Vorhaben äußerte er sich völlig negativ über die Aussichten, das Programm bis Frühjahr 1945 zu schaffen. Er empfahl hingegen, die Me 262 mit der für die Produktion der He 162 vorgesehenen Kapazität zusätzlich zu fördern. Seine Maschine sei leistungsfähiger und erprobt. Es sei ein Irrtum anzunehmen, durch eine Neuentwicklung bis zum Frühjahr 1945 zu größeren Stückzahlen zu kommen, denn für den Volksjäger seien gewaltige Anlage- und Anlaufkosten aufzubringen. Die Termine seien auf keinen Fall zu halten. »Ich bin persönich wirklich gegenüber neuen Aufgaben im allgemeinen ein Optimist,

---

26 Nachlaß Kreipe, Stenographische Niederschrift der Rede des Reichsmarschalls vor Generalstabsoffizieren anläßlich der Einführung des Generalleutnants Koller als Generalstabschef der Luftwaffe am 25. 11. 1944, BA-MA, N 141, S. 4 ff.

27 Niederschrift über die Besprechung beim Reichsmarschall vom 10. 10. 1944, BA-MA, RL 3/2586, S. 284.

28 Galland, Die Ersten und die Letzten, S. 358.

aber die Vorstellung, in einem halben Jahr ein Flugzeug zu entwerfen, zu bauen, zu erproben und eine Großserie zum Laufen zu bringen, die noch laufend die Ergebnisse der Erprobung und die Beanstandungsbereinigung übernehmen muß, geht doch über mein Vorstellungsvermögen hinaus. Wenn ich dazu daran denke, daß man erwartet, daß in dieser Zeit von einem halben Jahr auch noch die gesamte Truppenorganisation aufgebaut werden muß, mit der Schulung der Besatzung, des Bodenpersonals, der Einrichtung von Frontschleusen, Nachschub, uw. (sic), dann kann ich nur sagen, daß ich mir ein derartiges Wunder nicht vorstellen kann[29].«
Ernst Heinkel bezeichnete nach dem Krieg das Exposé Messerschmitts, ohne den Verfasser namentlich zu nennen, als einen Versuch, »die gesamte Arbeit empfindlich zu stören«[30]. Man muß aber Willy Messerschmitt zugute halten, daß sein sicher von Firmenegoismus gefärbtes Urteil im Kern durchaus zutreffend war. Was bei der Me 262 in einigen Jahren nicht gelungen war, sollte jetzt bei der He 162 in wenigen Wochen aufgeholt werden! Selbst als Heinkel bereits 69 Tage nach der Auftragserteilung den ersten Werkstattflug des »Volksjägers« am 6. Dezember 1944 melden konnte[31], waren doch weder die Treibstoffversorgung noch die Produktion der Triebwerke für sein Flugzeug gesichert. Erst recht gab es keine voll ausgebildeten Piloten für die geplanten Massen von neuen Jägern. Das lag natürlich daran, daß es völlig illusorisch war, Hitlerjungen in ein technisch neuartiges Flugzeug zu setzen und gegen die erfahrenen amerikanischen Jagdpiloten antreten zu lassen. Zwar waren die Flugeigenschaften der He 162 bestimmt nicht schlecht, und schon gar kein »Witz«, wie es Karl-Heinz Ludwig darstellte[32]. Der englische Testpilot Eric Brown — sicher ein objektiver Richter —, der nach Kriegsende eine Reihe von deutschen Beuteflugzeugen erprobte, bezeichnete die He 162 als ein »vortreffliches Flugzeug« schränkte allerdings ein, sie »war jedoch für den Einsatz mit Anfängerpiloten denkbar ungeeignet. Es gehörte sogar mehr als nur durchschnittliches fliegerisches Können dazu, um sie aus einem kleinen Flugplatz in die Luft zu bekommen[33].«
In der Tat wurde aus dem »Hitler-Jugend-Flugzeug« nichts. Im Januar 1945 rüstete eine ganz »normale« Luftwaffeneinheit, das Jagdgeschwader 1, auf die He 162 um, nachdem zuvor vom Generalstab erwogen worden war, ein eigenes Geschwader, das J. G. 80, aufzustellen, was aber bald wieder fallengelassen wurde[34].
Es ist daher durchaus dem Heinkel-Biographen Köhler zuzustimmen, wenn er die fast unglaubliche technische Leistung des Heinkel-Teams hervorhebt. In der positiven Beurteilung des militärischen Wertes der He 162 geht Köhler aber sicher zu weit[35]. Er beruft

29 Abschrift, B. Nr. 46633 g. Kdos. vom 14. 12. 1944, Stellungnahme zum Projekt Volksjäger, BA-MA, RL 3/2563, S. 5.
30 Heinkel, Volksjäger, S. 374.
31 Ebd.; Chef der Technischen Luftrüstung, Chef-Abtlg. vom 23. 1. 1945, Entwicklungsablauf der 8-162, BA-MA, RL 3/2563, S. 2.
32 Ludwig, Technik und Ingenieure, S. 456.
33 Brown, Berühmte Flugzeuge, S. 37.
34 OKL, Generalstab GenQu. vom 25. 1. 1945, Az. 11 b 16.24. Nr. 147/45 g. Kdos. (2. Abt. II B), Betr. Aufstellung I./J. G. 80 und Fernschreiben SSD LBGJ 081 31/1 (1120), BA-MA, RL 36/57.
35 Vgl. Köhler, Ernst Heinkel, S. 207 ff.

sich dabei ebenfalls weitgehend auf Eric Brown, der mit den für die anglo-amerikanische Fachliteratur üblich gewordenen Floskeln die Maschine zu einer angeblichen Bedrohung stilisierte: »Als Ergänzung zur für alle Gegner gefährlichen Me 262 hätte sie der Luftwaffe bei der Wiedergewinnung der Luftüberlegenheit über Deutschland wertvolle Dienste leisten können — wäre sie nur früher auf dem Kriegsschauplatz erschienen! [...] Meiner Ansicht nach können sich die Alliierten von damals glücklich schätzen, daß die He 162 nicht ein, zwei Monate früher an die Front gekommen war, und daß die Deutschen keinen Treibstoff mehr besaßen, sonst hätte die kleine He 162 zwischen unseren Bombern mit hoher Wahrscheinlichkeit gehörig aufgeräumt — zu einem Zeitpunkt, zu welchem verzweifelte Mittel möglicherweise zu sensationellen Ergebnissen geführt hätten[36].« Browns technizistisch geprägtes Urteil läßt zu viele »Wenns« offen, denn wie hätte der Volksjäger früher herauskommen sollen, als es in dieser schon fast unglaublichen letzten Verzweiflungstat der Luftrüstung bereits geschah? Wo hätte das zerbombte Deutschland noch den Treibstoff hernehmen sollen? Und was soll der Hinweis Köhlers, am 8. Mai hätten immerhin 50 einsatzklare He 162 der I./J. G. 1 in Leck/Schleswig-Holstein in Paradeaufstellung und unbeschädigt bereitgestanden[37]? Um die Verhältnisse klarzustellen: Die USAAF erreichte im Juli 1944 ihre größte zahlenmäßige Stärke von allein 79 908 (!) Flugzeugen, darunter über 13 000 schwere Bomber[38]. Dazu kamen die Luftstreitkräfte Großbritanniens und der Sowjetunion. Was hätte die Handvoll deutscher Strahlflugzeuge, für die überhaupt noch der letzte Tropfen Benzin aufgespart worden war, gegen solch eine Streitmacht ausrichten sollen? Es scheint, daß etliche englische und amerikanische Autoren wohl selbst dem deutschen »Wunderwaffen«mythos erlegen sind und die technisch beeindruckenden Maschinen zu einer Bedrohung hochstilisieren, die die Strahlflugzeuge in der Endphase des Krieges schon wegen der gesamten wirtschaftlichen und militärischen Lage nicht mehr sein konnten.

Ernst Heinkel bezeichnete die kurze Entwickungszeit seiner Maschine als »Spitzenleistung in der Geschichte der Luftfahrt«[39]. Das mag man dem schwäbischen Unternehmer gerne zugestehen, allerdings ließ er in der für die meisten Konstrukteure und Firmeninhaber der deutschen Luftfahrtindustrie so typischen Art und Weise die Probleme bei der Produktion außer acht. Hier ging es nicht so reibungslos zu, wie es Heinkel später darstellte. Auch er verkannte die Schwierigkeiten, die das Umsetzen einer Neukonstruktion in den Serienbau, noch dazu in verlagerte und über ganz Deutschland zerstreute Betriebe bereitete. Die Fertigung sollte bei Heinkel in Rostock-Marienehe, bei Junkers im Raume Dessau, Bernburg und unterirdisch bei Staßfurt sowie in den »Mittelwerken« bei Nordhausen im Harz anlaufen. Daneben waren noch die Heinkel-Werke in Oranienburg, Gandersheim und Wien eingeschaltet. Die Fertigung von Heinkel-Wien war in ein Bergwerk bei Mödling in der Nähe von Wien unter dem Tarnnamen »Languste« verlagert worden und wurde von Häftlingen aus dem Außenlager »Lisa« des KZ

[36] Brown, Berühmte Flugzeuge, S. 37.
[37] Köhler, Ernst Heinkel, S. 207.
[38] Army Air Forces, Bd 6, S. 423.
[39] Heinkel, Volksjäger, S. 375.

Mauthausen hergerichtet. Der Bau der Rümpfe aus Leichtmetall und die Endmontage übernahmen Heinkel und Junkers, die Tragflächen und Leitwerke aus Holz waren in der Hauptsache der holzverarbeitenden Industrie, vor allem Möbelherstellern, zugewiesen worden, deren Schwerpunkte in Thüringen um Erfurt, Schwaben um Stuttgart, Schlesien um Oels, Franken um Coburg, Süddeutschland um München und im Raum Niederösterreich lagen[40]. Zusätzlich waren das NS-Fliegerkorps und die SS in die Tragflächenfertigung eingeschaltet worden, um so Parteiorganisation, Handwerk und Industrie unter Führung des SS-Hauptsturmführers Dr. Kurt May zusammenzufassen. Diese Gemeinschaftsarbeit sollte »die freien Arbeitskräfte und Kapazitäten der holzverarbeitenden Industrie mobilisieren«. Der Chef des SS-Hauptamtes, SS-Obergruppenführer Berger, hatte am 9. November 1944 Himmler in diesem Sinne benachrichtigt und ihm Material über das »Flugzeugprogramm 162 (Volksjäger)« zugesandt[41]. SS-Standartenführer Dr. Brandt vom Persönlichen Stab des Reichsführers SS gab die Informationen jedoch nicht weiter, da Himmler »an den augenblicklichen laufenden Plänen weder etwas ändern könnte noch wollte«. Im übrigen würden nach verschiedenen Änderungen interner Art »alle diese Probleme jetzt verantwortlicher angepackt werden«[42]. Die SS-Spitze war also mit der neuen engen Verflechtung von Industrie, Militär und Parteiorganisationen in der Luftrüstung offensichtlich durchaus zufrieden und sah keinen Grund, in den Ablauf der Volksjägerfertigung einzugreifen.

Auf dem Papier nahm sich die Planung auch recht imposant aus, und die Idee, die Möbelindustrie einzuschalten, eröffnete neue Möglichkeiten der Herstellung. In der Praxis taten sich die Betriebe aber doch schwer. Während ein Teil der Firmeninhaber bereitwillig mitarbeitete, mußten einige erst unter Druck gesetzt werden, da sie fürchteten, sich mit der Übernahme des Baus von Flugzeugteilen gegen feindliche Luftangriffe zu exponieren. Außerdem konnten die holzverarbeitenden Betriebe nicht ohne weiteres umgestellt werden, da sie andere DIN-Vorschriften verwendeten und neuartige Leime auf Kunstharzbasis zum Einsatz kamen, die ein erhebliches Einschulungsprogramm benötigten und für deren besondere Verarbeitungsmerkmale noch gar keine Großserienerfahrung vorlag. Verzögerungen traten durch nicht rechtzeitig geliefertes Material, fehlende Vorrichtungen und ausgebliebene Hochfrequenzverleimungseinrichtungen auf[43]. Als im Januar 1945 die ersten Rümpfe fertiggestellt waren, stellte sich heraus, daß die angelieferten Holzbauteile sämtlich verstärkt und nachgearbeitet werden mußten[44].

Das Herzstück und »Sorgenkind Nr. 1« war jedoch das BMW-Triebwerk 003, das immer noch in der Erprobungsphase steckte. Die Nullserie lief bei BMW in Spandau, die Hauptfertigung sollte dann unterirdisch in Zühlsdorf bei Berlin erfolgen. Der große Engpaß bei der Produktion waren die Turbinenschaufeln, die wegen der enormen Beanspruchung

---

40 Ebd.; Hiller, Heinkel He 162, S. 62ff., 88ff.; Nachlaß Hertel (wie Anm. 15), BA-MA, N 653, S. 18f.

41 Der Chef des SS-Hauptamtes vom 9.11.1944, Betr.: Flugzeugbauprogramm 162, BA, NS 19/2056.

42 Persönlicher Stab, Bra./H. 2091/44 g.Kdos., BA, NS 19/2056.

43 Nachlaß Hertel, Ordner I, 1, Einzelunterlagen über Flugzeuge, Flugzeugfirmen, Herbert Gruber, Die Einschaltung der sächsisch-thüringischen Möbelindustrie in das Turbojägerprogramm, BA-MA, N 653.

44 Nowarra, Luftrüstung, Bd 2, S. 219.

Spezialstahl mit hohem Nickelgehalt benötigten. Erst nach einer Intervention bei Speer konnte der Stab um Generalkommissar Kessler die erforderliche Zuteilung an Nickel aus dem »eisernen Vorrat« freibekommen. Die Großserie der Turbinenschaufeln hatte die Württembergische Metallwarenfabrik in Geislingen an der Steige übernommen[45]. Die Aufzählung aller Standorte der weit auseinandergezogenen He-162-Produktion zeigt bereits die Achillesferse im ganzen Volksjägerprogramm. Zwar konnte man durch die unterirdische Verlagerung Teile der Fertigung vor Bombenangriffen schützen, doch war man auf ein funktionsfähiges Transportsystem angewiesen, das die im ganzen Reich gebauten Einzelteile zur Endmontage anlieferte. Als die Alliierten aber zunehmend die Verkehrsverbindungen angriffen, gerieten die deutschen Rüstungsanstrengungen ins Stocken. Nach der Aussage des Kessler-Mitarbeiters Heinl »spielte das Transportproblem in Anbetracht der ständigen schweren Angriffe auf die Eisenbahn eine bedeutende Rolle«[46] bei der Verzögerung der He-162-Aktion. Auch der Rüstungsstab hielt Mitte Dezember fest: »Das katastrophale Absinken der Flugzeugausbringung ist ebenfalls zum größten Teil im Transportproblem begründet[47].« Angesichts solcher Widrigkeiten war es um die Jahreswende 1944/45 wohl zweifelhaft, ob das mit so großen Hoffnungen begonnene Volksjägerprogramm noch rechtzeitig greifen konnte.

b) Flugabwehrraketen

Eine Reihe von Fachleuten glaubte noch 1944 daran, außer den Strahlflugzeugen über weitere Trümpfe im Arsenal der Luftverteidigung verfügen zu können, nämlich über die Flugabwehrraketen. Sie spielten in den letzten Monaten des Krieges eine immer größere Rolle in den Wunschvorstellungen der Führer des Dritten Reiches, noch in letzter Sekunde ein Abwehrmittel gegen die alliierten Bomberströme zu finden. Am 4. November befahl Hitler »die sofortige kurzfristige Steigerung des *Flakwaffen- und Munitionsprogramms* (Hervorhebung im Original)«. Der Gegner spreche bei seinen Terrorangriffen auf das Reich von der Hölle des deutschen Flakfeuers, dieses psychologische und taktische Moment gelte es auszunutzen und »die Feuerkraft der Flakabwehr in jeder erdenklichen Weise zu verstärken«. Gleichzeitig waren »mit stärkster Beschleunigung alle laufenden Entwicklungsaufgaben hinsichtlich der Leistungssteigerung von Geschützen und Geschossen und sonstige Entwicklungen zur Flakabwehr mit Nachdruck zu betreiben«[48]. Speer übermittelte am 6. November den Befehl an alle Gauleiter und Reichsverteidigungskommissare. Gleichzeitig gab er bekannt, daß als »Sofortaufgaben« das Flakwaffen- und Munitionsprogramm und die Aktion Hochleistungsflugzeuge »im Vordergrund der Rüstung« stünden, gefolgt vom Infanterierüstungsprogramm, dem Marinereparaturpro-

[45] Nachlaß Hertel (wie Anm. 15), BA-MA, N 653, S. 20; Hiller, Heinkel He 162, S. 66.

[46] Nachlaß Hertel (wie Anm. 15), BA-MA, N 653, S. 20; eine detaillierte Darstellung der Auswirkungen der Bombenangriffe auf das Transportsystem erfolgt bei Mierzejewski, Collapse of the German War Economy.

[47] Der Reichsminister für Rüstung und Kriegsproduktion, Rüstungsstab, Sammelbericht vom 14.12.1944, BA-MA, RL 3/12, S. 110.

[48] Abschrift, Der Führer, FHQu, den 4.11.1944, BA, R 3/1969, S. 12f.

gramm und dem Zulieferprogramm[49]. Damit befanden sich zwei Luftwaffenprogramme an der Spitze der Dringlichkeitsliste. Saur gab wenig später eine entsprechende Anweisung an die Wehrkreisbeauftragten, die Betriebsführer sowie die Sonder- und Arbeitsausschüsse heraus, in der er nochmals betonte, daß »die Flakproduktion an der ersten Stelle aller kriegsentscheidenden Aufgaben steht«[50]. Ohne Rücksicht auf Einbrüche an anderer Stelle sollten Führungspersonal, Spezialisten, Facharbeiter und Hilfskräfte innerhalb von 24 Stunden in die Flakbetriebe eingeschleust werden.

Für Horst Boog ist die Flakrüstung und damit auch der Befehl Hitlers »als Ausdruck des Heeresdenkens« zu verstehen, denn die Flak war ursprünglich eine Heereseinrichtung gewesen, die erst am 1. April 1935 in die Luftwaffe integriert worden war[51]. Boog weist nach, daß Hitler, Göring und Generalstabschef Jeschonnek Verfechter einer starken Flakabwehr waren, während Milch eher eine große Zahl von Jägern für effektiv hielt, denn der Einsatz von Engpaßmaterial für die Flakmunitionsherstellung schien ihm zu hoch im Vergleich zum militärischen Nutzen[52]. Daß Hitler nun kurz nach der »Aktion Hochleistungsflugzeuge« der Flakrüstung die oberste Priorität zumaß, zeigt einerseits die Sprunghaftigkeit des Diktators bei Rüstungsentscheidungen, andererseits offenbart sie auch seine Skepsis gegenüber den Möglichkeiten, die das neue Flugzeugprogramm eröffnen sollte. Der Entscheidungsprozeß Hitlers läßt sich bis in den Sommer 1944 zurückverfolgen. Schon im Juni hatte er bei einer Besprechung mit Speer dessen Vorschlag, das Flakprogramm in die gleiche Dringlichkeit wie das Jägerprogramm einzustufen, »für eine unerläßliche Voraussetzung« gehalten, um mit der Flak Schwerpunktobjekte der Rüstung, die sich nicht durch Verlagerung oder Verbunkerung sichern ließen, zu schützen. In den Sommermonaten zeichnete sich außerdem ein Umschwung im Verhältnis der Abschußzahlen von Jägern und Flak ab. Hatten bisher die Totalverluste der feindlichen Bomber über dem Reich durch Jäger immer die Abschüsse der Flak übertroffen, so überholte diese im Mai und Juni 1944 erstmals die Jäger[53]. Das lag daran, daß die deutschen Jäger wegen des starken Jagdschutzes der Bomberverbände absinkende Erfolgszahlen melden mußten, während die Flak ihren Prozentsatz an Abschüssen hielt. Die Erfolge der Flak waren aber teuer erkauft. Aufgrund einer Statistik des Generalquartiermeisters der Luftwaffe rechnete man 16000 Schuß für einen Abschuß durch die 8,8-cm-Flak 36 und 8 500 Schuß für die 8,8-cm-Flak 41 , für die 10,5-cm-Flak 39 waren es 6000 Schuß und auch für die 12,8-cm-Flak 40 noch 3 000 Schuß Munition[54]. Trotz dieser ungeheuren Materialverschwendung spielte Hitler offenbar kurzfristig im August und September 1944 mit dem abstrusen Gedanken, die Flugzeugproduktion ganz zugunsten der Flak einzustellen. Nach Speers Darstellung befahl Hitler Mitte August, die Jagdwaffe aufzulösen und keine Flugzeuge mehr zu produzieren, dafür aber die Arbeitskräfte in die Flakpro-

[49] Reichsminister Speer vom 6. November 1944, BA, R 3/1969, S. 11.

[50] Der Reichsminister für Rüstung und Kriegsproduktion, Der Chef des Rüstungsstabes vom 12. 11. 1944, BA, R 3/1944, S. 56.

[51] Boog, Luftwaffenführung, S. 204.

[52] Ebd., S. 206f.

[53] Ebd., S. 211, Tab. 6.

[54] Ebd., S. 211.

duktion zu übernehmen[55]. Auch Generalstabschef Kreipe berichtete in seinem Tagebuch von Überlegungen, die Fliegertruppe ganz abzuschaffen und dafür die Flakartillerie zu verdreifachen[56]. Sehr ernst dürfte es Hitler damit nicht gewesen sein, es zeigte sich aber erneut die Enttäuschung über die »konventionelle« Luftverteidigung und die Tendenz zu radikalen Lösungen. Hitler forderte demnach in seinem Befehl vom 4. November 1944 mit seinem Hinweis auf »sonstige Entwicklungen zur Flugabwehr« auch die Forcierung von Flugabwehrraketenprojekten, welche damals »Flakraketen«[57] genannt wurden. Tatsächlich schien der Gedanke verlockend, durch eine billige Rakete mit hoher Trefferwahrscheinlichkeit bedeutendere Abschußerfolge zu erzielen als mit den herkömmlichen Flakgeschützen und dabei große Materialmengen einsparen zu können. Die Flakraketen wurden deshalb bald als willkommener Zuwachs im »Wunderwaffen«arsenal angesehen. Speer schreibt dazu in seinen Erinnerungen: »Das Strahlflugzeug war nicht die einzige neue, überlegene Waffe, die 1944 aus der Entwicklung in die Serie übernommen werden konnte. Wir besaßen eine fliegende, ferngesteuerte Bombe, ein Raketenflugzeug, das noch schneller als das Düsenflugzeug war, eine Raketenbombe, die sich mit Hilfe der Wärmestrahlen an das gegnerische Flugzeug heransteuerte. [...] Die Entwicklung einer Boden-Luft-Rakete war abgeschlossen[58].« Speers Aufzählung ist teilweise unzutreffend und geht nicht auf die tatsächlichen Möglichkeiten des Jahres 1944 ein. Es scheint daher notwendig, die Vorgeschichte der Flakraketenentwicklung kurz zu beleuchten sowie die technischen Ergebnisse und deren Bedeutung für die Rüstungsanstrengungen in der Endphase des Krieges zu erörtern.

Schon Ende 1932 hatte der damalige Inspekteur der Flakartillerie, Generaloberst Rüdel, in einer Denkschrift die Entwicklung von Flakraketen im Einvernehmen mit dem Heereswaffenamt gefordert[59]. Wie bereits angesprochen, waren die ersten Versuche zur militärischen Nutzung der Raketentechnik in Deutschland auf den Umstand zurückzuführen, daß das Heereswaffenamt nach einem Ersatz für die im Versailler Vertrag verbotene schwere Artillerie suchte. Das Team um Oberst Dornberger und Wernher von Braun arbeitete deshalb im Auftrag des Heeres zielstrebig auf die Verwirklichung einer Boden-Boden-Rakete hin, die schließlich mit dem Einsatz der V 2 im Jahre 1944 erreicht wurde. Gleichzeitig bewirkte der Vorsprung des Heeres auf diesem Gebiet eine Dominanz der Heeresraketenentwicklung auch bei der Zuteilung von Personal und Material, die die Luftwaffe erst im Herbst 1944 brechen konnte. Außerdem führte die Aufteilung der

---

[55] Speer, Erinnerungen, S. 416.

[56] Persönliches Kriegstagebuch des Generals der Flieger Kreipe als Chef des Generalstabes der Luftwaffe für die Zeit vom 22.7.–2.11.1944, BA-MA, RL 2I/21, S. 17.

[57] Der Begriff »Flakraketen« ist eigentlich falsch, da ja »Flak« das Akronym für »Flugabwehrkanone« ist. Da sich die Bezeichnung aber im internen Sprachgebrauch der Luftwaffe so eingebürgert hatte, wird sie auch in dieser Arbeit weiterverwendet. Heute wird richtigerweie von »Fla-Raketen« gesprochen.

[58] Speer, Erinnerungen, S. 374.

[59] Die Entwicklung der deutschen Flugabwehrwaffen aller Art bis zum Jahre 1945, von General der Flakartillerie a.D. von Renz, MGFA, Lw 39, S. 271; vgl. auch Entwicklung der V 1 und Flakraketen von Gen. d. Flakartillerie von Axthelm, BA-MA, ZA 3/94, S. 1; Röpnack, Geschichte der Raketenartillerie, S. 148.

Raketenentwicklung in Heeres- und Luftwaffenvorhaben natürlich zu einer Zersplitterung der Kapazitäten. Die Luftwaffe beteiligte sich zwar am Bau der Versuchsstelle Peenemünde, die sie sich mit dem Heer teilte, aber die Anstrengungen auf dem Raketensektor konzentrierten sich in den dreißiger Jahren vornehmlich auf Starthilfen und ungesteuerte Pulverraketen, an die auch General Rüdel bei seiner Forderung 1932 gedacht hatte[60].

Bei Kriegsbeginn 1939 verlangte er erneut mit Nachdruck die Entwicklung einer Flakrakete, diesmal aber mit elektrischer Fernlenkung und Zündung. Da die Flugzeuge in immer größeren Höhen mit größeren Geschwindigkeiten angreifen konnten, zeichnete sich ab, daß die Trefferaussichten der bisher verwendeten Flugabwehrkanonen immer geringer werden mußten. Man erhoffte sich durch eine ferngesteuerte Rakete deshalb bessere Ergebnisse. Im Februar 1941 formulierte die 6. Abteilung des Generalquartiermeisters der Luftwaffe erste taktisch-technische Forderungen für die Entwicklung ferngesteuerter Flakraketen. Federführend war dort ein Major Halder tätig, der schon während seiner Hochschulzeit Raketenprobleme studiert hatte[61].

In dieser Zeit beschäftigten sich die Henschel-Flugzeugwerke mit der Konstruktion einer Flakrakete unter Leitung von Prof. Herbert Wagner, der der Schöpfer einer ganzen Reihe von bekannten Lenkflugkörpern werden sollte. Henschel hatte vom RLM im Juni 1941 einen Vorbescheid für ein Projekt erhalten, das zunächst Hs 297 genannt wurde und für den »Einsatz vom Boden aus gegen Flugzeuge« als »Flakersatz mit Rückstoßantrieb und Fernsteuerung« vorgesehen war[62]. Die zweite Stelle, die sich mit Raketen beschäftigte, war natürlich das Heereswaffenamt, hier besonders die Abteilung WaPrüf 11 mit ihrer Fernrakete. Im Juni hatte der »General der Flakartillerie beim Reichsminister der Luftfahrt und Oberbefehlshaber der Luftwaffe« die Heereseinrichtungen in Kummersdorf und Peenemünde besucht und sich mit dem Chef des Heereswaffenamtes über die Entwicklung von Sperrfeuerraketen, Raketengranaten und Flüssigkeitsraketen abgesprochen, wobei für das letztgenannte Projekt die »Bekämpfung von Flugzielen durch ferngesteuerte Sprengkörper« als Verwendungszweck vorgesehen war[63]. Weder die Henschel-Rakete noch das Heeresprojekt erhielten aber große Unterstützung durch die Luftwaffenführung. Eine Reihe von ehemaligen Offizieren der Flakwaffe macht hierfür wieder einmal den schon sattsam bekannten »Entwicklungsstopp« verantwortlich[64]. Das entspricht nicht den Tatsachen, vielmehr war es zu einer Entscheidung in bezug auf die Konzentration der Entwicklungsanstrengungen der Luftabwehr gekommen, die die Ver-

---

60 Röpnack, Geschichte der Raketenartillerie, S. 148f.; Auszug aus einer Stellungnahme zu Flak-Fragen von General a.D. Walther v. Axthelm (19.7.1954), BA-MA, ZA 3/94.

61 Renz, Entwicklung (wie Anm. 59), MGFA, Lw 39; Die Flakraketen-Entwicklung von Oberst Halder 1945, BA-MA, ZA 3/94.

62 Jahresbericht 1942/1943, Henschel Flugzeug-Werke A. G., IWM, Speer Collection FD 5638/45; zur Rolle Prof. Wagners vgl. vor allem Benecke/Hedwig/Hermann, Flugkörper und Lenkraketen, S. 13ff., 96, 105ff., 122ff., 129f., 154ff., 173ff.

63 Abschrift, Geheime Kommandosache, Der Reichsminister der Luftfahrt und Oberbefehlshaber der Luftwaffe vom 9.6.1941, BA-MA, RH 8/1960.

64 Renz, Entwicklung (wie Anm. 59), MGFA, Lw 39, S. 272; Entwicklung der V 1 und Flakraketen, von Gen. d. Flakartillerie a.D. von Axthelm, BA-MA, ZA 3/94, S. 2.

wirklichung von Flakraketen für die nächsten Jahre zurückstellte. Daß es unterschiedliche Konzeptionen in der Luftwaffe gab, lag vor allem daran, daß die Flakraketenprojekte unter keiner zentralen und einheitlichen Führung zusammengefaßt waren. Einerseits gab es aus historischen Gründen beim Generalluftzeugmeister die Amtsgruppe Flakentwicklung, in der der bereits genannte Major Halder inzwischen die Förderung der Flakraketen übernommen hatte, andererseits war auch das Technische Amt mit der Abteilung Flugzeugentwicklung zuständig, hier besonders der Stabsingenieur Rudolf Brée, der alle ferngelenkten Flugkörper bearbeitete. Zwischen Halder und Brée bestand wegen ihrer unterschiedlichen Auffassungen eine ausgesprochene Feindschaft, die sich nach dem Kriege in heftigen Vorwürfen Halders gegen den Vertreter des Technischen Amtes fortsetzte, dem er den unschönen Beinamen »Brée der Bremser«[65] anhängte. Während Halder rückhaltlos von der Möglichkeit einer in relativ kurzer Zeit herstellbaren Flakrakete überzeugt war, nahm Brée aufgrund der technischen und materiellen Probleme eine eher skeptische Haltung ein, wobei er aus heutiger Sicht gerade nicht als »Bremser« angesehen werden kann, sondern vielmehr als einer der wenigen verantwortlichen Sachbearbeiter des RLM, der sich bei schwierigen rüstungspolitischen Entscheidungen von einer realistischen Beurteilung der Möglichkeiten leiten ließ, auch wenn diese nicht immer in die Wunschvorstellungen der Luftwaffe paßte.

Die Einwände gegen die Flakrakete waren nicht so leicht von der Hand zu weisen. Schwierigkeiten waren vor allem im Bereich der Funkfernlenkung zu erwarten, da bisher allenfalls eine Lenkung nach optischer Beobachtung denkbar schien, man andererseits aber früher oder später zu einer radargesteuerten Blindlenkung kommen mußte. Wegen der Ungenauigkeit eines solchen Verfahrens und der geringen Größe der Ziele war eine Ausrüstung der Raketen mit automatischen Abstandszündern unbedingt notwendig. Die Führungs- und Lenkmethoden im Bereich der Schallgeschwindigkeit waren zwar bekannt, das Verhalten des Flugkörpers bei vertikaler Flugbahn dagegen nicht. Antriebsanlagen und Treibmittel mußten völlig neu entwickelt werden, und die Kenntnisse über die Wirkungsbereiche der Sprengladungen gegen Flugzeuge waren nicht gesichert. Außerdem stellten die Raketen in der Massenfertigung hohe Genauigkeitsforderungen mit Rücksicht auf die Zuverlässigkeit der Lenkung. Weitere Probleme ergaben sich aus der Produktion, der Lagerung und dem Nachschub des Treibstoffes, wobei der Materialaufwand für den stationären Einsatz einer Raketenbatterie ganz erheblich war und zu starker Vorratshaltung zwang, was wiederum wegen der Empfindlichkeit der Geschosse ernste Lagerungsprobleme aufwarf[66].

Stabsingenieur Brée vom Technischen Amt brachte diese Einwände im November 1941 in einer Denkschrift vor, die dann wesentlich dazu beitrug, daß am 6. Dezember 1941 entschieden wurde, nur den Interceptor, also den raketengetriebenen Objektschutzjäger als einziges raketengetriebenes Flugabwehrmittel zu entwickeln[67]. Der ehemalige Gene-

---

[65] Die Flakraketen-Entwicklung, von Oberstleutnant Halder 1945, BA-MA, ZA 3/94; Interview Rudolf Brée.

[66] Juni 1954, Stellungnahme zum Bericht »Flakraketen-Entwicklung« (F 46) bzw. Nr. 157, von Oberstabsingenieur a.D. Rudolf Brée, BA-MA, ZA 3/94, S. 3ff.

[67] Ebd., S. 7f.; Ludwig, Flakraketen, S. 89.

ral der Flakwaffe, General der Flakartillerie Walther von Axthelm, beklagte nach dem Kriege diese Entscheidung recht heftig und behauptete, daß damit »die letzte Gelegenheit verpaßt wurde, um die Abwehr von der Erde aus zu modernisieren, daß sie bei den großen Bomberoperationen der Jahre 1943—1945 ein entscheidendes Wort mitsprechen konnte«[68]. Diese Position ist anzuzweifeln, denn der General machte sich offenbar keine Vorstellung von den technischen Voraussetzungen. Immerhin konnte beim bemannten raketengetriebenen Interceptor die gesamte Fernlenkproblematik umgangen werden, was zweifelsohne zu einem schnelleren Ergebnis führen würde.

Axthelm ließ aber nicht locker. Unmittelbar nach seinem Amtsantritt als General der Flakwaffe im Januar 1942 griff er in Vorträgen vor dem Generalstab und bei Göring die Frage der Flakraketen auf und versuchte, die Entscheidung vom Dezember 1941 rückgängig zu machen[69]. Dies führte im April 1942 zu von Major Halder wesentlich beeinflußten Entwicklungslinien, die in der Vorlage einer umfangreichen Denkschrift über den Entwicklungsstand und die nötigen Entwicklungsforderungen der Flakartillerie gipfelten. Göring genehmigte am 1. September 1942 das neue Flakprogramm, das nun auch die Wiederaufnahme der Arbeiten an Flakraketen vorsah[70]. Offenbar waren sich weder der Oberbefehlshaber der Luftwaffe noch der General der Flakwaffe über die ungeheuere Zersplitterung des deutschen Ingenieur- und Forschungspotentials im klaren, das sie durch die Parallelentwicklung der Flakraketen neben Interceptor, Strahlflugzeugen und Boden-Boden-Raketen des Heeres verursachten. Brée kommentierte nach dem Kriege auch zutreffend, die ferngelenkte Flakrakete hätte eben nur ein Teilgebiet der Luftverteidigung sein können, »aber ein Teilgebiet, das im Verhältnis zu seiner möglichen Bedeutung, vor allem seiner wirklichen Beschaffbarkeit einen unwahrscheinlich großen Teil der vorhandenen wissenschaftlichen und technischen Kapazität für sich in Anspruch nehmen mußte — zu schweigen von den schon 1942 kaum noch darzustellenden Voraussetzungen bei der Ausbildung und Führung der Truppe«[71].

Von Axthelm betonte dagegen auf einer Entwicklungsbesprechung im September 1942 gegenüber Milch, die Rakete müsse mit allem Nachdruck vorangetrieben werden, denn sie werde »vermutlich in absehbarer Zeit, in etwa 3 bis 5 Jahren, für die Bekämpfung der Höchstflieger die einzige Waffe bilden«[72]. Im Verlauf des Herbstes 1942 kam es deshalb zu engen Kontakten zwischen der Flakentwicklungsabteilung der Luftwaffe und der Abteilung WaPrüf 11 des Heereswaffenamtes, die die Boden-Boden-Rakete A 4 (V 2) bearbeitete. Die Luftwaffe wollte sich die Kenntnisse des Heeres zunutze machen und beauftragte den Arbeitsstab um Oberst Dornberger und Wernher von Braun in Peene-

[68] Entwicklung der V 1 und Flakraketen, von Gen. d. Flakartillerie a. D. von Axthelm, BA-MA, ZA 3/94, S. 3.

[69] Ebd., S. 5f.; Auszug aus einer Stellungnahme zu Flak-Fragen von General a. D. Walther v. Axthelm (19.7.1954), BA-MA, ZA 3/94, S. 3.

[70] Ebd.; Die Flakraketen-Entwicklung, von Oberstleutnant Halder 1945, BA-MA, ZA 3/94; Röpnack, Geschichte der Raketenartillerie, S. 149; Ludwig, Flakraketen, S. 90f.

[71] Nachlaß Hertel, Ordner VII, Fernlenkgeräte und Flugzeugtorpedos, Stellungnahme R. Brée vom Dezember 1953, BA-MA, N 653 S. 3.

[72] Entwicklungsbesprechung vom 18.9.1942, BA-MA, RL 3/34, S. 2125.

münde mit der Entwicklung einer leitstrahlgesteuerten Flakrakete mit einer Gipfelhöhe bis zu 20 km und einer horizontalen Reichweite bis zu 50 km[73].

Am 7. Dezember 1942 wurde das Vorhaben durch Dornberger und von Braun im Beisein von Axthelms, Halders und des Chefs der Abteilung Flakentwicklung, Generalleutnant von Renz, dem Generalluftzeugmeister vorgetragen. Das Heer sollte dabei die nötigen Rohstoffe vorschießen und sie nachträglich von der Luftwaffe zurückfordern. Dornberger dachte an den Bau einer Flüssigkeitsflakrakete, die mit Salpetersäure betrieben werden sollte, außerdem als Ergänzung an eine Pulverrakete. Es würden je Schuß 1,5 bis 2 t Salpetersäure oder mindestens 500 kg Pulver verbraucht werden. Die Konstruktion der Pulverrakete übernahm die Firma Rheinmetall, während Peenemünde deren Steuermaschinenteil und die Flüssigkeitsrakete bearbeitete. Wie bei allen neuen Waffenentwicklungen bestand der Hauptengpaß im Mangel an Konstrukteuren. Dornberger betonte aber, die Zusammenarbeit zwischen dem Technischen Amt des Generalluftzeugmeisters und Peenemünde sei auf der Ebene der Sachbearbeiter ganz ausgezeichnet, nur von den Abteilungschefs aufwärts gebe es noch gewisse Schwierigkeiten. Abschließend wurde auf Vorschlag von Brauns als »Zwischenlösung« eine einstufige Pulverrakete in das Programm aufgenommen. Milch, von Axthelm und von Renz stimmten dem zu, die Eckdaten der gemeinsamen Entwicklung von Heer und Luftwaffe standen damit vor Jahresende 1942 bereits fest[74].

Am 16. Januar 1943 trafen sich unter Leitung des Generalleutnants von Axthelm 48 wichtige Sachbearbeiter des Flakraketenprogramms, darunter Vertreter der Firma Rheinmetall, Dornberger, von Braun, Oberst Zanssen und Dr. Thiel von WaPrüf 11, Generalleutnant von Renz und seine Fachleute der Amtsgruppe Flakentwicklung, die Fliegerstabsingenieure Brée und Schelp aus dem Technischen Amt, sowie Ingenieure des Planungsamtes und der Forschungsführung des Oberbefehlshabers der Luftwaffe. Ohne Zweifel war hier der geballte Sachverstand, was Strahlantrieb, Fernlenkung und Raketentechnik betraf, versammelt. Von Renz betonte einleitend die außerordentliche Dringlichkeit der Flakraketenentwicklung. Insgesamt gab es folgende Projektarbeiten: Die Firma Rheinmetall verfolgte eine Pulverflakrakete mit einer Reichweite von etwa 6 km und einer Nutzlast von 100 kg, die nach optisch-elektrischem Prinzip gesteuert werden sollte. Das Heer übernahm in Penemünde die Entwicklung der elektrischen Steuerungsanlagen für Pulverraketen mit Reichweiten von 20 km. Darüber hinaus wurde an einer elektrisch ferngesteuerten Flüssigkeitsflakrakete großer Leistung mit einer Reichweite von 50 km gearbeitet, die auf der A-4-Boden-Boden-Rakete aufbaute. Die Flugerprobung sollte Ende 1944 beginnen, wobei Dr. von Braun auf die erheblichen Schwierigkeiten bei der Entwicklung von Zielsucheinrichtungen hinwies. Bei Henschel hatte Prof. Wagner auf eigene Vorarbeiten von 1941 zurückgegriffen und eine Flakrakete im Unterschallbereich vorge-

[73] HAP Abt. EW/TD, Az 72 p, Bb.-Nr. 0920/42 g. Kdos., Niederschrift über die Besprechung am 26. 9. 1942 in Peenemünde, BA-MA, RH 8/1258; Oberkommando des Heeres (Chef der Heeresrüstung und Befehlshaber des Ersatzheeres), Az 72 n-p-WaPrüf 11/HAP, Bb. Nr. 977/42 g. Kdos. vom 22. 10. 1942, BA-MA, RH 8/1258.

[74] Stenographischer Bericht über die Flak-E-Besprechung vom 7. 12. 1942, BA-MA, RL 3/1362; vgl. auch Bericht Nr. 12 über die Flakentwicklungsbesprechung am 7. 12. 1942, BA-MA, RL 3/57, S. 4063—4065.

schlagen, die nach optischer Sicht mittels Funkfernsteuerung auf eine Entfernung von bis zu 20 km eingesetzt werden konnte. Schließlich gab es noch zwei weitere Projekte, das »Projekt Schade« des Leutnants Dr. Schade, das sich mit einer drallstabilisierten Pulverrakete befaßte und das »Projekt Feuerlilie« der Forschungsführung des Ob. d. L[75]. Die Besprechung machte vor allem deutlich, daß sich die Terminvorstellungen von Axthelms mit denen der Experten nicht deckten, denn er forderte eine Abkürzung der Entwicklungsdauer. Die Peenemünder wiesen aber mit Recht darauf hin, daß die Flakrakete ja nicht nur fliegen, sondern auch bei schwierigsten Zielbedingungen mit größter Wahrscheinlichkeit treffen müßte. Das dazu erforderliche Radargerät könne erst 1945 als Versuchsmuster fertiggestellt werden. Außerdem benötige man zusätzliche Fertigungskapazität für den Treibstoff Salpetersäure. Die Bauzeit dafür wurde mit zwei Jahren veranschlagt. So waren also umfangreiche Vorarbeiten nicht nur bei der reinen Raketenentwicklung, sondern auch auf dem Hochfrequenz-, Röhren- und Treibstoffsektor notwendig, um überhaupt eine frühzeitige Flakraketenfertigung zu ermöglichen[76]. Die Fachleute waren sich demnach einig, daß nicht vor Anfang 1945 mit ersten funktionstüchtigen Modellen gerechnet werden könne, und dieser Termin wurde später auch in etwa eingehalten.
Es stellt sich die Frage, warum der enorme Aufwand, der zudem eine Konkurrenz zur Heeresrakete A 4 und zu den Strahlflugzeugen darstellte, überhaupt betrieben wurde. Generalleutnant von Renz legte seine Überlegungen in einem Schreiben an Milch offen. Er ließ das Argument der Materialverschwendung nicht gelten. Zwar sei die Flakrakete ein »Verbrauchsgerät«, im Vergleich zum Flakgeschütz benötige sie aber dennoch weniger Material pro Abschuß. Von Renz rechnete mit einem durchschnittlichen Verbrauch von 3000 Schuß Munition bei der normalen Flak bzw. zwei Raketen für je ein abgeschossenes Flugzeug und kam zu folgendem Ergebnis:

Munition je Abschuß rund	Munitionsart	Sprengstoff in t	Treibladung in t	Summe
3000	8,8/36	2,7	9	11,7
3000	8,8/41	3	15	18
3000	10,5/39	4,5	18	22,5
2	Flakrakete	0,2	4	4,2

Eine geschlossene Abwehr könne deshalb nur durch den Einsatz von Flakraketen und Jägern erreichet werden. Die Raketen seien keine Konkurrenz zu den Strahlflugzeugen, vielmehr werde sich der beste Abwehrerfolg nur durch eine sinnvolle Ergänzung der Abwehrmittel einstellen[77].

[75] Der Reichsminister der Luftfahrt und Oberbefehlshaber der Luftwaffe, GL/Flak-E, Az. 13x10 Nr. 123/43 g. Kdos. Stab I/V vom 15. 2. 1943, Niederschrift über die Flak-R-Besprechung am 16. 1. 1943, DM, Ordner »Wasserfall«.

[76] Bericht Nr. 6 über die Flak-Entwicklungsbesprechung am 18. 1. 1943, BA-MA, RL 3/57, S. 4059.

[77] GL/Flak-E Az.: 65 Nr. 160/43 g. Kdos. 2. Ang. Stab I vom 23. 2. 1943, BA-MA, RL 3/57, S. 4051 ff.

Dem war sicher zuzustimmen, nur befand sich Deutschland 1943 nicht mehr in der Lage, seine sowieso zu geringe Forschungs- und Entwicklungskapazität aufzuteilen. Wenn auch die Angaben des Chefs der Amtsgruppe Flakentwicklung vordergründig recht überzeugend aussahen, so basierten sie doch auf der überoptimistischen Annahme, man benötige nur zwei Raketen pro Abschuß. Dazu wäre aber die Ausschöpfung vieler Steuerungs- und Zielsuchmethoden notwendig gewesen, die erst heutzutage mit dem Prinzip »fire and forget« erreicht sind, in den vierziger Jahren aber allein schon wegen der noch fehlenden Mikrominiaturisierung der elektronischen Bauteile nicht im Bereich des Möglichen lagen. So aber wurde Milch die Lösung des Flakproblems vorgegaukelt, denn der Generalluftzeugmeister meinte schon lange, daß es besser sei, die Flakrüstung zugunsten der Flugzeugproduktion zu drosseln[78]. Warnende Stimmen aus dem Technischen Amt konnten sich offensichtlich nicht gegen die Magie der Zahlen durchsetzen, die sicherlich auch Milch beeinflußte[79].

Welche enormen Ressourcen die Projekte jedoch verschlingen konnten, zeigt die Bedarfsplanung für die Flakrakete »Wasserfall« der Heeresanstalt Peenemünde. Für eine Gesamtfertigung von 5000 Geräten pro Monat forderte man 14000 Arbeitskräfte und rechnete mit ca. 655000 Vorrichtungs- und Lehrenkonstruktionsstunden und ca. 450000 Vorrichtungs- und Lehrenbaustunden. Aus diesem Grund war auch der Sonderausschuß A 4 unter Direktor Degenkolb eingeschaltet worden, der unter der Regie des Speer-Ministeriums die Fertigung der Heeresrakete A 4 aufziehen sollte[80]. Wieder einmal drängte sich die Speer-Behörde in den Bereich der Luftrüstung, wobei die Bitte um Hilfestellung durchaus von seiten der Luftwaffenführung kam. Die geplante »Wasserfall«produktion zeigt eindrucksvoll das Ineinandergreifen von Militär, Rüstungsministerium und Industrie. Die Entwicklung wurde vom Heer in Peenemünde durchgeführt und vom Technischen Amt und der Amtsgruppe Flakentwicklung überwacht, die Konstruktion und den Bau der Fertigungsvorrichtungen sollten die Henschel-Flugzeugwerke übernehmen, während für die eigentliche Beschaffung dann der Sonderausschuß A 4 zuständig war[81]. Führt man sich vor Augen, daß zur selben Zeit beispielsweise Messerschmitt und Arado um Arbeitskräfte und Konstrukteure für ihre Strahlflugzeuge rangen, so wird erst deutlich, wie unkoordiniert die Rüstung auf dem Gebiet der »Wunderwaffen« trotz der gemeinsamen Anstrengungen der Wehrmachtteile und des Speer-Ministeriums war, denn neben der Flugzeugentwicklung liefen das Raketenprojekt A 4 des Heeres, die Flakraketen der Luftwaffe und die Flugbombe Fi 103 (V 1) als Konkurrenz zur Heeresrakete, und überall mußte mit den gleichen Mangelerscheinungen gerechnet werden. Es fehlte ein übergeordneter Schwerpukt.

Die Zersplitterung der Kräfte weckte natürlich auch die Kritik der Industriellen. So stellte Carl Krauch von der I. G. Farben, als Generalbevollmächtigter für Fragen der chemischen

---

78 Boog, Luftwaffenführung, S. 206.

79 Vgl. GL/C-E, C-E Nr. 5470/43 (2/IV) g. Kdos. vom 29. 1. 1943, Betr. Luftabwehr — Flakrakete — Nachtjäger, von Fliegerstabsingenieur Brée, BA-MA, RL 3/1513.

80 Heeresanstalt Peenemünde EW/TD, Bb. Nr. E 563/43 g. Kdos. vom 14. 5. 1943, DM, Ordner »Wasserfall«.

81 Berichte Nr. 10 und 11 über die Flakentwicklungsbesprechungen vom 16. 6. und 22. 7. 1943, BA-MA, RL 3/57, S. 4002, 4013.

Erzeugung für die Treibstoffversorgung der Raketen zuständig, in einer Notiz über eine Besprechung mit Staatsrat Dr. Schieber, dem Leiter des Rüstungslieferamtes, die Frage, ob das Vorwärtstreiben der Entwicklung von Angriffsraketen, wie der A 4 des Heeres, überhaupt der richtige Weg sei. Verbessere man mit den Raketen die Luftverteidigung, so könne der feindliche Luftterror mit einem Schlag seiner Wirkung beraubt werden. Deshalb spräche alles für eine Forcierung der gesamten Raketenentwicklung, »*in Sonderheit und vorweg jedoch* der Luftabwehrmittel (Hervorhebung im Original)«[82]. Krauchs Notiz enthüllt die Hoffnungen, die die führenden Leute in Militär und Industrie auf die neue Technologie setzten, allerdings blieb das Dilemma der Parallelrüstung von Angriffs- und Verteidigungswaffen genau wie bei den Strahlflugzeugen bis weit in das Jahr 1944 ungelöst, auch als Speer längst alle Bereiche der Wehrmachtrüstung unter seine Fittiche genommen hatte.

Anfang Oktober legte die Amtsgruppe Flakentwicklung Milch, dem Luftwaffenführungsstab, dem General der Flakwaffe und der 6. Abteilung des Generalquartiermeisters eine umfangreiche Ausarbeitung über die Flakraketen vor. Es wurde eine geschlossene Luftverteidigungszone um das ganze Reichsgebiet als am zweckmäßigsten angesehen, in der neben der herkömmlichen schweren und leichten Flak auch die Flakraketen eine tragende Rolle spielen sollten. Die vier wichtigsten Projekte waren inzwischen folgende Raketen: »Wasserfall«, die Peenemünder Heeresentwicklung, eine einstufige Flüssigkeitsrakete mit 3,5t Startgewicht, einer Sprengladung von rund 100 kg, betrieben mit Salpetersäure als Sauerstoffträger und Visol als Brennstoff, Schubkraft 8t, Reichweite 25—30km, Gipfelhöhe 15 km, die »Rheintochter« der Firma Rheinmetall, eine zweistufige Pulverrakete mit 1,75t Startgewicht, einer Sprengladung von 100 bis 150kg, Schubkraft 4t, Reichweite 8km und Gipfelhöhe 6km, »Schmetterling«, eine zweistufige Flüssigkeitsflakrakete der Henschel-Flugzeugwerke mit 420kg Startgewicht, einer Sprengladung von 23kg und einem Wirkungsbereich von 10km Höhe und 16km horizontaler Entfernung, schließlich die »Enzian«, eine Entwicklung der Messerschmitt AG, die auf dem Me-163-Raketenjäger basierte und eigentlich ein unbemanntes Flugzeug darstellte. Diese zweistufige Rakete mit einem Startgewicht von 1,392t hatte Pulverraketen als Starthilfen, arbeitete im Dauerbetrieb dann mit einem Flüssigkeitstriebwerk ebenfalls auf Salpetersäure- und Visolbasis wie »Wasserfall«. Sie sollte eine Sprengladung von 400kg über 15km transportieren können. »Wasserfall« erreichte Überschallgeschwindigkeit, die übrigen drei blieben unter der Schallgrenze. Als Steuerung war für »Wasserfall« ein Lenkverfahren vorgesehen, bei dem ein elektromagnetischer Leitstrahl das feindliche Flugzeug erfaßte und die Rakete sich selbst auf diesem Strahl ins Ziel steuerte, ein hochmodernes Verfahren also, das auch heute noch vielfach angewendet wird. Bei den übrigen drei Projekten erfolgte die Zielortung entweder auf optischem oder funkelektrischem Wege, anschließend wurde das Projektil durch Steuerkommandos, die vom Boden aus per Funk übertragen wurden, an das Ziel herangeführt. Die Zündung der Sprengladung sollten sogenannte Annäherungszünder besorgen, die bei einer bestimmten Entfernung vom Ziel die Explosion

[82] Berlin, den 29.6.1943, Bemerkungen zum R-Programm. Notiz über eine Besprechung mit Herrn Staatsrat Dr. Schieber aufgrund eines Besuches in Peenemünde und Kiel, BA, R 25/99.

der Rakete auslösten. Die Zünder ebenso wie die Zielsucheinrichtungen, welche in der Endphase der Annäherung an ein Flugzeug die Lenkung übernehmen konnten, befanden sich noch im Anfangsstadium der Entwicklung. Immerhin hoffte man dennoch recht optimistisch, bei »Schmetterling« und »Rheintochter« Mitte 1944 mit der Massenfertigung beginnen zu können, »Enzian« steckte dagegen noch in den Kinderschuhen, und »Wasserfall« konnte wohl wegen der schwierigen technischen Probleme erst später erscheinen[83]. Mit ungebremstem Optimismus arbeitete die Amtsgruppe Flakentwicklung, unter der Federführung des inzwischen zum Oberstleutnant beförderten Dr. Halder Mitte Dezember 1943 bereits umfangreiche Vorschläge für den Einsatz und die Bodenorganisation der Flakraketen aus[84]. Vor allem Halder kämpfte unermüdlich für »seine« Flakraketen, obwohl er intern in einer Sonderbesprechung durchaus Mängel und grundsätzliche Konstruktionsfehler rügte: Bei »Wasserfall« das zu hohe Startgewicht, nur ein Marschtriebwerk und deshalb ein ungünstiges Verhältnis von Gesamtgewicht zur Nutzlast, bei »Schmetterling« zu kleine Dimensionierung und daher kaum Möglichkeiten, später Zielsuchgeräte unterzubringen, zudem war die Energieversorgung bereits an der obersten Grenze angelangt. »Rheintochter« war aerodynamisch noch nicht fundiert, ihr Wirkungsbereich im Verhältnis zum Gesamtgewicht zu klein[85]. Diese Unzulänglichkeiten blieben natürlich auch den Sachbearbeitern im Technischen Amt nicht verborgen. Vor allem Stabsingenieur Brée versuchte, aufgrund seiner intimen Kenntnis der noch unterentwickelten Lenkungstechnik die Flakraketen durch lohnendere Projekte abzulösen, was Halder ihm natürlich sehr übel nahm. Es entstand ein regelrechter Kleinkrieg zwischen den beiden um die Gunst des Generalluftzeugmeisters und des Generalstabs[86].

Ende Januar 1944 schlug Brée deshalb auf einer Entwicklungsbesprechung vor, kleinere ferngelenkte Bordraketen für Jagdflugzeuge stärker zu fördern. Es handelte sich dabei um die Henschel-Projekte Hs 293 H, eine Sonderversion einer bereits erfolgreich eingesetzten raketengetriebenen ferngelenkten Gleitbombe, eine Spezialversion der Hs 117 »Schmetterling« als Luft-Luft-Flugkörper und vor allem um die Hs 298, eine Jägerrakete mit Funkfernsteuerung. All diese Geräte waren von Prof. Wagner entworfen worden. Daneben gab es die X 4 aus der Familie der X-Flugkörper, die Dr. Max Kramer bei der Deutschen Versuchsanstalt für Luftfahrt (DVL) konzipiert hatte. Die Projektile sollten von Jagdflugzeugen an die Bomber herangebracht und dann vom Piloten ferngesteuert ins Ziel gelenkt werden. Weil sie nur eine relativ kurze Entfernung überbrücken mußten, waren sie kleiner und deshalb weniger aufwendig als die Flakraketen. Brée sah in diesen Entwicklungen eine starke Konkurrenz zur Flakrakete und räumte ein, damit berühre man »ein heikles Thema«. Heikel sei es vor allem deshalb, weil man für die Flak-

---

[83] Der Reichsminister der Luftfahrt und Oberbefehlshaber der Luftwaffe, GL/Flak-E, Az 13x10 Nr. 800/43 g. Kdos. (Chefsache) B. V. vom 4. 10. 1943, Flakraketen, DM, Ordner »Wasserfall«.

[84] Der Staatssekretär der Luftfahrt und Generalinspekteur der Luftwaffe, GL/Flak-E/B.V., 1082/43 g. Kdos. Chefsache vom 15. 12. 1943, Betr.: Vorschläge für Einsatz und Bodenorganisation von Flakraketen, BA-MA, RL 3/67.

[85] Die Flakraketen-Entwicklung, von Oberstleutnant Halder 1945, BA-MA, ZA 3/94.

[86] Ebd.; Nachlaß Hertel, Ordner VII, Fernlenk-Geräte und Flugzeug-Torpedos, Stellungnahme Rudolf Brée vom Dezember 1953, BA-MA, N 653, S. 4.

rakete schon sehr große Aufwendungen aufgebracht habe. Trotzdem spräche alles für die Jägerrakete: »Die Flak-Rakete wird nicht mit dem Flugzeug an den Feind herangebracht und der Aufwand ist hier vier- bis sechsmal so viel wie bei den Jägergeräten, wobei noch zu beachten ist, daß der Hauptaufwand aus zum Teil schwer beschaffbaren Treibstoffen besteht. Gespart wird bei der Flak-Rakete allerdings der Bodenaufwand für das Flugzeug und dieses selbst. Die Flugzeuge sind aber vorhanden; dagegen muß für die Flak-Rakete eine vollkommen neue Bodenorganisation geschaffen werden[87].«
Die Argumente waren einleuchtend und hätten vielleicht eine Entlastung der Forschung und der Industrie gebracht, wenn sich die Luftwaffenführung zur Streichung der Flakraketen entschlossen hätte. Die ganze Misere der Luftrüstung wurde aber erneut deutlich, als Fliegerstabsingenieur Schelp die Probleme der Antriebe anschnitt. Seiner Meinung nach war »das A und O aller neuer Abwehrwaffen die Triebwerksfrage«. Auf dem Raketensektor verfolge man die Jägertriebwerke der Me 163 B und C, die Jägerraketen X 4, Hs 293 und Hs 298 und schließlich die Flakraketen, insgesamt neun verschiedene Aufgaben, die alle in derselben Dringlichkeit liefen. Für die Entwicklung standen aber nur die Firmen Walter und BMW zur Verfügung[88]. Statt zu einer Konzentration der Entwicklungskapazität zu kommen, wurden durch den gutgemeinten Vorstoß für die Jägerraketen nur noch zusätzliche Aufgaben hinzugefügt, da sich die Luftwaffenführung nicht für die Streichung eines Projekts entscheiden konnte. Auffallend war, daß neben der Konkurrenz in der Grundauslegung — also Interceptor, Flakrakete oder Jägerrakete — eine verhängnisvolle Typenvielfalt existierte, die lange Zeit weiter aufrechterhalten wurde, obwohl im März 1944 in einem Bericht der Luftwaffe gemeldet wurde, es könnten nur 50% der angesetzten Entwicklungsaufgaben bearbeitet werden, eine Typenverringerung auf der Flakraketenseite sei dringend erforderlich im Hinblick auf die Vielzahl der Vorhaben und der Erprobung[89]. Mit dem Problem der übergroßen Zahl von Parallelentwicklungen hatte die Luftwaffe seit ihrer Gründung gerungen. Daß sich die Verhältnisse aber auch in der Endphase des Krieges unter Speer nicht besserten, zeigt das Programm, das der Rüstungsminister nach einer Vorführung der Raketen vor Göring wenige Tage vor Hitlers Erlaß zur Steigerung der Flakwaffenproduktion befahl. Demnach sollten die X 4, die Hs 298, die »Schmetterling« und die »Enzian« »besonders konzentriert dringlich fortgeführt werden«. Auch »Rheintochter« und »Wasserfall« wurden weiterverfolgt, daneben sollte die A 4 (V 2) vervollkommnet werden und die V 1 mit einer Stückzahl von 3000 gebaut werden. Für »Schmetterling« war ein Monatsausstoß von 3000 Geräten vorgesehen, für X 4 von 5000 sowie für die Hs 298 und »Enzian« von je 2000 Stück[90]. Die Politik, möglichst keine Entwicklung zu vernachlässigen, war auf den Umstand

---

[87] St/E-Besprechung vom 27.1.1944, BA-MA, RL 3/40, S. 5345f.; zu den einzelnen Projekten vgl. ebd., S. 5352ff.; 5381ff.; Hermann, Luft-Luft-Flugkörper, S. 164f.; Schliephake, Jägerrakete X 4, S. 166—172; Kloss, Jägerrakete Hs 298, S. 173—178; Pocock, German Guided Missiles, S. 61—68.

[88] St/E-Besprechung vom 27.1.1944, BA-MA, RL 3/40, S. 5396.

[89] Bericht Nr. 56 über die Entwicklungs-Besprechung vom 24.3.1944, BA-MA, RL 3/42, S. 6126.

[90] Abschrift von Abschrift, Geheime Kommandosache, Berlin, den 30.10.1944, Vermerk über eine Besprechung beim Herrn Reichsminister Speer im Anschluß an eine Vorführung vor Herrn Reichsmarschall am 30.10.1944, DM, Ordner »Wasserfall«.

zurückzuführen, daß sowohl Speer als auch Göring jede technische Kompetenz fehlte. Die beratenden Sachbearbeiter hielten dagegen natürlich jeweils »ihr« Projekt für das beste. Da in der Bedrängnis des Jahres 1944 jede Waffe praktisch vom Reißbrett weg in die Produktion kommen sollte, war eine ausreichende Erprobung, die dann Ergebnisse für ein fundiertes Urteil geliefert hätte, nicht möglich. Man griff deshalb nach jedem Strohhalm, der sich anbot, bewirkte aber durch die heillose Zersplitterung der Entwicklungs- und Fertigungskapazität, daß keine der »Wunderwaffen« die Serienreife erreichte. Die meisten blieben im Erprobungsstadium stecken.

Stabsingenieur Brée urteilte nach dem Kriege deshalb kritisch: »Daß die militärische Führung im Lauf des Krieges vor immer schwierigere Lagen gestellt wurde, denen sie mit den zur Verfügung stehenden Mitteln immer schlechter entsprechen konnte, machte den Sog zur ›Wunderwaffe‹ hin in der Vorstellung der Beteiligten immer größer. Leider hielt die realistische Kenntnis der Voraussetzungen für solche Waffen nicht Schritt mit den Wunschträumen — oder wenn man so will, mit den durch die immer unmöglicher werdende Lage verzweifelter werdenden Versuchen, aus dem Zaubergarten der Technik Rettung bringende Heilmittel zu schaffen[91].«

2. Das Scheitern der Luftrüstung im »Endkampf«

Ende 1944 arbeitete der militärisch-industrielle Lenkungsapparat immer noch so hektisch und zielgerichtet, als könne der Krieg noch Jahrzehnte dauern. Dabei verselbständigten sich die einzelnen Sachwalter der Rüstung immer mehr. Die militärisch-politische Führungsspitze um Hitler, die Fachleute des militärisch-technischen Bereichs der Luftwaffenführung und des Heeres sowie die Leiter der industriellen Produktion gingen ihren eigenen Konzeptionen nach. Der Versuch, mit Sonderbevollmächtigten klare Verhältnisse in dem Kompetenzwirrwar zu schaffen, scheiterte meist daran, daß jeder Bereich jeweils seinen eigenen Kommissar einsetzte. Die Fülle von Befehlen, Widerrufen von Anweisungen, Überarbeitungen von Planungsgrundlagen und Notprogrammen läßt kaum noch ein gesichertes Urteil darüber zu, welche Auswirkungen sie im einzelnen hatten. Die Lenkungsebene mit ihren Entscheidungen stand im krassen Gegensatz zu den tatsächlichen Fertigungs- und Entwicklungsmöglichkeiten in der Endphase des Krieges.

a) Letzte Versuche einer Konzentration der Kräfte und der Zusammenbruch

Schon Ende November hatte sich Saur über »geradezu haarsträubende Zustände« bei Messerschmitt beklagt und mit sofortiger Wirkung SS-Standartenführer Kloth als Sonderbevollmächtigten des Rüstungsstabes für die Firma eingesetzt[92]. Die SS übernahm damit auch zunehmend Kontrollaufgaben in der Luftwaffenfertigung, die früher beim Generalluftzeugmeister gelegen hatten. Die Me-262-Fertigung sollte unter allen Umstän-

---

[91] Nachlaß Hertel (wie Anm. 86), BA-MA, N 653, S. 5.

[92] Sammelbericht vom 21.11.1944, BA-MA, RL 3/12, S. 6606.

Abb. 37: Flugzeugprogramm-Forderung Chef TLR vom 3.12.1944 (Jäger)

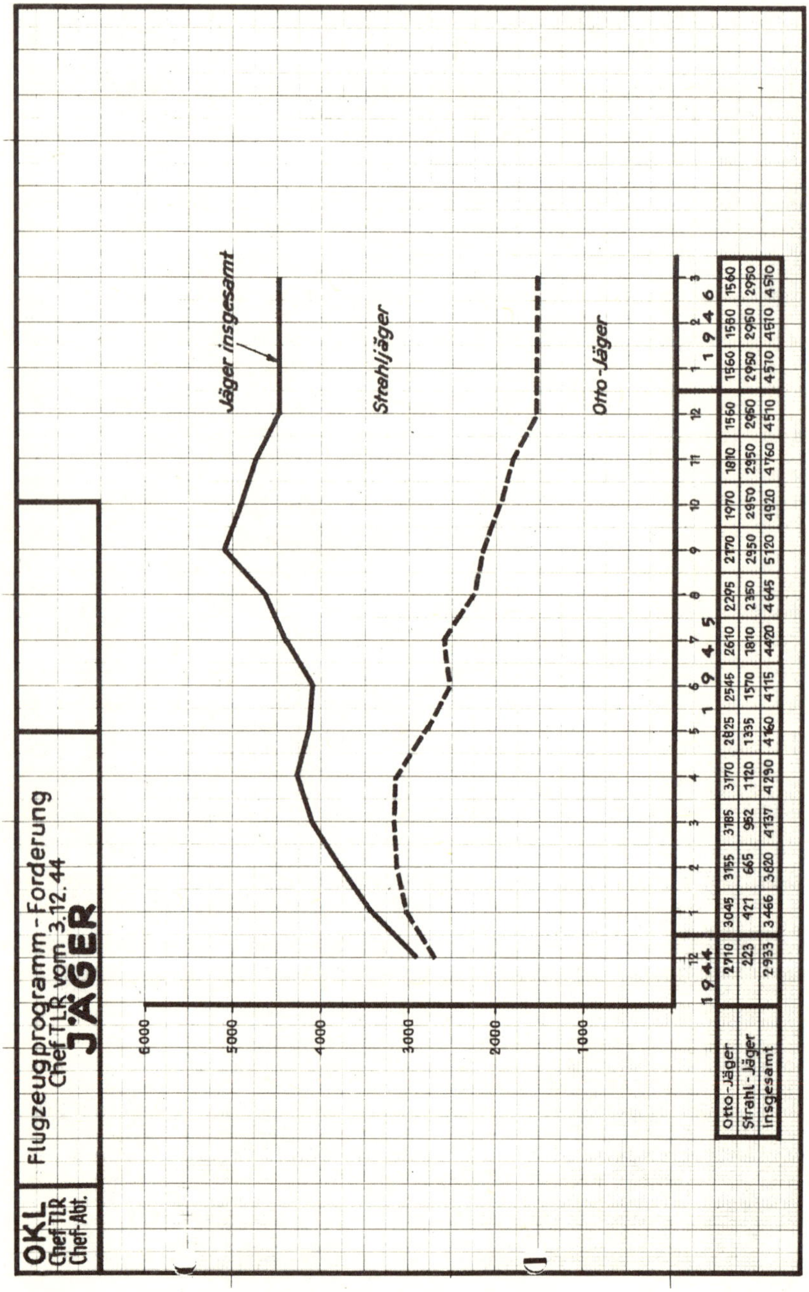

	1944 12	1945 1	2	3	4	5	6	7	8	9	10	11	12	1946 1	2	3
Otto-Jäger	2710	3045	3155	3185	3170	2825	2545	2610	2295	2170	1970	1810	1560	1560	1560	1560
Strahl-Jäger	223	421	665	952	1120	1335	1570	1810	2350	2950	2950	2950	2950	2950	2950	2950
Insgesamt	2933	3466	3820	4137	4290	4160	4115	4420	4645	5120	4920	4760	4510	4510	4510	4510

Quelle: BA-MA, RL 3/2513.

den auf Touren gebracht werden. Auch der Chef der Technischen Luftrüstung legte eine Flugzeugprogrammforderung vor, nach der die Strahljäger die dominierende Flugzeugart der Luftwaffe werden sollten (vgl. Abb. 37). Im August 1945 waren erstmals mehr Düsenjäger als Ottojäger geplant. Sehr realistisch waren die Planzahlen nicht, denn der Rüstungsstab mußte bereits Mitte Dezember »das katastrophale Absinken der Flugzeugausbringung« melden, das »zum größten Teil im Transportproblem begründet« war[93]. Das Kriegstagebuch des Chefs der Technischen Luftrüstung vermerkte eine »völlig unzureichende Überführung von Rüstungsgeräten zwischen Halbzeug- und Fertig-Industrie. [...] Bei weiterem Anhalten der unzureichenden Transportverhältnisse ist ab *Februar 45* ein *größerer Fertigungseinbruch* infolge fehlender Zulieferungen zu erwarten [Hervorhebung im Original][94].«
Trotz aller Hindernisse bei der Produktion ging die Arbeit der Entwicklungsstellen weiter. Die Entwicklungshauptkommission Flugzeuge des Speer-Ministeriums widmete sich am 19. und 20. Dezember 1944 den Zukunftsaufgaben. Professor Willy Messerschmitt, der zum Vorsitzenden der neugebildeten »Sonderkommission Tagjäger« bestimmt worden war, hielt einen Vortrag, bei dem er eindeutig betonte, daß der Wettlauf mit dem Ausland nur mit dem TL-Jäger entschieden werden könne. Deshalb sollte die leistungsstärkere He-S-11-Turbine »mit ganz besonderen Mitteln beschleunigt werden«. Die Sonderkommission Flugtriebwerke hatte Kapazitäten und Personal herbeizuschaffen, wo sie diese aber hernehmen sollte, wurde nicht besprochen. Anfang Januar wollte man ein neues Flugzeugprojekt mit der Turbine in Angriff nehmen. Interessanterweise glaubte Messerschmitt trotz allem, nicht auf die Weiterentwicklung des Ottojägers verzichten zu können. Seine vorsichtige Haltung, die sich schon im Frühjahr 1943 in der Diskussion um die Me 209 und die Me 262 gezeigt hatte[95], war ihm geblieben. Einhellig lehnte die Kommission Objektschutzjäger ab, die über eine zu kurze Flugdauer verfügten. Schon die der Me 163 B wurde als kaum ausreichend bezeichnet, Projekte wie die Bachem »Natter« verwarf man ebenfalls. Messerschmitt befürwortete als Raketenjäger die Me 263 mit einer größeren Reichweite als die Me 163 B. Dem Projekt »Natter« wurde wenigstens die Fertigungsentwicklung bis zu den ersten Abschußversuchen zugestanden; irgendwelche Serienvorbereitungen lehnte das Gremium strikt ab[96]. Bei diesem Vorhaben handelte es sich um ein typisches Beispiel für die Art von befehlsmäßig zurechtgezimmerten »Geheimwaffen«, die im Herbst 1944 aus der Not geboren wurden. Die »Natter« war laut Baubeschreibung ein »Zwitter zwischen bemannter Rakete, gesteuerter Flaksalve und Flugzeug«[97]. Das kleine Raketenflugzeug wurde senkrecht abgeschossen, der Anflug auf die Feindbomber sollte automatisiert werden. Hatte das Gerät die Höhe der Angreifer erreicht, so übernahm der Pilot die Steuerung und löste in geringer Entfernung eine Salve von

---

93 Sammelbericht vom 14.12.1944, BA-MA, RL 3/12, S. 6563.

94 K.T.B. Chef TLR vom 18.12.1944 bis Kriegsende, 27.12.1944–7.1.1945, BA-MA, RL 3/2567, S. 16.

95 Vgl. Kap. III, 2b.

96 Entwicklungshauptkommission Flugzeuge, Br. Nr. 407/44 g.Kdos. vom 21.12.1944, BA, R 3/1749, S. 127f.

97 Bachem-Werk G.M.B.H. Waldsee-Württ., Projekt »Natter«, DM, Ordner Flugkörper Bl-H.

Pulverraketen aus, die in der Bugspitze montiert waren. Anschließend wurde der Rumpfbug abgesprengt und der Pilot konnte sich mit dem Fallschirm retten, während die Triebwerksanlage ebenfalls an einem Schirm zu Boden schwebte. Der Fertigungsaufwand für die Maschine war äußerst gering, denn nach den Angaben der Firma Bachem in Waldsee bestand die »Natter« weitgehend aus Holz und konnte von jeder Möbelfabrik hergestellt werden. Bauungenauigkeiten spielten keine große Rolle, denn der Flugzeugführer vermochte diese ja manuell auszusteuern. Außerdem entfielen weitestgehend Überwachungs- und Navigationsgeräte. Als Antrieb sollte ein serienmäßig vorhandenes Walter-Raketentriebwerk dienen. Dieses aus heutiger Sicht recht abstruse Projekt war eigentlich der Offenbarungseid der deutschen Raketentechnik. Da offensichtlich die normalen Flakraketen nicht mit den entsprechenden Lenksystemen, Zielsuchverfahren und Abstandszündern rechtzeitig bereitgestellt werden konnten, mußte der Mensch die Elektronik ersetzen, denn durch den Einsatz eines Flugzeugführers konnten alle technischen Hindernisse umgangen werden. Zum Glück für die deutschen Piloten kam die »Natter« nicht mehr zum Einsatz und ihnen blieb der Kamikaze-Angriff auf die Bomber erspart. Das ganze Projekt »Natter« zeigt jedoch, daß Ende 1944 kein Vorschlag zu abseitig war, um nicht doch bei der Jagd auf »Geheimwaffen« weiterverfolgt zu werden.

Anfang 1945 überschlugen sich die Ereignisse. Am 5. Januar 1945 trat der »Arbeitsstab Petersen« zu einer ausführlichen Besprechung zusammen, der unter Leitung von Prof. Dr. Petersen im Dezember 1944 gebildet worden war und alle Projekte bearbeiten sollte, die auf die »Brechung des Luftterrors« abzielten[98]. Die Kommission beschäftigte sich dabei in der Hauptsache mit den Flakraketen, wobei die Übersicht über die einzelnen Vorhaben ein ernüchterndes Bild zeigte: Vor Ablauf von sechs Monaten sei kein Einsatz von Flakraketen denkbar. Die Heranführung der Projektile an das Ziel war beim Stand der Hochfrequenztechnik nur bei normaler Sicht möglich, was die Raketen zu Schönwettergeräten stempelte. Bei »Rheintochter« waren 70 Geräte erprobt worden, weitere 30 standen bereit. Von »Schmetterling« waren im Dezember 10 Stück geliefert worden, in Zukunft würden vielleicht 15—20 Stück monatlich folgen, es fehlte aber noch der Abstandszünder. Die »Enzian« hatte mit 23 Geräten Versuche absolviert, fünf weitere würden im Februar folgen, ein fertigungsreifes Muster lag jedoch nicht vor. Die Jägerrakete X 4, die inzwischen bei der Firma Ruhrstahl gebaut wurde, hatte 123 Testabschüsse hinter sich, davon waren 35% erfolgreich verlaufen, 7% nur teilweise, der Rest waren Versager. Es war deshalb verständlich, daß man nach billigen und einfacheren »Vorablösungen« suchte. Das sollten ungelenkte Raketen wie die R 50 oder die »Taifun« sein, die in Salven gegen die Bomber geschossen würden[99]. Schon diese primitive Ersatzlösung zeigt, wie weit die deutsche Raketentechnik wirklich von der ferngelenkten Flakrakete entfernt war. Trotzdem war geplant, wenigstens die »Rheintochter« ab April 1945 zum

[98] Der Reichsminister für Rüstung und Kriegsproduktion, Entwicklungskommission Fernschießen, Az. 50r, Bb. Nr. 147/1944 g. Rs. FK/Di/W. vom 29. 12. 1944, Bericht über die 1. Sitzung des »Arbeitsstabes Petersen« am 19. 12. 1944, BA, R 3/3145, S. 55.

[99] Der Reichsminister für Rüstung und Kriegsproduktion, Entwicklungskommission Fernschießen, Az. 50r, Bb. Nr. 7/45 g. Kdos. FK/Di/W. vom 7. 1. 1945, Niederschrift über Sitzung des »Arbeitsstabes Petersen« vom 5. 1. 1945, BA, R 3/3145, S. 44ff.

Schutz der chemischen Industrie einzusetzen, »wobei die dann geringen Stückzahlen den gestellten Forderungen keineswegs gerecht werden würden«[100]. Hitler selbst hatte am 5. Januar erneut die »Forcierung aller vom Boden aus einzusetzenden neuen Flugzeugbekämpfungsmittel« mit Schwerpunkt auf die im Oktober 1944 festgelegten Entwicklungen befohlen[101].

Göring beauftragte deshalb den bereits erwähnten General der Waffen-SS Dr. Ing. Kammler, sich in die Fronterprobung aller vom Boden aus zu verschießenden Feindbekämpfungsmittel einzuschalten. Der SS-Mann, dem schon die Erprobung und der Einsatz der V-Waffen oblagen, stand damit kurz vor dem Ziel, alle »Geheimwaffen« unter seine Fittiche zu nehmen. Gleichzeitig strich Göring mit sofortiger Wirkung den Me-163-Raketenjäger, der bisher relativ erfolglos geblieben war und dessen Einsatz wegen der enormen Treibstoffversorgungsprobleme eigentlich nicht mehr zu vertreten war[102]. Das langsame Sterben der »Wunderwaffen«projekte setzte ein.

Hitler selbst war im Januar von der Angst vor dem amerikanischen Superbomber B 29 ergriffen, der bereits im Einsatz gegen Japan stand. Er fürchtete, daß die Amerikaner in dichten Pulks von 20 bis 40 Maschinen in den deutschen Luftraum eindringen würden. »Dann kommen von uns ein paar Fliegerchen dazwischen, und die werden abgeschossen, bevor die überhaupt zum Schuß kommen; denn die bringen ein paar Kanönchen gegen diese Kolosse und purzeln herunter, ohne daß die Kolosse von uns auch nur getroffen worden sind«, äußerte sich Hitler mit beißender Ironie über die zukünftigen Abwehrleistungen der Luftwaffe[103]. Er forderte deshalb eine verstärkte Bewaffnung für die Jäger, vor allem für die Me 262.

Der Flugzeugfertigung lag das Rüstungs«notprogramm« zugrunde, das Saur am 22. Januar vor dem Rüstungsstab verkündete. Der Schwerpunkt der Produktion konzentrierte sich auf die Me 262 sowie die Kolbenmotorjäger Ta 152, Fw 190 und Me 109[104]. Damit wurde mit der Me 109 noch 1945 ein Jagdflugzeug hergestellt, mit dem die Luftwaffe bereits lange vor Kriegsbeginn ausgerüstet worden war. Auch die Fw 190 war ein Vorkriegsentwurf und entsprach nicht mehr den Anforderungen der Einsatzeinheiten, aber die Rüstungsindustrie schaffte es nicht mehr, die hohen Ausstoßzahlen, die diese eingefahrenen Modelle 1944 erzielten, durch modernere Typen ohne Einbruch in die Fertigung zu ersetzen. Deshalb blieb der Rüstungsstab lieber bei altbewährten Mustern und ergänzte diese durch einige »Wunderwaffen«. Trotzdem hielt ein Bericht des Rüstungsstabes großsprecherisch fest: »Der überlegene technische Stand unserer neuen Waffen beweist, daß es für den deutschen Ingenieur an keiner Stelle ein Unmöglich gibt. Der Führer ist stolz darauf, daß Deutschland die besten Ingenieure der Welt hat[105]!«

---

[100] K.T.B. Chef TLR vom 18.12.1944 bis Kriegsende, 27.12.1944—7.1.1945, BA-MA, RL 3/2567, S. 29.

[101] Der Reichsminister für Rüstung und Kriegsproduktion, Rüstungsstab, Sammelbericht 6.1.1945, BA-MA, RL 3/12, S. 6522.

[102] Ebd., S. 6524.

[103] Hitlers Lagebesprechungen, S. 810 (Mittagslage vom 10.1.1945 in Adlerhorst).

[104] Der Reichsminister für Rüstung und Kriegsproduktion, Rüstungsstab, Sammelbericht 22.1.1945, BA-MA, RL 3/12, S. 6458.

[105] Ebd.

Hier lag wohl eher Wunschdenken als eine klare Beurteilung der Möglichkeiten im Jahre 1945 vor.
Die Rohstofflage war so angespannt, daß die eisenschaffende Industrie voraussichtlich nur 8500t Stahlguß für den Flugzeugbau bereitstellen konnte. Damit konnten nach Angaben des Chefs der Technischen Luftrüstung nur 500 Me 262, 370 Ta 152, 500 He 162 und 50 Ar 234 produziert werden, also bedeutend weniger als die großangelegten Planungen von Ende 1944 vorgesehen hatten[106]. Für die Turbinenantriebe machte sich der Kapazitätsausfall für Tinidur und Cromadur, beides wichtige Legierungen für die Herstellung der Turbinenleitschaufeln, unangenehm bemerkbar, der nach Schätzungen im kommenden Vierteljahr 64—75% betragen würde[107]. Schließlich gaben auch die vollständig ausgelieferten Flugzeuge zu Beanstandungen Anlaß, da die Qualität unter der Jagd nach immer höheren Ausstoßzahlen gelitten hatte. Der Bevollmächtigte des Reichsmarschalls für Einflugbetriebe, Generalleutnant Kleinrath, klagte in einem Bericht Ende Januar 1945, die Industrie betrachte ein Flugzeug als fertig, wenn es die Endmontage verlassen habe. Anschließend müßten die Maschinen aber noch eingeflogen werden, bevor sie der Truppe übergeben würden. Bei der Me 262 veranschlagte Kleinrath 90% der notwendigen Einflugzeit allein für die Beseitigung von aufgetretenen Beanstandungen. Viele Mängel könnte die Truppe allein nicht abstellen. Aus diesem Grund benötige Messerschmitt dafür zusätzlich 180—200 Stunden pro Maschine. Es fehle an Ersatzteilen, Bodengeräten und Kraftstoff[108]. Ähnlich schlecht stand es beim Volksjäger He 162 und bei der Ar 234. Ein Lagebericht über die He 162 vom Februar 1945 hielt fest, daß Entwicklungs- und Versuchsphase noch nicht abgeschlossen seien, ganze acht Flugzeuge befänden sich in der Firmenerprobung. Die aus den Werken kommenden He 162 seien für die Erprobung und die Truppe noch nicht brauchbar und müßten in speziellen Industrieschleusen erst hergerichtet werden. Bis zum 10. März erwarte man 30 Serienmaschinen[109]. So erfüllte sich auch die Hoffnung auf einen »Kleinstjäger« in Billigproduktion nicht, da der Serienanlauf doch wesentlich mehr Zeit verschlang, als ursprünglich dafür veranschlagt worden war. Wieder einmal hatten Industrie und Militär geglaubt, die zeitaufwendige Phase der Serienvorbereitung über Gebühr zusammendrängen zu können, und waren damit gescheitert. Nach den vielen Erfahrungen aus den Vorjahren hätte man es besser wissen müssen. Von der Ar 234 waren Mitte Februar insgesamt 188 Flugzeuge der Version B-2 ausgeliefert. Der weitere Nachschub verzögerte sich durch die allgemeine schlechte Transportlage[110]. Auch die Tagjäger über dem Reichsgebiet befanden sich in einem desolaten Zustand. Nach Angaben des Generalquartiermeisters waren im Januar 1945 durch Jäger 73 Feindmaschinen, im Februar nur noch 19 abgeschossen worden. Der größte Teil der feindlichen Verluste entstand durch die Flak (vgl. Abb. 38 und 39). Dabei wurden die Einflüge des Gegners auf 56000 für Januar und 74000 für Februar

[106] K.T.B. Chef TLR vom 18.12.1944 bis Kriegsende, 5.2.—11.2.1945, BA-MA, RL 3/2567, S. 82.
[107] Ebd., 21.1.—28.1.1945, S. 66.
[108] Bericht des Bevollmächtigten des Reichsmarschalls für Einflugbetriebe Generalleutnant Kleinrath vom 31.1.1945, BA-MA, RL 3/2573, S. 11—15.
[109] OKL/TLR/Fl.E. 2 vom 21.2.1945, Lagebericht 162, BA-MA, RL 3/2571, S. 95f.
[110] TLR/Fl-E 2 vom 21.2.1945, Lagebericht-Ar 234C, BA-MA, RL 3/2571.

Abb. 38: Tagjagdeinsatz im Reichsgebiet (Januar 1945)

Stärke des bekämpften Feindverbandes				Abschüsse				Verluste				Flakabsch.	
				Kampfflgz.		Jagdflgz.		pers.		mat.			
		eingesetzt	Luftkampf	sicher	wahrsch.	sicher	wahrsch.	total	verm.	total	verm.	sicher	wahrsch.
21 100 Kampf	35 000 Jäger	591	273	51	–	22	–	46	38	114	38	96	31
56 000			= 48 %	51		22		84		152		127	
				73									

Gesamteinsatz: 591 Flgz.
Gesamterfolg: 200 Flgz. (hiervon 127 durch Flak)
Gesamtverlust: 152 Flgz. = 29 % der einges. Flgz.
84 Pers. = 14 % der einges. Besatz.

Quelle: BA-MA, RL 2III/1198.

Abb. 39: Tagjagdeinsatz im Reichsgebiet (Februar 1945)

Stärke des bekämpften Feindverbandes				Abschüsse				Verluste				Flakabsch.	
				Kampfflgz.		Jagdflgz.		pers.		mat.			
		eingesetzt	Luftkampf	sicher	wahrsch.	sicher	wahrsch.	total	verm.	total	verm.	sicher	wahrsch.
31 000 Kampf	43 000 Jäger	760	–	1	1	14	3	11	2	27	3	326	121
74 000			= %	2		17		13		30		447	
				19									

Gesamteinsatz: 760 Flgz.
Gesamterfolg: 466 Flgz. (hiervon 447 durch Flak)
Gesamtverlust: 30 Flgz. = 4 % der einges. Flgz.
13 Pers. = 1,7 % der einges. Besatz.

Quelle: BA-MA, RL 2III/1198.

geschätzt. Selbst wenn die sicherlich übertriebenen Abschußzahlen der Flak zutrafen, blieb der Verlust der Alliierten über dem Reich so gering, daß sie sich wohl keine Sorgen mehr machen brauchten. Die Verteidigung war längst zusammengebrochen, was ein Vergleich mit den Zahlen des Jahres 1944 verdeutlicht, in dem die Luftwaffe den harten Abnutzungskampf mit den Bomberflotten verloren hatte (vgl. Abb. 40). Die Treibstoffknappheit würgte jede größere Anstrengung der Luftwaffe ab. Der Luftwaffenführungsstab meldete im Februar, die Kraftstofflage erlaube neben der Aufklärung noch ca. 70 Me-262-Einsätz pro Tag[111]. Selbst wenn also eine bedeutende Menge an Düsenflugzeugen bereitgestanden hätte, wäre an einen Großeinsatz gar nicht mehr zu denken gewesen. Am 21. Februar stellte der Chef des Generalstabes der Luftwaffe lapidar fest: »Der Luftwaffe wird an allen Fronten eine *Vielzahl von Aufgaben* gestellt, deren Durchführung in *ihrer Gesamtheit die fliegenden Verbände aufgrund angespannter Betriebsstoffe in Kürze zum vollständigen Stillstand bringen muß, weil alle Betriebsstoffvorräte verbraucht sein werden* (Hervorhebung im Original)[112].«

In hektischer Betriebsamkeit versuchten die Machthaber des Dritten Reiches, den drohenen Kollaps durch das Einsetzen von Sonderstäben und Kommissionen zu verhindern. Am 22. Januar setzte Göring General Kammhuber, den bekannten Organisator der deutschen Nachtjagd, zum Sonderbeauftragten für die Abwehr viermotoriger Kampfflugzeuge und zum »Bevollmächtigten für Strahlflugzeuge« ein. Er war dem Luftwaffenführungsstab unterstellt und verfügte über Inspektionsbefugnisse gegenüber allen Strahlverbänden. Außerdem sollte Kammhuber die von der Industrie gefertigten Flugzeuge überprüfen, die Bodenorganisation vorbereiten und die Auswertung der taktisch-technischen Erfahrungen übernehmen[113]. Am selben Tag erweiterte Göring die Befugnisse für SS-Gruppenführer Kammler, indem er ihn zum »Sonderbeauftragten zur Durchführung der Forderung bezüglich Entwicklung, Beschaffung und Industrieerprobung auf dem Gebiet der Kampfmittel mit Raketenantrieb« und zum Inspekteur über alle Raketeneinheiten der Luftwaffe ernannte[114]. Kammler befand sich damit in Konkurrenz zum Mitte Januar von Speer genehmigten »›Arbeitsstab Dornberger‹ zur Brechung der feindlichen Luftüberlegenheit« unter dem Heeresgeneral Walter Dornberger, der die Arbeit von Prof. Petersen und dessen Arbeitsstab weiterführte[115]. Das Problem wurde dadurch gelöst, daß Kammler einfach Dornbergers Gremium als technischen Stab übernahm. Der Raketengeneral war mit der Unterstellung unter den SS-Mann durchaus einverstanden: »Diese Doppelstellung hatte für mich den großen Vorteil, daß ich nun als Arbeitsstab des Munitionsministeriums unmittelbares Anweisungsrecht an Industrie und staatliche Stellen besaß und gleichzeitig als Arbeitsstab Kammlers den militärischen Dienststellen

---

111 Ia op/Ia T, Vortragsnotiz, Betr.: Auswirkungen der Februarlage auf Gestaltung und Leistungsfähigkeit der Luftwaffe (Fliegertruppe vom 14.2.1945), BA-MA, RL 2II/120.

112 Oberkommando der Luftwaffe, Der Chef des Generalstabes, Nr. 10609/45 g. Kd. Chefs. Lw Füst. Ia (Flieg.) vom 21.2.1945, BA-MA, RL 2II/121.

113 Boog, Luftwaffenführung, S. 324 f.; Dienstanweisung für den Bevollmächtigten für Strahlflugzeuge, BA-MA, RL 3/2568.

114 Boog, Luftwaffenführung S. 323.

115 Dornberger, Peenemünde, S. 283; Ludwig, Technik und Ingenieure, S. 501.

Abb. 40: Tagjagdeinsatz im Reichsgebiet 1944

Stärke des bekämpften Feindverbandes				Abschüsse				Verluste				Flakabsch.	
				Kampfflgz.		Jagdflgz.		pers.		mat.			
		eingesetzt	Luftkampf	sicher	wahrsch.	sicher	wahrsch.	total	verm.	total	verm.	sicher	wahrsch.
186 100	95 000	36 006	17 977	2548	416	818	202	1579	712	3057	649	1632	614
Kampf	Jäger												
281 100			= 50 %	2964		1020		2291		3706		2246	
				3984									

Gesamteinsatz: 36 006 Flgz.
Gesamterfolg: 6 230 Flgz. (hiervon 2246 durch Flak)
Gesamtverlust: 3 706 Flgz. = 10,3 % der einges. Flgz.
2 291 Pers. = 6,3 % der einges. Besatz.

Quelle: BA-MA, RL 2III/1198.

notwendigeMaßnahmen befehlen und bei ihnen durchdrücken konnte[116].« Kammler ließ sich durch Dornberger einen Überblick über die Raketenentwicklung geben. Dessen Ergebnisse waren niederschmetternd: »Wir stellten fest, daß die Entwicklung gesteuerter Flakraketen ungefähr gleicher Leistung gleichzeitig und parallel von vielen Firmen und Dienststellen betrieben wurde. Über ganz Deutschland verteilt, beschäftigten sich jeweils einige wenige Menschen mit teilweise völlig unzureichenden Mitteln mit solchen Aufgaben, und dies bei von Tag zu Tag schlimmer werdenden Transportschwierigkeiten. Das waren also die berühmten ›Wunderwaffen‹ der Regierung, auf die das deutsche Volk in bisher unerschütterter Hoffnung vertrauensselig wartete? Von ihnen war in den wenigen Monaten, die uns bei der augenblicklichen Kriegslage noch zur Verfügung stehen konnten, weder eine Wendung des Krieges noch ein Aufschub der Katastrophe zu erwarten[117].«

Kammler setzte nun auf eine totale Konzentration aller Entwicklungsfirmen und der zuständigen Abteilungen des RLM im Sperrgebiet »Mittelbau«. Aus diesem Grund sollten auch die Abteilungen Flak E V und Fl-E9, die die Raketen und deren Lenksysteme betreuten, mit Genehmigung des Chefs der technischen Luftrüstung dorthin verlegt werden[118]. Außerdem entschloß man sich zur Typenbeschränkung, was die Streichung einer Reihe von »Wunderwaffen«projekten bedeutete. Am 6. Februar verfügte Kammler die Einstellung der »Enzian«, der »Rheintochter«, der Jägerraketen Hs 298 und Hs 117 sowie der ungelenkten Salvenraketen R 50 Bs und Flak R 42. Zu Ende entwickelt werden durften »Schmetterling«, »Wasserfall«, X 4 und die »Natter«. Der »Schwerpunkt in Entwicklung und Fertigungsanlauf« lag überraschenderweise bei den ungelenkten Raketen »Taifun« und R 100 Bs sowie den ungelenkten Jägerraketen R 4 M und der 21-cm-Wurfgranate 42 Bs[119].

Damit war auch von offizieller Seite bestätigt, daß die gelenkte Flakrakete vorerst Zukunftsmusik blieb und man sich mit »Primitivlösungen« begnügen mußte. Projekte für Zielsuchgeräte und Abstandszünder gab es eine ganze Reihe, aber keines war auch nur im entferntesten einsatzreif. Prof. Esau, Präsident der Physikalisch-Technischen Reichsanstalt und zugleich Görings Bevollmächtigter für die Hochfrequenztechnik, urteilte deshalb ebenfalls kurz und bündig: »Das selbstzielsuchende Geschoß bleibt dem nächsten Kriege vorbehalten[120].«

Auch beim Rüstungsministerium versuchte man mit letzter Kraft noch die Produktion der »Wunderwaffen« zu retten und sogar neue Entwicklungen voranzutreiben. Am 5. Februar 1945 wurde Direktor Degenkolb vom Rüstungsstab als Sonderbevollmächtigter für die Me 262 eingesetzt[121]. Degenkolb hatte sich schon um die Produktion der V 2 verdient gemacht und sollte wohl nun nach dem Zugriff der SS auf die V-Waffen den Ein-

---

116 Dornberger, Peenemünde, S. 283.

117 Ebd., S. 288.

118 Abschrift, Chef der Technischen Luftrüstung Fl-E9 Nr. 2526/45 g.Kdos. vom 18.2.1945, BA-MA, RL 3/2568.

119 K.T.B. Chef TLR vom 18.12.1944 bis Kriegsende, 12.2.–18.2.1945, BA-MA, RL 3/2567, S. 92.

120 Zit. nach: Ludwig, Flakraketen, S. 98.

121 K.T.B. Chef TLR vom 18.12.1944 bis Kriegsende, 5.2.–11.2.1945, BA-MA, RL 3/2567, S. 83.

fluß des Speer-Ministeriums wenigstens im Bereich der Strahlflugzeuge sichern. Die Bedeutung der »Hochleistungsflugzeuge« wurde nochmals am 27. Februar 1945 durch einen Führerbefehl untermauert, nach dem der Ausstoß der Me 262, Ar 234, Ta 152, He 162 und der Do 335 kurzfristig zu steigern war[122]. Wie das vor sich gehen sollte, darüber schwieg sich Hitler aus, Gleichzeitig wurden sogar neue Projekte in Angriff genommen. Gauleiter Sauckel erhielt den Auftrag, für den Bau und den Ablauf einer Serie von Flugzeugen zu sorgen, die von den Gebrüdern Horten konstruiert worden waren[123]. Es handelte sich dabei um ein Nurflügelflugzeug mit Turbinenluftstrahltriebwerken, das mit demselben Tempo wie der Volksjäger hergestellt werden sollte. Besonders Göring machte sich im März 1945 für die Horten-Entwicklung stark und bezeichnete die Arbeit der Brüder als »richtungsgebend für die gesamte Flugzeug-Entwicklung«. Durch den Reichsforschungsrat waren deshalb in Zusammenarbeit mit den Gebrüdern Horten »die besten Fachkräfte zu einer Arbeitsgemeinschaft für Nurflügelflugzeuge zusammenzufassen«[124].
War dieses Projekt schon wegen der Kriegslage illusorisch, so lieferte auch der Rüstungsstab unter Saur noch im März Beispiele einer absoluten Realitätsverweigerung. Am 14. März 1945 wurde beschlossen, den schon gestrichenen Großbomber Ju 287 nun doch »sofort in Angriff zu nehmen«. Der Strahlbomber sollte eine Führerforderung nach einem Mittel für die Bekämpfung von Schiffszielen auf große Entfernung erfüllen. Das notwendige Material, der Kraftstoff, Energie und Transportraum standen für ein so ehrgeiziges Projekt gar nicht mehr zur Verfügung und mußten durch Streichung anderer Flugzeugtypen erkauft werden. In vier Monaten sollte die erste Vorserienmaschine bereitstehen, in elf Monaten eine Serie von 25 Stück pro Monat erreicht werden[125]. Wenige Wochen vor Kriegsende fürwahr ein irrealer Planungsansatz! Saur forderte zugleich die Beschränkung aller Entwicklungsvorhaben auf vier Grundmuster: einen einstrahligen Jäger, einen zweistrahligen leichten Bomber, Aufklärer, Nachtjäger und Zerstörer, einen vier- bis sechsstrahligen schweren Bomber und ein Flugzeug mit Ottoantrieb für Sonderzwecke. Das Durchstoßen der Schallgeschwindigkeit müsse energisch in Angriff genommen werden. Für dieses Vorhaben war seiner Ansicht nach die Umstrukturierung der gesamten bisher privat betriebenen Entwicklung der Luftfahrtindustrie notwendig: »Für die Endentwicklung darf es in der Luftrüstung, genau wie es bei der Marine bereits verwirklicht wurde, keine Firmenentwicklung mehr geben, sondern nur noch eine Klausur fähigster und bester Persönlichkeiten, die in harter Disziplin und engster Kameradschaft als verschworene Leistungsgemeinschaft miteinander verbunden sind. Diese Gemeinschaft muß neben den gewissenhaftesten und erfahrensten Konstrukteuren und den markantesten Vertretern extremer Richtungen auch beste Fertigungsfachleute enthalten, da die für Serienausführung vorgesehene Konstruktion von Anfang an mit den optimalen Fertigungsmöglichkeiten in Einklang gebracht werden muß[126].« Das, was die

[122] Ebd., 26.2.–4.3.1945, S. 112.
[123] Ebd., 5.–11.2.1945, S. 83.
[124] Abschrift von Abschrift, Besprechungsnotiz Nr. 34/45 g.Kdos. vom 12.3.1945, BA-MA, RL /2568.
[125] Der Reichsminister für Rüstung und Kriegsproduktion, Rüstungsstab, Bericht über die Besprechung am 14.3.1945, BA-MA, R 3/3113.
[126] Ebd., S. 17.

Luftwaffenführung in all den Jahren nicht geschafft hatte, nämlich die eigenwilligen Individualisten in den Projektbüros der einzelnen Luftfahrtunternehmen zu einem in sich geschlossenen und zielgerichteten Beschaffungsprogramm heranzuziehen, sollte jetzt in letzter Minute durch den Appell an die »verschworene Leistungsgemeinschaft« erreicht werden.

Vielleicht schwebte auch Hitler eine solche Lösung vor, als er am 27. März den zum SS-Obergruppenführer beförderten Dr. Ing. Hans Kammler zum Generalbevollmächtigten für Strahlflugzeuge ernannte. Der SS-General übernahm die »Führung aller bis zum Einsatz erforderlichen Entwicklungen, Erprobungen und Fertigungen von Strahlflugzeugen und der zum Einsatz notwendigen Versorungsmittel im Bereich des Reichsministers für Rüstung und Kriegsproduktion« sowie die »Führung aller bis zum Einsatz von Strahlflugzeugen erforderlichen Voraussetzungen im Bereich des Reichsministers der Luftfahrt und Oberbefehlshaber der Luftwaffe«[127].

Alle im Bereich des Rüstungsministeriums erteilten Vollmachten gingen auf Kammler über und auch Görings Bevollmächtigter für Strahlflugzeuge, Kammhuber, wurde dem SS-Mann unterstellt. Der SS-Obergruppenführer kontrollierte damit neben den V-Waffen die Flakraketen und alle Turbinen- und Raketenflugzeuge. Er bediente sich hierbei »sämtlicher Kommandostellen, Behörden und Einrichtungen der Wehrmacht, der Partei und des Reiches, die seinen Weisungen Folge zu leisten« hatten[128]. Die SS verfügte somit endlich über alle modernen Waffensysteme der deutschen Luftrüstung. Im Kampf zwischen Militär, Industrie, Rüstungsministerium und Parteiorganisation hatte sich die vermeintlich schwächste — weil eigentlich inkompetenteste — Gruppe durchgesetzt. Die Auswirkungen dieses Triumphes blieben hingegen gering. Zwar herrschte Kammler durch seine »Entwicklungsgemeinschaft Mittelbau« uneingeschränkt über die Konzerne und Betriebe des Raketenbaus und versuchte, in den unterirdischen Fertigungsanlagen im Harz alle Fachleute für Raketenwaffen und Strahlflugzeuge zusammenzufassen, doch die Zeit lief davon. Wenige Wochen später war der Krieg zu Ende, ohne daß eine »Wunderwaffe« noch eine Wende gebracht hätte. Kammler befahl in seinem neuen Wirkungsbereich, ähnlich wie bei den Raketen, eine Konzentration auf entscheidende Flugzeugtypen, indem er die Einstellung der Produktion aller Ottoflugzeuge und die Drosselung der He 162 und der Ar 234 verfügte, um nur noch die Me 262 zu fördern. Das stieß auf den heftigen Widerstand des Generalstabschefs der Luftwaffe, der darauf hinwies, daß die Me 262 nicht alle Anforderungen sämtlicher unterschiedlicher Flugzeugmuster erfüllen könne. Mit der He 162 besitze man zudem in Kürze ein gutes, neuzeitliches Jagdflugzeug, das man schon allein wegen seines geringen Fertigungsaufwandes benötige, um es zur Bekämpfung der feindlichen Jagdbomber einzusetzen[129]. Allerdings war auch dieser letzte dogmatische Streit um die Me 262 müßig, weil nun durch die Alliierten Stück für Stück die Produktionsstätten der Strahlflugzeuge erobert wurden.

---

[127] K.T.B. Chef TLR vom 18.12.1944 bis zum Kriegsende, 16.3.—4.4.1945, BA-MA, RL 3/2567. S. 145.

[128] Ebd.

[129] Fernschreiben KR LBKW 010100 4/4 (0445), BA-MA, RL 2II/9.

Tabelle 9: Übersicht über die Fertigung He 162, Ar 234 und Me 262 bis zum 10. April 1945

	He 162	Ar 234	Me 262
Neufertigung bis 31.12.44	–	150	564
Januar	–	35	167
Februar	82	15	296
März	34	14	295
bis 10.4.45	8	–	47
ges.	124	214	1369
von der Luftwaffe übernommen	56	219	1039
Verlust durch Feindeinwirkung	–	38	186
sonstige Verluste	–	57	402
Bestand	56	100	297
davon am Feind	–	44	181

Quelle: Überblick über die He-162-Lieferung, die Ar-234-Lieferung und die Me-262-Lieferung, BA-MA, RL 2III/624.

Tab. 9 zeigt den Stand der Fertigung bis zum 10. April 1945 nach einer Zusammenstellung des Generalquartiermeisters auf. Genaue Zahlen für die letzten Wochen des Krieges fehlen. Nach Angaben von Messerschmitt-Mitarbeitern für den USSBS nach dem Kriege wurden von der Me 262 insgesamt 1433 Stück hergestellt[130]. Dieses Ergebnis läßt sich wohl auch auf die anderen Typen übertragen, so daß angenommen werden kann, daß nach dem 10. April 1945 noch eine gewisse Anzahl der He 162 und der Ar 234 vom Band liefen. Die Tabelle gibt aber eine Antwort darauf, warum die Strahlflugzeuge so wirkungslos blieben. Zwar wurde beispielsweise von der Me 262 doch eine beträchtliche Menge hergestellt, viele Maschinen gingen aber verloren oder befanden sich noch bei Verbänden in der Ausbildung, so daß nur ein relativ kleiner Prozentsatz der hergestellten Turbinenjäger »am Feind« war.

Der zersplitterte Einsatz einiger weniger Strahlflugzeuge in der Endphase des Krieges konnte höchstens noch partielle Erfolge bringen, die auf die alliierte Luftstreitmacht nur wie Nadelstiche wirkten. Kriegsentscheidendes war davon nicht mehr zu erwarten, was sicher zur Enttäuschung der Fachleute beitrug, die noch vor Kriegsende an der Legende vom verzögerten Einsatz der neuen Waffensysteme zu stricken begannen. Zunehmend wurden auch die Militärs und die Industriellen das Opfer der eigenen Propaganda, und so ist wohl die Lüge von den neuen Wunderwaffen als letzter großer »Erfolg« der Strahlflugzeuge und Raketen in den letzten Monaten des Zweiten Weltkrieges zu sehen.

[130] Übersicht über Entwicklungsverlauf und Produktion der Me 262, IWM, Speer Collection, FD 4933/45.

b) Die Wirkung der »Wunderwaffen«propaganda

Die Jagd nach neuen bahnbrechenden Waffensystemen nahm im letzten Kriegsjahr irrationale Züge an, weil viele ihre Hoffnungen auf eine Wende mit einem Durchbruch im Bereich der Waffentechnologie begründet hatten. Ob moderne U-Boot-Typen, V-Waffen, verbesserte Panzer, Strahlflugzeuge oder Flakraketen, jede neue Entwicklung ermöglichte es, am Glauben an den »Endsieg« festzuhalten. Damit ließ sich dann auch hervorragend die Einsicht in die desolate strategische Lage des Reiches verdrängen, was allerdings die Realitätsverweigerung der Führungsschicht aus heutiger Sicht dennoch kaum plausibler macht.

Die Suche nach »Wunderwaffen« wurde für die Machthaber des Dritten Reiches zusehends dringender, weil sie in der Bevölkerung durch ihre Propadanda große Erwartungen geweckt hatten. Jahrelang war den Deutschen die »Vergeltung« für die alliierten Bombenangriffe versprochen worden, um die Moral der schwergeprüften Zivilbevölkerung aufrechtzuerhalten. Als mit dem Einsatz der V 1 die Ankündigung wahrgemacht wurde, hob sich zwar kurzfristig die Stimmung im Volk, die geheimen Lageberichte des Sicherheitsdienstes der SS und die wöchentlichen Tätigkeitsberichte des Leiters der Abteilung Propaganda des Reichsministers für Volksaufklärung und Propaganda aus dem Sommer 1944 zeigen aber auf, daß die Euphorie bald wieder durch Skepsis verdrängt wurde, als die V 1 und später die V 2 nicht die schlagartige Kriegswende herbeiführen konnten, die offensichtlich viele erwartet hatten[131]. Zielte aber die V-Waffenpropaganda darauf ab, einen letzten Hoffnungsschimmer auf den »Endsieg« zu erhalten, so mußte im Sommer 1944 zunehmend dem Abbröckeln der Moral gegengesteuert werden. Aufgrund der drückenden alliierten Luftüberlegenheit, die die Deutschen ja ständig im Gegensatz zum Geschehen an der Front aus eigenem Augenschein kannten, wurde immer heftiger Kritik an der militärischen und politischen Führung des Reiches laut. Die Qualität der Luftwaffe sei von der Masse des Feindes erdrückt worden, so hieß es[132]. »Die verantwortlichen Stellen hätten auf dem Gebiet der Luftrüstung versagt. Es habe sich herumgesprochen, daß deutsche Piloten 1943/44 noch mit denselben Maschinen starten mußten, wie in den Jahren 1940/41«[133], wurde Goebbels berichtet. »Der größte Teil der Bevölkerung erkläre, daß nur noch mit großartigen neuen Geheimwaffen der Krieg eine wirklich entscheidende Wendung erfahren könne und auch nur dann, wenn wir diese Waffen in kürzester Zeit zum Einsatz bringen könnten[134].«

Die allgemeine Unruhe ergriff selbst die oberste Führungsschicht der NSDAP. So schrieb Gauleiter Eggeling an Reichsleiter Martin Bormann einen besorgten Brief und bot sin-

---

[131] Vgl. hierzu Kirwin, Waiting for Retaliation; Hölsken, V-Waffen. Entstehung, S. 93—114; Meldungen aus dem Reich, Bd 17, S. 6576, 6579, 6595, 6614, 6619, 6634f.; Wöchentliche Tätigkeitsberichte des Leiters der Abteilung Propaganda, Chef des Propagandastabes, BA, R 55/601, S. 25f., 38, 47, 60, 96, 216ff., 228f.

[132] Meldungen aus dem Reich, Bd 17, S. 6565 (SD-Bericht zu Inlandsfragen vom 1.6.1944).

[133] Wöchentliche Tätigkeitsberichte des Leiters der Abteilung Propaganda, Chef des Propagandastabes, BA, R 55/601, S. 49 (17.7.1944).

[134] Ebd., S. 60 (24.7.1944).

nigerweise die Hilfe seines Leiters des Gauamtes für Technik an. Wegen der vollkommenen Ohnmacht und Wirkungslosigkeit der eigenen Abwehr sei das Vertrauen der Bevölkerung zur Luftabwehr wie überhaupt zur Luftkriegführung vollständig dahin. »Es ergibt sich also die Frage, was wird veranlaßt, um diese Mißverhältnisse in Zukunft wieder auszugleichen[135]?« Um diesen dringenden Fragen zu begegnen, wurde aus dem Propagandaministerium die Gerüchteküche, die sich um angebliche »Geheimwaffen« gebildet hatte, noch zusätzlich angeheizt. Teilweise waren durch unvorsichtige Äußerungen hoher Offiziere bereits Hinweise auf die »neuen Jäger« und die »Turbinenflugzeuge« durchgesickert[136]. Da sich nach den Meldungen der einzelnen Reichspropagandaämter die Öffentlichkeit angesichts des Stimmungsverfalls an die in Aussicht gestellten neuen Waffen klammere, deren baldiger Einsatz stürmisch herbeigesehnt werde[137], brauchten die Gerüchte nur mit neuer Nahrung versorgt zu werden, ohne daß dafür ein größerer Aufwand getrieben werden mußte. Mehrere Reichspropagandaämter schlugen deshalb eine Verstärkung der Mundpropaganda vor, da die Bevölkerung im Augenblick sehr empfänglich für alle Gerüchte und daher auch für diese Art der versteckten Beeinflussung sei: »Dadurch habe man die Möglichkeit, positive Dinge auszustreuen, ohne das Risiko dokumentarischer Festlegung einzugehen[138].«

Die einzelnen Parolen wurden auf Anweisung des Reichspropagandaleiters durch den Stabsleiter und Staatssekretär Dr. Naumann herausgegeben und sollten so unauffällig wie möglich verbreitet werden: »Die Partei soll nicht unmittelbar als ihr Urheber in Erscheinung treten. [...] Je mehr diese Informationen als vertraulich ausgegeben werden, desto sicherer ist ihre Wirkung[139].« Der Chef des Propagandaamtes, Werner Wächter, betonte dabei in einem Rundschreiben an die Gaupropagandaleiter, die Propagandisten hätten die Aufgabe, wie Ärzte das Volk über krisenhafte Situationen hinwegzubringen. Er verbat sich deshalb ausdrücklich jede Diskussion um die Zweckmäßigkeit der Aktion und die Richtigkeit des Propagandamaterials: »Ein Arzt, der einem Patienten eine Medizin reicht und gleichzeitig dazu erklärt, sie tauge nichts oder sie sei lediglich gefärbtes Zuckerwasser, ist allenfalls ein Biedermann, aber kein Arzt[140].«

Als Folge dieser Politik wurden durch die Reichspropagandaämter besondere »Informationen für die Mundpropaganda« herausgegeben, in denen stets vielsagend, aber völlig unpräzise von »den neuen Waffen« oder dem »Einsatz neuer Kampfmittel« gesprochen wurde, mit denen die Armeen nun in Kürze für den großen Gegenschlag ausgerüstet würden[141]. Die Hinweise auf »neue Waffen« fielen auf fruchtbaren Boden, denn sie wur-

---

135 Abschrift, 1.9.1944, Eg/W., Herrn Reichsleiter Martin Bormann, BA, NS 19/3911.

136 Vgl. Meldungen aus dem Reich, Bd 17, S. 6641 (Bericht an die Parteikanzlei vom 14.7.1944).

137 Wöchentliche Tätigkeitsberichte des Leiters der Abteilung Propaganda, Chef des Propagandastabes, BA, R 55/601, S. 134 (25.9.1944).

138 Ebd., S. 186 (23.10.1944).

139 Reichspropagandaleitung, Der Chef des Propagandastabes, Berlin, den 17.11.1944, Rundschreiben an alle Gaupropagandaleiter! Betr.: Mundpropagandaparolen, BA, R 55/794, S. 24f.

140 Ebd.

141 Informationen für die Mundpropaganda, hrsg. vom Reichspropagandaamt Sachsen, Mundparole Nr. 28, BA, R 55/794, S. 15; BA, R 55/610, S. 133.

den offensichtlich in der Bevölkerung ausführlich diskutiert. Einige direkt überlieferte Äußerungen aus dem Bereich des Reichspropagandaamtes Brandenburg mögen hier stellvertretend für die gesamte Stimmungslage in Deutschland stehen: »›Wir werden erst wieder Luft bekommen, wenn die neuen Waffen voll eingesetzt werden. Vorher ist mit einer Besserung für uns nicht zu rechnen‹ (Ein Arbeiter).
›Unsere einzige Hoffnung sind nur noch die neuen Waffen. Wenn diese nun nicht bald zum Einsatz kommen, ist es aus und vorbei‹ (Ein Verwaltungsbeamter).
›Mit unseren Menschen allein kommen wir gegen die Masse der Gegner nicht an. Wann kommen denn nun die neuen Waffen? Hoffentlich nicht erst dann, wenn es zu spät ist‹ (Ein Geschäftsmann).
›Wenn jetzt nicht die neuen Waffen eingesetzt werden, dann ist es aus mit uns. Hoffentlich halten diese dann das, was man von ihnen erwartet. Bald hat es ja den Anschein, als ob viel davon vernichtet wurde. Sonst kann man ja das Hinauszögern des Einsatzes nicht mehr verstehen‹ (Ein Rüstungsarbeiter)[142].«
Tatsächlich gelang es, durch die »Wunderwaffen«propaganda den Durchhaltewillen der Deutschen bis in die letzten Monate des Krieges aufrechtzuerhalten. In einem Bericht des Propagandastabes hieß es, ein großer Teil der Bevölkerung glaube fest daran, daß bald eine Wiederherstellung des technischen Gleichgewichtes der Waffen erfolgen werde. Deshalb sei man bereit, durchzuhalten und damit günstigere Voraussetzungen für kommende Entscheidungskämpfe zu schaffen[143]. Noch Anfang Dezember 1944 wurde gemeldet, die Hoffnung auf eine Besserung der Lage verstärke sich, weil in erster Linie der Glaube bestehe, daß »in der Luft in absehbarer Zeit eine grundsätzliche Wandlung eintreten werde. Die Gerüchte über neue Jägertypen stünden zur Zeit im höchsten Kurs und jede Verlautbarung über unsere Luftwaffe werde eifrigst besprochen[144].« Erst Ende Dezember, Anfang Januar kippte die Stimmung offensichtlich. Wegen der schweren Luftangriffe »nehme die Kritik an der Führung schärfere Formen an«, wobei sie sich hauptsächlich gegen »maßgebende Männer der deutschen Luftwaffe« und die Luftwaffe überhaupt richtete, der man die Hauptschuld an den Rückschlägen gab[145]. Erst im Frühjahr 1945 verdichtete sich die Überzeugung, daß der Krieg verloren sei, wobei die Verbitterung gegen die Männer zunahm, »die man für die deutsche Luftrüstung verantwortlich halte, und denen man die Hauptschuld an allen militärischen Rückschlägen und an allem Leid und aller Not und allem Elend beimesse, weil die Luftwaffe versagt habe. Die zum Teil sehr scharfe Kritik mache auch vor der Person des Reichsmarschalls nicht halt[146].«
Interessanterweise decken sich diese Klagen mit den entsprechenden Darstellungen ehemaliger Luftwaffenoffiziere über das »Versagen« der Luftwaffenführung[147]. Ähnlich wie

---

142 Wöchentliche Tätigkeitsberichte des Leiters der Abteilung Propaganda, Chef des Propagandastabes, BA, R 55/601, S. 171 (16.10.1944).
143 Ebd., S. 226 (21.11.1944).
144 Ebd., S. 237 (5.12.1944).
145 Ebd., S. 253 (19.12.1944), 279f. (24.1.1945).
146 Ebd., S. 300 (21.3.1945).
147 Vgl. Galland, Die Ersten und die Letzten; Baumbach, Zu spät?; Rieckhoff, Trumpf oder Bluff?; Europäische Beiträge zur Geschichte des Weltkrieges II, 1939—1945: Luftkrieg, IfZ, Ma 54 (2).

bei der Enttäuschung der Bevölkerung über die Erfolglosigkeit der »Wunderwaffen« richtete sich ihr Zorn gegen Göring und die »Technokraten« im Generalluftzeugmeisterbereich, wobei sie weitgehend die technischen und wirtschaftlichen Realitäten verdrängten und den »verpaßten Chancen« nachtrauerten. Die Geschichte der Strahlflugzeuge und Raketen ist deshalb wesentlich auch durch die entsprechende »Wunderwaffen«propaganda mitgeprägt, die bewußt oder unbewußt in die Erzählungen der Autoren einfloß, welche ja wiederum selbst zur entscheidenden Quelle für eine Fülle von Literatur über die Luftwaffe und deren technische Ausrüstung wurden.

Natürlich waren das höhere Offizierkorps und die Rüstungsfachleute aus Industrie und Speer-Ministerium nicht mit so plumpen Parolen zu gewinnen wie der uninformierte Durchschnittsbürger. Hier griff seit 1943 das Schlagwort von der angeblichen »qualitativen Überlegenheit«, die das zahlenmäßige Übergewicht der Alliierten ausgleichen sollte und nach Ludwig »jene Phase der Volksverdummung einleitete, die später im Wunderwaffenmythos kulminierte«[148]. Vor allem Speer übernahm im Sommer 1944 die Rolle des Durchhalteredners für die Führungsschicht des Reiches, wobei er weniger auf die glänzende Rhetorik eines Joseph Goebbels zurückgreifen konnte, sondern vielmehr auf ein hohes Maß an Glaubwürdigkeit vertraute, das dem Minister als fähigem Organisator des »Rüstungswunders« relativ kritiklos zugestanden wurde. Seine mit Prozentzahlen, Details über Kapazitäten, Hinweisen auf erhöhten Rüstungsausstoß und auf qualitativ verbesserte Waffen gewürzten Ansprachen erfüllten ihren Zweck, denn dem Herrn über Deutschlands Rüstung wurde auch die Fachkompetenz zugetraut, die »neuen Waffen« zu produzieren[149].

So äußerte sich Speer auf der Arbeitstagung der Vorsitzer der Rüstungskommissionen am 10. August 1944, also durchaus nicht vor einem Zuhörerkreis von Laien auf dem Gebiet der Waffenfertigung, man habe allen Grund anzunehmen, »daß wir die nächsten Monate durchstehen werden und daß nach diesen Monaten auf allen Gebieten sowohl der Heeresrüstung als auch des Seekrieges und des Luftkrieges durch vermehrte und verbesserte Waffen eine Wende in der militärischen Situation eintreten wird«. Er erntete dafür laut Protokoll starken Beifall[150]. Einige Tage später sprach er vor den Leitern der Reichspropagandaämter von »umstürzenden Neuerungen« bei den Jagdflugzeugen und versprach: »Sie können sicher sein, daß dieser außerordentlich schwere Prozeß, nicht nur die Flugzeugproduktion zu steigern, sondern in dieser Steigerung gleichzeitig die Typen zu ändern und neue modernste Typen einzufahren, von uns mit Erfolg gelöst werden wird[151].«

Das Perfide an der ganzen Situation war, daß eine Reihe von Waffensystemen ja bereits vorhanden war und in der Serienproduktion stand und so durch ihr bloßes Vorhandensein offenbar schon die Versprechungen der Machthaber bestätigte. Speer warnte zwar,

---

148 Ludwig, Technik und Ingenieure, S. 439.

149 Vgl. hierzu auch Schmidt, Albert Speer, S. 135ff.

150 Rede Reichsminister Speers auf der Arbeitstagung der Vorsitzer der Rüstungskommissionen am 10.8.1944, BA, R 3/1554, S. 76f.

151 Tagung der Leiter der Reichspropagandaämter am 28./29.8.1944, Vortrag von Reichsminister Speer, BA, R 3/1554, S. 154f.

daß es »eine geraume Zeit« dauern werde, bis die neuen Waffen in größeren Stückzahlen erscheinen würden, »um tatsächlich in der Breite zur Wirkung zu kommen«[152], doch konnte oder wollte man diese Einschränkungen nicht zur Kenntnis nehmen. Durch den hohen Erwartungsdruck, den man in der Bevölkerung geschaffen hatte, war man zum Erfolg verurteilt, und deshalb wurde selbst 1945 noch projektiert, entwickelt und produziert, was auch nur im entferntesten eine »Wunderwaffe« zu werden versprach. Viele Wissenschaftler und Techniker dürften sich wohl vor allem deshalb an der Jagd nach der »Geheimwaffe« beteiligt haben, um ihre Arbeitsstäbe beieinanderzuhalten und nicht in den Wirren der letzten Kriegsmonate noch an der Front verheizt zu werden. Strahlflugzeuge und Raketen spielten deshalb auch im »Endkampf« des Dritten Reiches eine zentrale Rolle in der Rüstung.

Speer selbst muß wohl spätestens im Dezember 1944 die Unhaltbarkeit seiner Versprechungen bemerkt haben, denn er führte nun eine Reihe von rhetorischen Rückzugsgefechten, in denen er strikt das Gegenteil dessen behauptete, was im August noch groß herausgestellt worden war. Am 1. Dezember hob er bei einer Rede auf der Erprobungsstelle Rechlin hervor, daß man nicht über eine Wunderwaffe verfüge und wohl auch nie verfügen werde. Er halte es für verhängnisvoll, daß immer mehr Soldaten ihre Hoffnungen auf solche Wunderdinge setzten: »Aber gerade von den Technikern muß immer wieder betont werden: es gibt technische Fortschritte, wir sind zweifellos in der Lage, diese technischen Fortschritte auch zu erreichen, wenn man uns in Ruhe arbeiten läßt, aber es gibt keine Wunder. Wunder können von uns auf diesem Gebiet nicht verlangt werden[153].« Da in Rechlin die Fachleute versammelt waren, die als Techniker tagtäglich mit den angeblichen »Wunderwaffen« zu tun hatten, konnte er hier auch schlecht etwas anderes behaupten. Endgültig rückte Speer dann im Januar von seinen eigenen Versprechungen ab. Als ihm bei einer Diskussion mit Teilnehmern eines Lehrgangs für Kommandierende Generale und Korpschefs die Frage gestellt wurde, ob noch mit der Einführung neuer Waffen gerechnet werden könne, die im letzten Vierteljahr durch die Propaganda angekündigt worden sei, antwortete der Rüstungsminister: »Ich kann von mir aus nur sagen, daß ich diesen Gerüchten aufs energischste entgegentreten werde, und letzten Endes kam ja die Propaganda nicht von mir. Sie werden das nicht von mir gehört haben[154].« Speer sprach schlicht die Unwahrheit. Offenbar war er bereits darauf bedacht, am Ende des Krieges seinen Ruf als kompetenter Rüstungsfachmann nicht durch eine hohle Propagandalüge zu gefährden.

Worin bestand nun die »Tragödie« der deutschen Düsenjäger? Weniger darin, daß sie angeblich »zu spät« in den Einsatz kamen, als vielmehr darin, daß sie in sinnloser Art und Weise zur Verlängerung des Krieges beitrugen. Bis zum letzten Tag wurden von einer gewissenlosen Führung junge Piloten in den Kampf gegen eine vielfache Übermacht geschickt, ohne daß diese noch die geringste Aussicht auf irgendeinen durchschlagenden

---

[152] Ebd., S. 156.

[153] Rede Reichsminister Speers in Rechlin am 1.12.1944, BA, R 3/1556, S. 39.

[154] Reichsminister Speer vor dem 3. Lehrgang der Kommandierenden Generale und Korpschefs, Kaserne Krampnitz, 13.1.1945, BA, R 3/1556, S. 174.

Erfolg hatten. Zur besonderen Verantwortung eines Offiziers gehört es auch, zu erkennen, wann jeder Widerstand zwecklos ist, weil er nur noch unnütze Verluste mit sich bringt. Diese Einsicht war von der skrupellosen politischen Führungsschicht des Dritten Reiches wohl kaum zu erwarten, daß aber auch die technische Intelligenz und das höhere Offizierkorps praktisch bis zur letzten Sekunde ihre »Pflicht« bei der Suche nach »Wunderwaffen« erfüllten, ist ein besonders trauriges Kapitel in der Geschichte der deutschen Luftfahrt. Nur wenige sagten klipp und klar die Wahrheit, nämlich daß keine Aussicht auf eine Kriegswende durch moderne Waffensysteme bestand, weil der Erfolg im modernen Massenkrieg der ersten Hälfte des 20. Jahrhunderts nicht nur von der Qualität der Technik abhing, sondern auch vom Ausbildungsstand des Personals, von der richtigen Einsatzdoktrin und von den Produktionsmöglichkeiten und damit auch von der Rohstoffversorgung. Keines dieser Elemente war in Deutschland bei Kriegsende in ausreichendem Maße gewährleistet. Der größte Teil der Fachleute machte weiter, wohl auch aus einem gewissen Selbsterhaltungstrieb heraus. Doch damit schürten sie nur die Hoffnungen in den Machtzentralen des Reiches und förderten die Tendenz, dem unvermeidlichen Eingeständnis der Niederlage die Aussicht auf eine Wende des Kriegsglücks in letzter Minute entgegenzusetzen.

Man sollte sich bei der Diskussion um den Einsatz der Düsenjäger auch klarmachen, daß eine Verlängerung des Krieges unweigerlich den Abwurf der Atombombe auf Deutschland zur Folge gehabt hätte. Das war die einzige wirkliche »Wunderwaffe« des Zweiten Weltkrieges, welche dann die gesamte Kriegführung in der neueren Geschichte von Grund auf revolutionierte und auch heute noch Rüstung und Politik weitgehend beeinflußt.

Zusammenfassung

Die zentrale Frage dieser Arbeit war, warum es der deutschen Luftrüstung nicht gelang, innovative Projekte rechtzeitig vor dem Zusammenbruch der Reichsverteidigung an die Front zu bringen. Die Erklärung dafür ist nicht einfach, denn sie liegt im Zusammenwirken von mehreren Faktoren begründet, nämlich der Strategie, der Einsatzdoktrin der Luftwaffe, der Rüstungspolitik, der Struktur der Industrie, der Kriegslage und den spezifischen Besonderheiten der Luftwaffenführung.

Die Turbinenluftstrahltriebwerke waren als revolutionäre Neuentwicklung in Privatinitiative entstanden, als theoretische Überlegungen zum Ergebnis führten, daß eine weitere Steigerung der Geschwindigkeit mit den herkömmlichen Antriebssystemen nicht mehr möglich sei. Das Reichsluftfahrtministerium hatte schon in der Frühphase der Entwicklung entsprechende Referate mit der Lenkung und Überwachung der Projekte beauftragt. Die Fachleute des RLM drückten noch vor dem Kriege ein breit angelegtes Forschungs- und Entwicklungsprogramm bei den alteingesessenen Motorenherstellern durch. Sowohl die Luftwaffenführung als auch die Industrie sahen aber in den Strahlantrieben eher ein Langzeitprogramm für die nächsten Jahre. Besonders für die Motorenindustrie war die neue Technologie nur eine lästige Konkurrenz für die bewährten Kolbenmotoren.

Als bei Kriegsbeginn eine Konzentration der Entwicklungsvorhaben durchgeführt werden mußte, standen die Strahltriebwerke nicht an der Spitze der Prioritätenliste. Es gab allerdings entgegen vielen Nachkriegsdarstellungen keinen Entwicklungsstopp, der den Fortgang der Arbeiten unterbrochen hätte. Vielmehr hatten die meisten Konstrukteure und auch die Referenten des RLM den Zeitaufwand für die Verwirklichung der Vorhaben unterschätzt und fielen immer weiter hinter die geplanten Ablieferungstermine zurück. Ursprünglich war sogar befürchtet worden, die Triebwerke seien fertig, bevor entsprechende Flugzeuge dafür bereitständen. Deshalb war noch vor Kriegsbeginn die Arbeit an den Strahljägern He 280 und Me 262 sowie dem Raketenjäger Me 163 aufgenommen worden. 1941 standen die Flugzeugzellen bereit, die Triebwerkskonstrukteure kämpften dagegen noch mit erheblichen Schwierigkeiten. In den ersten Jahren hatten die neuen Projekte keine große Dringlichkeit erhalten. Das lag vor allem an der Kriegslage und an der Einsatzdoktrin der Luftwaffe. Diese war in erster Linie eine Angriffswaffe, deren Schwerpunkt bei den Bombern lag. Den Jägern wurde weniger Bedeutung zugemessen. Da die He 280 und die Me 262 naturgemäß in ihrer Konzeption als Jagdflugzeuge ausgelegt waren, hatte die Luftwaffenspitze wenig Interesse an diesen Typen. Sie suchte vielmehr nach einem »Schnellbomber«, der gegen England eingesetzt werden konnte. Deshalb wurde der Strahlantrieb auch für neue Bomberprojekte interessant, gleichzeitig begann die Entwicklung der V-Waffen.

Die Umstrukturierung der Industrie ab 1941 brachte die nächsten Verzögerungen mit sich. Generalluftzeugmeister Udet war mit seinem konzentrierten Flugzeugmusterprogramm gescheitert; die von ihm ausgewählten Nachfolgemuster für die Standardausrüstung der Luftwaffe erwiesen sich größtenteils als Versager. Sein Nachfolger Milch setzte auf eine Ausweitung der Produktion, wobei er bewährte Muster beibehielt, dadurch aber auch die Einführung neuer Typen für zwei bis drei Jahre blockierte. Eine weitgehende Rationalisierung der bisher meist mit handwerklichen Methoden arbeitenden Flugzeughersteller ermöglichte außerdem den Einsatz von angelernten Kräften, so daß Milch mit dem extensiven Ausbau der Fertigungsanlagen fortfahren konnte. Bei der Beschaffung neuer Flugzeuge versuchte er sich durch Parallelentwicklungen abzusichern. Hierbei vertraute die Luftwaffe auf die Privatinitiative der einzelnen Firmen, die im Bereich der Innovationen konkurrierten, während die Produktion der dann ausgewählten Muster vom RLM zentral gelenkt wurde. Da sich in Deutschland aber schon vor Kriegsbeginn eine Verknappung von Ingenieuren und Konstrukteuren abgezeichnet hatte, waren alle großen Firmen mit einer Vielzahl von Projekten überlastet, weil sie sich zuviel zumuteten.

Dennoch wogen diese Faktoren nicht allzu schwer, denn erst 1942 war nach erfolgreichen Tests erwiesen, daß die Strahlflugzeuge überhaupt brauchbare Entwicklungen darstellten. Ab Ende 1942 erhielten sie deshalb eine höhere Priorität. Die Luftwaffenführung diskutierte die Möglichkeit, mit den neuen Maschinen vielleicht sogar in nächster Zeit schon einzelne Verbände ausrüsten zu können. Milch blieb dabei vorerst skeptisch, ließ sich jedoch im Frühjahr 1943 von seinen Fachleuten überzeugen. Er verfügte die Streichung des als Nachfolgemuster für die Me 109 vorgesehenen Kolbenmotorjägers Me 209 und setzte den Strahljäger Me 262 an seine Stelle. Ausgerechnet dessen Konstrukteur Prof. Willy Messerschmitt opponierte gegen diese Entscheidung und machte sich seine guten Beziehungen zu Hitler zunutze, um den Befehl rückgängig zu machen.

Die schweren Luftangriffe auf Hamburg im Juli 1943 markierten dann einen Wendepunkt in der Strategie der Luftwaffe. Nun sollte auch die Verteidigung mit allen Mitteln gefördert werden. Allerdings machte sich das Fehlen einer übergeordneten Instanz bemerkbar, die Taktik und Technik einer Gesamtstrategie unterworfen hätte. Während Milch und der General der Jagdflieger, Galland, den Schwerpunkt auf die Defensive legen wollten und im Strahljäger Me 262 ein wesentliches Element der dafür notwendigen Ausrüstung sahen, vertraten Teile des Generalstabes der Luftwaffe eher die Ansicht, man müsse weiterhin über eine entsprechende offensive Schlagkraft verfügen und forderten Strahlflugzeuge als »Schnellbomber«. Hitler griff in deren Sinne in die Auseinandersetzungen ein, als er im November 1943 den Einsatz der Me 262 als »Blitzbomber« befahl, der die Invasion zurückschlagen sollte. Sein Befehl wirkte sich vorerst kaum auf die geplante Herstellung der Strahlflugzeuge aus, denn die Me 262 war nur als Übergangslösung gedacht, bis der eigentliche Strahlbomber Ar 234 einsatzbereit sein würde. Dann sollte die Me 262 voll in den Jagdsektor übergeführt werden.

Die Produktion der Maschine verzögerte sich jedoch wegen des Mangels an Konstrukteuren, Facharbeitern und Werkzeugmaschinen, außerdem auch wegen Bombenschäden in den Herstellerwerken. Darüber hinaus war das für die Serie vorgesehene Triebwerk Jumo 004B nicht serienreif. Das lag daran, weil man wegen der wehrwirtschaftlichen Gesamtlage des Reiches zu Einsparungen bei strategisch wichtigen Materialien gezwungen war. Die ursprünglichen Prototypen mußten umkonstruiert werden, wobei sich die in den Seriengeräten verwendeten Spezialstähle mit geringem Nickel- und Chromgehalt den enormen Beanspruchungen und Temperaturen nicht gewachsen zeigten. Die Triebwerksproduktion blieb deshalb weit hinter den Planzahlen zurück.

Ende Mai 1944 wurde offenbar, daß alle Hoffnungen auf einen rechtzeitigen Einsatz der Me 262 vergeblich waren. Hitler bestand nun stur auf der Ausführung seines »Blitzbomber«befehls, und Göring schloß sich dieser Haltung an. Erst im November gab Hitler die Erlaubnis für den Jagdeinsatz der Me 262. Allerdings waren bis zu diesem Zeitpunkt nur wenige Düsenflugzeuge hergestellt worden. In der Zwischenzeit hatten die amerikanischen Luftflotten die Reichsverteidigung niedergerungen, die Fronten in Ost und West waren zusammengebrochen.

Genau betrachtet kamen die Strahlflugzeuge deshalb nicht »zu spät«, sondern eher »zu früh«. Alle Produktionspläne weisen darauf hin, daß eine Großserie von Düsenmaschinen erst im Jahre 1945 zu erwarten war. Dann wären die Maschinen auch einsatzreif gewesen. In der verzweifelten Lage ab Sommer 1943 schien jedoch für die Luftrüstung nur noch das Konzept der materiellen qualitativen Überlegenheit Rettung zu bringen, denn den Produktionswettlauf mit den Alliierten konnte Deutschland nicht gewinnen, und auch der Ausbildungsstand der Piloten nahm rapide ab. Deshalb wurden die Strahljäger unfertig in die Serie gepreßt. Es fällt auf, daß weder die Fachleute des RLM noch ein Großteil der führenden Konstrukteure der Industrie mit den Problemen des Großserienbaus hinreichend vertraut waren und daß sie deshalb den Zeitaufwand für die Einführung solch eines revolutinären Waffensystems unterschätzten. Das ist darauf zurückzuführen, daß die deutsche Luftfahrtindustrie aus kleinen und kleinsten Betriebsgrößen entstanden war und zu sehr auf althergebrachte Herstellungsverfahren vertraute. Die amerikanische Luftrüstung schaltete dagegen schnell die Automobilbranche ein, die ihre Erfahrung bei der Fließbandfertigung voll einbringen konnte, während die Sowjetunion auf hochkonzentrierte Fertigungsanlagen in riesigen Kombinaten vertraute. Das Konzept der qualitativen Überlegenheit der Luftwaffe erwies sich als Fehlschlag. Es zeigte sich, daß ohne entsprechenden personellen Unterbau bei den Einsatzeinheiten und ohne wehrwirtschaftlichen Rückhalt eine Handvoll überlegener Strahljäger keine Wende im Luftkrieg bringen konnte.

Schon aus dieser Einsicht heraus suchte die Führungselite im militärisch-industriellen Komplex des Drittten Reiches nach anderen Möglichkeiten zur »Brechung des Luftterrors«. Während Hitler hauptsächlich auf die Formel »Terror gegen Terror« setzte und die V-Waffen zur »Vergeltung« der alliierten Angriffe förderte, glaubte eine Gruppe von Fachleuten in der Luftwaffenführung durch den Masseneinsatz von billigen, aber hochmodernen Abwehrmitteln wenigstens die industrielle Fertigung vor der totalen Vernichtung retten zu können. So entstand das »Volksjäger«projekt, das die neue Technologie des Strahlantriebes auch in entsprechender Masse und in kürzerer Zeit für die Jagdwaffe liefern sollte. Die Personalprobleme wollte man durch den Einsatz eines geschlossenen Jahrgangs der Flieger-HJ umgehen. Trug schon dieses Konzept reichlich irreale Züge, so war die Jagd nach der zielsuchenden Flugabwehrrakete in den letzten Kriegsmonaten noch mehr von Wunschvorstellungen als von der realistischen Einschätzung der Möglichkeiten bestimmt. Auf Befehl Hitlers erhielt dieses letzte große Programm der Luftrüstung im November 1944 höchste Priorität, nachdem es seit Ende 1942 in die Beschaffungspläne der Flakrüstung aufgenommen worden war. Die Zersplitterung der Kapazitäten auf eine Vielzahl von Projekten führte aber dazu, daß bei Kriegsende keine einsatzreife Version einer Flugabwehrrakete vorlag. Es fehlten zudem alle Voraussetzungen auf dem Gebiet der Hochfrequenztechnik für die Steuerungssysteme der Raketen. Überhaupt zeigten sich vor allem auf dem Gebiet der waffentechnischen Innovationen die hinderlichen polykratischen Führungsstrukturen der deutschen Rüstungsindustrie. Schon im Bereich der Luftwaffe war durch die Trennung von Generalluftzeugmeisterbereich und Generalstab eine einheitliche und stetige Beschaffungspolitik nicht möglich. Zudem konkurrierte in zunehmendem Maße das Rüstungsministerium unter Speer vor allem durch die Produktion der Heeresrakete A 4 mit der Luftrüstung, wobei sich Speer stets als der Stärkere erwies und schließlich im Sommer 1944 mit der Luftrüstung den letzten selbständigen Bereich der Waffenproduktion übernahm. Doch auch nach diesem Zeitpunkt verbesserte sich die Situation nicht mehr wesentlich, denn Speer geriet nun in Konkurrenz zur SS, die sich über die KZ-Häftlinge, die sie für die Rüstung bereitstellte, den Zugriff auf die Herstellung von Kriegsmitteln sicherte, bis sie im März 1945 alle modernen Waffensysteme des Reiches unter ihrer Kontrolle hatte.

Abschließend bleibt festzustellen, daß sich die Lenkungsorgane des RLM bei der Verfolgung neuer Projekte und der Förderung der Forschung durchaus bewährten, denn sie erkannten frühzeitig die Bedeutung der neuen Technologie und initiierten ein fundiertes Entwicklungsprogramm für Strahlflugzeuge. Bei der Umsetzung der Vorhaben in die Produktion versagten aber sowohl die Organe der Luftwaffe als auch die der »Selbstverantwortung der Industrie« des Speer-Ministeriums. Der Grund lag aber nun nicht darin, daß alle Führer der Luftrüstung »Dilettanten« gewesen wären, sondern war allein aus der gesamtstrategischen und wirtschaftlichen Lage des Dritten Reiches zu erklären. Ein langdauernder Krieg mit den drei größten Industrienationen war einfach nicht durchzuhalten, und auch »Wunderwaffen« hätten die Niederlage höchstens hinauszögern können; denn der Gegner war auch auf dem Sektor der technischen Innovationen führend und konnte über kurz oder lang einen gewissen Vorsprung auf irgendeinem Gebiet der Waffenfertigung leicht wieder wettmachen.

Durch zahlreiche Beiträge von ehemaligen Offizieren der Luftwaffe und führenden Luftfahrtindustriellen verfestigte sich aber nach dem Kriege der Eindruck, nur einige gravierende Fehlentscheidungen hätten den waffentechnologischen Durchbruch verhindert. Die politische Führung habe eine große Chance verpaßt, noch eine Kriegswende herbeizuführen. Es bleibt daher ein Desiderat der Forschung, in einer zusammenfassenden Darstellung alle Aspekte im Zusammenspiel von Strategie, Wirtschaft, Rüstungspolitik und Kriegsgeschehen für die deutsche Luftrüstung aufzuzeigen, um die rein technizistisch geprägten Beurteilungen der Möglichkeiten in Forschung und Industrie einer kritischen Analyse zu unterwerfen.

Abkürzungsverzeichnis

A	Aggregat
Abt	Abteilung
ADAP	Akten zur deutschen auswärtigen Politik
Adj	Adjutant, Adjutantur
Ar	Arado
Asien	Befehlszug Görings
ATG	Allgemeine Transportanlagengesellschaft
AVA	Aerodynamische Versuchsanstalt
Az	Aktenzeichen
B, BV	Bevollmächtigter
BA	Bundesarchiv
BA-MA	Bundesarchiv-Militärarchiv
Bf	Bayerische Flugzeugwerke
Brb (Nr.)	Briefbuch (Nr.)
BV	Blohm & Voß
Chef TLR	Chef der Technischen Luftrüstung
DB	Daimler Benz
DFS	Deutsche Forschungsanstalt für Segelflug
Do	Dornier
DVL	Deutsche Versuchsanstalt für Luftfahrt
E	Erprobung
Ia	Erster Generalstabsoffizier (Führung), Führungs- bzw. Operations-Abteilung
Ia Flieg	Gruppe Ia (fliegende Verbände), Fliegereinsatz
Ia op	Gruppe Operation
Ib	Zweiter Generalstabsoffizier (Organisation, Quartiermeisterwesen)
Ic	Dritter Generalstabsoffizier (Feindlage)
Id	Vierter Generalstabsoffizier
IT	Technischer Offizier in Generalstab der Luftwaffe, 1. Abteilung
FD	Foreign Document
FFO	Flugforschungsinstitut Oberpfaffenhofen
FGZ	Forschungsanstalt Graf Zeppelin
FHQu	Führerhauptquartier
Fi	Fieseler
Fl	Flieger-, Flugzeug
FlakEuRü	(Amtsgruppe) Flakentwicklung und -rüstung
FlgTr	Fliegertruppe
FlH	Fliegerhorst
Fl In	Fliegerinspektion
FlK	Fliegerkorps
FoFü	Forschungsführung
FüSt	Führungsstab
FW	Focke-Wulf
FZG 76	Flakzielgerät 76 (Tarnname für V 1)
g	geheim
GB	Generalbevollmächtigter
GenLt	Generalleutnant
GenMaj	Generalmajor
GenQu	Generalquartiermeister
GenSt, Genst	Generalstab
GFM	Generalfeldmarschall
gK, gKdos	geheime Kommandosache
GL	Generalluftzeugmeister
GL/A	Planungsamt (1942—1944)
GL/C	Technisches Amt (1942—1944)
GL/E	Nachschubamt (1942—1943)
GL/F	Industriewirtschaftsamt (1942—1944)
GL/Flak-E	(Amtsgruppe) Flakentwicklung (1943—1944)
GL/FlakRü	(Abteilung) Flakrüstung
gRS	geheime Reichssache
HAF	Hauptausschuß Flugzeugbau
HDL	Hauptdienstleiter
He	Heinkel
HQu	Hauptquartier
Hs	Henschel
IfZ	Institut für Zeitgeschichte
iG, i.G.	im Generalstab
IMT	International Military Tribunal
Ing.	Ingenieur(e)
Insp.	Inspekteur
IWM	Imperial War Museum

Jabo	Jagdbomber
Jafü	Jagdfliegerführer
JG	Jagdgeschwader
JK	Jagdkorps
Ju	Junkers
KdE	Kommando der Erprobungsstellen der Luftwaffe
Kdo	Kommando
Kdr	Kommandeur
KG	Kommandierender General, Kampfgeschwader
KTB	Kriegstagebuch
L.Dv., LDv	Luftwaffendienstvorschrift (auch für Luftwaffendruckvorschrift)
LFM	Luftfahrtforschungsanstalt München
LT	Lufttorpedo
Lw	Luftwaffe
LwBefh	Luftwaffenbefehlshaber
LwFüSt	Luftwaffenführungsstab, Führungsstab der Luftwaffe
LwFüSt Ia	1.(Führungs-)Abteilung des Generalstabes der Luftwaffe
Maj	Major
Me	Messerschmitt
MGFA	Militärgeschichtliches Forschungsamt
MIAG	Mühlenbau- und Industrie-Aktiengesellschaft
NACA	National Advisory Committee for Aeronautics
NATO	North Atlantic Treaty Organization
NSFK	Nationalsozialistisches Fliegerkorps
OB, Ob	Oberbefehlshaber
ObdL	Oberbefehlshaber der Luftwaffe
ObdLuRdL	Oberbefehlshaber der Luftwaffe und Reichsminister der Luftfahrt
OKH	Oberkommando des Heeres
OKL	Oberkommando der Luftwaffe
OKW	Oberkommando der Wehrmacht
OQu	Oberquartiermeister
RAF	Royal Air Force
RdLuObdL	Reichsminister der Luftfahrt und Oberbefehlshaber der Luftwaffe
Ref.	Referat
RLM, R.L.M.	Reichsluftfahrtministerium
RM	Reichsmarschall
RMdGrdtRuObdL	Reichsmarschall des Großdeutschen Reiches und Oberbefehlshaber der Luftwaffe
RMinfRuK	Reichsminister für Rüstung und Kriegsproduktion
Rü	Rüstung(s)
RüSt	Rüstungsstab
SB	Sonderbeauftragte(r), Schnellbericht
SKG	Schnellkampfgeschwader
SS	Schutzstaffel
St-Gl-RuK-Bespr	Besprechung zwischen Staatssekretär der Luftfahrt, Generalluftzeugmeister und Reichsminister für Rüstung und Kriegsproduktion
Ta	(Prof.) Tank (Flugzeugtypenbezeichnung)
TH	Technische Hochschule
TL-Triebwerk	Turbinenluftstrahltriebwerk
TLR	Technische Luftrüstung
TO, T.O.	Technischer Offizier
USAAF	United States Army Air Force
USAREUR	United States Army Reserve Europe
USSBS	The United States Strategic Bombing Survey
USSTAF	United States Strategic Air Force
VJfZG	Vierteljahrshefte für Zeitgeschichte
VLF	Vereinigung für Luftfahrtforschung
WFSt	Wehrmachtführungsstab
WiRü	Wehrwirtschafts- und Rüstungsamt
zbV, z.b.V.	zur besonderen Verwendung
ZG	Zerstörergeschwader
ZWB	Zentrale für wissenschaftliches Berichtswesen über Luftfahrtforschung

Quellen- und Literaturverzeichnis

I. Ungedruckte Quellen

1. Bundesarchiv Koblenz (zitiert BA)

NS 3	SS-Wirtschafts-Verwaltungshauptamt
NS 19	Persönlicher Stab Reichsführer SS
R 3	Reichsministerium für Bewaffnung und Munition
R 13 XXV	Wirtschaftsgruppe Luftfahrtindustrie
R 26 III	Reichsforschungsrat
R 55	Reichsministerium für Volksaufklärung und Propaganda

2. Bundesarchiv-Militärarchiv Freiburg (zitiert BA-MA)

RH 8 I	OKH/Heereswaffenamt
RH 8 II	Heeresversuchsanstalt Peenemünde
RL 1	Reichsminister der Luftfahrt und Oberbefehlshaber der Luftwaffe
RL 2 I	Generalstab der Luftwaffe, Chef des Generalstabes
RL 2 II	Luftwaffenführungsstab
RL 2 III	Generalquartiermeister
RL 3	Generalluftzeugmeister
RL 5	Chef der Personellen Rüstung und NS-Führung
RL 7	Oberste Truppenkommandobehörden der Luftwaffe
RL 10	Fliegende Verbände
RL 11	Kommandobehörden und Kommandostellen der Flakartillerie
RL 30	Sonderstäbe Luftwaffe
RL 36	Dienststellen für technische Erprobung der Luftwaffe
RL 200	Verschiedene Unterlagen zur Geschichte der Luftwaffe
RW 19	OKW/Wehrwirtschafts- und Rüstungsamt
RW 20	Rüstungsinspektionen im Reichsgebiet
RW 21	Rüstungskommandos im Reichsgebiet

3. Nachlässe — Bundesarchiv-Militärarchiv Freiburg

N 141	(Nachlaß Kreipe)
N 179	(Nachlaß Milch)
N 529	(Nachlaß von Axthelm)
N 584	(Nachlaß Baeumker)
N 653	(Nachlaß Hertel)

4. Deutsches Museum München (zitiert DM)

Ordner Ar 234
Ordner He 162
Ordner Jumo 004
Ordner Me 163
Ordner Me 262
Ordner Flugkörper, Typen Bl-H, Deutschland
Ordner »Wasserfall«

5. Imperial War Museum London (zitiert IWM)

Speer Collection — Firmenunterlagen:
Bayerische Motorenwerke
Focke-Wulf G.m.b.H.
Ernst Heinkel A.G.
Henschel Flugmotoren G.m.b.H.
Junkers Flugzeug- und Motorenwerke A.G.
Messerschmitt A.G.
Wiener-Neustädter-Flugzeugwerke

6. Institut für Zeitgeschichte München (zitiert IfZ)

Sammlung Irving
Fd 27
MA — 10 (4)
MA — 54
MA — 184
MA — 190/1
MA — 190/2
MA — 192
MA — 217
MA — 314
MA — 331
MA — 356
MA — 382

II. Unveröffentlichte Studien und Ausarbeitungen

1. Bundesarchiv-Militärarchiv Freiburg (zitiert BA-MA)

ZA 3 Studiengruppe Luftwaffe der USAF Historical Division

2. Militärgeschichtliches Forschungsamt Freiburg (zitiert MGFA)

Lw 11	Geschichte der deutschen Luftverteidigung 1933—1945. Von Generalmajor a.D. Grabmann
Lw 16/1 und 2	Die Flugzeugbeschaffung in der deutschen Luftwaffe. Von Generalingenieur a.D. Walter Hertel
Lw 21/3	Hermann Göring. Der Oberbefehlshaber der deutschen Luftwaffe. Ein Versuch von Richard Suchenwirth
Lw 21/14	Erhard Milch. Ein Versuch von Richard Suchenwirth
Lw 21/5	Hans Jeschonnek. Ein Versuch über Wesen, Wirken und Schicksal des vierten Generalstabschefs der deutschen Luftwaffe von Richard Suchenwirth
Lw 21/6	Ernst Udet. Generalluftzeugmeister der deutschen Luftwaffe 1939—1941. Ein Versuch von Richard Suchenwirth
Lw 35	Historische Wendepunkte im Kriegseinsatz der deutschen Luftwaffe. Von Richard Suchenwirth
Lw 38	Der Entwicklungsstand der deutschen Flugzeugbewaffnung bei Kriegsende. Eine zusammengefaßte Übersicht über den Entwicklungsgang der Fliegerbordschußwaffen, Munition, Zielgerät, Lafetten und Waffeneinbau von Oberst-Ing. a.D. Mix
Lw 39	Die Entwicklung der deutschen Flugabwehrwaffen aller Art bis zum Jahre 1945. Von General der Flakartillerie a.D. von Renz

3. Imperial War Museum London

The Reports of the United States Strategic Bombing Survey (zitiert USSBS)
(Die zur besseren Orientierung in Klammern jeweils angegebenen Nummern der einzelnen Reports richten sich nach: A Guide to the Reports of the United States Strategic Bombing Survey, hrsg. von Gordon Daniels, London 1981 [= Royal Historical Society Guides & Handbooks, Bd 2]).

III. Interviews

Beauvais, Heinrich, Dipl. Ing. (Ehemaliger Testpilot der Erprobungsstelle Peenemünde)
Brée, Rudolf, Oberstabsing. a.D. (ehemaliger Abteilungsleiter im RLM)
Degel, Wolfgang, Dipl. Ing. (ehemaliger Mitarbeiter der Messerschmitt A.G.)
Galland, Adolf, Generalleutnant a.D. (ehemaliger General der Jagdflieger)
Kaiser, Hans, Dipl. Ing. (ehemaliger Mitarbeiter der Messerschmitt A.G.)
Reicherter, Julius, Dipl. Ing. (ehemaliger Mitarbeiter der Messerschmitt A.G.)

IV. Quelleneditionen

Akten zur deutschen auswärtigen Politik 1918—1945. Serie D 1937—1945. 13 Bde., Baden-Baden, Frankfurt a.M., Bonn, Göttingen 1950—1970 (zit. ADAP)

Deutschlands Rüstung im Zweiten Weltkrieg. Hitlers Konferenzen mit Albert Speer 1942—1945, hrsg. u. eingel. von Willi A. Boelcke, Frankfurt a.M. 1969 (zit. Deutschlands Rüstung)

Dokumente und Dokumentarfotos zur Geschichte der deutschen Luftwaffe. Aus den Geheimakten des Reichswehrministeriums 1919—1939 und des Reichsluftfahrtministeriums 1933—1939, bearb. von Karl-Heinz Völker, Stuttgart 1968 (= Beiträge zur Militär- und Kriegsgeschichte, Bd 9)

Goebbels, Joseph, Tagebücher aus den Jahren 1942—1943, mit anderen Dokumenten hrsg. von Louis P. Lochner, Zürich 1948

Hitler, Adolf, Monologe im Führerhauptquartier 1941—1944. Die Aufzeichnungen Heinrich Heims, hrsg. von Werner Jochmann, Hamburg 1980

Hitlers Lagebesprechungen. Die Protokollfragmente seiner militärischen Konferenzen 1942—1945, hrsg. von Helmut Heiber, Stuttgart 1962 (= Quellen und Darstellungen zur Zeitgeschichte, Bd 10)

Hitlers Weisungen für die Kriegsführung 1939—1945, Dokumente des Oberkommandos der Wehrmacht, hrsg. von Walther Hubatsch, Koblenz 1983

Koller, Karl, Der letzte Monat. 14. April bis 27. Mai 1945. Tagebuchaufzeichnungen des ehemaligen Chefs des Generalstabs der deutschen Luftwaffe, Eßlingen, München 1985 (Neuausg. der Erstaufl. Mannheim 1949)

Kriegstagebuch des Oberkommandos der Wehrmacht (Wehrmachtführungsstab) 1940—1945, geführt von Helmuth Greiner und Percy Ernst Schramm, hrsg. von Percy Ernst Schramm, 4 Bde, Frankfurt a.M. 1961—1965 (zit. KTB OKW)

Marshall, George C., Arnold, Henry H., King, Ernest J., The War Reports, Philadelphia, New York 1947

Meldungen aus dem Reich 1938—1945. Die geheimen Lageberichte des Sicherheitsdienstes der SS, hrsg. u. eingel. von Heinz Boberach, 17 Bde, Herrsching 1984

Der Prozeß gegen die Hauptkriegsverbrecher vor dem Internationalen Militärgerichtshof, Nürnberg 14. November 1945 — 1. Oktober 1946, 42 Bde, Nürnberg 1947—1949 (zit. IMT)

The United States Strategic Bombing Survey, hrsg. u. eingel. von David MacIsaac, 10 Bde, New York 1976 (zit. USSBS)

V. Literaturverzeichnis

Aders, Gebhard, Geschichte der deutschen Nachtjagd 1917—1945, Stuttgart ²1978

Air Superiority in World War II and Korea. An Interview with Gen. James Ferguson, Gen. Robert M. Lee, Gen. William Momyer and Lt. Gen. Elwood R. Quesada, hrsg. von Richard H. Kohn und Joseph P. Harahan, Washington 1983

Albert, Hans, Plädoyer für kritischen Rationalismus, München ⁴1975

Ders., Probleme der Wissenschaftslehre in der Sozialforschung, in: Handbuch der empirischen Sozialforschung, hrsg. von René König, Bd 1: Geschichte und Grundprobleme der empirischen Sozialforschung, Stuttgart ³1973, S. 57—102

Allmayer-Beck, Joachim Christoph, Die Militärgeschichte in ihrem Verhältnis zur historischen Gesamtwissenschaft, in: Geschichte und Militärgeschichte. Wege der Forschung, hrsg. von Ursula von Gersdorff, Frankfurt a.M. 1974, S. 177—199

Angell, Joseph Warner, Guided Missiles Could Have Won, in: The Atlantic Monthly, 188 (1951) 12, S. 29—34; 189 (1952) 1, S. 57—63

The Army Air Forces. In World War II, 7 Bde, hrsg. von Wesley Frank Craven und James Lea Cate, Chicago 1948—1958

Baeumker, Adolf, Ein Beitrag zur Geschichte der Führung der deutschen Luftfahrttechnik im ersten halben Jahrhundert 1900—1945, Bad Godesberg 1971 (= Langfristiges Planen der Forschung und Entwicklung, H. 44)

Ders., Dynamik der militärischen Technik, Bad Godesberg 1962 (= Langfristiges Planen der Forschung und Entwicklung, H. 11)

Bagel-Bohlan, Anja E., Hitlers industrielle Kriegsvorbereitung 1936 bis 1939, Koblenz, Bonn 1975 (= Beiträge zur Wehrforschung, Bd 24)

Baumbach, Werner, Zu spät? Aufstieg und Untergang der deutschen Luftwaffe, München [2]1949
Baxter, James P., Scientists Against Time, Boston 1950
Becker, Peter Wolfgang, The Basis of the German War Economy Under Albert Speer, 1942—1944, Phil. Diss., Stanford 1971
Bekker, Cajus, Angriffshöhe 4000. Ein Kriegstagebuch der deutschen Luftwaffe, Oldenburg, Hamburg 1964
Below, Nicolaus von, Als Hitlers Adjutant 1937—1945, Mainz 1980
Benecke, Theodor, Hedwig, Karl Heinz, Hermann, Joachim, Flugkörper und Lenkraketen. Die Entwicklungsgeschichte der deutschen gelenkten Flugkörper vom Beginn dieses Jahrhunderts bis heute, Koblenz 1987 (= Die deutsche Luftfahrt, Bd 10)
Berchem, H.O. von, Taktisch-technische Probleme der deutschen Luftwaffe im Zweiten Weltkrieg, in: Militärpolitisches Forum, 1 (1952) 3, S. 130—134
Bilanz des Zweiten Weltkrieges. Erkenntnisse und Verpflichtungen für die Zukunft, Oldenburg, Hamburg 1953
Blaich, Fritz, Staat und Verbände in Deutschland zwischen 1871 und 1945, Wiesbaden 1979
Blankenstein, Herbert, Turkenburg, Wim. L., Atoomenergie in het Drede Rijk, in: Spiegel Historiael, 16 (1981), S. 690—697
Bleyer, Wolfgang, Staat und Monopole im totalen Krieg. Der staatsmonopolistische Machtapparat und die »totale Mobilisierung« im ersten Halbjahr 1943, Berlin 1970
Boehme, Manfred, Jagdgeschwader 7. Die Chronik eines Me-262-Geschwaders 1944/45, Stuttgart 1983
Boog, Horst, Der angloamerikanische strategische Luftkrieg über Europa und die deutsche Luftverteidigung, in: Das Deutsche Reich und der Zweite Weltkrieg, Bd 6, Stuttgart 1990, S. 429—565
Ders., Die deutsche Luftwaffenführung 1935—1945. Führungsprobleme, Spitzengliederung, Generalstabsausbildung, Stuttgart 1982 (= Beiträge zur Militär- und Kriegsgeschichte, Bd 21)
Ders., Generalstabsausbildung und Führungsdenken in der deutschen Luftwaffe, in: Einzelprobleme politischer und militärischer Führung, Herford, Bonn 1981 (= Vorträge zur Militärgeschichte, Bd 1), S. 105—131
Ders., Germanic Air Forces and the Historiography of the Air War, in: Aerospace Historian, 31 (1984), S. 38—42
Ders., Luftwaffe und Logistik im Zweiten Weltkrieg, in: Die Bedeutung der Logistik für die militärische Führung von der Antike bis in die neueste Zeit, Herford, Bonn 1986 (= Vorträge zur Militärgeschichte, Bd 7), S. 241—257
Ders., Luftwaffe und Technik 1935—1945, in: Truppenpraxis, 31 (1987) 1, S. 65—73
Bornemann, Manfred, Geheimprojekt Mittelbau. Die Geschichte der deutschen V-Waffen-Werke, München 1971
Ders., Broszat, Martin, Das KL Dora-Mittelbau, in: Studien zur Geschichte der Konzentrationslager, Stuttgart 1970 (= Schriftenreihe der Vierteljahrshefte für Zeitgeschichte, Bd 21), S. 155—198
Boyne, Walter J., Messerschmidt Me 262. Arrow to the Future, London 1980
Bracher, Karl-Dietrich, Zeitgeschichtliche Kontroversen. Um Faschismus, Totalitarismus, Demokratie, München, Zürich [5]1984
Broszat, Martin, Der Staat Hitlers. Grundlegung und Entwicklung seiner inneren Verfassung, München [10]1983
Brown, Eric, Berühmte Flugzeuge der Luftwaffe 1939—1945, Stuttgart 1988
Brunswig, Hans, Feuersturm über Hamburg. Die Luftangriffe auf Hamburg im Zweiten Weltkrieg und ihre Folgen, Stuttgart [3]1979
Buchheim, Christoph, Die besetzten Länder im Dienste der deutschen Kriegswirtschaft während des Zweiten Weltkriegs. Ein Bericht der Forschungsstelle für Wehrwirtschaft. Dokumentation, in: Vierteljahrshefte für Zeitgeschichte, 34 (1986) 1, S. 117—145.
Carr, William, Arms, Autarky and Aggression. A Study in German Foreign Policy, 1933—1939, London [2]1979

Churchill, Winston S., Der Zweite Weltkrieg, 6 Bde, Bern 1948—1954
Coffey, Thomas M., Entscheidung über Schweinfurt; Berlin, Frankfurt a.M., Wien 1979
Collier, Basil, The Defense of the United Kingdom, London 1957 (= History of the Second World War, United Kingdom Military Series)
Constant, Edward W., The Origins of the Turbojet Revolution, Baltimore 1980
Cooling, B. Franklin, Technology and the Frontiers of Military History, in: Military Affairs, 39 (1975) 4, S. 206—207
Cooper, Matthew, Die Luftwaffe 1933—1945. Eine Chronik. Versäumnisse und Fehlschläge, Stuttgart 1988
Czesany, Maximilian, Alliierter Bombenterror. Der Luftkrieg gegen die Zivilbevölkerung Europas 1940—1945, Leoni 1986
Czichon, Eberhard, Der Primat der Industrie im Kartell der nationalsozialistischen Macht, in: Das Argument, 10, (1968) 3, S. 168—192
Dahl, Walther, Rammjäger. Das letzte Aufgebot, Heusenstamm [3]1967
Decher, S., Die Entwicklung des Triebwerkes Jumo 004 bei den Junkers Flugzeug- und Motorenwerken in Dessau, in: Flugwelt, 3 (1951) 2, S. 41—46
Deighton, Len, Unternehmen Adler. Die Luftschlacht um England, Bayreuth 1978
Deist, Wilhelm, Die Aufrüstung der Wehrmacht, in: Das Deutsche Reich und der Zweite Weltkrieg, Bd 1, Stuttgart 1979, S. 369—532
Demps, Laurenz, Zum weiteren Ausbau des staatsmonopolistischen Apparates der faschistischen Kriegswirtschaft in den Jahren 1943 bis 1945 und zur Rolle der SS und der Konzentrationslager im Rahmen der Rüstungsproduktion, dargestellt am Beispiel der unterirdischen Verlagerung von Teilen der Rüstungsindustrie, Diss., Berlin 1970
Das Deutsche Reich und der Zweite Weltkrieg, Bd 1—6, Stuttgart 1979—1990
Dornberger, Walter, Peenemünde. Die Geschichte der V-Waffen, Eßlingen 1981
Eichholtz, Dietrich, Geschichte der deutschen Kriegswirtschaft 1939—1945, Bd 1: 1939—1941, Berlin [2]1971; Bd 2: 1941—1943, Berlin 1985
Ders., Gossweiler, Kurt, Noch einmal: Politik und Wirtschaft 1933—1945, in: Das Argument, 10 (1968) 3, S. 210—227
Eisenhower, Dwight D., Kreuzzug in Europa, Amsterdam 1948
Emme, Eugene M., Hitler's Blitzbomber. Historical Notes on High Command Decisions Influencing the Tardy Operational Use of the Me 262 in German Air Defence, Maxwell Air Force Base/Alabama 1951 (= Air University Documentary Research Study)
Endres, Robert, Zum Verbleib der Luftwaffenakten beim Zusammenbruch 1945 und danach, in: 50 Jahre Luftwaffen- und Luftkriegsgeschichtsschreibung, hrsg. vom Militärgeschichtlichen Forschungsamt, Freiburg i.Br. 1970, S. 25—31
Esenwein-Rothe, Ingeborg, Die Wirtschaftsverbände von 1933 bis 1945, Berlin 1965 (= Schriften des Vereins für Sozialpolitik — Gesellschaft für Wirtschafts- und Sozialwissenschaften, Neue Folge, Bd 37)
Ethell, J., Messerchmitt Komet. Entwicklung und Einsatz des ersten Raketenjägers, Stuttgart 1980
Ders., Price, A., Deutsche Düsenflugzeuge im Kampfeinsatz 1944/45, Stuttgart 1981
Förster, Gerhard, Totaler Krieg und Blitzkrieg. Die Theorie des totalen Krieges und des Blitzkrieges in der Militärdoktrin des faschistischen Deutschlands am Vorabend des Zweiten Weltkrieges, Berlin 1967 (= Militärhistorische Studien, Bd 10, Neue Folge)
Förster, Jürgen, Hitlers Entscheidung für den Krieg gegen die Sowjetunion, in: Das Deutsche Reich und der Zweite Weltkrieg, Bd 4, Stuttgart 1983, S. 3—37
Fraenkel, Ernst, Der Doppelstaat, Frankfurt a.M., Köln 1974
Franz, Anselm, The Development of the »Jumo 004« Turbojet Engine, in: The Jet Age. Forty Years of Jet Aviation, hrsg. von Walter J. Boyne und Donald S. Lopez, Washington 1979, S. 69—74
Ders., Das Junkers-Strahltriebwerk Jumo 004, in: Hugo Junkers — Pionier der industriellen Forschung, Festschrift, Köln (1968), S. 59—63
Freeman, Roger A., The Mighty Eighth. Units, Men and Machines. A History of the US 8th Army Air Force, London 1970

50 Jahre Luftwaffen- und Luftkriegsgeschichtsschreibung, hrsg. vom Militärgeschichtlichen Forschungsamt, Freiburg i. Br. 1970

Funke, Manfred, Starker oder schwacher Diktator? Hitlers Herrschaft und die Deutschen. Ein Essay, Düsseldorf 1989

Futrell, Robert F., Ideas, Concepts, Doctrine. A History of Basic Thinking in the United States Air Force, 1907—1964, Maxwell Air Force Base/Alabama 1974 (Reprint New York 1980)

Galland, Adolf, Defeat of the Luftwaffe. Fundamental Causes, in: Air University Quarterly Review, 6 (1953), S. 18—36

Ders., Die Ersten und die Letzten. Die Jagdflieger im zweiten Weltkrieg, Darmstadt 1953

Gehrisch, Wolfgang, Die Entwicklung der Luftfahrtindustrie im imperialistischen Deutschland bis 1945, Oec. Diss., Berlin 1974

Georgii, Walter, Forschen und Fliegen. Ein Lebensbericht, Tübingen 1954

The German Military in the Age of Total War, hrsg. von Wilhelm Deist, Leamington Spa/UK, Dover/USA 1985

Gersdorff, Kyrill von, Grasmann, Kurt, Flugmotoren und Strahltriebwerke. Entwicklungsgeschichte der deutschen Luftfahrtantriebe von den Anfängen bis zu den internationalen Gemeinschaftsentwicklungen, Koblenz ²1985 (= Die deutsche Luftfahrt, Bd 2)

Geyer, Michael, Deutsche Rüstungspolitik 1860—1980, Frankfurt a.M. 1984 (= Neue historische Bibliothek, Neue Folge, Bd 246)

Golücke, Friedhelm, Schweinfurt und der strategische Luftkrieg 1943. Der Angriff der US Air Force vom 14. Oktober 1943 gegen die Schweinfurter Kugellagerindustrie, Paderborn 1980

Görlitz, Walter, Vorwort, in: Karl Koller, Der letzte Monat. 14. April bis 27. Mai 1945. Tagebuchaufzeichnungen des ehemaligen Chefs des Generalstabs der deutschen Luftwaffe, Eßlingen, München 1985 (Neuausg. der Erstaufl. Mannheim 1949), S. 7—27

Goudsmit, Samuel A., ALSOS, New York 1947 (Reprint Los Angeles, San Francisco 1983)

Green, William, The Warplanes of the Third Reich, London 1970

Groehler, Olaf, Bombenkrieg gegen Deutschland, Berlin 1990

Ders., Geschichte des Luftkriegs 1910—1980, Berlin ⁷1988

Ders., Stärke, Verteilung und Verluste der deutschen Luftwaffe im zweiten Weltkrieg, in: Militärgeschichte, 17 (1978) 3, S. 316—336

Gundelach, Karl, Drohende Gefahr West. Die deutsche Luftwaffe vor und während der Invasion 1944, in: Wehrwissenschaftliche Rundschau, 9 (1959) 6, S. 299—328

Hachtmann, Rüdiger, Industriearbeit im »Dritten Reich«. Untersuchungen zu den Lohn- und Arbeitsbedingungen in Deutschland 1933—1945, Göttingen 1989 (= Kritische Studien zur Geschichtswissenschaft, Bd 82)

Hahn, Fritz, Waffen und Geheimwaffen des deutschen Heeres 1933—1945, Bd 1, Koblenz 1986; Bd 2, Koblenz 1987

Hallgarten, George W.F., Radkau, Joachim, Deutsche Industrie und Politik von Bismarck bis in die Gegenwart, überarb. Neuaufl., Frankfurt a.M. 1986

Hallion, Richard P., Doctrine, Technology and Air Warfare. A Late Twentieth Century Perspective, in: Airpower Journal, 1 (1987) 2, S. 16—27

Handel, Michael, Numbers Do Count. The Question of Quality Versus Quantity, in: Journal of Strategic Studies, 4 (1981) 3, S. 225—260

Hansell, Haywood S.; The Airplan that Defeated Hitler, Atlanta 1972 (Reprint New York 1980)

Heinkel, Ernst, Stürmisches Leben, Stuttgart ³1953

Ders., Wie der »Volksjäger« He 162 entstand, in: Interavia, 7 (1952) 7, S. 372—375

Heinkel He 280, in: Luftfahrt international, (1975) 7, S. 1071—1099

Herbert, Ulrich, Fremdarbeiter. Politik und Praxis des »Ausländer-Einsatzes« in der Kriegswirtschaft des Dritten Reiches, Berlin, Bonn 1985

Herhudt von Rohden, Hans-Detlev, Die Luftverteidigung des Deutschen Reiches im Weltkrieg 1939—1945 und ihre Lehren. Ein strategischer Überblick, in: Allgemeine Schweizerische Militärzeitschrift, 117 (1951) 10—12, S. 730—745, 808—825, 888—910

Hermann, Joachim, Luft-Luft-Flugkörper, in: Theodor Benecke, Karl Heinz Hedwig, Joachim Hermann, Flugkörper und Lenkraketen. Die Entwicklungsgeschichte der deutschen gelenkten Flugkörper vom Beginn dieses Jahrhunderts bis heute, Koblenz 1987 (= Die deutsche Luftfahrt, Bd 10), S. 164f.

Hiden, John, Farquharson, John, Explaining Hitler's Germany. Historians and the Third Reich, London 1983

Higham, Robert, Air Power. A Concise History, London 1972

Hildebrand, Klaus, Monokratie oder Polykratie? Hitlers Herrschaft und das Dritte Reich, in: Der »Führerstaat«. Mythos und Realität, Studien zur Struktur und Politik des Dritten Reiches, hrsg. von Gerhard Hirschfeld und Lothar Kettenacker, Stuttgart 1981, S. 73—96

Hiller, Alfred, Heinkel He 162 »Volksjäger«. Entwicklung, Produktion, Einsatz, Wien 1984

Hillgruber, Andreas, Endlich genug über Nationalsozialismus und Zweiten Weltkrieg? Forschungsstand und Literatur, Düsseldorf 1982

Ders., Hitlers Strategie. Politik und Kriegsführung 1940—41, Frankfurt a.M. 1965

Ders., Der Zweite Weltkrieg 1939—1945. Kriegsziele und Strategie der großen Mächte, Stuttgart, Berlin, Köln, Mainz 1982

History of German Guided Missiles Development, hrsg. von Th. Benecke und A.W. Quick, Braunschweig 1957

Hofmann, Rudolf, Die Schlacht von Moskau 1941, in: Entscheidungsschlachten des Zweiten Weltkrieges, hrsg. von Hans-Adolf Jacobsen und Jürgen Rohwer, Frankfurt a.M. 1960, S. 139—184

Hölsken, Heinz Dieter, Die fliegende Bombe Fi 103 (»V 1«), in: Theodor Benecke, Karl Heinz Hedwig, Joachim Hermann, Flugkörper und Lenkraketen. Die Entwicklungsgeschichte der deutschen gelenkten Flugkörper vom Beginn dieses Jahrhunderts bis heute, Koblenz 1987 (= Die deutsche Luftfahrt, Bd 10), S. 86—95

Ders., Die V-Waffen. Entstehung-Propaganda-Kriegseinsatz, Stuttgart 1984 (= Studien zur Zeitgeschichte, Bd 27)

Ders., Die V-Waffen. Entwicklung und Einsatzgrundsätze, in: Militärgeschichtliche Mitteilungen, 19 (1985) 2, S. 95—122

Holley jr., Irving Brinton, Ideas and Weapons. Exploitation of the Aerial Weapon by the United States During World War I. A Study in the Relationship of Technology, Military Doctrine, and the Development of Weapons, New Haven 1953

Ders., Of Saber Charges, Escort Fighters and Spacecraft, the Search for Doctrine, in: Air University Review, 34 (1983) 6, S. 2—11

Homze, Edward L., Arming the Luftwaffe. The Reich Air Ministry and the German Aircraft Industry 1919—1939, Lincoln, London 1976

Ders., Foreign Labour in Nazi Germany, Princeton 1967

Ders., German Military Aviation. A Guide to the Literature, New York, London 1984

Homze, Edward M., The German MIC, in: War, Business and World Military-Industrial Complexes, hrsg. von B.F. Cooling, New York 1981, S. 51—83

Howard, Michael u.a., What is Military History?, in: History Today, 34 (1984), S. 5—13

Hughes, Thomas Parke, Perspectives of a Historian of Technology. A Commentary, in: Two Hundred Years of Flight in America. A Bicentennial Survey, hrsg. von Eugene M. Emme, San Diego 1977 (= AAS History Series, Bd 1), S. 257—259

Hürten, Heinz, Militärgeschichte in Deutschland. Zur Geschichte einer Disziplin in der Spannung von akademischer Freiheit und gesellschaftlichem Anspruch, in: Historisches Jahrbuch, 95 (1975) 2, S. 374—395

Hüttenberger, Peter, Nationalsozialistische Polykratie, in: Geschichte und Gesellschaft, 2 (1976) 4, S. 417—442

Irving, David, Die Geheimwaffen des Dritten Reiches, Reinbek 1968

Ders., Göring, München, Hamburg 1987

Ders., Die Tragödie der deutschen Luftwaffe. Aus den Akten und Erinnerungen von Feldmarschall Milch, Frankfurt a.M., Berlin, Wien ^{2}1970

Ders., Der Traum von der deutschen Atombombe, Gütersloh 1967
Ishoven, Armand van, Ernst Udet. Biographie eines großen Fliegers, Wien 1977
Ders., Messerschmitt. Der Konstrukteur und seine Flugzeuge, Wien, Berlin 1975
Jäckel, Eberhard, Hitlers Herrschaft. Vollzug einer Weltanschauung, Stuttgart 1986
Ders., Hitlers Weltanschauung. Entwurf einer Herrschaft, Stuttgart 1981
Jacobs, William A., Tactical Air Doctrine and AAF Close Air Support in the European Theater 1944—1945, in: Aerospace Historian, 27 (1980) 1, S. 35—49
Janssen, Gregor, Das Ministerium Speer. Deutschlands Rüstung im Krieg, Berlin, Frankfurt a.M., Wien 1968
The Jet Age. Forty Years of Jet Aviation, hrsg. von Walter J. Boyne und Donald S. Lopez, Washington 1979
Jones, R.V., Most Secret War. British Scientific Intelligence 1939—1945, London 1978
Kaiser, J.B., Die Geschichte des Messerschmitt-Flugzeugbaus, Köln 1975 (= Deutsche Luft- und Raumfahrt-Mitteilungen, 1975, Nr. 21)
Kannapin, Hans-Eckardt, Wirtschaft unter Zwang. Anmerkungen und Analysen zur rechtlichen und politischen Verantwortung der deutschen Wirtschaft unter der Herrschaft des Nationalsozialismus im Zweiten Weltkrieg, besonders im Hinblick auf den Einsatz und die Behandlung von ausländischen Arbeitskräften und Konzentrationslagerhäftlingen in deutschen Industrie- und Rüstungsbetrieben, Köln 1966
Kehrl, Hans, Krisenmanager im Dritten Reich. 6 Jahre Frieden — 6 Jahre Krieg. Erinnerungen, Düsseldorf 1973
Kershaw, Ian, Der NS-Staat. Geschichtsinterpretationen und Kontroversen im Überblick, Reinbek 1989
Kesselring, Albert, Gedanken zum Zweiten Weltkrieg, Bonn 1955
Killen, John, The Luftwaffe. A History, London [2]1967
Kirwin, Gerald, Waiting for Retaliation. A Study in Nazi Propaganda Behavoir and German Civilian Morale, in: Journal of Contemporary History, 16 (1981) 3, S. 565—583
Klein, Burton H., Germany's Economic Preparations for War, Cambridge 1959
Kloss, Helmut, Die gelenkte Jägerrakete Hs 198, in: Theodor Benecke, Karl Heinz Hedwig, Joachim Hermann, Flugkörper und Lenkraketen. Die Entwicklungsgeschichte der deutschen gelenkten Flugkörper vom Beginn dieses Jahrhunderts bis heute, Koblenz 1987 (= Die deutsche Luftfahrt, Bd 10), S. 173—178
Kocka, Jürgen, Organisierter Kapitalismus oder Staatsmonopolistischer Kapitalismus? Begriffliche Vorbemerkung, in: Organisierter Kapitalismus. Voraussetzungen und Anfänge, hrsg. von Heinrich August Winkler, Göttingen 1974 (= Kritische Studien zur Geschichtswissenschaft, Bd 9), S. 19—35
Köhler, H. Dieter, Ernst Heinkel — Pionier der Schnellflugzeuge. Eine Biographie, Koblenz 1983 (= Die deutsche Luftfahrt, Bd 5)
Köhler, Karl, Hummel, Karl-Heinz, Die Organisation der Luftwaffe 1933—1939, in: Deutsche Militärgeschichte in sechs Bänden 1648—1939, Bd 4, Abschn. VII, Lizenzausg., Herrsching 1983, S. 501—579
Kosin, Rüdiger, Die Entwicklung der deutschen Jagdflugzeuge, Koblenz 1983 (= Die deutsche Luftfahrt, Bd 4)
Kranzberg, Melvin, Science, Technologie and Warfare, Action, Reaction and Interaction in the Post-World-War II Era, in: Science, Technology and Warfare. The Proceedings of the Third Military History Symposium, United States Air Force Academy, 8—9 May 1969, hrsg. von Monte D. Wright und Laurence J. Paszek, Washington 1971, S. 142—146
Kriegswende Dezember 1941. Referate und Diskussionsbeiträge des internationalen historischen Symposiums in Stuttgart vom 17. bis 19. September 1981, hrsg. von Jürgen Rohwer und Eberhard Jäckel, Koblenz 1984
Kroener, Bernhard R., Der Kampf um den »Sparstoff Mensch«. Forschungskontroversen über die Mobilisierung der deutschen Kriegswirtschaft 1939—1942, in: Der Zweite Weltkrieg. Analysen, Grundzüge, Forschungsbilanz, hrsg. von Wolfgang Michalka, München [2]1990, S. 402—417
Kruska, Emil, Walter-Raketenantriebe, in: Theodor Benecke, Karl Heinz Hedwig, Joachim Hermann, Flugkörper und Lenkraketen. Die Entwicklungsgeschichte der deutschen gelenkten Flugkörper vom Beginn dieses Jahrhunderts bis heute, Koblenz 1987 (= Die deutsche Luftfahrt, Bd 10), S. 53—58

Kube, Alfred, Pour le mérite und Hakenkreuz. Hermann Göring im Dritten Reich, München ²1987 (= Quellen und Darstellungen zur Zeitgeschichte, Bd 24)

Kuczynski, Jürgen, Studien zur Geschichte des Staatsmonopolistischen Kapitalismus in Deutschland 1918—1945, Berlin ²1965 (= Geschichte der Lage der Arbeiter unter dem Kapitalismus, Bd 16)

Kutz, Martin, Kriegswirtschaft im Ersten und Zweiten Weltkrieg und die deutsche Historiographie, in: Militär und Ökonomie. Beiträge zu einem Symposium, hrsg. von Karl-Ernst Schulz, Göttingen 1977, S. 215—237

Lang, Jochen von, Krieg der Bomber. Dokumentation einer deutschen Katastrophe, Frankfurt a.M., Berlin 1988 (= Zeitgeschichte, Ullstein Buch Nr. 33096)

Lee, Asher, The German Air Force, London 1946

Levine, Alan J., Was World War II a Near-Run Thing?, in: The Journal of Strategic Studies, 8 (1985) 1, S. 38—63

Lewin, Roland, Hitler's Mistakes, London 1984

Lippisch, Alexander M., Die Entwicklung der Messerschmitt Me 163, in: Flugwelt, 11 (1959) 9, S. 381—383; 11 (1959) 10, S. 423—425

Ludwig, Karl-Heinz, Die deutschen Flakraketen im Zweiten Weltkrieg, in: Militärgeschichtliche Mitteilungen, 3 (1969) 1, S. 87—100

Ders., Fabrications de fusées et stratégie, in: Revue d'Histoire de la deuxième Guerre mondiale, 21 (1971) 84, S. 75—90

Ders., Technik und Ingenieure im Dritten Reich, Düsseldorf 1974

Lundgreen, Peter u.a., Staatliche Forschung in Deutschland 1870—1980, Frankfurt a.M., New York 1986

Lusar, Rudolf, Die deutschen Waffen und Geheimwaffen des Zweiten Weltkrieges und ihre Weiterentwicklung, München ⁵1965

MacIsaac, David, Strategic Bombing in World War Two. The Story of the United States Strategic Bombing Survey, New York, London 1976

Maier, Clifford F., A History of the Development of the World's First Operational Turbo-Jet Airplane, the Me-262, to June 1943, Phil. Diss., Washington 1971

Maier, Klaus A., Der Aufbau der Luftwaffe und ihre strategisch-operative Konzeption, insbesondere gegenüber den Westmächten, in: Deutschland und Frankreich 1936—1939. 15. Deutsch-französisches Historikerkolloquium des Deutschen Historischen Instituts Paris, Bonn, 26.—29.9.1979, hrsg. von Klaus Hildebrand und Karl Ferdinand Werner in Zusammenarb. mit Klaus Manfrass, München 1981 (= Beihefte der Francia, Bd 10)

Ders., Totaler Krieg und operativer Luftkrieg, in: Das Deutsche Reich und der Zweite Weltkrieg, Bd 2, Stuttgart 1979, S. 43—69

Martens, Stefan, Hermann Göring — »Erster Paladin des Führers« und »Zweiter Mann im Reich«, Paderborn 1985

Mason, Herbert Molloy, Die Luftwaffe. Aufbau, Aufstieg und Scheitern im Sieg, Wien, Berlin 1976

Mason, Tim, Der Primat der Politik. Politik und Wirtschaft im Nationalsozialismus, in: Das Argument, 8 (1966) 6, S. 473—494

Ders., Primat der Industrie? — Eine Erwiderung, in: Das Argument, 10 (1968) 3, S. 193—209

Mehrtens, Herbert, Das »Dritte Reich« in der Naturwissenschaftsgeschichte. Literaturbericht und Problemskizze, in: Naturwissenschaft, Technik und NS-Ideologie. Beiträge zur Wissenschaftsgeschichte des Dritten Reiches, hrsg. von Herbert Mehrtens und Steffen Richter, Frankfurt a.M. 1980, S. 15—87

Messenger, Charles, »Bomber« Harris and the Strategic Bombing Offensive 1939—1945, London 1984

Messerschmitt-Bölkow-Blohm. 111 MBB-Flugzeuge 1913—1973, hrsg. von Hans-J. Ebert, Stuttgart ²1974

Middlebrook, Martin, Hamburg Juli '43. Alliierte Luftstreitkräfte gegen eine deutsche Stadt, Berlin, Frankfurt a.M. 1983

Ders., The Schweinfurt-Regensburg Mission. American Raids on 17 August 1943, London 1983

Mierzejewski, Alfred C., The Collapse of the German War Economy, 1944—1945. Allied Air Power and the German National Railway, Chapel Hill 1988

Milward, Alan S., Arbeitspolitik und Produktivität in der deutschen Kriegswirtschaft unter vergleichendem Aspekt, in: Kriegswirtschaft und Rüstung 1939—1945, hrsg. von Friedrich Forstmeier und Hans-Erich Volkmann, Düsseldorf 1977, S. 73—91

Ders., Die deutsche Kriegswirtschaft 1939—1945, Stuttgart 1966 (= Schriftenreihe der Vierteljahrshefte für Zeitgeschichte, Bd 12)

Moderne Technikgeschichte, hrsg. von Karin Hausen und Reinhard Rürup, Köln 1975 (= Neue Wissenschaftliche Bibliothek, Bd 81, Geschichte)

Mollin, Gerhard Th., Montankonzerne und »Drittes Reich«. Der Gegensatz zwischen Monopolindustrie und Befehlswirtschaft in der deutschen Rüstung und Expansion 1936—1944, Göttingen 1988 (= Kritische Studien zur Geschichtswissenschaft, Bd 78)

Mommsen, Hans, Hitlers Stellung im nationalsozialistischen Herrschaftssystem, in: Der »Führerstaat«. Mythos und Realität. Studien zur Struktur und Politik des Dritten Reiches, hrsg. von Gerhard Hirschfeld und Lothar Kettenacker, Stuttgart 1981, S. 43—70

Ders., Nationalsozialismus, in: Sowjetsystem und demokratische Gesellschaft. Eine vergleichende Enzyklopädie, Bd 4, Freiburg i. Br., Basel, Wien 1971, Sp. 695—713

Mommsen, Wolfgang J., Die Mehrdeutigkeit von Theorien in der Geschichtswissenschaft, in: Theorie und Erzählung in der Geschichte, hrsg. von Jürgen Kocka und Thomas Nipperdey, München 1979 (= Theorie der Geschichte. Beiträge zur Historik, Bd 3)

Müller, Klaus-Jürgen, Armee, Politik und Gesellschaft in Deutschland 1933—1945. Studien zum Verhältnis von Armee und NS-System, Paderborn ^{4}1986

Müller, Otto, The Control System of the V-2, in: History of German Guided Missiles Development, hrsg. von Th. Benecke und A. W. Quick, Braunschweig 1957, S. 80—101

Murray, Williamson, Attrition and the Luftwaffe, in: Air University Review, 34 (1983) 3, S. 66—77

Ders., British and German Air Doctrine Between the Wars, in: Air University Review, 31 (1980), S. 39—58

Ders., Luftwaffe, Baltimore 1985

Ders., The Luftwaffe Before the Second World War. A Mission, a Strategy?, in: The Journal of Strategic Studies, 4 (1981) 4, S. 261—270

Musgrove, Gordon, Operation Gomorrah. The Hamburg Firestorm Raids, London 1981

Naturwissenschaft, Technik und NS-Ideologie. Beiträge zur Wissenschaftsgeschichte des Dritten Reiches, hrsg. von Herbert Mehrtens und Steffen Richter, Frankfurt a. M. 1980

Neumann Franz, Behemoth. Struktur und Praxis des Nationalsozialismus 1933—1944, hrsg. und mit einem Nachwort »Franz Neumanns Behemoth und die heutige Faschismusdiskussion« von Gert Schäfer, Köln, Frankfurt a. M. 1977 (= Studien zur Gesellschaftstheorie)

Nipperdey, Thomas, Nachdenken über die deutsche Geschichte. Essays, München ^{2}1986

Nowarra, Heinz J., Die deutsche Luftrüstung 1933—1945, 4 Bde, Koblenz 1985—1988

Ders., Die Ju 88 und ihre Folgemuster, Stuttgart 1978

Oestrich, H., Die Entwicklung der Flug-Gasturbine bei den Bayerischen Motorenwerken während des Krieges, in: Flugwelt, 2 (1950) 4, S. 69—71

Ohain, Hans von, The Evolution and Future of Aeropropulsion Systems, in: The Jet Age. Forty Years of Jet Aviation, hrsg. von Walter J. Boyne und Donald S. Lopez, Washington 1979, S. 25—46

Opitz, Eckardt, Der Weg der Militärgeschichte von einer Generalstabswissenschaft zur Subdisziplin der Geschichtswissenschaft, in: Entwicklung und Selbstverständnis von Wissenschaften. Ein interdisziplinäres Colloquium, hrsg. von Hans-Joachim Braun und Rainer H. Kluwe, Frankfurt a. M., Bern, New York 1985 (= Studien zur Technik-, Wirtschafts- und Sozialgeschichte, Bd 1)

Osterkamp, Theo, Bachér, Franz, Tragödie der Luftwaffe? Kritische Begegnung mit dem gleichnamigen Werk von Irving/Milch, Neckargmünd 1971

Overy, Richard J., The Air War 1939—1945, London 1980

Ders., »Blitzkriegswirtschaft«? Finanzpolitik, Lebensstandard und Arbeitseinsatz in Deutschland 1939—1942, in: Vierteljahrshefte für Zeitgeschichte, 36 (1988) 3, S. 379—435

Ders., German Aircraft Production 1939—1942, Diss., Cambridge 1978

Ders., Hermann Göring. Machtgier und Eitelkeit, München 1986 (= Heyne Biographie 12/137)

Ders., Hitler and Air Strategy, in: Journal of Contemporary History, 15 (1980) 3, S. 405—421

Ders., Hitler's War and the German Economy. A Reinterpretation, in: Economic History Review, 35 (1982) 2, S. 272—291

Ders., Mobilization for Total War in Germany 1939—1941, in: English Historical Review, 103 (1988), S. 613—639

Petzina, Dietmar, Autarkiepolitik im Dritten Reich. Der nationalsozialistische Vierjahresplan, Stuttgart 1968 (=Schriftenreihe der Vierteljahrshefte für Zeitgeschichte, Bd 16)

Pocock, Rowland F., German Guided Missiles of the Second World War, London 1967

Powers, Barry D., Strategy Without Slide-Rule. British Air Strategy 1914—1939, London 1976

Price, Alfred, Luftschlacht über Deutschland, Stuttgart ²1975

Ranke, Leopold von, Geschichte der romanischen und germanischen Völker von 1494 bis 1514, Leipzig 1874 (= Sämtliche Werke, Bd 33/34)

Ratley, Lonnie O. III, A Lesson of History. The Luftwaffe and Barbarossa, in: Air University Review, 34 (1983) 3, S. 50—65

Rich, Norman, Hitler's War Aims. Ideology, the Nazi State and the Course of Expansion, 2 Bde, London 1973

Richards, Denis, Saunders, Hilary St. George, Royal Air Force 1939—1945, 3 Bde, London 1974/75

Rieckhoff, Herbert Joachim, Trumpf oder Bluff? 12 Jahre deutsche Luftwaffe, Genf 1945

The Rise and Fall of the German Air Force 1933—1945, London, Melbourne 1983

Rohwer, Jürgen, Der U-Bootkrieg und sein Zusammenbruch 1943, in: Entscheidungsschlachten des Zweiten Weltkrieges, hrsg. von Hans-Adolf Jacobsen und Jürgen Rohwer, Frankfurt a.M. 1960, S. 327—394

Ders., Zeitgeschichte, Krieg und Technik, in: Wehrwissenschaftliche Rundschau, 14 (1964) 4, S. 205—214

Röpnack, Adolf, Die Geschichte der Raketenartillerie von den Chinesen bis zu den Deutschen über ignis volans bis zur V-2, Bad Aibling 1960

Salewski, Michael, Technologie, Strategie und Politik oder: Kann man aus der Geschichte lernen?, in: Militärgeschichtliches Beiheft zur Europäischen Wehrkunde/Wehrwissenschaftlichen Rundschau, 2 (1987) 2, S. 1—11

Schimank, Hans, Hugo Junkers, in: Die Großen Deutschen. Deutsche Biographie, hrsg. von Hermann Heimpel, Theodor Heuß und Benno Reifenberg, Bd 5, Berlin, Frankfurt a.M., Wien 1957, S. 422—435

Schlaifer, Robert, Development of Aircraft Engines; Heron, S. D., Development of Aviation Fuels. Two Studies of Relations Between Government and Business, Boston 1950

Schliephake, Hanfried, Die gelenkte Jägerrakete X 4, in: Theodor Benecke, Karl Heinz Hedwig, Joachim Hermann, Flugkörper und Lenkraketen. Die Entwicklungsgeschichte der deutschen gelenkten Flugkörper vom Beginn dieses Jahrhunderts bis heute, Koblenz 1987 (= Die deutsche Luftfahrt, Bd 10), S. 173—178

Schmidt, Eberhard, Grundlagen und Wandlungen der deutschen Flugzeugindustrie in den Jahren 1933—1945, in: Flugwehr und Technik, 9 (1947) 1, S. 20—25; 9 (1947) 2, S. 48—54

Schmidt, Matthias, Albert Speer. Das Ende eines Mythos, Speers wahre Rolle im Dritten Reich, Berlin, München 1982

Schneider, Erich, Größe und Verfall der deutschen Wissenschaft im Zweiten Weltkrieg, in: Bilanz des Zweiten Weltkrieges. Erkenntnisse und Verpflichtungen für die Zukunft, Oldenburg, Hamburg 1953, S. 249—264

Schramm, Percy Ernst, Hitler als militärischer Führer. Erkenntnisse und Erfahrungen aus dem Kriegstagebuch des Oberkommandos der Wehrmacht, Frankfurt a.M., Bonn ²1965

Schubert, Helmut, Raketentriebwerksentwicklung bei BMW, in: Theodor Benecke, Karl Heinz Hedwig, Joachim Hermann, Flugkörper und Lenkraketen. Die Entwicklungsgeschichte der deutschen gelenkten Flugkörper vom Beginn dieses Jahrhunderts bis heute, Koblenz 1987 (= Die deutsche Luftfahrt, Bd 10), S. 59—65

Schweitzer, Arthur, Big Business in the Third Reich, Bloomington, London ²1977

Science, Technology, and Warfare. The Proceedings of the Third Military History Symposium. United States Air Force Academy, 8—9 May 1969, hrsg. von Monte D. Wright und Laurence J. Paszek, Washington 1971
Simon, Leslie E., German Research in World War II. An Analysis of the Conduct of Research, New York, London 1947
Smith, J. Richard, Creek, Eddy, Jet Planes of the Third Reich, Boylston 1982
Smith, J.R., Kay, Anthony L., German Aircraft of the Second World War, London 1972
Spaatz, Carl, Strategic Air Power. Fulfillment of a Concept, in: Foreign Affairs, 24 (1945/46) 3, S. 385—396
Späte, Wolfgang, Die Me 163, in: Wehrkunde, 5 (1956) 4, S. 190—194
Ders., Der streng geheime Vogel. Erprobung an der Schallgrenze, München 1983
Speer, Albert, Erinnerungen, Frankfurt a.M., Berlin 1970
Ders., Der Sklavenstaat. Meine Auseinandersetzungen mit der SS, Stuttgart 1981
Stahlschmidt, Rainer, Quellen und Fragestellungen einer deutschen Technikgeschichte des frühen 20. Jahrhunderts bis 1945, Göttingen 1977 (= Studien zu Naturwissenschaft, Technik und Wirtschaft im Neunzehnten Jahrhundert, Bd 8)
Stokesbury, James L., A Short History of Air Power, New York 1986
Strahltriebwerke, die Hitler nicht wollte, in: Hobby. Das Magazin der Technik, 5 (1957) 3, S. 112—133; 5 (1957) 4, S. 108—131
Stuebel, Heinrich, Die Finanzierung der Aufrüstung im Dritten Reich, in: Europaarchiv, 6 (1951) 12, S. 4128—4136
Stumpf, Reinhard, Die Wehrmacht-Elite. Rang- und Herkunftsstruktur der deutschen Generale und Admirale 1933—1945, Boppard a.Rh. 1982 (= Militärgeschichtliche Studien, Bd 29)
Suchenwirth, Richard, Command and Leadership in the German Air Force, Maxwell Air Force Base/Alabama 1969 und Reprint New York 1970 (= USAF Historical Studies, Nr. 174)
Ders., Historical Turning Points in the German Air Force War Effort, Maxwell Air Force Base/Alabama 1959 und Reprint New York 1968 (= USAF Historical Studies, Nr. 189)
Temme, Heinrich, Development and Testing of the V-1 Auto-Pilot, in: History of German Guided Missiles Development, hrsg. von Th. Benecke und A.W. Quick, Braunschweig 1957, S. 70—79
Theorie und Erzählung in der Geschichte, hrsg. von Jürgen Kocka und Thomas Nipperdey, München 1979 (= Theorie der Geschichte. Beiträge zur Historik, Bd 3)
Totalitarismus und Faschismus. Eine wissenschaftliche und politische Begriffskontroverse. Kolloquium im Institut für Zeitgeschichte am 24. November 1978, München 1980
Tronicke, W., Einsatzerfahrungen eines deutschen Düsenjägerverbandes, in: Wehrkunde, 2 (1953) 8, S. 13—16
Väyrynen, Raimo, Economic Fluctuations, Technological Innovations and the Arms Race in a Historical Perspective, in: Cooperation and Conflict, 18 (1983) 3, S. 135—159
Die Verbände der Luftwaffe 1935—1945. Gliederungen und Kurzchroniken. Eine Dokumentation, hrsg. von Wolfgang Dierich, Stuttgart 1976
Verrier, Anthony, Bomberoffensive gegen Deutschland 1939—1945, Frankfurt a.M. 1970
Völker, Karl-Heinz, Die deutsche Heimatluftverteidigung im Zweiten Weltkrieg. Die Abwehr der britischen und amerikanischen Luftoffensive gegen das Reichsgebiet in der Zeit vom 4. September 1939 bis zum Kriegsende, in: Wehrwissenschaftliche Rundschau, 16 (1966) 2, S. 87—111; 16 (1966) 3, S. 158—171
Ders., Die deutsche Luftwaffe 1933—1939. Aufbau, Führung und Rüstung der Luftwaffe sowie die Entwicklung der deutschen Luftkriegstheorie, Stuttgart 1967 (= Beiträge zur Militär- und Kriegsgeschichte, Bd 8)
Ders., Die Forschung zwischen 1945 und 1969, in: 50 Jahren Luftwaffen- und Luftkriegsgeschichtsschreibung, Freiburg i.Br. 1970, S. 17—24
Wagenführ, Rolf, Die deutsche Industrie im Kriege 1939—1945, Berlin ²1963
Wagner, Wolfgang, Die ersten Strahlflugzeuge der Welt, Koblenz 1989 (= Die deutsche Luftfahrt, Bd 14)
Walker Mark, Legenden um die deutsche Atombombe, in: Vierteljahrshefte für Zeitgeschichte, 38 (1990) 4, S. 45—74

Ders., Die Uranmaschine. Mythos und Wirklichkeit der deutschen Atombombe, Berlin 1990

Webster, Charles, Frankland, Noble, The Strategic Air Offensive Against Germany 1939—1945, 4 Bde, London 1961 (= History of the Second World War. United Kingdom Military Series)

Wegmüller, Hans, Die Abwehr der Invasion. Die Konzeption des Oberbefehlshabers West 1940—1944, Freiburg i.Br. [2]1986 (= Einzelschriften zur militärischen Geschichte des Zweiten Weltkrieges, Bd 22)

Weinberg, Alvin M., Probleme der Großforschung. Mit einer Einführung: »Wissenschaftspolitik und Organisationsformen der Forschung« von Gerard Radnitzky und Gunnar Andersson sowie einem Anhang: »Die Forschungspolitik der BRD« von Rainer Rilling, Frankfurt a.M. 1970

Weltenzyklopädie der Flugzeuge, hrsg. von Enzo Angelucci, München 1981

Wendt, Bernd-Jürgen, Großdeutschland. Außenpolitik und Kiegsvorbereitung des Hitler-Regimes, München 1987 (= dtv — Deutsche Geschichte der neuesten Zeit vom 19. Jahrhundert bis zur Gegenwart)

Werrell, Kenneth P., The Strategic Bombing of Germany in World War II. Costs and Accomplishments, in: The Journal of American History, 73 (1986) 3, S. 702—713

Wette, Wolfram, Friedensforschung, Militärgeschichtsforschung, Geschichtswissenschaft, in: Friedensforschung — Entscheidungshilfe gegen Gewalt, hrsg. von Manfred Funke, München 1975, S. 133—166

Weyres von Levetzow, Hans-Joachim, Die deutsche Rüstungswirtschaft von 1942 bis zum Ende des Krieges, Diss.rer.pol., München 1975

Whittle, Frank, Jet. The Story of a Pioneer, London 1953

Williams, Roger A., The Development of the Luftwaffe Aircraft in the Nazi Era, Diss., Minnesota 1971

Winkler, Heinrich August, Einleitende Bemerkung zu Hilferdings Theorie des organisierten Kapitalismus, in: Organisierter Kapitalismus. Voraussetzungen und Anfänge, hrsg. von Heinrich August Winkler, Göttingen 1974 (= Kritische Studien zur Geschichtswissenschaft, Bd 9), S. 9—18

Wohlfeil, Rainer, Wehr-, Kriegs- oder Militärgeschichte?, in: Geschichte und Militärgeschichte. Wege der Forschung, hrsg. von Ursula von Gersdorff, Frankfurt a.M. 1974, S. 165—175

Ziegler, Mano, Raketenjäger Me 163, Stuttgart 1973

Ders., Turbinenjäger Me 262. Die Geschichte des ersten einsatzfähigen Düsenjägers der Welt, Stuttgart [3]1986

Zilbert, Edward R., Albert Speer and the Nazi Ministry of Arms. Economic Institutions and Industrial Production in the German War Economy, London 1981

Zuckermann, Solly, From Apes to Warlords, New York 1978

Verzeichnis der Abbildungen und Tabellen

Abbildungen

Tabellen

Personenregister